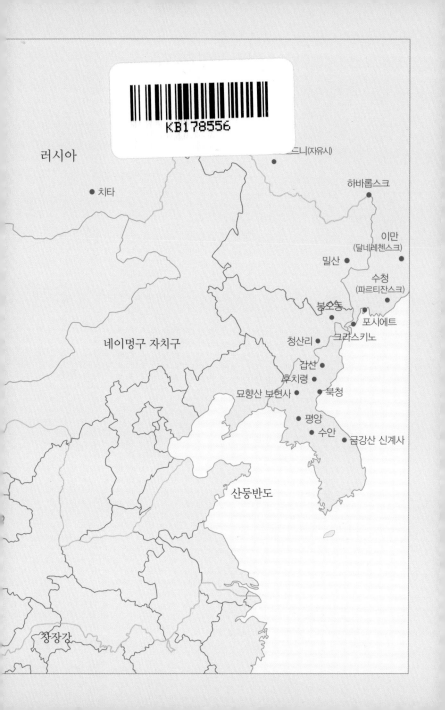

러시아

KB178556

드니(자유시)

하바롭스크

치타

이만
(달네레첸스크)

밀산

수청
(파르티잔스크)

봉오동

포시에트

네이멍구 자치구

청산리

크라스키노

갑산

후치령

묘향산 보현사

북청

평양

수안

금강산 신계사

산둥반도

창장강

민족의 장군

홍범도

Hong Bum-do,
A Korea's Independence Activist and General
By Lee Dong Soon

Published by Hangilsa Publishing Co. Ltd., Korea, 2023

민족의 장군 홍범도

이동순 지음

한길사

나 홍범도, 고국강토에 돌아왔네
저 멀리 바람찬 중앙아시아 빈 들에 잠든 지 78년 만일세
내 고국 땅에 두 무릎 꿇고 구부려 흙냄새 맡아보네
가만히 입술도 대어보네
고향 흙에 뜨거운 눈물 뚝뚝 떨어지네

· 홍범도

독립군 사령관 홍범도 장군에게 바칩니다

• 책을 내면서

홍범도 장군의 이름을 가슴에 모시고 살아온 세월이 무릇 그얼마였던가.

지난 1982년 여름, 민족서사시 『홍범도』 집필의 원대한 계획과 포부를 부여안고 청주 상당산성(上黨山城)의 산성리 마을에 들어가던 날이 아직도 엊그제처럼 기억에 선명하다. 조용한환경에서 안정된 집필을 하겠다며 산성리 마을의 텅 빈 농가를하나 구해 짐을 옮겼다.

떠돌이 포목상을 하던 노인이 그의 소실댁과 함께 살던 호젓한 집이었는데 방 하나, 부엌 하나, 툇마루 하나가 전부였다. 작은 마당엔 감나무도 하나 있어서 물젖은 반달이 거기 걸려 있던 애달픈 밤이 생각난다. 영감님도 세상을 떠나고 홀로 남은소실댁이 방문을 열어놓은 채 그 감나무에 걸린 달을 바라보며 한숨을 내쉬던 바로 그 방이다. 가슴속에 쌓인 한숨을 담배연기로 뿜어낸 흔적이 방바닥에 깔린 꽃무늬 장판 밑에 수두룩했다. 다 탄 꽁초를 비닐장판 밑에 넣어서 그냥 편하게 눌러 끈자국이 무성했다.

그러한 방을 모두 청소하고 정리한 뒤 도배를 하던 날, 뻐꾸기가 종일 울었다. 앉은뱅이책상 하나를 방구석에 갖다놓고 그 위에 홍범도 장군의 초상을 모신 뒤 장군의 행적과 관련된 여러 책과 자료를 가지런히 정돈했다. 별이 총총히 보이는 방 안에 팔베개를 하고 누워 있으니 온갖 상념이 가슴속에서 물 끓듯 일어났다. 사실 이런 원대한 계획과 포부를 가슴에 품게 된 것은 내가 얼굴도 뵙지 못한 조부님 이명균(李明均, 1863~1923) 선생이 남기신 유촉(遺囑) 때문이다.

어린 시절 할아버지 일대기를 수없이 들으며 자랐다. 조부님 거처하시던 사랑채에 어떤 지사·열사들이 몰래 다녀갔던 이야기, 일본경찰들이 무시로 찾아와 방안의 천장을 일본도로 푹푹 찌르며 감춘 물건을 찾으려 애썼던 이야기를 들었다. 거창의 유학자 면우(俛宇) 곽종석(郭鍾錫, 1846~1919) 선생이 말을 타고 김천 상좌원 마을까지 찾아와 조부님을 만나고 간 이야기, 청년독립투사였던 애사(愛史) 편강렬(片康烈, 1892~1929)과 밤새도록 토론하고 새벽에 왜경의 추적을 따돌리며 큰댁 뒷산 대밭으로 달아나도록 황급히 피신시킨 이야기, 조부님께서 대구형무소 미결수 감방에 투옥되어 계실 때 할머니가 매달 한 차례씩 면회하고 피에 젖은 수의(囚衣)를 받아온 이야기 등등 무수한 설화가 가득했다.

어쩌면 이런 이야기 속에서 나의 문학적 바탕과 성장이 이루어진 것인지도 모른다. 그게 자연스럽게 하나의 가풍이나 훈육으로 작용했을 것임은 물론이다. 조부님께서 세상을 버리신 것이 1923년이요, 나는 6·25전쟁이 나던 해에 태어났으니 조손(祖孫) 간의 시간적 상거(相距)는 무려 27년이다.

하지만 조부님께서는 대구형무소에서의 고문으로 순국하신

뒤에도 여전히 집안 곳곳에 그대로 머물러 계셨으니 그것은 집안 어른들의 회고담, 유품, 남기신 시작품이나 서찰들, 공판기록문, 조부님 이름이 등장하는 옛 신문기사들이었다. 틈만 나면 이런 것들을 만지작거리며 음미하거나 조부님의 생애를 더듬어 생각하는 시간이 늘어났다.

조부님의 육신은 떠나셨지만 정신은 그대로 후손의 마음속에 뿌리박고 계시면서 특유의 꼬장꼬장한 가풍을 이루고 남기신 정신으로 매섭게 작용했다. 비록 얼굴조차 대면 못한 아득한 손자였지만 조부님께서는 틈틈이 시인으로 국문학자로 살아가는 후손에게 삶의 엄정한 가치관이나 방향성을 늘 일깨워 주셨던 것이다. 시간이 갈수록 그 절실함은 더해져서 마침내 홍범도 장군의 일대기를 정리하는 영광된 사업과 실천에까지 다다르게 되었다.

1982년에 시작해서 2003년까지 20년 넘도록 매달려 겨우 발간했던 민족서사시 『홍범도』(전 5부작 10권)는 발행부수도 불과 500질에 불과하여 그 책의 존재를 아는 이도 많지 않다. 그로부터 강물처럼 세월은 흘러 2021년 홍범도 장군의 유해가 그토록 갈망하시던 고국산천에 돌아와 안장되는 쾌거가 있었으니 이 얼마나 놀랍고 가슴 떨리는 감격이었던가.

서사시 『홍범도』를 시작하던 1980년대 초반만 하더라도 장군의 생애, 특히 유소년 시절에 대한 자료를 찾아보기 어려웠다. 하지만 그 사이에 장군의 구술로 정리된 일지(日誌)가 모습을 드러냈고, 장군의 옛 부하들 회고록이나 각종 기록들이 하나둘씩 출현했다. 심지어 장군의 모습이 그대로 담긴 영상까지도 나타났으니 홍범도 장군은 우리에게 이제 전혀 낯선 분이 아닌 것이다. 청산리 전투의 실질적 주역이었던 홍 장군의 그 늠름한 자태와 전략 전술이 각종 전문 연구자에 의해 구체적 경로와 발자취가 속속 드러나게 되었으니 이 얼마나 자랑스럽고 장엄한 일이 아닌가.

한 가지 안타까운 것은 홍 장군의 유해 봉환과 시기를 같이하여 장군의 삶과 위상에 대한 실로 무엄하기 짝이 없는 폄훼와 손상이 일각에서 버젓이 자행되었다는 것이다. 그 파렴치한 몰지각에 심히 분노가 일었고 가슴마저 따가웠다. 장군의 생애는 일평생 '대한독립'을 당신 삶의 궁극적 목표로 설정하고 그 실천을 위해 숨 가쁘게 분투했던 삶이 아니었던가. 오죽하면 아내와 두 아들까지 전 가족을 독립전쟁에 바쳤을까. 장군의 귀환을 진정으로 환영은 못할망정 이 무슨 해괴한 작태였던가. 세상엔 온갖 관점과 견해들이 난무할 자유가 있다 하겠으나 이것은 참으로 용납할 수 없는 파괴적 테러요, 방종이요, 불순한 음모의 노출이었다.

홍범도 장군을 다시 고국산천에 모시는 고귀한 뜻은 온갖 악조건 속에서도 불굴의 의지 하나로 대한독립의 뜻을 꺾지 아니하고 삶을 마감하는 그날까지도 고국의 형편과 근황을 걱정하고 염려하셨다는 바로 그 집념의 정신을 다시 받들기 위함이다.

이 시점에서 우리는 홍 장군이 그토록 바라던 '대한독립'이 과연 제대로 이루어졌는지 다시금 우리 주위를 돌아보고 반성해야 할 과제가 남아 있다. 진정한 독립의 길은 아직도 멀고 험난한 것 같다. 그날을 위해 해야 할 일이 우리에겐 산처럼 많이 쌓여 있다.

이번에 새로 정리한 평전 『민족의 장군 홍범도』는 우리의 현재를 돌아보며 홍범도 정신을 통해 진지한 반성을 촉구하려는 것이 그 일차적 목표다. 민족서사시 『홍범도』의 골격과 구성 체계를 토대로 해서 산문적 서술로 바꾸고 다시 다듬은 것이 이 평전이다. 홍범도 장군의 생애와 기록을 더듬어볼 때 장군은 여러 차례 '나 홍범도'란 직입(直入)의 화법을 자주 쓰셨다. 첫째로는 홍범도 의병대가 함경도 일대에서 활동하던 시절, 홍범도 이름을 앞세우고 다니는 가짜 의병대를 대상으로 준엄한 비판과 질책을 보내는 유고문(諭告文) 속에서 이 말을 처음으로 쓰셨다. 둘째로는 봉오동 전투의 그 격렬한 싸움터에서 전체 대원들에게 사격신호를 내리기 직전에도 이 말을 쓰셨다. '나 홍범도'가 총을 쏘면 그것이 곧 사격신호란 뜻의 말씀이었다. 셋째로는 러시아에서 홍 장군에게 국가연금을 지급한다는 결정이 왔을 때 구비서류 중 이력서가 있었는데 그 서두에서도 이 말을 쓰셨다. 넷째로는 만년에 장군의 거처를 방문한 옛 부하와의 대화 중에도 이 말을 쓰셨다. 그 때문에 이 책의 첫 번째 제목 시안은 『나 홍범도』였다.

결국 '나 홍범도'라는 대목은 독립투사로서의 확고한 의지와 기상, 혹은 그 불요불굴(不撓不屈)의 상징성을 담고 있는 것이다. 한번 품은 대장부의 작심은 어떤 난관을 겪으면서도 결코 허물어지거나 변질되지 않아야 한다는 매섭고 다부진 결의를 우리에게 일깨워준다. 『민족의 장군 홍범도』를 읽는 독자들이 장군의 직접적 화법과 발성을 바로 곁에서 듣는 듯한 실감을 생생하게 가지며, 그 과정에서 우리 자신의 현재를 다시 진지하고 냉철하게 가다듬어보자는 뜻이 '나 홍범도'란 발화(發話) 속에 담겨 있다.

분단과 외세의 간섭은 날이 갈수록 더욱 심해져가고, 복잡다단한 국제 정세와 내부의 난관은 점점 덧쌓이고 있다. 이러한 시기에 지난날 홍범도 장군이 보여주었던 불굴의 투지와 과단성, 용기와 지혜는 여전히 뜨겁게 살아 있는 생명(生命)의 숨결로 우리에게 작용할 것이라 믿는다.

홍범도 장군은 이제 우리 곁으로 가까이 돌아오셨다. 만해 한용운 시인의 시 「님의 침묵」 어법을 빌리자면 '홍범도'라는 님은 가셨지만 우리는 그 님을 보내지 아니하였다. 장군께서는 언제 어디서나 우리 마음속에 영원히 자리 잡고 우리 곁에 늘 살아 계신다.

마지막 교정을 보느라 원고뭉치를 안고 내가 우연히 찾아간 곳은 강원도 두타산 무릉계곡의 삼화사(三和寺)였다. 고즈넉한 산방에 앉아 노트북을 켜놓고 깊은 밤, 원고를 다듬는 심정은 만감이 교차했다. 그런데 내가 더욱 놀란 것은 이 삼화사가 고려 시대 시인 이승휴(李承休, 1224~1300)가 서사시 『제왕운기』(帝王韻紀, 1287)를 집필한 바로 그 뜨거운 현장이었다는 사실이다. 그 책이 과연 어떠한 저술인가. 원나라의 정치적 간섭 속에서 민족문화의 우월성과 역사전통에 대한 강렬한 자부심을 담고 외세에 시달린 민중에 대한 격려의 뜻을 담은 숭고한 작품이었다. 이승휴가 충렬왕의 폐정을 비판하다가 쫓겨나 고향 삼척으로 돌아왔고, 이곳 삼화사에 머물며 무려 10년 세월을 경전(經典)만 읽었다고 한다. 그러던 어느 날 불같은 감흥이 일어 마치 신들린 듯 작품을 집필했을 터다. 그의 뜨거운 숨결이 남아 있을 사찰 선방에서 평전『민족의 장군 홍범도』원고의 마무리 작업에 몰두하게 되었으니 그 인연도 특별한 것으로 느껴졌다.

이번 평전이 발간되기까지 한길사의 김언호 대표께서 참으로 노고가 많으셨다. 번잡한 원고를 읽고 일일이 문장을 다듬어 전체 흐름을 정리해주신 것이 크게 도움되었다. 평전의 요건이 갖추어지도록 세심하게 배려해주신 김언호 대표, 백은숙 주간, 이한민 씨에게 깊은 감사를 드리는 바다.

새로 발간된 평전『민족의 장군 홍범도』를 묘소 앞에 나아가 무릎 꿇고 바친다.

2023년 삼일절 104돌을 앞두고
이 동 순

독립군 사령관 홍범도 장군에게 바칩니다

제1부 떠돌이별

제2부 힘찬 결의

제3부 고난의 길

제4부 민중의 노래

제5부 가장 어려운 시간

제8부 청산리 대첩

제9부 흑하사변

제10부 별의 고향

제1부
떠돌이별

홍 대장님 행군 길에는 일월이 황황
왜적 가는 길에는 는개비 펄펄
엥헤야 엥헤야 엥헤야 엥헤야
왜적 군대가 막 쓰러진다

홍범도 대장님은 동산리에서
왜적 순사대 열한 놈 몰살시켰소
엥헤야 엥헤야 엥헤야 엥헤야
왜적 군대가 막 쓰러진다

왜적 놈이 게다짝을 물에 던지고
동래 부산 넘는 날은 언제나 될까
엥헤야 엥헤야 엥헤야 엥헤야
왜적의 군대가 막 쓰러진다

1. 들머리

　가을비는 부슬부슬 뿌린다. 강물은 굼실굼실 흐른다. 뭇 귀신
이 운다. 강 건너에는 희끗희끗 웅크린 백의인(白衣人)이 보인
다. 두 벌 김이라도 매는가. 남정네도 보이고, 머리에 흰 수건
쓴 아낙도 보인다. 어미 따라 남새밭에 나선 어린 동무. 아, 그
를 바라보는 내 얼굴에 가을비가 젖는다.

　국경! 조그마한 강줄기 하나 사이에 놓고 이곳은 내 땅, 저곳
은 내 땅. 온갖 쓰라리고 아픈 많은 일이 이 강을 끼고서 일어
났다. 제 앞길 누비며 간다는 압록강은 앞누비강. 온갖 물줄기
도망치듯 사라졌다가 도로 솟구쳐 나온다는 두만강은 도망강.
왜, 누가 누구를, 무엇에 쫓겨서, 밤마다 끊임없이 이 도망강을
건너는 것이냐.

　1896년 병신년 9월, 혜산진 건너편 작은 마을, 장백 땅에서
일어난 한 사건부터 기억해내야 한다. 금화진 주둔 일본경찰청
담장이 그해 풍우에 무너졌다. 많은 부역꾼들, 코 꿴 송아지처
럼 혜산진으로 끌려왔고 착한 서병율(徐炳律)도 동원된 그들
중의 하나였다. 땅딸보 마귀라 불리는 왜놈 경부보의 독기 품
은 눈초리가 비끼는 석양에 무디어질 무렵, 종일 땀 흘려도 돌
아오는 것은 욕설과 발길질. 모든 부역은 그대로 죽음 판. 이날

은 무슨 심사였던지 간장종지에 부어서 차례로 돌리는 빼주*
한 모금 받아서 마셨다. 빈속에 술기운이 핑 돌았다.

날은 어둑어둑 이윽고 밤도 깊어 집 가까운 고개를 휘청휘청
넘어올 때 한 떼의 순사 행렬과 맞닥뜨렸다. 뭐라 지껄이는 왜
말 몇 마디 들리더니 불문곡직(不問曲直), 총소리 한 방에 스
물두 살 청년 서병율은 거꾸러졌다. 그의 비참한 주검 위로 비
린 바람이 쓸고 지나갔다. 들리는 말로는 그냥 장난삼아 쏘았
다 하고, 또 누구는 비적을 잡는 훈련이었다고 했다. 하지만 아
무도 참변 내력에 대해 캐묻는 이 없고, 오직 소문뿐이었다. 저
원통한 조선 청년의 넋을 어디서 어떻게 되받아올까.

장백의 장돌뱅이 고성만(高成萬)이 억울하게 벌금 물고 파산
했다고 한다. 기껏해야 백미 열여섯 말, 미투리 몇 짝 신고 왔
는데 밀수꾼 잠상(潛商)을 수색한답시고, 순사들이 짐바리에
달려들어 이곳저곳 칼로 쑤시고 찌르고 헤치고 뒤지고 하더니
웬 약담배 아편덩이 하나 치켜들고 짐짓 싸늘한 웃음을 짓는
다. 놈들은 히죽이 웃으며 금물밀매죄(禁物密賣罪)에 불법도강
죄(不法渡江罪)라 외치더니 곧이어 벌금 490원을 때린다.

"여보시오 순사 나리! 강 건너갈 때 받아둔 도강증이 이 쌈지
안에 그대로 접혀 있소. 내 발에 꿸 것, 고픈 배 채울 것, 그걸
얼마간 가져왔기로서니 다 합쳐서 많이 받아야 기껏 200원 안
쪽인데 아편은 웬 아편이며 불법금물(不法禁物)이란 말씀은 천
부당만부당이오."

---

* 고량으로 빚은 독한 중국 술.

24

"조센징들이란 원래 말이 많아. 벌금만 내면 풀어준대도…"
우리의 가여운 고성만, 국경감옥소에서 두 눈엔 핏물 흐르고
목에선 혈담 솟구친다. 이때 약담배 미리 소매에 감추고 수색
하던 저 순사 놈, 저희끼리 둘러앉아 손바닥 펴들고 킬킬거리
며 다른 한 손으론 군도자루를 빙글빙글 돌린다.

오호라, 저 소리는 무슨 소리. 눈물에 젖고 피에 절은 두만강
이 오늘도 철썩 처얼썩 내는 저 소리는 가슴속 치밀어 오르는
울화를 못 이겨 바위에 제 몸 부딪치는 소리다.

그로부터 서른 해 전이었을까. 두만강 얼음이 조금씩 풀려
갈 때 무산 사람 최운실(崔雲實)과 경흥 땅의 농민 양응범(梁應
範)이 아직도 쩡쩡 터지는 얼음을 밟으며 강을 건넜다. 주린 배
움켜잡고 북으로 북으로 흑룡강 줄기를 따라갔다. 가다가 발길
멈춘 새 터전은 러시아 땅 연추(煙秋)라 부르는 크라스키노, 노
보키옙스크. 돌 비탈을 일구어 수수 뿌리고, 마당에는 온갖 가
축도 길렀다. 누구는 노령 가서 살판났다더라. 누구는 강 건너
가더니 늘 부른 배 두드리고 얼굴엔 화색(和色)이 돈다더라. 그
소문이 고향 마을에 떠돈 뒤로 밤에 가만히 하나둘 떠나는 사
람이 생겨났다. 경흥 사람 김흥순(金興淳), 최수학(崔壽鶴)도
강 건너간 농민. 노령에서 그해 마가을,* 가을걷이 끝내놓고 러
시아 동무와 고향 집에 남은 세간 가지러 왔다가 순검소에 붙
잡힌 몸 되었다.

함경감사 이유원(李裕元, 1814~88), 그는 잡은 농민 모두를

---

* 늦가을의 북한어.

국경을 무단으로 건넜다고 범월죄(犯越罪)로 다스려 경흥마을 두만강변에 나무 형틀을 박고 단칼에 무참히 목을 베었다.

"누구든 허가 없이 강을 건너가는 자, 이렇게 되리라."

그 옆을 지나는 사람들은 발뒤꿈치를 들고 목 없는 시체 쪽을 안 보는 척 흘끔거리며 가끔은 어두운 북쪽 하늘로 눈길을 보내며 내내 떠나지 않는 까마귀 소리에 등골이 오싹했다.

막아도 막아도 터진 물줄기 감당하지 못하듯, 아침에 일어나서 보면 새로 생긴 빈집들은 마치 금방 파낸 무덤처럼 휑뎅그렁하게 보였다. 북방으로 정배살이 온 죄수들, 적적한 고통을 못 견디고 달아난 사람이 많다고 한다.

도문강(圖們江)* 어귀, 조선의 맨 꼭대기와 귀를 맞댄 러시아 땅. 한반도는 원래 호랑이가 대륙을 향해 이빨과 발톱을 세우며 포효하는 꼴이라 한다. 그런데 이곳만큼은 늘 위기와 긴장으로 가득 부풀어 있다. 그곳은 물병 꼭지 두 개를 서로 맞물려 거꾸로 세운 형국이다. 이 말은 청나라 사람 황준헌(黃遵憲, 1848~1905)이 그의 글 『조선책략』(朝鮮策略)에서 쓴 표현이다. 줄곧 쏟아져 내리고 싶은 충동과 떠밀려 치솟는 물줄기가 슬금슬금 저희끼리 마주치는 곳이다.

감사는 각 병영에 영을 내렸다.

"범월자를 집중 단속하라! 러시아 국경 가까운 육진 감옥 죄수들은 청진 남쪽으로 옮겨 도망을 위한 모의를 절대 못 하도록 흩어놓아라! 인삼 잠상꾼은 보이는 족족 곤장으로 무수히

---

* 두만강의 중국명.

매질하라!"

이때 경원 아산 사람 윤재관이 청국으로 탈주해가니 이미 범월자는 70명이 넘었다.

"이거 안 되갔구나. 육진에 화약과 조총 더 많이 보낼 테니 강 건너다 발각된 놈은 그 자리에서 즉결 처형하라! 말로 타일러 듣지 않으면 칼날 서슬 선참후계(先斬後戒)가 백약(百藥) 중의 명약이라."

그날부터 국경선 강물 위엔 두꺼운 얼음이 끼어 한여름이 되어도 녹지를 않았다.

1867년 정묘년 이른 봄이었다.

두 유민(流民)이 두만강을 몰래 넘어가다가 잡혀 죽었다. 신익구, 황사청. 그들은 형틀에 묶여서 죽기 전에 소리쳤다.

"우리가 왜 떠났으랴. 정든 고토와 제 조상 무덤까지 팽개치고 마음 편히 떠날 자 뉘 있으리."

"보아라! 가진 농토는 악당들에게 다 빼앗기고 살아보려고 몸부림쳐도 살 수 없는 불쌍한 우리의 무리, 어디 간들 무슨 뾰족한 궁리 있을 것이며 누가 오라고 반겨줄 리도 없건만."

"남부여대(男負女戴)에 부로휴유(扶老携幼)라. 사내는 지게 위에 거적때기 얹고 계집은 머리 위에 보퉁이 이고 배가 고프다며 보채는 어린것, 늙고 병들어 당신 몸도 못 가누는 노친네를 지게 위에 얹어 정처 없이 남으로 북으로 풍타죽낭타죽(風打竹浪打竹), 바람 부는 대로 물결치는 대로 휩쓸려 떠도는 아, 기막혀라, 우리의 신세…"

그들은 교수형을 당하기 전에 눈물로 마지막 노래를 불렀다.

두만강을 몰래 넘어가다 잡힌 사람들은 집단 교수형을 당했다.

풍년이 왔다고 부르지 말아라
이 물을 건너면 월강죄란다.

아가 아가 울지 말아라
되놈의 관병이 너 잡아간다.

삼천리강산이 넓기는 하지만
너와 나 갈 곳이 그 어디란 말인가.

말로 다 할 수 없는 이산(離散)의 길. 서둘러 떠나간 그들
의 지향 없는 발자취가 터벅터벅, 오늘은 어느 곳에 걸음이 머
물렀을까. 한 부부는 밤중에 목숨 걸고 두만강을 무사히 건넜
다. 하지만 매서운 겨울이 오고 있었다. 돈 한 푼 없고, 양식마

저 떨어진 부부는 이 집 저 집 떠도는 비렁뱅이 되었다. 추위에 병들고 마침내 굶어 죽게 되었을 때 부부는 기어이 아들을 팔았다. 청국인은 열두 살짜리 아들 데려가고 좁쌀 두 말 던져주었다.

그로부터 몇 년이 지났다. 부부는 다시 청국인 집 앞 지나는데 체두변발(剃頭辮髮)에 청복을 입은 소년이 마침 대문에서 나왔다. 앞머리는 삭발하고 뒷머리는 길러 세 갈래로 땋아 끝자락에 댕기를 매었다. 꿈에도 그리던 아들이었다. 억장이 무너진 부부는 부모를 몰라보는 아들을 끌어안고 눈물만 좍좍 흘리는데, 이때 청국 놈이 나타나 눈 부라리고 고함치며 아들을 집안으로 끌고 들어갔다.

2. 유랑민

함경도 갑산(甲山) 땅 풍산(豊山) 고지. 동쪽으론 단천, 서쪽으로는 장진, 남으로는 북청, 북으로는 삼수갑산과 맞닿았다. 남쪽으로는 부전령산맥(赴戰嶺山脈)이 지나가고, 검덕산(劍德山), 희사봉(希砂峰), 후치령(厚峙嶺), 금패령(禁牌嶺), 두운봉(頭雲峰), 북수백산(北水白山) 등이 우뚝 솟아 평균 해발고도는 무려 1,000미터가 넘는다. 강으로는 남대천(南大川), 웅이천(熊耳川), 허천강(虛川江)을 끼고 있다. 그 때문에 예로부터 이곳은 개마고원(蓋馬高原)이라 불렸다. 1914년 부군(府郡) 폐합 때 일제는 함경남도 북청에서 안수(安水), 안산(安山) 2개 면, 갑산에서 이인(里仁), 웅이(熊耳), 천남(天南) 등 3개 면을 분리하여 풍산군이라 명명했다. 그 후 주민들 간에는 공연히 갑산파와 북청파로 분열되어 서로 감정이 좋지 않게 되었다.

이곳에 화전(火田)하고 살아가는 1,448호. 그들은 대체 무슨 곡절을 겪고서 이 깊은 산중으로 들어왔는가.

"나는 수리조합 동척(東拓)에 둘러쓴 빚, 갚다 갚다 못 갚고 이자에 이자만 제 꼬리를 물고, 가진 논밭 그냥 뺏기다시피 강탈당하고 야반도주해 왔소."

"나는 수확이 점점 줄어 십여 년간 소작 살다 모든 것 팽개치고 떠나왔소."

"나는 장사에 실패하고 도망 왔지요."

"나는 청국 놈 지주 밑에서 토지 좀 부치다 결국 못 살고 돌아왔소."

"나는 아홉 형제 중 여섯째로 분가했지만 분배받은 땅뙈기 하나 없는 데다 살림은 날이 갈수록 쪼들려 아내는 지주 집 행랑어멈, 자식 놈은 지주 집 소몰이, 나는 머슴살이하다 기어이 손등으로 피눈물을 훔치며 고향산천을 떠났다오."

"나는 삼남지방에 수재가 나서…"

"나는 살던 집이 모두 불타버려서…"

"나는 호열자(虎烈刺)*에 처자식 잃고 왔소."

"에구 살림살이 말도 마시오. 자고 나도 눈꺼풀 열리니 그냥 살고 있지요."

"깊은 산 깊은 골짝 산비탈에 우거진 가시 숲에 불 질러놓고 벌목한 그루터기 뿌리를 모두 뽑아낸 자리에 따비, 가래, 극젱이 찔러 흙을 뒤집어놓고 감자, 귀리, 수수, 기장, 대두, 소두를 뿌려서 지어먹으니 왕후장상(王侯將相) 공경대부(公卿大夫)가 따로 부러울 것 없소."

"소작료가 속 썩이나. 온갖 공과금에 꾸중을 듣기를 하나. 비록 이밥 구경해본 지 오래됐지만 내 편한 속을 건드릴 놈은 아무도 없지요."

"하지만 이것도 이젠 힘들다네. 경술년 이듬해였어. 조선삼림

* 콜레라의 한자음 표기.

령(朝鮮森林令)인지 무언지 괴물법이 나와 산골짝에 불 놓는 것도 허가받으라 하고, 그냥 불 놓으면 무단방화죄로 몰아붙여 벌금 물든가 감옥소 가든가, 뱁새눈 산림주사 놈이 시방 우릴 단속하러 몰래 숨어 다닌다니 들에서 쫓겨 입산해온 우리가 이 산중에서도 밀려나면 이제 어디로 가나. 핏덩이 어린것 보듬어 안고 다시 어드메로 가야 하나."

머나먼 러시아 땅이 살기 좋다더라. 험한 돌밭 일구면서도 콧노래 흥얼거린다는구나. 이런 뜬소문 돌면서 가렴주구(苛斂誅求)에 울던 삼남지방의 백성들. 머리에 이고 등에 지고 바가지 꿰어 차고 달그락달그락, 노령으로 원동 연해주로 프리모르스키 크라이로 오호츠크해의 파도 거친 사할린, 카라후도, 화태(樺太) 땅으로 삐거덕삐거덕 웅성웅성 밤새워 국경 넘는 저 소리.

또 한 무리의 발자취는 바다를 건넜다. 집터 팔고 저당 잡히고 빚돈이나 얻어서 섬나라 노동시장으로 시름없이 팔려갔다. 가면 떼돈 번다 하기에, 가면 금시계 차고 온다기에 한번 떠나간 그들, 뻘 속에서 꾸무럭꾸무럭 겨우 붙은 목숨 수족을 움직이는 서글픈 굼벵이 신세. 만연(漫然) 도항자(渡航者) 신세. 무작정 현해탄을 건너가려는 조선인 파산농민의 수가 늘어나자 이에 당황한 강도 일제는 그들 노동시장의 혼란을 우려한 나머지, 조선인 도항 신청자들을 '만연 도항자'라 이름 붙이고 일본 이주를 억제했다. 이들 떠난 뒤 식민지의 관제언론들은 농촌 과잉인구 일본 취업 보냈다고 일제히 떠들었다. 조선 사람들 가장 많이 몰린 곳은 어디인가. 오사카, 후쿠오카, 아이치현, 효

고현, 야마구치, 가나가와현, 홋카이도, 나가노, 교토, 도쿄, 히로시마, 나가사키, 시즈오카, 미에현, 와카야마 등등.

호미·쟁기 쥐던 손이 흙손·망치·먹줄 잡고, 험한 공사판에서 아득바득 미장이·가대기로 해가 다 저물도록 강바닥 긁어서 퍼 담느라 손바닥이 갈라 터진다. 자갈 채취, 모래 채취, 군수공장 똥간 치우기, 대포 구멍 기어들어가 쉴 새 없이 걸레질, 이것저것 닥치는 대로 해치우니 말이 좋아 자유노동. 탄광, 철광, 아찔아찔 막장 끝에서, 숨 막히는 바다 밑 석탄 더미에 엎어져 오늘도 울고 우는 저 동포야. 장시간 노동, 저임금 노동, 불쾌 불결한 과격 노동, 진폐, 규폐, 부아에 울분에 다 썩어 실오라기 숨만 겨우 붙은 이 내 몸이지만 치가 떨리는 왜놈 땅에 묻히긴 싫어.

탄광 바위벽에 손톱으로 쓴 글귀가 가슴을 찢는다. 피눈물이 흐른다.

어머니
보고 싶어
배가 고파요
고향에 가고 싶다

감시탐조등, 전기철조망 건너뛰어 저 지긋지긋한 홋카이도(北海道) 이시카리(石狩) 평야동쪽 끝의 대탄전(大炭田)을 매몰차게 뒤로하고, 덤불과 가시가 우거진 야산에 숨고 또 숨으며 하숙 치는 친척 집 나고야(名古屋)에 당도하니 탈주 동포들이 방마다 그득하구나. 애꾸눈, 절름발이, 폐병쟁이, 외팔이, 화상자, 낙상자, 중독자, 골절자… 돌아갈 날 시름없이 기다리며 처마 끝 낙숫물만 헤아리는데 동네 왜놈들은 이들에게 손가락질하며 멸시 입방정 떨며 들으라고 하는 말이 가관이었다.

"원래 일하기 싫어 떠도는 조센징의 저 방랑성, 한 하숙에 우글우글 돼지새끼같이 몰려 사는 조센징의 저 더러운 잡거성(雜居性). 먹을 것 못 먹을 것 가리지 않고 돌멩이도 마구 삼킬 듯한 조센징의 저 게걸스러움. 에잇 저토록 지저분하고 구린내 나는 조센징이 하필이면 우리 마을 주변에 들게 뭐람."

조센징, 조센징, 오, 가슴속에 슬픔 많은 나는 조센징.

한때 연해주 방면 남북 만주로 떠나간 동포들이 그중 낫더라는 소문이 퍼지면서 개미 행렬로 건너간 이가 100만 명이 넘었다. 워낙 토지가 흔하고 미개간지가 많은 만주 땅이라 밭농사도 조선과는 규모가 달랐다. 가자마자 되놈 지주 밑에 소작 부칠 땅을 받아서 피땀 흘려 지어낸 강낭, 수수, 감자밭과 만주 땅에서 캐내는 굵고 거친 소금 호염(胡鹽) 몇 점 부스러기 떨어지니 겨우 끼니 때우고 입에 풀칠하는 호구(糊口)만은 그럭저럭 잇고 살긴 했다.

하지만 어딜 가나 쉬파리 없는 곳 없다더니 지주의 변덕, 중국 관병의 압박, 무시로 터져대는 백색공포(白色恐怖)가 괴롭게 했다. 설상가상으로 가렴주구, 이른바 교민세였던 한교연(韓僑捐), 인구조사비(人口調査費), 인구세였던 인세연(人稅捐), 소방비였던 각촌화소부담액(各村火消負擔額), 문호세(門戶稅), 민병비(民兵費), 수리조합비였던 수리가무연(水利加畝

연해주 방면 남북 만주로 떠나는 동포는 100만 명이 넘었다.

捐), 물이 수구를 통과하는 데 따르는 비용인 수문통과수세(水口通過水稅), 일종의 순경 활동비였던 순경횡징비(巡警橫徵費) 등등. 중국정부는 당시의 혁명운동에 대하여 이렇게 가혹한 세금탄압을 가해왔다. 백색공포의 백색이란 말은 옛 프랑스 제국의 왕권을 상징하는 표시가 흰 백합이었던 데서 유래되었다.

이 세금 저 세금 온갖 세금이니 제아무리 성질 무른 농투성이도 이 독한 세금 귀신만큼은 못 이기리라. 날이면 날마다 전쟁터 같은 그곳 생활, 적색당원 다녀가면 관헌 몰려오고, 관헌 지나가면 마적 토비(土匪) 휩쓸려오고, 그 파도 밀려가면 문전걸식 비렁뱅이 떼가 휘파람 불고 있네. 아이구, 그때 그 고생을 말로 어찌 다 할까.

결국은 파산 끝에 이리저리 떠나가 가족조차 뿔뿔이 흩어지나니 나 또한 영락없는 유리전전(遊離轉轉) 비럭질. 고절 참담한 만주 유랑민의 빈궁. 어딜 가나 몰리고 쫓겨 정든 고토 다시 찾아 돌아왔건만 누가 반기나. 살 방도는 어디 있기는 한가. 청계천변 거적때기 토막민(土幕民) 꼴이 되어 주야장창 흙바닥에 누운 채 하늘만 보며 각설이 타령을 부르지.

이 어수선한 난국 속에서 또다시 당한 기사년(1869)의 대홍수와 경오년(1870) 대흉년을 어찌 잊으랴. 맹수처럼 사나운 물결은 강가의 버드나무와 백양나무를 마구 쓸어 눕히고 뽑아내었다. 논과 밭은 씻은 듯이 없어지고, 가축은 물에 떠내려갔다. 민가 수천 호가 살길을 찾아 서북간도로 떠나갔다.

국경을 함부로 넘는 자를 극형에 처한다 했지만 굶주린 백성은 물불을 가리지 않았다. 함경도 경략사 어윤중(魚允中, 1848~1896)이 봉금령(封禁令)을 철폐하자고 상소했건만 주린 창자 움켜쥐고 떠나는 백성들 그 누가 막을 수 있으리. 흉년과 홍수도 두렵고 무섭지만 이보다 더 무서운 건 양반관리 놈들의 가렴주구. 제아무리 드센 흉년과 홍수도 이것 앞에선 두 무릎을 꿇고 말리라.

　　월편(越便)에 나부끼는 갈대 잎가지는
　　애타는 내 가슴 불러야 보건만
　　이 몸이 건너면 월강죄(越江罪)란다
　　기러기 갈 때마다 일러야 보내며
　　꿈길에 그대와는 늘 같이 다녀도
　　이 몸이 건너면 월강죄란다.

강 건너로 떠나간 백성들의 고달픈 삶은 예나 제나 달라질 겨를이 없었다. 가던 그해 모진 흉년이 들어 이주 동포들 얼굴

함경도 경략사 어윤중은 만주 이주를 금지한 법령을 철폐하자고 상소했지만 굶주린 백성들을 막을 수 없었다.

에는 노랑 참외꽃 피었다. 점차 식량난도 심해져서 부녀자들 가을걷이 끝난 들판 터벅걸음으로 헤매었다. 여기에 풍토병마저 한차례 휩쓸어 많은 동포들 죽어나갔다. 엎친 데 덮친 격으로 파리 떼처럼 달려드는 오비(五匪) 놈들 때문에 더욱 힘들었다. 오비란 무엇인가. 금을 몰래 훔치는 금비(金匪)가 첫 번째 도적이요, 수확기의 인삼밭에 들어가 싹쓸이로 훔쳐가는 삼비(蔘匪)가 그 둘째요, 약담배밭에 들어가 다 익은 아편 똑똑 다 잘라가는 연비(煙匪)가 그 셋째요, 애써 베어놓은 통나무를 모조리 쓸어가는 목비(木匪)가 그 넷째요, 금전 강탈 목적으로 사람 납치해가는 인비(人匪)가 그 다섯째라. 이 오비 놈은 말을 타고 몰려다녀서 마적(馬賊)이라 이름 붙었다. 붉은 수염 기르

38

고 다닌다 해서 '홍후즈'(紅鬍子)라고도 불렀다. 서북간도 넓은 벌판과 우거진 밀림은 이들의 독무대라, 이 도적 떼들이 한번 휩쓸고 가면 아무 남는 것 바이없고, 중국 땅 토호 놈들, 만청 정부 관리 놈들, 새로 기어든 일본 놈들은 모조리 피를 빠는 흡혈귀처럼 조선 이민들의 생활을 괴롭혔다.

기왕에 이야기 나왔으니 마적들의 계보를 살펴보자. 당시 마적은 대체로 여섯 부류가 있었으니 일본 계열, 동국군벌 계열, 의적 계열, 단순 도적 계열, 반외세적 계열, 아무런 소속이나 계보도 없는 외돌토리 계열이 바로 그것이다. 이들 중에 이름을 크게 얻은 유명 마적단들이나 인물들을 다시 찬찬히 들여다보자. 1,000명의 졸개를 거느린 산상자(山上子)가 으뜸이요, 해룡현(海龍縣)에는 북산성자(北山城子)가 진을 치고 있다. 남만주 일대에는 온통 마적 천지였으니 곽가툰 동쪽과 범가툰 지역이 놈들의 소굴이다. 이름하여 인의군(仁義軍) 2,730명을 거느린 소준자(小俊子)가 두목이요, 이수산(李壽山)은 그 부두목이다. 졸개를 뽑는 데도 모집규정을 따로 두어서 첫째 지리에 숙달한 놈, 둘째 몸이 튼튼한 놈, 셋째 소학교 2, 3학년 정도의 지식을 가진 놈, 넷째 밤길 잘 걷고 잠에 취하지 않는 놈, 다섯째 돈 쓰기 즐기는 놈, 여섯째 원수 갚고자 하는 놈, 이런 조건을 먼저 따졌다. 안도현(安圖縣) 고동하에는 강괴무(姜魁武)와 해산(海山)이 유명했고, 통화현(通化縣) 19개 성곽에는 공평(公平), 왕자(王刺), 곽진발(郭振發), 양호적(楊虎跡)이란 두령이 부하 수백 명씩 이끌고 조직체계도 갖추었다.

벌칙도 강하여 남의 부인 강간한 놈, 방탕한 놈, 빈민을 약

연해주로 이주한 한국인들은 황폐한 연해주 일대를 개척했다.

탈한 놈, 명령에 불복종한 놈, 단독 행동을 하는 놈, 이런 놈들
은 곤장을 치거나 심하면 죽이기도 했다. 무송현(武松縣) 노일
령에는 500명의 마적 떼를 거느린 사해(四海), 고서빈(高瑞賓)
이 명성이 높았고, 부산대(夫山隊) 패거리에는 오룡(五龍), 쌍
이(雙二), 쌍룡(雙龍)이 안도 인시하(仁施河)에는 보기 드문 여
성 마적으로 쌍영자(雙攖子) 자매가 인기가 있었다. 그녀들 부
하 가운데 왕홍덕(王洪德), 왕점동(王占東)이 후계자로 결정되
었다.

　그밖에 다른 마적 두목들을 일일이 불러내어 보자. 마대산
(馬臺山)에 양우일(楊宇一)이 있었고, 악유준(岳維峻)과 공패
성(貢沛誠), 사가헌(史可軒)은 한중연합군 중앙군 제8로군 소
속으로 장작림(張作霖) 계열이었다. 악질적 친일 마적으로는
코사크 계열의 악당 정조동(丁兆東)과 장덕성(張德成)이 있었

다. 장귀무(張鬼武)가 본명인 장강호(長江好), 만순(萬順), 만천비(滿天飛), 입산(立山), 고산(高山), 상선(常膳), 쾌산(快山), 장순(長順)의 패거리도 만만치 않았다.

이 마적 떼의 등쌀에 못 이겨 두만강 건너 러시아 땅, 지신허(地新墟)로 떠나간 사람도 있었다. 지신허는 19세기 후반에 연해주 일대의 여러 곳에 만들어진 한인 집단거주지 중 규모가 가장 큰 마을이다. 이곳은 연해주 지역 고려인 사회의 중심이자 발원지로 자리했다. 명칭의 유래는 '계심하'(鷄心河), '티진헤'(Tizinhe)라고 불리는 강의 이름을 중국식 발음으로 부른 것에서 왔다. 한국인들이 이곳에 정착하면서 한자 발음에 따라 '지신허'(地信墟, 地新墟) 혹은 '지신하'(地新河) 등으로 표기했다. 러시아에서는 1865년에 한인들의 정착 요청을 당국에 보고했던 노보고로트 초소의 대장인 레자노프의 이름을 따서 레자노보(Rezanovo)라고 불렀다. 1868년에 러시아의 탐험가 프르제발스키(Przhevalskiy, 1839~88)는 이 마을을 방문하여 '가장 광활하고 오래된 한인 마을'이라고 했다.

마을은 지금은 비노그라드나야강으로 이름이 바뀐 옛 티진헤강 주변에 자리했다. 내륙으로 뻗은 산들이 병풍을 두른 듯이 약 16킬로미터 길이에 폭이 1에서 1.6킬로미터 정도인 분지를 감싸고 있다. 분지에 터를 잡은 마을의 한가운데로는 티진헤강이 활처럼 굽이치며 비옥한 농토를 형성했다. 1863년에 마을이 처음 생겼을 때, 당시 러시아 수비대 초소가 설치되었던 부카만은 19킬로미터 정도 떨어져 있었고, 중국 땅인 훈춘은 북쪽으로 약 14킬로미터가량 거리를 두었다.

신한촌 개척리, 수창 석인동
등지에는 제법 큼직한
한인마을이 생겨났다.
블라디보스토크 신한촌 옛터에
세워진 기념비.

　이 지신허로 떠나간 이들은 모두 관북·관서 지방의 가난한
농민들이었고, 추풍에는 곧이어 다전재 마을이 생겼다. 연추
육성촌(六星村) 무커우, 왕거우에도 동포마을이 일어섰다고 했
다. 육성촌은 푸칠로프카, 목화촌은 포시에트를 가리키는 말
이다. 두만강 너머 하산, 그곳 동포들이 키우는 소는 하루에 세
나라를 돌아다니며 풀을 뜯는다고 했다. 사냥꾼이 아침에 두
만강을 넘어가면 저녁엔 그날 잡은 들새를 들고 돌아올 수 있
었다. 그만큼 세 나라 국경은 바로 지척에 머리 맞대고 있었다.
조선과 중국과 러시아가 바로 한곳에 서서 휘둘러보이는 곳.
동포들은 여기에 터 닦고 농사짓고 사냥했다.

그로부터 한인들의 노령* 이주행렬은 늘어만 갔다. 1910년 대에만 10만 명, 1920년대엔 20만 명. 이들이 건너가서 황폐한 연해주 일대를 모두 개척했다. 신한촌(新韓村) 개척리, 수창 석 인동 등지에는 제법 큼직한 한인마을이 생겨났다. 개척리(開拓 里)는 블라디보스토크 항구의 변두리에 있던 한인마을이다. 수 창은 수찬으로 불리던 지금의 파르티잔스크의 한국식 명칭이 다. 당시 러시아 지명 카레이스카야 스라보카를 현지 동포들이 일컫던 지명이다. 그곳으로 수많은 의병과 망명자들, 새 삶을 찾아 떠나온 한인들이 구름처럼 몰려들었다.

---

* 러시아의 지역을 일컫는 말.

3. 썩은 정부

이런 판국에도 궁중의 저 머저리 귀족들은 벼슬을 사고팔고, 관직도 사고팔고, 왕과 왕비가 직접 그 짓을 한다는 소문이 돌았다. 조선 팔도 360군데 수령방백들은 곧 360명의 도적이었다. 과거시험에도 돈이 오갔다. 초시에는 2,300냥, 혹은 5,000냥까지 부를 때가 있었다. 과거 급제에는 무려 1만 냥까지 껑충 뛰었다. 세상엔 돈으로 안 되는 일 없다더라. 돈이라면 송장도 벌떡 일어난다더라. 부패한 과거 시험장에서는 상한 생선과 썩은 쥐의 냄새가 풍기는구나. 아, 지금 세상에 마음이 맑고 깨끗한 사람은 과연 어디 있는가.

1871년 신미년이었다. 미국의 제너럴셔먼호가 대동강에 나타나 평양 군민을 위협했다. 평양감사 박규수(朴珪壽, 1807~76)가 병사를 이끌고 나가 불화살을 쏘았다. 활활 타는 군함 속에서 미국 군인들 황급히 빠져나와 모래톱을 건너 달아났다. 이 신미양요(辛未洋擾)를 아는지 모르는지 프랑스 함대도 양화진 나루에 이르렀다. 그 함대가 다시 나타나 강화도를 점령했다. 양헌수 장군이 강화도 정족산성에서 프랑스 군대를 무찔렀다.

1868년 무진년 8월 27일, 한가위가 갓 지난 들판에 오곡백과는 잘 여물어가는데 평양 외성리 서문 안 문렬사 부근 가난한 오두막에서 한 아기의 첫 울음소리가 들렸다. 아버지 홍윤식(洪允植)은 금방 태어난 자신의 아들을 감격에 젖은 얼굴로 들여다보았다. 그러곤 창백한 얼굴로 온몸에 식은땀 흠뻑 젖은 아내를 들여다보았다. 윤식은 밖으로 나가서 깨끗한 볏짚으로 새끼줄 비벼 꼬아 그 사이사이에 숯덩이와 붉은 고추를 끼워서 사립문에 금줄을 드리웠다.

그 시간에도 함경도·평안도의 굶주린 관북 백성들은 호랑이보다 무섭다는 저 악질관리들의 착취와 가렴주구를 못 이기고 기어이 국경을 넘어 도망했다. 그들 지나간 길의 발자국에는 흥건한 눈물이 고였다. 봄이 다 가도록 진정한 봄은 오지 않고 「송춘곡」(送春曲)이란 슬픈 노래만 불렀다.

새봄이 다 가도록 기별조차 없는 님을
가을밤 안산까지 또 어찌 참으래요
도문강 눈 얼음은 다 풀리었는데.

새봄이 아니오라 열세 봄 넘어와도
못 찾을 내랴마는 가신 님 날 잊을까
강남의 제비들은 제집 찾아 나왔는데.

조선 순조 시절, 썩은 정치에 지친 관서 지방 백성들은 마른 땅 흠뻑 적셔줄 단비를 기다렸다. 하지만 고대하던 비는 오지 않고 흙비만 왔다. 한줌 가을걷이할 곡식도 없이 대흉년이었다.

또 왔다네 또 왔다네 김경서가 또 왔다네
들이치자 들이치자 평양성을 들이치자.

그토록 기다리고 기다리던 비가 내렸으나 평안도 가산군(嘉
山郡) 다복(多福)골에서 평서대원수(平西大元帥)란 이름으로
농민혁명을 일으킨 홍경래(洪景來, 1771~1812)라는 세찬 장대
비는 급기야 태풍이 되어 다섯 달 동안 관서 땅을 휩쓸고 갔다.
평안도는 아주 쑥대밭이었다.

난이 났다 난이 났다
다복골에서 난이 났다
진을 친다 진을 친다
달래방천 진을 친다.

다복골은 평북 가산읍과 박천읍에서 10리 거리에 있는 길
쭉한 골짜기다. 그 다복골에서 한 시대의 영웅들이 모였다. 모
임의 중심은 홍경래. 그의 막하에 한 장수가 있었으니 곽산 사
람 홍이팔(洪二八)이 바로 그였다. 어미는 밭에서 일하다가 그
를 낳았다. 스무여드레에 나왔다고 이름을 '이팔'이라 했다. 그
는 용강군 다비면 화장골에서 남의 집 머슴살이를 하고 있었
다. 서른이 되도록 노총각이었다. 워낙 퉁소를 잘 불어서 '홍퉁
소'라고도 불렸다. 인적 없는 버들방천에서 그의 퉁소 소리를
귀 기울여 들으면 아지랑이 아른대는 언덕을 넘어 봄 향기 신
고 오는 바람결인 듯 살뜰하고 부드러웠다. 가슴은 걷잡을 수

'지휘관'을 뜻하는 '수'(帥) 자가
쓰인 깃발을 '수자기'라 한다.
신미양요 때 미군이 빼앗아갔다.

없이 애틋해졌다. 날 저물어 뒷산에서 퉁소 소리 들리면 사람
들은 드디어 하루해 다 갔구나 했다. 원체 기운이 장사라 먹는
것, 일하는 것 모두 남의 세 곱을 했고, 산에 밭매기를 가면 웬
만한 나무는 그냥 손으로 쉽게 뽑았다. 굵은 등걸도 도끼질 몇
차례에 바로 넘겼다. 뒤늦게 장가들어 아들 하나를 두었다. 홍
경래 부대의 선봉장으로 줄곧 활약하다 임신년 정월 정주성 함
락 때 잡혀 죽었다. 이 힘장사 홍이팔이 바로 아기의 증조할아
버지였다.

관군이 난을 진압하고 피비린 보복을 전개하면서 홍씨 집안
은 거의 모두 멸족위기에 처하게 되었다. 홍이팔의 아내 초계
정씨도 이때 끌려가고 아직 소년티 못 벗은 아들 동철만 멀리

48

멀리 달아나게 했다. 이 험한 격랑 중에도 세월은 흘렀다. 동철이 철남으로 변성명하고 평양장터에서 살게 된 지 여러 해 지났다. 아무도 돌보지 않는 천덕꾸러기였다. 장사를 했으나 실패를 해서 큰 빚만 잔뜩 졌다.

그 아들 윤식은 부친의 빚을 갚겠다며 남의 집 머슴으로 들어갔다. 역시 천덕꾸러기였다. 마을 뒤 황량한 산등성이에 보잘것없는 단칸 오막살이를 짓고 어려운 소작생활도 했다. 꼭두새벽 정수리에 별을 이고 나가면, 이슥한 밤 등에 달을 지고 돌아왔다. 손발이 갈고리가 되도록 뼈 빠지게 일했지만 돌아오는 것은 심한 원망과 멸시뿐이었다.

어느 날, 장에 갔다 돌아오는데 한 처녀가 끌려가고 있었다. 관청의 포교는 억센 손으로 마구 처녀를 끌고 가며 희롱했다. 이 와중에도 처녀는 독한 얼굴로 포교 놈을 나무라며 꾸짖었다. 두 악당 포교 놈은 처녀를 뒤에서 끌어안고 못된 행악질을 번갈아 벌이고 있었다. 놈들의 입에서 시큼한 술 냄새가 푹푹 풍겼다.

윤식이 이 광경을 보게 되었다. 윤식은 벼락같이 달려들어 눈에 불을 뿜으며 악당 놈을 짓밟았다. 그러곤 실신한 처녀를 어깨에 둘러메고 무작정 멀리 달려갔다. 처녀의 이름은 곱단. 서흥 김씨 집안에서 태어났으나 조실부모했다. 그 후 이 집 저 집 떠돌다가 외가에서 자랐다. 워낙 얼굴이 예뻐서 관청기생으로 끌려가다가 마침 윤식에게 구출되어 둘이 밤에 몰래 달아났다. 달리고 또 달렸다. 앞만 보고 무작정 달려갔다. 어둠이 없는 곳으로. 어둠으로부터 멀리 벗어나 아주 자유로운 곳까지.

이 무렵 눈이 파란 도깨비 오페르트가 충청도 예산군 덕산면 기슭의 어느 왕족 무덤을 둘러 팠다는 소문이 들렸다. 통상 요구를 실현하려고 왕족 무덤을 볼모로 삼은 것이다. 홍선대원군 이하응(李昰應, 1820~98)의 부친 남연군(南延君)의 묘소였다. 세상은 점점 뒤숭숭해지고, 민심은 더욱 나빠만 갔다.

4. 범동이

9월 초사흘, 아기가 태어난 지 이레 만에 서흥 김씨 곱단은 산독(散毒)으로 숨을 거두었다. 홀로 남은 지아비는 기가 막혔다. 밤이면 짐승처럼 엉엉 우는 한 사내의 통곡소리가 들렸다. 그 옛날 고담 책에서 심 봉사가 겪은 꼴 그대로였다.

아버지는 아기를 품에 보듬어 안고 동네방네 다니며 비슷한 때에 출산한 산모를 찾아 동냥젖을 얻어 먹였다. 남의 품인 줄도 모르고 젖꼭지를 입에 문 채 해죽해죽 웃는 아기는 방금 핀 꽃처럼 귀여웠다. 안고 젖 먹여주면서 너무 딱해 눈물짓는 아낙네도 있었다. 아버지는 바쁜 중에도 말린 홍합 구해와 빻아서 가루를 내고 거기에 쌀가루 섞어 부드러운 암죽을 끓여 아기에게 먹였다. 기저귀도 제때에 못 갈고 여름엔 배탈이 나서 야위기도 했지만 이런 경황 중에서도 아기는 쑥쑥 잘 자라서 소년이 되었다. 무엇보다 잔병치레를 안 해서 그게 고마울 따름이었다.

워낙 튼튼하게 태어난 것이 다행이었다. 아이는 힘도 세고 골격이 커서 소년장사였다. 범같이 사납고 힘센 아이라고 아버지는 이름을 범동이라 했다. 소년은 마을 아이들에게 언제나 으뜸가는 대장이었다. 아이들은 범동이를 앞장세우고 행진도

하며 씩씩하게 노래를 불렀다.

　　범 장군 나간다 꼭꼭 숨어라
　　범의 다리는 똑깍 내 다리는 생생.

　밤이면 범동이 집에 동무들이 모여서 밤이 깊도록 놀았다.
여러 명이 마주 앉아 발 깍지를 끼고서 서로의 다리 수를 헤아
렸다.

　　이 거리 저 거리 각거리
　　인사 만사 주머니 끈
　　돌돌 말아 장도칼
　　애 장도 허리띠
　　제비 딱딱 모감주.

　깔깔 웃는 소리, 재잘거리는 이야기 소리가 오두막집 밖으로
울려 퍼졌다. 사기종발에 담긴 아주까리 등잔불도 점점 희미
해지는 밤. 그런 밤이면 엄마별이 떠서 밤이 새도록 지켜주었
다. 추운 새벽이면 별은 파르르 몸을 떨었고, 아들이 못내 그리
운 밤이면 눈물 머금은 별이 반짝였다. 이렇게 놀면서 깊어가
던 그 밤. 그것이 어찌 그리도 즐겁고 재미있었을까. 얼마나 신
명이 나고 흥겨웠던가. 하지만 날이 밝아 송아지 동무들 모두
돌아가고 나면 엄마 없는 빈자리가 왜 그리도 서럽고 쓸쓸하
던지.

쇄국정책으로 전국에 척화비를
세웠다.

1869년 기사년 여름, 전남 광양과 경북 영해, 문경 주흘산 새
재마루에서 민란이 일어났다. 북관*지역 백성들 가운데 러시아
로 도망치는 자는 점점 늘어났다.

1870년 경오년 가을, 청나라 도적들이 압록강을 넘어와 모조
리 약탈하고 돌아갔다. 두만강을 건너간 백성 중 이동길(李東
吉)이 도로 잡혀 와서 참수되었다. 미국 군함은 강화도에 또 나
타나 소란을 일으키니 나라에선 '척화비'(斥和碑)란 걸 만들어
전국 여러 고을에 엄정하게 세웠다. 나라 안팎이 온통 뒤숭숭
한 1871년 신미년이었다.

---

* 함경도 지방을 두루 이르는 말.

나라 안은 간데족족 이양선(異樣船) 이야기로 와글거렸다. 파랑 눈 양귀(洋鬼) 떼가 수없이 달려들어 강화 초지진이 삽시에 날아가고 광성보도 빼앗겼다더라. 삼수·북청·홍원에도 포군(砲軍)이 진을 쳤다더라. 들리는 말로는 청국 도적이 후창에서 분탕질 치고 왜놈 포수들이 떼 지어 몰려온다는데 굼뜬 관리들은 인삼 잠월(潛越) 타령만 부르고 앉았구나. 잠월이란 밀수를 일컫는 옛말이다. 어쩔거나, 어쩔거나. 이 나라 앞일을 과연 어찌할 거나.

울산에서는 민란이 일어나 시끌벅적한 중에 왜놈 군함이 불쑥 접근해 인천 영종도에 포탄을 쏘았다고 한다. 호적은 문란하고, 국고는 텅텅 비고. 왜놈 건달 구로다 기요타카(黑田淸隆, 1840~1900)란 놈은 칼을 빼어 들고 남양만으로 진입해 들어왔다고 한다. 일본 군함 운양호가 인천 앞바다에 나타나 포격을 했다. 병자년에 한일수호조약(韓日修好條約)이 강제로 체결되었다.

어찌 된 일일까. 포탄 쏜 왜놈에게 도리어 선물까지 주고 수호통상을 맺었다고 한다. 대쪽 선비 최익현(崔益鉉, 1833~1907)이 여기에 반대하는 상소문을 올리고 도끼를 옆에 둔 채 궁궐 앞에 엎드려 항의했다. 그러나 언제나 옳은 말하는 입은 재갈이 물리고, 먼 남녘 흑산도로 끌려가 악을 쓰며 소리치는 충신의 절규는 갈매기 울음 속에 쓸쓸히 묻히었다. 한양에서는 조선수신사 김홍집(金弘集, 1842~96) 일행이 왜놈 배를 타고 일본으로 우쭐거리며 찾아간다고 했다.

충신은 죽고 경복궁은 불타는데 쌀값은 치솟고 굶주린 백성

일본 군함 운양호가 인천 앞바다에 나타나 대포를 쐈다.

들만 울부짖는다. 왜구를 막던 수설문(守設門)은 모두 허물어버
리고, 함경도 땅에 때 아닌 봉수대는 왜 고치는가. 안타깝도다.
답답하구나. 두 눈 뜨고도 앞 못 보니 그게 바로 청맹과니* 통치
가 아니고 무엇인가. 더우면 부채 바람 일으키고 진날은 나막
신을 신어야 이치에 맞는 법. 넘치는 물에는 둑방 쌓기가 제격
이고, 활활 타는 불은 우선 끄고 난 다음 둘러보는 법인데 이게
대체 어찌 된 일일까. 사람들은 모두 하늘의 이치를 모르고 있
으니.

　충청도 화적 이한성(李漢成) 효수(梟首), 공주진 화적 안봉길
(安鳳吉) 효수, 경기 화적 신존이(申存伊) 효수, 전라도 영암의

---

　* 겉보기에는 눈이 멀쩡하나 앞을 보지 못하는 눈, 또는 그런 사람.

역모자 수괴 장혁주(張赫周), 최봉주(崔鳳主), 이길로(李吉路), 전동식(全東植) 모두 효수. 원주에서도 14명의 화적이 줄지어 목을 잘렸다. 일본 호열자는 전국을 휩쓸고 있는데 마당 다져 놓은 굿판에 문둥이 먼저 지나간다더니 간교한 일본 공사 하나부사 요시모토(花房義質, 1842~1917)란 놈은 한양 길을 풀 방구리에 쥐새끼 드나들 듯 마음대로 들락날락한다.

오늘도 바닷가엔 섬나라 배가 슬슬 돌며 해안선 전역을 숨바꼭질하며 요리조리 측량질을 한다. 인천에선 왜놈이 민가에 마구 들어가 노략질을 했다고 한다. 속없는 관리들은 어딜 가나 토색질하기에만 바쁘다. 사태가 이러하니 생살 뜯는 모기 떼 피해가듯 쫓기던 백성들 기어이 화적질하게 되지. 이 짓 저 짓도 못하면 기어이 눈물로 '도망강'을 넘어가지. 그곳은 기름진 땅이 있고, 탐학한 관리도 토색질도 바이없는 곳. 제 나라 땅을 버린다고 우리를 욕하지 말라. 누군들 제 안태(安胎) 고향을 왜 모를까.

터벅터벅 눈보라 길을 떠나가는 이 판국에도 저 머저리 정부의 고관이란 것들, 이웃 섬나라 일본을 구경 간다고 온통 넋이 빠졌다. 신사유람단(紳士遊覽團)이란다. 무엇이 두려웠나, 가는 곳도 응큼하게 감추고 동래어사 행차라고 거짓 나발을 불었던가. 민심은 두려웠고, 오랑캐 배는 그리도 타고 싶었던가.

영남에선 유생들이 눈물로 쓴 만인소(萬人疏)를 올렸고, 충청도 선비 백낙관(白樂寬, 1846~83)은 척사(斥邪)·척왜(斥倭) 상소를 올린 뒤 바로 옥중에 갇힌 몸 되었다. 이 혼란 속에서도 저 왜놈들은 울릉도에 숨어들어와 아름드리 향나무를 모두 베

침략의 원흉 구로다 기요타카와 간교한 일본 공사 하나부사 요시모토.

어갔다. 독도에 침투하여 강치란 강치도 모조리 잡아갔다. 함경도 안변(安邊)과 덕원(德源)에서는 충직한 부사가 도리어 쫓겨났다. 왜놈 첩자를 체포한 것이 그 이유란다. 예나 제나 왜나라는 못 믿을 나라. 겉 희고 속 검은 흉계의 나라.

범동이가 여덟 살 되던 해에 아버지마저 돌아가셨다. 부잣집 머슴살이로 너무도 고생하던 홍윤식은 힘겨운 일에 줄곧 시달리다 몸에 병을 얻었다. 가난한 살림에 약 한 첩 제대로 못 써 보고 그로부터 다시 일어나지 못했다. 어느 날 홍 서방은 범동이를 머리맡에 불러 앉히고 퉁소 하나를 주었다.

"얘야, 이 퉁소는 네 할아버지가 불던 것이란다. 내가 너에게 물려줄 것이라곤 이것 하나뿐이구나. 우리 어린 범동이가 이 험한 세상을 혼자 어찌 살아갈꼬."

홍 서방은 그로부터 며칠 뒤 어느 새벽, 눈을 뜬 채로 운명했다. 홍 서방의 눈가로는 눈물이 주르르 흘러내렸다. 아주까리 등잔불 기름도 다 바닥이 났는가. 가물가물하다가 바지직거리더니 제풀에 꺼져버렸다. 캄캄한 방안에서 어린 범동이의 울음소리가 들려온다. 슬픔도 모르고 다만 즐겁게 천진하기만 하던 범동이의 소년 시절은 이로써 끝이었다.

강물은 흐른다. 온갖 슬픔, 온갖 노여움, 온갖 가슴 찢는 쓰라림일랑 저 도도한 흐름 속에 묻어버리고 보통강은 흐른다. 주변의 남강, 합장강, 순화강, 무진천, 곤양강의 물길이 모두 합수되어 천방지방 콸콸 넘쳐흘러서 대동강으로 흘러든다. 그해 큰물이 진 뒤 사람들은 물 빠진 곳에 다시 집터 다지고 예전처럼 주춧돌을 놓았다. 하지만 소년 범동이의 마음 한복판엔 아무것도 놓을 수가 없었다.

사람들은 물 마른 곳에 밭 일구고 여문 씨앗 다독다독 묻었다. 그러나 소년의 마음 밭엔 그 어떤 것도 새로 심을 수가 없었다. 어린 소년은 그로부터 3년이 넘도록 남의 집에서 더부살이 식구가 되었다. 촌수는 알 수 없고 아버지와 그냥 먼 친척이라 했다. 그래서 호칭을 아저씨, 아주머니라 불렀다. 궁핍한 살림에도 아저씨는 늘 술에 찌들어 있었다. 눈동자는 풀리고 걸음은 이리 비틀 저리 비틀. 들판에서 이슬 맞고 자는 일이 잦았다. 하지만 그 집도 찢어진 빈농이라 내 먹을 양식은 내가 벌어와야만 했다. 그래서 만단염치(萬端廉恥) 불구하고 남의 집 꼴머슴을 살러 다녔다.

지난번 큰물 끝에 석삼년 내리 흉년이 들었다. 이래저래 군식구의 입치레는 점점 힘들어졌다. 이 찢어지는 빈농의 가슴속

저린 설움을 과연 그 누가 알 것인가. 한 끼 밥도 눈치가 보였다. 짜증 섞인 목소리, 점점 푸대접과 패악질로 바뀌었다. 이런 시달림 속에서 범동이는 철이 들어갔다. 아예 그 집을 나와서 후창고을 변가네 지주 집 머슴방으로 들어갔다.

후창 지주 변가는 변두리 변짜 쓰는 황주 변씨로 어려서 작은 천연두를 앓고 살짝 곰보가 되었는데, 오늘도 땅 좀 부치겠다고 찾아오는 소작인들을 붙잡고 앉아 가문 자랑을 늘어놓는다.

"본시 변문(卞門)은 유(有) 팔십사(八十四) 본(本)으로 밭도랑 농짜 농서에서 벼슬하던 분이니라. 황주 변씨 시조는 태천 백 여(呂)이시옵고 우리네 직계 조상은 문 이조좌랑 경자 윤자이시옵고…"

범동이는 망태 메고 오봉산으로 올라가 자성강(慈城江) 쪽을 바라본다. 반짝이는 햇살 속에 우뚝한 독고산 전모봉이 한달음에 달려들고 가산령, 수절령, 우항령, 갈응령, 화의령, 충천령 등 높고 높은 영마루 너머 빽빽한 저 가시 숲을 넘고 넘어 아버지 어머니는 떠나가신 것일까. 오봉산 골짜기에 쇠고삐 풀어놓고 범동이는 쇠꼴로 한가득 망태를 채운다. 오랑고개로 뉘엿뉘엿 해 넘어갈 때 범동이는 소 몰고 영마루 앞으로 터벅터벅 내려온다. 오늘따라 구경꾼도 하나 없어 "산성모연영귀운(山城暮煙嶺歸雲)이요" 하던 노랫소리도 끊어지고 누각은 텅 빈 채 고요하다.

멀리 관음사에서 저녁 쇠북*이 울었다. 까마귀 소리도 함께 묻어났다. 어느덧 십 년 세월이 흘렀다. 꼴 베던 소년은 몰라보게 자랐다. 딱 벌어진 가슴, 다부진 체격, 짙고 숱 많은 눈썹은 활처럼 굽었고, 두 눈은 슬픈 코끼리를 닮았다. 턱수염이 점차 돋아나고 굳게 꽉 다물린 입, 어느 틈에 소년은 차분하고 사려 깊은 청년의 꼴을 갖추고 있었다. 낮고 무거운 목소리로 불의엔 냉정하고, 다른 사람의 슬픔에 마음 아파하는 다감한 청년이었다. 오랜 머슴살이의 고달픔은 범동이에게 땀과 슬기와 신의를 가르쳤다. 범동이는 미투리** 삼다가 고개를 들고 물끄러미 오봉산 위의 저녁놀을 보았다. 노을은 이글이글 불타듯 한순간 서녘 하늘을 붉게 물들이더니 곧 가없이 깊은 어둠 속으로 잠기어 갔다.

'나는 장차 무얼 하고 살아갈 것인가. 이대로 허리를 구부리고 평생 땅속의 어둠 속으로 굴만 파는 두더지가 되기는 싫다.'

말 들으니 저 남녘 여주 땅도 들끓었고, 북청·길주·영흥 바닥도 한바탕 부글부글 들고일어난다는데 때마침 평양성에 신건친군이 설치되고 씩씩한 장졸을 뽑는다 하니 범동이의 가슴 속은 얼기설기 복잡한 칡덩굴과 가시덤불이 서로 뒤엉키고 휘감긴다.

---

* 종의 옛말.
** 삼이나 노 따위로 짚신처럼 삼은 신.

5. 입대(入隊)

범동이는 어언 열다섯 청춘이었다. 마음이 울적할 때면 아버지가 남겨준 유일한 재산인 퉁소를 꺼내어 불어도 보았다. 그러나 풍류에는 재주가 없었던지 흥이 나지 않았다. 하지만 그 퉁소는 범동이에게 보물이라 깊이 간직했다.

서울 훈련도감 병사들이 급료도 못 받고 반란을 일으켰다더라. 러시아 도적 수백 명이 함경도 서수라(西水羅)로 쳐들어왔다. 전 조선 땅에 호열자가 퍼져서 많은 사람이 죽었다. 들리느니 통곡이요 보이느니 장례행렬이라 길에도 시체요 들판에도 송장이었다. 여우가 캥캥 시체 주변으로 모여들고 까마귀는 까옥까옥 흉한 소리로 울어대는 정축, 무인, 기묘는 줄곧 험한 세월이었다. 사람들은 자고 나도 또 밤이었다. 밝은 아침은 아무리 기다려도 오지 않았다.

이때 석유(石油)란 것이 서양 나라에서 들어와 민간에도 널리 퍼져갔다. 곡식을 들고 저잣거리에 나가면 석유를 쉽게 구할 수 있었다. 처음 보는 그것은 검붉은 빛깔에 고약한 냄새가 났지만 심지를 달아놓으면 불이 붙었다. 호롱불보다 훨씬 밝았다. 사람들은 석탄에서 뽑은 것이 석유가 되었다고 했고 또 어떤 이는 돌을 불에 달구어 녹여낸 것이라 했다. 또 어떤 사람들은 횟배 앓는데 특효약이라며 벽장에 그 보물을 넣어두고 날마다 한 숟갈씩 떠먹고 있다며 자랑했다.

1882년 임오년 6월, 군대의 병사들 들고일어났다. 불과 1년 전 군제개혁 때 별기군(別技軍)이란 신식 군대를 만들면서 구식 군대에 대한 차별이 점점 심해졌다. 봉급도 제대로 주지 않았다. 군량미의 절반은 온통 겨뿐이었다. 이 꼴을 겪은 병사들은 격분했다.

"까짓것 이래 죽으나 저래 죽으나 어차피 죽는 것은 마찬가지다."

"마땅히 죽여야 할 도적놈이나 처치하여 우리의 억울함을 풀어보자."

이에 군인들은 성난 파도가 되어 선혜청(宣惠廳) 당상 민겸호(閔謙鎬, 1838~82)의 집으로 몰려갔다. 그자는 그동안 훔쳐 모은 금괴더미만 매일 밤 만지작거리다가 혼비백산하여 달아났다. 도적의 집안에서 물건을 모두 끌어냈다. 비단과 옥구슬에 연기와 불길이 활활 타오르고, 인삼과 녹용과 사향 타는 냄새가 장안에 가득했다. 일본 공사관과 외척 민가네 집들이 습격당하고, 왜인 13명이 죽었다. 대원군(大院君)은 청국으로 압송되었고, 별기군은 폐지되었으며 이 때문에 힘없는 왕조정부는 일본과 제물포 조약을 맺고 말았다. 배상금도 50만 원이나 물어주었다.

나라 꼴이 이런데도 민 중전은 요기 가득한 무당 파평 윤씨를 궁중에 데려와 가까이 앉히고 '진령군'(眞靈君)이란 높은 이름까지 내려주며 오직 그의 말에 기댄다는 풍문이 돌았다. 갑오년 늦가을에는 개화파 청년 관리들이 반란을 일으켜 대궐이 온통 쑥대밭이 되었다고 한다. 서로 죽고 죽이는 피비린내가 대궐 마당에 흥건했다. 쫓고 쫓기고 소름 끼치는 칼 소리가 끊일 줄 몰랐다.

임오년 군변(軍變) 이후 눈이 파란 외국인들이 한양 장안에 들어와 살았다. 정동 부근은 그들의 터전이 되었다. 청국인은 수표교 북쪽 관수동 양편, 일본인은 남산 밑 진고개에 자리를 잡았다.

"아, 이놈의 세상은 대체 어찌 되어가려는가."

그 찌는 듯한 여름이 서서히 제 꼬리를 움츠리고 뭇 밤벌레들이 아직 철 이른 풀숲에서 아우성치는 밤, 드디어 범동이는 병정으로 지원할 결심을 굳혔다. 그냥 이대로는 살 수 없다. 병정이 되어야 총검술도 배우고 간악한 적의 무리도 물리칠 수 있기에 다음 날 길 채비해 떠나며 범동이는 후창고을의 정든 산천을 다시금 돌아다보았다. 이곳은 십여 년 내 잔뼈가 굵은 곳. 연포, 무창, 송전, 화평, 후창, 강구, 후주, 고읍 쪽을 눈물에 젖어 바라보았다.

'내 다시 오리라. 옛 정든 사람들 곁으로. 압록강의 솟구치는 물살이 되어 물속의 너겁과 독뱀들 멀리멀리 쫓으며 내 반드시 돌아오리라.'

소유동 관음사에서 쇠북이 울었다. 울렁이는 가슴을 안고 범동이는 등짐 속에 미투리 여러 켤레 갈무리하고 길 떠났다. 화평 주막거리 지나 강계고을에서 잠시 쉬고 별하리와 이만동, 백신을 거쳐 희천 땅에서 하룻밤 묵고, 관상동, 구장동, 영변에

구식군대의 복장.

평원리, 순천 사인장을 당도하니 평양성이 저 멀리 눈앞에 아련하구나.

　구한말의 어엿한 지방군대로 신건 친군(新建親軍)이라고 있었다. 1882년 임오군란(壬午軍亂) 직후 조선의 군대가 청국의 영향 속에 중국식으로 개편된 새로운 군제였다. 1884년 민응식(閔應植)이 평안 감사로 부임한 뒤 감영을 개편하고 훈련 방식도 중국식으로 바꾸었으며 종래의 평안 감영은 친군(親軍) 서영(西營)으로 개편되었다. 그해 가을에 평양부와 전주부에 각각 한 곳씩 설치되었으니 정령에 부령, 정위에 부위, 참위, 하사, 정교, 부교, 참교, 각종 장졸이 우뚝우뚝했다. 벙거지 위에 패랭이와 전립을 얹던 머리에는 깃털이 나풀거리는 원통모자를 썼다. 펄럭이던 쾌자 자락은 7개의 금단추가 반짝이는 군복으로 바꿔 입고 가죽장화에 홀태바지를 입었다. 코밑엔 공연한 팔자수염을 멋으로 길렀고, 손끝엔 군도가 번쩍였다. 이러한 신건 친군에서 병정 모집이 있었다.

범동이는 나이 15세에 일부러 열일곱이라고 두 살 올려 말하고 신건 친군에 입대했다. 맡은 직책은 평양 창광산 밑에 진을 친 병사부 제6연대 소속, 우영 보병대 제1대대 코코수였다. 코코수란 군부대에서 나팔을 부는 병정을 말한다.

"도… 또… 또 따 따… 따 또 도… 또 또 따…"

범동이가 부는 힘찬 나팔소리가 하루 두 번씩 부대 전체에 울려 퍼졌다.

성격이 활달하여 병사들과는 처음부터 잘 어울렸다. 건장한 체격에 순박하고 겸손하며 무엇보다도 강한 의리가 있었다. 범동이는 이때 총이란 것을 처음으로 만지고 쏘아보았다. 100걸음이나 떨어진 곳에서 탄환을 재어 방아쇠를 당기면 귀를 찢는 소리와 함께 목표물이 맞았다. 범동이는 이 사격이 너무나 즐겁고 재미있었다. 남보다 열심히 노력하여 부대 안에서 손꼽히는 명사수가 되리라 다짐했다. 쏘면 쏘는 대로 과녁을 뚫었다.

이 무렵 평안도 일대에는 청국 상인들의 행패가 심했고, 걸핏하면 조선의 상인에게 손찌검하고 도둑질하는 왜놈 순사들이 많았다. 남의 땅에 기어든 저놈들이 칼 차고 총 메고 쏘다니는 꼴은 꼭 미친개 같구나. 참으로 목불인견(目不忍見)이라, 홍범동 참교는 이런 꼴을 눈 뜨고 못 보았다. 평양장터에서 야료를 부리던 못된 청나라 상인 놈을 흠씬 두들겨 패주고, 조선 아녀자를 겁간하려던 왜놈 순사는 개처럼 질질 끌고 와서 나무에 거꾸로 매달았다. 일본군 장교 놈이 찾아와 한바탕 행패를 부리고 간 저녁, 범동이는 벗들과 몰래 부대를 빠져나와 일본 영사관 담 너머로 와장창 돌벼락을 퍼부었다. 가는 곳마다 왜놈이요, 세상은 온통 왜놈 천지가 되어가는가 보았다. 수상한 낌새가 그치질 않고 민심은 뒤숭숭했다.

평양 신건 친군은 범동이와 그의 동료들의 날랜 용맹에 주민들로부터 칭송이 높아갔지만, 일본 영사관에선 범동이를 오히려 표적 삼아 감옥에 가두라고 압력을 넣었다. 이런 분위기 속에서 병사부 고참들은 범동이를 감싸고 두둔하기는커녕 오히려 시기하며 상관들을 모함했다. 성격이 거칠다고 탈, 군영을 자주 이탈한다고 탈, 시국에 불만 품고 있다고 탈, 사격도 과녁을 잘 쏘아 맞힌다고 탈, 이런 무고로 자꾸 까탈만 덧쌓이니 고개 젓던 상관도 나중에는 그 모함을 은근히 믿는 기색이 보였다.

'아으, 외롭고 힘없는 병사, 고군약졸(孤軍弱卒)이란 바로 이를 두고 하는 말이로구나.'

어느 그믐밤, 범동이는 하늘을 올려다보았다. 숱한 별 떨기들 밤이 깊을수록 새록새록 빛나고 있었다.

'규율과 질서, 조직과 용맹, 이 모두 누구를 위한 마련인가. 무엇을 위한 "있음"인가. 저 고통에 시달리는 백성들, 저 왜적의 학대에 우는 겨레를 못 본 체하는 그것을 과연 군대라 할 수 있는가. 도무지 그런 군대는 있어서 무얼 하겠다는 것인가. 에익, 양식만 축내는 저 밥버러지들!'

강원도 정선고을이 발칵 뒤집혀 군수 이규학(李圭鶴)이 맨발로 달아나고, 악질 군노사령 놈이 불타 죽고, 통천 인제고을의 소요 주모자 윤영창과 심의창은 붙잡혀 장터 거리에서 효수되었다. 수원민란(水原民亂) 그 이듬해에는 경기도 소사와 경상도 함창에서 난리가 났다. 소사(素砂) 난리에는 수백 명의 화적 가운데 포수 노릇하던 사람이 많았다고 한다. 세상은 갈수록 난장판이 되는데 평양고을 친군 장교들은 군량 팔아서 돈 자루 챙기기에 바쁜 꼴이었다.

서울로 원정해서 첫 근무하고 돌아온 어느 날, 부대물품이 담 너머로 휙 넘어가는 현장을 보았다. 욱하는 성질을 못 참고 달려가 그건 도둑질이라며 소리쳤다. 그날 저녁, 범동이의 상관이 몽둥이를 들고 와서 마구 휘둘렀다. 범동이는 억울한 매를 무수히 맞고 발길질을 당하고, 곧바로 캄캄한 영창으로 끌려갔다. 밥도 물도 이틀이나 주지 않았다. 세상이 썩었지만 군대는 더욱 썩었더라. 온통 매관매직(賣官賣職)에 눈이 붉은 도적놈이 윗자리를 차지하고 앉았으니 하급병졸들이 저리도 배를 곯지. 불의를 보고 불의라 하는 것은 올바른 군인의 규율과 양심이다. 그런데 썩은 군대는 오히려 가혹한 보복만 해오고 있으니.

아, 이게 웬일인가. 병사부의 쇠 가시 울담 바깥에서 바람결에 들려오는 저 노랫소리…

어데 군사냐
진위대 군사다
몇 천 냥 벌었나
삼천 냥 벌었다
무슨 갓 썼나

통영 갓 썼다
무슨 신 신었나
쇠신 신었다
무슨 문 열었나
대동문 열었다
대동문 어디요
여기저기.

　세상은 갈수록 험난해가고 군대는 군대대로 갈 길을 잃었다.
이 허둥거림, 이 갈팡질팡, 놋대를 놓쳤구나. 돛대도 부러졌구
나. 모두들 뿔뿔이 모래처럼 흩어지고 백성들은 구심점을 잃었
는데 나라의 마지막 보루인 군대마저, 아 그대들 군대마저⋯
한 청년병사의 어금니가 어둠 속에서 맷돌처럼 부드득거린다.
임오년 군변(軍變)에 뿌린 피가 모두 헛수고였구나.
　병약한 세자의 수명장수를 위해 금강산 일만 이천 봉 하나
하나마다 소낙비처럼 금전과 곡식을 뿌려댄 민 중전이란 얼빠
진 한 여인의 가증스런 손을 생각하면 더욱 피눈물 난다. 백성
들은 한쪽에서 굶어 죽어가는데 봉우리마다 일천 냥, 봉우리마
다 쌀 한 섬, 봉우리마다 베 한 필, 한강의 물고기가 배고프다
고 500석 쌀밥을 지어 강물에다 던졌다. 나라의 국고는 이처럼
민씨네 개인 창고였다.
　궁중 뜰에서 끊임없이 들려오던 무당과 점쟁이의 굿 풍악소
리, 시정잡배의 요망한 웃음소리⋯ 민씨 집권 10년에 국고는
텅텅 비고 그 대신 가득 차 있는 건 온갖 횡령, 온갖 협잡, 온

갖 상납, 온갖 부패였다. 북청 물장수가 돈으로 삼수군수 자리를 사고 이최응(李最應, 1815~82)의 집에서는 생선과 꿩고기 썩는 냄새로 코를 싸쥔다고 한다. 대감 김병국의 집에서는 종놈들이 진상받은 송이버섯으로 배를 불리고 민태호(閔台鎬, 1834~84)네 집 당나귀는 약식 아니면 거들떠보지도 않는다네. 관리들 썩을 대로 썩었으니 귀한 군량미조차 썩어버렸지. 물에 젖어 부풀고 거뭇거뭇 썩은 것도 그나마 겨와 돌이 절반, 모두들 일제히 고함지르며 도봉소(都捧所)로 달려가 창고지기를 때려눕혔다.

"민가 놈 일파 쓸어버려라!"

"흡혈충(吸血蟲) 왜놈들은 보는 대로 죽여라!"

정의의 불길 타오르던 그 임오년 군변이 헛일 아니었는데 어느 틈에 친군 장교들은 그때 일을 까마득히 잊고 있는가. 이 판국에 저 장교들 꼴 좀 보소. 푸성귀 밭에 뿌릴 똥 장군을 힘겹게 지고 가던 농민 하나가 무게를 못 이기고 앞에서 출렁이며 뒤뚱거리자 장교 한 놈이 달려가서 냅다 걷어찼다. 그러면서 코를 쥐고 외쳤다.

"뉘 앞에서 감히 아침부터 더럽고 재수 없게스리. 퉤퉤."

침까지 뱉었다. 쓰러진 농민은 밭에 뿌릴 거름을 온몸에 그대로 뒤집어썼다. 엎어진 채로 일어설 줄 몰랐다. 오, 이게 군인의 꼴이다. 입으로는 백 번 천 번 백성을 사랑한다고 말하더니 오히려 백성을 조롱하고 능멸하는 그들.

6. 떠돌이별

'떠나자! 가서 굶어 죽더라도 이 모순의 뭉치, 더러움의 회오리 속을 결단코 떠나리라! 이런 곳에서 더 참고 지낼 수 없다. 떠나야 한다. 한시바삐 떠나야 한다.'

영창에서 나온 지 며칠 지난 야밤, 범동은 도적 장교 놈을 찾아가 창고 뒤로 은밀히 불러내어 그놈의 비행을 낱낱이 지적하고 추궁한 뒤 사정없이 때려주었다. 겁을 먹고 와들와들 떠는 그놈을 번쩍 들어 수챗구멍에 처박았다. 그날 밤도 깊어 서녘 하늘 한편에서 이지러진 조각달이 희끄무레한 빛을 던지고 있었다.

이런 야삼경, 쪽배 위에 가만히 엎드려서 선교리 쪽 대동강을 몰래 건너가는 한 청년이 있었다. 홍범동(洪凡童)! 석삼년 전 후창을 떠나던 밤도 바로 오늘 같은 밤이었다. 부푼 가슴으로 보국안민하리라던 포부는 실망과 분노로 바뀌고, 그전에 당당히 어깨 으쓱거리며 걷던 길을 지금은 인적을 피해 밤중에 강 건너고 산을 넘어야 하는 탈주병 신세가 되었구나. 배고프면 밭에 기어들어가 강냉이를 뜯어서 씹었다. 키 큰 옥수수 밭에서 잠시 눈 붙이고 누운 채로 올려다보는 푸른 하늘.

'아, 이 긴긴밤은 언제나 샐 것인가. 하지만 낙담과 좌절은 굳센 장부에게 가장 무서운 적! 내가 가는 이 길이 안개구름 자욱한 길일지라도 폭풍에 내 몸뚱이 쓰러지어 잠시 풀잎에 맺힌 이슬처럼 사라질지라도 나는 내 가슴속 음습한 그늘을 반드시 걷어내고 가리라.'

범동이는 힐끗 서성리와 기림리 쪽의 어둠을 노려보았다. 낮엔 깊은 계곡에 숨고, 밤엔 북극성 보며 산길을 걷는다. 짐승이 화들짝 놀라 숨는 소리가 난다. 가다 배고프면 화전민 농막에 들어가 날 강냉이 알을 씹고, 비 오면 짚 둥구미에 묻혀 종일 잠을 청한다.

'어디로 갈 것인가. 썩은 이엉 타고 내리는 빗물은 목덜미를 후줄근히 적셔오는데 이제 어디로 갈 것인가. 자성도 아니고 후창은 더욱 아니다. 나를 잡으려는 순검들, 이미 그곳으로 우르르 몰려갔으리라. 어딜 가나 쫓기는 몸, 갈 곳조차 하나 없지만 마침내 길에 버려질 이 목숨. 거두어줄 곳도 대지의 품이려니 내 숨을 곳은 오직 이 땅!'

발길 닿는 대로 터벅터벅 걷고 또 걷다가 범동이는 황해도 수안군 천곡면 총령에 이르렀다. 이곳 대오면 막실 마을은 예로부터 종이 고장으로 이름난 곳. 범동이는 이곳 어느 제지소(製紙所)에 들어가 닥종이 뜨기를 배웠다. 이후 삼 년 동안 직공으로 일했다. 무서운 것이 세월이라 범동이는 점점 경력이 쌓여서 일급 제지꾼으로 이름이 높아갔다. 범동이가 만든 종이를 사러 불원천리 찾아오는 단골까지 생겨났다.

하지만 제지소 주인 삼형제는 친일 자본가였다. 3년 품삯에서 일곱 달치를 차일피일 미루며 주지 않았다. 간곡하게 요구

제지소의 한지 제조 광경. 범동이는 제지소에 들어가 3년 동안 직공으로 일했다.

하면 오히려 모욕을 주거나 딴전 피웠다. 항의하는 범동에게 그놈들이 말했다.

"네 고삯 찾으려 하거든 동학에 들어오너라. 동학을 알면 어둡던 세상이 개벽한다네. 일본 가서 출세도 할 수 있다네."

범동이가 분격하여 대답했다.

"나는 그런 동학 싫소! 내 품삯만 어서 돌려주오."

그 말에 주인 놈은 화를 냈다.

"내 말을 안 듣는다면 어디 네 하고 싶은 대로 해보거라."

그놈들 일당은 평소 왜놈의 앞잡이였다.

'에라, 네 놈한테 내 피땀 흘려 번 것 그냥 잘릴 수는 없다.'

이렇게 죽음을 각오하고 깊은 야밤에 들어가 제지소 주인놈을 흠씬 두들겨 팼다. 그런데 안타까워라. 그중 한 놈의 목숨이 끊어지고 말았다. 주먹이 너무 센 것인가. 인간의 목숨이 파리 같은 것인가.

"아, 나는 또다시 떠날 운명이 되고 말았구나."

그날 밤 범동이는 추격을 피해 산골짜기로 일단 몸을 숨겼다가 먼 곳으로 달아났다. 1888년 무자년이었다. 눈이 파란 양귀(洋鬼)가 아기 잡아먹는다는 소문이 돌아서 세상은 더욱 뒤숭숭했다. 밤길엔 인적마저 뚝 끊어졌다. 탈영병에 살인자인 범동이는 줄곧 수배받고 쫓기는 몸이다. 탈주자의 몸이니 낮엔 저잣거리에 얼굴을 내밀지 못한다.

'어떻게 살아가나. 어디 가서 이 고단한 등을 편안히 눕혀볼거나. 아, 이 세상, 그 어느 한 곳도 마음 놓고 눌러 지낼 수 없구나. 가자! 산으로 들어가자! 가서 부처님 발치에라도 매달려보자! 머리를 깎고 가사 장삼에 파묻히면 아무도 모르리라.'

그길로 북으로 북으로 지향 없이 달리고 달려 꼬박 사흘째로 접어드는 밤, 범동이는 달빛 속에 드러난 큰 산 하나를 보았다. 묘향산이었다. 밤에 대동강을 건너서 미림리, 성천, 동창, 북창리, 덕천, 월림까지 올라와 그는 드디어 신산(神山)을 만났다. 유유히 흐르는 월림강(月林江)은 반짝이는 달빛을 한바탕 허리감고 박달봉으로 구비 돈다. 외사자목 심진정 앞을 지나 범동이는 어느덧 내사자목 보현사(普賢寺) 앞에 이르렀다. 교교한 월광을 머금고 푸른 기와, 붉은 두리기둥의 가람(伽藍)*은 천고

---

* 승려가 살면서 불도를 닦는 곳.

의 밀림 속에 은은히 서 있었다.

풀벌레소리 자욱한 대웅전 뜰 돌층계 앞으로 연보랏빛 구절
초들이 달빛을 흠뻑 빨아들이고 있었다. 14층 돌탑 꼭대기의
날카로운 삼지창은 파란 밤하늘을 마치 두 폭으로 가를 듯 번
뜩이며 솟구쳤다. 범동이는 이슬 젖은 돌층계에 앉아서 달빛
홍건히 쏟아지는 하늘을 보았다. 어디선가 범종이 울었다. 깊
고 깊은 밤이었다.

범동이가 묘향산으로 들어온 지 어언 두 달이 흘렀다. 보현
사의 불목이 된 범동이는 제 신분을 감추었다. 날이면 날마다
지게 위에 톱과 낫을 꽂고 탁기봉(卓旗峯) 불영대(佛影臺) 쪽
으로 들어갔다. 탁기봉에선 하늘을 받치고 선 우뚝한 천주암
(天柱巖)이 보기에 좋았다. 안장 없은 백마가 이제 막 뒷굽을
차는 듯한 불영대 바위는 가슴을 울렁이게 했다. 비 오는 날이
면 수충사(守忠寺)로 달려가 일찍이 임진년에 5,000 승군을 일
으켜 섬 오랑캐를 쳐부수었다던 팔도 16종 도총섭 서산대사 청
허 휴정(休靜, 1520~1604) 스님의 영정을 보고 또 보았다.

극락전으로 가서는 사명당 유정(惟政, 1544~1610) 스님, 처
영(處英) 스님 등 울긋불긋한 영정을 많이 보았다. 어떤 때는
잔잔한 미소를 머금고 어떤 때는 부릅뜬 눈으로 대성일갈(大聲
一喝), 범동이를 향해 무어라 소리치는 것 같았다.

"너는 지금 여기서 무얼 하고 있느냐."

이런 말씀을 듣고 돌아온 밤은 꼬박 뜬눈으로 새웠다.

함경도 병마절도사 금관자·옥관자 드리운 이용익(李容翊,
1854~1907). 그는 모자의 붉은 수실을 위엄 있게 드리우고 짐

이용익은 황실의 국고를 채우는 데 큰 기여를 했지만 백성의 고혈을 짜내서 국고를 채웠고 용담 땅으로 귀양간다.

짓 호령 소리 높이 뽑아낸다. 그 서슬에 오늘도 탐재학민(貪財虐民). 과연 몇몇이나 죽었단 말인가. 오랑캐 막는 병마지권으로 백성들 고혈을 짜내기에 바쁘구나. 서슬 푸른 병마절도(兵馬節度)가 '병든 말 도적'(病馬竊盜)이 되었구나.

　우리 북청 덤벼 북청
　네가 몰라 그러려니
　참고 참아도 허당일세
　에익 북청 쓴 물 맛 좀 보아라.

　수백 수천 들고일어나 함경병사 처벌을 요구하니 그토록 기세 높던 저 이용익의 꼴 좀 보소. 금옥관자(金玉貫子) 다 떼이고 용담 땅으로 귀양살이 떠났다네. 이 소식 북관 땅에 널리 전해져서 신음하던 영흥 사람들 용기백배로 기운을 내어 일어나 악질 부사 정광연(鄭光淵, 1841~91)을 몰아내버렸다네. 매끄럽고 또랑또랑한 홍원 참새들 신이 나서 재잘재잘, 마음 뜨뜻한 북관 사람들 귀리소주 먹고 신이 나서 흥얼거린다.

남녘 끝 삼남 땅에는 나라님 내탕금이 내려갔다는데, 맥령(麥嶺) 보릿고개 얼마나 더디고 힘겹냐고 위로하는 차사(差使)가 현장을 찾아가서 수만 냥 풀어먹였다는데 북관은 데리고 온 소실자식인가. 내탕금은커녕 구휼미도 한 톨 없으니. 다 같은 백성으로 우린 어찌 눈 밖에 났나. '삼남은 양반 서북은 상놈'이라더니 그 말 그대로 이런 홀대박대인가.

7. 삭발

가을도 깊은 어느 날, 범동이는 상원암 가는 길로 접어들었다. 묘향산에 들어온 뒤로 이곳은 초행길이다. 칼날 같은 법왕봉은 늘 흰 구름에 감겨 있는데 이 높은 곳 비탈 밭에도 사람이 사는가. 늙은 내외 둘이서 고랑에 무슨 씨를 놓고 있다. 문득 산 중턱에 두런두런 말소리 들려서 가보니 외딴 초가집이다. 집이라 할 것도 없고 억새 이엉은 절반쯤 사그라졌는데 머리가 파뿌리 같은 노파 하나가 마당에서 힘겹게 맷돌을 돌리고 있다. 그 옆에는 얼굴이 온통 수염에 묻힌 털보 스님이 하나 앉아 있다.

묵묵히 서서 인호대 쪽을 바라보며 범동이가 노파에게 물었다.

"오늘 무슨 제사가 있습네까. 맷돌질을 보니 두부 만드시는 듯한데."

노파는 말없이 빙긋 웃더니 한마디 한다.

"이거 상원암으로 갈 두부일세."

이윽고 범동이가 팽나무 밑 바위 위에 앉아서 이마의 땀을 닦는데 옆의 털보 사미가 물었다.

"게 어디서 옵나."

"예, 소생은 보현사 불목이옵네다."

"상원암 가는 길인가."

"예 도암 스님께 소관이 있어서 갑네다."

"그러면 예서 잠시 쉬다가 갈 때 두부 함지 좀 날라다주게."

처음 보는 사미가 말이 곱지 않고, 또 이쪽을 보지도 않고 내뱉는 언사에 범동이의 비위가 자못 사나워졌다. 허나 얼른 보기에도 예사로운 스님 같질 않았다. 하지만 어쩌랴. 저쪽은 보현사 말사의 승려이고, 이쪽은 추녀 밑에 웅크린 불목하니의 신세인 것을. 어쨌거나 이런 인연으로 만난 분이 바로 보봉(普峯) 스님이었다.

그해 겨울은 눈도 많았다. 보봉 스님을 따라 범동이는 상원암으로 옮겨왔다. 쓸어도 쓸어도 자꾸 마당에 내려 쌓이는 함박눈을 넋을 놓고 바라보고 있었다. 눈은 온 천지를 덮고도 아직 모자라는 듯 계속 펑펑 퍼부었다. 큰 눈이 온 뒤로 여러 날 동안 날씨는 잔풍했다.

"범동아."

요사채 안에서 스님이 불렀다. 언젠가 범동이의 내력을 모두 듣고 난 뒤로 스님은 부르는 소리도 은근했다.

"부르셨습니까, 스님."

"그래 이리 좀 들어오너라. 내 오늘 너에게 긴히 할 말이 좀 있느니라."

금방 쓸어놓은 마당엔 눈이 자가웃 넘게 쌓이었다.

이런저런 이야기 끝에 스님은 갑자기 말소리를 낮추었다.

"범동아. 나의 속성은 박, 이름은 이묵(以黙)이다. 함경도 단천고을 봉양리가 내 안태 고향이니라. 나이 스물에 한양성 훈련도감 소속 무위영의 포수가 되었다가 지난 임오년 초여름 나의 여러 동지들과 어울려 썩은 정치 탐관오리를 퇴치하고 별기군의 왜놈들을 몰아내려 했었다. 혼이 난 일본 공사가 도망가고 우리 거사가 잘 풀려가나 했더니 쫓겨간 왜놈들이 곧 군대를 끌고 되돌아왔어. 더러는 오랏줄에 묶이고 더러는 뿔뿔이 달아났지. 그 수색 피해 여기저기 숨어 다니다가 드디어 묘향산으로 오게 되었느니라."

등잔심지가 바지직 바지직 저 혼자 타들어가고 있었다. 워낙 고요한 방인지라 범동이 침 꿀꺽 삼키는 소리가 크게 들렸다. 스님이 갑자기 소리를 낮추어 말씀을 이었다.

"이제 너와 나는 쫓기는 고비원주(高飛遠走)의 신세! 내가 무위영 포수였고 너는 신건 친군의 병사였으니, 우리의 성씨가 비록 다르나 의기는 아주 같으니라. 무관은 죽음으로써 외적을 무찌르고 기울어가는 나라의 기둥이니, 온몸으로 버티어야 하느니라. 범동아! 너도 한평생을 이런 한뜻으로 살아가거라."

다음 날 해돋이 전 범동이는 보봉 스님을 따라 무릎까지 푹푹 빠지는 눈을 헤치고 그 옛날 단군왕검이 머물렀다는 단군굴로 올라갔다. 깨끗하게 자리를 쓸어낸 다음 서늘한 대기를 천천히 호흡하며 배꼽 밑 단전에 두 손 모아 삼합단법(三合丹法)을 수련했다. 동녘하늘이 훤히 밝아올 때까지 하늘과 땅과 사람은 오직 하나. 범동이의 온몸엔 파도처럼 넘실넘실 밝음의 기운이 부르르 떨려왔다. 호흡을 마치고 나서 갓 돋아 오른 찬란한 아침햇살을 받으며 둘은 서로의 얼굴 돌아보고 아기처럼 웃었다. 보봉 스님의 얼굴은 그대로 천진한 아기부처였다. 비로봉, 칠성봉, 향로봉, 법왕봉, 금선대, 강선대, 삼성대, 불영대, 우족대, 인호대 등등. 묘향산의 여러 우뚝한 봉우리들이 일제히 우렁찬 함성을 지르며 달려오는 듯했다.

임진년 겨울, 눈보라가 휘몰아치는 서대문 밖. 지나간 임오년에 왜적의 간담을 서늘케 한 박홍근, 김홍엽 등 일곱 명 장사들은 서대문 밖에 끌려 나와 목에 칼을 받았다. 그들의 목에서 내뿜는 핏줄기가 땅 위에 막 내려 쌓이는 눈발 위에 뿌려졌다. 그 순간 멀리 묘향산 비로암 선방에서 동안거(冬安居) 중이던 보봉 스님, 아니 박이묵은 무슨 뾰족한 송곳이 명치끝을 마구 찔러 휘젓는 듯했다.

'동지들 신변에 혹시 무슨 변고라도…'

보봉은 공연히 마음 두근거리며 안절부절못하는 얼굴로 선방 마루를 왔다 갔다 했다.

"범동아…"

길게 부르는 소리가 났다.

"내 이 길로 오래 다녀올 데가 있으니 너는 행장을 꾸려서 얼른 이곳을 떠나거라. 달리 갈 곳이 마땅치 않다면 금강산 신계사(神溪寺)로 가서 지담 대사를 찾거라."

이 엄동 중에 길 떠나라 하시니 대체 무슨 말씀이신가. 그야말로 마른하늘의 날벼락이었다. 당황해하는 범동이가 놀라고 애원하는 표정을 지었으나 스님의 표정은 차고 결연하기가 늦가을 새벽강물 같았다. 이 한마디만 남기고 스님이 바람같이 산을 내려가시자 절집은 온통 바닷속처럼 고요했다. 범동이는

82

혼자 앉아 내내 막막하고 적적한 심정이 들었다. 또다시 떠나야 할 먼 길이 두려웠던가. 아니면 엄동설한 설한풍이 두려웠던가. 아니다. 그것쯤은 아무것도 아니다. 사람은 왜 이렇게도 만났다가 헤어져야만 하는가. 정든 사람과는 내내 함께 살아갈 수는 없는가. 이런 본연의 쓸쓸함이 눈보라처럼 가슴속을 휘몰아쳐왔다.

이윽고 범동이는 대충 행장을 꾸려서 일주문을 나섰다. 얼어붙은 월림강(月林江)을 건너가는데 바람은 살을 깎아낼 기세로 이빨을 으르렁거리며 달려들었다. 장생, 덕천을 거쳐 맹산 주막에 당도했을 때 날은 완전히 저물었다. 내일은 아침 일찍 병풍산을 바라보며 낭림산 줄기를 넘어가야 한다. 요덕 지나 인하를 거쳐 금야로 빠지면 고원 일대가 보인다. 여기서 다시 천내 문천으로 원산읍을 들어서면 저 멀리 영흥만의 푸른 바다가 보였다. 갈마반도를 흘깃거리며 줄곧 동해안 솔밭길 따라 고저를 지나면 통천이 보였다. 총석정에 올라 한잠 자고 긴 하품에 기지개 켤 때쯤 구름 속에 연꽃처럼 솟아오른 금강산이 보였다. 드디어 고성 온정을 거쳐 신계사로 곧장 직행이다.

금강산은 너무나 아름다운 곳. 거기 있는 그대로 하나의 보물인 산. 웬 암자는 그리도 많아서 '팔만 구 암자'라 이르는고. 상원암 저녁 쇠북소리를 들으며 호흡 가다듬으니 다 쓰러져가는 비로암이 비로봉 밑에 서 있구나. 강원도 고성군 외금강면 창대리의 신계사. 이곳에 들어가 지담(止潭) 대사를 찾았다. 스님이 범동이를 각별하게 맞아주셨다.

신계사는 유점사의 말사다. 1880년에 의성과 지담 스님이 유

금강산 유점사 전경. 유정사는 금강산에 있었던 삼국시대에 창건된 사찰이다.

리전을 중수했다고 한다. 지담 스님이 1880년경 실제로 신계사에 주석하고 있었다는 사실이 여러 기록을 통해 입증되고 있다. 스님의 속성은 덕수 이씨였다. 덕수 이씨라면 충무공 이순신 장군을 배출한 가문이 아니던가. 이 신계사는 임진왜란 때 승군 의병을 일으킨 사명대사(四溟大師) 유정(惟政) 스님이 주석했던 사찰이기도 하다. 이런 역사적 사실 덕분으로 신계사를 비롯해서 부근의 장안사, 표훈사, 원봉사, 고승사 등에는 승군 의병과 관련된 일화나 전설이 아직도 많이 남아 있다.

　지담 스님은 범동이가 그간 살아온 세월의 내력을 환히 꿰고 계셨다. 감추려야 감출 도리가 없었다.

　"지금 네 가슴속에는 뜨거운 불길이 활활 타고 있어. 우선 그 불부터 꺼야만 해. 증오와 분노, 질시와 원한! 그것이 사그라지지 않는 한 너는 결코 사미(沙彌)가 될 수 없느니라."

범동이는 날마다 신계사 앞 개울가에 나가서 맑은 벽계수를 바라보았다.

"내 마음도 저 물과 같다면 얼마나 좋으리."

일찍 돌아가신 부모님, 고아로 머슴으로 천덕꾸러기로 자라온 자신의 풀뿌리 같은 생애를 생각했다. 모처럼 통소를 꺼내어 서투른 곡조로 한 가락 불어보았다.

"나는 그동안 내 몸의 힘만 믿고 살아왔구나. 맑고 깨끗한 마음, 어질고 부드럽고 살뜰한 마음… 이런 마음이 나에겐 너무나 부족했구나. 맑은 산골 물아. 너는 내 가슴으로 흘러라. 흐르고 흘러서 마음속 오물과 찌꺼기를 말끔히 씻어다오."

범동은 수계를 받고 지담 스님의 상좌가 되었다. 스님이 새 법명을 지어주었다. 등불 등(燈), 밝을 명(明). 어두운 세상의 밝은 등불이 되라는 뜻이다. 새 이름도 지어주었다. 광막한 세상에서 백성들에게 널리 도움을 주는 큰 그릇이란 뜻이 담겼다. 우주의 이치가 낱낱이 들어 있다는 홍범(洪範)의 그림과 구주(九疇)를 생각하다 문득 얻은 이름 홍범도!

'아! 홍범도!'

이후 범도는 승려 생활에 충실했다. 지담 스님으로부터 천자문도 배우고 언문도 깨쳤다. 그동안 신계사 추녀 끝에 두 번이나 고드름이 얼었다. 서산대사와 사명대사가 5천 승군을 모아서 왜적들을 치던 이야기를 들었다. 의암(義嚴), 뇌묵(雷默), 처영(處英) 스님의 이야기도 들었다. 스님은 옛날 병법에 대한 이야기도 들려주었다. 『육도삼략』(六韜三略)과 『손오병서』(孫吳兵書)란 신비한 책이 있다는 것도 처음 알았다.

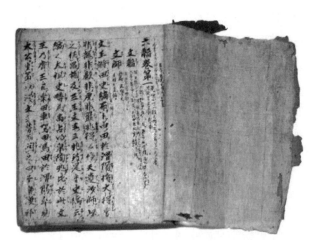
고대 전법이 기록된 『육도삼략』.

과거 임진년에 의병장들은 이런 병법을 환히 알고 싸움터에 나갔다고 한다. 범도는 두 스님께서 도를 닦으셨다는 고요한 선방에 들어가 좌선했다. 방안에 여치라도 들어왔는가. 가까운 곳에서 찌륵찌륵 풀벌레 소리가 들렸다. 범도는 점점 그런 병법이 궁금해졌다. 무릇 삼략이란 무엇이며 육도는 무엇인가. 그 깊은 속뜻은 알 수 없지만 이 세상의 선(善)이 악(惡)을 제압하는 최선의 방법, 바로 그것이 아닌가 생각했다.

"나는 참으로 그 지혜를 알고 싶다. 나를 『삼략』과 『육도』의 물결 속에 온전히 넘실거리도록 만들어야겠다."

그 옛날 한나라 사람 자방(子房)이 진시황의 추격을 받고 달아나다가 기교(杞橋) 아래 숨었더니 깊은 밤 다리 위를 지나가던 노인이 가죽신을 벗어 던지고는 주워서 신겨달라고 했다.

이런 인연으로 백발노인은 자방을 세 번이나 시험한 다음 마침 내 제자로 삼고 품에서 꺼낸 책 세 권을 주었으니 그것이 바로 정략(政略)과 군략(軍略)을 3부작으로 정리해놓은 귀한 『삼략』 이었다.

『육도』는 태공망(太公望) 강여상(姜呂尙)이 애써 만든 책이 다. 그는 강가에서 날이면 날마다 물고기를 낚다가 나이 여든 에 드디어 주나라 문왕을 만나 그의 스승이 되어 문왕·무왕과 지혜 문답을 나누었으니 그 내용을 담은 것이 바로 『육도』다. 문도(文韜)는 문덕으로 적국의 인심을 먼저 얻는 일이요, 무도 (武韜)는 부드러움이 단단한 것을 능히 이긴다는 원리를 담았 다. 용도(龍韜)는 오음으로 적의 허실을 알며, 싸움은 반드시 농한기에만 하지 농번기에는 절대로 병사를 동원하지 않는 법 이다. 호도(虎韜)는 기계화된 무기의 중요성과 비바람 안개, 시 내와 수풀, 공중의 날새를 이용한 전술구사가 담겼다. 견도(犬 韜)는 전쟁의 승리에 엄격한 통제가 필요하며, 날쌘 개처럼 진 퇴를 민첩하게 해야 하는 유기적 조직의 강조였다.

한 장수가 적국과 전투 중에 보급으로 보내온 술 단지를 보 았다. 하지만 병사의 수에 비해 술 단지가 너무 작았다. 장수는 즉시 그 술 단지를 들어서 강물에 던졌다. 술이 섞인 강물을 모 든 병사에게 나눠 마시게 하니 군대의 사기는 하늘을 찌를 듯 했다. 오, 일미동심(一味同心)의 사랑이여. 모든 것을 앞에서 먼저 솔선하는 장수의 군대는 언제나 백전백승하는 법.

이런 내용이 흥미진진하게 담겨 있는 『육도삼략』을 범도는 꼬박 밤을 새워서 읽고 또 읽었다. 대장부로 한세상을 살아갈 그 모든 방도가 눈앞에 환히 새벽 동처럼 트여오는 듯했다. 범도는 방문 앞에 나가서 맑은 아침 공기를 가슴속에 깊이 들이마셨다.

8. 단양 이씨

이 무렵 가까운 암자에 와 있던 한 비구니를 만났다. 가느다란 몸에 파리한 얼굴은 티 없는 옥처럼 맑고 정갈한 빛을 머금었다. 고갯길에서 그녀의 무거운 보퉁이를 들어준 것이 고운 인연이었다. 하지만 막중하고도 슬픈 인연이었다. 함께 승복을 입고 만난 함경도 북청 출신의 단양 이씨. 비구니는 기구한 운명의 굴레에서 머리를 깎게 된 자신의 서러운 사연을 들려주었다. 아비의 빚을 갚지 못해 대신 끌려가는 몸이었는데 한곳에서 도망쳐 금강산으로 들어온 것이다. 범도의 가슴은 처연해졌다.

'어찌 그대와 내가 살아온 길이 이토록 비슷한가. 험하고도 가팔랐던 초년고생이여! 사람은 누구나 자기에게 마련된 길이 있으리라. 그대와 나는 긴 가사장삼에 평생을 묻을 사람 아니라네. 우리에겐 우리의 마련된 길이 있네. 그 길을 우리 함께 가보세.'

바야흐로 청춘의 봄이었다. 금강산의 신록은 한껏 부풀었다. 차디찬 달이 산마루를 넘어갔다. 바람이 없는데도 금강산 옥류동 골짜기 풀숲이 우수수 흔들렸다. 빡빡 깎은 머리로 만난 젊은 사랑은 점점 뜨거워져갔다. 휘영청 밝은 달밤에 범도가 퉁소 한 자락 불면 단양 이씨가 너무나 좋아했다. 그 퉁소 내력을 들려주자 단양 이씨는 눈물을 글썽이며 새삼 소중한 듯 쓰다듬었다. 이윽고 범도가 말했다.

"자네가 그 퉁소를 잘 지니고 있다가 장차 우리 아기 태어나 자라면 전해주오."

단양 이씨는 맑은 개울가에서 얼굴을 씻고 맑은 바람결에 노래를 불렀다. 이럴 때 개울물은 단양 이씨의 고운 얼굴을 둥실 띄워서 멀리 멀리 흘러갔다. 바람은 단양 이씨의 맑고 낭랑한 음성을 싣고서 남실남실 불어갔다. 기어이 바위 위에 찬물 한 그릇 떠다 놓고 천지신명 우러러 두 사람은 굳게 약속했다.

그대는 내 아내, 나는 그대의 낭군
우리는 이제부터 한 몸이라네
누구도 우리 사랑 빼앗아갈 수 없다네.

혼례도 제대로 못 올렸지만 두 사람은 하늘 아래서 완전한 부부였다. 이윽고 단양 이씨의 배는 차츰 불러와서 금강산을 떠날 때가 다가왔음을 알았다. 지담 스님께 하직 인사를 드리고 산을 내려왔다. 이제 아내와 더불어 함경도 북청으로 떠나간다. 그곳은 아내의 친정집이 있는 곳. 삭풍 부는 겨울, 멀고 먼 길을 걸어서 간다.

온몸은 녹초가 되고 먼 산이 희끄무레 가까울 무렵, 눈발은 휘몰아치는데 멀리 외딴 주막 하나가 어렴풋이 보였다.

"저기 주막 있으니 우리 저기 가서 좀 쉬었다 가세."

자욱한 눈발 속의 주막은 쓸쓸했다. 하지만 막상 주막집 마당에 들어서니 마침 중화참 무렵이라 여러 나그네들이 술도 마시고 장국밥도 먹고 있었다. 범도 내외도 감자국수를 시켜서 먹는데 한 사내가 그들을 자꾸 흘끔거리며 보았다. 머리 빡빡 민 꼴이 아무래도 보조원 잔당이거나 헌병대 끄나풀로 보였다. 범도는 놈의 시선을 눈치채고 짐짓 딴전을 피운다. 이리저리 두리번거리며 주막집 내부를 공연히 이리저리 살펴본다. 목을 꺾어 지은 집은 부엌을 중심으로 바른쪽 두 칸이 봉놋방이요, 그 봉노에 술손님들이 앉아 막걸리를 마신다. 앞쪽 칸은 살림방, 추녀도 제법 들썩하니 솟았다. 광으로 쓰는 듯한 봉당은 집 규모에 비해 지나치게 커 보였다.

두리번거리는 범도를 보고 주막 주인이 음식 그릇을 들고 가다가 말했다.

"병자년 수파(水波) 나던 해, 강물에 떠내려오던 통나무를 건져서 이 집을 지었지요."

울타리는 자른 소나무 곁가지를 해마다 덧대어 겹겹이 둘러쳤다. 그 담으로는 호박이랑 당콩* 넝쿨을 올렸고, 거기에는 말라붙은 덩굴이 아직 오그라진 채로 붙어 있었다. 범도는 문득 아버지와 둘이 살던 옛집을 생각했다. 그때 아버지도 울 밑에 호박 심고 당콩 씨를 박았다. 비록 쓸쓸했지만 그래도 콩 넝쿨 올라가던 그 울타리는 얼마나 포근하고 아늑했었던가.

수상한 놈은 기어이 범도에게 다가와 길게 게트림을 하면서

---

* 강낭콩.

수작을 붙여왔다.

"어디서 오우?"

"고향이 어딘가?"

"지금 어디로 가는 건가?"

"거긴 무엇 때문에 가니?"

곱지 않은 말본새로 이렇게 꼬치꼬치 캐묻는데, 그놈의 눈치가 고분고분 쉽사리 보내줄 뜻이 전혀 없어 보인다. 놈은 조사할 일이 좀 있다며 두 사람을 기어이 순검소로 끌고가려 했다.

'큰일이다. 절대로 가면 안 된다. 살인에 도망병 신분까지 들통나면 어쩔 것인가.'

일이 이리 되자 범도는 그냥 따라가는 척 함께 호젓한 길목을 돌아가다가 틈을 보아 왈칵 달려들었다. 빈대 같은 보조원 놈을 먼저 때려눕혀 혼절시키고 아내를 혼자 떠나도록 설득시켰다. 함께 다니는 건 위험한 일이 아닐 수 없었다. 아내는 몇 번이고 망설이다가 기어이 무거운 발걸음 서둘러 옮겼다.

"어쨌든 고생을 참고 사오. 주변이 안정되는 대로 내 임자를 찾아가리다."

범도는 혼자서 쫓기는 신세 되었다. 깊은 산중으로 들어가 또다시 헤매는 바람과 구름의 아들이었다. 아, 이 무슨 기구한 운명의 장난이란 말인가. 만난 지 얼마 되지 않는 사랑하는 아내와의 생이별이었다. 한마디 말도 더 못 하고 둘 사이를 갈라놓는 어이없는 생이별이었다.

전라도 전주고을 경기전(慶基殿) 앞마당 늙은 은행나무 위에는 수백 마리 백로가 까치들과 싸움을 벌였다고 한다. 다른 데서 날아온 백로의 공격에 먼저 살던 까치 무리가 쫓겨났다고 한다. 아직 어린 까치들은 달아나지도 못하고 그대로 나무 밑에 떨어져 무참히 죽었다고 한다. 이 무슨 해괴한 일인가. 이 무슨 불길한 조짐인가.

그때 단양 이씨는 원산 주막거리에서 낭군 범도와 헤어지고 혼자 북청 땅 친정으로 터벅터벅 지쳐서 돌아왔다. 차츰 산달이 다가와서 몸을 풀었다. 아들이었다. 워낙 순하고 잘 울지도 않아서 외할머니는 핏덩이 손자를 안고 말했다.

"어따 그놈 양순하기만 하구나. 이다지 양순한 대장부를 어디다 쓸꼬."

이로부터 아기의 이름은 저절로 양순(良順)이가 되었다. 단양 이씨는 어린 양순이를 키우랴 노모를 돌보랴 밭일을 하랴 허리는 끊어질 듯하고 너무나 힘에 부쳤지만 헤어질 때 낭군이 들려준 한마디 말을 가슴에 담고 있었다.

"무슨 일이 있더라도 앞날을 위해서 힘껏 살도록 하오."

이 말을 되새기며 어금니 굳게 깨물었다. 양순 아비 범도는 그때 떠돌이 돌개바람처럼 헤매 돌다가 함경도 단천의 금점(金店)으로 들어갔다. 거기서 한동안 금점의 막일꾼이 되었다. 다른 일꾼들의 어렵고 힘든 사정 돌보아주며 동료들의 신망을 크게 받았다. 그러나 그곳도 이미 왜놈 세상이었다. 불평 가진 일꾼을 헌병대에 밀고하여 매 맞게 하는 금점의 덕대란 놈이 앞잡이였다. 단천 금점에는 300명 광부를 감시하는 일본헌병대 하나가 있었으니 고병근(高炳根)이란 보조원은 덕대 김태영(金泰永) 놈과 더불어 조선인 금점꾼들의 눈엣가시였다. 여우같이 약고 족제비같이 지독하고 개처럼 냄새 잘 맡는 놈이었다. 늘 채찍 들고 눈 부라리며 왜놈 광산주의 충견으로 설치고 다녔다. 그 꼴이 마치 궂은 날 개새끼 쏘다니는 듯했다. 더러운 한면(韓面) 왜장(倭腸), 낯짝은 조선 사람인데 속은 왜놈이란 뜻이다. 금점의 일꾼들은 그놈들 없어지는 것이 소원이었다. 그런데 어느 날부터 놈들이 보이지 않았다. 대관절 무슨 조화인가. 홍범도의 모습도 보이지 않았다. 일꾼들은 모여서 소곤거렸다. 홍범도가 흉적들을 처단하고 떠난 것이라고 했다. 모두 그렇게 믿었다.

금점을 떠난 범도는 강원도로 들어섰다. 회양군 먹패장골 산중을 헤매다가 한 포수를 만났다. 그에게서 화승총 한 자루와 탄환을 샀다. 거기서 40리 떨어진 깊은 산골 수림 속에서 그로부터 3년을 초근목피로 견디며 숨어 살았다. 허기지면 개울로 내려가 손바닥으로 물 움켜쥐고 마셨다. 도토리도 먹었고 산딸기, 개암, 머루, 다래도 먹었다. 보리둑*과 으름**도 먹었다. 계절 따라 돋아나는 버섯도 먹었다. 그리 살다보니 먹는 것과 못 먹는 것을 저절로 알게 되었다. 가재가 보이면 그대로 움켜쥐고 씹었다. 뛰는 개구리도 잡아서 먹었다. 앞날에 이보다 더한 고통은 훨씬 많으리라. 그러면서 줄곧 사격술 연마에 땀을 쏟았다. 첩첩산중에도 비 오고 바람 불고, 눈보라는 몇 번이나 휘몰아쳐 갔던가. 나무에 그려놓은 과녁은 왜적의 형상이었다. 악

---

* 보리수나무의 열매.
** 으름덩굴의 열매.

질 보조원 놈의 흉한 낯짝이었다. 아무 거리낌 없이 총 들고 겨냥하며 격발기를 민첩하고 솜씨 있게 젖혔다. 사격술은 날이 갈수록 점점 늘어갔다. 쏘면 쏘는 대로 거의 다 맞았다. 백발백중 명사수!

"이 고약한 왜놈의 대갈통아!"

도끼로 나무를 찍을 때 이렇게 큰 소리로 외치면 굵은 나무도 단숨에 와당탕 넘어졌다.

총에 자신이 붙자 밀림 속을 한둔하고 다니며 사냥을 했다. 가랑잎 속에서 자고 나면 울창한 나뭇가지 사이로 눈부신 아침 해가 부챗살처럼 비쳤다. 온종일 노루, 사슴의 흔적을 더듬고 멧돼지 발자국 찾아서 수림 속을 헤맸다. 산중에도 율법이 있었고 그곳의 이치가 나름대로 있었다. 산길에서 날 저물면 부싯돌로 불 피우는 법도 터득했다. 산에서 만난 늙은 사냥꾼으로부터 오랜 수렵 경험을 듣고 지혜도 배웠다. 산중에는 비바람 몰아치고 산 밑에는 고달픔에 뼈가 시렸다. 가난에 왜놈 등쌀에 관리들 가렴주구(苛斂誅求)는 또 얼마나 첩첩 고통이었던가. 쌀독엔 거미줄 치고 몸에 걸친 누더기도 삭아서 찢어졌다. 그 무렵 북방 지역 백성들은 얼마나 뱃속에서 아우성치는 걸신(乞神)이 지겨웠던지 간도로 달아난 사람이 10만 명도 넘었다고 한다. 이런 판국에 중국 도적은 두만강을 거침없이 넘어와 마구 휩쓸고 다녔다.

제2부
힘찬 결의

산까치 노래하네 깍깍깍
기쁜 소식 오는가봐 깍깍깍
반가운 일 생기누나
어서 어서 나무 패세
어서 어서 밥 지으세
홍 장군이 오신다네
승리하고 오신다네
우리 마을 오신다네

1. 갑오년

    억울하게 세상을 떠난 동학의 교조 수운(水雲) 최제우(崔濟愚, 1824~64) 선생과 해월(海月) 최시형(崔時亨, 1827~98) 선생 두 분을 생각하면 가슴이 메었다. 그 원통한 한을 우리가 풀어드려야 한다. 이렇게 시작된 교조신원운동(敎祖伸冤運動)은 마침내 제국주의 외세에 대한 배척운동으로 불길이 옮겨 붙었다. 분노한 동학교도들은 충청도 보은 땅에 모여서 척왜양창의(斥倭洋倡義)의 깃발을 높이 들었다. 왜적도 서양 오랑캐도 모조리 물리쳐야만 한다.

    지극한 기운이 마침내 오늘에 이르렀으니
    원컨대 크게 이루어 주시옵소서
    오직 한울님 모시고 자연의 조화를 따르겠나이다
    이를 영원토록 명심하여 세상의 이치를 깨닫겠나이다.

    이 주문 줄곧 외다 보면 곧 온몸이 벌벌 떨리고 얼굴이 화끈 달아올랐다. 그 무렵 아이들은 골목에서 이상한 노래를 부르고 놀았다.

동학의 창도자 수운 최제우.

녹두장군 전봉준.

동학군의 전설적 두령 김개남.

동학의 지도자 손화중.

서가는 청렴하고
심가는 조금 물들었고
민가는 탐욕스럽고
조가는 도둑놈.

드디어 갑오년에 호남 농민들 들고일어났다. 전라도 고부 군수 조병갑(趙秉甲, 1844~1911), 과연 그는 세상에 보기 드문 탐관오리였다. 민중의 가슴에 말할 수 없는 아픔과 고통을 주었다. 그리하여 동학은 참다못해 기필코 일어날 수밖에 없었던 성난 파도였다.

태인 동곡에서 살던 녹두 전봉준(全琫準, 1855~95)이 동학의 깃발을 들고 거사를 이끌었다. 고창에서 태어난 전봉준은 조병갑에게 매를 맞고 죽어간 부친 전창혁(全彰爀)의 원수를 갚고 싶었다. 아니 그보다도 모든 농민의 한 많고 원통한 가슴을 씻어주려 했다. 범 같은 장수 김개남(金開南, 1853~95)이 도왔고, 덕장 손화중(孫化中, 1861~95)이 지원했다.

사발통문을 주도한 송대화(宋大和, 1858~1919)가 있었고 김덕명(金德明, 1845~95), 최경선(崔景善, 1859~95), 최달곤(崔達坤, 1861~?)이 있었다. 차치구(車致九, 1851~94), 홍낙관(洪樂寬, 1850~?), 정백현(鄭伯賢, 1869~1920), 이방언(李邦彦, 1838~95), 김인배(金仁培, 1870~94), 민준호(閔俊鎬, 1845~?)가 있었다. 모두 유능하고 출중한 지도자였다.

무기라곤 죽창과 나무막대기뿐이나 호남 일대를 성난 파도처럼 휩쓸었다. 번개가 치고 강풍이 몰아치듯 기세를 높이 올

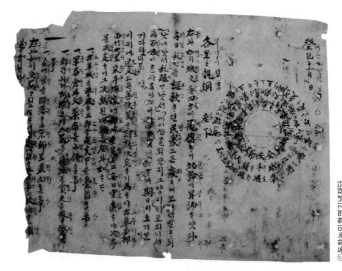

송대화가 주도한 '사발통문'.

리며 그동안 쌓인 굴욕과 원한을 마음껏 풀었다.

　가보세 가보세
　을미적 을미적
　병신 되면 못 가보리.

하지만 그들은 공주성 격전에서 관군과 일본군에게 크게 패하여 쫓기는 몸이 되었다. 김개남도 잡혀서 죽고, 전봉준은 마침내 순창 땅 쌍치의 피노마을에서 옛 부하 김경천(金敬天) 놈의 밀고로 체포되었다.

봉준아 봉준아 전봉준아
양에야 양철을 짊어지고
놀미 갱갱이 패전했네.

개남아 개남아 진개남아
수많은 군사를 어데다 두고
전주야 숲에는 유시했노.

전봉준은 당당한 기개로 썩은 벼슬아치를 꾸중하면서 조금도 의기를 굽히지 않았다. 일본군에게 갖은 문초를 받다가 그 이듬해 사형을 받았다. 법관이 물었다.

"무슨 유언이라도 있는가?"

"달리 할 말 없노라."

"종로 네거리에서 전봉준의 목을 베고 오가는 행인들에게 내 피를 뿌려다오."

과연 그의 피는 일만 백성의 가슴에 뿌려졌다. 멀리 함경도 땅에서 살아가는 홍범도에게도 이 뜨거운 핏방울 날아왔다. 그런데 그 피는 그냥 마르지 않고 뼛속 깊이 파고들었다. 전녹두는 죽음터에서 한 수의 절명시를 남겼다.

때를 만나서는 천하도 내 뜻과 같다더니
운이 다하매 영웅도 어쩔 수 없구나
백성을 사랑하고 정의를 위한 길이 무슨 허물이랴
나라 위한 일편단심 그 누가 알리.

서울로 압송되는 전봉준. 그는 동학의 깃발을 들고 거사를 이끌었다.

時來天地皆同力
運去英雄不自謀
愛民正義我無失
愛國丹心誰有知

　서울 다녀온 사람이 효수된 전봉준의 머리를 보았다고 했다. 녹두장군은 죽어서도 눈 부릅뜨고 앞만 노려보더라. 그의 두 눈엔 피가 맺혔더라. 당시에 불리던 백성들 노래 속에는 슬프고 쓸쓸한 여운이 담겨 있었다.

　새야 새야 파랑새야
　너 뭣하러 나왔느냐
　솔잎 댓잎 푸릇푸릇

하절인 줄 알았더니
백설이 펄펄
엄동설한이 되었구나.

윗녘 새 아랫녘 새
전주 고부 녹두 새
함박 쪽박 열나무 딱딱 후여
시천주 조화정 말이
지게송장 짊어지고
어느 대강 건너가리.

홍범도는 전녹두의 사상과 생애를 통해 반일·반봉건의 참
뜻을 깨닫게 되었다. 녹두장군은 관군에게 보내는 고시문(告示
文)에서 이렇게 말했다.

도는 비록 다를지라도 척왜(斥倭)나 척양(斥洋)에서는 그 의로
움 한가지다. 마땅히 척왜하여 조선으로 하여금 왜국이 되지 않
게 하고 마음을 같이하여 힘을 합하여 대사를 이루자.

그것은 꼭 홍범도에게 당부하는 목소리로 들렸다. 밤마다 전
녹두가 꿈에 나타나 외쳤다.

"그대는 왜 주저하는가. 마땅히 저 왜적을 척결하라! 마땅히
저 왜놈들을 쳐부수라!"

잘린 목이 공중에 둥실 떠서 그의 머리는 산발이었고, 그의

눈엔 날카로운 핏발이 서 있었다. 전녹두가 죽고 북관 땅에는 이런 노래가 불렸다. 왜 그런지 이런 가락은 슬프고 비장하게만 들렸다.

난리가 났구나
난리가 났구나
명천 길주가 독난리 났구나
동학당 오백 명
병대는 삼백 명
도합 팔백 합세를 했는데
동학 군중에 간신이 들어서
몰사 죽음이 났구나
아이고 데이고.

2. 단독 의병

협객 홍종우(洪鍾宇, 1850~1913)가 상해에서 김옥균(金玉均, 1851~94)을 죽이고 그 시체에 페인트를 두껍게 발라서 옮겨왔다고 한다. 노량진에는 능지처참을 당한 김옥균의 살점들이 널려 있고 거기에 까마귀 떼가 몰려든다고 했다. 조국을 배반한 자는 이렇게 되나니 '대역무도'(大逆無道) 이 네 글자만 바람에 펄럭인다고 했다. 그 무렵 서울 장안에는 눈이 파란 서양귀신이 아이를 잡아가서 삶아 먹는다는 뜬소문이 돌아서 과연 아기 업고 나가는 사람을 찾아볼 수 없었다.

그해 섣달, 찬바람은 몰아치는데 나라에서는 새로운 정치를 하겠다며 열네 가지 큰 법을 만들었다. 그것이 '홍범(洪範) 14조'다. 자주독립, 지방관제의 개혁, 지방관리의 권한 제한, 광범위한 인재 등용 등을 반포했으나 저 깊은 뿌리 밑동에서부터 속속들이 썩은 정치가 어찌 하루아침에 맑아질 수 있겠는가. 그런 법 수백 개를 새로 만들어본들 고달픈 백성들 생활에 무슨 보탬이 있을 것인가.

음력 8월 보름날, 추석 달이 휘영청 밝았다. 산중에는 벌써 살얼음도 얼었다. 강원도 금강산 장안사로 넘어가는 고갯마루, 범도는 단발령 첫 번째 쉼터에서 한 사람을 만났다. 키가 작달

양화진에서 능지처참된 김옥균의 시신.

막한 5척 단구에 활처럼 등이 굽었다. 검고 쭈글쭈글한 얼굴엔 허연 귀얄수염*이 반이나 덮었고, 이마엔 칼 맞은 상처가 있었다. 눈빛은 날카로워 보이지만 냉기나 살벌함이 아니라 따뜻함이 깃든 눈이었다. 그의 고향은 황해도 서흥, 이름은 김수협(金秀夾)이었다.

너럭바위에 앉아서 두 사람은 이런저런 이야기를 나누었다. 그는 원래 포수였는데 더러운 세상 꼴 보기 싫어 이렇게 바람처럼 떠도는 인생이라고 자신을 소개했다. 그는 보면 볼수록 좋은 사람이란 생각이 들었다. 녹두장군 이야기랑 썩은 세상 꼬락서니까지 욕하다 보니 서로의 뜻이 같았다. 둘이 의기투합

* 숱이 많고 솔처럼 길게 드리운 수염.

을 단단히 한 뒤 의병봉기를 할 궁리를 했다. 하지만 그것은 말처럼 쉬운 일은 아니었다. 그러나 둘이서 돕고 힘껏 애쓰면 꼭 안 될 것도 없었다. 이렇게 동무해서 길을 떠나 김성창 장터거리에 당도하니 마침 일본군 208명이 행군 중 그곳에 잠시 머물러 쉬고 있었다.

범도는 먼저 일본군의 신식 총에 눈길이 갔다. 한참 바라보는데 문득 분한 생각이 일어났다.

'저 총구는 누구를 겨냥하는가. 바로 우리 대한백성 가슴이 아닌가.'

순간 몸속의 모든 피가 거꾸로 솟는 듯했다. 그날 오후 두 사람은 철령(鐵嶺) 길목에 당도하여 김수협이 물부리에 담배를 담고 있었다. 때마침 1,000명도 넘어 보이는 일본군이 고개를 넘어왔다. 놈들이 지껄이는 왜말 소리가 들렸다. 황급히 담뱃불 끄고 바위 뒤에 몸을 감춘 채 보았으나 워낙 큰 군대라 그냥 망연히 바라만 볼 뿐이었다.

이튿날 아침 원산에서 서울 가는 일본군 열두 놈을 만났다. 일단 그 정도는 만만해 보여서 둘은 즉각 협동작전으로 이를 처치했다. 드디어 첫 번째의 왜적사냥이었다. 노획한 무기는 12자루. 총과 탄약상자를 가까운 산중 바위틈에 숨겨두고 일단 함경도 안변의 학포(鶴浦) 쪽으로 떠나갔다.

무능하고 부패한 조선왕조의 위정자들은 틈만 나면 외세에 붙어 애걸복걸하여 자기들의 세력을 지켜가려 했다. 명성황후와 그 일파들이 특히 그러했다. 이들이 러시아와 너무 친하게 지내는 것이 일본의 눈에 거슬렸다. 일본 공사 미우라 고로(三

浦梧樓, 1846~1926)란 놈은 왜놈 건달패를 이끌고 궁궐로 습격해 들어갔다. 잔뜩 겁을 먹고 방문 뒤에 숨어서 벌벌 떠는 명성황후를 마당으로 끌어내어 주저 없이 단칼로 쳐서 죽인 다음 시체 위에 석유를 붓고 불을 질렀다. 너무도 처참하여라. 가녀린 여인의 몸은 불길에 다 타버리고 뼈 몇 토막만 남았다. 을미년 10월, 하늘에 뜬 달도 너무 참혹한 장면에 가슴이 뛰고 두려워서 구름 뒤에 살그머니 숨어서 얼굴을 가렸다. 국내외 비난이 들끓었다. 강도 일제는 살인 악당들을 불러들여 꼭두각시 재판까지 열었지만 증거불충분이라며 모조리 석방했다.

범도는 학포에서 14명으로 첫 의병대를 모았다. 그들에게 한 달 동안 사격술을 지도했다. 세상은 그야말로 바람 앞의 등불이었다. 서울의 대궐에는 고종 황제가 왜놈 앞에서 머리를 깎았다더라. 이로부터 곧 단발령(斷髮令)이 발표되고 가위를 든 순검들은 길에서 상투를 보는 대로 자르며 다녔다. 아무 곳이나 쑥 들어가서 대뜸 집주인 상투를 자르기도 했다. 잘린 사람은 상투꼭지를 주워들고 하늘을 우러러 통곡해대는 광경도 있었다. 세상에 이런 억지와 강제가 대체 어디 있는가.

그해 정월, 강원도에 의병이 일어났다고 한다. 왜놈들을 쳐서 물리치고 국권을 수복하자며 팔도강산 곳곳에서 의병이 일어섰다고 한다. 수천 수백 명이 무리를 지어서 깊은 산으로 들어갔다고 한다.

오라 오라 돌아오라
창의소로 돌아오라

만일 여기 오지 않고
왜적에게 굴복하여
불행히도 죽게 되면
황천으로 돌아가서
선황 선조 뵈올소냐
세상이 이러하니
팔도에 의병 났네
무슨 일 먼저 할까
난신적자 목을 잘라
왜적 퇴치한 연후에
보국안민하여 보세.

대개 유생양반이 지도자였고 의병의 절대다수는 농민이었다. 군대해산 때에 총대 메고 달아난 군인도 있었고, 장돌뱅이 건달패 노동자가 많았다. 총 가진 포수도 들어왔고 가내수공업자와 고기 잡던 어부들도 있었다.

배낭 지고 총대 메고
고개 고개 넘어가니
아니 나는 심화가
절로 난다 절로 난다.

전투가 벌어질 때는 주로 화승총을 들고 싸웠다. 이럴 때 싸움의 대형은 『육도삼략』에 쓰인 대로 천진(天陳)과 지진(地陳)

의병 전투에서 일본군과 교전하다 체포된 의병들의 모습.

에 인진(人陳)을 두루 쓴다. 일월성신과 북두성이 혹은 왼쪽으로 혹은 바른쪽으로 가리켜서 어수선한 듯 정연하니 이것이 바로 천진이다. 언덕과 샘물을 앞에 두고 산을 뒤에 두어 지형지세를 이용하여 포진하니 이를 일러 지진이라고 한다. 도검에 달구지 화승총으로 병세를 돕고 각종 전법과 무용을 펼치니 이것을 인진이라 일컫는다.

의병대의 화승총을 어디 한 번 만져보자. 먼저 심지에 불 붙여 들고 다른 한 손으로 철환과 화약을 비벼 넣어 겨우 쏘았다. 화승총 사격조는 도합 네 명이 필요하다. 화약을 재우는 자, 장탄하는 자, 부싯돌을 쳐서 심지에 불을 다는 자, 적을 조준하여 사격하는 자다. 전투 시의 역할 분담은 아주 명확했지만 총탄을 한 발 쏘는데 이렇게 쓸데없이 많은 인력이 필요했다. 그런데도 이 화승총의 사거리는 고작 스무 걸음 안쪽이다. 게다가 비만 오면 심지가 눅눅해져서 화승총은 전혀 쓸모가 없었다.

하지만 이 총의 장점은 철환(鐵丸)과 화약조달이 쉽다는 점이다. 전투현장에서 의병들이 직접 만들거나 마을에서 징발해 쓰기도 했다. 화약은 쇠오줌의 찌꺼기, 온돌방 구들장의 밑흙, 버드나무를 태운 숯, 그리고 유황, 이 네 가지를 반죽해서 만들었다. 생각하면 참으로 눈물겨운 무기였다. 어떤 손재주 많은 의병은 불편한 화승총을 장전식으로 개조했다. 화약 끼우는 곳에 엽총용 뇌관을 끼워서 방아쇠를 당기면 그 충격으로 탄환이 발사되게 바꾼 것이다. 그 재주가 참으로 놀랍기 그지없다.

이런 화승총이라도 많기만 했으면 얼마나 좋았으랴. 상당수는 활과 화살, 칼과 창과 곤봉을 들었고 때론 돌멩이를 던지기도 했다. 이런 원시적 무기를 쓰는 의병대가 신식 총과 기관총으로 무장한 저 일본군을 어찌 이길 수 있었으리. 애당초 싸움이 되질 않고 처음부터 승산 없는 전쟁이었다. 일본군의 신식 총은 유효 사거리 800미터에다 분당 8발에서 10발가량을 쏘았다. 불이 총대 안에서 저절로 일어나 눈비에 상관없이 계속 쏠 수 있었다. 그리하여 의병 100명이 일본군 10명을 못 당한다는 말은 결코 과장이나 거짓이 아니었다.

또 의병은 잘 훈련된 군대도 아니었다. 오직 백성의 지지를 등에 업고 산중에 들어가 모진 고통을 인내하며 유격전을 펼치는 것이 고작이었다. 그저 하루하루 저승사자 밥을 걸머지고 부평초 신세로 이리저리 떠돌며 천신만고를 겪는 사람들. 그래도 우리 의병들은 산중에서는 날개 달린 범이었다. 어떤 어려움 속에서도 불굴의 투지와 애국심을 가졌다. 지휘관은 선비 유생 출신들이라 전술적 경험이라곤 거의 없었다. 전투에 나설 때도 갓 쓰고 도포까지 차려입는 자가 있었다. 오직 불타는 애국과 충성심뿐이었다.

이들에 대하여 일본군은 처음부터 무차별 살상과 초토작전(焦土作戰)으로 나왔다. 의병들도 차츰 훈련이 되어 적의 허점을 노리고 불시에 치고 빠지는 유격작전 능력이 생겼다. 이런 유격전법만이 일본군에 능히 대항할 수 있었다. 이렇게 되자 왜적들은 귀순작전으로 나왔다. 산악생활의 고통을 견디지 못한 여러 의병들이 자수 귀순하게 되었다. 일단 투항한 의병들은 반드시 보증인까지 붙여서 책임을 물었고 늘 경찰감시가 따라붙었다.

전국의 산간마을까지 신작로를 닦아서 일본군 출동이 편하도록 했다. 이 길닦이 노역에는 귀순 의병들과 지역 농민들이 부역으로 동원되었다. 그들이 피땀 흘려 만든 신작로는 일본군의 작전도로였다. 이런 부역에도 일진회의 자식 놈들은 일본군에게 뇌물을 갖다 바치고 쏙쏙 빠졌다. 오직 권세 없고 가난한 농민들만 만만한 물건이었다. 걸핏하면 군홧발로 걷어차이고 녹초가 되도록 얻어맞았다. 십자가 형틀에 엎어서 묶어놓고 엄청난 곤장을 때렸다. 부역꾼들 중에는 이마에 퍼렇게 멍든 사람이 많았다.

한편 의병대에서는 의병장끼리 반목하고 갈등하는 경우가 많았다. 전라도에서는 의병장 이대국(李大局)이 부장 정대홍의 화적행동을 꾸짖자 춥고 배고파서 민가의 양곡을 빼앗은 것이 어찌 화적질이냐며 불만을 품었다. 정대홍은 결국 화를 못 참고 어느 날 밤에 의병장을 몰래 암살했다. 눈앞의 왜적들이 지켜보는 앞에서 처절하고 참담한 꼴이었다.

3. 단죄(斷罪)

홍범도는 안변 석왕사(釋王寺)를 거쳐 강원도 철원 보개산(寶蓋山)으로 접어들었다. 그곳에는 마침 의암(義庵) 유인석(柳麟錫, 1842~1915) 의병장이 100여 명의 의병대를 이끌고 진을 치고 있었다. 이날 밤 홍범도는 유인석으로부터 밤 깊도록 시국 이야기를 들었다. 유인석은 평안도 순천에서 창의(倡義)의 깃발을 세웠다. 한번 부르자 농민들이 구름같이 몰려와서 의병대가 되었다. 그들 가슴속에는 지난해의 피 끓는 망국의 한과 분노가 여전한 불씨로 들어 있었다. 유인석은 화서학파(華西學派)의 종장(宗匠)이다. 각기병으로 고생하면서도 구국의 일념으로 의병을 일으켜 싸웠다.

병신년 봄 제천에서 일본 군대와 첫 교전을 펼쳤다. 하지만 곧 패했다. 그 후 경상도 단양, 풍기, 영춘을 돌아서 6월 초순 원주에 도착했다. 유인석은 차분히 앉아 패전의 원인을 반성하며 앞으로의 방침을 구상했다. 경기도 여주에서 다시 전열을 가다듬고 강원도 영월, 평창, 정선, 강릉 일대에서 집중적 활동을 펼치는 계획이다. 그러다 여의치 않으면 서북지방에서 다시 군사를 모집한다. 다음 단계는 청국의 위안스카이(袁世凱, 1859~1916)에게 구원병을 청하는 것이고, 마지막 단계로 요동에서 의병을 모집하여 국내로 진격해 들어온다.

유인석 구상의 중심은 무엇보다도 해외에서의 항일무장 근거지 개척이었다. 요동에는 일만 명이 넘는 우리 동포가 산다고 했다. 그곳은 산이 깊고 토지도 비옥하다 하니 거기서 군사를 양성하면 온 누리의 혼란을 바로잡을 수 있을 것이라 생각했다. 하지만 현실은 유인석의 구상과 달랐다. 1896년 병신년 여름에 유인석은 청국과 비밀 교섭을 했으나 실패했고, 1900년 경자년에 중국에서 의화단사건(義和團事件)이 일어나자 고향으로 돌아가고 말았다.

유인석은 청년 홍범도의 기개에 감복하여 '여천'(汝千)이란 호를 주었다. 자신의 자(字)를 '여성'(汝聖)이라 했으니 두 사람은 구국의 길에서 형제적 친밀감을 느꼈던가. 과연 범상치 않은 범도 청년의 기개가 왜병 1,000명을 거뜬히 당해낼 힘이 있다는 뜻으로 '여천'이라 지었던 것인가. 그 후로도 자주 서찰을 보내어 여천 홍범도의 활동을 격려하고 일깨워 주었다.

유인석은 조선 말기의 유학자로 그 누구보다도 먼저 일본의 흉계를 알아채고 있었다. 그리하여 굴욕적인 병자수호조약을 극구 반대했다. 갑오년에 들어선 친일내각도 매섭게 꾸짖었다. 세상은 점점 왜놈천지로 바뀌어가고, 드디어 을미년 섣달그믐날 강원도 영월에서 의병을 일으켰다. 윤희순이 지었다는 「의병노래」의 일부는 당차고 매서웠다.

우리나라 의병들은
애국으로 뭉쳤으니

의병봉기를 촉구하는 유인석의 격문. 유인석은 항일무장 근거지를 해외에 개척하려 했다.

외론 혼이 된다 한들
그 무엇이 서러우랴
의리로 죽는 것은
대장부의 의리거늘
죽음으로 뭉쳤으니
죽음으로 충신 되자.

이듬해 여름, 유인석은 관서와 해서를 지나서 압록강을 건너 구국운동에 나섰다. 하지만 불운하게도 청나라 관헌에게 무기를 빼앗기고 의병대도 흩어졌다. 기유년에 블라디보스토크로 옮겨와서 전국 13도의군 도총재로 추대되었다. 이범윤(李範允, 1856~1940)이 창의군 총재를 맡았고 함경도 의병장 이기남(李基南), 황해도 의병장 우병열(禹炳烈, 1856~1929)이 도총소 찬모, 홍범도와 이진룡(李鎭龍, 1879~1918)이 의원이 되었다.

이때 이상설(李相卨, 1870~1917)이 서울로 상소문을 올렸다. 구국항전을 위해 군자금이 필요하니 내탕금을 좀 보내달라는 요청이었다. 황제께서도 연해주로 오시어 망명정부를 세우자고도 했다. 하지만 서울에서는 끝내 묵묵부답이었다. 이에 따라 간도와 연해주 지역 의병들은 자기들끼리 연대하여 국내진공작전을 시도했으나 뚜렷한 성과는 거두지 못했다.

한편 원동 블라디보스토크의 개척리 신한촌에서는 한인대회가 열렸다. 대한의 국민이 된 사람은 어떤 경우에도 죽기를 맹세하고 조국광복을 성취한다며 성명회(聲明會)와 권업회(勸業會)를 만들었다. 장지연(張志淵, 1864~1921), 정순만(鄭淳萬, 1873~1911), 정재관(鄭在寬, 1880~1922), 이동휘(李東輝, 1873~1935), 장도빈(張道斌, 1888~1963), 이동녕(李東寧, 1869~1940) 등 가슴이 뜨거운 애국운동가들도 그때 신한촌 사람이었다. 이강(李剛, 1878~1964), 이갑(李甲, 1877~1917), 신채호(申采浩, 1886~1936), 유동열(柳東說, 1879~1950), 이종만(李鍾萬, 1892~1960)도 이곳을 다녀갔다.

최봉준(崔鳳俊, 1859~1917)은 『해조신문』(海潮新聞)을 발간하여 왜적들의 만행을 매섭게 꾸짖고 학교를 세워서 민족 얼을 심었다. 이로부터 신한촌의 독립운동 열기는 더욱 뜨겁게 활활 타올랐다. 강도 일제는 연해주의 한국 독립운동 금지를 러시아 정부에 틈만 나면 강박했다. 그 서슬에 러시아 당국에서는 러일 협약이란 것을 무시하지 못해 13도의군 간부들을 불시에 체포하는 사태가 벌어졌다.

이때 홍범도는 유인석 부대에 끼어서 일본군과 세 차례나 싸웠으나 싸우는 족족 패배하여 달아나기에 바빴다. 홍범도가 이때 유인석 의병대와 함께 싸웠다는 기록은 따로 확인되지 않는다. 하지만 그러했을 개연성은 충분히 있다. 실제로 유인석 부대는 1896년 중반에 강원도의 강릉, 횡성, 인제, 춘천, 화천, 양구, 회양 등을 거쳐서 음력 7월 2일(양력 8월 5일)에 함경도 안변의 영풍에 주둔했고, 그 이후에는 평안남도 양덕과 맹산 등지를 거쳐 북상했던 것이다. 특히 유인석 부대가 철령을 넘어 영풍에 주둔할 때 주민들이 점심을 준비해놓고 기다리는 등 크게 환영했다는 기록이 있기 때문에 홍범도가 일지(日誌)에서 서술한 주장이 이로써 증명된다. 그 무렵 최초의 동지였던 김수협이 전투 중에 죽었다. 뜻이 잘 맞던 동지의 애석한 죽음에 홍범도는 몹시 가슴 아팠다.

홍범도는 격전 중에 겨우 목숨을 보전해서 황해도 연풍 널귀란 곳에 있는 금점판에 들어가 금을 캐는 금점꾼으로 변신하여 잠시 몸을 숨기고 있었다. 하지만 여기서도 금점 동학당 밀정에게 신분이 드러나고 말았다. 밀때꾼 놈은 여우같이 약고 족제비같이 지독하고 개처럼 냄새를 잘 맡았다. 그놈이 왜적에게 몰래 알려서 하마터면 붙잡힐 위기에 놓였다. 그날 밤 황급히 도망하여 박달령(朴達嶺) 고갯마루에 허겁지겁 다다르니 드디어 해가 산등성이로 올라왔다. 고갯마루 양지바른 곳에 앉아 숨 돌리고 있는데 체포하러 왔다가 돌아가는 일본 기마병 셋이 원산 쪽으로 넘어가는 것을 발견했다. 곧 놈들을 기습하여 모두 처치하고 총 세 자루를 거두었다. 두 자루는 땅을 파서 묻고, 탄환 300발과 군량은 거두어 바랑에 쓸어 담아 서둘러 길을 떠났다. 지경산 꼭대기에 올라가서 숲에 얼기설기 나뭇가지를 얽어 그날 밤을 한둔했다. 사방은 칠흑같이 감감한데 오직 초롱초롱 빛나는 별이 있다. 홍범도는 찬바람을 맞으며 그 별을 바라본다.

'나는 이 길을 언제 어디까지 가게 될 것인가.'

멀지 않은 곳에서 산짐승 울음소리가 들렸다. 이윽고 날이 밝아 덕원 무달사(武達寺)에서 아침공양을 하고 절간 뒤 토굴로 옮겨 다시 하룻밤을 보냈다. 그날 밤 범도의 토굴로 찾아온 젊은 승려 하나가 그 고을 탐관오리의 악행을 낱낱이 들려주었다. 당시 덕원읍에서 악명 높던 좌수 전성준(全成準). 그놈의 탐학으로 피눈물 흘리는 백성이 많다고 한다. 이를 가만히 둘 수 없노라. 나라가 험한 시절에 저 혼자 더러운 사리사욕을 채우고 있는 그놈은 분명 죄질이 나쁜 친일파일 것이다.

범도는 밤중에 득달같이 들이닥쳤다. 놈은 새하얀 모시적삼에 얇은 열두 새로 만든 베 조끼를 받쳐 입고 뚱뚱한 체구로 애첩을 품은 채 느긋한 시간을 즐기고 있다가 너무나 놀란 나머지 뒤로 벌러덩 넘어졌다. 홍범도는 놈의 매국적 죄상을 낱낱이 들고 준엄하게 꾸짖었다. 하지만 좌수 놈은 전혀 반성하는 기색 없이 통방울 같은 눈을 뒤룩거리며 뻔뻔스럽고 구차하게 변명만 한다. 군자금을 바치라 해도 가진 돈이 없다며 딴전만 피운다.

"정히 그렇다면 하는 수 없구나. 네 놈을 살려두면 저 백성들 편안히 살 수 없으리."

우선 돈궤부터 찾아 일본 돈 8,400엔을 거두고 무달사(武達寺) 어귀로 끌고 가서 처단했다. '타앙' 하는 총소리 한 방에 매국 반역자는 거꾸러졌다.

그길로 곧장 평안도 양덕으로, 양덕에서 성천으로, 성천에서 다시 여원으로 정처 없이 떠돌아다니는 행보를 계속했다. 주로 산중으로만 다니며 그렇게 3년 가까이 단독 의병활동을 했다. 이렇게 지내는 동안 모든 것은 바닥났다. 마음속 다부진 각오도 바닥나려고 했다. 탄환도 떨어지고 의복도 없고 신발조차 없고 기진맥진했다. 그동안 지녀오던 변성명도 버리고 말았다.

"에라, 장부가 한 번 죽지 두 번 죽느냐!"

어금니 꽉 깨물며 제 본이름 홍범도를 당당히 앞세우고 함경도 북청 땅 단양고을 삼거리로 찾아갔다. 북청에서 그리운 아내에게 미리 기별했지만 허사였다. 아내의 친정은 북청군 안산면 노은리의 인필골 삼거리였다. 주민들에게 물었더니 어디로 떠났는지 모른다 했다. 어느 날 자고 나니 빈집이라 했다. 하지만 그들로부터 단양 이씨의 소식과 어린 아들이 하나 있다는 소식은 전해 들었다. 범도의 눈에는 사랑하는 아내의 얼굴만 어른거렸다. 생김새조차 모르는 아들의 얼굴도 눈앞에 어른거렸다. 어디로 갔는가. 무슨 사연이 있어서 그처럼 서둘러 떠난 것일까.

무작정 떠난 발길이 삼수갑산(三水甲山)까지 당도했다. 그곳은 포수들 살아가기 좋은 곳으로 백두산 밀림이 우거지고 산짐승이 많아 옛적부터 노랑포수*들이 많았다. 하지만 밭곡식 해치는 멧돼지 등쌀에 포수들은 바빴다. 이따금 호랑이에게 잡아먹히는 호환(虎患)도 있어 이 마을 저 마을에서 포수를 불렀다. 범도는 한동안 여기서 마을의 고용 포수로 일하며 그 지역 산포수들을 많이 사귀었다. 하지만 아내의 소식은 여전히 감감했다. 틈만 나면 북청으로 무산으로 득달같이 다니며 수소문해보았지만 허사였다. 포수 동무들도 가는 곳마다 범도의 아내 소식을 탐문했다.

---

* 활동하기 편하도록 상투를 자르고 노란 상포로 망을 떠서 쓰고 다니는 포수.

4. 상봉

한편 단양 이씨는 홀어머니 모시고 적적한 시간을 어린 아들 양순이 키우는 낙으로 살았다. 비바람 치는 밤 베틀 앞에 앉아서 일하다 보면 가슴속의 시름을 잊을 수 있을까. 혼자 줄곧 중얼중얼 어머니한테 배운 함경도 「베틀가」를 꾸벅꾸벅 졸면서도 불렀다.

> 올지서므(올케) 삼 검불루
> 얄새(열승)르 삼아서
> 종조(종지) 굽에 헤어내어
> 안개 속에 베틀 놓구
> 구름 속에 잉애 걸구
> 들구 짱짱 놓구 짱짱
> 하루 한 필 짜는 베루
> 시아방이 도포 짓구.

이러다 보면 어느 틈에 떠오르는 그리운 낭군의 얼굴. 일하다가 넋을 놓고 그저 망연자실한 자세가 된다. '내 낭군은 언제나 올 것인가. 지금 어디서 무얼 하고 지내는지…' 문고리 덜컹

대고 윙윙 눈보라 칠 적마다 낭군 생각은 더욱 간절했다.

"여보, 대체 어디 계신가요. 보고 싶어요. 너무나 그리워요."

산중에 나무하러 갔다가 이렇게 미친 사람처럼 외쳐도 보지만 눈보라와 골바람에 그 소리는 지워졌다.

이 무렵 이웃마을 사는 순사보조원 최가 놈이 호구조사를 나왔다가 단양 이씨 집에 들렀다. 그놈은 울바자 구멍으로 개가 대가리 내밀 듯 주재소나 헌병대를 무시로 드나들면서 구차한 목숨을 부지해나가는 매국노였다. 워낙 악질이라 마을 주변에서 개포수라 불렀다. 놈은 처음부터 통사발* 같은 눈을 뒤룩뒤룩 굴리며 반말에 희롱조로 말했다.

"젊은 부인이 지아비도 없이 어찌 혼자이신가."

단양 이씨는 대꾸하지 않았다.

"이 댁 지아비는 지금 어디 있는가."

자꾸만 사냥개처럼 의심을 품고 무슨 냄새를 맡으려는지라 어쩔 수 없어 낭군이 병을 앓다 죽었다고 했다. 하지만 최가 놈은 줄곧 수상한 눈길을 버리지 않았다. 돌아가는 길에 주막에 들러 단양 이씨네 집 내력을 꼬치꼬치 캐물었다. 입이 싼 주막집 할멈은 단양 이씨가 머리를 깎고 승려가 되었던 일에서부터 모든 사정을 미주알고주알 일러바쳤다. 그로부터 최가 놈은 줄곧 단양 이씨 주변을 의심의 눈초리로 감시했다. 마을에 오면 괜스레 단양 이씨네 집 마루에 걸터앉아 군도자루 빙빙 돌리며 추근거리다 돌아갔다. 때론 위협하는 말도 했다. 이 전후 사정

---

* 품질이 낮은 놋쇠로 만든 주발.

을 소상히 알게 된 단양 이씨는 살아도 사는 것이 아니었다. 자다가도 화들짝 소스라쳐 깨곤 했다. 정말 뜻밖에 양순 아비가 돌아온다면 금방 최가 놈의 그물에 어이없이 걸려들고 말 것이었다. 일이 이렇게 되자 단양 이씨는 한시도 마음 편히 살아가기가 힘들었다. 멀리 백두산 자락 풍산에서 화전 일구고 살아가는 이모 댁으로 떠날 궁리까지 했다. 미리 기별하여 빈집 하나 구해놓고 이모가 와서 노모를 먼저 모셔갔다.

'세상은 어딜 가나 마음 편한 곳이 없구나. 내 살던 곳을 버리고 지은 죄도 없는 몸이 야반도주를 해야 하다니.'

새삼 양순 아버지가 야속했다. 단양 이씨는 서러움이 북받쳐 주르르 눈물을 흘렸다.

"엄마 왜 우오. 울지 마시오. 울지 마시오. 엄마가 울면 나도 눈물이 날 것 같소."

양순이는 커다란 눈에 그득히 눈물을 담고 엄마 품을 껴안았다.

그로부터 며칠 뒤 어느 날 밤, 삼경이 넘은 북청 인필골 삼거리에는 어둠 속을 떠나가는 두 그림자가 있었다. 양순 모자였다. 삼태성은 서쪽 하늘에 기울고 북두칠성은 꼬리를 둘렀다. 먹물 뿌린 듯 짙은 어둠 속에서 마른 나무숲이 세찬 서북풍에 애처롭게 울부짖고 있었다. 그들은 정든 마을을 몰래 빠져나갔다. 발뒤꿈치를 들고 살금살금 걷는데도 어떻게 기척을 알고 개가 컹컹 짖었다. 달님은 구름 속으로 스르르 숨어주었다. 가까운 숲에서 소쩍새는 저 혼자 목이 메었다. 어머니와 아들은 날이 샐 때까지 걸었다. 밤새 내린 이슬이 아랫도리를 흠뻑 적서서 축축했다. 이렇게 꼬박 이틀을 걷고 걸어서 풍산 땅 산골에 당도했다.

범도는 어느 날 멧돼지를 뒤쫓느라 밀림을 헤매었다. 그놈은 밭을 파헤쳐 다 된 귀리농사를 쑥대밭으로 만들었다. 김매던 노인 하나가 산짐승의 공격으로 죽는 일도 일어났다. 마을 주민들이 찾아와 그 원수의 멧돼지 놈을 처치해주기를 간청했다. 하지만 보통 놈이 아니었다. 오래 묵은 영물이었다. 인기척만 느끼면 안개처럼 사라졌다. 똥과 발자국을 더듬어 범도는 밀림 깊숙이 들어갔다. 놈이 나뭇둥걸에 가려운 등을 비벼댄 자국도 찾았다. 물 고인 진창에 온몸을 뒹굴어댄 목욕 자리도 더듬었다. 주둥이로 마구 파헤친 산길 등성이도 따라갔다. 쫓고 쫓기는 긴장이었다. 이윽고 밤이 되었다. 우등불 피우고 한둔하는 밤. 개마고원 밀림의 이런 밤은 온 신경이 곤두서는 시간이다. 바스락거리는 소리에도 쫑긋 귀 세우며 숲의 질서를 헤아린다.

이렇게 산길 달린 지 몇 날이 지났을까. 멧돼지는 아직도 저만치 앞서 달아난다. 슬슬 어슬녘이 되어 산골은 이미 깊은 밤이다. 초저녁 열사흘 달빛이 얼음처럼 차다. 그 달빛 속에서 대여섯 채의 허술한 귀틀집이 보였다. 군불이라도 지피는가, 굴뚝에선 연기가 피어오르고 있었다. 이 깊은 곳까지도 화전민은 올라오는구나. 백두산 준령이 흘러내리는 산골, 통나무를 찍어서 지은 귀틀집이 있고, 괭이로 화전 일구어 감자 보리 심어 먹으며 살아가는 화전민들이 있다.

한 사람이 귀틀집에서 나오는데 자그마한 키에 풀물 들인 베적삼 입은 채 머리엔 베수건을 질끈 동여매었다. 까만 얼굴의 화전민은 낯선 사람이 혹시 단속 나온 산림 주사는 아닌지 잔뜩 경계하는 기색이다. 그전에도 이런 화전민촌에 와본 적이 있다. 대개는 멀리 삼남 지방에서 친일 지주 놈들에게 전답을 빼앗기고 늘어난 빚 못 갚아 도망치듯 떠나온 농민이었다. 한 청년은 지주 집 주변의 바람벽 담장 울바자에 구호를 적었다.

'일본 놈 물러가라!'

'우리가 가꾼 곡식 우리가 먹어야 한다.'

'악질 도적놈 몰아내자!'

분필 글씨의 주인공은 탄로가 나서 흠씬 두들겨 맞고 헛간에 갇혀 있다가 탈출하여 이런 곳까지 왔다. 그런 마을에서 자는 밤이면 그들의 한 맺힌 이야기가 강물처럼 흘러넘쳤다.

오늘 밤은 이 화전 농가에서 하루 자고 가리라. 한 집에 이르니 어린아이 하나가 아궁이에 솔가지 밀어 넣으며 퉁소를 불고 있다가 갑자기 나타난 낯선 길손을 바라보았다. 그런데 그 퉁소가 어딘지 낯이 익었다.

"누구시우. 누굴 찾아 오셨수."

어린 녀석은 나이에 비해 당차 보였다.

"얘야! 너희 식구들 어디 갔니. 나는 오늘 밤 네 집에서 하루 머물고 가려 한단다."

"우리 어머니 밭에 갔소. 인차 곧 오실 테요."

땅거미는 점점 짙어오고 범도는 마당을 서성이는데 오래 지않아 아낙네 하나가 노파를 부축해서 산길을 내려온다. 머리에 인 함지에는 갓 뽑은 무가 그득히 담겨 있다. 감자밭을 매다가 오는지 손에는 흙 묻은 호미도 들려 있다. 함지를 받아 내리고 나서 이윽고 범도가 하룻밤 자고 갈 뜻을 말하려는데 아낙네는 범도 얼굴을 빤히 들여다보며 그대로 털썩 엉덩방아 찧더니 스르르 다리 힘이 풀려 주저앉는다.

"이녁*이 뉘시오. 대체 그대가 뉘시오. 양순 아비 아니신가요."

말소리는 울음이 섞여 뒤를 제대로 잇지 못한다. 방향 잃은 두 손은 줄곧 허공만 내젓고 있다. 얼마 만에 보는 사랑하는 낭군의 얼굴인가.

범도가 깜짝 놀라 자세히 들여다보니 꿈에도 그리던 각시로구나. 틀림없는 단양 이씨 내 아내로구나. 세상에 어찌 이런 일이 있는가. 하늘이 날 이리로 천연덕스레 인도하셨구나. 그렇게 찾아도 종적 없던 임자가 어찌 여기서 이렇게 만나게 된단 말인가. 이게 꿈인가 생시인가.

범도는 그리웠던 아내와 양순이를 한 아름으로 와락 끌어안고 소처럼 흐느껴 운다. 깊은 밤 산중에 때 아닌 눈물바다를 이룬다. 장모도 곁에서 옷고름으로 줄곧 흐르는 눈물을 찍어낸다. 그날 밤 범도는 아내 단양 이씨로부터 원산 주막거리에서 생이별하고 북청으로 돌아와 고생스레 살아온 내력을 낱낱이 들었다. 보조원 최가 놈에게 당하던 고통도 낱낱이 들었다. 이런 이야기 들으며 범도는 불끈 주먹을 쥐고 이를 갈았다.

'우리 가족이 당하는 고통은 모두 저 왜적들 때문이야. 그 앞잡이 놈들 때문이지. 먼저 그놈들을 이 땅에서 깨끗이 쓸어내

---

* '당신'의 함경도 말.

128

야 해.'

양순이는 말로만 듣던 제 아버지 무릎을 두 팔로 꽉 껴안고
또 놓칠까봐 줄곧 떠날 줄 모른다. 아궁이에선 팔뚝같이 굵은
장작이 타는 소리가 탁탁 들렸다. 가마솥에선 아내가 떡을 찌
는지 흰 김이 쐐쐐 소리를 내며 뿜어져 나왔다. 구수한 냄새가
온 집안에 가득 찼다. 뒷산 언덕에서 늑대 울음소리가 들렸다.
양순이는 통소를 꺼내어 불었다. 참으로 유서 깊은 물건이다.
오랜 세월을 부대껴온 통소는 이제 어린 양순에게 보물이었
다. 얼마나 애지중지하는지 어미로부터 물려받은 그 통소를 들
고 온종일 만지작거리며 논다고 했다. 옛날 홍 통소의 솜씨가
양순에게 내림이 되었던가. 부는 솜씨가 여간내기가 아니었다.
그 소리를 듣고 있노라니 범도는 마치 꿈결 속에 잠긴 듯 기분
이 몽롱해졌다. 얼굴도 모르는 할아버지, 일평생 고생만 하다
세상을 떠나신 부모님 얼굴이 보였다. 온 식구 둘러앉아 쫀득
한 기장떡을 먹으며 양순의 통소 소리에 잠겨서 심심산골의 밤
은 점점 깊어갔다.

다음 날 아내는 캄캄한 부엌에 나가 새벽밥을 지었다. 무쇠
솥 뚜껑 여닫는 소리 두병두병 나고 무엇을 썰고 있는지 칼도
마 소리가 도간도간 들렸다. 이윽고 밥상이 들어오는데 청대콩
드문드문 두고 좁쌀에 기장 섞어서 지은 구수한 밥사발이 앞에
놓였다. 뚝배기에는 함경도 토장찌개가 구수한 냄새를 피웠다.
아내가 정성껏 차려온 밥도 밥이지만 가족들과 둘러앉아 먹는
이 한솥밥의 정겨운 맛을 그 무엇에다 견줄 수 있으리. 아내는
낭군의 밥그릇 위에 밥을 자꾸 얹는다. 식사가 끝나자 범도는

남북한을 잇는 백두대간.
이것을 중심으로 한반도의
모든 물줄기가 서류와
동류로 갈라진다.

서둘러 내려가 짐 보퉁이를 꾸렸다. 빨리 주변정리를 끝내고
가족들 곁으로 부리나케 올라왔다. 발걸음이 바퀴 달린 듯 빨
랐다. 풍산 화전촌은 갑자기 사람 사는 생기가 감돌았다.

　범도는 식구들을 데리고 단란한 새살림을 시작했다. 힘겨운
따비밭도 몸소 땀 흘려 갈아서 일구었다. 장모는 그저 흐뭇해
서 사위 등을 쓰다듬었다. 힘겨운 화전농사에 범 같은 사위가
오니 든든했다. 아내도 마찬가지였다. 이젠 보조원 최가 놈 아
니라 그 누가 온들 천하에 두려울 것이 없었다. 범도는 새로 화
전을 내어 밭을 좀더 넓혔다. 관목으로 덮인 산비탈을 일구어
조와 콩을 놓았다. 워낙 척박한 땅에 거름기가 없어 소출은 변

변치 않았다. 농사를 하는 틈틈이 화승총을 들고 깊은 산 헤매고 다니며 불질을 해서 노루도 잡고 멧돼지도 잡았다. 호랑이도 한 번 만나 힘들게 잡았다. 아무튼 사냥이 농사보다 수입이 좋아 점점 직업 사냥꾼이 되어갔다. 가까운 마을의 산포수 벗들과도 친해졌다. 범도의 백발백중 사냥비법은 너무나 뛰어나 원근 일대에서 칭송이 자자했다. 비결을 배우고 싶다는 젊은 포수들이 많았다. 포수들과 함께 모인 자리에선 점점 왜놈 천지가 되어가는 혼탁한 세상을 개탄했다.

이 무렵 단양 이씨의 친정어머니는 항상 당신이 살아오던 북청 인필골로 돌아가고 싶어했다. 어느 날 범도는 북청으로 먼저 가서 오래 비워둔 빈집을 치우고 장모가 거처할 수 있도록 가옥을 고치어 손질했다. 그러고는 가족과 함께 장모를 모셔다드리고 거기서 며칠 지내다 돌아왔다. 늙은 어머니를 혼자 두고 오는 것이 못내 마음에 걸렸는지 돌아오는 길에 아내는 줄곧 훌쩍였다. 하지만 가까운 친척도 있고 자주 와서 놀아줄 동무도 있어서 장모는 옛집으로 돌아온 것만 몹시 즐거워했다. 세상 구름이 모두 이 구력에서 생겨난다는 함경도 갑산군(甲山郡) 운흥(雲興) 고을. 육십갑자 헤아려 맨 으뜸 되는 산중지산(山中之山)이라 갑산이던가. 북쪽 머리엔 허연 백두산, 동으로 내리뻗는 무산·길주·단천·풍산은 발치에 깔고, 삼수 허천강은 서녘 옆구리에 바짝 끼고 있다. 마천령·후치령·웅덕령·철령·은린령·황초령 높은 고개에 둘러싸여 해발 4,000척 거구인의 형상으로 구름 속에 둥실 떠오른 곳.

범도는 이곳을 마치 마을 뒷산처럼 돌아다녔다. 웬만한 산길은 눈감고도 환히 알고 있다. 잠결에 들려오던 그 아련한 그 소리. 그것은 산이 우는 소리였다. 백두대간(白頭大幹)이 왜적에게 칼 맞아 우는 신음이었다. 정수리에 박힌 쇠말뚝 뽑아달라고 울먹이는 목소리로 하소연도 했다. 자다가도 벌떡 일어나 산의 울음을 들었다.

'어떻게 하면 저 산으로 하여금 통곡을 멈추게 하고 슬픈 눈물을 닦아줄 것인가. 내가 그 일을 하리라. 마침내 그 일을 해내고 말리라.'

삼수갑산 푸렁 치마
제 맛이 좋아
이내 몸 버리고 어데 갔노
바람아 광풍아 불지를 마라
설봉산 흰 구름이
갈팡질팡한다.

속속들이 환히 밝아오는 함경북도 갑산군의 7개 면. 장평(長平), 산남(山南), 진동(鎭東), 회린(會麟), 동인(同仁), 운흥(雲興), 보혜(普惠) 산기슭 마을의 골짝들. 오! 눈에 익은 골짜기, 골짜기들!

5. 백두산 가는 길

그런데 이 평화가 오래 가질 못했다. 잡은 포획물에 매겨지는 세금은 너무 가혹했다. 백두산이 가깝고 또 산짐승과 국경 때문에 옛날부터 관북 지역 사포수(私砲手)들은 중요한 존재였다. 이런 사포수는 군내 각 마을에 분포했는데 한 마을에 사포수가 다섯 이상이면 책임자 한 명씩을 두었다. 읍내에는 총 책임자가 있다. 이런 사포수의 숫자는 수백 명. 고생스레 사냥해 오면 한 차례 부역이나 겨우 면제받았을까. 호피, 녹용, 웅담 등의 귀물은 관가에서 모두 가로채갔다. 사포수는 사냥으로, 가족들은 농사로 연명해갔다. 모든 사포수는 일 년에 사냥물을 일정하게 반드시 바쳐야 한다는 책임량을 할당받았다. 이를 못 지키면 관가로 잡혀가서 모진 형벌을 받았다. 사포수 제찰(制札)도 빼앗기고 벌금을 내어야만 풀려날 수 있었다. 이 때문에 성가셔서 백두산으로 영영 들어간 사포수들이 하나둘 늘어났다.

이런 분위기 속에서 범도는 안산, 안평 두 지역의 직업 사냥꾼 사포계(私砲契)를 만들어 안산사(安山社)라 부르며 그 조합의 우두머리가 되었다. 이름하여 포연대장(捕捐隊長)! 대장이 하는 일은 지방 관리들과 교섭하여 포호 기물의 수량을 헤아리고 세금을 납부하는 일이었다. 이제는 자기 혼자만의 일이 아니라 조합의 여러 회원을 보살펴야 한다는 커다란 책임감이 앞섰다.

당시 대다수 포수들은 머리를 삼베로 감아 맨 노랑포수였다. 백두산 밀림 속에서 가시덤불을 헤쳐가며 달리는 그들은 한번 나가면 몇 날 며칠 머리를 못 감았다. 옷자락이 가시덤불에 걸리는 것보다 상투가 나무에 걸리는 것이 더 힘들었다. 이 때문에 상투는 진작 잘라버리고 대신 삼베노끈으로 망을 떠서 썼는데 그 땀에 절은 노란 빛깔 때문에 노랑포수라 했다. 포수들의 복장을 살펴보자. 미투리에 감발하고 바짓가랑이엔 끈으로 행전(行纏)을 묶었다. 함경도식 긴 저고리는 허리띠로 동여매고 어깨에는 화승총을 메었다. 단도는 가죽집에 넣어서 허리에 찼다.

고산준령(高山峻嶺)의 우거진 밀림, 머루·다래 덩굴 우거진 수풀 속에서 맹수 사냥하던 노랑포수들. 험한 산줄기를 내달리는 것도 그대로 비호(飛虎)였다. 그들은 산골짜기 구석구석을 손금 보듯 환히 알았다. 작은 개울과 동굴이 있는 곳과 생김새, 산짐승들이 다니는 길까지 알고 있었다. 빠른 걸음, 날랜 공격, 재빠른 이동은 자유자재였다. 산악은 그들의 집이요 잘 마른 가랑잎은 포근한 이불이었다.

이러한 사포수들의 화승총은 탄약을 넣어서 한걸음에 한 방이었다. 쏘면 백발백중이었다. 간혹 드물게 러시아제 오연발도 있었지만 대개는 화승(火繩)이었다. 하지만 그것은 너무 낡은 구식이었다. 탄약을 구하기 정말 어려워서 화약과 유황으로 직접 만들어 쓰기도 했다. 의병대의 탄약 부족을 알고 농민들은 족대와 그물의 추에 달린 납을 뽑아서 들고 왔다. 장날이면 늙은 암소를 팔고 송아지 사러 갔다가 청국인 상점에 일부러 들러서 화약을 구해다 주었다. 닭 넣은 꼴망태와 잉어 담은 나무 함지 이고 갔다가도 돌아올 때는 몰래 거기에 화약을 담아서 왔다.

지방과 중앙관청의 세금독촉과 뇌물요구는 갈수록 심해졌다. 홍범도는 사포계 조직의 수령으로서 세금인하를 위한 투쟁을 펼쳤다. 범도는 농민들과 산포수들 사이에서는 신망이 높았으나 양반관료들로부터는 미움과 배척을 받고 감시까지 받게 되었다. 그 때문에 권력 가진 지배층은 범도를 위협하거나 더러운 뇌물로 매수하려 들었다. 하지만 범도는 이를 모조리 뿌리치고 사냥에 대한 세금을 내리는 일에 꾸준히 노력해서 드디어 뜻을 이루었다.

이듬해에 둘째가 태어났다. 아들이었다. 출산 전날 아내가 꿈에 용을 보았다. 그런데 용은 하늘로 하늘로 자꾸만 저 혼자 달아나기만 했다. 이런 태몽의 사연으로 이름을 용환(龍煥)이라 지었다.

범도가 마을의 온갖 궂은 일을 모두 도맡아 하니 주민들 신망이 대단했다. 그야말로 마을의 기둥이자 대들보였다. 이 짧은 몇 년이 범도와 가족들에게는 처음이자 마지막인 행복과 단란(團欒)의 모든 시간이 될 줄이야. 이미 서른이 넘은 나이, 떡판 같은 두 어깨엔 황소 힘이 들어 있고 우뚝하고 늠름한 구척 장신에 길고 거무스레한 얼굴에는 짙은 턱수염이 덮였다. 코밑에도 굽은 활처럼 수북한 수염이 있었다. 이런 홍 서방 범도의 턱수룩한 얼굴 생김새는 보면 볼수록 근엄하게 보였다. 그러나 숱 많고 둥그런 눈썹 밑에 뜨거운 정기가 끓는 시커먼 눈은 늘 고요하고 다정다감해 보였다. 그의 인정, 그의 관대성, 그의 결단성. 이러한 면모가 얼굴에 골고루 들어 있었다. 하지만 불의를 보면 그의 두 눈에 시퍼런 불이 번쩍 일었다. 밀림에 웅크린 호랑이의 눈빛, 바로 그것이었다.

범도는 맏아들 양순이를 데리고 백두산을 다녀왔다. 우리 강토의 모든 근원이 여기서 비롯되었다고 하니 나도 직접 다니며 보고 싶고 양순에게도 보여줘야지 싶었다. 형을 따라가겠다고 마구 울어대는 용환에게는 좀더 크면 꼭 데려가리라 약속했다. 첫서리 오기 전에 범도 부자는 함께 사냥길에 나섰다. 시일을 더디게 잡으면 곧 첫눈이 내릴 테니 서둘러 행장을 꾸려야 했다. 북방 500리 숲길을 헤치며 이번 길에 백두산까지 다녀올 것이니 노로 그물처럼 떠서 만든 산포수의 망태기인 노망태 자루에 솜옷·미투리 차곡차곡 챙겨 넣고, 미투리 신기 전 발을 싸는 헝겊 발싸개와 부싯돌도 넉넉히 찾아서 넣어두었다.

삼수나 갑산, 풍산에 장진을 범도는 이미 손금 보듯 들여다본다. 꼭두새벽 해 돋기 전에 상리마을 떠나서 송계, 팔봉덕, 교항, 횡둔, 이태리, 천수리, 판장리, 조양리, 서당, 위계, 효장, 통목, 광생령, 상동 들판을 두루 내려간다. 이곳은 갑산에서 혜산진(惠山鎭)으로 가는 길목 주변의 지명들이다. 마을을 빠져나오면 저 멀리 굽이 도는 허천강, 신풍, 장흥, 보파리 나루가 보인다. 개울 끼고 화사리 한가구비 단숨에 돌아들어 강구에서 넘실넘실 압록강 바라볼 제 신갈파(新乫坡)로 빠지는 오솔길 하나 눈에 들어온다.

"얘 양순아! 저어기 혜산진이 눈앞에 벌써 보이질 않니."

우리는 북동쪽으로 한달음에 달려서 위연포를 얼른 제치고 왕가리, 화전리, 봉수동, 독동의 가는 바람 불어오는 보천 개울 다리목도 성큼 지나 가림천(佳林川) 윗마을로 올라서리라. 언제부터인가 가기도 멀고 지내기도 워낙 나쁜 곳이라 '원악지'(遠惡地)로 불린 이곳. 한번 오면 다시 못 간다는 유배의 땅에 말로만 듣던 작달막한 섬 오랑캐가 진작 들어와 기웃거린다. 필시 저놈들은 이곳 나무바다를 탐내는 것이리라. 마자수(馬沮水)는 압록강의 옛 이름이다. 뗏목 더미를 뒷짐 지고 바라보는 저놈의 검은 뱃속엔 무슨 꿍꿍이가 들어 있을까. 백두산 갈피마다 울창한 저 원시림을 마구 닥치는 대로 베어다가 고동하·송화강·압록강에 뗏목 띄워 길림·안동 방면으로 밀어 보낼 그런 좀스런 궁리를 하리라.

"힘을 내자 양순아! 오늘 밤은 보천보(普天堡)에서 일박이다. 아버지의 옛 동무 곽 포수를 너는 알지. 꼬불꼬불 산허리 돌아가면 산 첩첩 우뚝한 기슭에 화전 농가 서너 채. 거기에 곽 포수네 식구들 살지. 길섶에는 황철나무 우거지고 가림천 소란한 물소리에 몸은 벌벌 떨리는데 깎아 세운 절벽에 막힌 하늘 아래 첫 동네. 바깥소식도 여기 와선 어물쩡어물쩡 멈칫거리는구나."

현무암(玄武巖) 돌기둥은 높이 솟구쳐 아찔하고 숨 막힐 듯 목 조르는 듯 우뚝하게 보이는데 큰 어둠이 머리를 짓누르는 보천마을의 밤은 깊어간다. 곽 포수네 초막집 흙방 아궁이에 불 지피고 오늘 밤은 뻐근한 다리를 좀 쉬어나 볼까. 눈에 불 켠 산짐승들 떼 지어 몰려와 우렁우렁 짖어대고 관솔 불꽃은 꺼질 듯 가물가물 혼자 이 밤을 지켜간다.

"양순아… 너 벌써 잠들었느냐."

"아니어요, 아버지. 이 정도 길에 지쳐버리면 어찌 홍 포수의 아들 소리를 듣습네까."

"오냐. 내 아들 참 장하구나. 대장부 의기가 벌써 지쳐선 안 되지. 암 안 되구 말구. 포수 몸이 마음보다 먼저 지쳐선 결코 안 되는 법이야. 네게 얘기 하나 들려주련. 먼먼 옛날 이곳 압록 강변 마을에 백두산에서 왔다는 오누이 살았는데 오라비도 누이도 한 가지로 힘이 세었지. 사람들은 그들 남매를 오누이 신장군(神將軍)이라 불렀어.

어느 해 봄날, 둘은 심심하여 힘겨루기를 했지. 누이는 들판에 큰 언덕 만들고 오라비는 산꼭대기에 십 층 탑 쌓는데, 다 끝나 먼저 북 치는 사람이 이기는 걸로 했어. 며칠 지나 누이는 마지막 언덕을 손질하면서 어서 내가 먼저 북을 울려야지, 이런 생각을 하는데 강 건너 산에서 북소리가 둥둥 들렸지. 허겁지겁 오라비가 달려왔을 때 낙담한 누이는 제가 쌓은 언덕 위에 엎어져 죽어 있었어. 큰 뜻을 품고 새 세상을 열어보자던 우리가 이게 웬 변이냐. 내가 왜 너에게 힘겨루기를 하자고 했던가. 가슴 치며 울던 오라비도 마침내 거기 쓰러져 죽었단다. 지금 그 옛 탑은 무너져 돌무더기만 남고 언덕은 아직도 여기 그대로 있다는구나. 이 골짜기서 이십 마장 올라간 언덕바지 보태덕이 바로 거기라는구나.

양순아! 피를 나눈 형제끼리 힘겨루기 하면 끝내 죽음밖에 남을 게 없지 않겠니. 넌 오늘 내 이야기를 평생 잊지 말아라. 왜 우리는 아래 윗마을들 만나면 그저 삿대질하고 눈알 굴려대며 서로 외면하는지. 지금도 현해탄 넘어 자꾸만 몰려오는 저 섬 오랑캐 앞에서 왜 우린 집안싸움만 하는지. 지금은 큰 빗자루 하나 엮어 들고 남녘땅 저 끝으로 성큼성큼 내려가 왜적들 보이는 대로 싹싹 쓸어 검은 파도 너울 속에 모조리 처넣어야 할 때란다."

아버지가 혼잣말처럼 무언가를 중얼중얼하시는데 양순이는 어느 틈에 스르르 졸리운 눈을 감고 있었다. 그날 밤 양순이는 꿈에서 오누이 신장군을 보았다. 그들은 땀을 뻘뻘 흘리면서 집채만 한 바윗돌을 어깨 위에 사뿐 지고 멍석만 한 삼태기에 흙더미를 채워 달랑 옆구리에 끼고서 지평선 끝 어디론가 하염없이 가고 있었다. 양순이는 달음박질로 그들 뒤를 따라가며 외쳤다.

"여보시오! 제발 힘겨루기 같은 것은 하지 마시오. 둘 다 큰일 나오. 둘 다 위험하단 말이오."

오누이는 힐끗 양순이를 보더니 흙더미와 바윗돌을 마구 집어 던지는 게 아닌가. 양순이는 '악' 소리 지르며 비켜섰다.

식은땀이 등줄기에 축축이 젖었다. 눈 떠보니 깜깜한 방이다. 아버지는 옆에서 코를 골고 가까운 숲에선 산짐승들 마구 울어대며, 큰 어둠은 머리를 짓눌러대는데, 보천보의 칠흑 같은 밤은 깊어만 간다.

동녘 하늘의 어둠이 우지끈 무너져 내릴 때 범도 부자는 행장을 단단히 간추리고 이야기 속의 보태리 화전촌을 지나갔다. 하청암, 수중대, 소통남동 거쳐 오니 저 산중에 웬 무덤이 보이는가. 무덤 주인은 대체 누구인가. 누가 이 길 가다 죽어서 여기 묻혔는가.

강대나무 엮어 오두막 짓고 사는 얼굴이 까만 화전민들은 벌써 일어나 부대밭으로 들어간다. 포태골까진 앞으로 백 리 산길, 인가도 하나 보이지 않고 개 짖는 소리조차 들리지 않는 천고절벽(千古絶壁) 원시림이다. 처음 듣는 새소리가 귀를 찢고, 대낮인데도 컴컴한 도깨비가 불쑥 튀어나올 듯 젖은 수풀 바닥엔 새와 짐승의 발자국이 어지럽다.

"양순아! 너 이리 와서 이걸 눈여겨 보아라. 풀끝이 동쪽으로 휩쓸린 속에 미록(麋鹿)과 흑초(黑貂), 붉은 승냥이와 흰꼬리매, 호랑이의 발자국을 제각기 가릴 수 있어야 한단다. 얼음장같이 차디찬 눈으로 나약과 욕망, 비겁과 잔인의 곤두박질을 읽을 수 있어야 하지. 저기 저 흥건한 핏자국과 털들의 흔적은 수십 마리 늑대 무리에 쫓기던 사슴이 여기 와서 갈가리 찢긴 곳이다."

양순이가 풀밭을 요모조모 더듬어볼 때 세찬 빗줄기는 더욱 굵어져 흠뻑 젖은 잠방이에 속살마저 덜덜 떨리는데 아버지는 사냥칼로 자작나무 흰 껍질을 넓게 벗기고 단단한 나무장치를 거기 박아서 훌륭한 우장 삿갓 하나를 금방 만들었다.

"어떤 고난에도 마음 흔들리지 말고 끝까지 버텨 이겨내야 해. 오늘은 얼마 못 가 어둠이 내릴 테니 일찍 잠자리를 보아

두자."

나무와 바위틈에 천막 가리고 화톳불 피워 젖은 옷 말리는 동안 아버지는 어느 틈에 복작노루 한 마리 둘러메고 왔다. 뒷다리가 앞다리보다 길쭉하고, 엉덩이가 어깨보다 툭 튀어나오고, 등가죽엔 암갈색 얼룩점이 드문드문 박히고, 엉덩이는 하얀 털이 거울처럼 동그랗다. 삭정이를 태워 땅 구덩이 달궈놓고 상수리 잎에 토막친 고기를 싸서 거기 채워 놓은 다음 그 위에 마른 가랑잎 오래 태우면 맛있는 내음이 살살 풍기는 천하 별미가 된다. 범도 부자는 저녁을 먹고 깔깔한 가랑잎을 푸지게 긁어모아 두툼한 이부자리를 만들었다. 아버지와 아들의 다정한 한둔의 밤. 어느덧 비도 그치고 숲 사이로 초롱초롱한 별떨기가 보였다. 아버지는 아들에게 범 사냥 얘기를 두런두런 들려준다.

"백두산 둘레의 밀림에는 범과 고라니, 검은담비가 많은데 두 눈썹 사이에 임금 왕 자 뚜렷이 박힌 조선 범을 사람들은 가장 두려워하지. 백두영산 지키는 산신령의 사자. 거룩한 산삼밭 돌본다 해서 만주의 포수들은 절대로 범을 안 잡았어. 어쩌다 범과 맞닥뜨리면 그냥 엎드린 채 가진 총 팽개치고 고두백배(叩頭百拜) 무릎 꿇어 조아리며 '처분대로 합소서, 처분대로 합소서' 하는데 이럴 때 범이 어슬렁어슬렁 다가와 냄새 킁킁 맡고 앞으로 뒤로 뒤져도 보고 발로 툭툭 치다가는 그냥 제 갈 길 돌아서 슬그머니 떠나간 적도 있었어.

내가 한 번은 백두산 포수막에서 여러 포수 어울려 범을 사냥했었는데 그놈이 영물은 영물이라. 우리는 두 마리 범의 발자국을 보고 한참 뒤쫓아 갔지. 놈은 우리를 따돌려보려고 한 치 앞이 안 보이는 덩굴 속에 숨고 바위 뒤로 또르르 꼬리를 말고 기다리기도 했어. 어느 순간 범 튀어나올까 줄곧 조바심하노라니 이 심장이 터질 것 같더구나. 어떤 골짜기로 막 내려서는데 저쪽 등성이로 성큼 올라가는 두 마리의 꼬리가 보였어. 앞엣것 몸뚱이가 반쯤 보일 때 급히 일탄을 날렸지. 타앙 소리와 함께 하늘 찢는 고함지르며 범은 골짜기로 곤두박질치고, 또 한 놈도 골짜기로 뛰어내렸어! 우린 곧장 달음박질로 뛰어갔는데 범 쓰러진 곳으로 거의 다가갔을 때 앞 둔덕 풀숲 속에서 돌연 누런 덩어리 하나 휙 날아왔지만 앞에 가던 포수가 그걸 못 보았어. 내가 뒤로 쓰러지면서 한 발 쏘았는데 앞 포수는 범과 한 덩이가 되어 땅바닥으로 굴렀어. 그 와중에도 포수는 사냥칼 빼어 범의 가슴을 힘껏 찌르고서 정신을 잃었지. 달려가 보니 범은 이미 공중에 있을 때 숨이 끊어졌어. 내가 쏜 첫 발이 관통했더군.

양순아! 포수는 무엇보다도 사격술이 뛰어나야 해. 하지만 사격술보다도 더 중요한 건 어떤 위기에도 눈감지 않는 불퇴전의 기상이야. 화살 날리기 직전의 그 팽팽한 활시위와도 같은 다부진 마음. 평생을 숲에서만 살아온 산포수 중에도 느닷없이 범을 맞닥뜨리면 팔뚝에 기운이 스르르 풀려 총 못 들고 온몸 사시나무 되어 후들후들 오금 비비고 떨며 그 자리에 줄줄 오줌 싸는 인간도 있어."

아버지는 이야기를 이어 갔다.

"한 번은 헌 옷에 사냥꾼들이 신는 가죽신 사비귀를 신고 갑산 골짜기로 사냥질 나갔다가 범한테 도리어 쫓겨서 온 산을 헤맨 적도 있단다. 자루의 양식은 떨어지고 주린 배 졸라맨 채 기진맥진. 동무 서넛과 수풀에 누웠는데 마침 새끼 범 두 마리가 눈에 띄질 않겠니. 사흘 굶어 주린 배에 힘 모으고 숨죽이며 정신을 수습하여 탕탕 두 방 쏘았지. 아직도 살아 움직이는 범의 넓적다리 살을 그대로 썩 베어 황급히 우적우적 씹어 먹었어. 한참 만에 제정신 돌아와 혼자 중얼거리는데 범아, 네게 무슨 원수가 있으리. 하지만 오늘은 내가 너를 먹어야 살아나겠으므로 어쩔 도리가 없었구나.

이제 혼자서 걸어가야 할 양순이 너의 길. 얼기설기 칡과 다래넝쿨 걷어내고 어둠을 물리치며 걸어가야 할 너의 길. 비겁은 깡그리 깨부수고 욕심으로 눈 붉어져도 아니 되리라. 만용과 혼란은 저 불 속에 던져버려라. 치밀함과 긴장, 용기와 투지로 출렁거려야 할 너의 혼. 끊임없이 날렵한 빛 내쏘는 칼날 같은 눈의 예지!"

보천보에서 백두산까지는 꼬불꼬불 300리. 닷새 밤 넉넉히 걸린다 하는데 범도 부자는 나흘 밤을 작정하고 쇠기둥 같은 다리통으로 하루에 팔십 리를 간다. 그들은 해뜨기 전 안개 속에 길 떠난다. 밤새 내린 흥건한 이슬에 감발한 미투리와 발싸개까지 온몸은 젖은 솜방망이가 되었다. 울울창창(鬱鬱蒼蒼) 낙엽송림으로 발 디딜 틈이 없는 포태리 산골. 천년 적막을 견디느라 나무들은 저희끼리 몸 비비고 부대끼다가 더운 몸이 달고 달아 산불 휩쓸고, 산불 헉헉거리며 지나간 저 아득하고 광활한 빈들에 연자색 버들난꽃 피어서 한들한들한다.

남계수, 새말, 합수, 북계수, 포태천 졸졸 끼고 앉은 백두산 들러미는 사바세계의 끝 마을이다. 통나무 아귀 맞추어 만든 귀틀집에서 쪼갠 통나무로 우등불 지펴 몸 데우고 이른 아침 사람들 산판* 하러 들어간 뒤 빈집만 휑뎅그렁한 농사동과 홍암동. 칠토장 관목 숲을 단숨에 지나 싸락눈 덮인 듯한 부석 들판을 걸어가면 발밑에서 서걱서걱하는 소리 들린다. 그것은 마치 천년내력을 말해주는 듯하다. 가문비, 자작나무들 소리쳐 에워싸는 아우성을 뚫고 대뜸 허항령(虛項嶺) 고갯마루로 올라서면 골짜기 바람이 서늘하게 불어온다. 시원한 대륙바람이다. 저울대는 하얼빈, 저울추는 안시성, 저울판은 평양. 이렇게 6천리 우리 강토를 저울로 말하던 발해 바람, 고구려 바람이 불어온다. 온갖 질주와 개척, 음모와 대포효(大咆哮), 소멸과 부활의 꿈으로 설레던 북간도 바람이 불어온다. 어허, 속조차 시원하고 통쾌도 하다. 언뜻 뒤돌아보니 맞닿은 북포태(北胞胎)와 남포태(南胞胎)가 마치 아기 밴 시누이올케 길에서 만나 손잡고 무슨 긴한 얘기라도 나누는 듯 정답게 마주 서 있고 홍단수와 강두수는 거칠봉 옆에서 흥분한 몰골로 씨근덕거린다. 한참 걷다 뒤돌아보면 여전히 가쁜 숨 몰아쉬며 씨근덕씨근덕…

두 헌헌장부는 이깔나무 숲을 떨치고 간다. 북으로 북으로 온종일 햇살 한 가닥 들지 않는 숲속엔 문비, 돌단풍, 조선왕버들, 백송, 삼송, 하이송(遐夷松), 봇나무, 잣나무, 좀이깔나무, 신갈나무, 가래나무, 말오줌나무, 우뚝한 미인송에 황벽나무, 들

---

* 산과 숲의 나무를 벌채하는 일.

메나무, 사스래나무는 저기 서 있다. 하이송은 백두산 일대에 자생하는 소나무의 한 종류인데 '하이'(遐夷)란 '멀리 외딴곳에 떨어져 있는 오랑캐'라는 뜻이다. 그 밑으로는 사초, 갈대, 세신, 용담, 늦실, 영지, 기와버섯, 검정귀버섯, 온갖 나무와 초본들이 서로 가지와 뿌리를 얽고 있는데 얼마를 가야 하리. 이 어두운 길 언제나 끝이 나리. 괜스레 초조한 마음이 일어날 때였다. 별안간 수백 리 큰 들 질편한 중에 간백산·소백산이 병풍처럼 둘러치고, 바람막이 베개봉을 번듯하게 베고 누운 틈에 웬 호수 서너 개가 눈부신 얼굴을 드러내는데, 장하 칠성지(七星池) 삼지연이 너로구나. 꿈에 보던 삼지연이 바로 너로구나. 물안개 피어오르는 거울처럼 맑은 늪, 하얀 모래톱엔 짙푸른 수풀, 숨죽인 유리창 위에 숲의 모습 거꾸로 드리우고, 못 속의 작은 섬에선 노랑 꽁지새가 울음 운다. 세상에서 처음 듣는 소리로 어여쁜 저 새가 울음 운다.

"양순아! 삼지 용신님께 절 드리고 땀 좀 씻자."

범과 미록이, 곰과 표범이, 산양과 멧돼지가 함께 어울려 마른 목 축이는 곳. 아침이면 모래톱 위에 한 다발로 뒤섞여 엉긴 뭇 짐승들의 발자국을 눈으로 본다.

범도 부자 하늘벌 길로 들어선다. 간삼봉 삼장면 천리 천평 하늘벌. 아들이 앞서고 아버지는 뒤따른다. 가도 가도 끝없는 나무바다, 허항령에서 북간도까지 천리 들판 나무바다가 이어진다. 옛 한아비*들 큰 활 비껴메고 휘달리던 해모수의 터전. 노

---

* 할아버지의 옛말.

라치의 풀고리 늪 고담 속에 나오는 옛 나라 도읍 터도 모두 여기 나무바다에 묻혀 있다는데, 썩어 넘어진 봇나무, 늙은 고목이 화드득 쓰러져 진대나무, 화산 불에도 꼿꼿이 서서 타죽은 강대나무를 보아라. 천 년 만 년 억만년 광음에 부대끼며 소낙비, 번개, 온갖 불벼락 사태가 할퀴고 후벼도 털끝 하나 흩트리지 않고 변함없이 꼿꼿한 저 강대나무를 보아라.

범도는 이 한 몸 당당히 살아서 이 나라의 강대기둥 되리라 했다. 강철같이 단단한 큰 사람 되리라 했다. 밀림 속에는 아직 여린 풋나무, 제법 굵은 장정나무, 혼자 조속조속 졸고 있는 노인나무, 이미 천수 다하고 목질만 남은 등걸나무, 별별 나무들이 무리 지어 살고 있다. 병들고 지친 푸석나무에는 개꼬리 같은 나무곰팡이가 주렁주렁 달려들어 이리 감고 저리 묶어 서로 팔 비튼다.

가자. 가자. 신무성(神武城)으로 올라가자. 미투리 감발한 발바닥에도 부석돌의 감촉이 파삭파삭 와 닿는다. 허리까지 잠기는 주홍빛 바늘꽃. 바늘꽃 사이사이엔 노란 밥식기꽃과 넓은 고원에 갖은 무늬 꽃 주단이 펼쳐져 있다. 한참 물끄러미 보노라니 눈앞이 어질어질 핑 돌아오는데 아버지는 어느 틈에 새까만 들쭉 열매 한 움큼 따서 양순의 손에 가만히 쥐어준다. 지천으로 널브러진 산딸기, 머루, 다래, 깨금, 댕댕이, 오미자, 생열귀, 으름덩굴, 숲이 통째로 익어가는 저 들쭉밭. 정신 차리고 보니 알록달록 나비가 춤을 춘다. 신선나비, 쐐기풀나비, 은줄표범나비, 높은산노랑나비, 왕붉은점모시나비, 백두산부전나비, 큰 나비, 작은 나비, 이 나비 저 나비 온갖 나비가 팔랑팔랑 나풀나풀 춤을 춘다. 우리나라 조선 나비가 모두 모여 한자리에서 춤을 춘다.

가자. 가자. 무투리봉으로 올라가자. 뿌리 얕은 나무들은 바람에 쉬 쓰러져 누웠구나. 갈대와 잡초는 우거지고 물 스미는 곳에 멧돼지, 고슴도치, 큰 두더지는 길 질러가고 큰 뿔 사슴 떼는 저만치서 우두커니 이들을 본다. 어서 가자. 앞에선 소연지봉, 대연지봉이 어서 오라 손짓하고, 뒤에는 남북포태, 베개봉, 선오, 와사, 간백, 증암의 씩씩한 멧부리들이 빨리 가라고 등 떠다미는구나.

어느덧 해 떨어지고 바람은 세찬 빗방울 날리는데 밋밋하고 허벅 둥근 골짜기 찾아 화톳불을 차곡차곡 쌓아놓고 가랑잎 더미 속에 푹 파묻혀 누웠다. 온갖 산짐승들이 머리맡에서 울어대는구나. 호랑이, 우수리표범, 곰, 시라소니, 들개, 노루, 사슴, 검은담비, 늑대, 산토끼, 날다람쥐가 각자 제 갈 길 바쁘고 딱따구리, 쇠딱다구리, 세가닥딱다구리, 콩새, 점박새, 북장쇠찌르레기, 쇠물닭, 동고비, 수리부엉이, 큰 새, 작은 새, 밤새, 낮 새, 온갖 새들이 함께 모여 지저귀는구나. 우리나라 조선 새들 모두 한자리에 모여 지저귀는구나.

가자. 가자. 백두산으로 올라가자. 나무 한 그루 바이없는 무투리 언덕 넘어서 돌수(乭水)*는 발밑으로 숨바꼭질한다. 큰 산을 뵙기 전에 맑은 돌수에 먼저 몸 씻으면 서늘한 얼음물 위에 뿌연 물안개가 슬그머니 이는데 물안개 틈과 희끗희끗 관목수

---

* 땅속으로 스며들었다가 다시 땅 위로 솟아오르는 물.

풀 사이로 망연히 떠 있는 저 백두산의 모습. 내쏘는 빛 너무나 강렬하여 마주 보기조차 힘든 저 모습.

"보아라. 양순아! 저어기 저 백두영봉을. 우린 지금 산중의 으뜸 산 한배검* 나라의 배꼽 언저리, 백두 신산(神山) 문턱 앞에 발 딛고 서 있구나. 앞산이 꾸불텅, 뒷산이 꾸불텅. 우리나라 모든 산맥이 여기서 세찬 등줄기 내뻗고 있질 않니. 가자. 어서 가서 큰 밝음을 우리가 받아야지. 환한 햇살 긴 언덕으로 눈부시게 깔려 있는 저것은 무엇인가. 백 척 거인이 제 이마에 꾸며 놓은 꽃밭인가."

땃들쭉, 솜분취, 비로용담, 괭이밥, 산매발톱꽃, 자주꽃방망이, 시로미, 장구채, 곱향나무, 좀참꽃, 구름국화, 구름송이풀, 구름패랭이꽃, 구름범의귀, 만병초, 노랑만병초. 모진 폭풍우 끝에 더욱 새뜻하게 반짝이는 그대 만병초.

이 꽃 저 꽃, 이 풀 저 풀, 온갖 풀꽃들이 하늘하늘 손짓하는구나. 젖은 누에고치처럼 피멍 든 발은 부르텄는데 미투리 벗어 노망태에 넣고 맨발 되어 조심조심 새삼 옷깃 여미며 범도는 큰 걸음으로 대연지봉 동쪽 산마루로 성큼 올라선다. 허허 벌판에 차다찬 돌덩이 하나, 백두산정계비(白頭山定界碑) 사연을 생각하면 아아 어느새 머리털 일어서고 쓸개 후들후들 떨리고 원통한 심사 북받쳐 저절로 눈물이 쏟아진다.

갚으리라. 갚아주리라. 명치끝 내 가슴에 박힌 송곳이 거꾸로 날아갈 날 있으리라. 역사의 시련과 위기에 부딪칠 적마다 인

---

* 단군을 교조를 받드는 대종교에서 '단군'을 높여 이르는 말.

내와 끈기로 이겨온 그대 백두산. 이 백두산이 움쑥움쑥 자라 더 큰 산 되고, 압록 두만 큰 물줄기도 작은 물방울이 맺혀 하나씩 둘씩 흐르고 흘러가서 개울 되고 큰 강이 되듯, 이 한 몸 우리 겨레의 맑은 물줄기 되리라.

6. 하늘못

숲은 점점 끊어지고 희뿌연 부석돌을 밟으며 부자는 이리 비틀 저리 기우뚱 미끄러지고 쓰러지고 발목은 까져 핏물이 흐르다가 엉기는데 그래도 발걸음을 멈추지 않는다.

"앞으로 살아갈 고난을 생각하면 양순아, 이건 어려움도 아니야! 어떤 어려움도 별 것 아니야. 두 발이 닳고 닳아 만약 몽둥발이 된다면 손바닥으로 기어이 올라갈 수 있지 않겠니."

일부러 깔아놓은 듯 오색 수놓은 주단이끼. 초록, 회백, 암적, 적갈, 갈보라 빛의 저 병사봉(兵使峯) 꼭두배기에서 세찬 돌개바람이 모래를 한바탕 쓸고 내려와 볼따구니를 친다. 부자는 눈시울을 후빈다. 씨근벌떡 씨근벌떡 양순이는 성난 말의 고갯짓으로 기어이 마루턱에 오른다. 오직 눈앞을 가리는 건 안개뿐 아무것도 안 보인다. 다시금 정신 차려 숨죽이고 보노라니 너무나 장엄한 광경에 아무 말도 안 나온다. 콱 꺼질러 둘러 패인 흑요석(黑曜石) 병풍 속에 세상에서 아직 못 본 크고 파란 거울이 하나 있다.

천지(天池), 하늘늪, 달문담, 천상수, 물 밑 수백 길 용왕담.

범도 부자는 그 태극고요 앞에서 무릎 꿇고 조심조심 경배했다. 어디선가 돌무더기 와르르 쏟아지고, 온 세상 갑자기 무너질 듯 뭉게구름은 스멀스멀 빠지는데 더 높은 병사봉 저 끝으로 올라가자.

해발 2,744미터, 이 나라의 맨 정수박이 하늘늪 위아래로 남북 육천 리 옛 조선강토의 펄떡펄떡 뛰는 염통. 동남방으로는 하늘벌의 원시림인 북간도 광야로 끝없이 펼쳐진 나무바다. 백산(白山), 백두산(白頭山), 개마대산(蓋馬大山), 장백산(長白山), 불함산(不咸山), 한밝뫼, 종태산(從太山), 도태산(徒太山), 태백산(太白山), 태황산(太皇山), 영응산(靈應山), 적석산(赤石山), 노백산(老白山), 단단대령(單單大嶺), 가얼민상견아린산(歌爾敏商堅阿麟山). 큰 산은 그림자도 크다더니 과연 그 산 이름자도 한번 풍성하구나.

이곳은 백두산의 최고봉으로 병사봉(兵使峯, 瓶師峯), 대각봉(大角峯), 장군봉(將軍峯) 등으로 불린다. 강도 일제는 한국인의 민족정기를 고의적으로 짓눌러보려고 당시 그들이 제작한 지도에다 이 봉우리 이름을 대정봉(大正峯)으로 바꿔서 표기했다. '대정'(大正)은 '다이쇼', 즉 당시 일본의 왕이다. 문득 고개 돌리니 망천후(望天吼) 백암상각(白岩上角)이 하늘을 향해 울부짖고, 거대한 바위불곰은 마천우(摩天隅)에서 비스듬히 머리 숙이는데 울퉁불퉁 무명봉(無名峯), 비쭉비쭉 비류봉(沸流峯), 가파르다 백암뫼(白岩山), 바위 층층 층암뫼, 해를 먹는 불개인가. 차일봉(遮日峯), 외륜뫼(外輪山) 둘러 있고, 툭 터진 대궐문(大闕門) 달문(闥門) 천상수 졸졸 흐리는데 님이여! 파랗고 신비스런 곡옥(曲玉) 하나 지키며 억만 겁을 이렇듯 품어왔구나.

달려온다. 이 봉 저 봉 열두 봉이 불에 불타듯 기름에 기름

끓듯 활활 이글이글 빠지직 빠지직 타악 탁 소리치며 달려온다. 또 어디선가 수백 척 바위 돌무더기 와글와글 좌르르 뛰어내려 천길 시퍼런 물속으로 미련 없이 첨벙첨벙 빠져든다. 툭 불거진 흑요석 섬 하나가 얼굴 씻는데 고개 들면 오, 터질 듯 숨 막힐 듯 가슴 짓눌러오는 저 소란 쟁쟁의 고요. 이때 고요 속에서 어떤 웅얼거림이 들려온다.

너희들은 보라
저 하늘에 저마다 빛을 내는 별
하나하나 헤아려 다함없고
크고 작음 어둠과 밝음
괴로움과 즐거움이
비로소 제각기 다르나니
한울님 온 누리 지으시고
해누리 사자를 보내어
칠백 누리 다스리게 하시니라
너희 땅이 스스로 큰 듯 보이지만
겨우 손가락 끝에 얹히는
한 알 모래이니라
큰 땅속 불 올려 터지니
물은 진 곳 찾아가고
뭍은 마른 곳에 남았느니라
이에 뭇 형상 새로 이루어졌느니라
한울이 입김 훅 불으시어 땅거죽 덮고

밤낮 번갈아 더운 햇볕 쪼이시니
기고 날고 뛰고 뻗고 헤엄치는
온갖 풀 나무 짐승들
그로부터 차츰 생겨 불어났느니라.

너희는 한겨레로 하나 되어
의좋고 정답게 서로 손을 잡고
늘 같이 살아야 하느니라
너희는 조심하라 부디 조심하라
내 땀방울로 적셔지고
내 피가 물들여진 이 강토에
혹시라도 더러운 때 묻혀선 안 되느니라
이 나라 산과 바다 응달진 구석까지
하늘 은혜와 땅의 이익
햇살처럼 두루 빠짐없이 비치었음을 알라
아무쪼록 이 은혜와 이익 제대로 써서
너희의 몸과 마음 넉넉해지거라
넉넉해지거라.

누가 백두산을 죽었다고 하는가. 시방 더운 불 그치고 펄펄
끓는 바위 용암 멈춘 건 더 큰 터뜨림을 기다리며 잠시 쉬고 있
음이 아닌가. 인간세상 사바세계 흐리고 거칠어지고, 번뇌를
활활 태우며 할퀴고 쪼고 저희끼리 서로 베어 피 강물 주룩주
룩 흘리는 날, 산이란 산, 봉우리란 봉우리마다 일제히 번갯불

이 번쩍이며 우르릉 쾅쾅 땅이 갈라지고 눈에는 불이 둘둘 일어나며 유황불을 콸콸 내뿜는 날 있으리니. 그날 기다려 잠시 눈 붙이고 있음이라. 그 누가 백두산을 죽었다고 하는가.

범도는 병사봉 밑 불목골짜기로 내려가며 예로부터 내려오는 「산타령」을 불러본다. 불목은 병사봉과 망천후(望天吼) 사이의 불목(火木)이라 부르는 좁은 기슭이다.

산아 산아 백두산아
눈비 맞아서 백두산인가
잎사귀 피어서 청산인가
꽃이 피어 화산인가
두들겨 맞아 태산인가
저 산중에 보고 싶은 님 계시건만
안개가 끼어서 볼 수가 없네.

이어서 아들 양순이가 아비 뒤를 이어서 「영웅곡」을 부른다.

백두산아 말 물어보자
고금 일을 네 알리라
만고영웅이 몇몇이나 지내셨노
이후에 묻는 이 있거든
나도 함께 일러라.

부자가 화답으로 주고받는 씩씩하고 우렁찬 노랫소리가 천상수 거울 물을 쭈르르 미끄러져 가더니 사뿐사뿐 열두 봉우리를 단숨에 건너뛰어 어느덧 신비한 산울림으로 되돌아온다. 홀연 하늘늪이 술렁이며 파도가 일고, 구름 뭉텅이 하나가 두둥실 떠올라 천상수 물위를 단숨에 내닫는데, 백적청황(白赤靑黃) 각색 용이 서로 감고 몸 비트는 듯, 오색 고기 채운(彩雲)에 감겨 꼬리 치며 버둥대듯, 금시 높이 솟구쳐 아래를 굽어보며 너희 속세 미물들 여기 웬일이냐며 번갯불은 번쩍인다. 돌개 회오리바람은 씽씽 불고 발밑엔 부글부글 파도가 출렁인다. 주먹 비는 화드득화드득 등짝을 치고 온 천지가 개벽할 듯 사뭇 몽몽할 때, 구척 장수들 백두산 너럭바위에 장검을 썩썩 갈고 군마 탄 기마병들이 서릿발 칼날을 빼어들고 우르르 함성 울리며 일제히 달려오는 듯하다.

범도 부자는 두 눈을 감은 채 차분히 온몸을 구부려 엎드리고 하늘늪의 큰 밝음을 마디마디 받았다. 얼마나 지났을까. 어둡던 눈앞이 문득 트여오고 한울님이 파랗게 내려와 앉으신 천상수 위에 곱디 고운 쌍무지개는 공중에 번듯하게 걸려 장엄한데, 양지바른 좌우 기슭으로는 감격에 겨운 노랑만병초가 눈물이 그렁그렁하다. 은양지꽃, 눈산버들, 장백제비꽃, 두메양귀비는 저희끼리 살뜰하고, 무엇이 안타까운 듯 장구채, 화살문취, 바위구절초, 흰범꼬리는 여기저기서 골똘한 얼굴로 갸우뚱거리고 있다.

보아라! 천지 꽃, 만지 꽃, 열 산에 열 가지 저 꽃을 보아라! 햇볕 산에 햇살 꽃을 보아라. 달빛 산에 달빛 꽃을 보아라. 구름 밝은 천지에 저 구름 꽃을 보아라!

양순이가 타는 목 적시느라 하늘못 물가에 엎드리니 아버진 아들 머리 위에 천상수를 뿌린다. 커다란 두 손에 담뿍 움켜와서 뿌린다. 강철팔뚝 되라고 무쇠다리통 되라고 밝은 매눈 되라고 타는 불덩이 심장 되라고 서늘하고 날카로운 지혜 슬기 이루라고 온몸 구석구석 주룩주룩 뿌린다. 이로부터 내 아들아, 너는 배달나라의 용맹한 포수. 벌판과 산맥으로 말달리고 골짜기로 치솟고 벼랑길을 건너뛰고 손바닥으로 바람을 만져 천기 헤아리고 배달나라 흐린 등잔의 심지를 돋우어 어둠 천리 길 저 끝까지 빛을 밝혀갈 너. 이제 너 홍양순은 이 나라의 우람한 사내다. 나라 도적 무찌르는 정의의 포수다.

그때 어디선가 천둥 치듯 지동 치듯 「단군(檀君) 신가(神歌)」가 들려온다. 상고 시대 우리 조상님이 불렀다는 노래다. 고조선 시대의 언어로 짐작되는데 배달겨레가 크게 줄기차게 안정된 자리를 잡아가기를 바라는 내용이다. 지금도 대종교에서는 의식용으로 부르고 있다.

　　어아 어아
　　나리 한배금 가미고이
　　배달나라 니리다모
　　골잘너 나도 가오쇼
　　어아 어아
　　나리 골잘다 모하라두 리온차마무
　　골잘너 나가머 고이
　　나리 한배금

나리 한배금.

이 나라 수수만년 지켜온 사냥터. 내 한 몸 피 다 쏟아 살려 가리라. 속다짐 깊어 꽉 다문 입술. 숱 많은 눈썹 밑에서 불타는 화등잔처럼 부릅뜬 양순의 두 눈에 천지의 물빛이 들어온다. 파랑 공중에 쌍무지개가 걸린다. 허기진 차일봉이 널름 해를 삼키기 전, 범도 부자는 연지봉(臙脂峰) 기슭으로 단숨에 내려왔다. 날랜 발걸음이 천수평(泉水坪)으로 다다르니 깜깜한 하늘에 별 떨기는 총총하다. 개울 돌돌 구르는 물가에 나뭇가지 탁탁 쳐서 풀막을 지었다.

서늘한 빈산에 달빛은 물처럼 줄줄 흐르는데 양순이는 언제 품에 감춰왔는지 퉁소를 꺼내어 구성진 '청성곡'(淸聲曲)인 「요천순일지곡」(堯天順日之曲) 한 곡조를 바람결에 띄워 보낸다. 들으면 들을수록 곡진한 저 퉁소의 읊조림. 생기 넘치는 종다리의 지저귐이요 바람결에 날아오는 그리움이라. 마음의 갈피갈피 못내 이리저리 흔들어대는구나. 고향의 아련한 보리밭이 눈앞에 아른거리고 사운대는 버들가지 저 아래로 은은히 흘러가는 시냇물도 보인다. 그 옛날 홍 퉁소의 가락은 양순이의 몸에서 고스란히 되살아났다. 산 태극(太極) 속에서 맑은 젓대 소리*는 일렁일렁하는데 화작작 범나비는 춤을 추고 뭇 새는 잠이 깨어 지줄댄다. 등 뒤에서 백두옹(白頭翁)이 너털웃음 껄껄 웃다가 별안간 애원성(哀怨聲)으로 잦아드니 방울새는 떨렁, 찬 기러기

---

* 퉁소 소리.

158

는 외마디로 끼룩거린다. 한바탕 폭풍이 일고 소낙비 좌르륵 좌르륵. 물 찬 제비는 오르명내리명. 청년장부의 애간장 끊어내는 젓대 소리에 마천령(摩天嶺) 일천 산줄기가 마디마디 끊어진다.

7. 분노

1883년 계미년 여름, 드디어 월강봉금령(越江封禁令)이 해제되었다. 두 강의 얼음판을 몰래 넘어가 땅 일구고 물건을 매매할 때 눈치 보던 일은 끝이다. 이제 어느 누구든 마음대로다. 가고 싶은 자 모두 가고 오고 싶은 자 모두 오라. 토문강 상류 산기슭의 정계비만 볼지라도 간도는 우리 땅. 누가 뭐래도 마땅히 우리 땅. 내 나라 내 땅을 내가 가서 부치는데 어느 실없는 자가 감히 소란을 부리는가. 서북경략사 어윤중의 절규는 분노로 목이 멘다.

이미 노령으로 건너가서 뿌리내리고 사는 자가 수만 명 넘고, 우수리 방면 러시아 땅은 한 마을이 모두 조선 사람뿐이라는데, 러시아 지주 놈들 소행 보소. 거친 황무지 내어주며 '한두 해는 그냥 먹어라. 삼사 년 뒤부터 소작료 받으마' 해서 주린 배 움켜잡고 어린놈까지 모두 나와 그 돌밭을 일등 밭으로 바꿔 놓으면 어느 틈에 이 핑계 저 핑계로 땅 빼앗아가고 또 다른 황무지로 내모는구나. 어디다 하소연할 데 없고 억울한 심정으로 혀 깨물고 죽을 수도 없는 슬픈 농노(農奴)의 생활. 여기는 어떨까. 저기는 어떨까. 짐 꾸려 달구지 몰고 터벅터벅 다니지만 조선에서 주리고 죽기보다는 그래도 이곳이 좋아. 물난리 불난리 사람 난리보다는 그래도 여기가 견딜 만해.

1900년 경자년, 고종 황제가 왜적 이토 히로부미(伊藤博文, 1841~1909)를 불러 황금 술잔을 선물했다더라. 합방에 노고가 많다고 주었던 것이냐. 서울 종로 거리엔 전등불이 환히 밝혀져 행인의 얼굴이 밤에도 대낮처럼 보인다더라. 하지만 평안도 자성(慈城) 땅에는 여전히 캄캄한 어둠이라, 청나라 도적 수천 명이 압록강 넘어와 국경마을을 휩쓸고 가니 그대로 쑥대밭 되었다. 날이 갈수록 백성들 마음은 수렁이요 절벽이었다. 서울 장안에는 어느 날 밤 땅이 크게 울었다고 한다. 남도 땅 지리산(智異山)도 사흘을 줄곧 울었다고 한다. 이는 나라에 슬픈 일 일어날 조짐. 땅이 우는 것이 어디 그냥 우는 것이냐. 거기 살고 있는 인간의 잘못을 호되게 질타하는 분노의 소리인 것을 아느냐 모르느냐.

봄이었다. 양춘가절(陽春佳節)이 오고 있었다. 고로쇠나무에는 2월 초순부터 이미 물이 올랐다. 산기슭 옹달샘 가에 올해도 진달래는 만발했다. 붉은빛이 금년 따라 더욱 짙게 느껴졌다. 겨우내 인적 없던 버들방천에 사람들이 하나둘 보이는구나. 곧 꽃이 지고 신록의 여린 잎이 움터 나오겠지. 범도는 아내랑 모처럼 북청 처가에 다녀오기로 했다. 늙은 장모가 혼자 앓아누웠다는 소식이었다. 깊고 고요한 산길 지어미 앞서고 지아비 천천히 뒤따라갔다. '갓 마흔에 첫 버선'이라 아내는 낭군과 함께 가는 나들이가 몹시 즐거웠다. 흥얼흥얼 콧노래까지 했다.

이때 산모퉁이에서 왜적 사냥꾼이 입는 당꼬바지에 각반을 친 일본 병정 두 놈이 나타났다. 놈들은 단양 이씨 앞을 가로막고 희롱해댄다. 낭군이 뒤에 서 있었지만 전혀 아랑곳하지 않았다. 얼마나 얕잡아 보았으면… 한 놈이 범도에게 총을 겨누고 다른 놈이 단양 이씨를 숲으로 끌고 가려 하는데 이때 그녀는 한순간 넋이 나간 채 버둥거릴 뿐 저항조차 못한다.

"이년아 순순히 말 들어라."

순간 범도의 눈에 불꽃이 튀었다. 두 주먹 불끈 쥐고 벽력같은 고함을 지르며 우르르 달려가 번갈아 주먹으로 두 놈을 한꺼번에 후려치니 왜적들은 마치 밑동 잘린 썩은 통나무 넘어지듯 풀썩 쓰러져 기척이 없었다. 놈들의 허리에서 권총 두 자루와 탄띠를 벗겨냈다.

아내를 집으로 돌려보냈다. 혼자 못 가겠다고 투정하는 걸 눈 부릅뜨고 짐짓 노기 띤 얼굴로 등 밀며 가라 했다.

"내가 내려가면 바로 잡혀서 죽소. 나는 이제부터 이 조선 땅 왜놈들을 깡그리 내 손으로 처단하고야 말겠소."

재차 아내를 다그치자 아내는 고개를 주억거리며 부디 몸조심하시라고 한마디 하는데 목은 이미 잠기어 그 말은 가늘게 파들파들 떨릴 뿐이었다. 아내는 혼자 아이처럼 울면서 떠나갔다. 그 모습 바라보며 범도의 가슴은 천 갈래 만 갈래로 찢어졌다.

'여보, 미안하오. 정말 미안하구려. 그대도 남들처럼 살고 싶었으리. 단란한 살림 꾸리며 오손도손 살고 싶었으리. 하지만 어쩌겠소. 일이 이렇게 되고 말았으니 나를 용서하구려, 부디 용서하구려.'

범도는 그길로 달려서 산중 동무인 호민의 집을 찾아갔다.

어깨엔 총 두 자루와 탄환이 가득한 탄띠를 메었다. 놀란 눈으로 바라보는 호민에게 총 한 자루 던져주며 말했다.

"여보게, 이 총을 메고 날 따라오게. 우리 왜적 사냥하러 떠나세."

호민은 벗은 머리를 좌우로 도리질했다.

"난 안 되네. 처자식 두고 나는 못 가네."

다시 범도가 말했다.

"처자야 어른들이 돌봐주시겠지. 잔말 말고 떠나세. 만약 자네가 말 안 들으면 내 이 총으로 자네를 쏘고 말겠네."

범도는 막무가내였다. 기어이 호민은 총을 메고 따라나섰다.

어느 산마루에서 두 사람이 숲속 바윗돌 뒤에 숨어 있는데 일본 병정 몇 놈이 올라온다. 정확히 겨누어서 백발백중 사격술로 모두 처단하고 무기를 거두었다. 그들이 누구인가. 백두산 산포수 아니던가. 이 총은 왜적 사냥에 쓸 귀한 보물로 숲속 은밀한 곳에 감추어 두었다.

그해 여름, 전국에 큰 우박이 쏟아져 가축과 농작물이 모두 절단났다. 가을도 되기 전에 이 무슨 해괴한 재변인가. 농민들 얼굴엔 먹구름 막 몰려든다. 1903년 계묘년에 이범윤이 황제의 어명을 받고 북변 간도관리사로 두만강을 넘어갔다. 진위대와 사포수(私砲手)들을 모아서 창의대를 만든다고 했다. 의병 모집 소문 듣고 각처 사포수들이 모여들었다. 불과 수일 안에 화승총 가진 포수들이 무려 800명이나 모였다. '의병창의대'(義兵倡義隊)라 이름하고 이범윤이 대장을 맡았다. 본부는 창의대 총영소. 대장 밑에는 영장과 소대장이 있는데 회령 사

산포수 출신 의병들이 의병 모집 소문을 듣고 수일 안에 800명이나 모였다.

는 허근(許瑾)과 안사팔(安四八)이 영장이었다. 허근은 원래 구조선군 영장 출신이라 허영장(許營將)이라고도 불렀다. 그는 나중에 간도에서 의병대를 조직하여 연해주의 최재형(崔在亨, 1860~1920) 부대와 합세했고, 두만강을 건너서 왜적 무찌를 준비를 한다.

이러한 때 일본군 소좌 후쿠자와 유키치(福澤諭吉)는 한반도의 상세한 지도를 만들었다. 이름하여 '조선교통 및 지세개견도(地勢槪見圖).' 한반도 전역의 도로와 하천을 빠짐없이 표시하고 군사적 용도까지 설명했다. 심지어는 도로도 세분하여 야포용 도로, 혹은 일렬·삼렬 종대 통행로는 물론 강물 위에는 강을 건널 수 있는 도강로(渡江路)까지 표시했다. 이는 모두 의병토벌을 위해 만든 소름끼치는 군사 정찰지도였다.

1904년 갑진년 음력 2월, 일본 함대가 중국의 여순(旅順)을 함락하고 이어서 제물포 앞바다의 러시아 군함을 깨부셨다더라. 봉천 일대도 온통 왜놈들 차지가 되었다더라. 드디어 일본군이 군홧발 소리 저벅거리며 제물포 항구에서 행군대열로 들어왔다. 겁먹은 주민들은 문틈으로 이 광경을 내다보며 무서운 풍파의 예감을 느꼈다. 얼굴이 검게 탄 병사들의 눈빛에는 살기가 돌았고, 총검 부딪는 소리에 소름이 끼쳤다. 러시아 공사가 황급히 본국으로 돌아간 직후 러일전쟁이 터졌다. 무수한 일본군이 어깨에 총대 둘러메고 군가를 부르며 북으로 북으로 올라갔다. 동해 앞바다에 나타난 러시아 발틱 함대는 일본 해군의 포격으로 모두 한순간 물속에 가라앉았다고 한다. 제대로 된 싸움도 해보지 못한 채 러시아 군대는 패퇴했다. 이에 기세등등해진 강도 일제는 1904년 2월 23일, 비틀거리는 대한제국의 숨통을 더욱 조이며 한일의정서(韓日議定書)란 것을 체결했다.

'대한제국 정부는 대일본제국을 믿고 일본의 모든 충고를 전적으로 받아들일 것.'

이것은 거의 강압적 명령이었다. 가련하고 약소한 조선은 이로부터 일본의 보호국이 되었다. 일본은 막대한 뇌물을 뿌려서 조정의 썩은 관리들을 매수하고 회유했다. 관리란 놈들은 예나 제나 돈이라면 물불을 가리지 않았다. 그들은 그러한 일본을 상전으로 모신다며 충성을 맹세하고 머리를 조아렸다. 이는 다 썩어 문드러진 조선 왕조 앞에서 제국주의 침략이 그야말로 본

매국단체 일진회를 만든 친일매국노 이용구와 송병준.

격화되었음을 보여주는 것이다.

서울에는 일본군이 당당하게 주둔했다. 통감부의 내정간섭도 한층 강화되었다. 강도 일제는 공사 하야시 곤스케(林勸助, 1860~1939)란 놈을 앞세워 개간을 빙자한 황무지 개척권을 요구했다. 이는 식민지 경영의 야욕을 노골적으로 드러낸 것이다. 나가모리 도키치로(長森藤吉郞)라는 가명으로 조선인의 눈을 속이고 50년 시한부 임대라는 기만적 술책을 쓰면서 조선의 전체 황무지를 영구 소유하려 들었다. 이 비열한 기획이 성사만 된다면 700만 일본인을 한반도 전역에 들여와 곧바로 식민할 수 있었다. 이 흉계를 눈치챈 겨레의 울분은 끓는 솥처럼 폭발하고 전국에서 반대운동이 불길처럼 번져갔다. 그들의 계획을 실행하지 못하게 되자 강도 일제는 앞잡이 일진회를 키우고 조종하여 본격적 합방의 길로 나아갔다.

매국단체 일진회(一進會)란 것을 어디 한번 살펴보자. 송병준(宋秉畯, 1858~1925), 윤시병(尹始炳, 1851~1932) 악당 놈들은 맨 처음 유신회(維新會)란 것을 조직하여 왜놈 앞잡이되기를 맹세하더니 곧 이용구(李容九, 1868~1912)의 진보회 무리들과 손을 잡고 일진회라 불렀다. 모두 왜놈처럼 삭발하고 그 맨대가리에 맥고모를 눌러쓰고 조선팔도에 놈들 패거리의 지부를 만들었다. 그 일진회 패거리의 숫자는 전국에 100만 명이 넘었다고 한다. 그로부터 왜놈의 충견(忠犬)되기를 서약하고 정부를 비판하며 친일 연설을 하고 다니는데 참으로 가관이었다. 속 모르는 동학당들은 일진회에 속아서 그 조직에 들어가 설치고 다녔다. 못된 바람은 수구문(水口門)으로 불고 더러운 물은 오간수(五間水) 구멍으로만 흐른다더니 군수, 관찰사 자리도 온통 일진회 떨거지들이 차지하고 궁벽한 시골면장까지도 모조리 이놈들 세력이라 어리석은 아첨꾼들은 전답을 팔아 일진회에 갖다 바치고 그 세력에 빌붙어 출세해보려는 무리까지 생겨났다. 세상에는 일진회를 조롱하기 위해 만든 민중의 노래까지 불리었다.

　　회야 회야 일진회야
　　삼춘화류 좋다더니
　　사철 명절 다 지났다
　　오색잡놈 모여들어
　　육조 앞을 지나가니
　　칠국거지 네 아니냐

비운의 고종 황제. 이토
히로부미는 고종 황제를
찾아가 합방을 강요했다.

팔자도 기박하나
구구이 사쟀더니
시월 치성 가련하다
모자 벗어 코에 걸고
천리 원주(遠走) 네가 할 제
상투 생각이 너 안 나더냐.

놈들은 보호조약의 강제 조인을 위해 백방으로 노력하고 다
녔다. 조선의 일본 통감 이토 히로부미 놈에게 소위 합방(合邦)

을 강권했고, 고종 황제에게도 찾아가 합방을 강요했다. 들리는 말로는 이완용이 이런 일진회의 요청을 물리쳤다고 한다. 그게 어인 일인가. 자기가 먼저 합방청원을 하려고 했는데 일진회 떨거지들에게 선두를 빼앗긴 것이 분해서 그랬다고 한다. 어디 그뿐이냐. 러일전쟁 일어나니 우방인 일본을 도와야 한다며 경의선 철도공사를 제 놈들 손으로 서둘러 완공시켰다. 북으로 가는 일본군의 식량과 군수품 수송하는 일에 두 팔 걷고 떨쳐나선 것이다. 놈들은 그 일을 위해 전심전력을 다 쏟았다. 참으로 소름끼치는 일이다. 아, 조선 천지에서 조선말과 조선옷이 이다지도 무가치하고 무능력이로구나. 모든 조선 놈은 조선말 쓰기를 부끄러워하고 조선옷 입기를 죄수복 입는 듯하니 더 말해 무얼 하리. 어딜 가도 조선말과 조선옷은 치욕을 당하고 있구나. 망해도 어찌 요다지 망해버릴 수 있는가.

8. 힘찬 결의

1900년 경자년 팔월, 의암 유인석(柳麟錫, 1842~1915)은『칠실관담』(漆室觀談)을 저술하여 나라의 위기를 극복하고 헤쳐 갈 방책을 정리했다.

오호라 비통하도다. 군부(君父)가 위급하고 사직이 위태롭고,
백성은 장차 금수(禽獸)의 상태에 빠져
모두 죽음에 이르게 되리라.
오호라. 개화의 폐해가 어찌 이 지경까지 이르렀단 말인가.
나라가 반드시 망하려는데 그냥 앉아서
그 망함 기다릴 것인가. 도적을 물리쳐야 할 것인가.
우리나라는 비록 작지만 본시 강하고 용감한 나라였다.
옛날 을지문덕이 수양제 무찌르고 안시성 장수들이 당태종 격
파했으니
지금 또한 옛날과 다르지 않다.
동포들이여! 우리 모두가 하나로 뭉쳐 일어나자!
침략국 일제는 반드시 내란에 빠지리라.

의암이 제시한 방책은 바로 전국적인 의병봉기였다. 그는 포

천으로 가서 최익현(崔益鉉, 1833~1906) 선생을 만나 밤 새워 의논했다. 예로부터 내려오는 민간의 향약(鄕約)을 이용해서 힘센 조직을 만들 계획을 세웠다. 그것을 원주와 제천에서 한 차례 시험해보았으나 큰 성과는 얻지 못했다. 그래서 유인석은 상지인(上之人)이 먼저 깨우쳐 일어나야 한다며 최익현 선생이 주도해서 의병봉기 해줄 것을 설득했다. 여기서 상지인이란 상부계급, 즉 고종 황제와 정부의 고관들을 일컫는다.

온 나라에 의병이 크게 일어났다. 관동, 호서, 영남 지방에서 그 함성이 잇따라 들려왔다. 경상도 영해의 신돌석(申乭石, 1878~1908)이 의병대를 모아서 일월산 깊은 산중에 들어가 싸운다고 했다. 이강년(李康秊, 1858~1908) 의병대도 일월산에 진을 쳤다고 한다. 깊은 산속에서 가랑잎 깔고 덮고 달빛 바라보며 한둔하는 의병들의 그 심사 어떠했을까. 찬바람 불어와 잠깨는 새벽, 그들은 따뜻한 온돌방이 얼마나 그리웠을까.

전라도 지리산의 고광순(高光洵, 1848~1907), 평안도 곡산의 채응언(蔡應彦, 1883~1915), 전남 임실 팔공산에서 거병한 호남창의대장 이학사(李學士) 등이 모두 의병대를 모아서 활약 중이라 한다. 황해도 평산 의병대는 왜놈이 만든 철도를 부수고 열차를 전복시킨 뒤에 산으로 들어가 숨었다고 한다. 의병대가 싸우는 곳에 아낙네들도 나무와 돌을 날라다주었고 노인들과 아이들은 술 단지와 간장까지 들고 왔다. 길 모르는 왜병들이 출동하여 보조원 앞세우고 달려가지만 그들은 번개같이 나타났다가 흔적 없이 사라졌다. 일본군은 의병들 발자국만 뒤따르며 항상 닭 쫓던 개였다.

경상도 영해에서 일어난
신돌석 의병장. 그는
의병대를 모아서
일월산에 들어가
싸웠다.

한편 간도의 북변관리사 이범윤은 부령군 일대로 잠입해와
남사읍의 농민들을 많이 뽑아갔다. 그러는 한편 회령에 주둔하
는 러시아 군대와도 연락을 통했다. 그 군대에는 동포 김인수
가 참령 직책을 맡아서 러시아 기병대 3,000명을 거느리고 있
었다. 의병들은 이 러시아 군대와 합세하여 함께 왜적을 무찌
를 계획을 세웠다. 합동부대는 어랑천 노루목 전투에서 일본군
을 용맹하게 무찔렀다. 의병대는 무산령을 지키고 김인수 참령
의 러시아 기병대는 백사봉으로 올라갔다. 여기서 다시 일본군
과 교전이 있었다. 함경도 산악지리에 밝은 노랑포수들은 이때

창의대 의병이 되어서 길잡이를 했다.

부령 백사봉 싸움은 의병창의대의 첫 전투였다. 홍범도는 그 날 산중에서 아내를 희롱하던 왜적들을 단숨에 처단하고 포수 동무와 둘이서 한 떼의 일본군을 습격했다. 그길로 다른 포수 동지들을 일일이 찾아다니며 의병대를 모았다. 감추어둔 총과 탄약을 모두 꺼내어 무장을 제대로 갖추었다. 산에서 산으로 옮겨 다니며 본격적 왜적 사냥을 궁리하고 준비했다.

어느덧 가을이 오고 있었다. 가슴속에서 자주 화끈한 불이 치밀어왔다. 왜놈 앞잡이들도 모두 왜놈과 한통속이니 우선 그 도적들부터 없애야겠다. 그러한 어느 날 밤이었다. 차랑동에서 동학쟁이 긴급회의가 열린다는 소식이 들렸다. 시골에서는 일진회를 여전히 동학쟁이라 했다. 그놈들 회의하는 시간에 득달같이 기습해서 친일 매국노 30여 명을 처단하고 불을 놓았다. 그러곤 즉시 산속으로 달아나 솔봉개 안 풀밭에서 한둔했다. 가랑잎 쓸어 덮고 누워 있는데 실낱같은 초승달이 하늘에서 물끄러미 내려다보았다.

그 이튿날엔 후치령 허원리에서 왜적 3명을 처단했다. 총 3자루와 탄환 300발을 거두어 지경산으로 올라갔다. 마침 난치박골 중턱에 풀막 하나가 있어 들어가 잠잘 채비하는데 하루 일 마치고 지쳐서 돌아오는 산포수들을 만났다. 그때 만난 산포수 동무들과 처음으로 수인사를 나누고 멧돼지 뒷다리를 구워 술잔을 권했다. 김춘진, 황봉준, 이문협, 박용락, 온성로, 유기운, 조병룡, 홍범도, 태양욱, 노성극, 원성택, 차도선, 조봉순, 최학선 이상 열네 명의 젊은 함경도 포수들의 온몸에는 청년기상이 펄펄 넘친다. 돌주먹, 무쇠 팔뚝, 강철 다리, 듬직한 어깨, 튼실한 목덜미, 화경같이 번쩍이는 눈, 풀잎에 스치는 실바람 소리도 환히 듣는 밝은 귀. 그들은 점점 썩어만 가는 세상을 개탄했다. 누군가 말했다.

"궁궐에는 고기 썩는 내가 가득하다더라."

"아니라네. 죽은 고기가 아니라 살아 있는 고기에서 풍겨나는 흉측한 내음이라네."

한양성 거리엔 왜놈들로 가득하다더라. 남산 자락 사십 리가 모조리 왜놈 마을이 되었다는구나. 일본 군대가 궁성을 지키고, 사람 잡아먹는 왜놈 대장이 서울에 왔다더라. 일본 군대는 아무 곳이나 욕심나는 땅이 있으면 군용지(軍用地)란 말뚝을 박고 무단으로 땅을 차지한다더라. 경부선 철도가 개통되어 왜놈들이 부산에서 구름같이 올라온다더라. 이 철도 개통에 반감을 품은 지역의 의로운 청년들이 철로 위에 바위를 얹어놓는다든가 투석을 했다. 거의 대부분 체포되었고 십자가 형틀에 묶여 죽임을 당했다. 육당 최남선(崔南善, 1890~1957)이란 얼빠진 청년은 「경부철도노래」란 것을 지어서 누가 시키지도 않았는데 스스로 개통식에 찾아가 바쳤고, 어린 학도들은 영문도 모르고 학교에서 배운 노래를 신이 나서 불렀다.

흥아(興亞) 일본의 아침에
대륙을 향하여 힘차게
희망을 실어서 달린다
광채도 멋진 경부선.

경부선 철도 기공식. 경부선 철도가 개통된 후 왜놈들이 부산에서 서울로 구름같이 몰려들었다.

이 노래는 경부선 개통을 기념하기 위하여 강도 일제가 특별히 만들어서 부르게 했던 「조선철도찬가」다. 경부선이 개통된 후 용산 일대는 군용지로 바뀌었고, 줄곧 주둔지로 사용되어 오다가 해방 직후에는 미군기지로 바뀌어 오늘에 이르렀다.

젊은 포수들은 큰 사발에 술을 부어 한 모금씩 돌려서 마시고 형제의리를 맺었다. 눈빛에서 일제히 불꽃이 튀었다. 힘들고 어려운 일이 생기면 서로 돕고 보살피기로 맹세했다.

"진정한 산포수는 헛된 욕심 안 내는 사람. 결코 장난으로 불질 해대거나 앞 못 보는 것, 다리 저는 길짐승, 날개 상한 날짐승을 잡아서도 안 돼. 하늘이 주신 것이니 꼭 필요한 만큼만 잡아야 하고, 새끼 밴 짐승, 새끼들만 있는 무리, 새끼 데리고 가는 어미도 쏘아선 안 돼.

한번 정한 목표물은 따라가서 끝끝내 포획해야 하나니 결코 놓쳐선 안 돼. 사냥터에서 만난 도적은 호된 대가로써 숲의 규율 깨우치고, 피를 봐도 흥분하지 않으며 늘 침착하고 가벼운 몸가짐으로 숲나무 바위와 어울려 한 몸이 되어야 해. 때로는 나뭇등걸로도 눕고, 때로는 푸른 수풀로 일어서며, 짐승의 똥을 자세히 읽을 줄 알고, 발자국 살펴서 떠난 방향과 그게 언제 것인지도 재빨리 읽어낼 수 있어야 해. 바람 만져서 풍우를 미리 짐작하고, 크게 코 벌룽거려 숲 내음을 맡으며 온몸은 비호같이 날려서 목표물을 따라잡고, 탄환은 가장 적고 빠르게 써서 한 발에 바로 명중시켜야 해.

숲에 들기 전에는 누룩 내음 맡아서도 아니 되고, 그 어떤 누구와도 사사로운 송사를 하지 말며, 비리고 더러운 것을 가까이하지 말고, 들병이 여인을 안지 않으며, 드디어 동쪽 물에서 몸정히 씻고 배꼽 밑 단전에 차분히 힘 모으는 것. 나라가 기운 잃고 백성이 죽어갈 때는 주저 없이 나설 수 있는 사람. 이것이 산포수의 올바른 길. 일평생 걸어가야 할 사람의 길.

험한 세상에 혼자 살아가는 외돌토리 신세는 얼마나 허전하고 괴로울까. 든든한 형제들이 열 명도 넘게 생겼으니 그 어떤 힘든 일도 이젠 두려울 것 없다."

9. 북관(北關)

홍범도는 어느 날 북청 장거리에 나갔다가 잡혔다. 미처 달아날 틈도 없었다. 뒤따르던 밀정 놈이 호루라기를 불자 삽시간에 일본군들이 둘러쌌다. 스무 발이 넘는 참바 타래를 챙챙 이어서 온몸을 꽁꽁 묶었고, 곧바로 끌고 가서 감방에 던져 넣었다. 몇 차례나 탈주 기회를 엿보았으나 뜻을 이루지 못했다. 놈들은 붉게 달군 넓적한 삽날로 어깨와 등을 지졌다. 온갖 고문으로 하루해가 저물고 감방은 괴괴한 침묵 속에 잠기었다. 체포의 피 비린 칼바람이 불었다. 잡혀 온 포수들에게 간수 놈은 발길로 거칠게 걷어차며 마구 욕지거리를 퍼부었다. 산포수 동지들은 더욱 깊은 산으로 숨어 들어갔다.

그렇게 여섯 달이 지나서 범도는 드디어 감방을 다른 곳으로 옮겨가게 되었다. 그런데 놀라워라. 이 정보를 몰래 빼내어 산중의 동지들에게 알려준 간수가 있었다. 키 작은 꼬맹이 간수 최치수(崔治洙)다. 그는 비록 적들의 기관에서 일했지만 의로운 사람이었다. 삼엄하게 경비하는 호송마차의 바퀴소리가 삐걱삐걱 조용한 산길에 들렸다. 미리 영마루 바위 뒤에 숨죽이고 기다리던 동지들은 기습작전으로 달려들어 일본군 호송병을 쓰러뜨렸다. 동지들의 분노에 이동감옥 창살은 수수깡처럼 여지없이 박살나고 홍범도는 황급히 숲으로 달아나 몸을 감추었다. 그야말로 위기일발이었다. 또다시 쫓기는 탈주자의 신세였다.

함경도 갑산 고진동 구리광산. 한 목숨 보전하기에 좋았다. 변성명하고 온종일 뜨거운 땀으로 범벅이 되는 막장의 광꾼이 되었다. 두 사람 겨우 비켜 가는 갱도 입구는 송판과 나무로 지탱해놓았다. 갱도를 따라 내려가면 바닥은 질척질척 항상 눅눅한 진창이었다. 지열이 후텁지근하게 올라와 막장 속은 떡시루처럼 더웠다. 탁한 공기에 숨쉬기조차 어려운데 이마를 적시는 후줄근한 땀, 침침한 땅굴에 지쳐서 나오면 바깥세상은 밤이었다. 어둠 속에서 잠을 자고 해뜨기 전 땅굴 속으로 또 들어간다. 날이면 날마다 악조건 속에서 거듭되는 악전고투였다. 가도 가도 세상은 오직 어둠뿐이었다.

지하 백 척 토갱(土坑) 속에서 가엾구나. 개미 광꾼 신세 어찌할거나. 어쩔거나 어쩔거나. 개미 광꾼이 웬 말이냐.

가지 쳐낸 통나무 갱목 메고 깊이 들어가 옆 기둥 받침목, 낙반 막는 천정 목 이리 재고 저리 보아 아귀 맞춰 이어놓고, 우물 정(井)자로 동발 엮은 갱 속에 들어가면 일꾼들은 막장에다 불부터 피워서 먼저 광석을 달구었다. 바위벽이 불기운에 뜨거워지면 그 위에 찬물을 끼얹어 바위에 실금이 가도록 만들었다. 그곳을 망치로 가볍게 치면 큰 바위가 쩍 갈라져 통째로 떨어졌다. 연기로 가득찬 막장은 늘 독하고 매웠다. 떨어지는 돌에 다치기가 일쑤였다. 이 때문에 광꾼들은 보다 나은 곳을 차지하려고 자리다툼을 벌였다. 하지만 범도는 가장 위험한 곳에 먼저 가서 일했다. 광꾼들은 차츰 부끄러움을 알게 되고 자리 싸움도 곧 없어졌다.

하루 온종일 막장 광꾼이 곡괭이로 흙을 파서 삼태기에 담으면 그 무거운 삼태기를 바깥으로 들고 나오는데 갑은 을에게 을은 병에게 병은 정에게 전달해서 날랐다. 아무리 파도 끝은 보이지 않고 하염없이 이어지는 작업이었다. 때론 막장이 무너져 아침에 들어간 사람이 영영 못 나오는 경우도 있었다. 고달픈 인생을 온통 삽질만 하다가 깊은 막장에 자신의 삶을 통째로 묻어버렸다. 함께 일하던 동료가 사라져도 그냥 고개 떨구고 다른 갱 속으로 묵묵히 들어갔다. 가슴엔 눈물도 말라버렸다. 살아가는 일은 저 컴컴한 공동묘지 같은 막장 끝에 파묻혀 흘러가는 둔주(遁走)의 세월이었다.

양날 괭이를 번뜻 들어 검은 막장에 쇠 불똥을 튀기노라면 콧구멍으로 쏠려드는 돌가루, 눈구석으로 비벼드는 소금땀. 일렁이는 관솔횃불 저만치서 매캐한 홰를 올리고, 정어리기름으로 만든 가물가물한 어유(魚油) 등잔은 저 혼자 빠지직 빠지직 타들어가는데 이리 한참 캐다 보면 저희끼리 살 뭉친 자연 동과 돌 틈에 섞인 황동(黃銅)이 불긋불긋 누릇누릇한 빛깔로 보인다. 이 구리를 일러 적금(赤金)이라 했었구나.

더운 땅김에 온몸은 파김치 되고, 부푼 손바닥엔 물집 터져 아물 틈이 없는데, 무심한 세월이여! 이 두더지 굴에서 석삼년이 흘러갔구나. 함께 일하는 광꾼들 여전히 남루하고, 구리귀신 광산주는 돈방석에 앉았다는데, 바람이여! 땀내 나는 고진동 바람이여! 관솔횃불 연기 속으로 사라져간 바람이여! 이젠 돌아가야 하리. 왜 이렇게도 마음은 두근거리고 급해지는가. 다 하지 못한 무슨 할 일 때문인가.

어느 날 범도는 광산을 나와 집으로 터벅터벅 돌아왔다. 남루한 모습은 영락없는 각설이 꼴이었다. 얼마나 고달팠으면 저러할까. 아내의 반가움은 이루 말로 다하지 못했다. 가슴속에 묻어둔 말이 많고도 많겠지만 그냥 말없이 바라보기만 하면서 단양 이씨의 두 볼에는 뜨거운 눈물만 흘러내린다.

'양순 아비는 작은 일에 매어 있을 분이 아니다. 저분의 괄괄한 성품, 불같은 가슴속을 나는 안다. 아이들 둘은 죽순처럼 자라나고 집안일은 나 혼자서도 돌볼 수 있다. 그것이 바로 내가 낭군을 돕는 길.'

그해의 첫눈이 싸락싸락 뿌리는 시월. 범도는 가족들과 곰귀(熊耳)마을로 이사했다. 이인, 웅이, 안수, 안산, 천남, 해발 사천 척 후치령(厚峙嶺)이 내려다보이는 동서로 사십 리, 남북으로 이십 리. 그곳은 하늘 아래 첫 집, 가난한 화전민 사냥꾼들이 모여 사는 곳이다. 갑산 사포계 시절부터 낯익은 벗들이 진작 살림집 하나 마련해놓고 기다리던 터였다. 그동안 벗들은 고진동으로 몇 차례나 찾아와 함께 가자고 했으나 그때마다 고개를 가로저었었다.

내가 벗들 떠나 살 수 없고, 벗들 또한 나를 잊고 살아가지 못하니 내가 그들을 먼저 찾아왔네.

으스스한 풍설 중에 통저고리·털벙거지 둘러쓰고, 식기·수저·양식자루 걸러 메고 곰귀마을에 당도하니 때 이른 함박눈은 벌써 펄펄 내린다. 한 귀퉁이 허물어진 함경도식 흙집 한 채도 눈을 맞으며 제법 번듯하게 서 있구나. 작지만 꼴을 갖춘 네모 방이 앞에 둘, 뒤에 둘. 두 줄 박이 겹집이라 바람막이는 안성맞춤이다. 봉당에는 아궁이요, 아궁이 위에는 가마솥 앉아 있고, 솥 뒤에는 삿자리 하나 정갈히 깔려 있다. 정지 곁에 삽살개 누우면 딱 맞을 듯한 자리에는 다져진 황토 흙이 반들반들하다. 우마 육축(六畜) 월동하기 좋으라고 마구간과 부엌은 서로 맞붙어 있다. 뒤란 나무통 굴뚝에는 먹으로 짙게 쓴 글씨가 자국이 선명도 하구나. 당시 함경도 지역의 주민들은 안 좋은 기운을 막기 위해 굴뚝에 이런 글귀를 집집마다 써놓곤 했었다.

경신년 경신월 경신일 경신시 강태공 조작 이태백 하마처.
(庚申年 庚申月 庚申日 庚申時 姜太公 造作 李太白 下馬處)

하얀 눈발 속에서 검은 먹빛 더욱 새뜻하다. 여기 먼저 살던 사람들은 조 농사, 피 농사, 귀리 농사, 감자 농사를 갖추갖추 지었던 듯하다. 제법 큰 고방엔 시방 거미줄이 자욱해도 이사 온 날 마당에 푸짐히 눈 쌓이는데 이 눈 속에 그 무슨 환청이 들려오는가. 어디서 풍년을 기약하는 풍덕새 우는 소리도 들려오니 이 또한 좋은 징조 아닌가. 자고 나면 개마고원의 아련한 소리가 들렸다.

요우미여 …
여 … 염여

미여 … 여 … 염여

미여어 … 여 … 염여.

함경도 개마 벌에 황혼이 빗길 때면 어디선가 아련히 목동의 소 부르는 소리가 들려왔다. 그것은 흡사 알프스의 요들송을 떠올리게 하는 소리였다. 해종일 어미 소 따라, 수소는 암소의 발자국 따라 가파른 남쪽 고원, 밋밋한 북쪽 고원을 다닌다. 어미 말은 망아지 데리고 때로는 마소가 구별 없이 어울리는 아름다운 곳. 어느 가녘에 눈 지그시 감고 앉아 되새김질하다가도 저를 부르는 주인 소리를 단번에 알아차리고 움머 움머어 움멈머어, 꼬리는 툭툭, 콧김은 푸르르 푸륵… 축 늘어진 멱미레 살에 부딪혀 줄곧 달랑거리는 워낭소리. 아, 맑고 밝은 저 워낭소리가 연보랏빛 이내 속으로 살랑살랑 퍼져간다. 노루바우골 모퉁이 돌아 수풀 속으로 사라진 노루 흔적을 뒤쫓다가 범도는 목동의 구성진 소리를 들었다.

어느 날 벗들이 노루 사냥 가자고 왔다. 허천강 물줄기 거슬러 올라가면 강가에 솟은 절벽 하나가 보인다. 물 건너로는 백양 숲 우거진 노루바우골이 펼쳐져 있다. 궁노루가 여기저기서 뛴다. 검은 황갈색의 여섯 가닥으로 뻗은 뿔. 궁둥이와 뒤꼬리의 하얀 털 거울*이 여기저기서 풀쩍풀쩍. 새암청에 비단개구리 뛰듯 가을 논판에 메뚜기 뛰듯 풀쩍풀쩍 튀어 오른다.

수풀 사이에 몸 숨긴 노루 거울 찾으러 나가세. 달아나면서

---

* 노루 꽁무니의 하얀 털을 포수들 용어로 거울이라 함.

도 꽁무니가 번쩍번쩍 동그란 털 거울 달고 다니는 저 어여쁜 과녁을 쫓아 노루 사냥을 나가세.

넘어진 고목 등걸 건너 뛰어 질풍같이 달아나는 저 빛나는 표적을 보라.

뾰족 바위 끝에 오르면 가던 길 멈추고 코 벌름거리며 사방을 두리번두리번 멀뚱히 기웃거리는 노루들. 우리 산포수의 멋진 과녁인 노루 거울을 찾으러 나가세.

거기는 이쪽으로 몰게.

나는 여기서 훑어 오를 테니.

노루바우골로 노루 사냥을 나가세.

풀숲엔 엎드린 들꿩이 놀라 푸드득거리고 백양나무에는 깃을 터는 멧닭이 보인다. 흰꼬리매는 공중에 비잉빙 돌면서 다급히 외치는데 그 뜻을 사람의 말로 옮기면 이렇다.

포수 왔다 날아가자

포수 왔다 날아가자

귀촉도 불여귀(不如歸)는

소식조차 돈절.

그해 겨울이었다. 사냥터에서 돌아오는 늦은 저녁 들판엔 함박눈 쏟아지는데 마을로 가는 입구에는 웬 발자국 수십 개가 어질러져 있다. 순간 범도의 눈썹 곤두선다.

"여보게 벗들! 지금 마을에는 청국 비적 열두 놈 와 있다네. 들어간 발자국 있고 나온 발자국 보이지 않으니 우리가 이 도적들 모조리 처치하세."

범도와 포수 동무들은 마을 주위를 포위하고 숨죽이며 한 식경 기다리니 도적들 킬킬거리며 나오는데 보니 소달구지에 약탈한 양식자루를 싣는다. 닭과 돼지 등 온갖 물품을 말 잔등에 묶어 싣고, 조 첨지댁 며느리는 납치당해 끌려가면서 슬픈 비명을 지른다. 홍범도가 텁석부리 두목을 겨냥하여 타앙 한 발을 터뜨렸다. 기세등등하던 도적놈들 갑자기 불 만난 까마귀되어 까욱까욱 혼비백산으로 사방에 흩어진다. 달아나면서도 총 쏘는 놈들을 모조리 남김없이 처단한 뒤 비적 여섯 붙잡아 순포막으로 넘겼다.

이 소문 개마 벌 전역으로 퍼져나가 갑산 사포계 신망이 두터워졌다. 그중에도 범도의 용맹과 지혜, 늠름한 인품, 꿋꿋한 의협심은 더욱 미쁘게 여겨져서 곰귀마을 사람들 꽹과리, 날라리, 소고, 북, 징, 장구, 온갖 풍물을 모두 갖고 와 상모는 비잉빙 공중제비는 화들짝 한바탕 논다. 장수 나자 용마 났다며 이어서 매김 소리까지 부르는데 그날 산포수 범도는 곧장 농악대에서 총 들고 다니는 포수 범도가 되었다. 사포계 벗들도 함께 어울려 둥덩실 놀면서 온 마을사람들과 가슴 뜨겁게 하나가 되었다.

범도는 집을 옮긴 뒤에도 날마다 사포계 형제들을 만나서 바쁘게 살았다. 깊은 밤중과 새벽을 가리지 않고 포수들은 무시로 찾아왔다. 비밀 모꼬지는 수시로 열렸다. 이럴 때 아내는 울바자 밖에 서성이며 망을 보았다. 하루에도 몇 차례씩 밥을 짓고 궂은 일 험한 일 가리지 않았다. 눈에 쌍불 켜고 다니는 보조원 놈들의 감시와 수색은 점점 심해졌다. 이 골 저 골을 마치 메주 밟듯 눈알이 아홉 개가 되어서 마구 설치며 쏘다녔다. 날이면 날마다 개처럼 코 쳐들고 이 집 저 집 다니며 이밥에 닭 잡아내라고 호통을 쳤다. 포수들은 깊은 산 바위굴로 들어가서 긴박한 문제를 토의하고 거사를 준비했다.

이웃 마을 최석언(崔石彦)의 계집이 무슨 낌새를 느꼈던지 일도 없이 날마다 찾아왔다. 틀림없이 그녀는 왜적의 밀때꾼이었다. 날이면 날마다 방물 봇짐 옆에 끼고 이 집 저 집 들어가서 기웃거리며 물어댔다.

"쥔 양반 어데 갔소."

"무슨 사업을 하십니까요."

"자제들은 간도 갔소."

"댁의 뉘가 문밖출입 자주 하오."

"저 건넛집에는 대체 무슨 일이 있던가요."

"누가 거기를 주로 드나든답니까."

이렇게 다니다가 마지막엔 꼭 단양 이씨네 집을 찾아왔다. 요런조런 염탐 끝에 저녁이면 헌병대로 달려가서 작은 사실도 크게 부풀려 일러바쳤다. 왜놈께 얻어낸 푼돈으로 쌀도 사고 장작도 사고 육고기도 받고 그렇게 더러운 삶을 살아가는가 보았다.

들려오는 서울 풍문엔 길거리에 번개귀신 다닌다는데 갑신년 가을에 벼락난리 난 뒤로 집집마다 번개귀신 더욱 극성이란다. 함경도 개맛벌 칠흑 벌판에도 머지않아 이 번개귀신이 차올라 오리란다. 재변(災變)일세. 재변일세. 만 리 길도 주저 없이 단숨에 차올라 오리란다. 아이고, 이 일을 어떡하나. 땅 너르고 인구도 많은 관북(關北)의 대읍 북청사람들은 급한 성격에 욱하는 체질이라, 예로부터 '덤벼 북청'이라 했는데 땅 이야기 나오자 우선 자랑부터 덤벙덤벙 덤벼보는구나.

뒤뚱뒤뚱 물지게꾼
나하대라 일등미
남대천엔 게장이요
시원한 동정 약물
남대천 고운 모래는 신창 포구로 흘러들고
신포항 뱃고동 소리
마양도라 말발굽 소리
모두 우리 북청 소관일세
감투봉 형제봉이 양각에 버틴 곳에
재고개의 고마운 회색 점토
경자 흉년에 주린 백성 살렸도다
덤벼 북청에 온갖 자랑 다 좋지만
덤비지 말고 차근차근
나라 재변을 대처해보세.

1889년 기축년 정월. 삭풍 휘몰아치는 길주(吉州) 장날 닷새 장, 아침에 개시가 되니 장꾼들과 구경꾼 마구마구 모여든다. 금송, 온수평, 내포, 명천 쪽 봉암, 남석, 남계, 북계수 쪽 노동, 원평, 업억, 성진 쪽 판령, 사초, 창천, 동해 쪽 모여든다. 사방에서 구름처럼 모여든다. 이고 들고 끼고 업고 우르릉 우르릉 몰려든다. 논코의 올챙이처럼 바글바글 모여든다. 청어, 명태, 가자미, 임연수, 굴젓, 창란젓, 꼴뚜기젓, 호래기젓, 아가미젓, 청어알젓들이랑 길다란 나무함지에 물 좋은 생선 담아들고 콩, 좁쌀, 좀복숭아, 돌배, 날개와 발목을 묶은 암탉, 수탉, 계란 꾸러미는 먹둥구미 그대로 들고 오고, 어린애 업은 채 함지박을 머리에 이고, 맨발에 미투리 벗어 들고, 한 발이 넘는 자주 옷고름에 분홍 옷고름을 풀풀 연 꼬리 날리듯 어깨 너머로 겨드랑 너머로 너풀너풀거린다. 발은 멍석 발에 손은 북두 갈고리손. 비녀에 쪽진 머리 틀어 얹은머리. 만포장에 별별 장사 외치는 소리 장바닥에 들려온다.

수수엿, 콩과절, 기장떡, 찹쌀떡, 왜국수, 되국수, 조선국수 등 온갖 음식 즐비한데

"이거 얼마임둥."

"닷돈!"

"값 눅소(헐하오)! 싸시오!"

"앙이 싸우!"

"아망이(아주머니)! 아즈방이!"

"비짓개(성냥) 있슴둥."

"덩거지(고추)도 있슴둥."

"있소꼬마!"

"줍세!"

"승천(잔돈)을 줍세!"

"저 아망이, 우리 애기 봤슴."

"떡 앙이 싸자시우."

"좀 싸오!"

"이넥기(당신)도 좀 싸오!"

"앙이 되오!"

"떡 싸면 아버님 사살함꼬마(야단칩니다)!"

"쥔님 계심둥(주인 계십니까)."

"매뭇고 홀딱 나갔소꼬마(차려 입고 나갔습니다)!"

"어데 감둣가(갑니까)."

"영거게(여기) 왔다가 정거게(저기) 갑는구마(갑니다)."

　여기저기서 들려오는 투박한 듯 시끌벅적 인정 넘치는 저 소리. 삶의 애환 깊숙이 스며들어 있는 눈물겨운 저 북방 우리 겨레의 소리.

제3부
고난의 길

어디까지 가니
마을까지 간다
무엇하러 가니
훈련하러 간다
누구하고 가니
우리 모두 간다

어디까지 가니
어디 없이 간다
무엇하러 가니
왜놈 치러 간다
누가 누가 대장
홍 장군님 대장

1. 나의 길

함경감사 조병식(趙秉式, 1823~1907)은 양심적인 관리였다. 1889년 여름에 큰 가뭄이 삼남을 휩쓸었으니 필시 왜놈 상인 놈들 북관 곡식에 눈독들이리라. 가뜩이나 굶주린 백성들 소란한데 가을 양식 다 빼앗기면 더 큰 난리 면치 못하리라. 밤벌레 우는 초가을 감영 뜰, 달은 휘영청 밝은데 조병식 감사는 문서 하나 꺼내어 촛불에 비춰 본다.

1883년 계미년에 맺었던 '조일통상장정(朝日通商章程) 제 37조'.

만약 조선이 수해, 한해(旱害), 혹은 병요(兵擾) 등의 사고가 있어 경내 굶주림을 막기 위해 조선 정부가 미곡(米穀)의 수출을 금하려 할 때는 그 시기에 앞서 일 개월 전에 지방관이 일본 영사에게 통고하여 그 후 미리 각 항구에 있는 일본 상인에게 알려 모두 준수하도록 한다.

침침한 눈에 들어오는 이 글씨. 글씨 위에 겹쳐 떠오르는 얼굴 누런 백성들. 조선쌀은 일본에 싸게 팔고 일본쌀은 도리어 비싼 값에 사들여 오나니 밥 팔아 똥을 사는 이런 꼴이 어찌 있

함경감사 조병식은
양심적인 관리였다.
방곡령을 내려
일본으로 쌀이
수출되는 것을
막으려 했지만 조선
정부는 조병식을
파직한다.

을 수 있나. 대관절 일본 영사 놈은 누굴 믿고 점점 방자해지기
만 하는가. 새벽달 기울 무렵 조 감사는 매운 결심하고 날이 밝
자 추상같은 명령을 내렸다.

'방곡령(防穀令). 오늘부터 미곡(米穀)의 대일본 수출을 일절
금지함.'

이로써 일본 상인과의 미곡 거래는 완전히 끊겼다. 파발 말
이 안개 가르고 고원 문천을 번개처럼 달려가서 갈마반도에 둥
지 튼 원산 주재 일본 영사관으로 통고했다. 깜짝 놀란 왜 상인
들이 서울로 황급히 달려가서 몇 달을 두고 속살거리니 무능한

제국 정부는 기어이 방곡령 철폐를 훈령해 오는구나. 함경감사
조병식은 한사코 거부하며 설명했지만 혼자 힘으론 거북 등에
털 꽂기라. 결국 감봉 당하더니 기어이 파직까지 당했다네. 저
런… 저런… 감사 목숨이 파리 목숨일세. 우리네 목숨은 대체
무슨 목숨. 요망한 저 왜놈 상인들 손해배상까지 청구하며 무
려 여섯 해를 보채대더니 기어이 수십만 금 빼앗아 가는구나.
텅텅 빈 우리네 국고에 무슨 돈이 있는가. 또다시 청국 가서 애
걸하고 빌려 왔지.

　날 저무는 저녁 조무래기들 골목에서 노래하고 놀다가 돌연
나타난 순검 보고 깜짝 놀라 참새처럼 달아난다. 이 노래 부르
면 잡아간대두. 이 노래 부르면 볼기 맞는대두. 순검 사라지자
아이들 또다시 저희끼리 어울려 소타기 놀이하며 나라에서 금
하는 노래를 자꾸 불러쌓는다.

　　곰 도적 곰 도적
　　누가 곰 도적
　　일본 놈 무역상이 바로 곰 도적
　　이왕(李王) 삼 년이
　　왜왕(倭王) 삼 년
　　야 하고 부르면 왜 하고 대답해요
　　아인(俄人)이 가고서 왜인(倭人)이 와요
　　아인(俄人)이 가고서 왜인(倭人)이 와요.

이젠 개맛벌 숲에서도 외국 포수들을 자주 만난다. 검은담비

러시아의 세계적인 엽사 양코프스키(오른쪽).

가죽으로 만든 모자 쓰고 개 몰고 다니는 러시아 엽사들과 사
냥매 어깨에 얹은 청국 엽사들은 척 보면 대뜸 알아챈다. 그들
은 백두산 범과 궁노루를 잡으러 개마 벌까지 다녀간다. 그런
데 못 보던 사람들이 나타났다. 작달막한 키에 도리우찌(鳥打
帽) 비뚜름하게 쓰고 함부로 여기저기 총질해대는 왜 포수 놈
들의 방자한 숲 버릇은 질이 나쁘고 고약하기도 하다.

그해 거친 바람 불고 황사 먼지 자욱하던 날, 러시아 엽사 양
코프스키가 갑산 사포계로 전갈을 보내왔다. 그는 백두산 범
사냥 때 만나서 친하게 된 외국 동무다. 개마 벌도 이미 두어
차례 다녀갔다. 아무르 연안 밀림에서 범 사냥 행사가 있으니
갑산 사포계 벗들 몇이 함께 와달라는 제의였다. 길눈 밝은 차

도선(車道善)과 아우 몇이 장마철 되기 전에 범도와 함께 길 떠났다. 갑산을 출발하여 혜산·무산을 거쳐 오도리성(俄朶里城)에서 두만강 넘었다. 이곳은 지금의 회령 언저리다.

만주는 네모꼴 땅. 북남에서 남서로 달리는 대흥안령, 소흥안령, 장백, 송령, 연산산맥. 그 사이사이로 광막한 들판. 흑룡강은 북으로 흘러 타타르 골짜기로 빠지고, 백두산의 천상수 달문이 쏟아져 내려 길림으로 부여를 거쳐 하얼빈까지 내달리는 송화강. 시호타린에서 발원하는 우수리강. 치치하르를 스치는 눈강(嫩江). 요하, 난하, 흥개호, 경박호, 후루노르, 베이르가 광대한 들판을 적시며 뱀처럼 구불구불 흘러간다. 지금은 산 설고 낯선 이국이지만 옛 고구려 발해 사람들의 꽃다운 흰 뼈 묻힌 아득한 벌판에 치닫는 말발굽 소리와 숨 가쁜 함성 포효는 오늘까지도 생생히 살아 있다. 큰 내력 소상히 적힌 돌비가 반쯤 흙 속에 묻혀 옛 사연을 묵묵히 말해주는 곳이다.

두만강 건너서 우리 옛 땅 찾아간 동포들의 대단한 결심. 놀라운 백의동포들에게 불법월강, 무단도강이 웬 말이었나. 기다려라! 백두영봉아! 우리가 잃었던 땅을 기어이 되찾아주마. 젖은 눈물을 닦아주마. 고국산천 떠나서도 흰옷을 입고 떡방아 찧고, 초가지붕 이엉 위에 호박넝쿨 올리는 연길 왕청의 배달겨레 촌락을 지나, 이 마을 저 거리 저잣거리를 지나는데 조롱에 담겨 지저귀는 온갖 새들. 장작개비처럼 켜켜이 쌓아 놓은 팔뚝만 한 잉어들. 화덕에 고기만두 굽느라 피어오르는 매캐한 연기. 길모퉁이에 혼자 서서 구슬픈 선율로 손풍금을 연주하는 백계 러시아 청년. 주역을 풀어서 사주와 운명을 점쳐 준다는 노인. 소 오줌통에 바람 팽팽히 불어넣어 풍선처럼 팔고 있는 광경도 보았다.

돈화, 영안, 해림, 목릉을 거쳐 밀산으로 올라가니 양코프스키가 미리 나와 사포계 벗들을 기다리고 있다. 검은 털 숭숭 달린 곰 가죽 외투에 털벙거지 눌러 쓰고 콧수염도 무성하다. 홍개 호반에서 사냥 행장 간추리니 등에 네 줄 박힌 아무르도마뱀이 발등에 기어올라 반갑다며 인사를 한다. 호림에서부터 범 발자국 쫓으리라.

가도 가도 빽빽한 원시림. 온종일 허우적거려도 푸른 하늘 한 점 안 보인다. 저물 무렵 한 계곡 따라 내려가니 몇 해 전 산불 휩쓸었는지 불탄 나무등치와 가시덤불이 길을 막는다. 범도가 무심코 둔덕을 오르는데 잡풀 밑에 희끗희끗한 게 보인다. 저게 무언가. 가던 발길 잠시 멈추고 자세히 살펴보니 오, 이미 죽은 지 오래되어 살은 육탈(肉脫)되고 하얀 백골만 남았구나. 해골 숫자로 헤어보니 모두 여섯 구.

이 산중에 어인 백골인가. 모래 위에 뒹구는 것, 돌 틈에 거꾸로 박힌 것, 눈구멍으로 나무뿌리 뻗어 나와 목렴(木殮)*되어 솟구친 것, 비바람에 삭고 깨어져 조각조각 흩어진 것. 백골 언저리에는 산불 휩쓸고 간 흔적도 보인다. 어떤 백골은 이리에게 당했던지 이빨 자국 여전히 남아 있고 부챗살같이 앙상한 그의 늑골은 하늘 향해 빈 가슴 활짝 열어 보이고 있다.

양코프스키는 어리둥절한 채 고개만 갸웃거린다. 범도는 큰

---

* 땅속에 묻힌 백골에 나무뿌리가 휘감겨 있는 상태.

숨 몰아쉬고 이리저리 둘러보며 낙엽 더미도 뒤집어보고 모래 언덕도 헤쳐보니 태깔도 눈에 익은 조선 도끼와 조선장도. 그 손잡이에 탄피 꽂아 만든 송곳이 보인다. 부싯돌과 담뱃대에 타다 남은 무명 천 조각들. 이것만 보아도 영락없는 우리 동포로구나.

"임자들 뉘시오. 왜 이 먼 곳까지 와서 이렇게 넋을 놓고 누웠소. 말 좀 해보시오."

우람한 장부의 눈가에 이슬 맺힌다. 범도 일행은 잠시 행장을 풀어놓고 널린 백골을 모두 수습하여 한 구덩이에 묻어준다.

"부디 고이 잠드소서. 내 평생 그대들 노중객사(路中客死) 잊지 않으리라."

문득 가랑비 뿌리고 바람은 우수수 불어오는데 배고픈 유랑길에 지쳐 쓰러진 귀신이 운다. 뭇 귀신이 우우우 운다. 만리타국 깊은 산속에 웬 임자 없는 무덤인가. 쓸쓸한 무주총(無主塚) 하나 생겼구나.

1890년 경인년 봄이었다. 함경도 회령 땅 눈앞에 국경이 보이는 두만강 기슭이다. 칼 찬 왜놈 순사 둘이 흰옷 입은 사내의 뺨을 때린다. 짐 보퉁이 등에 지고 파랗게 질려서 떨고 있는 그의 어린 자식들과 우는 지어미 앞에서 광견(狂犬)처럼 길길이 날뛰는 왜 순사의 가죽장화. 그 발굽 밑에선 방금 돋아난 어린 봄풀들이 무참하게 짓이겨진다.

흉흉한 나라 소식은 바람결에 실려 줄곧 날아온다. 민들레 꽃씨에 얹혀 수천 리를 날아온다. 경기 소사에서 수백 명의 화적들 관군과 맞총질하고, 경상도 함창 땅에선 굶주린 농민들 붐비는 장바닥 휩쓸며 푸른 낮의 날빛이 달빛에 번뜩였다. 청국 마적 정조동(丁兆東)이가 졸개들 몰고 와서 단천금광을 쑥대밭 만들어놓고, 간악한 쪽발이 섬 도적들은 제주 조천으로 올라와 살인에 약탈 파괴와 강간을 저질렀다. 그 와중에도 어김없이 찾아들어 아갈잡이하는 저 모질고도 반갑지 않은 흉년 손님.

흉흉한 나라 소식 또다시 구름장 타고 날아온다. 제비날개에 실려 날아온다. 어찌된 일이냐, 쫓겨 간 이용익이 함경감사 되어 다시 온 것은. 그가 이곳을 떠난 것은 불과 엊그제인데 잠시 만에 다시 돌아와 보란 듯 뽐을 내니 정말 알다가도 모를 것이 세상일이구나.

원악도(遠惡島) 제주의 왜란은 해가 바뀌어도 여전하며 건입포는 온통 도륙이 났다더라.

그해 여름, 고성 장터 삼거리에 효수된 머리 네 개가 높이 걸렸다. 민란의 주모자 권환(權煥)과 그의 동지들! 죽어서도 무언가를 깊이 생각하는 듯 다들 양미간 찌푸리고 눈 지그시 감았다. 오직 권 두령 혼자 눈 부릅뜨고 서울 쪽을 뚫어져라 노려보면서 뜨거운 피의 불똥이 뚝뚝 떨어진다.

홍범도는 보았다. 러시아 땅 원동 구석구석에 모래알처럼 흩어져 살고 있는 우리 동포들. 고향을 떠나와서도 여전히 하얀 옷 입고, 길한 날을 받아서 혼례식 올리고, 마당에는 반짝이는 햇살에 가지런한 장독을 닦으며, 장독대엔 분꽃 봉선화 금잔화를 심고 살아가는 우리 동포들. 날 저무는 골목에서 아이들은 숨바꼭질하고, 넓은 흙방에는 사람들 모여 옛 당골의 이야기와 곰이 사람 되던 이야기하며 물부리에 잎담배를 마구 썬 막써레기를 담아 피우던 그 정 많은 사람들을 보았다.

지신허(地新墟)에서도 보았고 추풍(秋風)에서도 보았다. 소왕령(蘇王嶺)과 사만리((沙滿里)에서도 보았고 녹둔(鹿屯), 흑정자(黑頂子)에서도 보았다. 도비허(都飛河)에서도 보았고 남석동(南石洞), 수청(水淸)까지 가서도 보았다.

오, 그들은 누구인가. 눈보라 속으로 더딘 소달구지 끌며 시름없이 비틀비틀 삐걱삐걱 두만강 넘어온 사람들. 나루터에서 왜놈 순사에게 뺨맞으며 손등으로 주먹눈물 씻고 간 사람들. 바로 그들이 아닌가. 그들은 고토(故土)를 찾아간 것이다. 옛 숙신(肅愼)의 땅, 우리 강토를 다시 찾아간 것이다. 배달 얼과 배달 피를 간직하려고 잊었던 옛 고향으로 돌아간 그들. 흑하(黑河) 남북에 붙박고 사는 수백 만 우리 백의동포들. 누가 감히 그들을 도망자로 나무라는가. 진작 식민지 땅에서 강도의 눈치를 보면서 강도의 비위나 맞추면서 이날까지 구차한 명줄 보전해온 군상들은 지금 당장 그 자리에서 조용히 고개를 떨어뜨리고 참회하라.

더불어 그들 유랑민의 비통한 눈물을 생각하여라. 갑자년 도강(渡江), 을축년 도강, 기사년 흉란(凶亂), 경술년 참변, 그 슬픈 내력에 나팔이 운다. 천리공중에서 흐느끼는 듯 웅얼거리는 듯 나팔이 운다. 피눈물로 운다.

간다. 돌아간다. 눈보라 치기 전에 간다. 누런 황사바람 불 때 떠나온 길. 사냥도 사냥이지만 이보다 더 크고 더 무거운 진실을 깨달았다. 러시아 땅에서 만났던 수많은 동포들. 그들 이마 위의 굵고 깊은 주름들. 대체 누가 그들을 떠나게 했던가. 무엇이 그들로 하여금 고향 땅을 버리도록 했던가.

아무르강 어느 외진 숲 그 사방에 널브러진 어느 유망민(流亡民) 일가의 백골을 생각한다. 낯선 타관을 정처 없이 떠돌다 함박눈 내리던 날, 해 저문 숲 계곡 틈에 쓰러진 채 고향 하늘 그리며 숨져간 그들의 마지막 웅얼거림을 생각한다.

'어머니'라고 불렀을까.

사랑하는 애인의 이름을 불렀을까.

찬바람 맞으며 돌아가는 귀향 길. 홍범도는 연추에서 훈춘으로 훈춘에서 밀강(密江)으로 한 바퀴 휘돌아 온성마을이 안개 속에 묵묵히 바라다 보이는 국경 어구에서 두만강을 넘었다. 그토록 삼엄하던 월강봉금령(越江封禁令)도 풀리어 이제는 더 많은 이주민들이 일본군 국경수비대 분견소(分遣所) 앞을 길게 장사진 이루어 초조한 얼굴로 기다리고 서 있다. 한 사람이 넘어온 두만강을 그들은 새삼스레 건너가려 하는구나.

범도는 이번에 러시아 땅 곳곳을 다녀와 커다란 깨달음을 얻었다. 언제나 겨레를 위해서 살아야겠다는 그 결심이 더욱 굳어졌다. 어느 날 드디어 술 취한 사람처럼 얼굴이 달아올라 저절로 흥얼거리는데, 이런 사설이 줄줄 엮어져 흘러나오더라.

백두산 흥안령 높은 고개는
사나이 한 뜻을 드높이고
요하 흑룡강 거친 물살은

나약한 마음 다부지게 이끌고
호륜호 홍개호 깊고 큰 못은
장부의 헤아림을 더 깊고 크게
하얼빈 요동 땅 넓은 들판은
의젓한 너그러움 가르쳐주고
아득하여라 옛 발해 땅 슬픈 역사는
지금의 치욕을 되씹게 하고
몰아치는 시베리아 모진 칼바람은
어떤 괴로움도 꿋꿋이 이기게 하고
만주 땅 험한 수풀 사나운 맹수들
내 속의 비겁과 주저를 휘몰아내고
고주몽(高朱蒙) 대조영(大祚榮)
아골타(阿骨打) 애친각라(愛親覺羅)
그분들 딛고 가신 옛 발자국 따라
오늘도 성큼성큼 헤쳐 가는 나의 길.

2. 망국

1905년 을사년 12월 18일, 통한의 '보호조약'이란 것이 체결되었다. 이날 새벽 2시, 일본 추밀원의장 이토 히로부미 놈은 무장한 일본군으로 궁궐을 포위하고 허수아비 대신 놈들을 불러 모아 강제회의를 열었다. 총검 든 일본군이 뒤에 병풍 치고 삼엄하게 둘러 서 있었다. 잔뜩 겁먹은 고종 황제는 벌벌 떨며 눈만 지그시 감고 있다. 일본의 특명전권공사 하야시 곤스케 놈이 미리 만들어온 문서에 외무대신 박제순이 손을 부들부들 떨면서 도장을 찍었다. 처음부터 끝까지 모든 것이 완전강압이었다.

이로부터 조선의 모든 외교업무는 일본 외무성에서 일체 관리한다고 했다. 그밖에도 한국은 원래 허약해서 아무것도 할 능력이 없으니 강대한 일본이 보호할 수밖에 없다고 뇌까렸다. 고양이새끼가 쥐 사정 보기도 유만부동이지, '보호'는 무슨 놈의 얼어 죽을 알량한 '보호'더냐.

학부대신 이완용(李完用, 1858~1926), 내부대신 이지용(李址鎔, 1870~1928), 외무대신 박제순(朴齊純, 1858~1916), 군부대신 이근택(李根澤, 1865~1919), 농상공부대신 권중현(權重顯, 1854~1934)! 이상 다섯 악당 놈들이 대신이란 직책으로 이 자리에 참석했다. 역사에선 나라를 팔아먹은 이들 다섯 놈을 을사오적(乙巳五賊) 매국노(賣國奴)라 부른다. 그 더러운 이름 천추만대에 길이 씻지 못하리라. 일진회 놈들은 때 만난 까마귀같이 전국에서 까욱까욱 짖어대는데 윤시병과 송병준 두 악당 놈은 이렇게 외쳤다.

"우리에겐 이미 멸망의 징조가 나타났으므로 모든 신민은 마땅히 대일본제국의 명을 고분고분 따라야 한다."

이놈들 연설이 끝나기도 전에 하늘에서 때 아닌 우박이 쏟아졌다. 최익현(崔益鉉, 1833~1907)은 도끼 들고 대궐 앞에 엎드려 오적의 무리를 저잣거리에서 찢어 죽이자고 외쳤다. 장지연(張志淵, 1864~1921)이 『황성신문』에다 피눈물 뿌려서 쓴 논설을 실었다.

시일야방성대곡(是日夜放聲大哭)이라, 이 밤에 나는 목 놓아 크게 울었노라.

동양 삼국의 안녕을 솔선 주선하기로 나선 이토가 천만 꿈밖에도 어이 5조약 내놓았는가.

오호라 개돼지 축생만도 못한 소위 정부 대신이란 작자들이 일신의 영달만을 위하여 황제 폐하와 이천만 동포를 배반하고 왜적에게 굽실거리며 사천 년 강토를 넘겨주었도다.

슬프다. 우리 이천만 동포여! 살아야 할까나. 죽어야 할까나.

아프고 아프도다. 우리 동포여!

이 글에는 혈루가 묻어났고 분노와 통탄으로 흥건했다. 백성

위암 장지연. 1905년 11월
17일 을사조약이 강제로
체결되자 장지연은 『황성신문』
1905년 11월 20일자에
「시일야방성대곡」을 게재해
전국에 배포했다.

들은 서로 껴안은 채 통곡했다. 나라는 이미 망했으니 이제 우
리는 누굴 믿고 살아야 하느냐. 대관절 어찌 살라는 말이냐. 서
울 장안에는 밥 짓는 연기도 오르지 않았다. 숱한 애국 열사들
이 스스로 목숨을 끊었고, 반일 여론은 전국에서 들끓었다. 어
찌 백성들만 울었겠는가. 지리산도 잠자지 않고 엿새 동안이나
울었다고 한다. 산천초목도 함께 울었다. 그대들이여, 저 산의
통곡을 듣는가, 못 듣는가.

　굳은 얼음 아직 녹을 생각이 없는데 얼음장 밑으로는 벌써
봄물이 흐른다. 개울가 버들개지는 눈 불거지고, 해 바른 날 저
수지 방죽 지나노라면 터어엉 텅 우웅 얼음장 갈라지는 소리

일제의 조선통감부 건물.

들린다. 큰 연못이 긴 겨울잠에서 깨어나려고 몸 뒤틀며 신음
하는 소리다.

긴긴 겨울을 눈더미에 파묻혀 지내고 입춘을 맞이한 어느 날
밤에 범도는 사포계 벗들과 후치령을 넘었다. 등에는 산짐승
가죽 지고 북청 장날 피혁도가(皮革都家)를 찾아간다. 그들은
세상소식 모르고 갇혀 지내다가 망국의 날벼락을 뒤늦게 들었
다. 백성들은 분을 못 참고 드디어 북청에서 먼저 불이 붙었다.
이 불이 영흥과 길주로 옮겨 붙었다고 한다. 친일군수 놈이 내
쫓기고 사령이 불타죽었다 한다. 이 소식 전해 듣는 홍범도의
두 눈에서 불꽃이 튄다.

이해 태평양 건너 미국 버지니아의 항구도시 포츠머스에서
강화조약(講和條約)이란 것이 체결되었다. 강도 일제는 한반도
를 놈들의 식민지로 운영하는 문제에 대하여 먼저 미국의 승인

부터 받았다. 그다음으로는 러시아로부터도 불간섭 보장을 받아냈다. 이로써 조선은 아주 일본의 식민지로 전락되었다.

일본 깡패두목 이토 히로부미란 놈은 거드름 피우며 첫 통감으로 부임했다. 그로부터 민간에는 「통감타령」이란 노래가 몰래 몰래 퍼졌다. 산포수 동무 중에도 소리 잘하는 박종달이 적삼 밑에 배낭 넣고 곱사춤 추며 한바탕 「통감타령」 한 자락을 불렀다.

건너왔다네 건너왔다네
왜놈 통감이 건너왔다네
통감이란 무얼 하는 놈인가
조선을 먹자는 흡혈귀라네.

통짜는 거느릴 통짜요
감짜는 볼 감짜라네
그러면 통감이란 건
모두 다 거느려 본다는 뜻.

한문책 통감이라면
우리와 아랑곳 뭐 있으련만
왜국서 건너온 이 통감 놈은
사람을 삼키는 승냥이라네.

이렇게 노래를 부른 다음 이어서 후렴 구절을 신나게 메기는

데 씩씩하고 통쾌하기가 이를 데 없었다. 타령이라도 한바탕 부르고 나면 답답한 가슴이 뻥 뚫리는 심정이었다.

주임관 이상은 영감
칙임관 이상은 대감
대황제 폐하는 상감
이등박문은 통감.

멀리 구라파 화란 땅 헤이그에서 만국평화회의가 열렸다. 황제의 밀사 이준(李儁, 1859~1907)이 회의장에 들어가려 했으나 독립국이 아니라고 입구에서 제지당했다. 이준은 황급히 그 자리에 밀고 들어가 크게 외쳤다.

"조선은 독립국가다!"

이어서 일본 대표를 손가락으로 가리켰다.

"저 강도 일본이 조선의 주권을 빼앗았다. 세계인들은 그 실상을 보아달라!"

그러곤 단도를 꺼내어 스스로 배를 그었다. 그 자리의 외국 대표들은 깜짝 놀랐다. 일본 정부 대표자는 놀라서 더욱 당황한 기색을 보였다. 이 소식이 알려지자 매국노 이완용 놈이 노발대발했다. 함부로 칼을 뽑아 이를 추궁하며 눈에 분노의 불을 켜고 고종에게 달려들었다. 이 때문에 무능과 비운의 고종 황제는 물러났다. 그 엿새 만에 '정미칠조약'(丁未七條約)이란 것이 체결되었다. 통감부의 권력은 더욱 강화되고 이후론 일본 관리만 채용했다. 외국인 관리는 일절 채용을 금지했다. 비밀조약서에는 군대 해산과 경찰권의 위임까지도 들어 있어 이로 써 조선은 사실상 일본의 완전한 식민지가 되어버렸다.

우리 백성들은 그 내용이 무엇인지는 소상히 모르지만 다만 그것이 조선 땅을 삼키려는 왜적들의 잔꾀와 술책인 것만은 안 보고도 다 알았다. 세상은 점점 왜놈 천지 되어가고, 속없는 부 랑배들은 무도한 왜적의 헌병보조원으로 들어가 미친 희광이 꼴로 날뛰기 시작했다.

을사오적 중에도 이근택 놈이 가장 악랄하다는 소문이 파다하게 돌았다. 그놈은 하세가와 요시미치(長谷川好道, 1850~1924) 놈과 의형제까지 맺고 이토 히로부미 놈의 양자가 되어 늘 일본옷만 입고 일본 군대가 그놈을 호위까지 한다고 했다. 개보다 못한 이런 놈이 어찌 이근택 하나뿐이겠느냐.

일본군 1개 사단이 서울에 들어와 주둔했고, 순종에 의해 구 식군대 해산을 위한 칙령이 반포되었다. 일본의 이민 수만 명 이 현해탄을 건너서 조선으로 왔다. 부산 부두는 온통 일본말 천지라 여기가 일본인가 했다. 그놈들은 흰옷 입은 사람만 만 나면 그저 침 뱉고 손가락으로 놀리거나 욕질해댔다. '요보상' 이라 욕하며 발로 차는 시늉까지 했다. 왜놈들이 조선 사람을 배에 싣고 먼 바다에 갖다 버린다는 소문이 함경도까지 들려왔 다. 이런 소란 속에서 가난한 조선 사람들에게 곧 부자가 될 수 있다며 속이고 황급히 모집한 일천 명을 배에 실어 어디론가 떠난 후 종적이 끊겼다고 한다. 묵서가(墨書哥)*로 데려갔다는

---

* 멕시코의 중국식 명칭.

소문도 들렸지만 거기가 바로 지옥이라고 누가 말했다.

1905년 4월 4일 국제 이민 브로커인 존 마이어스가 왜놈 오바 간이치(大庭貫一)와 결탁하고 한국인 1,033명을 모집하여 멕시코의 유카탄 농장으로 팔아넘긴 희대의 국제이민 사기극이 벌어졌다. 오바 놈은 이민회사인 대륙식민합자회사의 서울 담당직원이었다. 이민을 떠난 1,033명은 일반농민, 노동자, 퇴역 군인 등을 비롯하여 길에서 강제로 납치된 걸인과 부랑자들도 일부 끼어 있었다. 그들은 『황성신문』에 실린 모집광고에 속아 희망찬 미래를 그리며 떠났으나, 멕시코의 살인적 더위와 부채(負債), 노동, 악덕 농장주의 모진 학대에 시달리다 끝내 돌아오지 못하고 만리타국에 서러운 뼈를 묻었다.

이런 왜놈 노예상인보다 한 술 더 뜨는 못된 인간도 있었다. 김병학(金炳學), 그는 고향을 떠나온 유랑동포 수천을 차디찬 북국 러시아 땅 벨리미* 제철공장으로 끌고 가서 불리한 노동계약으로 헐값에 모조리 팔아 넘겼다 한다. 가련한 동포를 죽음터로 몰아다 넣고 저 혼자 잇속을 챙겼으니 그놈이야말로 냉혈 창귀(倀鬼)가 아니고 무엇인가.

전국의 진위대(鎭衛隊)를 빨리 해산시키라는 이토 히로부미 놈이 명령을 내렸다. 진위대 병사들은 한창 훈련하던 중에 이 소식을 들었다. 번개 같은 속도로 군대해산식이 훈련원 앞뜰에서 있었다. 어떤 병사는 통곡하고 어떤 병사는 어금니를 북북 갈았다. 참령(參領) 박성환(朴星煥, 1869~1907)이 통분한 가슴

---

* 러시아 서부 도네츠강 상류에 있는 도시 벨고로드.

이토 히로부미가 전국의 진위대를 해산시키자 진위대 병사들은 총을 메고 흩어졌다.

을 참지 못해 자결했다고 한다. 흩어진 시위대가 일본군과 서로 맞총질까지 했다는 소식이 들렸다. 해산식 전에 일본군이 이미 모든 무기를 거두어 갔지만 전국 여러 지역의 진위대 병사들은 이 사태를 미리 눈치 채고 총대를 어깨에 걸어 멘 채로 뿔뿔이 흩어졌다. 이들은 거리에서 일진회 놈들을 보는 대로 쏘아 죽이고 곧장 산중의 의병대 숙영지를 찾아서 달려왔다.

조선팔도 각지에서 무장한 의병이 들불처럼 일어났다. 전라도의 기삼연(奇參衍, 1851~1908), 고광순(高光洵, 1848~1907), 경기도 연천의 허위(許蔿, 1855~1908)를 비롯해서 민긍호(閔肯鎬, 1865~1908), 이강년(李康秊, 1858~1908)도 일어났다고 한다. 그 의병을 폭도(暴徒)라 부르는 일본군경이 집집마다 수색하고 다니며 의병을 잡으려고 눈에 핏발이 섰다.

함경도 영원의 어느 산골에서는 우리 의병들이 산꼭대기의 나무에 올라가 태극기를 꽂았다. 깃발은 햇살에 눈부시게 펄럭였다. 이를 본 왜놈들이 깜짝 놀라 태극기를 찢고 그 자리에 일장기로 바꿔달았다. 적들이 하산한 뒤엔 다시 일장기가 찢어지고 태극기가 올라갔다. 이런 숨바꼭질이 여러 날 계속되었다. 마침내 의병들이 숲속에 몰래 숨었다가 일장기 달러 온 왜적을 처단하니 급기야 놈들은 산중에다 불을 놓아버렸다.

악당 이완용 놈은 날마다 왜적 우두머리 하세가와 요시미치 놈을 찾아가 일본군이 즉시 대대적 의병토벌에 나서주기를 애걸했다. 매국노 오적 놈들은 죽음이 두려워 일본 병사를 불러다 돈과 음식으로 대접하며 제 놈들의 집 주변을 경비하도록 애걸했다. 전국에서 일진회원이 숱하게 공격을 받았다. 그때 죽은 일진회 끄나불이 정미년부터 이날까지 무려 9,000명이나 된다고 한다. 일진회 회원들도 이젠 머리 삭발을 중지했다는 소식이다. 혹시라도 으슥한 곳에서 의병을 만나면 그대로 죽임을 당하기 십상이라 그랬다고 한다. 그만큼 놈들은 겁을 먹었고 죽음이 두려웠던 것이다.

전국에 무장한 농민들이 나타났다. 그들은 서울 부근까지 잠입해와 강도 일제가 설치한 통신시설과 철도, 도로 등 중요 구조물을 파괴했다. 일본군 수비대가 습격을 받았고, 도처에서 일본군과 교전도 벌였다고 한다. 강도 일제는 그들을 일컬어 '초적(草賊), 화적(火賊), 불령(不逞)의 무리, 동학잔당 무뢰배, 잡배'라고 애써 깔보는 말로 낮추어 불렀다. 놈들의 눈에는 핏발이 서고 살기가 등등했다.

3. 첫 봉기

유인석은 점차 대세의 운이 우리 민족에게 불리하게만 돌아가는 현실을 실감했다. 의병을 모으기도 어렵고, 설령 모은다 한들 훈련시킬 형편도 못되었다. 무기와 군수품도 조달할 수 없었다. 친일 매국노들은 전국의 벼슬자리를 독점하고 앉아서 백성들을 위협하고 있었다. 일본군은 막강한 무장을 갖추고 그 세력이 전국을 틀어쥐고 있었다. 일진회는 조선팔도에 돌림병처럼 번져서 온갖 악다구니를 떨어댔다. 이런 위기 속에 의병을 일으키는 일은 오로지 죽음으로 직결하는 길이었다.

1907년 정미년에 고종 황제가 유인석에게 밀사를 보내어 의병봉기를 권유했으나 그는 진정한 대세가 다다르지 않았다며 이 권유에 따르지 않았다. 그로부터 유인석의 뜻은 날로 바뀌었다. 그것은 일단 국외로 망명하여 그 지역의 뜻을 모은 다음, 나라 안의 충의 호걸과 지사를 맞아들여 왜적 물리칠 세력을 키우고 적절한 때에 무장을 갖춰 항쟁의 대열로 나선다는 거의론(擧義論)이다.

유인석의 근거지 개척 구상은 먼저 백두산 일대를 주목했다. 무산, 삼수, 갑산, 보성, 자성, 후창, 강계 등은 워낙 험준한 곳이라 넉넉히 요충지가 될 수 있으리라 여겼다. 또 의병으로 적합한 인물은 기질이 강하고 무기를 잘 다루는 서북인(西北人)이라고 생각했다. 이들이 의병으로 싸울 때 남도에서 올라온 수천 명의 의병과 합세하면 능히 일본군과 맞서 이길 수 있으리라 확신했다.

본격적 근거지 개척을 위해 유인석은 정미년 가을에 러시아로 원정을 떠났다. 하지만 가는 도중 불행히도 원산 부근에서 낙마(落馬) 사고로 골절상을 입어 부득불 되돌아오게 되었다. 서울 공덕리(孔德里)에 잠시 신변을 의탁했으나 왜적의 감시를 피해 이리저리 숨어 다니는 생활이란 늘 살얼음판 딛는 꼴이었다. 고향집은 적들이 이미 불태웠고 피를 나눈 아우는 왜적들에게 무참히 살해당했다. 일본군의 추적과 수색은 그물망 좁혀오듯 점점 더 심하게 한 걸음 두 걸음 옥죄어들고 있었다.

1907년 9월 7일, 강도 일제는 '총포 및 화약류 단속법'이란 괴물법을 공포했다. 강도 일제는 모든 민족단체를 부수고 해체하고 흩어놓으려 했다. 홍범도의 사포계도 그 단속대상에 포함되었다.

총포와 화약류 판매 영업을 행하고자 하는 자는 관찰사의 허가를 받아야 한다. 총포 및 화약류를 접수 운반할 때에는 경찰관서의 허가를 받아야 한다. 총포 화약류는 경찰관서의 허가를 받아야만 이를 소유할 수 있다. 내부대신은 국가의 안녕과 질서의 유지를 위하여 총포 화약류의 접수, 운반, 휴대 및 소유를 필요에 따라 제한하고 금지할 수 있다. 이를 위반한 자는 투옥이나 태형, 혹은 50원 이하의 벌금에 처하고 총포 및 화약을 몰수한다.

내각총리대신 이완용

내부대신 임선준 군부대신 이병무 법부대신 조중응

일본군 원정대는 산포수의 무기와 탄약을 모두 회수해가려고 함경도 산악지역 일대로 파견되었다. 이 소문이 삽시에 퍼졌고 사냥꾼들은 황급히 무기와 탄약을 감추기 시작했다. 여기저기서 대규모 검거가 암암리에 시작되었다. 농사로는 생계 유지가 어렵고 사냥만이 굶주림을 면할 수 있는 유일한 길임을 포수들은 잘 알고 있었다. 산포수에게서 총을 빼앗아 간다는 것은 우리 모두의 입에 거미줄을 치겠다는 술책이 아니고 무엇인가. 우리 모두를 산 채로 파묻어버리겠다는 적들의 음모를 어찌 그냥 당하고만 있을 수 있는가. 저 왜적 날강도들이 우리를 아무리 끌고 가서 가둔다고 위협해도 이 총만큼은 결코 내놓을 수 없다. 홍범도는 함경남도 풍산군 안평, 안산 지역의 포수들 60여 명에게 긴급히 연락하여 모두 비밀리에 엄방동(嚴方洞)으로 모이도록 연락했다.

일제의 악법을 비판하고 즉시 항일의병대 조직에 들어갔다. 이미 준비된 일이었다. 홍범도 사포계가 중심이 되어 그동안 착실히 쌓아온 계획들을 곧바로 실천에 옮겼다.

더 이상 참고 지낼 수 없나니, 그냥 참고 지내는 것은 왜놈의 악법을 묵인하는 것이라. 놈들을 죽이지 않으면 우리가 죽는다. 이제부터는 산짐승 사냥이 아니라 왜적 사냥으로 나서자. 오직 무장 튼튼히 갖추고 눈에 보이는 왜적을 모조리 처단하자. 이 길만이 우리가 사는 길! 이 길만이 우리 겨레 살리는 길!

모든 산포수들 이를 갈며 분노했다.

1907년 정미년 동짓달이었다. 홍범도 의병대는 차도선(車道善), 송상봉(宋相鳳)이 거느린 의병대와 조직을 합쳤다. 왜적을 무찌르는 일에 고양이 손도 빌려야 할 만큼 힘이 필요한 때에 모든 무장대는 서로 힘을 모으고 더욱 단합된 저력으로 왜적 사냥에 떨쳐나서야 한다. 의병대는 어느덧 100여 명으로 커졌다.

차도선은 원래 평안도 성천군의 가난한 농가에서 태어났다. 홍범도보다 다섯 살이 많았다. 걸음이 워낙 빨라 어릴 때부터 '차 천리'란 별명으로 불렸다. 금점꾼으로 여러 광산을 다니며 일하다가 직업포수가 되었다. 그는 타고난 훌륭한 포수로 지형에 밝고 성품도 어진 기질이라 인근 백성들 사이에서 신망이 높았다.

그해 봄, 진위대 부위 윤동섭(尹東燮)이 병정 27명을 이끌고 함경남도 영흥군 황천면에 나타나 의병대를 조직하자 차도선은 우선 이곳 전투에 참가하여 한동안 일본군 수비대를 공격했다. 차도선은 그 후 풍산군으로 옮겨 그 지역 산포수들과 함께 활동했다.

강도 일제의 총포류 단속법 시행으로 지역 포수 73명의 생계가 곤란하고 민심이 소란해지자 어쩔 수 없이 가죽 모자를 쓴채 북청의 안평사 언방골에서 봉기했다. 이때 친구 태양욱(太陽郁)과 송상봉(宋相鳳)이 그를 도왔다.

차도선은 처음 가는 마을에 들어설 때 맨 먼저 그곳 문장(門長) 노인에게 인사부터 올리고 이야기를 들었다. 그런 다음 마을 주위를 바쁘게 다니며 산맥과 하천, 큰길과 달구지길, 심지어는 오솔길까지도 답사했다. 가장 높은 산봉우리에 올라가 지남철(指南鐵)로 방향을 맞추고 삼각자와 붓으로 지도를 그렸다. 길눈도 비상히 밝아서 한 번 걸어간 길은 똑똑히 기억했다. 밤중에 걸어간 오솔길도 정확히 떠올려 지도에 표시했다. 이처럼 자세한 지도가 있어서 구체적 전술 짜기에 큰 도움이 되었다.

이렇게 발 빠른 '차 천리'가 홍범도 의병대를 찾아와 힘을 합쳤다. 물 만난 고기와 바람 만난 독수리의 형세가 바로 이와 같으리라. 모두들 화승총을 들고 짐승의 가죽으로 만든 모자를 쓰고 있었다. 의병대 전체 대원들의 힘과 용기는 펄펄 솟구쳤다. 오호라! 무엇이 두려우랴.

함경남도 함흥경무서 마쓰시타(松下) 경시관의 수색대가 북청 후치령 구개목 오씨의 집에서 수상한 문서를 압수했다. 홍범도 의병대의 조직과 구성이었다. 안평(安平)과 안산(安山) 지방의 포수계 안산사(安山社) 계원들. 두령으로 추대된 사람은 엄방동에 사는 늙은 산포수 임창근(林昌根). 그는 포수의 아들로 태어나 일생을 대물림 산포수로 살았다. 그때는 은퇴하여 쉬고 있었으나 젊은 포수들은 여전히 그를 따르고 존경했다. 노령에도 불구하고 기꺼이 의병두령이 되었고 전투에 참가하여 싸우다가 마침내 장렬히 전사했다. 이후 의병대의 모든 지휘는 홍범도가 돌보았다. 당시 마쓰시타가 입수한 문서의 조직은 다음과 같다.

제1분대

도독에는 임창근

부독은 차도선 홍범도

참독에 김춘진

정궁은 김문엽 김홍윤 주필영 임승조 임용기

제2분대

분대장은 김규연

김상준 김기준 유용칠 장양민

김용학 이종호 김상사 이춘덕 임승수

이들은 안평 서상리

중지경 진목동

신점리 노은수 지역 포수들이었다.

제3분대

분대장은 임용락

김석필 박지웅 이지옥 장윤택 조병민

황영팔 이종원 조병록 이일권

이들은 안평 배왕동

미전동 지역 포수들이었다.

제4분대

분대장은 나현서

김학권 김학용 김달엽 나종수 조광목

김운용 김명순 신방일 지량봉 설인택
이들은 안산 황수원
안평 노은수 지역 포수들이었다.

제5분대
분대장은 김치환
박중실 김택선 이득책 이창록 최석책
최창건 강우봉 정익영 김경신
이들은 안평 노경봉
노양촌 지역 포수들이었다.

제6분대
분대장은 임윤석
김운성 이명근 송호수 이종성 김종인
김봉익 이종순 홍사영 김경당
이들은 진목전 심포 미전동
신점리 노은수 지역 포수들이었다.

제7분대
분대장은 고응렬
송석규 김준학 이봉재 임종수 임교수
송홍익 이성만 김홍원 신전태
이들은 노은수 감토동
황수원 감토동

서상리 미전동 지역 포수들이었다.

이때 홍범도 대장은 아들 양순이를 의병대에 데려올 생각을 했다. 가뜩이나 대원이 모자라는데 이제 녀석도 열일곱 살이니 제 몫은 충분히 해내리라 여겼다. 대장의 명령으로 부하 대원 하나가 몰래 찾아갔다. 그 뜻을 전하자 이런 일을 미리 예상하고 있었다는 듯 단양 이씨는 입술을 깨물며 눈물만 흘렸다. 사실 그녀는 자기도 산중으로 들어가 의병대에서 어떤 역할을 하고 싶어서 몇 차례 양순 아비에게 속마음을 털어놓았다. 하지만 홍 대장은 그때마다 단호히 고개를 저었다.

"모두들 제 가족을 떠나 고달프게 살아가는 의병대가 아닌가. 어찌 나 혼자 가족들을 데려와 편히 사는 모습 보이리오."

그로부터 단양 이씨는 두 번 다시 이런 말을 꺼내지 않았다. 양순이는 공연히 신이 나서 미투리 끈을 단단히 조여 매고, 품속에 통소를 단단히 집어넣고, 먼저 길 떠날 행장부터 꾸린다. 사실 양순이는 진작부터 아버지의 의병대에 보내달라고 여러 차례 졸랐다.

"어머니, 제가 산으로 가도 자주 내려와서 보살펴드릴 테니 너무 염려 마세요."

양순이는 어머니의 서운한 속도 모르고 저 혼자 신바람이 나서 산으로 올라갔다. 용환이도 제 형을 따라가겠다고 막무가내로 울었다. 어미가 그 울음을 달래느라 애를 먹었다. 산모롱이 구비 돌아 아련한 아들의 모습이 보이지 않을 때까지 단양 이씨는 무명수건을 흔들다가 기어이 눈물을 쏟고 말았다. 집 앞

고목나무 우듬지 끝에서 방울새가 울었다. 용환이가 어미의 어깨를 끌어안고 또 훌쩍거리기 시작했다. 양순이를 떠나보내고 나니 집에는 오직 두 식구만 달랑 남아서 마치 빈집처럼 쓸쓸했다. 퉁소 소리도 들리지 않고, 섬돌 밑에서 우는 귀뚜라미 소리만 더욱 크고 처량하게 들렸다.

4. 통첩(通牒)

이 무렵 홍범도 의병대는 의병 봉기의 목적과 이유를 주민들에게 분명히 밝힐 필요가 있었다. 그것은 동시에 일진회 앞잡이들과 일본군에 대한 선전포고이기도 했다. 포고문에서는 일진회 회원 놈들의 악행을 모두 7조로 나누어 낱낱이 폭로하고 규탄했다.

의병대 제1호 통첩

우리가 오늘 통첩을 하는 것은 다른 것이 아니다.

같은 동포 중에 일진회원이라 일컫는 자는

동학이 일어났을 때 오로지 보국안민 외치고 떠들더니

러시아 군대 들어올 때 앞장서서 길라잡이 하여주었다.

이제 일본 군대가 출동하니 그들 세력을 믿고 진보원이라 일컬었다.

단발령이 내린 뒤로는 아예 일진회원이라 일컬으며

이후로 지은 죄가 헤아릴 수 없도다.

민가의 혼인잔치에서 몇 백 냥씩 뜯어낸 죄,

농가 소 매매할 때 끼어들어 몇 십 냥씩 뜯어낸 죄,

병자 굿하는 집에 가서 몇 십 냥씩 뜯어낸 죄,

죄 없이 갇힌 백성들 탄원하는 자리에 가서
관가에서 뒷돈 받고 강제 해산시킨 죄,
정절 과부 강간하고 욕보인 죄,
남령 정풍헌 집에서 강제로 재물 빼앗은 죄,
여러 곳의 길목 지키고 행인의 소지품 약탈한 것도
모두 이들 일진회 무리의 짓!
우리 산포수들은 이를 참으로 통탄해 마지않는다.
그리하여 뜻을 같이하는 동지들 모여서
악질적인 일진회원 놈들을 처단하려 하니
일본군 대대장은 우리의 뜻을 추호도 의심하지 말지어다.

정미년 10월
의병대장 홍범도

의병대 제2호 고시

이번에 여러 포수들이 모여서 거사하는 것은
우리나라 백성들 인심이 너무도 뒤숭숭한 가운데서
 유독 일진회 회원 무리만이 세상에 소란을 일으키고 있기 때
문이다.
그 때문에 우리가 이같이 거사하는 것이니
우리 일에 대하여 일본 군인들은 조금도 놀라지 말지어다.

정미년 10월
의병대장 홍범도

이 무렵 전국 도처에서는 죽은 일진회 회원들 숫자가 기하급수로 늘어났다. 칼을 품은 청년들이 그놈들 뒤를 밟다가 돌연히 앞에 나타나서 크게 꾸짖었다.

"나라 망하게 한 흉적들은 모두 너희 놈들이다."

이 소리 끝나기 무섭게 일진회 회원 놈의 목은 땅에 떨어졌다. 무뢰배 놈들은 바깥출입 나갈 때에 반드시 그들끼리 패거리를 지어 다니곤 했다.

12월 16일, 칼날 같은 바람이 휘몰아왔다. 땅거미가 짙어올 무렵, 홍범도 의병대는 작수동으로 접어들어 면장 주도익(朱道翼)의 집으로 들이닥쳤다. 이제 갓 스물 지난 앳된 면장 놈은 악당 중의 악당으로 지역에서 원성이 높았다. 일진회 세력을 앞세워 전임 면장을 강제로 내쫓고 그 자리를 힘으로 차지했다. 마을의 모든 일을 오직 일본 헌병대에 찾아가 물어서 처리하고 해결했다. 나이도 어린 놈이 흉악의 극을 달렸다. 대원 하나가 주도익 놈을 잡아서 묶어 왔다. 진목동 쪽으로 끌고 가다가 밭 한가운데서 홍범도는 갑자기 걸음을 멈추었다. 놈에게 물었다.

"네 아비는 대체 어느 나라 사람이냐. 너는 틀림없이 왜놈의 자식이로구나."

들판에서 홍범도의 추상같은 목소리가 우렁우렁 들려왔다. 악질 주도익의 죄명이 낱낱이 열거되었다.

"포수의 총기 부당하게 몰수한 죄, 단발령 가혹하게 강요한 죄, 왜놈의 앞잡이 되어 백성의 재산 교활하게 약탈하고 그들을 억압한 죄, 이런 악행을 저지른 흉악한 매국노에게 사형을 선고하노라."

홍 대장의 눈에서 불꽃이 펄펄 떨어졌다. 한순간 놈의 이맛살이 일그러지고 우거지상이 되었다.

"제발 살려만 주시오. 내 모든 걸 하라는 대로 하리다."

잠시 후에 단 한 발의 총성이 울렸다. 여러 발도 필요 없었다.

낮이면 골목길에서 이런 노래 들려왔다.

　　성난 갈치장사
　　긴 칼을 번쩍번쩍
　　죄 없는 백성
　　사정없이 족치더니
　　하룻밤 사이에
　　모가지가 뎅겅
　　백두산 호랑이가 물어갔구나.

12월 19일엔 안산면 병풍동에서 면장이자 일진회 회원인 이쾌년(李快年)과 그의 자식 이봉국(李奉國)을 처형했다. 죄명은 위와 같았다.

그다음 날에는 안산면의 일진회원 최석우, 이종호, 김창식, 김창로, 이병진 등 다섯 놈을 처단했다. 영저리의 이종휼과 최신평, 병풍동의 고피득, 이죽파 등 네 놈도 처단했다.

예로부터 '창귀'(倀鬼)라는 말이 있다. 주린 범의 앞에서 먹이를 찾아준다는 흉악한 귀신을 가리키는 말인데 강도 일제의 앞잡이와 밀정으로 활동하는 것들을 이렇게 불렀다. '응견'(鷹

犬)이란 말도 같은 뜻으로 쓰였다. 사냥에 쓰이는 길들인 매와 개를 말한다. 이가 최가 두 창귀 놈들은 홍범도 의병대가 일진회 회원을 보는 족족 모조리 없앤다는 말을 듣고 잔뜩 겁을 먹은 채 김씨네 집으로 모였다가 그날 저녁 일곱 시 한 무리의 산포수 의병대가 총 들고 우르르 몰려와서 그들을 끌고 갔다.

달이 구름에 가린 밤이었다. 병풍동 어구 황수원(黃水元)으로 통하는 언덕길에서 총성이 울렸다. 악질 매국노의 덧없는 최후였다. 같은 동포로 살면서도 동포 아닌 자 있나니 그들은 지은 죄에 대해 마땅한 벌을 받은 것이다. 며칠 뒤에 왜놈 경부 노우에(野上) 놈이 나와서 현장을 조사하고 갔다.

아이들 노랫소리가 골목에서 들려왔다.

개눈 개눈
파출소의 개눈
백두산 수리개가
간밤에 다 쪼아먹었네
아이공 데이공
이이공 데이공.

일본군 보병소좌 미즈키(水木)와 이누후시(犬吠) 헌병대장이 인솔하는 군대가 포수들이 많이 살고 있는 족포동(足浦洞) 마을에 우르르 들이닥쳤다. 한 놈은 키가 커서 우뚝해 보이고, 다른 놈은 왜소한 키에 눈알이 마치 팽이처럼 뱅글뱅글 도는데 누런 군복 입고 다리엔 각반을 둘러쳤다. 삼엄하게 무장을 갖춘 놈들은 유기운(柳基運) 등 포수 넷을 불러냈다. 자기들은 조선 백성을 구하기 위해 왔다고 거짓말로 둘러댔다. 그러면서 유기운을 도통령으로 지명한 다음 전체 포수를 소집했다. 헌병 대장 이누후시가 거만하게 뇌까렸다.

"당신네 포수들은 비록 사냥을 업으로 한다지만 현재 소유한 총기가 관청에서 허가받은 물건이 아니므로 앞으로는 수렵할 수 없다. 그러니 생계를 유지하고 싶은 사람은 지금 즉시 가진 총을 헌병대에 바치도록 하라. 파발교 입구의 헌병대 병참기지 로 찾아오면 그 총을 등록한 다음 내어줄 수 있다."

순진한 포수들은 놈들의 간계에 넘어가 가진 총을 모두 넘겨 주고 말았다. 하지만 안평과 안산 두 지역의 포수들만은 그 잔 꾀에 속아들지 않았다. 왜적들은 또 거짓말을 했다. 총기의 인 장(印章)은 북청군 본서에 두었으니 이제 면 서기가 직접 나와 서 당신들 도장을 찍은 뒤 총기를 바로 내줄 것이라고 얼버무 렸다. 이 소식을 듣고 홍범도 대장은 격분했다.

5. 후치령

저녁 무렵에 함박눈이 펄펄 내렸다. 온 산은 백설로 뒤덮여 갔다. 홍 대장은 굳은 얼굴로 김춘진(金春鎭) 등 간부들과 긴급히 의논했다. 그것은 무기탈환 작전에 대한 논의다. 일단 빼앗긴 무기는 서둘러 되찾고 왜적이 두 번 다시 포수들의 총을 건드리지 못하게 하자는 의견이 빗발쳤다.

곧 급보가 왔다. 뻔뻔스레 파발리 포수들을 속인 일본군은 말의 잔등에 무기를 싣고 북청의 부대로 옮겨간다고 했다. 그 행렬이 오늘 저물기 전에 후치령(厚峙嶺)을 넘을 것이라는 첩보가 왔다. 노은리 길목에 은신해 있던 포수들은 모두 후치령으로 이동시키고 홍 대장도 모든 대원을 이끌고 후치령을 향해 즉시 달려갔다. 고갯마루의 이깔나무, 황철나무 숲은 우듬지에 많은 눈을 얹고 묵묵히 서 있었다. 얼마나 많은 백성들이 시름에 잠겨 이 고개를 넘었던고.

후치령에서 「아리랑」 가락이 들리면 얄미운 산비둘기 놈이 여기에 화답하듯 울었다.

산천초목은 의구한데
이 땅의 주인은 어디 갔나

아리랑 아리랑 아리리오
아리랑 고개로 찾아가세.

여보소 여보소 말 좀 듣소
우리네 부모님 계신 곳을
아리랑 아리랑 아리리오
아리랑 고개로 찾아가세.

우리 님조차 벙어리인지
눈물만 지우고 말이 없네
아리랑 아리랑 아리리오
아리랑 고개로 찾아가세.

우리네 집은 어데 가고
왜병정 나팔소리만 들려오네
아리랑 아리랑 아리리오
아리랑 고개로 찾아가세.

기차야 띄차야 물어보자
우리나 동무들 어데 가든
아리랑 아리랑 아리리오
아리랑 고개로 찾아가세.

풍년 들어도 먹을 게 없어

북국의 벌판을 찾아간다
아리랑 아리랑 아리리오
아리랑 고개로 찾아가세.

더딘 걸음으로 북간도 벌판을 향해 터벅터벅 올라가던 그 눈물의 보따리를 너는 얼마나 애타게 지켜보았던고. 아, 후치령. 후치령은 눈물 고개. 우리 님이 서럽게 울고 넘던 아리랑 고개.

오후 4시경이었다. 일본군은 압수한 화승총을 말 세 필에 나누어 싣고 눈길을 헤치며 북청으로 떠났다. 한참 전진해가고 있는데 연락병이 급히 달려왔다. 군마를 타고 있는 장교가 큰 소리로 물었다.

"무슨 일이냐."

연락병은 경례를 절도 있게 붙이고 말했다.

"병사 두 명과 순사 한 명, 조센징 통역 겸 첩자 한 명만 대동하고 나머지 인원은 즉시 황수원으로 되돌아오라는 긴급명령입니다."

장교는 불안했지만 그 명령을 거부할 도리가 없었다. 이렇게 해서 총기를 호송하는 인원은 크게 줄었다. 이날 저녁, 일본군은 후치령에서 복병을 만났다. 후치령에서 신점리(新店里)로 내려가는 언덕길 중간 산중턱에서 20리가량 되는 지역이었다. 매복한 의병대는 적들을 정확하게 조준하여 명중시켰다. 말 탄 장교는 총을 맞아 떼떼구르르 굴렀고, 몇 놈이 현장에서 즉사하여 눈구덩이에 그대로 처박혔다. 어떤 놈은 비명을 지르며 곰처럼 굴렀다. 하얀 눈밭은 삽시에 왜적의 흉한 피로 물들었다. 비명소리가 산중에 가득 차고 죽어 나자빠진 적들의 시체가 즐비했다. 순사 한 놈은 어쩔 줄 모르고 당황하다가 일본군 도로 목을 찔러 자결했다.

그날의 주인공은 누구였던가. 바로 홍범도 의병대였다. 포수들이 압수당한 화승총 73자루를 모두 도로 되찾았다. 조선인 마부 3명은 강제로 끌려온 사람이어서 바로 풀어주었다. 하지만 통역관은 친일파로 소문난 놈이라 결박하고 일단 고갯길 숯가마 속에 가두었다. 함박눈은 줄곧 펄펄 내렸다. 산 위의 모든 어지러운 발자국은 눈에 덮였고 적들의 주검에서 흘러내린 붉은 피도 쌓인 눈 속에 덮여서 보이지 않았다.

모두가 날랜 산포수들로 구성된 홍범도 의병대가 첫 전투를 성공적으로 마친 흐뭇한 날이었다. 이제부터는 오직 싸우는 길밖에 없다. 우리와 한 하늘 밑에 함께 살아갈 수 없는 저 철천지원수 놈들. 산포수의 삶의 터전은 반드시 우리 손으로 지켜야 한다. 저 놈들을 이 땅에서 몰아내지 않으면 집도 처자도 겨레도 끝장일 뿐이다. 최후의 순간까지 단 한 놈의 침략자도 남김없이 우리 손으로 죽이리라. 끝까지 끝까지 싸우리라.

다음 날 후치령에서 일본군 우편마차 행렬과 만났다. 호위병 2명과 혜산진 목림창(木林廠) 소속 일본인 1명이었다. 역시 날랜 유격전으로 모두 섬멸하고 무기까지 노획했다. 급보를 들은 일본군 북청수비대는 연이어 당한 기습공격에 너무도 놀라서 벌린 입을 다물지 못했다.

보병 대위 미야베(宮部)가 2개 소대 병력 57명을 이끌고 현장에 급히 출동했다. 이는 북청 쪽에서 후치령의 홍범도 부대

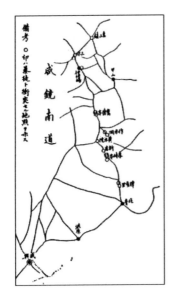

후치령 전투 약도(『조선폭도토벌지』 수록). 후치령은 함남 북청과 풍산을 잇는 높이 1,533미터의 고개다. 홍범도 의병대는 이곳을 통과하는 일본군 수송대를 궤멸시켰다.

를 공격하려는 의도가 분명했다. 보병 대위 아오토(靑砥)와 우에노(上野) 경부가 거느린 부대는 신풍리 쪽에서 공격해왔다. 양쪽을 조여오는 협공이었다.

홍범도는 도독, 부도독, 참군, 정궁 등과 긴급 의논을 한 뒤 후치령 깊은 산중에 100명가량의 의병대를 매복시켰다. 후치령은 북청에서 삼수와 갑산, 혜산으로 가는 교통의 요충지였다. 산길이 워낙 험해서 장사꾼들은 말등에 짐을 싣고 무리를 지어 겨우 통과했다. 가끔 늑대를 만난 적도 있었다.

후치령 고개 위에는 길손이 들러서 가는 허름한 주막집이 하나 있었다. 의병들은 주막거리에 진을 치고 흰 눈과 나뭇가지로 위장했다. 한 대원은 사립문 부근의 울타리에서 솔가지 하나를 꺾어 홍 대장 어깨 위의 눈을 조심스레 털어드렸다. 이 바쁜 중에도 청년대원의 살뜰한 마음이 착하고 갸륵하다. 사랑과 믿음과 존경심으로 가득한 대원의 행동을 홍 대장은 알고 있다. 주막집 담벼락엔 구멍을 뚫어 사격 창을 만들었다. 돌각 담이나 밭최뚝,* 웅덩이 할 것 없이 숨어서 사격할 만한 곳에는 모두 정예대원들을 매복시켜 놓았다. 각 포진에는 여러 개의 사격 조로 구성된 전투대열을 배치했다.

"비록 전차는 없으나 지름길과 샛길을 잘 알아서 적군을 불의에 습격하라. 번갈아 출동하고 번갈아 휴식하라. 적군의 공격이 아무리 맹렬하고 다수가 습격해온다 할지라도 결코 두려워 말고 진을 굳게 지키며 기민하게 응사하라. 강한 적은 일단 피하고 적들이 피로한 다음에 공격한다. 그래야만 사방의 적을 끝까지 물리칠 수 있느니라."

이는 모두 『육도삼략』의 병법으로 오래된 고전 속에 이미 들어 있는 비밀전술이다.

마침내 연락병이 헐레벌떡 달려와 일본군 선발대가 올라온다고 급보를 알렸다. 홍 대장은 만반의 준비를 갖추고 긴장된 자세로 대기할 것을 지시했다. 이윽고 정오가 지나자 미야베 대위가 이끄는 적들의 선발대가 후치령 고개에 조심스럽게 나타났다. 모두들 숨을 죽이고 놈들이 사정거리 안에 들기를 기다려 홍 대장이 먼저 신호탄을 쏘았다.

깊은 산중에 돌연히 콩 볶는 듯한 총소리가 요란하다.

---

* 밭과 밭 사이의 경계를 이루는 둑.

236

무려 세 시간 동안의 격렬하고 뜨거운 전투였다. 적들의 흔적은 이제 그 어디에도 보이지 않는다. 부대를 세 갈래로 나누어 잘 배치하고 비호같이 공격한 뒤 부는 바람의 형세로 슬쩍 빠지는 집중과 분산과 날랜 이동. 그것은 오로지 홍범도 대장만이 지니고 있는 무섭고 날랜 유격전법이었다. 적들이 앞에서 공격하면 어느 틈에 놈들의 뒤쪽으로 돌아가서 반격했다. 적들은 이리저리 끌려다니다가 드디어 기진맥진한 기색을 보였다. 이때 또 한 무리의 의병대가 불시에 측면을 집중 공격해서 놈들을 혼비백산시켰다. 그 옛날 『육도삼략』의 전술전법은 홍 대장의 계책 속에서 더욱 새롭게 응용된 현대전술로 꽃피어난다. 옛것을 오늘에 되살려 이용한다는 법고창신(法古創新)의 실천이란 과연 이를 두고 이르는 말이 아닌가. 천하무적이라 떠벌리던 일본군은 다수의 시체만 남긴 채 서서히 물러났다.

하지만 잠시 후 놈들은 다시 전열을 가다듬어 뱀처럼 기어올라 왔다. 한 갈래는 후치령 큰길, 또 한 갈래는 옹수재 밑쪽이다. 일본군의 두 번째 공격도 실패였다. 의병대의 사격술에 잔뜩 겁을 먹고 있는 데다 그 어떤 공격에도 전혀 위축이 없는 의병대의 사기가 적들을 완전히 제압했다.

드디어 오후 3시경 의병대의 최후 승리로 전투는 모두 끝이 났다. 40여 명의 일본군 중에 한인 보조원도 사살했다. 이날 전투는 후치령 싸움에서 가장 크고 격렬한 전투였다.

그러나 이 교전에서 의병대 창립 동지였던 김춘진, 황봉준, 이문협, 조각록, 임승조, 임사존 등 여러 대원이 전사했다. 아까운 일등 포수들을 잃었다. 홍범도 대장은 침통했다. 비장한 얼굴로 땅을 파고 장례를 지냈다. 산골짝에 때 아닌 슬픔의 의례가 있었다. 땅이 얼어서 구덩이를 파기가 너무도 힘들었다. 괭이로 비지땀을 흘리며 구덩이를 파고 거기에 전사자를 묻었다. 전체 대원은 그 앞에 서서 모자를 벗고 정든 동지들과 눈물로 작별을 한다.

"그대들 앞서 갔으나 우리도 곧 뒤를 따르리라. 먼저 가신 곳에서 편히 쉬시오."

적탄에 맞아 육신은 부서졌지만 캄캄한 고국하늘의 별이 되어 어둠을 비추는 벗들.

일본군은 놈들의 공식 보고서에서 이날의 참패를 모두 감추었다. 상부에 면목이 없으니 오히려 의병대가 큰 피해를 입은 것처럼 거짓 보고서를 작성했다. 그토록 감추고 싶었던 것일 게다.

이날 전투에서 수십 채의 민가가 불탔다. 후치령 고갯마루의 주막집과 신점리 농가도 아주 폐허가 되고 쑥대밭으로 바뀌었다. 의병대가 적들에게 사격하는 포진이었기 때문에 먼저 불이 붙고 말았다. 다른 민가들은 적들이 달아나면서 혹은 주민들이 피난하면서 불을 놓은 것이다. 안평과 안산 지방의 피해가 몹시 컸다. 하지만 동포들이여! 제국주의 침략자를 물리치는 그 막중한 과업에서 생긴 일이니 아무쪼록 널리 이해하시라.

후치령에서 일본군을 섬멸했다는 감격의 승전 소식이 함경도 일대로 들불처럼 번져갔다. 북청군 전역은 물론 인근 각지에서 열혈 청년들이 날마다 의병대로 몰려왔다. 후치령 전투는 본격적 항일무장 투쟁으로 넘어가는 매우 중요한 전환점이 되었다.

6. 도전

그러나 첫 전투다 보니 산간마을에서 지원한 농민들은 갑작스런 총성에 놀라 질겁했다. 그들은 한순간 총을 버리고 달아났다. 홍범도 대장에게 호된 꾸중을 들었다.

"전투에서 총을 버리고 달아나는 놈은 내가 먼저 죽이리라! 조국을 위해 목숨 바칠 각오가 없는 인간은 지금이라도 산을 내려가라!"

모두들 고개를 푹 숙이고 말이 없다. 죄책감으로 눈물을 줄줄 흘리며 울었다.

전투가 모두 끝난 뒤 의병대는 엄방동으로 이동해갔다. 홍대장과 아들 양순은 무슨 속뜻이 있었던지 행렬 뒤에 남아서 수풀 속으로 슬며시 숨었다. 이윽고 밤이 깊었다. 캄캄한 숲속에서 부자의 대화가 도란도란 들려온다.

"양순아! 우리가 지금 엄방동으로 간들 탄환이 모두 바닥나 버렸으니 저 왜적들과 어찌 싸우겠니. 우리가 저 왜적들 무리 주검 속으로 몰래 기어들어가 그놈들의 탄약을 모두 거두어 챙겨오는 것이 어떻겠니."

"좋습니다, 아버지. 저는 아버님께서 하시는 일이라면 무엇이든 따르겠습니다."

"자칫하면 일본군 수색대에 발각될 수 있는 일이라 이 일은 큰 모험이야. 잘 빠져나갈 수만 있다면 다행이지만 만일 실패한다면 우리 부자 목숨은 끝장이란다."

양순이는 후치령 전투를 겪으며 어느덧 용감하고 당당한 의병이 되었다. 의병대 청년중대의 중대장으로서 양순의 인기는 드높았다. 아버지로부터 틈틈이 『육도삼략』에 쓰인 전술을 하나씩 하나씩 자상한 설명으로 들었다. 모든 대원을 내 몸같이 살뜰히 보살피고 그들의 마음을 쓰다듬어주느라고 자주 퉁소를 불어서 '퉁소대장'이란 별명이 붙었다. 홍 대장은 이런 양순이가 곁에 있는 것이 몹시 믿음직하고 든든했다.

이윽고 밤 깊어지길 기다려 두 사람은 낮은 포복으로 주검 무리 속에 기어들어갔다. 모든 시체의 소지품을 뒤져서 아직도 남아 있는 탄환을 남김없이 거두어들였다. 얼마나 무거운 등짐이냐. 두 부자가 탄약 짐을 어깨에 나누어지고 어둠을 틈타 떠나려 하는데 왜놈 수색대가 이들을 발견하고 일시에 사격해왔다. 총탄이 마치 굵은 소낙비 쏟아지는 것 같았다.

적들은 이쪽을 많은 숫자로 여기었다. 양순 부자는 워낙 익숙한 산길이라 샛길로 지름길로 이리저리 지그재그로 달리고 또 달렸다. 눈 감고도 가라면 갈 수 있는 길이었다. 좀더 안전한 서쪽 골짜기로 들어섰지만 잠시 쉴 틈도 없이 또다시 40리 밤길을 내처 달렸다. 맨몸으로도 어려운데 그 무거운 탄환 짐까지 등에다 짊어졌으니 얼마나 힘이 들었을 것인가. 이윽고 후영동(厚永洞) 골짜기 토기 막 옹기가마에 기어들어가 두 부자는 서로 몸 붙이고 잠이 들었다. 아무리 급한 중에도 목숨보다 중한 수천 발 탄환 짐은 제 분신처럼 옆에 두고 조심해서 보살폈다.

다음 날 새벽에 길을 떠나 엄방골 언저리로 당도하고 보니 의병대원들 70명이 한자리에 모여 땅이 꺼질 듯한 한숨으로 탄식들을 하고 있다.

"이제는 탄환도 바닥이 나버렸으니 저 왜적들과 어찌 싸울 것인가."

노획한 일본 총 몇 자루를 손바닥으로 쓰다듬기만 한다.

"애써 얻은 신식 총도 탄환이 없어 쓸모없는 폐품이 되었으니 이제는 화승대 다시 모아서 예전 구식 총으로 싸울 도리뿐이로구나."

이렇게 탄식하는데 그 순간 홍 대장 부자가 숲속에서 문득 나타나 등에 지고 온 탄환 등짐을 내려놓는다. 온몸은 땀범벅이다. 의병들 모두 깜짝 놀라며 깊은 감동으로 줄곧 벌어진 입을 다물지 못했다.

아, 얼마나 용감한 일인가. 전투의 필수품인 탄환이 떨어져 모두가 근심에 잠겨 있을 때 그 탄환을 등에 지고 나타난 홍 대장 부자는 과연 사람인가, 귀신인가. 전체 의병대원들은 새로 신명이 났다. 몸은 지치고 늘어졌어도 우리는 다시 싸울 수 있다.

"다시 힘내어 일어나 저 원수 왜적들을 단숨에 쳐부수자!"

의병들의 높은 사기는 하늘에 닿았다.

범도 부자는 지고 간 탄환을 헤아려서 의병 한 사람당 186개씩 골고루 나눠주었다. 그제야 허기가 심하게 느껴졌다. 워낙 서둘러 달아나면서 뛰다 보니 군량자루도 어딘가에 빠뜨리고 왔다. 제각기 지닌 미숫가루를 모두 털어서 모았으나 턱없이 모자랐다.

이때 의병대에 들기 전 약초꾼으로 산을 누볐다는 박점돌(朴点乭)이 말없이 숲으로 들어갔다. 잠시 후에 무슨 알뿌리를 수북하게 캐왔다. 둥굴레라는 약초였다. 부싯돌로 불 피워서 그 구근을 삶아 먹으니 맛도 구수하고 좋았다. 먹기 좋은 감자 같았다. 원래 둥굴레는 약초지만 흉년에는 굶주림을 견디어가는 일에 큰 도움이 되는 구황식물(救荒植物)로도 캐다가 먹었다. 우리나라 산속에 이렇듯 귀한 풀들이 자라고 있으니 그 얼마나 다행인가. 고비, 고사리, 다래순, 미역취나물, 각종 산나물을 뜯어서 말려두고 잣송이는 불에 구워 하얀 알만을 뽑아 이를 다시 가루 낸 뒤 마른 산채와 섞어서 죽을 끓였다.

하지만 이런 잣송이도 점점 줍기가 어려웠다. 이따금 잣송이 따려고 높은 나무에 올랐다가 심한 허기로 눈앞이 아찔해서 추락한 대원도 있었다. 그들은 나무에서 떨어지면서도 잣송이만큼은 품에 꼭 껴안고 놓치지 않았다. 눈물겨운 생존의 나날이었다. 산길을 행군하다가 새까맣게 익어서 주렁주렁 드리운 산머루 밭을 만나게 되면 그것이 곧 축복이요 감격이었다. 입을 크게 벌려 나무에 달린 그대로 머루송이를 먹었다. 보잘것없는 풀뿌리와 거친 나무껍질로 근근득식(僅僅得食)하면서도 낙관적 태도를 조금도 흩트리지 않는 저 의병대원들. 얼마나 장하고 거룩하고 눈물마저 핑 도는 것인가.

그날 밤이 지나고 다음 날 배승개덕으로 출동했다. 일본 경찰이 갑산 혜산포로 탄환 짐 옮기는 것을 기습 공격해서 40바리나 노획했다. 왜적은 30명을 처단했다. 워낙 값어치 없는 죽음을 일러서 '갑산 개값'이라 하는데 저 왜적들은 이곳 갑산까지 와서 지역의 이 말뜻을 대관절 아는가, 모르는가.

후치령 전투 이후 사흘 동안 네 차례의 전투가 있었다. 홍범도 의병대는 이후 곧바로 갑산 상남으로 들어가 몸을 감추었다. 며칠 후 상남사(上南社) 서리동의 일진회 회원 8명이 홍범도 의병대의 위치와 이동을 일본군에게 밀고했다. 곧 그놈들을 추적해서 비호같이 처단하고 이리산 쪽으로 진지를 옮겨갔다. 그야말로 신출귀몰한 게릴라 전법이었다.

홍범도는 의병대를 나누어 여러 지역에 흩어져 싸우도록 했다. 그래야 일본군을 더욱 혼란에 빠뜨릴 수 있었다. 이에 따라 차도선은 갑산으로 떠나갔다. 그곳 하남사(河南社)에서 100여 명의 포수로 의병대를 새로 조직하고, 무장투쟁을 전개하여 홍범도 부대와 전투 보조를 함께 맞추었다. 홍 대장은 의병대를 거느리고 통천 가두 운암리(雲岩里)에 도착했다.

수차례의 패전에 당황한 일본군은 거의 광적인 패닉 상태가 되어 민가를 닥치는 대로 불태우고 북청과 혜산진 사이의 중요 지점에 경비를 세워 철통같이 수비를 강화시켰다. 북청 군내의 여러 관청들은 섣달 초이레까지 의병대의 습격에 대비하여 자위단 조직을 서둘렀다. 지역주민들에 대한 강압적 무단통제는 더욱 강화되어갔다.

말이 났으니 말이지, 이 자위단(自衛團)이란 것이 원래 악독한 일본식 무장법이 아니던가. 이날로부터 한참 뒤의 일이지만 일본 도쿄에서 대지진이 일어났을 때 이른바 극우파 놈들이 죽창과 일본도를 들고 조직한 것이 바로 이것과 비슷한 자경단(自警團)이 아니던가. 광견처럼 몰려서 다니는 그놈들 등쌀에 얼마나 많은 동포가 무참히 도륙을 당했던가.

7. 조직의 힘

의병대는 11월 하순에서 12월 초순에 이르기까지 여러 간부들이 전사했다. 반면에 새로 입대한 대원도 늘어났다. 의병대의 조직과 규율을 점차 강화하고 전투력 향상의 필요를 절실하게 느꼈다.

홍 대장은 군중규율(軍中規律)에 특히 엄격했다. 항상 대원들에게 "백성의 바늘 하나, 실 한 오리도 다치는 일 없도록 하라"고 일렀다. 인민들이 보내온 원조물자는 절대로 그냥 받지 말고, 한 푼도 착오 없이 제값을 지불하도록 했다. 혹시라도 돈을 빌리는 일이 있을 때는 임시차용증을 써주었다가 반드시 갚도록 했다. 만약 의병대가 민가에서 숙영하게 되면 대원들 모두가 앞장서서 마당을 쓸거나 물을 긷는 등 애민 활동에 솔선하도록 가르쳤다.

홍 대장 자신도 밤이면 대원들 사이에 끼어서 흙바닥에 가랑잎을 깔고 잤다. 늘 솔직한 성품으로 부하들을 자식이나 친형제처럼 대했다. 이 때문에 지역의 주민들은 홍범도 의병대를 마음속으로 깊이 반기고 어디서나 환영했다.

부하들도 홍 대장에 대한 진심으로 우러나는 존경심을 가졌고 날이 갈수록 단결력은 높아져갔다. 홍범도 대장이 지휘하

의병장 시절 홍범도 장군의
야성적 풍모.

는 의병대의 전사들과 그 눈부신 활약상이 삼천리 방방곡곡 강
토의 전역에 메아리쳤다. 이 소문을 듣고 나라의 구석구석에서
홍범도 의병대를 찾아오는 지원자들이 하나둘씩 늘어났다. 응
구 괘탁리(掛鐸里)에서 원성택(元成澤)을 중대장으로 새로 임
명하고 '응구사'(膺求社)란 이름으로 용맹한 포수를 모집하니
그날 모여든 의병이 구름 떼 같았다.

12월도 저물어가는 하순 무렵, 창립 한 달 남짓하여 의병대
전체 대원은 무려 1,000명으로 늘어났다. 의병대는 다시 새로
운 조직에 착수하여 네 개 부대로 늘어났다. 홍범도 부대는 삼
수갑산 지역을 관할하고, 송상봉(宋相鳳) 부대는 장진 지역을
관할했다. 전주익(全柱翼) 부대는 단천 지역을 관할하고, 홍사

영(洪思永) 부대는 홍원 지역을 관할했다. 조직이 점점 커지자 군자금과 식량 수요는 더욱 커졌지만 조달이 그리 수월치 않았다. 또한 의병대의 이동이 자칫하면 적의 정탐에 노출되기가 쉬웠다.

홍 대장은 곰곰이 생각했다. 산악을 달리는 의병대는 무엇보다도 살모사같이 날랜 이동과 물줄기처럼 서로 당기는 힘이 섬광처럼 나타났다가 그림자처럼 곧 사라져야만 한다. 그 기민성이 유격대의 가장 큰 생명이다. 이에 따라 의병대 조직을 3차로 정비하고 더욱 확충해서 다듬는 일에 골몰했다.

의병대의 편제는 구 한국군 제도에 따라 지휘명령 계통을 일사불란하게 정비했다. 의병장과 부의병장, 그리고 그 휘하에 2~3개 소대로 짜인 중대가 있고 지휘관을 참위(參尉)라 했다. 한 소대는 두 개 분대로, 지휘관은 오십장(五十長)이라 불렀다. 분대병력은 보통 25명 조직이었고, 지휘관의 명칭은 하사였다.

홍범도는 전체 의병대를 통솔하는 최고 의병장으로 추대되어 모든 지휘를 총괄하게 되었다. 선비 출신으로 지식이 많고 글도 잘 쓰는 유기운(柳基運)이 대장의 부관을 맡았다. 홍 대장이 구성지게 구술하면 유기운이 즉각 받아쓰고 문장을 다듬었다. 격문, 통문, 통첩, 고시 등 문서에 관한 일체의 사무는 오직 유기운의 몫이었다. 도총관(都總管), 부총관(副總管)은 부대의 높고 막중한 책임을 맡았고 육관군중기찰(六關軍中紀察)은 의병모집과 무기 및 탄약조달을 도맡았다.

의병대의 무장을 살펴보자. 첫 봉기에는 화승총과 쇠창, 칼을 갖추었으나 전투에서 노획한 적들의 단발총과 30년식 총,

10연발 총으로 차츰 무장을 바꾸어갔다. 명사수에 손꼽히는 의병은 꺾음대가 있는 총인 패창, 8연발 후문총(後門銃)*을 들었다. 하지만 아직도 상당수 의병은 낡은 구식 화승총을 썼다. 홍범도 의병장의 무기는 과거 일본군에게서 빼앗은 베르당 소총과 날렵한 군도(軍刀) 한 자루였다.

의병대 내부의 조직과 규율을 맡아서 위반 사실 유무를 상시 점검하는 업무는 도감사(都監司)의 몫이었다. 악질 친일파, 민족 반역자의 체포 및 그 죄상을 낱낱이 조사하여 수시로 보고하는 일은 군중기찰(軍中機察)의 일이었다. 병참부는 각 의병대의 활동지역과 곳곳의 민가에 설치한 비밀조직이요, 항일구호와 표어 벽보를 붙이는 일도 이들의 임무였다.

참모는 모사(謀士)로서 식견이 있고 판단이 민첩하며 작전경험이 풍부한 의병 중에서 뽑았다. 유사(游士)는 책임감이 강하고 누구보다도 용맹하며 동작이 민첩한 의병이 제몫이었다. 그들은 참빗장사, 물감장사, 담배장사로 위장하고 일본군 수비대가 주둔하고 있는 여러 마을을 두루 다니며 적정을 탐지했다. 의병대의 진공노선과 퇴각노선을 미리 선정하고 부대의 휴식장소와 숙영지점까지도 앞서서 마련하여 알려주었다.

의병대의 군량을 조달하는 과업을 주로 관할하는 일은 군량도감(軍糧都監)의 몫이었다. 그는 대원들의 피복과 신발 따위의 군수품 조달도 담당했다. 쌀 한 짐과 소금자루만 있으면 그만이었다. 모든 힘은 밥그릇에서 나온다지 않는가. 밥이 하늘

---

* 뒤로 탄환을 장탄하는 총.

이요, 생명이었다. 된장은 참대 통에 차곡차곡 눌러서 담고 강냉이 쌀은 베자루에 넣어서 지고 다녔다. 가을이면 머루 잎, 참취, 송곳나물, 무수해나물 등 산채를 뜯어다가 말려서 죽을 쑤었다. 곡식 알갱이라도 떠 있다면 그나마 다행이었다. 싱거운 국물도 배불리 마실 수 있다면 좋았다. 뜨거운 나물국을 한 사발씩 후룩후룩 불어서 마시면 없던 힘이 절로 솟았다.

대포령(大砲領)은 전투에 쓰게 될 포를 만들고 발사까지 도맡았다. 나중에는 정식으로 포병대라 불렀다. 그 지휘자는 대포령장(大砲領將)이다. 대포 만드는 모습을 어디 볼까나. 흙과 모래로 본을 뜨고 녹인 구리물을 거기에 부어 식히면 포신이 완성된다. 포신 뒤쪽에 가느다란 구멍을 뚫고 화약을 채워 넣는다. 포신 안에 채워 넣은 화약은 화승이 연소하여 전달하는 불꽃을 받아 격렬히 폭발하면서 한순간 포탄이 발사된다. 이 대포 제작을 위해 갑산 고진동 광산에서 구리 원료를 어렵게 구해왔다. 민간에선 폐철과 화약 원료를 수집했다. 이렇게 만든 대포는 근거리 적을 섬멸하는 전투에서 그 위력을 크게 발휘했다. 하지만 포신의 구멍이 너무 크고 직접 제조한 화약의 힘이 별반 강하지 못해서 원거리 발사는 제대로 해내지 못했다.

돌 폭탄도 만들었다. 화약뭉치 둘레에 뾰족한 잔돌을 모아다가 씌웠다. 심지에 불을 달아서 발사하면 그 돌조각이 단숨에 날아가 적을 살상할 수 있었다. 때로는 돌 대신 쇳조각을 쓰기도 했다. 쇳조각은 돌보다 더욱 파괴력이 높았다. 화약 속에 고춧가루를 채워넣기도 했다. 화승총의 탄약은 생각보다 수월하게 만들었다. 워낙 경험 많은 포수들이라 함께 둘러앉아 염초와 화약을 반죽해서 직접 제조했다.

의병대의 복색을 살펴보자. 군복은 따로 없고 제각기 입은 한복에, 머리에는 포수들의 가죽 모자를 쓰고, 총은 베로 만든 자루에 넣어 어깨에 메거나 등에 짊어진 대원도 있었다. 제대로 배낭을 멘 의병도 많았다. 탄환 서른 개, 화약 몇 줌, 화약용 초석 약간, 부싯돌 두 개, 화승 심지 몇 줄, 삼을 꼬아 만든 포승줄, 총기 수리도구, 발싸개 몇 장, 솜 누비옷, 엽전이 한 줌. 어떤 병사는 소나기 올 때 쓰려고 접는 삿갓도 넣어두었다. 다른 어깨에는 탄약을 길게 두르고, 허리띠에 꿰어 찬 염낭에는 찐 쌀 다섯 홉과 미숫가루가 비상식량으로 들어 있었다.

날씨는 춥고 눈발은 펄펄 뿌리는데 의병대는 조직의 모든 정비를 마무리 지었다.

8. 유격전

의병대는 여러 부대로 나누어 산악유격전(山嶽遊擊戰)으로 들어갔다. 집중, 분산, 이동. 이 세 가지의 신묘한 전법이었다. 이는 홍 대장만의 전술로, 아무도 흉내 낼 수 없는 번개 전술이었다. 적들이 밀림으로 따라오면 의병대는 어느 틈에 야산으로 내려서고, 그쪽으로 적들이 추격하면 또 다른 의병대가 밀림에서 나타나 적의 후미를 단숨에 기습했다. 눈 오는 날이면 행군 중에 대원들 신발을 거꾸로 신도록 하고, 삭정이* 꺾어서 발자국을 지운 다음 진행의 방향을 교란시키며 옆으로 슬쩍 빠지면 뒤따르던 적들이 우왕좌왕 갈피를 못 잡고 허둥댄다. 이때 갑자기 홍범도 의병대가 달려 나와 적의 뒤통수를 후려쳤다. 적들이 진을 치고 숙영할 때면 잠입대를 들여보내 사방에서 요란한 총소리가 나도록 했다.

홍범도는 눈앞에 방금 있다가도 없어지고, 사라졌다가도 금방 나타났다. 제 몸을 언제든지 멋대로 쪼개고 나누니 그는 틀림없이 귀신의 조화를 마음대로 부리는가 보았다.

일본군은 산에 들어가는 놈 많았어도 살아서 나오는 놈은 드

---

* 살아 있는 나무에 붙어 있는, 말라 죽은 가지.

물었다. 이 산에 가서 부러진 다리 끌고 오지만 결국은 저 산에 가서 귀신 되어 묻혔다. 왜적들은 홍범도의 이름만 듣고도 두려움에 덜덜 어금니를 떨었다. 그야말로 홍 장군은 신출귀몰한 유격전의 명수였다. 북청, 풍산, 황수원, 갑산, 삼수의 깊은 골짜기에서 백두산 호랑이처럼 번개같이 출몰하는 부대가 있었다. 그 의병대의 대장은 축지법(縮地法)을 쓴다고 했다. 동에 번쩍, 서에 번쩍 날아다닌다고 했다. 그래서 펄펄 나는 홍범도, 즉 '비장군'(飛將軍)이라 했다.

이는 여러 갈래로 나눈 의병대가 홍범도의 이름으로 활약하기 때문이었다. 성동격서(聲東擊西)란 말이 그대로 실감나는 시절이었다. 동섬서섬(東閃西閃), 동정서벌(東征西伐)이란 말도 그때 홍범도 의병대의 눈부신 활동에 꼭 어울리는 것이었다. 당시 함경도 각지에는 홍범도 의병대의 여러 예하 부대들이 활약했다. 그 부대의 대장 이름을 낱낱이 들어보자. 유기운, 차도선, 원성택, 정도익, 송상봉, 홍사영, 최오위장, 최동률, 강택희, 이순보, 이국철, 김봉연, 김기연, 이명보, 백남규, 동증손, 원기풍, 최학선, 변해룡, 이성택, 김덕순, 양혁진, 고운학, 박기민, 허근, 한영준 등. 이 여러 부대가 모조리 홍범도(洪範圖) 이름을 썼다. 그것도 하나의 전형적인 유격대 전술로.

1907년 12월 14일에 홍범도 의병대는 삼수성(三水城)을 공격해서 점령했다. 과거 진위대 병사들이 메던 베르당 소총 260자루와 탄약 15궤짝을 노획했다. 낡은 화승총을 신식 총으로 바꾼 대원들은 감격에 겨워 어쩔 줄 모른다. 이때 의병대의 사기는 하늘을 찌를 듯했다. 삼수의 부사 유동(柳東)이란 자는 일진회 회원으로 진작 처단되었어야 할 악당이었다. 도망치던 그놈을 체포해서 곧바로 목을 베었고, 누각 현판 밑에 매달아 효수했다. 그놈의 심복이었던 군 주사 놈도 민중에게 패악질이 심했다. 부사 놈과 마찬가지로 효수하니 마을주민들은 모두 나와서 환호성을 올리며 희색이 얼굴에 가득했다. 악당들의 퇴치가 마치 앓던 이를 뽑은 듯 시원하다면서 모두들 기뻐했다.

12월 15일, 홍범도 의병대는 일본군의 삼엄한 경비망을 뚫고 장항리와 승호리 사이에서 우편마차를 습격하여 적들을 전멸시켰다. 무기와 군수품도 노획했다. 북청수비대의 아오토 대위는 이를 갈고 달려갔다. 하지만 출동했던 일본군 중대병력 모두 장항리 노루목 고개에서 연전연패했다. 이 때문에 우편통로는 막히고 강도 일제의 우편물 수송이 상당 기간 중단되었다.

12월 18일, 함흥수비대의 기병 대위 고즈키(上月)가 날랜 일본군 기병 1개 소대를 이끌고 홍범도 의병대를 무려 10일 동안이나 바싹 추격했다.

12월 26일, 중평장(中坪場)에 매복하고 있던 홍범도 의병대는 일본군 기병대를 벼락같이 기습하여 모조리 섬멸했다. 그런 다음 삼수 방면으로 유유히 사라졌다.

의병대의 사기는 솟구쳤다. 불같은 투지에다 점점 늘어나는 전투력! 틈날 때마다 홍 대장이 직접 들려주는 『육도삼략』의 전술 전략은 들을수록 재미가 있었다. 적들과의 고된 전투 속에서 의병들의 다부진 골격이 다듬어졌고 조직체계와 전술은 향상되었다. 놀라운 진보였다. 부대가 장악하는 지역의 경계범위가 한층 넓어졌다. 이는 모두 홍범도 의병장의 탁월한 군사

지휘능력 덕분이 아닌가. 북부 산악지대의 신출귀몰한 전략과 전술의 결과인 것이다.『육도삼략』을 밤새워 연구한 홍 대장만의 놀라운 응용과 공력인 것이다. 일본 군대는 홍범도 의병대의 전투력을 여전히 얕잡아 보면서도 홍범도란 이름만 들리면 쩔쩔매는 꼴로 당황한 기색을 감추지 못했다.

드디어 12월 28일. 일본군 수백 명 강도 떼가 파도처럼 몰려와서 저녁부터 전투가 붙었다. 이 전투는 그날부터 1월 4일까지 한 주일이나 계속되었다. 이 격렬한 전투에서 많은 왜적을 무찔렀고 보조원도 여러 놈이나 죽였다. 의병대 측에서는 샛골사는 홍병준, 임태준, 김동운, 성태일, 노성극 등 다섯 대원이 다치고 9명이 적탄에 맞아 전사했다. 최탁선, 길공순, 이봉준, 조기석, 홍대준, 오기련, 박봉주, 김일보, 최형준이었다. 이 대원들의 빛나는 이름을 영원히 잊지 말자. 그들은 나라의 독립을 위해 왜적과 싸우다 죽어 조국 하늘에서 별이 되었다.

12월 29일, 왜경 마쓰시타란 놈은 자기 상관에게 면목 없는 보고를 했다.

이번 폭거는 결코 사냥꾼으로서의 행동이 아니고 안평·안산 주민들의 일진회 회원에 대한 반응이다. 단지 두셋 사냥꾼들이 금지된 총기를 지니고 주동자가 된 데 불과하다.

사냥꾼들이 총기 몰수를 거부하고 폭거를 기도한 것이 아님은 여러 가지 정황에 의해 명백하다. 일본인을 살해하기에 이르렀던 것은 군대의 파견이 있었고 경찰관의 출장이 있는 데다 총기를 몰수당하게 되자 일진회 회원의 살해를 멋대로 하지 못하게 되었으므로 그들이 선언한 바와 같이 일본인에 대해 적대행위를 취하게 된 것으로 생각한다.

당 지방의 폭도는 이미 다수가 집합하여 재차 폭거를 기도할 우려가 없는 것으로 생각하지만 일본인 두셋만 다니는 것은 아직 위험하다.

횡설수설이었다. 말도 안 되는 소리를 이렇게 중얼거리는 것은 당황의 표시였다. 당시 함경도 주둔 일본군 지휘관들의 판단과 수준은 대체로 이러했다. 이로 말미암아 토벌을 중단하게 되고 출동한 병력은 모두 철수했다.

왜적들은 인구가 많은 중요 촌락마다 군대와 헌병 순사들을 주둔시키고 의병대의 종적을 염탐했다. 다른 곳으로 피난을 떠난 주민을 돌아오게 하고 불안한 민심을 바로잡으려고 안간힘 썼다. 하지만 등잔 밑은 과연 어두웠다. 엄방동에서 열흘간이나 머무른 의병대를 탐지해내지 못하고 먼 곳으로 떠나갔다는 섣부른 판단만 했다.

홍범도 의병대는 일진회원 집만 찾아다니며 처형했다. 이 때문에 한동안 의병대를 감히 고발하려는 자가 사라졌다. 의병대는 삼수성을 들이닥쳐 일본군 군영 정문을 향해 총 쏘았다. 문양 쪽에 숨어 있던 적의 보초병은 불의의 습격을 받아 군영 마당으로 뺑소니쳤다. 막사 안에선 적들이 깊은 잠을 자다가 소리를 듣고 알몸으로 허둥지둥 갈팡질팡 어쩔 줄 모르다가 문밖으로 뛰어 나왔다. 문밖엔 숨을 곳도 피할 곳도 없었다. 여기저기서 쫓고 쫓기는 구둣발소리가 어지러웠다. 도로 막사 안으로 우르르 몰려와 마룻바닥 밑으로 다급하게 숨었다. 어떤 놈은 몸이 뚱뚱하여 마룻바닥에 들어가지 못한 채 머리만 틀어박고 와들와들 떨었다. 영락없는 강아지 꼴이었다. 이렇게 성안의 모든 적을 소탕하고 악질적인 일진회 회원 놈들도 보는 대로 처단했다. 삼수는 완전히 홍범도 의병대의 지배하에 들어갔다.

의병대 세력을 얕잡아보다가 화들짝 놀란 일본군은 혜산진 수비대와 갑산 수비대의 연합으로 삼수성을 포위하고 맹렬한 공격을 개시했다. 약 400명의 의병대는 성벽 뒤에 몸을 숨기고 다가오는 왜적들에게 불벼락을 안기었다. 총탄이 앵앵 울며 귓전을 스쳐 날아갔다. 피 말리는 전투는 무려 세 시간 동안이나 계속되었다. 일본군은 다시 참패하고, 탄약마저 바닥이 나게 되자 어둠을 틈타 혜산진 쪽으로 부리나케 도주했다.

세월은 어느덧 동지가 성큼 지나 섣달그믐날*이 가까웠다. 아침부터 뿌리던 싸락눈이 저녁 무렵에는 함박눈으로 쏟아졌다. 또 한 해가 원한을 가득 품은 채 암갈색으로 서서히 저물고 있었다.

---

* 음력으로 한 해의 마지막 날.

9. 갑산 전투

1907년 정미년 여름부터 겨울까지 경향 각지에서 항일무장 투쟁에 참가한 의병의 숫자는 대략 4만 명이 넘었다고 한다. 일본군과 싸웠던 교전의 횟수도 무려 322회나 되었다고 한다. 여기엔 기록 안 된 싸움도 많았으리라.

홍범도와 차도선이 지휘하는 막강한 의병대가 나타나 날랜 일본군을 무찔렀다는 소식은 전국으로 퍼져나갔다. 대일본제국 군대의 위신은 말이 아니었다. 사람들은 삼삼오오 둘러앉아 조심조심 홍 대장 이야기로 화제의 꽃을 피웠다. 쉬쉬 목소리 낮추어 이야기 나누다가 혹시라도 낮말 듣는 새와 밤말 듣는 쥐는 숨어 있지 않은지 긴장한 얼굴로 주위를 두리번거렸다.

1908년 무신년이었다. 홍범도는 어느덧 불혹의 나이가 되었다. 고단한 행군노정에서 필승의 신념은 드높아가고 백절불굴(百折不屈)의 의지는 돌처럼 굳었다. 예지로 가득한 눈은 새벽 호수처럼 고요히 번뜩였다. 그 어떤 힘든 위기와 적들의 교활한 방해 속에서도 그 침착성은 결코 흔들리지 않았다. 한번 품은 결심은 확실하고 재빠르게 행동했다. 또 어떤 고난 속에서도 결코 좌절하거나 절망하지 않았다. 신발이 다 닳아 절뚝거리는 대원을 보게 되면 홍 대장은 자신의 신발을 벗어 부상당한 대원에게 몸소 신겨주었다. 눈보라 몰아치는 날이면 밤 깊도록 대원들의 잠자리 사이로 돌아다니며 이불깃을 꼭꼭 여며주었다.

언제나 어버이 같은 사랑으로 전체 대원을 자상하게 감싸 안아주는 홍 대장의 품성. 그 넉넉한 사랑 덕분에 의병대원 모두는 한 가족처럼 굳게 단결할 수 있었다. 하지만 구국의 길에서 어찌 길고 달콤한 휴식이 있을손가. 해가 가고 달이 가도 가열한 싸움은 그칠 줄 몰랐다.

1월 6일, 신곡료 16동에서 왜적 둘을 만나 사살하고 놈들이 끌고 가던 군수품 16바리를 빼앗았다. 이 무렵 함경도 북청의 심심 산골마을에 한 떼의 수상한 무장대가 나타났다. 놈들은 스스로 홍범도 의병대라 일컬었다. 마을주민들은 홍범도란 말에 반색하며 닭을 잡고 기장밥을 서둘러서 지었다. 잘 익은 술도 동이째로 가져왔다. 다 먹고 난 그들은 주민을 한 자리에 모으고 느닷없이 호통을 치더니 주민들을 가차 없이 닦달하며 체포하기 시작했다. 놈들의 정체는 홍범도 의병대로 위장한 일본군 정찰대였다. 때로는 주민으로 가장한 변의대(便衣隊)가 나타나 민심을 살피고 귀순과 투항을 선동하는 삐라를 곳곳에 뿌리고 다녔다. 이런 밤이면 승냥이는 새벽까지 울었고 부엉이 소리도 을씨년스럽게 들려왔다.

1월 9일이었다. 일본군 동부 수비관구 사령관 마루이(丸井) 소장은 화가 머리끝까지 올라서 부하들을 호되게 다그쳤다. 보병 제50연대 제3대대장 미즈키(水木) 소좌를 불러내어 대뜸 볼따귀를 후려쳤다. 전체 졸개는 그들의 상관 앞에서 벌벌 떨었다. 다시 폭도토벌 명령이 내려졌다.

"만약 이번에도 패배한다면 너희 모두 죽음을 각오해."

북청 수비대의 아오토와 보병 기병들, 성진 수비대의 나카무라(中村) 대위가 이끄는 80명, 함흥 수비대의 데시마(豊島) 소위가 이끄는 기병과 보병들 도합 200명의 대토벌단이 출발했다.

여러 번 당한 아오토는 홍범도가 제아무리 날래다 하지만 이번에는 기필코 자기 손으로 잡고야 말겠다고, 어금니 악물고 결심했다.

일본군 토벌대가 삼수로 들어왔다는 급보가 왔다. 홍 대장은 즉시 소수의 병력을 보내 중평장 남쪽고지를 먼저 점령토록 했다. 일본군의 진로를 즉시 차단하고 지연작전을 펴다가 슬그머니 후퇴하도록 단단히 일렀다. 그 틈에 삼수 주력부대는 재빨리 갑산 쪽으로 빠지도록 했다. 일본군 선두부대는 이 작전에 걸려들었다. 중평장에서 나타난 의병들과 싸우느라 시간이 한참 경과되었다. 다음 날 의병 전위부대가 후퇴하자 일본군은 승전의 기쁨을 미리 내다보며 계속 추격하여 삼수성을 포위했다. 으스름 달빛 속에 일제히 "도쓰게키"(突擊) 함성을 지르며 성안으로 달려갔지만 거기엔 텅 빈 공간뿐이었다. 일본군은 또다시 홍 대장의 유인 작전에 말려들고 말았다.

홍범도와 차도선 두 대장은 의병들이 지연작전을 펴는 틈에 이미 하루 전 삼수를 떠나 갑산읍을 들이쳤다. 1월 10일 꼭두새벽이었다. 성문을 통과해야 하는데 거기엔 일본군 수비병이 여럿 있었다. 적들이 눈치채고 한꺼번에 사격을 해오는데 홍 대장은 지혜를 짜내어서 민가의 지붕을 통해 사다리로 성루에 오르도록 했다.

총탄이 빗발치듯 날아왔다. 곧 성문은 열리고 새벽잠에서 미처 깨지 못한 일본군 병영과 경찰관 주재소는 벼락같은 공격을 받아서 갈팡질팡했다. 수비대 병사 9명, 순사 1명, 우편취급소 소장 이하 일본인 9명, 여관집에 투숙하던 전기공사원 2명이 있었다. 한 놈은 사타구니에 옴이 올랐던지 손톱으로 벅벅 긁어대다가 일어나 이를 잡고 있던 중이었다. 또 어떤 놈은 눈을 지그시 감고 달콤한 아편을 피우고 있던 중이었다.

갑산읍 주재순사 마루오(丸尾)는 총성이 나자 즉시 무기를 들고 한적한 우편취급소로 먼저 달려갔다. 하지만 그 부근은 탄환이 빗발 쳐서 도저히 혼자 맞서기 어려웠다. 겨우 동쪽 수비대로 달아나 놈들이 말하는 폭도들과 싸웠다. 하지만 잔뜩 겁을 먹고 수비대 안으로 들어가 감히 나올 생각조차 못했다. 눈먼 총질만 자꾸 해댔다. 의병대는 기어이 불을 질렀다. 여러 곳에서 삼단 같은 화염은 이글이글 타올랐고 적들은 불 속에서 비명을 지르며 튀어나왔다. 나오는 대로 놈들에게 벼락불을 안겼다. 그야말로 통쾌한 왜적 사냥이었다.

의병대는 갑산우체국을 점령해서 전신·전화선을 모조리 끊어버렸고, 강도 일제의 통신기관과 사무실을 깡그리 파괴했다. 오직 남아 있는 것은 잿더미뿐, 이로써 갑산의 일본군은 거의 괴멸되었고 12명이 겨우 살았다. 하지만 용케 살아남은 그놈들은 얼음판에 넘어진 황소눈깔 꼴이 되어 두 손을 번쩍 들고 있었다. 홍범도 의병대는 무려 아홉 시간도 넘게 갑산읍을 점령

전사한 독립군
시신과 생포된
대한독립군 옆에서
기념사진을 찍는
악랄한 일본군.

하고 있었다. 국경지역 강도 일제의 통치 질서는 완전히 교란
되고 마비되었다. 그동안 대원들은 약품, 피륙, 솜, 식량, 신발,
소금, 그리고 무기와 탄약까지 많은 물자를 노획했다.

한편 왜적들은 교전 중에 혹시라도 조선 의병을 생포했거나
죽였을 경우 전사자 시신을 끌어다 놓고 생포된 의병들을 곁에
세운 채 기념사진을 찍기도 했다. 대부분 패전했으므로 이런
짓이라도 해서 승리감을 맛보려는 심산이었을 것이다. 의병대
는 이리사(二里社) 방면을 향해 유유히 떠나갔다. 뒤늦게 급보
를 접한 미즈키(水木) 소좌는 대경실색하여 털썩 주저앉았다.
급히 아오토 부대에게 삼수의 경비를 맡도록 일러두고 나카무

라 부대와 함께 갑산으로 달려갔다. 홍범도의 과감한 대담성 때문에 두려움에 아래턱이 덜덜 떨려왔다. 그들이 갑산에 도착했을 때는 이미 완전 잿더미가 되어버린 읍내의 전경과 처참한 일본군 주검만이 길바닥에 나뒹굴고 있을 뿐이었다. 시간도 한참 지나 핏자국조차 꽁꽁 얼어 있었다. 미즈키 놈은 입에 거품을 물고 미친개처럼 소리 지르며 날뛰었다. 조각달이 서산 너머로 넘어갔다.

그사이 홍범도 의병대는 갑산읍 상남사 쪽으로 달려가서 악질 일진회원 48명을 모두 끌어내어 사형선고장을 낭독하고 즉시 처단했다. 어디선가 첫닭이 울었다. 그날부터 일본군 토벌대는 무려 한 주일 동안이나 이리사 일대를 샅샅이 이 잡듯 뒤졌으나 홍범도는커녕 폭도의 그림자도 찾지 못했다. 그들은 의병대의 유격전법에 다시 한번 농락당하고 만 것이다. 실신상태의 아오토는 혼자 중얼거렸다.

"『육도삼략』을 통달했다더니 과연 놀랍구나. 홍범도의 겨드랑이엔 무슨 날개라도 달렸는가. 아니면 귀신인가. 화력과 장비가 월등히 우세한 우리 대일본 군대가 어찌 이다지도 놈들에게 덧없이 무너진단 말인가. 이게 대체 무슨 조화인가."

탄식에 또 탄식의 연속이었다. 이날 홍범도 의병대의 갑산 전투는 이후의 승리를 위한 전초전으로서 독립전쟁사에 길이 빛날 승전이었다.

10. 고난의 길

1908년 무신년 1월 20일, 단천군 수하사 운승리에 의병대 한 무리가 나타났다. 홍범도 의병대였다. 이제 의병대는 왜적 사냥을 위해 동정서벌(東征西伐)로 다녔다. 70명 조직의 의병대는 토벌대와 맹렬히 싸워 놈들을 단숨에 물리쳤다. 정도익(鄭道益) 부대는 홍범도 의병대의 또 다른 한 갈래다. 그가 거느린 의병대가 같은 날 단천 수하사 가풍리의 산기슭에서 본대의 공격에 쫓겨 달아나는 토벌대 패잔병을 만나 그들을 완전히 처단했다는 보고가 왔다.

이 무렵 강도 일제는 '귀화자의 취체방법'이란 법령을 공포했다. 의병대에 가입했던 자가 만약 귀순해오면 증표를 지급한다는 것이었다. 경찰과 헌병도 이 귀순표(歸順票)를 줄 수 있도록 했다. 하지만 귀순수속은 매우 엄했고 또 이후의 감시도 매우 심했다. 이 내용은 방(榜)으로 나붙고 신문지상에도 실렸다.

그로부터 불과 나흘 뒤, 내부대신 임선준(任善準, 1860~1919)은 귀순표의 이름을 새로 바꾸어 '면죄증서'(免罪證書)라고쳤다. 그 발급권한도 선유위원과 각 부윤과 지방군수까지도 줄 수 있도록 했다. 훈령 뒷부분에 '면죄증서' 1만 장을 찍었는데, 13도에 5,990장을 뿌렸고 아직도 4,040장가량이 남았다고 했다. 홍범도 의병대가 다니는 지역인 갑산과 장진의 군수 놈을 내세워 관내 각 면장회의를 즉각 소집하고 순종(純宗)의 칙서와 일본군의 훈유문(訓諭文)을 전달했다.

함경도 북청 지역에서의 회유방법은 다소 그악스러웠다. 면서기 놈들은 의병 가족 집집마다 일부러 찾아다니며 돈과 쌀로 매수했다. 남편과 아들을 홍범도 의병대에서 이탈시켜 산에서 내려오도록 일면 강권하고 일면 회유하며 공갈을 했다. 북으로 간 작가 한설야(韓雪野, 1900~76)의 아비도 이때 홍범도 부대를 뒤쫓는 일본군 토벌대와 함께 다니며 의병가족들을 설득했다고 한다. 토벌대가 얼마나 두렵고 공포심을 자아냈는지 엄마들은 우는 아기 달래려고 아기가 울면 '토벌대 온다'고 했다. 아기들은 범이 온다면 그냥 떼를 썼지만 토벌대가 온다고 하면 울던 울음을 뚝 그쳤다고 한다.

이 시기 의병들은 더욱 깊은 산중으로 들어가 몹시 힘들고 간고한 생활을 했다. 거듭되는 전투와 행군 속에서 탄약은 부족하고 온몸의 피로는 점점 쌓였다. 밀림 속의 나날이라 바닥난 짚신은 너덜너덜했다. 발은 나무 그루터기에 찔리고 손등은 가시에 긁혀 성한 데라곤 한 군데도 없었다. 누덕누덕 기운 옷은 뾰족한 나무에 찢겨 갈기갈기, 바람이 불 적마다 너풀거렸다. 터진 손발에선 피가 흐른 채로 말랐다. 홑바지만 입은 채 오들오들 떨었고 매일 한 끼 식사도 제대로 해내기 어려웠다.

모든 고난이 한데 몰려와 앞길을 막았다. 그야말로 구패(九敗)가 눈에 보이는 듯했다. 구패란 『육도삼략』에 나오는 아홉 군데의 나쁜 전투 장소다. 즉 패지(敗地), 위지(圍地), 사지(死

地), 몰지(沒地), 갈지(竭地), 간지(艱地), 곤지(困地), 환지(患地), 함지(陷地) 등을 말한다.

이 죽음 같은 고난 속에서 또 전투가 있었다. 2월 10일에는 신방 및 하덕리를 거쳐서 구전으로 향해 가는 일본군 6명을 고갯마루에서 발견하고 부족한 탄환을 아껴서 쏘았다.

갑산 이리사의 연섭선(延燮善)은 마을주민으로 가장해 활동하는 차도선 의병대의 병참부 대원이었다. 후치령 전투를 마친 뒤로는 마을에 숨어서 탄약의 공급과 운반을 도맡았다. 신흥장에는 서홍순(徐弘淳)과 남호권(南浩權)이 줄곧 마을에 숨어서 암약했다. 이윽고 그들에게 위험이 다가왔다. 2월 11일 정오, 일본 경찰이 신흥장(新興場)을 공격할 때 이들은 모두 전투 중 장렬하게 전사했다.

홍범도 의병대의 다른 지대인 유기운 부대에 고익규(高益圭) 의병이 있었다. 나이는 쉰넷, 의병대의 가장 피 끓는 대원이었다. 그해 말 화승총을 지니고 함경도 이원 땅 여러 친일부호 놈들의 집을 찾아다니며 군자금을 모았다. 문평리 강현수(姜鉉洙) 집에서 200원, 차호리 장면호(張勉鎬) 집에서 1만 냥의 헌납 수표, 각종리의 이종실(李鍾實) 집에서 175냥, 그곳 집에서 200냥, 송강리 김필신(金弼信) 집에서 55냥, 원천리 이군서(李君瑞) 집에서 50냥, 풍성리 김진욱(金眞旭) 집에서 100냥, 송서리 김광국(金光國) 집에서 30원을 모았다. 그 뒤로도 여러 집을 다니다가 미리 잠복해 있던 왜경에게 체포되었다. 모진 고문을 받으면서도 조금도 굴하지 않았고 도리어 강도 일제의 죄행을 엄중히 규탄했다. 줄곧 단식하여 죽음에 이르렀을 때 일본인

판사 모리시마(森島)가 교수형을 내렸고, 고익규는 뼈만 남은 몸으로 서대문감옥에 끌려와 조국 하늘의 별이 되었다.

2월 12일, 삼수 읍내 순사주재소 숙사를 기습했다. 홍범도 의병대와 각 부대는 줄곧 계속된 전투로 무엇보다도 식량이 부족해 큰 곤경에 처했다. 아직 겨울철이라 산중에는 아무것도 없었다. 어쩌다 토끼와 노루를 잡기도 했지만 그것으로는 태부족이었다. 알곡이 없기는 산골농민들도 마찬가지였다. 급기야 의병대는 소와 돼지를 제값 쳐주고 사와서 그것을 잡아먹으며 추운 산중에서 하루하루를 악다구니로 버텨나갔다.

산중에 보름달이 떴다. 월병(月餠)처럼 보였다. 눈만 감으면 주막집의 따스한 아랫목 구들과 김 설설 나는 장국밥 뚝배기가 떠올랐다. 입으로 쪽 당기면 쭈르르 빨려올라오던 구수한 감자국수와 옹심이 생각도 간절했다. 먹고 싶은 것은 어찌 그리 많기도 많은지. 탄약과 식량이 점차 바닥나자 이를 비관하는 대원들이 간혹 있었다. 산중 고생을 너무 오랫동안 계속되자 그 고통을 못 이기고 어느 날 소총을 가만히 벗어놓고 탈주하기도 했다. 이 정도 고생도 각오하지 않고 의병이 되었던 것일까.

홍 장군은 그들을 나무라지 않았다. 저도 오죽 견디기가 힘들었으면 저렇게 달아났을까. 세상에 고생이 달갑게 여겨지는 사람이 뉘 있으리. 하지만 사내란 모름지기 가슴속 심지가 돌보다 단단해야 하는 법. 어떠한 고생도 구국의 길에서 참아야 하는 법. 남아 있는 대원들에게 우리 조금만 더 고생하자며 일일이 타이르고 다정하게 어깨를 쓰다듬었다. 마음이 약해진 대원은 설움이 북받쳐서 곧 울음보를 터뜨리기도 했다. 한번 울음보가 터지면 걷잡을 수 없었다. 그런데도 의병대 내부에서는 속속 탈주자와 귀순자가 생겼다. 진드기처럼 달라붙는 적들의 대공세를 겪고 나면 황황히 달아나는 자가 점점 늘어났다. 걸음마다 앞을 가로막는 것이 있으니 그것은 바로 고난이요 시련이었다. 군심은 점점 흔들리고 서로 간의 불신마저 일어났다. 홍 대장은 그들의 마음을 돌리려 일면 설득하고 일면 호소했다. 더러는 달아나다가 마음 바꾸어 다시 돌아오는 대원도 있었다.

왜적에게 생포된 의병대원 장규현(張奎賢)이 실토했다. 현재 의병대의 내부는 통일도 되지 않고 규율도 흩어져 없는지라, 부하가 대장을 불신하고 몰래 달아나기를 원하는 자가 부지기수다. 모두들 후환이 두려워 억지로 따르고 있는 형편이다. 이 말을 들은 일본군 수뇌부는 희색이 만면했다. 절대 이 기회를 놓치지 말아야 한다고 아랫입술을 깨물었다. 이에 따라 각 고을 군수는 해당 지역 읍면동장을 즉각 소집하여 귀순수속을 다시금 자세히 설명하고 도망병들을 어떻게든 설득시키라고 지시했다.

2월 20일 새벽 무렵이었다. 홍범도 의병대는 다시 갑산을 습격하려고 거기서 북쪽으로 두어 마장 떨어진 지읍사 세골로 잠입했다. 우선 농가에 삼삼오오 나누어 들어가 감자라도 한 덩이씩 먹이고 기갈을 면하도록 했다. 이를 탐지한 순사 마루오(丸尾)는 긴급한 보고를 갑산 수비대 분견소장에게 띄웠다. 우리의 홍 대장은 이를 눈치채지 못할 바 아니었다. 세골에 잠시 머물며 일본군을 불러들이려는 대담한 유인책을 썼다. 전투에

서는 어떻게든 유리한 고지를 먼저 차지해야 하는 법. 홍 대장
은 깊은 생각에 잠겼다.

『육도삼략』에 자세히 이르기를 적은 군사로 많은 적군을 공
격함에는 평야전은 이롭지 못하다. 해가 저물 때 수풀 속에 복
병시키고 적들은 좁은 길에서 맞아서 쳐야 한다. 이때 우리 세
력을 실제보다 부풀려서 적장으로 하여금 두려움을 느끼게 하
고 착각하도록 하라. 그래야 적군이 멀리 돌아오게 된다. 적들
이 깊은 수풀과 좁은 길을 통과할 때에는 반드시 날이 저물어
전투하라.

힘들고 어려운 고비를 겪을 때마다 금강산에서 읽었던 이런
구절들이 머리에 또렷이 떠올랐다.

11. 비(飛)장군

그날 밤 의병대는 일본군이 오기 전에 슬그머니 세골을 빠져나갔다. 도중에 정평 쪽 의병대와 대열을 합하여 갑산읍을 들이쳤다. 뒤늦게 속은 것을 깨달은 일본군은 급히 행군머리를 돌려서 갑산으로 달려왔다.

홍범도 의병대가 갑산 공격을 마치고 떠나다가 뜻밖의 기습을 받았다. 군견들 사납게 짖는 소리가 점점 가까이 들려왔다. 일본군은 증원부대까지 이끌고 왔다. 밀고 밀리는 일대 공방전이 벌어졌다. 하지만 전투가 길어지자 의병대는 점점 기력이 떨어지고 패전의 기색을 보였다. 여러 날을 휴식도 없이 싸워온 의병대는 누적된 피로와 고통에 시달렸다. 대원들은 총을 쏘면서도 퍼붓는 잠으로 꼬박꼬박 졸았다. 이런 가운데서 겹겹으로 포위까지 당했다.

사태는 일촉즉발! 홍 대장은 긴급히 군령을 내렸다. 대원들은 사방으로 흩어져 있었다. 가능하면 신속히 등이별 천지평 쪽으로 이동해서 다시 집결하라고 일렀다. 무섭게 응전하여 포위망을 뚫고 드디어 목표 지점에 집결하여 숨 돌리는데 언제 뒤를 밟아왔는가.

저편 숲속에 누런 군복과 놈들의 동그란 센토보시(戰鬪帽

子), 즉 일본군 전투모의 붉은 테가 얼씬거렸다. 노란 버러지마냥 풀숲에 엎드린 저놈들 두말할 것 없이 왜적들이다. 의병들은 마침내 생사 판가리를 각오하고 어금니를 꽉 깨물며 탄환을 있는 대로 쏘아 불벼락을 퍼부었다. 마침내 땅거미가 지면서 적들은 쫓기는 승냥이 무리처럼 뒤로 슬금슬금 물러나기 시작했다. 이날 전투에서 적은 100여 명을 죽였으나 귀한 의병을 20명이나 잃었다. 뜻밖에도 곤지(困地)에 빠지고 말았던 것이다.

격렬했던 전투에 비해 득보다 손실이 많았던 날, 2월 21일. 의병대는 갑산 천지평에서 숙영했다. 화전민이 살던 빈집이 몇 채 남아 있어 겨우 칼바람을 피할 수 있었다. 산악 한둔의 각별한 주의가 전달되었다. 혼자서 함부로 주변을 나다니지 말 것. 양식은 극도로 아껴서 먹을 것. 낮에는 연기 조심, 밤에는 불빛 조심. 약품이 떨어지면 다른 약초로 대용할 것.

피곤한 대원들은 눕자마자 금방 코를 드렁드렁 골았다. 그들이 잠든 동안 산중엔 세찬 눈보라가 휘몰아치기 시작했다. 눈보라는 몹시 기승을 부리며 주변을 에워쌌다. 온 천지는 곧 닥쳐올 재난을 앞두고 마구 몸부림치는 듯했다. 그믐을 갓 넘긴 밤이라 하늘은 칠흑이었다. 하지만 온 세상이 백설로 덮이면서 주변은 희끄무레하게 보였다. 새벽 까마귀가 날아가는데 깃이 보이지 않고 소리만 들렸다.

보초들도 졸고 있는 새벽 4시, 한 무리의 일본군이 가까운 숲 속에 살금살금 고양이걸음으로 접근해오고 있었다. 그들은 갑산 수비대와 주재소의 두 병력이 합동으로 조직한 토벌대였다.

아베(阿部) 순사부장과 이리에(入江) 소위가 이끄는 200명의 적군은 무릎까지 빠지는 눈을 헤치고 숲을 조심스럽게 수색하며 다가왔다.

아, 큰일이다. 절체절명, 위기의 순간! 홍 대장은 밤새도록 잠자리에 들지 않고 있다가 매복조를 통해 이 낌새를 맨 먼저 알아채고 황급히 군령을 내려 모두를 깨웠다. 득달같이 서둘러 잠자던 화전농가의 흙벽 뒤에 숨어 긴급히 전투준비에 들어갔다. 적들은 경사진 산비탈을 힘겹게 오르다가 쌓인 눈에 발이 푹푹 빠지며 중심을 못 잡고 쓰러지면서도 한 발 한 발 다가오고 있었다. 놈들은 산기슭에서 산 중턱에서 산봉우리에서 가로세로 오르내리며 마치 참빗질 하듯 샅샅이 수색해왔다.

드디어 아침 6시가 되자 새벽하늘이 훤히 밝아오고 있었다. 의병대는 숨을 죽인 채 좀더 기다렸다. 그들이 사정거리에 들어오자 홍 대장의 총에서 첫 신호탄이 먼저 발사되었다. 이로부터 산중에는 때 아닌 콩 볶는 소리가 요란했다. 적들은 산비탈로 바싹 엎드려 기어왔다. 차츰 날이 밝아져서 의병대는 이들을 위에서 내려다보고 쏘았다. 적군은 하나둘 쓰러져 하얀 눈밭에 붉은 피가 번져갔다. 격렬한 전투였다.

그 사이에 오전이 다 지나고, 드디어 정오가 가까워오자 적들은 슬금슬금 패색이 짙어갔다. 총소리도 간간이 들리다 말다 했다. 그것은 탄약이 바닥나고 있다는 증거였다. 순사부장 아베가 명중탄에 맞아 고꾸라졌다. 어떤 놈은 머리를 싸잡고 돌아서서 냅다 뛰었다. 여러 놈이 총에 맞아 한꺼번에 픽픽 쓰러졌다. 적들은 시체 109구를 버리고 산 밑으로 줄행랑쳤다. 이

날 전투에서 의병은 18명이 전사했고 부상자는 여럿이었다.

거의 하루도 빠짐없이 계속되는 전투이건만 우리의 의병대원들의 두 어깨에는 새로 기운이 올랐다. 연전연승이었기 때문이다.

"우리가 언제 이처럼 통쾌하게 왜적을 이겨보았느냐."

"그동안 우리는 너무도 통분하게 당해만 왔던 게 아니냐."

우리 부모형제가, 우리의 모든 동포들이 왜적들에게 당해온 그간의 고통과 시련을 생각하면 내 한 몸 잠시도 쉴 틈이 없나니 우리는 지금 저 원수 왜적을 향해 복수의 총탄을 사정없이 퍼붓는다.

2월 23일, 단천 북쪽 하농리에서 일본군과 만났다. 놈들은 홍범도를 꼭 잡고야 말겠다고 이를 갈며 다니는 토벌대였다. 당시에는 이런 토벌대가 여럿 있었다. 서로 먼저 공을 세우겠다고 경쟁했다. 하지만 홍 대장이 언제나 동물적 후각으로 놈들을 먼저 발견하고 산간 숲속에 숨어 있다가 벼락같이 적의 무리를 섬멸했다.

다음 날에는 상농리에서 일본군 특무조장 사쿠마(佐久間)의 병사 31명을 사살했다. 아무도 당할 자 없었다. 벌써 몇 개의 토벌대가 부서졌는가. 어느 토벌대가 감히 홍범도 의병대에 대적할 수 있으리.

이날 밤 산중의 굴속에서 찬바람을 피해 막 잠이 들었는데 주변 골짜기에서 요란한 소리가 들렸다. 또 적들이 나타난 것인가. 모두들 깜짝 놀라 서둘러 무장을 갖추는데 홍 대장은 태연히 누워서 웃기만 한다.

"그냥 안심하고 주무시게나. 발정 난 멧돼지들 싸우는 소리에 왜들 그리 법석인가."

대원들은 그제야 긴장을 풀고 한바탕 크게 웃을 수 있었다. 모처럼 담배 쉼이었다. 나이든 대원들은 일어나 앉아 염낭에서 부스럭부스럭 대통을 꺼내고 담배쌈지에서 담바구 꺼내어 엽초를 쟁였다. 또 어떤 대원은 왜적들로부터 빼앗은 잎담배를 종잇조각에 말아 쥐었다. 그들은 둘러앉아 쌈지와 차돌을 꺼냈다. 취의 부싯깃 냄새가 향긋하게 났다. 한참 후에 물부리 뻑뻑 빨아대는 소리 들렸다. 어떤 이는 누워서 담배 연기 깊이 마셨다가 후 하고 내뿜었다. 배는 고픈데 담배 연기를 깊이 마시니 현기증이 심하게 났다.

그로부터 여러 날 사이에 홍범도 의병대의 다른 지대 약 70명이 단천군 수하면 운승리에서 일본군 토벌대와 두 시간 동안 격전을 벌였다는 보고가 왔다. 홍범도 부대의 참모 정도익(鄭道益)이 인솔하는 의병대는 단천군 수하면 일대에서 운승리 전투에서 패하고 달아나던 일본군 30명과 무려 5시간 동안 격전하여 그 적군들을 완전히 소탕하는 기염을 토했다. 통쾌한 일이다.

2월 28일, 스키야마(鋤山) 소좌가 이끄는 보병 1개 소대, 기병 1개 소대와 교별리에서 접전했다. 놈들은 소포(小砲)까지 끌고 다니는 특수토벌대였다. 일본군들은 미처 포를 쏠 겨를도 없이 의병대의 기습에 휘말렸다. 부하들을 모두 잃고 스키야마는 저 혼자 달아났다. 얼마나 우스운 꼴인가. 이제는 함경도 산악지역에서 오직 들리느니 홍범도 의병대의 승전뿐이다.

일본군 토벌대는 말로는 폭도를 잡는다며 나섰으나 속으로는 홍범도와 만나는 것을 두려워했다. 혹시라도 접전하게 되면 겁을 먹고 먼저 꽁무니 빼기가 일쑤였다. 혜산진 남쪽 30리 고거리 습격에서도 그런 일이 있었다. 수비대 진영을 기습하니 일본군 병사들은 황급히 총을 버리고 숲으로 달아났다. 용맹하다는 제국군대의 꼬락서니는 이렇듯 가관이었다. 사정이 이런데도 불구하고 당시 적들의 보고서는 자신의 허점을 감추기에 급급했다.

마을주민들은 원래 성품이 간악하여 폭도를 동정하는 자가 많고, 폭도를 위해 원조적 행위로 나가는 자가 있다. 이런 정황으로 금일에 이르러서는 설유(說諭) 및 기타 어떤 방어수단도 그 효과가 없고 형세는 날을 따라 나쁘다.

이런 보고는 일본 본국 여론의 질책과 쏟아질 비난이 부담스러웠기 때문이리라.

각지에 흩어져 싸우는 홍범도 의병대의 활동을 위하여 여러 마을에서 몰래 의연금을 모아 보내왔다. 진재장 140냥, 원동 150냥, 신원동 200냥, 후동 100냥, 홍남사 98냥. 비록 돈의 액수는 적지만 북관 지역 가난한 백성들이 한 푼 두 푼 모아온 정성이란 얼마나 고맙고 눈물겨운 것인가. 하지만 밀정들의 탐문에 걸리면 큰일이다.

일본군 수비대장은 놈들의 상부로 긴급 구원요청을 전보로 띄웠다.

폭도가 점점 창궐하여 언제 읍내를 습격할지 예측할 수 없어 경계 중이다. 일반 정황은 금후 쉽게 안정되지 않을 것 같다. 우편전신취급소는 일단 수비대 주둔지에 옮기기로 협의·결정했다. 우편국 주사가 야간 퇴근 시에 그의 저택까지 겨우 1마장 가량 되나 단독으로는 돌아갈 수 없는 상태다. 이 한 가지 사실을 보더라도 그 불안정한 정도가 얼마나 심한가를 알기에 충분하다.

노점상업과 같은 영업자가 전혀 없고 석유와 신발 등의 생활 필수품이 떨어져 크게 곤란한 형편을 느낀다. 북청에서 서호, 인호리 일대에 오륙십 명가량의 폭도가 모여 있어 위험하므로 당분간 우편마차의 왕래를 중지하고 길이 트이기까지 다소 시간이 걸릴 것이다.

어제 신곡료 16동에서 야마나카(山中), 사지(佐土) 및 하인 1명이 폭도 40명에게 살해되고 11짝의 화물도 약탈당했다. 또 삼수와 장진 간의 전화선을 모두 절단당하고 혜산에서 북청으로 보내는 우편물도 호위병이 없어 현재 수송하지 못하는 형편이라 구원을 기다리고 있다.

통쾌하구나. 우리가 놈들의 이런 다급한 문서를 읽어보는 것은 얼마나 통쾌한 일인가. 홍범도 의병대는 북청, 갑산, 혜산, 단천 지방의 기고만장하던 일본군 수비대의 높은 콧대를 여지없이 꺾어버렸다. 갑자기 나타나서 수비대를 기습했고 포위망을 좁혀서 들어가면 순식간에 온데간데없이 사라졌다. 참으로 귀신이 곡할 노릇이었다.

러일전쟁과 청일전쟁에서 오랜 전투 경력을 가진 일본군 장교들도 『육도삼략』의 병법대로 허실과 진퇴를 재빨리 운용하는 홍범도의 신출귀몰한 산간 유격전술에 늘 골탕 먹고 있었다. 달리 대처할 방도가 없었다. 이때부터 함경도 일대의 주민들은 홍범도가 과연 '펄펄 나는 비장군(飛將軍)'이라고 신이 나서 말했다.

"홍 대장은 축지법도 마음대로 한대요."

"의병대 거느리고 동에 번쩍 서에 번쩍."

"어제 삼수갑산에서 보았는데 오늘은 북청에서 일본 헌병대를 쳐부쉈대요."

"내일은 또 어디서 적들에게 통쾌한 무리죽음을 안기실까."

날개 달린 홍 장군이 훨훨 하늘을 날아다닌다는 소문은 이렇게 전국으로 바람처럼 퍼져갔다.

제4부
민중의 노래

싸운다 싸운다
홍 장군 싸운다

홍 장군 번뜩
왜놈이 쓰러진다

홍 장군 뚜루룩
열 놈 백 놈 쓰러진다

1. 귀순

매국노 송병준(宋秉畯, 1858~1925) 놈이 아예 왜놈으로 입적했다. 이름조차 '노다 헤이지로'(野田平治郎)란 일본 이름으로 바꾸고 어떤 왜놈보다도 더 사나운 왜놈 꼴 되었다고 한다. 일본 총리 가쓰라 다로(桂太郎, 1848~1913)에게 현금 1억을 주면 합병(合倂)사업을 모조리 책임지겠다던 송병준, 아니 노다 헤이지로. 그대 전생과 뿌리는 필시 일본의 낭인(浪人)이었으리.

1908년 무신년 정월, 한 달 동안 관북지방 의병들의 활동을 보자. 전체 의병은 9천 명이 넘었다. 교전 수는 무려 123회. 장진과 혜산에 세운 전신주 18대 구간의 전선을 모두 절단했다. 그달 중순경에는 삼수 읍내 주변의 전선도 모두 끊었다.

서울에서 일본 건달들로 구성된 토벌대가 파견되었다고 한다. 놈들은 거의 중심에서 밀려나 조선으로 건너온 파렴치한 부류들이다. 여기에다 함경도 지역의 일본군 북부수비관구 사령부는 홍범도 의병대에 대한 더욱 세찬 토벌작전을 압박하는 한편, 의병대 내부의 반일역량 분해공작에 달려들었다. 이른바 회유책(懷柔策)이었다.

기실 놈들은 무력만으론 홍범도의 날랜 유격전을 감당하기가 어려웠다. 악질적인 친일관리인 갑산군수와 장진군수 놈을 앞세워 '의병들은 자진하여 귀순하고 곧 해산하라'는 권유서를 도처에 써 붙였다. 한국 황제와 일본군 사령부의 귀순권유서도 함께 붙였다.

그러는 한편으로 치밀한 회유공작도 짜냈다. 강도 일제가 공포한 '귀화자의 취체방법'은 회유책이었는데 이 회유공작에 의병 차도선과 태양욱의 마음이 뜻밖에도 흔들리게 된 것이다. 심지가 굳은 차돌인 줄 알았더니 흙덩이에 불과했구나. 오호라! 저 어리석은 사람들… 매국관리 앞세운 기만전술의 속내를 그들은 제대로 눈치채지 못했다.

황제가 보증하는 회유를 받아들이면 그것이 곧 일본과의 화해가 될 것이라 경솔하게 판단했다. 일본군은 서로 전투를 중지하고 화해조약을 맺자는 제의를 해왔다. 이 말에 속아서 당면한 총체적 열세와 난국을 해결하고 궁지에서 빠져나갈 생각을 한 것이다.

겨울로 접어들었다. 모진 추위를 막아낼 솜옷조차 없었다. 탄약도 양식도 떨어져 일본군을 만나면 그저 피해만 다녔다. 이런 총체적 난국을 타개해보려고 차도선이 궁리한 것이 가짜귀순이었다.

일본군과의 전투를 일단 중지하고 서로 화해를 하게 되면 숨을 쉴 기회를 얻을 수 있으리라 여겼다. 뜻이 굳지 못한 상당수의 의병들은 이것이 오히려 잘되었다고 생각했다. 이 기회에 아예 고향으로 돌아가 농사만 짓겠다고 말하는 자도 있었다.

드디어 2월 하순, 차도선은 부하 의병을 일본군 부대로 보내

을사조약의 토대를 만든 하야시 곤스케와 조선총독 가쓰라 다로.

북청수비구 사령관 야마모토(山本)에게 귀순을 위한 담판 요청의 서신을 보내었다. 이를 읽고 난 일본군 수비대장은 기묘한 미소를 입가에 머금었다. 갑산 이리사(二里社) 부근에서 차도선 등의 귀순 진위 확인을 위해 갑산에 주둔하던 보병 소좌 스키야마(鋤山)에게 명하여 보병 중위 산고(三五) 이하 33명, 기병 소좌 고즈키(上月) 이하 7기, 포병 중위 미야카와(宮川) 이하 47명에게 산포 2문을 주어 거느리게 하고, 즉시 신풍리 현장으로 파견했다. 출동하는 부대 앞에서 수비대장은 큰 소리로 말했다.

"갑산과 삼수 방면 폭도가 점차 귀순절차를 밟고 있는 정황에 비추어 그 증거로 병기는 모두 상납시켜야 한다. 귀순한 자는 그때그때 보고하라. 주소, 성명, 보증인 등 필요한 사항의 기재도 철저히 하라."

차도선이 귀순준비를 진행하는 시간에도 이런 사태를 전혀 모르고 있었던 홍범도 의병대는 청학 서북방 약 3리 되는 수의동에서 나카무라(中村) 오장(伍長)이 인솔하는 일본군을 섬멸했다. 2월 22일에는 연천 쪽으로 연락을 취하려는 고바야시(小林) 이하 일본 병사 서너 놈을 단천군 하농리에서 처단했다. 다음 날에는 교별리 고거리에서 스즈키(鈴木) 소좌가 거느린 일본군과 격전해서 이를 단숨에 격퇴했다.

1908년 무신년 3월 6일, 차도선은 대대장 양혁진과 함께 의병대 250명을 인솔하여 일본군 북청수비구 분견대가 있는 신풍리에서 10리가량 떨어진 구신풍리로 내려와 머물렀다.

다음 날 점심때가 되자 차도선은 서기 이성택을 파견하여 안내자를 보내달라고 요청했다. 일본군 분견대에서는 기병 둘을 보내왔다. 오후 2시경 그놈들이 앞장섰다. 말을 탄 차도선이 앞서고 그 수하 의병 약 250명이 마치 붐비는 시장에 나온 수탉처럼 잔뜩 겁을 먹고 기죽은 꼴로 신풍리에 들어섰다. 일본군 수비분견대 대장 무라야마(村山) 중위는 그들을 접수하러 마을 밖 300미터까지 나왔다. 무라야마는 통역을 데리고 와서 먼저 인사말부터 시작했다. 놈의 허리에 찬 일본도가 이날따라 유난히 철커덕거렸다.

"에… 또… 여러분의 가상한 용기를 높이 치하하는 바이오. 우리 대일본제국의 영명한 천황폐하께옵서는 여러분의 오늘 용기를 결코 잊지 않으실 것이오. 여러분의 용단은 현재 산중에 숨어서 여러분의 거취를 지켜보고 있을 조선의 다른 폭도들에게도 많은 격려와 위로가 될 것이라 확신하오."

환영사를 마친 무라야마는 분대장 이하 의병들에게 그 자리에 머물며 일단 휴식하도록 지시했다. 중대장 이상의 지휘자들은 무기부터 반납한 다음 지정된 장소로 들어가도록 했다. 하지만 그때까지도 무언가 수상한 낌새를 전혀 눈치채지 못했다. 시절은 3월이나 하늘엔 무거운 구름 드리우고 오전엔 한바탕 눈보라까지 휘몰아쳤다.

일본군 막사에는 난롯불 하나가 가운데 피워져 있었다. 그 양편으로 쌍방대표가 마주 앉았다. 막사 주변에는 착검한 총을 든 일본 군병들이 마치 엮은 삼대처럼 촘촘히 서 있었다. 분위기는 어딘지 모르게 삼엄하고 야릇했다.

의병 대표는 의병장 차도선, 대대장 양혁진, 중대장 고운학, 서기 이성택 외 4명의 중대장이다. 일본군 및 관청 대표는 중위 무라야마, 군의 미야자키(宮崎), 통역 게이테(計手), 그리고 갑산군수와 신풍리 낙생사의 면장 등이었다. 양측의 담판은 먼저 귀순자 명단을 비롯하여 무장해제 문제를 둘러싸고 진행되었다. 무라야마가 먼저 의병대 명부를 요구했다. 차도선이 말했다.

"전원 귀순에 대해서는 의심치 말라. 며칠 안으로 완전한 명부를 넘겨줄 것이다."

무라야마는 명부를 받은 뒤에 가면죄증(假免罪證)을 먼저 발급해줄 것이며, 모두 귀순하고 무기를 바친 것이 확인되어야 진짜 귀순증을 발급할 것이라고 말했다. 만약 귀순 후에도 여전히 무기를 휴대한 자는 폭도로 즉각 체포하겠다고 단호히 말

함경남도 주둔 일본 경찰
제3순사대가 홍범도의 부하
좌영장 1명을 체포했다는
소식을 전하는 일제의
정보보고서.
친일 앞잡이 임재덕(林在德)의
이름으로 작성했다.

했다. 한순간 살벌하고 싸늘한 기운이 회의장에 감돌았다. 그 시각에도 홍범도 의병대는 적들과 싸웠다. 구전에서 교전하여 왜병을 물리쳤다. 삼수주재소로 들이닥쳐 순사보조원을 처치했다.

다음 날 차도선이 명부를 넘겨주었다. 부하 의병조직 537명의 목숨이 저승차사의 손아귀로 어이없이 넘어갔다. 일본군 측에서는 같은 숫자의 가면죄증을 넘겨주면서 완전한 귀순이 이루어지면 그때 진짜 귀순증을 준다고 했다. 일본군은 완전한 귀순과 무기제출에 한 달 동안의 말미를 주겠노라고 했다. 차도선은 정확히 한 달 뒤에 지정된 민가에 무기를 갖다 놓기로 약속했다. 일본군은 여기에 한 가지를 더 요구했다.

"홍범도와 태양욱도 귀순시켜라."

차도선은 이 말을 듣고 적극 설득해보겠노라고 대답했다. 그러곤 다시 본대로 돌아왔다. 뒤늦게 이 충격적인 소식을 전해들은 홍 대장은 크게 놀라고 얼굴빛이 창백해졌다. 극도의 분노와 배신감으로 굵은 눈썹은 치켜올라가고 사뭇 경련까지 일어 말소리조차 나오지 않았다.

"싸우면 싸우고 말면 말지 위장귀순이란 게 대체 무슨 말인가."

홍 대장은 차도선의 가짜귀순을 즉각 투항행위로 간주하면서 끝까지 이를 비판하고 조목조목 성토했다.

"그들이 어떤 놈들인가. 놈들의 잔꾀에 절대 속지 마시오. 그 선택은 한순간 반역의 길로 빠지게 되오."

몇 차례나 편지와 사람을 보내어 타이르고 또 설명해도 한번 작정한 차도선의 벽창호 같은 마음은 결코 꺾이지 않았다. 기어코 자신의 계획대로만 밀고 나갔다. 태양욱도 처음엔 반대했으나 차도선이 자꾸만 집요하게 설득하자 슬그머니 귀순 쪽으로 마음이 기울었다. 의병대의 단합에 깊은 분열이 왔다. 홍 대장 가슴속은 천 갈래 만 갈래로 찢기는 듯했다.

드디어 3월 12일, 차도선은 태양욱과 더불어 약 200명의 부하를 인솔하고 기어이 신풍리로 가서 완전히 투항귀순하고 말았다. 우리 의병대가 어쩌다 이 지경이 되고 말았는가. 슬프고도 참혹한 날이었다.

차도선을 맞이하는 북청 수비연대 연대장 오쿠무라(奧村) 중좌 놈의 표정은 싸늘했다. 불과 열흘 전의 약속을 깡그리 무시하고 즉시 의병대의 무장을 강제해제시켰다. 그날 빼앗긴 무기는 화승총 136자루, 삼십년식 소총 3자루, 단발총 9자루, 10연발총 2자루 등 모두 150자루였다. 얼마나 어렵게 구한 귀한 무기인가. 차도선은 뒤늦게 '아차 속았구나' 뉘우쳤지만 이미 엎질러진 물이었다. 태양욱은 일본군의 이런 조치에 거세게 반발했다. 그러나 기울어진 사태를 돌이키기엔 때가 늦었고 오쿠무라는 강경하게 저항하는 태양욱을 일면 설득 일면 협박했다. 태양욱은 놈들의 위협에 굴하지 않고 왜적의 배신과 만행을 맹렬히 꾸짖었다. 하지만 이것은 곧바로 죽음의 길. 오쿠무라 놈은 태양욱을 강제로 끌어다가 말뚝에 묶어놓고 아무런 주저 없이 곧장 총살해버렸다. 우리 대한의 훌륭한 의병 하나가 지도자를 잘못 만나 어이없이 죽어간 순간이었다.

오쿠무라는 차도선, 이성택, 김덕순을 홍범도 체포의 미끼로 이용하려고 포승으로 단단히 결박하여 감옥에 가두었다. 적장 놈은 잔꾀부릴 생각부터 했다. 차도선과 태양욱 부대가 모두 자진 귀순했다고 헛소문을 퍼뜨렸다. 오호라, 잠시 고통을 못 참고 교활한 왜적에게 속아 넘어간 차도선의 어리석음이여. 그의 경솔한 행동은 함경도 일대 항일무장투쟁 전반에 너무나 크고 깊은 타격을 주었다. 그날 이후 차도선과 태양욱 의병대의 이름은 세상에서 아주 사라졌다.

강도 일제는 귀순자의 명단을 발표했다. 각급 지휘관 17명, 북청군 거주 124명, 단천군 거주 170명, 삼수군 거주 111명, 이원군 거주 39명, 무산군 거주 9명 등 도합 688명이다.

2. 악몽의 시간들

북청경찰서 제3순사대 소속 앞잡이였던 임재덕(林在德), 김원홍(金元弘) 두 악당은 홍범도의 본가를 몰래 알아내었다. 거기엔 홍범도의 아내가 혼자 남아 집을 지키고 있다는 비밀정보까지도 확인했다.

이런 와중에 단양 이씨는 집 주변에 감시의 낌새가 느껴지자 먼저 용환이부터 빼돌렸다. 마침 밭갈이 계절이 되어 이웃집 쇠돌 어멈이 삼태기를 빌리러 왔을 때 이 위급한 사정을 귓속말로 알렸다. 쇠돌 어멈은 짐짓 자기 아들인 것처럼 꾸며서 용환의 손목을 잡고 사립문을 빠져나갔다. 이는 단양 이씨의 재치 있는 행동이었다.

왜적들은 혹시라도 홍범도가 밤에 몰래 다녀갈까 해서 항상 집 주변에 사복조 감시병을 두고 있었다. 폭도 괴수 홍범도를 생포하는 순간, 높은 승진과 두둑한 상금이 보장된다. 그것만이 오직 놈들의 목적. 이렇게 해놓고 놈들은 자꾸만 귀순을 요구하는 편지를 써서 산중으로 보내왔다. 편지는 한문으로 길게 허튼 문장을 늘어놓았다. 홍 대장은 편지를 발기발기 찢어 던지며 노기띤 목소리로 외쳤다.

"이놈들이 나를 무식하다고 일부러 놀리는 게지. 이 흉측한 놈들!"

이 서슬에 편지를 들고 심부름 온 놈들은 오는 족족 의병대 감옥에 갇혔다.

홍범도 장군은 사태의 심각성을 느꼈다. 필시 어떤 위기가 가까이 다가오고 있음을 직감했다. 혼자 집에 남아 있을 아내와 어린 아들 용환이가 가장 크게 염려되었다. 그리고 다른 의병대원의 가족들도 함께 피신시킬 요량으로 아들 양순에게 특별임무를 주어 급히 산채에서 내려보냈다. 하지만 양순이가 집에 막 들어서는 때 어머니는 북청수비대 소속 일본군 및 제3순사대의 조선인 순사 임재덕, 김원홍, 최정옥 등에 의해 이미 끌려가는 순간이었다. 어머니의 연약한 몸은 포승줄로 꽁꽁 묶여 있었다. 용환이는 어디로 갔는지 보이지 않았다.

"어머니…!"

이 참경을 바라보는 아들의 두 눈에 불꽃이 튄다. 양순도 그 길로 곧장 체포되어 감옥에 갇히고 말았다. 그들 모자는 함께 장평리 유치장에 수감되었다. 이때 양순 모자를 호송해간 일본군은 103명, 한인보조원은 80명이나 되었다. 이 급보를 전해들은 홍 대장은 어금니를 부드득 갈았다.

"임재덕, 김원홍! 내가 네놈들을 곧 만나리라! 반드시 만나서 천추에 맺힌 우리 겨레의 한 풀어 보리라!"

아내와 아들이 도적 굴에 잡혀 있는 그 시간에도 홍범도 대장은 뜻을 굽히지 않고 더욱 활발하게 더욱 기운차게 불굴의 투지를 펼쳐나갔다. 3월 25일, 홍범도 의병대는 벼락같이 들이닥쳐 고원읍에 주둔하는 일본군 파견대를 공격하고 여지없이 박살냈다. 3월 29일에는 고소성리 부근에 매복하고 있다가 일본군 수송대를 쳐부수었다. 4월 20일, 삼수 부근 산기슭에서 정찰 나온 일본 헌병대를 모두 섬멸했다. 급보를 받고 달려온 삼수 헌병대 소속 일본군과 교전해서 놈들을 단숨에 물리쳤다. 4월 30일, 북청수비구 사령관 야마모토 대좌는 제3순사대장 임재덕에게 불칼 같은 명령을 내렸다.

"목하 구류 중인 차도선 일당을 비롯해서 김기학, 김좌봉 및 홍범도의 처자 등은 귀순권유의 수단으로 필요에 의하여 마음대로 사용할 것을 허용한다. 그러나 도망하지 않는다는 확실한 담보가 없는 한 그들을 절대로 석방하지 말라."

5월 1일, 홍범도 의병대의 한 부대는 갑산 북쪽에 있고 다른 한 부대는 삼수 부근에서 활동 중이었다. 제3순사대장 임재덕은 급히 순사대를 거느리고 북청을 출발해서 갑산 부근의 한 지점에 이르렀다. 상부에서 홍범도 의병대를 찾아가 직접 귀순을 이끌어내라는 명령을 받았다. 악당 임재덕은 지역의 일진회 회장도 겸임했다. 김원홍은 그놈 밑에서 부회장을 맡고 있었다. 임재덕은 원래 갑산 진위대의 참령 출신이다. 그런 놈이 왜놈 경찰서 제3부의 서슬 퍼런 순사나리가 되더니 일대에서 가장 소문난 악질이 되었다. 민족운동으로 잡혀온 사람에게 고통을 주는 고문전문가가 되었다. 놈의 악명은 인근에 자자했다.

이런 악당 놈의 주특기는 위협과 공갈, 이간질, 유혹과 회유 등이다. 위협할 땐 갖은 형구를 다 꺼내놓고 가장 극악한 고문방법을 썼다. 상상을 뛰어넘는 방법을 개발했다. 주로 즐겨 쓰는 것이 주리 틀기와 거꾸로 눕혀놓고 콧구멍에 고춧가루 물

먹이기, 손가락을 비틀어 관절 뽑아내기였다. 유혹할 때는 곧 벼슬자리를 줄 것이며 금덩이까지도 내어줘 금방 백만장자라도 만들어줄 기세였다. 놈들에게 당한 동포들은 이미 수백 명으로 원한이 하늘을 찔렀다. 놈의 일가친척들조차 그 악당 놈을 두려워했다. 같은 경찰서에 있는 왜적 순사 요시다(吉田)와 모콘(毛根)도 놈들의 잔인함에 혀를 내둘렀다고 한다.

이들 두 창귀(倀鬼) 놈이 양순 모자에게 각종 고문 기구를 모조리 동원해서 악랄하게 취조했다. 먼저 가죽채찍으로 후려치고 주먹질과 발길질을 소나기처럼 퍼부었다. 도리깨를 갖고 와서 후려치니 마치 콩깍지 튀어오르듯 맞은 몸에선 핏방울이 사방에 후두둑 뿌려졌다. 거꾸로 매달아 놓고 코에 고춧가루 물을 강제로 먹이다가 시뻘겋게 단 쇠꼬챙이로 허벅지 맨살을 갑자기 지졌다.

단양 이씨는 주리를 틀리고 손발톱이 다 뽑혔다. 이미 사람의 몰골이 아니었다. 무릎 뼈가 부서져 다신 일어서지 못하는 앉은뱅이가 되었다. 피투성이가 되어 쓰러지면 얼굴에 양동이로 물을 끼얹었다. 실낱같은 정신이 돌아오면 곧바로 독한 취조와 고문이 또 이어졌다. 연약한 여자 몸으로 얼마나 견디고 버틸 수 있을 것인가. 모진 악형을 당하면서도 단양 이씨는 결코 입을 열지 않았다. 놈들은 칼이 꽂힌 총창을 턱 밑에 들이대며 온갖 더러운 욕설을 쏟아내다가 구둣발로 밀어서 바닥에 쓰러뜨리고 그대로 가슴에 올라가 짓밟았다. 또 구두 뒤축으로는 배를 찍어서 짓이겼다. 내장이 파열되고 입으로 피를 토했다. 우두둑 뼈가 부러지는 소리가 났다. 악당 놈들은 대체 무엇이 그리도 악에 치받쳤던 것인가. 놈은 홍범도에게 당한 연전연패의 수모를 홍범도의 아내에게 복수하려는 기세였다. 어찌 이리도 비열하고 비겁한가. 진작 인간이기를 포기한 말종들이다.

도리우찌(鳥打帽)를 삐딱하게 눌러쓴 임재덕이 잔꾀를 부린다. 단양 이씨 앞에 종이와 붓을 갖다 놓고 호통치며 큰 소리로 외친다.

"지금부터 내가 부르는 대로 네 서방에게 글을 써라! '당신이 일본천황 앞에 귀순하면 천황께서 당신에게 공작 벼슬을 주고자 하신답니다. 항복 후 당신이 높은 벼슬을 하게 되면 나도 그 귀인의 아내가 되고 우리 자식들도 귀한 아비의 자식이 되지 않겠습니까.' 내가 부른 대로 써 보내면 좋거니와 그렇지 않으면 너희 모자를 오늘 아주 어육(魚肉)으로 만들고 말리라."

임재덕이란 놈은 일면 공갈과 일면 회유를 해대며 재촉이 혹심하다. 단양 이씨는 흐릿한 의식 중에도 눈을 감고 꼿꼿한 자세로 앉아 있었다. 그러다가 분연히 붓을 달라고 해서 무언가를 쓰고 나서 매서운 얼굴로 냉큼 그 붓을 바닥으로 집어던진다. 종잇장을 낚아채어 훑어보던 임재덕 놈은 돌연 표독한 살쾡이 눈이 된다. 악당의 두 눈깔은 독살스레 단양 이씨를 노려보고 축 처진 볼따구니는 좌우로 일그러져 실룩거린다. 단양 이씨가 마지막 힘을 다해 악당 놈을 향하여 호통친다.

"계집이나 사나이나 영웅호걸이나 실낱같은 목숨은 한 번 없어지면 그뿐이다! 하물며 계집의 글자로 영웅호걸의 마음을 어찌 움직일 수 있을까 보냐. 너희 놈들이 나와 더불어 말하지 말고 네놈들 맘대로 할 테면 할 것이지 왜 아녀자를 불러 이다지도 고통을 주느냐."

그 말이 채 끝나기도 전에 임재덕은 입에도 못 담을 상스런 욕설을 퍼부으며 종잇장을 발기발기 찢어서 단양 이씨의 얼굴에 집어던진다. 모멸의 가래침까지 뱉는다.

"이 독한 년아! 네년이 그냥 버틸 줄 아느냐. 네년의 혀가 질긴지 이 채찍이 질긴지 어디 두고 보자."

죽음을 각오한 단양 이씨의 백랍처럼 하얀 얼굴이 옥중의 일렁이는 호롱불에 비친다. 악당 놈은 또다시 비겁하게 이미 초죽음이 된 여인을 모질게 고문한다. 어떻게 하면 아낙에게 더욱 심한 고통을 줄 것인가를 궁리하다가 놈들은 마침내 단양 이씨 발가락 사이에 기름을 흠뻑 적신 심지를 끼우고 그 끝에다 불을 붙였다. 심지가 모두 타면서 단양 이씨의 발가락 생살이 바지직바지직 타들어간다. 처절한 비명이 터지고 지옥의 유황불은 어른거렸다. 여인은 독한 마음으로 결연히 혀를 깨물었다. 입술 틈으로 붉은 피가 주르르 쏟아졌다. 이마에선 구슬 같은 땀방울이 뚝뚝 흘러내렸다. 단양 이씨는 온 힘을 모아 입안에 가득 고인 피를 매국노의 낯짝을 향해 콱 뿜었다. 돌연히 피를 뒤집어 쓴 악당 놈들은 한층 극악하게 고문의 고삐를 옥죄어 들었다. 단양 이씨는 어금니를 깨물고 그 고통을 참다가 기어이 혼절하고 말았다. 아, 슬프고도 가엾어라!

그날 밤 우리의 가련한 단양 이씨, 그녀는 의병장 홍범도의 부인으로서 추호도 손색이 없는 당당한 죽음을 지켜보는 사람 하나 없이 차디찬 옥중 흙바닥에 쓰러진 채 맞이했다.

단양 이씨의 넋은 만신창이로 짓이겨진 육신을 홀연히 떠나 연기처럼 둥둥 떠서 공중으로 올라갔다. 그곳은 이승의 고통이 전혀 없이 포근하고 아늑하기만 했다. 한없는 부드러움이 누적된 고통 속에서 몹시도 피로하던 단양 이씨의 몸을 따뜻하게 감싸주었다. 캄캄한 하늘 저 한쪽 귀퉁이에는 평소에 없던 별자리 하나가 새로 생겨났다.

한편 임재덕과 김원홍, 두 악당 놈은 단양 이씨의 글씨체를 흉내 내어 쓴 가짜편지를 홍범도 의병대로 보냈다. 이틀 사이에 앞잡이 여덟 놈이 이른바 편지란 것을 들고 헐레벌떡 산채로 올라왔다. 이른바 '귀순권유서'라고 한다. 용문동 더뎅이 산골에 자리 잡은 홍 대장은 놈들의 계략을 눈치채고 적들의 밀사가 올라오는 대로 즉각 끌고 가서 가두었다. 아내 단양 이씨의 정황을 캐물었으나 놈들은 그저 편안히 잘 계시다고만 둘러댔다. 이놈들이 필시 무언가를 숨기고 있는 눈치지만 끝내 발설하지 않았다. 홍범도는 크게 역정을 냈다.

"여봐라 저놈들을 즉시 처단하라!"

홍 대장의 분노한 얼굴이 더욱 붉어진다. 이런 줄도 모르고 임재덕 놈은 홍범도의 답서가 오기만 줄곧 기다린다. 아무리 기다려도 답신의 기미가 없자 악당 놈은 마침내 홍 대장 속을 더욱 후벼 파는 작전으로 나왔다. 이번에는 감옥에 갇힌 홍 대장의 아들 양순에게 편지 한 장을 주면서 말했다.

"네가 돌아가면 다시 오지 않을 줄 내가 잘 안다. 미련스런 고집불통 네 아비가 이 편지에 응답하지 않을 것도 내가 잘 안다. 하지만 이번에 네가 돌아가면 네 아비가 너를 얼마나 반가워하겠니. 가는 길로 곧장 네 아비한테 이 편지를 전해주어라.

정말 반가워하리라."

말투가 완전한 비아냥거림이었다. 부자간에 갈등을 빚어내려는 몹시도 더러운 흉계를 깔고 있었다. 이렇게 한참을 놀려대더니 미리 준비한 편지 한 장을 양순의 손에 들려서 올려 보냈다. 그렇게 양순이는 옥중에서 풀려나 악당 놈의 편지를 들고 터벅터벅 산중으로 올라왔다. 아버지가 계신 대장지휘소 문 앞까지 당도하니 홍범도는 그 소식을 듣고 기가 막힌 듯 아들을 바라본다. 악당 놈이 전해온 편지를 모두 읽은 홍 대장은 돌연 육혈포(六穴砲)*를 뽑아 들고 벽력같은 고함을 지른다.

"야, 이놈아! 너는 어제까지 내 자식이었지만 오늘부턴 내 아들이 아니다. 네가 왜적 놈 감방에 한참 동안 들어가 적들의 콩밥을 먹고 지내더니 네가 아주 왜놈이 되어 나까지 해치려고 돌아왔구나. 너는 분명 우리 의병대에 해를 끼치는 놈이니 우선 너부터 쏘아 죽여야겠다!"

"탕…!"

대장지휘소 안에서 뜻밖에 요란한 총소리가 울렸다. 그 누구도 말릴 틈이 없었다. 깜짝 놀란 부관이 불에 덴 듯 화들짝 놀라서 달려가 보니 양순은 한쪽 손바닥으로 귀를 감싸고 대장지휘소 바닥에 모로 쓰러져 있다. 양순의 손가락 사이로는 붉은 선혈이 뚝뚝 떨어진다. 양순은 넋이 나간 채 바보처럼 멍뚱한 얼굴이었다. 무슨 일이 일어나고 있는지도 모르는 놀란 멍청이의 표정이었다.

---

* 탄알을 재는 구멍이 여섯 개 있는 권총을 일컫는 말.

오호, 천만다행이었다. 아버지가 쏜 총탄은 살짝 빗나가서 아들의 귓밥을 찢었다. 손가락 한 마디쯤만 안쪽으로 맞았으면 골이 깨어져 바로 즉사했을 것이다. 불행 중 다행이다. 이 기막힌 날이 언제였던가. 무신년하고도 음력 2월 28일. 활활 타는 홍 대장의 분노를 지켜본 의병대 대원들은 두려움으로 숨소리조차 죽이고 가만히 눈치만 보았다.

"홍 대장은 당신 친자식에게 저리도 매섭게 문책하고 총까지 주저 없이 쏘시는데 만약 우리들이었다면 즉결처분을 면치 못했으리라."

젊은 대원들의 이 말에 나이든 고참 대원들은 고개를 흔들었다.

"그런 말 말라. 홍 대장만큼 다정하신 분도 없나니. 자신과 가족에겐 지나칠 정도로 엄격하지만 부하들에겐 늘 자상하고 슬픔에 동정적인 분이니라. 차분하고 조용조용 말하시며, 무엇보다도 우정을 소중히 여기실 줄 알고 의리에 충실한 분이니라. 오죽하면 오늘 자식에게 총 쏘았을까."

청년 대원들은 그제야 사뭇 떨리던 마음을 조심스럽게 내려놓았다.

홍 대장은 마치 아무 일도 없었다는 듯 그저 평소와 다름없이 대장지휘소에서 집무를 보았다. 양순은 다친 귀를 치료하느라 여러 날 동안 의무실에 누워 있었다. 하지만 그날의 무서운 악몽의 충격에서 여전히 헤어나지 못하고 있었다. 의병대엔 통소 소리가 전혀 들리지 않았다. 모든 대원들은 더욱 홍 대장의 기색을 흘끔흘끔 살피며 극진히 보살폈다.

3. 매국노

악당 임재덕이란 놈은 농구사 마을의 주민 모두를 한 자리에 불러 모았다. 홍범도가 날이면 날마다 백성의 원한을 사니 이 흉적 놈은 반드시 잡아서 없애야 할 폭도라며 온갖 험하고 흉측한 말을 다 늘어놓았다. 하지만 둘러선 주민들은 겉으론 빙글빙글 웃으며 속으로는 빈정거리며 그저 '옳소 옳소' 일부러 외치며 거짓박수를 요란히 쳐댔다. 앞잡이 몇 놈들이 눈썹을 곤두세우며 박수를 더욱 크게 치라고 윽박질렀다. 악당 놈은 그 거짓박수를 제 말에 진심으로 동의하는 박수로 알고 흡족해하며 웃는데 그 꼴이 가관이었다.

강도 일제는 오직 우세한 무력의 힘으로 홍범도 의병대를 깡그리 소탕하려고 서둘렀다. 3월 2일, 두 악당 놈들은 일본군 200여 명, 자위단 소속 일진회 회원 200여 명 등 도합 400여 명을 이끌고 장거리 김치강의 집에 주둔하며 홍범도 의병대로 최후통첩을 보냈다. 그리고 응답을 기다렸다.

"계속 싸우기를 원하느냐. 순순히 귀순하기를 원하느냐. 어느 쪽을 택하든 세 시간 이내에 속히 결정하라! 만약 아무 통지가 없으면 속사포로 너희 폭도들을 아주 없애리라. 땅 위에서 형체도 없이 아주 씨를 말려버리겠노라."

악당들은 자못 추상같은 기세로 회답을 기다렸다. 이 통보를 받은 홍 대장은 입가에 미소를 지었다. 이제야말로 임재덕과 김원홍 두 악당 놈을 일시에 처단할 수 있는 절호의 기회가 왔다고 판단했다. 홍 대장은 악당들의 제의를 역이용할 계책을 마련했다. 의병대 안에서 가장 총을 잘 쏘고 힘도 좋은 대원 700명을 비밀리에 배치시켜 여차여차하라고 엄중히 지시해놓았다. 참모부에 일러서 거짓 귀순요청서를 한 장 써달라고 했다. 여러 참모들 앞에서 홍범도 대장이 말했다. 내가 그걸 들고 가서 어떻게든 교섭하여 놈들을 데리고 흙다리 한판에 들어설 터이니 그때 동지들은 여차여차하시오 했다.

언제나 그렇듯 홍 대장의 말투는 그냥 '여차여차'뿐이었다. 그래도 참모들은 이 말뜻을 그림처럼 소상히 알아들었다. 모두가 홍 대장 작전계획과 진행방향을 다 파악했다. 홍 장군은 곧 대장지휘소로 들어가 그 누구도 모르게 감쪽같이 변장하고 수염까지 밀었다. 잠시 뒤에 나오는데 부하들도 그가 누구인지 전혀 알아보지 못했다. 홍 대장은 흡족한 표정을 지으며 그길로 곧장 적들의 소굴을 찾아갔다. 수행원조차 없이 그야말로 혈혈단신. 명사수들로만 가려 뽑은 병사들은 이미 섭다리 부근의 여러 요충지에 매복시켜 두었다.

변복에 변성명하고 마침내 장거리에 도착한 홍 대장. 그는 김치강네 집으로 주저 없이 성큼성큼 걸어 들어가 거기서 악당 놈과 대면했다.

"나는 홍범도 부대에서 온 전령이오."

이렇게 말하며 편지 한 장을 전했다.

김원홍은 지금 제 눈앞에 서 있는 사람, 그가 바로 홍범도인 줄 전혀 눈치채지 못한 채 만면에 흡족한 웃음을 지으며 편지를 받아 읽었다. 그러더니 강물을 헤엄쳐서 건너는 개처럼 턱을 잔뜩 치켜들고 거드름을 피우며 호령했다.

"너희들 소원이 정녕 그러하다면 내 그리하여 주마."

편지에는 '대세가 불리하여 홍범도가 곧 귀순하려 하니 예의를 갖추고 마중하기 바란다'는 그런 내용이 들어 있었다. 사방이 어수선한 틈을 타서 홍 대장은 재빨리 몸을 날려 도랑을 끼고 달려가 언덕진 곳 뒤편으로 서둘러 몸을 감추었다.

두 악당 놈 거동 좀 보소. 무장한 병사를 집안과 파수병 둘레에 겹겹이 세워놓고 일본 군경 200명을 인솔해서 나갔다. 그러고는 흙다리목에 진을 친 채 홍범도를 기다렸다.

바로 이때였다. 더덕장거리에서 몇 발의 총소리가 요란히 나더니 방천 주변에서 모진 광풍에 불꽃 일어나듯 돌개바람이라도 크게 일어나는 듯 좌우 산에서 일제히 불벼락이 쏟아진다. 산기슭 양편 유리한 지세에 미리 대기하고 있던 의병대의 매복조 용사들은 이때를 놓치지 않고 일제히 맹사격을 퍼붓는다. 곧 귀순해올 홍범도를 기다리며 흐뭇한 상상에 젖어 있던 악당 놈들은 혼비백산하여 길가의 오물구덩이에 첨벙 엎드렸다. 온갖 더럽고 구린 것이 얼굴에 축축하게 튀고 입으로도 들어왔지만 그런 분간에 마음 쏟을 겨를이 없었다. 죽느냐 사느냐 오직 그것만이 절박한 문제였다. 백발백중 명사수들이 쏘아대는 복수의 명중탄은 적들의 심장을 단숨에 꿰뚫었다. 우왕좌왕하느라 미처 대항할 채비도 못해보고 쓰러지는 적들. 어떤 놈은 자

빠지고 어떤 놈은 엎어지고 어떤 놈은 뒤집어지고 어떤 놈은 떼굴떼굴 구르고 또 어떤 놈은 거꾸러진다.

아, 모처럼 통쾌하고 속이 시원한 날이다. 의병대는 이날 싸움에서 100명도 넘는 적군을 사살했다. 임재덕과 김원홍 두 악당 놈은 일본군 대위 1명, 졸개 109명과 함께 생포되었다. 의병대는 고응렬(高應烈) 대원이 유탄에 맞아서 전사했다. 조인각(趙仁珏) 대원은 관통상을 입었고, 부근 민가의 소년 하나가 불운하게도 눈먼 총알에 맞았다.

홍 대장은 단양 이씨의 생사가 궁금해서 황급히 여기저기를 쏘다니며 샅샅이 찾았다. 하지만 그 어디에서도 아내의 모습을 찾을 길이 없었다. 이때 옥중에 갇혔다가 홍 장군 덕에 풀려난 청년들이 겁을 먹은 듯 송구한 얼굴로 머뭇거리며 말했다.

"이씨 부인께서는 저 흉악무도한 임재덕과 김원홍 두 악당 놈의 모진 고문을 받으셨지요. 몇 차례나 혼절하셨다가 다신 깨어나지 못하셨답니다."

뒷말은 차마 못 잇고 어물어물했지만 홍 대장은 그 뜻이 무엇인지 알았다. 한 줄기 서늘한 냉기가 등골에 고압전기처럼 소스라치게 밀려왔다. 이 무슨 말인가. 모진 고초 속에서도 꿋꿋하게 살아 있을 줄 알았더니 이 어인 벽력인가. 홍 대장은 줄곧 정신이 아찔하고 현기증으로 비틀거린다. 비통한 소식을 전한 사람은 그것이 마치 자기 죄인 것처럼 옆에서 부들부들 떨고 섰다. 너무나 사무치는 충격에 앉은 채로 한참 고개를 숙이고 있던 홍 대장은 이윽고 얼굴을 들었다. 눈물로 얼룩진 두 눈에는 분노가 이글이글 화산처럼 끓어오른다.

"오, 이 일을 대관절 어찌 할까. 이제 아내의 얼굴을 두 번 다시 볼 수 없으니. 먼 훗날 이 몸이 저승 가면 만날 수 있을까. 여보, 여보, 그대가 날 만난 것이 잘못이었구려. 내가 당신을 죽였소. 모두 내 탓이오. 아, 날 용서하구려. 모질고도 무심했던 이 못난 나를 용서하오."

혼자 실성한 듯 중얼거리는 대장 옆에 둘러선 부하 대원들의 눈에도 눈물이 그득했다.

"대장님! 우리 대장님!"

모두가 부둥켜안고 우는 통곡소리가 뒤뜰에서 들려왔다. 그때 혼백(魂魄)을 부르는 무당이 있었다면 분명 이렇게 소리 한 바탕했으리라.

　　돌아오소 돌아오소
　　꼭 오마던 이가 온다는 소리 이제 막연하구나
　　피 묻은 손목 부여잡고 허우야 허우야
　　돌아오소 언제 자시던 밥이라고
　　밴들 오죽 고프리까
　　불쌍하다 우리 아내
　　단양 이씨 넋을 불러나 보자
　　가소롭다 가소롭다
　　세상일 덧없고 가소롭다
　　소식조차 돈절하고 망자는 대체 어딜 갔노
　　멀쩡하던 그 사람 언제 나 몰래 저 혼자 죽어
　　대명천지 밝은 날에 귀신이란 말이 웬 말인가

빈 몸 빈 손 나와서 인간 백년 살자고
천년만년 살자고 허리띠 졸라가며
알뜰살뜰 모아 갖구요 이 세상에 나와 갖구
어이 그냥 가셨나요.

이윽고 홍 대장은 그제야 꽉 막혔던 울음보가 터졌는지 어깨
를 들먹이며 크게 통곡한다. 뒤에서 보면 마치 황소가 울부짖
는 듯하다. '함경도 오구굿'에서 '초망자(初亡者)굿'의 사설조로
엮는다면 아마도 이럴 것이다.

여보, 여보, 그대는 어딜 가서 못 오시는가. 오니 온 자취를 누
가 알며 가니 간 자취를 누가 알리. 만날 길이 전혀 없건마는 생
각할수록 가련하기 짝이 없구려.
어이구, 어이구, 여보, 여보, 그 소리가 귀에 쟁쟁, 그 모습이 눈
에 암암, 이제 어디메서 그대를 찾을까.

곧바로 대장지휘소가 갖추어지고 청년대원들이 두 악당 놈
의 양쪽 겨드랑이를 낀 채 포박된 상태로 끌고 와 무릎을 꿇리
었다. 홍범도 대장이 빈대 잡으러 가는 엄지손가락처럼 꼿꼿이
앉아 두 눈을 부릅뜨고 악당 놈을 직접 엄중 문책한다.
"너희 두 놈들은 고개를 들고 나를 보라!"
한 대원이 놈들의 머리채를 잡고 목고개를 거칠게 뒤로 젖혔
다. 두 악당 놈은 자기들의 눈을 의심했다. 불과 몇 시간 전에
편지를 전하러 온 바로 그 심부름꾼이 아니던가. 놈들은 삼복

더위에 메밀밭갈이 하는 황소처럼 숨만 씨근덕거릴 뿐 말이 없다. 한참 넋 나간 듯 멀뚱히 앉았다가 그대로 겨우 한다는 짓이 오로지 비겁한 통곡이다. 그 눈물은 손바닥에 들어온 고기를 그냥 놓쳐버린 울분의 자책인가. 분노 때문인가, 아니면 아쉬움 때문인가. 이를 보던 한 의병은 저 악당 놈들이 지금 제 잘못을 반성한다고 말했으나 그건 결코 아니었다. 놈들은 너무나 분통하여 눈물을 흘릴 뿐이었다.

홍 대장의 노기 띤 소리는 쩌렁쩌렁 대들보를 울린다.

"김원홍! 네 이놈! 네가 수년을 진위대의 참령(參領)으로 나랏돈을 수만 원씩 받아먹다가 나라 망하게 되면 벼슬자리 마땅히 내어놓고 시골로 들어가 감자농사나 지어 먹고 지내는 것이 백성의 도리가 아닌가. 저 왜놈들 정미칠조약에 적극 참가해서 인민의 반역자를 자청하니 너 같은 놈은 열 번을 죽어도 시원치 않다."

홍 대장이 이어서 외친다.

"임재덕! 들어라! 네놈은 이놈보다 훨씬 악독한 도적놈이니 내 너와 무슨 긴말을 나누겠는가. 그동안 네놈에게 억울히 당하여 목숨을 잃었던 백성의 이름으로 너희 두 놈을 즉각 사형에 처하노라! 다른 앞잡이 놈들도 내 말 똑똑히 들어라! 너희나 내나 다 같은 동포로서 무슨 원한 그리도 많아 저런 천하 역적 놈과 공모하여 나를 해치려 했느냐. 저 왜적 놈은 남의 강토를 제 땅으로 만들자 하니 그럴 수 있다 치자. 너희 놈들은 이 강토의 백성으로 태어나서 어찌 동족을 해치는 독사가 되었는가. 네 아비 네 어미 다 너와 같이 세상에서 아주 씨를 말려야겠다.

여봐라! 저놈들도 동포의 이름으로 처단하라!"

김원홍과 임재덕 두 악당 놈은 긴 말뚝 두 개를 밭 가운데 마주 박아놓고 한 놈씩 기둥에다 밧줄로 칭칭 감아 매었다. 놈들의 얼굴은 백짓장으로 바뀌었고, 줄곧 부들부들 떨면서 애걸한다.

"너그러운 우리 홍 대장님, 제발 살려줍쇼, 목숨만 살려줍쇼."

집행하는 대원은 놈들의 비굴한 꼴을 거들떠보지도 않고 오직 자기 일만 묵묵히 한다. 홍 대장은 드디어 최후명령을 내린다.

"석유 통자의 마개를 열어 저놈들을 기름으로 흠뻑 목욕시키고 온몸에 불을 달아라. 그 나머지 앞잡이 놈들도 인간이기를 포기한 놈이므로 모조리 단죄하라."

4. 군자금

용환이는 쇠돌 어멈이 맡아서 데리고 있다가 아버지 곁으로 들어왔다. 쇠돌이는 홍범도 의병대 청년대원으로 활동하며 양순 중대장의 부관이었다. 그 쇠돌이는 어머니가 보낸 기별을 받고 득달같이 달려가 용환이를 바로 의병대로 데려올 수 있었다. 어머니의 소식도 모르고 철부지 용환이는 형과 아버지 곁에 돌아와 있는 것이 마냥 좋아서 재잘거렸다. 홍 대장은 이런 막둥이의 잠든 얼굴을 보면서 그날 밤 또 한 번 눈시울이 붉어졌다.

홍범도의 전술에 말려들어 막대한 피해를 입은 일본군 연대장 하세가와(長谷川) 중좌는 노발대발했다. 부하의 무능을 질책하는 한편, 이번 일만큼은 자기가 직접 나서서 토벌하겠노라고 단단히 결심했다. 많은 일본군이 신풍리 일대에 신속히 집결하고 있었다.

아오토 대위와 가타오카(片岡) 중위가 인솔하는 북청수비대는 현지에서 출발하여 후치령 넘어 신풍리 쪽으로 들이닥쳤다. 미즈키(水木) 기병 소좌의 보병대대는 기병대·포병대와 합동 작전 속에 신풍리로 진격했다.

미야우치(宮內) 중위의 수비대도 동과령을 넘어 신풍리로 이동하고, 하세가와는 이와타(岩田) 중위에게 이원과 단천 방면에서 폭도들을 공격하도록 했다. 사방에서 포위망을 좁혀들어 홍범도가 탈출하지 못하도록 퇴로를 막은 후 일망타진하겠다는 것이 놈들의 작전계획이었다. 이번 싸움이야말로 자신만만한 최후의 일전이라 떠벌렸다.

1908년 무신년 3월 16일, 홍범도 의병대는 승구패 쪽으로 행군해 가다가 일본군 소부대를 만나 또다시 접전했다. 그 전투에서 왜적 9명을 죽인 다음 약수동 골짜기로 들어가 숙영했다.

3월 19일, 장진 능골 늘구목을 휘돌아 가는데 일본군 중대 병력과 서로 맞닥뜨렸다. 동충서돌(東衝西突), 격렬하게 싸워서 수십 명을 사살했다.

3월 23일, 장진 달아치 금점 앞 두텁바우골에서 추격대와 또다시 한판 붙었다. 이날 전투는 맨 처음엔 그놈들 함정에 빠져서 위기를 겪었다. 마침내 왜적 16명을 죽였으나 의병 5명을 잃었다.

홍 대장은 예정된 계획에 따라 함흥 초리장 유채골 마을을 찾아갔다. 그곳은 왜적에 붙어 재산을 모은 친일파 지주 놈들이 많이 사는데 악당 놈들은 8명이나 된다고 했다. 밤 되기를 기다리며 숲에 조용히 숨어 있으려니 차디찬 밤이슬이 내려 삽시에 어깨가 눅눅해졌다. 이날은 마침 그믐이라 활동하기에 더없이 안성맞춤. 칠흑 같은 어둠 속을 더듬고 걸어서 미리 보아둔 일진회 부호 놈들의 집을 찾아갔다. 이런 일은 빠른 시간에 해치워야 하는 일. 그래서 활동조를 4개로 나누었다. 1개 조가 두 가구씩 맡았다.

마을길은 캄캄하게 지워지고 개 짖는 소리만 들리는 밤이다. 워낙 뒤숭숭한 세상이라 사람들은 집집마다 사립문 닫아걸고 방문고리도 단단히 걸었다. 밤길 더듬어가는 의병대의 머리 위엔 은은한 미리내*가 밤하늘에 길게 떠서 일렁인다. 저 별 중에는 먼저 간 동지들의 별자리도 있으리라. 홍 대장의 부인 단양 이씨의 별도 바람 속에서 글썽이겠지.

홍 대장이 찾아 들어간 집은 일대에서 가장 악명 높은 지주 고석갑(高錫甲)의 집이다. 이놈의 악착스러움은 평소 소작인들의 가슴에 온갖 상처와 피멍이 들게 했다. 마당을 휘둘러보니 가운데 몸채를 중심으로 대문간 양쪽은 행랑방, 왼쪽이 사랑방, 바른쪽은 곳간이었다. 모든 인민이 가난과 생활고로 허덕이는데 저 혼자 고래 등 같은 집을 짓고 떵떵 울리며 사는 악질 지주 놈이 정말 가증스러웠다. 놈은 민중의 등골을 빼먹고 자기 일당만 여유를 부리며 넉넉하게 살아온 것들이 아닌가.

홍 대장이 활달한 걸음걸이로 성큼 들어서니 안채에서 지주 놈은 돈을 낟가리처럼 쌓아놓고 마침 소작인 대장을 들여다보던 중이었다. 돌연 문을 덜컹 열고 나타난 괴한의 출현에 혼비백산해서 뒤로 벌러덩 넘어진다. 괴한의 덩치는 크고 우람했다.

홍 대장은 차디찬 냉소를 머금고 방안 풍경을 한 바퀴 휘둘러본다. 연황색으로 칠한 벽에는 십장생 병풍이 둘러쳐져 있

---

* '은하' 또는 '은하수'.

고, 그 맞은편 벽에는 금강산 구룡폭포를 배경으로 청려장* 짚고 선 지주 놈의 초상화가 걸려 있다. 방바닥엔 강화도에서 만든 왕골 돗자리가 깔렸고, 그 가운데로는 청동빛 옻칠 바탕에 자개를 촘촘히 박은 통영탁자가 하나 놓여 있다. 그 위에는 수정 물병이 가지런히 놓여 있다. 태깔이 좋은 먹감나무 반닫이 안에는 없는 게 없었다. 두루 다녀보면 친일파의 집 내부 꼴은 대체로 이런 광경이었다. 홍 대장은 지주 놈을 한쪽으로 거칠게 밀어내고 놈이 앉았던 왕골 돗자리에 덥석 앉아서 단호한 어조로 수작을 걸었다.

"나 길게 말하지 않으리다. 우리 의병대를 위해서 군자금 좀 넉넉하게 바쳐야겠수다."

지주 놈은 홍 대장 옆구리로 삐죽이 내민 권총을 보는 순간 퉁사발 같은 눈이 저절로 스르르 감기며 온 삭신에 기운이 맥없이 풀려버렸다. 평소 소작인들에게 보이던 거드름은 다 어디 가고 방바닥에 넙죽 엎드리며 그저 손바닥을 싹싹 비벼대며 빌었다.

"가진 것 다 바칠 테니 제발 목숨만 살려줍쇼."

비굴한 꼴로 연신 머리를 조아렸다. 참으로 추하고 가증스런 꼴이었다. 홍 대장은 돈궤에서 쏟아놓은 돈을 자루에 쓸어담으면서 말했다.

"이 돈은 왜놈한테 붙어서 번 돈이니 마땅히 왜적을 치는 군자금으로 써야만 하겠네. 이것보다 더 의로운 일이 없을 것이

---

* 靑黎杖. 명아줏대로 만든 지팡이.

네. 내 말뜻을 알아듣겠는가."

지주 놈은 연신 머리를 조아렸다.

우주가 숨죽인 시간, 어디 가까운 곳에 개울이라도 있는가. 집 뒤쪽에선 끊임없이 물소리 졸졸 들려왔고 이따금 지나가는 바람에 문풍지 떠는 소리가 빼르르 들렸다.

얼마 뒤에 의병들은 안전지대에서 모두 집결했다. 자루에 담아온 돈을 헤아려보니 거금 2만 8,900원이다. 친일지주 놈들 돈궤에서 이 돈은 그동안 흉하고 더러운 물건이었으나 이제 대한독립을 위해 쓰이게 되니 소중한 군자금이 되었다. 총도 사고 탄환도 구입하고 군량도 넉넉히 살 수 있으리라.

3월 28일, 홍범도 의병대의 선두는 함흥 동고촌에 나타났다. 그곳 신성리의 친일자본가 허철행(許哲行) 면장은 고을 대표를 맡아서 다른 일은 하지 않고 오로지 자기 재산만 크게 불린 반역자다. 그놈도 역시 강도 일제의 등에 업혀 백성의 피를 빨아온 빈대다. 이 해충을 즉시 처단하고 군자금을 거두어오는 것이 이날의 목표였다. 먼저 포승줄로 놈의 수족을 꽁꽁 묶고 입에는 걸레조각을 틀어막았다.

그런데 어떻게 알려졌을까. 면장 놈의 아들이 순사부대를 이끌고 황급히 달려왔다. 옛말로는 그 아비에 그 아들이라 했다. 일진회 아비의 자식 놈은 함흥경찰서의 순사부장. 왜놈의 앞잡이를 하는 건 온 가족이 마찬가지다. 야수 같은 악당 놈은 평소 마을에서 불평하는 이, 마음에 들지 않는 사람을 체포해와서 무조건 의병들과 내통했다며 몰아세우고 혹심하게 고문한 뒤 생매장하거나 불태워 죽였다. 감옥에 간힌 사람을 풀어줄 때마다 거액을 요구해서 돈을 모았다. 왜적보다 더한 악독함에 모두가 치를 떨었다. 이 악당 놈이 의병들 습격해왔다는 정보를 듣고 왜적 300명에 보조원 50명 등 많은 졸개들을 이끌고 왔다. 자기 상관에게는 긴급한 일로 비상 출동한다고 보고했다.

깊고 깊은 밤중, 불시에 울린 총소리가 사방에서 요란하다. 집집마다 숨어든 의병들은 모두 588명. 나갈 곳 못 찾은 상태에서 일대 접전이 붙었다. 총소리는 날이 밝을 때까지 들려왔다. 처음엔 의병대가 불리했다. 포위된 형세로 자꾸만 왜적들에게 밀렸다. 그런데 밤안개를 이용한 홍 장군의 계책으로 전세는 뒤바뀌었다. 치고 빠지는 홍 대장 특유의 유격전술이었다. 새벽 4시경이 되자 일본군들은 차츰 밀려나기 시작했다. 차츰 안개도 걷히고 달은 대낮처럼 밝았다. 표적을 향해 정확히 발사하는 의병들 사격에 놈들은 하나둘 사살되고 현저히 전투력을 잃었다. 수십 명의 패잔병들이 뒤뚱거리며 허겁지겁 함흥 쪽으로 도망치는데 그 꼴이 가관이었다.

이윽고 날이 새면서 전투는 완전히 끝이 났다. 악당 허 면장 놈 부자와 그의 식솔들은 몰래 뒷산 대밭으로 달아나다가 모두 잡혀와서 홍 대장의 문초를 받았다. 놈들은 밭고랑 구석으로 끌려갔다. 거기서 몇 발의 총성이 울렸다.

간밤의 전투는 몹시 힘들고 어려웠다. 날이 샐 때까지 전투를 마무리하고 다음 날 호원 땅 영동으로 행군해갔다. 한시도 마음 놓을 수 없는 곳이 전장이다. 의병대가 새로 옮겨가는 곳은 영동의 지산당이란 곳, 시절은 4월 2일 무렵이었다.

그날 저녁, 날이 저물 때를 기다려서 홍 대장은 변복을 하고 호원의 대표적 친일자본가 박원성(朴元成)의 집을 찾아갔다. 그놈은 일본 헌병대에 월급까지 주며 헌병을 넷이나 문간 파수병으로 세워 놓았다. 홍 대장이 다가가서 언제 이 댁 나리를 만날 수 있는지 물었다. 파수병은 행색을 아래위로 살펴보며 규찰(糾察)이 자못 심했다. 어디 사는 누구인지, 용무가 무엇인지를 꼬치꼬치 캐물었다. 홍 대장이 말했다.

"나는 썩은다리에 사는 백성으로 이 댁 나리와는 친척이 되지요. 내가 이미 여러 날 전 토지매매 문제로 오늘 찾아뵙는다고 기별 드린 일이 있소. 나리도 잘 알고 계실 터이오."

파수병들은 그제야 의심을 풀고 안으로 통과시켜 주었다. 앞마당을 지나 사랑채로 들어가니 박가 놈은 함흥의 본관 좌수 이경택(李敬澤), 호원군수 홍갑조(洪甲祚)란 놈과 셋이서 술을 마시며 무슨 밀담인지 귓속말로 소곤거리다가 서로 어깨를 치면서 킬킬 웃고 있었다. 문득 방문을 열고 들어선 낯선 얼굴에 놀라 말까지 더듬거렸다.

"너, 너는 웬 놈이냐."

홍 대장은 그 말끝에 일단 무릎을 꿇은 다음 조용히 육혈포를 꺼내 들었다.

"예, 소생은 심심산골 바위 밑에서 겨우겨우 살아가는 홍범도라고 합니다."

이놈들 셋은 홍범도란 이름 석 자만 듣고서도 대경실색(大驚失色) 얼굴이 창백하게 질린다. 좌수 군수란 놈은 제 풀에 뒤로 벌러덩 넘어지고, 주인 박가 놈은 비 맞은 개 떨듯 온몸을 덜덜 떤다. 홍 대장이 낮고 단호한 소리로 말을 꺼낸다.

"여러분께서는 제가 이곳에 찾아온 까닭을 잘 아시겠지요. 내 원하는 것을 속히 조치해주시오. 그걸 바로 장만해주신다면 다행이겠소만, 만약 여러분이 딴생각을 품게 되면 지금부터 이 방안에 나뒹구는 주검이 몇이 될지 그건 나도 잘 모르겠소. 하여간 빨리 알아서들 서둘러주시오."

박원성이란 놈은 왜놈 밑에서 눈칫밥만 먹어온지라 이 말뜻을 얼른 알아듣고 벽장에 깊이 감춰둔 돈궤를 통째로 가져와서 돈뭉치를 선뜻 꺼내놓았다. 다른 놈들은 금명간에 찾아가서 약속한 군자금을 받기로 굳게 다짐받았다. 홍 대장은 일단 돈다발을 베자루에 쓸어담고 먼저 박가 놈을 앞세웠다. 대문간으로 천천히 걸어 나오는데 속 모르는 왜놈 헌병은 경례까지 척 붙이었다. 박원성은 마치 코 꿴 송아지처럼 앞에서 잠자코 걸어 갔다. 썩은다리 고개까지 올라와서 드디어 홍 대장은 박가 놈을 풀어주며 부디 안녕히 잘 가시라고 등을 툭툭 쳐주었다. 걸음아 날 살려라, 두 발이 안 보이게 달려가는 부일 모리배*의 초라한 뒤꽁무니가 눈앞에 잠시 보이다가 사라졌다.

의병대원들은 그날의 경과를 전해 듣고 모두들 가슴속이 통쾌했다. 아이들처럼 박장대소하며 즐거워했다. 한 대원은 허리를 잡고 데굴데굴 구르다가 눈물까지 흘렸다. 홍 대장의 대담무쌍한 행동은 그 누구도 감히 흉내내지 못하는 최고의 담력이었다.

이때 용환이는 의병대 산채의 차디찬 공기를 못 견디고 기침

---

* 온갖 방법으로 자신의 이익만 꾀하는 사람.

병이 심해졌다. 한번 발작이 시작되면 밤새도록 쿨룩쿨룩 멈추지 않았다. 깊은 폐부가 쿵쿵 울리는 소리마저 들렸다. 기침을 하고 나면 가슴이 따갑고 아파서 밤새도록 신음하며 괴로워했다. 의병대의 전속의원이 진맥도 하고 약재를 썼으나 별반 차도가 없었다. 온몸은 불덩이처럼 달아올랐고 얼굴엔 열꽃마저 피었다. 혼수상태에서 엄마를 부르며 헛소리까지 했다. 아마도 폐렴인가 보았다. 깊은 산중 생활의 냉기와 한기에 오래 노출되어 덧난 병이었다.

홍 대장은 몹시 걱정이 되어서 용환이를 마을로 내려보냈다. 의병 신분을 감추고 활동하는 대원들 중에 신실한 일꾼을 뽑아서 용환이를 잘 아는 의원에게 데려가 진찰받도록 했다. 의식이 가물가물한 중에도 용환이는 제 형과 아비, 특히 이제는 세상에 계시지 않는 엄마를 부르며 울었다. 용환이를 의원에게 데려다주고 돌아온 대원에게 이야기를 전해 듣고 홍 대장의 가슴은 더욱 찢어내는 듯했다.

이별이었다. 용환이와 어쩔 수 없이 작별을 해야만 했다.

5. 단결 역량

1908년 무신년 4월 초파일이었다. 마을주민들은 고달프고 힘든 중에도 둘씩 셋씩 어울려서 산중의 절간으로 불공을 드리러 올라갔다. 아껴 모은 곡식자루를 등에 지고 절간에 가서 연등(燃燈)이라도 하나 걸어놓고 집안의 평화와 가족들 무병장수를 축원하려는 것이었다.

이러한 때에 산중의 홍범도 의병대는 새로 모집해온 대원들 줄을 세워놓고 의병조직을 재편했다. 그동안 홍 대장은 삼수와 갑산, 무산 일대를 대원들과 더불어 직접 다니며 마을 산포수들과 청년들을 모집했다. 첩보를 미리 놓아서 신변안전에 각별히 유의했다. 의병대는 여러 갈래로 나누어 마을로 내려갔다. 포수의 화승총을 수집하고 군량을 모으며 군자금도 여유 있게 수집해야 했다.

드디어 두 달 뒤 함경남도 장진군 북부의 밀림지역에 있는 명대골로 들어가 여애리 연화산 병풍바위 밑에서 총집결했다. 연화산은 높고 험한 산이라 웬만한 큰 의병대 조직이 모인다고 해도 안전한 곳이다. 사방에서 입대한 요원들을 모조리 점호하니 그 숫자가 1,864명이나 되었다. 홍범도 대장은 연합지휘부를 새로 만들 계획을 각 부대에 알렸다. 이젠 그야말로 거대한

무산에서 의용단을 조직했다는
홍범도 장군 관련 기사 『매일신보』
1920년 10월 15일자.

조직이다.

11개 중대에 32개 소대. 중대장과 소대장을 새로 임명하고 작전의 포진까지도 면밀히 조정했다.

제1중대장은 원창복, 그대는 장진 청산령을 사수하라. 아침저녁으로 장진·삼수를 오가는 적들을 목 잡고 있다가 불시에 기습하고 몸을 숨겨라.

제2중대장은 최학선, 그대는 매덕령을 철통같이 지켜라. 거기서 갑산 쪽의 적군을 도맡아라.

제3중대장은 박용락, 그대는 안장령을 봉쇄하고, 함흥·장진 내왕하는 적들을 모두 소탕하라.

제4중대장은 조병영, 그대는 조개령을 철저히 수비하며 삼수와 단천을 오가는 적들에게 타격을 주어라.

제5중대장은 유기천, 그대는 새일령을 도맡으며 통폐장골과 북청을 드나드는 적을 모조리 처부숴라.

제6중대장은 최창의, 그대는 후치령을 맡아서 지키며 북청과 풍산 샛길을 오가는 적의 간담을 서늘케 하라.

제7중대장은 송상봉, 그대는 부걸령을 지키되 그 옆 남시령도 함께 방어하라. 길주에서 갑산 쪽으로 드나드는 적을 일거에 소탕하라.

제8중대는 삼수·신파의 목재가 압록강으로 내려가는 것이 보이면 무조건 쏘아 넘겨라.

제9중대는 통팔령을 맡아서 호원과 북청 일대의 적들을 책임져라.

모든 중대는 전투를 마친 다음 전리품을 최대한 확보하며 의병대의 군량조달 사업에 힘쓰도록 할 것. 전투에서 적군은 되도록 많이 죽이되 우리 군사를 잃지 않도록 각별히 유념할 것.

제8중대 이후 4개 중대는 대장이 직접 지휘하겠노라.

무엇보다도 각 중대의 전투를 측면 지원하겠노라.

우리가 이처럼 분투해야 싸움터의 군사들이 무사히 진지로 귀환할 수 있음을 명심하라.

부대 편성 후에 짧은 뒤풀이가 있었다. 재주 가진 대원들이 그 재주 보따리를 끌러놓는 흥거운 시간이다. 오늘은 최만술(崔萬述)이 나와서 홍 대장과 나이 지긋한 대원들을 위해 수명장수를 비는 축원 무가(巫歌)부터 한바탕 풀어나갔다. 그는 본시 청진 일대에서 이름 높던 박수무당이다. 억울한 일로 일본 헌병대에 잡혀갔다가 거의 초죽음 직전에 달아나 의병대로 올라왔다. 그의 고백에 의하면 비몽사몽 중에 홀연 홍 대장이 나타나 탈주의 지혜를 일러주었다고 말했다. 이윽고 무당 최만술의 목에 힘이 불끈 들어갔다. 동해안 무당들의 축원 무가(巫歌)조 소리였다.

> 백발을 휘날리고 오래오래 사시더라도
> 긴병 잔병 없고 노망길 없구요
> 시들지 말구 방벼락에 똥 싸 붙이지 말구 고뿔할 일 없이요
> 방방곡곡에 왜적 사냥 잘 다니도록 다리에 원력을 주소
> 원력을 주소 부디 신장님이시여
> 나이가 백발을 휘날리더라도 눈도 어둡지 말구
> 허리도 꼬부라지지 말구 그저 귀도 어둡지 말구
> 이도 항시 빠지지 말구 오래오래 뒤받쳐주시구요.

숲속에 때 아닌 박수무당의 사설이 구성지고도 유장하게 휘늘어진다. 만술의 가락은 참으로 청승맞았고 듣는 사람의 애간장을 눅진한 감동으로 젖어들게 했다. 대원들은 겉으로는 웃으며 귀를 기울였으나 머지않아 자신에게 다가올 엄숙한 운명을 곰곰이 생각하는 듯했다.

누군가가 풀밭에 벌렁 누우면서 혼잣말로 구시렁거렸다.

"젠장, 집에 간들 맵시 고운 여편네가 있나, 눈깔 새까만 자식새끼가 있나, 내사 산중생활이 딱 좋기만 하구나."

탄식인지 자조 섞인 푸념인지 알 수가 없었다. 연이은 전투와 포연탄우(砲煙彈雨) 속에서도 이런 시간은 차라리 호젓한 즐거움이었다. 그 자체로 하나의 기쁨이었다.

봄이었다. 깊은 산중에도 봄은 자리를 잡고 있었다. 마른 가지에 새순 돋고 나뭇등걸에 한창 물오르는 소리가 들릴 듯한 봄 숲, 새소리는 대지의 밝고 화사한 기운을 노래하고 있었다. 사나운 겨울은 따뜻한 봄날에 자리를 슬그머니 내주고 떠나는데 다만 인간만이 쫓고 쫓기는 숨 막히는 덧없는 시간을 보내었다. 하지만 봄이 와도 서민들의 가슴속은 여전히 차디찬 얼음이었다. 가슴에 깊이 박힌 이 두꺼운 얼음장이 녹아내리는 날은 과연 언제일까.

1908년 무신년 4월 12일, 오족리 산중에서 일본군 북부 수비관구 소속 제1순사대와 맞닥뜨렸다. 적들은 의병대의 흔적을 더듬어 발소리마저 죽이며 계속 뒤를 밟아왔다. 놈들은 싸울 의사가 없었고, 오로지 의병대의 동태 파악에만 관심이 있는 듯했다. 홍 대장은 즉시 퇴로를 차단하고 먼저 기습공격을 시작했다. 적의 숫자가 적어서 놈들은 곧 몇 구의 시체를 남긴 채 산 아래로 달아났다.

4월 20일, 홍범도 의병대는 삼수 부근의 변두리 지역에 머물고 있었다. 그때 의병대 정찰병이 일본군 헌병 분대를 먼저 발견하고 이들을 기습 사살했다. 급보를 듣고 삼수 헌병대의 모든 왜병이 총출동하여 일시에 몰려왔다. 하지만 그들은 의병대의 맞수가 아니었다. 전투는 미구에 결판이 났다. 적들이 숲속으로 허겁지겁 꽁무니 보이며 혼비백산 달아나는 우스운 꼴이 보였다.

4월 27일, 통폐장골 쇠점거리에서 일본군을 만났다. 하세가와 중좌가 이끄는 토벌대는 홍범도 연합의병대의 흔적을 발견하자 사납게 달려들었고 교전이 벌어졌다. 의병대는 불퇴전의 기상으로 싸웠다. 결과는 물론 승리였고 이날 전투에서 일본군 장교 8명, 병졸은 30명을 죽였다. 다수의 무기와 탄약을 노획한 것이 가장 반가웠다. 닭 50마리와 과자상자, 그리고 백미 석 섬도 이날의 중요한 전리품이었다.

그날 밤 다시 행군길을 떠나 사동을 거쳐서 하남으로 이동했다. 그곳 안장혈 바위의 고개 부근을 지나는데 매복해 있던 적으로부터 먼저 공격을 받았다. 급히 전투대형을 갖추고 교전이 벌어졌다. 적군을 많이 소탕했으나 불운하게도 종국에는 쫓기는 처지가 되었다. 적군은 위에서 공격해 내려왔고 또 놈들의 병력 규모가 워낙 대부대였다. 상남 깊은 산골 기슭으로 오르는 갈림길에 숯 굽는 사람이 혼자 살다 떠난 빈 숯가마가 있었다. 거기 숨어서 이틀이나 굶었다. 봄비가 장맛비처럼 줄기차게 쏟아졌다. 숯가마 안으로도 벽을 타고 흘러내린 빗물이 많이 고였다. 이렇게 내리는 비가 사나흘이나 추적추적 쏟아졌다. 몸은 젖고 한기에 시달렸다. 고뿔이 들어 열이 나고 덜덜 떠는 대원들도 늘어났다. 굶주려 쓰러진 병사도 있었다. 고통 속에서 부대끼던 여러 날이 지나가고 갑산 간평에 내려와 한 농가에서 겨우 귀리밥을 얻어먹었다.

여러 날 굶은 뒤의 식사라 모두 어질어질 내둘리고 취하여 고생하는 중에 길주에서 넘어오는 일본군과 또 맞닥뜨렸다. 어쩔 수 없이 싸웠지만 어떻게 싸웠는지 알 수 없었다. 그냥 안 죽으려 총을 쏘았고 구석에 숨었을 뿐이었다. 쫓고 밀리며 황급히 달아나다 보니 의병대원 8명이 따라오지 못했다. 자신도 모르게 구패(九敗)의 위기에 빠져들었고, 그들은 기진맥진하여 누운 채로 적에게 생포되고 말았다. 종일 도주하는 신세로 쫓기다보니 슬프고 참담한 지경에 피눈물이 났다.

5월 2일, 구름물령 언저리에서 일본군 32명이 줄지어 오는 것을 먼발치로 보았다. 즉시 전투대형에 들어가 숨어서 기다리니 놈들은 차츰 사정거리에 들어서고 있었다. 일시에 총을 쏘아 전멸시켰다. 소총 서른 정, 단총 네 자루, 탄환 3천 발을 얻은 것이 그나마 큰 수확이었다.

며칠 뒤 갑산 천지평에서 또 일본군 대부대를 만나 전투가 있었다. 피나는 투지로 수십 명을 사살했지만 이날 전투에서 의병대원 11명이 쓰러졌다.

전체 대원들이여! 기쁨이 있으면 반드시 눈물도 뒤따르는 법. 이 눈물 뒤에는 머지않아 감격의 날이 다시 오리니 이제 우리는 슬픔의 눈물을 거두어야 한다.

5월 3일, 홍범도 의병대는 갑산 괘탁리로 접어들었다. 이곳 동북쪽에는 구령이란 고개가 있다. 당나귀도 지쳐 넘는 고개라 해서 주민들은 이곳을 당나귀고개라 불렀다. 병목처럼 좁아서 괘동병이라고도 불리는 그 고개 어구에서 일본군 기병대와 만났다. 하세가와가 인솔한 특수 정찰대였다. 당황한 적들이 먼저 공격을 시작했으나 의병대가 즉각 응전하여 모조리 사살했다. 놀라 뛰어다니는 말 다섯 필을 달려가서 겨우 고삐 잡아 끌고 왔다. 이날도 아까운 의병 목숨을 셋이나 잃었다.

전투가 끝나자 홍 대장은 의병대를 둘로 나누었다. 기습전에는 650명 조직이 너무 비대하여 번개 같은 기동성이 떨어지기 때문이다.

"제1대는 홍범도 대장과 강택희, 원성택, 정도익 지휘의 350명으로 구성하여 장진 달아치 방면으로 진출한다. 제2대는 원기풍, 최학선 지휘의 300명으로 편성하여 북청 방면에서 다부진 각오로 일신하여 유격전을 펼치도록 하라."

6. 밀사(密使)

홍범도 의병대는 한달음에 약수동으로 넘어가 여해산 병풍바위 밑에서 군회(軍會)를 열었다. 전투하느라 지친 의병대원들도 잠시 숨 돌리고 심신을 쉬도록 해야 한다. 일본 기병들이 타고 다니던 말을 잡아서 군사들을 배불리 먹였다. 말고기는 평소 먹지 않던 것이었지만 워낙 배가 고픈 나머지 이것저것 가릴 새 없이 둘러앉아 허겁지겁 먹었다.

이날 회의는 그동안 싸움에서 전사한 대원들 보상금은 물론 그들 가족의 살림을 지원해주는 문제였다. 의병대 살림이 아무리 힘들어도 국권회복의 길에 목숨 바친 의병 가족에게 그 어떤 작은 위로나마 있어야 하리. 전사자 한 집에 배당된 몫이 각각 150원씩 결정되었다.

두 번째 논의는 무기와 탄약 구입 문제였다. 5월 25일, 다시 여해산에서 군회가 열렸다. 계속 군자금을 모으고 러시아로 사람을 보내어서 하루빨리 탄약을 구입해오기로 결의했다.

이 논의를 끝내고 홍범도 의병대는 일단 해산했다. 대원의 숫자도 너무 많았고, 또 그간 계속된 전투로 심하게 지쳐 있는 형편이었다. 언젠가 때가 되면 다시 소집령을 내려 왜적과 싸울 것을 결의했다. 그때는 득달같이 다시 달려오기로 했다. 의병들은 삼삼오오 흩어져 산을 내려갔다. 모두들 일본 군대나 밀정들과 맞닥뜨리지 않도록 각별히 주의해야 한다.

하지만 홍 대장 곁에서 한사코 떠나지 않으려는 심복 부하들이 있었다. 그들의 뜻은 왜적과 싸우는 오직 한길이었다. 그들은 소규모 정예부대로 길을 떠나 장진 달아치로 향했다. 그곳에는 금점(金店)이 새로 열려서 뜻밖에 군자금이라도 구하게 된다면 얼마나 다행일까. 하지만 숱한 왜놈들과 건달패 잡놈들이 몰려들고 금점을 지키는 일본군 수비병도 적지 않다고 했다.

홍 대장과 그 부하들은 오랜 산악전에서 갈고닦은 투쟁 경력으로 금점을 기습했다. 왜놈 수비병이 총을 쏘며 달려 나왔으나 순식간에 놈들을 처단했다. 그들의 앞잡이로 광꾼들을 착취하던 악질 덕대 놈도 죽였고 금고 속에 감추어둔 원석 금덩이를 천여 개나 노획했다. 그러고는 부리나케 수동골로 넘어와서 일단 숨을 돌렸다. 이어서 행창마을로 달려가 철저히 뒷산에서 밀영했다.

왜적들의 수색은 날이 갈수록 심해졌다. 토벌대는 늘 소리 없이 그림자처럼 뒤를 밟아왔다. 홍범도 의병대는 함흥 천보산 깊고 깊은 골짜기의 오래된 암자에 들어가 나흘을 보냈다. 기습에 대비하여 보초는 밤낮으로 경비를 철저히 섰다.

다시 행군길을 떠나는데 바야흐로 시절은 늦봄이라 잡목 가시덤불 우거진 숲에 팔과 다리를 긁혔다. 길 없는 길을 헤쳐서 가는 걸음이 가장 괴롭고 힘들다. 대원들의 온몸은 모조리 상처투성이였다. 더러는 산자락에서 험한 바위나 돌 따위가 무천보산 지역 단지결사대의 활동을 보도한 『매일신보』 1919년 11월 5일자 기사.

더기로 흘러내려 쌓인 바위너설을 건너뛰다가 실족하거나 골
절이 나서 부목으로 겨우 걷는 병사도 있었다. 오, 지겨운 넝쿨
잡목이여. 그 가시 숲이여. 제아무리 힘들어도 이 고난의 세월
보다야 힘들 것인가.

비는 오락가락하고 산중의 바람은 매섭게 불어온다. 음산하
던 하늘은 기어이 진눈깨비까지 휘몰아친다. 행군은 점점 어려
워지고 추위가 왈칵 느껴진다. 턱이 덜덜 떨리고 뼛속까지 한기
가 스민다. 여러 끼니를 굶은 뒤라 더욱 견디기가 힘들다. 전체
대원의 입술이 새파랗다. 두통에 현기증까지 곁들여서 심한 저
체온증이 오는 대원도 있다. 한낮도 되기 전에 솜바지와 저고리
는 물에 헹궈낸 듯 쥐어짜면 빨래처럼 땟국물이 흘렀다. 발을
옮기면 짚세기 미투리 틈에서 물소리가 찌걱거렸다. 오후가 되
자 진눈깨비는 나비 같은 봄눈으로 바뀌어 내린다. 내리는 눈이
팔랑팔랑 마치 날갯짓을 하는 것 같다. 그 눈발은 대원들 비죽

한 상투 끝머리 수건 위에도 쌓인다. 신식 보총인 양대와 화승총인 한대가 함께 어울려 건들거리는데 행군하는 대원들 어깨 위에도 수북이 쌓였다.

불쌍하구나. 의병들의 고달픔이여! 오늘따라 따뜻한 고향집 아랫목이 얼마나 그리울 것인가. 어찌하여 부모처자 다 버리고 날이면 날마다 죽음의 문턱을 넘나드는가. 무엇 때문에 이들은 이토록 모진 고생 속에 있는가.

이윽고 저녁 무렵, 드디어 하늘은 개고 골짜기는 짙은 안개로 덮였다. 그 위로 석양이 마치 불타는 듯했다. 산 아래쪽 마을에서 개 짖는 소리가 아련히 들려왔다.

오, 저 소리! 가슴 뭉클한 저 소리! 먼 길 갔다가 돌아올 때 고향마을에서 들려오던 저 애틋한 소리! 고향 생각을 한꺼번에 몰고 오는 저 눈물겨운 소리!

그때 저쪽 숲에서 발소리가 들렸다. 전체 의병대원들은 돌연 긴장하여 전투대형으로 들어갔다. 하지만 홍 대장은 그 소리가 일본군이 아닌 것을 금방 알았다. 그들은 다른 지역에서 전투를 마친 다음 이곳 부근 골짜기를 지나가던 노희태(盧熙泰, 1867~1907) 의병대였다. 깊은 산중에서 두 의병장의 해후는 감격의 장면이었다. 노희태 의병장으로 말하자면 지난 수년 동안 안변, 연풍, 덕원 등지에서 왜적들과 수십 차례 격전을 거친 백전노장이다. 두 의병장은 우선 왈칵 어깨를 껴안고 상봉의 기쁨을 누렸다. 그러곤 한참 동안 긴밀히 무언가를 숙의하더니 드디어 두 부대는 합류하여 함께 행군했다. 한 마을 살던 동무로 헤어진 지 여러 해가 흘렀는데 산중에서 뜻밖에 만난 대원들도 있었다.

그렇게 오래 행군해가는데 정평 한대골에서 소규모의 일본군 부대를 만났다. 다시 격렬한 전투가 벌어졌지만 그들은 애당초 의병대의 맞수가 아니었다. 적들은 여러 구의 시체를 팽개쳐둔 채 맞은편 산등성이로 꽁무니를 빼고 달아났다. 의병대는 넷이 전사했다. 한 대원은 왼쪽 팔에 총탄을 맞아 피를 많이 흘리고 의식을 잃었다. 의원이 자꾸 진맥을 하며 긴장된 얼굴로 그 주변을 잠시도 떠나지 않았다.

두 의병대가 단합하니 병사의 사기는 뜨겁게 달아올랐다. 일본군 앞에서 감쪽같이 자취를 감추었다가 유리한 지점에서 여러 갈래로 나타나 맹렬히 들이치는 것, 이것이 바로 홍범도 의병대의 소문난 유격전술이었다.

5월 28일, 의병대는 구름물령에 있었다. 이날 홍 대장은 대원 정일환(鄭日煥), 임재춘(林在春), 변해룡(卞海龍) 등 3명의 대원을 불렀다. 긴장된 얼굴로 대장지휘소에 들어온 부하들에게 대장은 그동안 소중히 간직해온 군자금 600원을 꺼내놓았다.

"이 돈은 우리가 왜적을 치는 데만 쓰게 될 무서운 돈이라네. 그대들은 참으로 중책을 맡았으니, 아무쪼록 무기와 탄약을 많이 구해서 되도록이면 빠른 시간 안에 돌아오도록 하게. 우리는 이제부터 자네들 돌아오기만 기다리고 있겠네."

중임을 맡은 그들에게 홍 대장은 다시 일러주었다.

"곧바로 간도 왕개둔으로 가서 김성서(金成瑞)를 만나게. 그는 진작 우리와 연결된 동지라, 그가 탄약 구입을 앞장 서서 도와주리라."

이리하여 거금을 품에 지니고 청국 땅으로 건너간 그들은 어찌되었던고. 제아무리 심지 굳센 의병이라도 고생 끝에 모처럼 돈을 보니 환장(換腸)병이 나고 말았다. 홍 대장이 그토록 타이르고 당부했건만 신임을 저버렸다. 투쟁목적과 의리, 염치까지도 모두 저버리고 우선 약담배라 불리는 아편부터 피우기 시작했다. 또 일부는 원금으로 이자를 붙여보려다 사기를 당해서 잃었고, 또 투전판에서 몽땅 날려버렸다.

변해룡은 실성한 꼴이 되어 먼저 부대로 돌아와 거짓보고를 했다. 가는 길에 도적을 만나 가진 돈 다 빼앗기고 겨우 목숨만 살아 돌아왔다고 거짓으로 둘러댔다. 임재춘은 아무것도 이룬 것 없이 그해 가을 압록강을 건너와 혜산진 여관에 숨어 있다가 왜적 순사대에 어설프게 체포되고 말았다. 정일환이란 자는 그냥 중국 땅에서 부랑자로 살아간다는 소문이 들려왔다.

참으로 가증스럽고 못난 것들이다. 과연 홍범도 의병대의 대원이 맞는가. 훌륭한 장수 밑에 어찌 이다지 하루살이처럼 쓸모없고 조직에 해를 끼치는 부하가 나왔던고. 부끄러워라. 불쌍하구나, 놈들의 비열하고도 무책임한 행동으로 말미암아 의병대의 사기는 몇 년이나 뒷걸음질하고 말았다. 대체 그 벌을 무엇으로 받으려는가.

일이 실패로 돌아간 줄도 모르고 홍 대장은 어려운 의병대 살림을 혼자서 이끌어가며 오직 악전고투로 날이 새고 하루가 고단하게 저물었다. 산중에서 한둔하고 일어난 아침이면 철새가 북쪽으로 날아갔다. 그걸 보면서도 홍 대장은 밀명을 띠고 떠나간 대원들 소식이 몹시 궁금하고 염려되었다.

간밤의 냉기에 온몸이 저린데 그들은 어찌 지내는가. 맡아서 간 중대한 임무는 잘 수행하고 있겠지. 지금쯤 탄약을 지고 이마엔 비지땀 흘리며 힘든 걸음으로 지쳐서 돌아오고 있으리라.

하지만 떠난 사람에게선 아무런 소식이 없었다. 대관절 어찌된 일인가. 머나먼 타관객지에서 병이라도 났는가. 아니면 마적을 만나 가진 돈을 몽땅 털리기라도 했는가. 왜 이리도 일점 소식조차 없는 것일까. 점점 불안한 예감만 덧쌓여갔다.

7. 겨레의 별들

6월 2일, 홍범도 의병대는 장진군 지네바우에서 일본군 토벌대를 만나 섬멸했다. 이날 전투에서 의병대원 5명이 장렬하게 전사했다. 적들이 악을 쓰며 추격하자 홍 대장은 놈들을 분산시키려고 부대를 둘로 나누었다. 대장이 180명을 직접 거느리고 안산지방으로 출동했다. 강택희(姜宅熙)는 160명을 인솔하여 장진 북부에서 또 다른 유격전을 펼치기로 했다.

홍 대장은 전황에 따라서 다양하고 변화무쌍한 용병술을 구사했다. 의병장으로서 항상 적정을 손금 보듯이 읽었고 적정의 변화에 따라 제때에 대열을 뭉치거나 분산시키는 날랜 유격전을 펼쳤다. 작전의 주도권은 항상 의병대가 틀어쥐었다. 하지만 문제는 탄약이었다. 이놈만 넉넉하면 무슨 어려움이 있으리. 우리가 가진 탄환이 없으니 늘 적의 것을 빼앗을 생각만 했다.

이래선 안 돼. 이런 꼴로는 오래 버텨 나갈 수 없어.

6월 4일, 갑산 상남사에서 다시 일본군과 교전했다. 탄환이 점차 바닥나서 교전 중에 재빨리 달아나 숨었다. 그로부터 이틀 뒤였다. 황수원 숲에서 숙영하는데 모두가 잠든 밤 오직 두견새와 홍 대장만이 깨어 있었다. 두견새는 그 특유의 애간장을 끊어내는 소리로 토막토막 밤을 썰어댔다. 오죽하면 자규(子規)나 귀촉도(歸蜀途)라 불렀으리. 홍 대장은 의병대의 앞날이 걱정되어 혼자 잠을 못 이루고 있었다. 새벽 야삼경인데 누가 산채로 올라온다는 급보가 왔다.

대체 누구인가. 이 깊은 밤중에. 이윽고 대장지휘소의 문이 열리고 남루한 입성의 한 사내가 들어왔다. 아, 그런데 자세히 보니 그는 바로 차도선이 아닌가. 이게 어찌된 일인가. 그것도 이 깊은 밤에. 그는 어떻게 혼자서 허위단심 이 심산을 헤매 온 것일까. 온몸은 땀범벅이요, 지친 얼굴은 마치 유령처럼 창백하다. 가쁜 숨을 제대로 못 가누는 저 사람이 분명 차도선이 틀림없구나. 일본군에게 속아서 내려가 귀순했던 그 차도선이 틀림없구나.

홍 대장은 새삼 야속하고 분개한 마음이 들었다. 하지만 이야긴즉 그는 발목에서 쩔그렁거리는 족쇄를 끊고 갑산 수비대 감방을 탈옥해 나왔다고 한다. 산중의 고통을 못 이기고 부하들의 그 고통을 방관할 수 없어 귀순길을 택했던 것이 잘못된 선택이었다. 함께 내려갔던 동지 태양욱은 총살되고 모든 부하들은 투옥되거나 항복하여 왜적의 개가 된 놈도 있었다. 뒤늦게 이마를 벽에 쾅쾅 찧으며 후회의 눈물을 흘렸지만 이미 때는 늦었다.

그렇게 옥살이한 것이 일 년하고도 여섯 달. 옥을 깨고 탈주한 뒤에 차도선은 황수원 산속으로 올라와 홍범도 의병대와 만났다. 흩어진 가족도 찾아볼 겨를이 없었다. 다만 홍 대장을 대할 면목이 없었다. 먼저 무릎을 꿇고 고개를 푹 숙이고 눈물의 참회를 하면서 용서를 구했다. 하지만 홍범도 대장은 다시 돌아온 차도선을 진심으로 반가워하며 그에게 다가가 어깨를 마주 감싸 안았다. 차도선은 눈물을 흘리며 짐승처럼 소리 내어 흐느껴 울었다.

다음 날 전체 의병대원의 요란한 박수와 만세삼창 속에 홍범도 대장은 차도선을 다시 정식 대원으로 받아들였다. 홍범도 의병대의 사기는 새로 되살아났다. 이틀 뒤 의병대는 서강수를 거쳐 수동, 감토밀리, 미전동을 차례로 지나 통팔령을 넘었다.

먼 마을에서 새벽닭이 울었다. 일본군 토벌대가 신전동에 주둔 중이라는 첩보가 왔다. 뒤쪽으로 벼락같이 달려들어 그 특유의 유격전법으로 놈들을 단숨에 처치했다. 이날 홍 대장에게는 다른 곳으로 진출한 예하부대의 전황보고가 속속 당도했다. 강택희가 이끄는 의병대가 장진에서 유격전을 펼쳤는데 새벽 4시경 그곳 상남사의 신흥장과 대흥장, 운수장을 습격·점령하고 다수의 일본군을 죽였다고 한다. 일진회원 10명도 처단했다고 한다.

오호라, 장한지고. 크게 칭찬을 받아 마땅한 사람들!

상남사 황토리 고암동 출신의 김영권(金永權)은 홍범도 의병대의 충직한 대원이었다. 부친상을 당해서 잠시 집에 돌아갔는데 한 마을의 악질 친일파 일진회원 박충일이 이 정보를 듣고 체포하러 왔다. 그는 상복을 입은 채로 달아나 마을 뒷산 대숲에 숨었다. 밤이 깊어지자 도리어 박충일의 집을 찾아가 놈을 삼베 노끈으로 묶어서 끌고 나왔다. 또 다른 일진회원 김수동 놈도 잡아와 상남사 까치고개에서 단죄를 했다. 김영권은 그

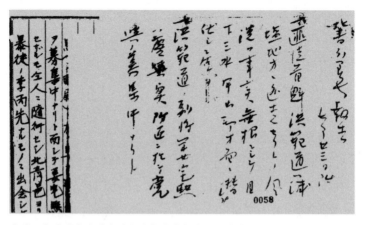

홍범도와 강택희 부대가 삼수갑산 방면에 잠복해 있다는 일제의 정보보고서.

길로 달아났는데 결국 긴급 출동한 왜놈 헌병 추적대에게 잡히는 몸 되었고 서울 서대문 감옥에서 교수형을 받았다.

홍범도 의병대 소속의 김영중(金英重) 대원도 기억해야 한다. 그도 역시 매국노를 처단하러 갑산 천남면 신흥덕리로 들어와 악질 일진회원 박중혁, 최만선 등을 체포했다. 두 놈은 마을주민들에게 치통만 유발하는 썩은 이빨이었다. 나라가 지금 칠성판*을 지려는데 제 돈벌이밖에 모르는 인간이라 이 반역자 놈들을 끌고 가는데 거꾸로 고함치며 반항했다. 가던 길 중간에서 화승총으로 처단하고 이동하던 중 헌병대에 체포되어 교수형을 받았다.

갑산 보혜면 출신의 한두찬(韓斗燦), 그는 혜산진 헌병대와

* 관 속 바닥에 까는 얇은 널조각.

334

수비대를 정찰하여 근무인원과 경비상황 등 중요첩보를 수집하고 의병대에 수시로 알려왔다. 홍 대장이 장백 약수동에서 그를 만나 격려했다. 끝내 자신을 돌보지 않고 빛나는 공을 세우던 그는 기어이 체포되어 감옥에서 죽었다.

장백 이전동 사는 장남익(張南益), 그는 혜산진 정찰이 목표였다. 나그네로 위장하고 삼수 신갈파진에 들어가 일본군의 군비와 인원수를 샅샅이 정탐하다가 체포되었다. 모진 고문 끝에 순국했다. 이들이야말로 이름 없는 독립군으로 무명(無名)의 투사였다.

온갖 위험을 무릅쓰고 구국사업에 기꺼이 온몸을 내던진 겨레의 별들. 그들의 죽음을 헛되게 해서는 안 된다. 잡혀간 부하들 소식을 들을 때마다 홍 대장의 범 같은 눈에선 푸른 불꽃이 튀었다.

그대들 원수를 내 기어이 갚아주리라.

홍범도 의병대는 다시 행군을 떠났다. 삼거리 속신동을 지나 주위를 조심조심 정찰·경계하면서 너더리골로 들어갔다. 강달동도 단숨에 통과하고 사동 승지평을 지난 것이 초아흐렛날이다. 이제 배골만 지나가면 금창마을이다.

마을 민가에 들어가서 의병대가 한창 중화(中火)*를 하고 있는데 일본군 토벌대가 돌연히 기습해왔다. 조밥 한 그릇을 비우지 못한 채 또 치열한 전투가 벌어졌다. 그나마 소수의 적군이라 곧 물리칠 수 있었지만 불시의 기습으로 이날 아까운 의

---

* 길을 가다가 점심을 먹음.

병대원을 3명이나 잃었다. 홍 대장은 전체 대원을 정확히 점호했다. 모두 140명이었다.

다시 행군대열은 출발했다. 갑산군 이리사(二里社)를 향해 서둘러 가는데 저녁 무렵에 도착해서 그곳의 일본군 병영을 한바탕 들이치고 재빨리 빠져서 숲으로 들어갔다. 연일 계속되는 전투에 몸은 지치고, 지면에서 올라오는 더운 열기에 숨이 콱콱 막힌다. 갈증이 너무도 심했지만 쉽게 옹달샘을 만나지 못했다. 한여름이라 물 없는 산에서 전투하는 것이 가장 힘들고 괴로웠다. 새까만 풀모기는 줄곧 따끔따끔 목덜미와 발목을 찔러 피를 빨았다. 이럴 때 대원들은 가려운 곳을 긁어대며 집에서 모깃불 피우던 생각을 했다. 모깃불이 차츰 사그라지면 새쑥을 갖다 올렸었지.

감발한 미투리는 다 떨어져 맨발로 다니었다. 어떤 대원은 뻣뻣한 일본군 송장에서 군화를 벗겨내어 신고 다니기도 했다. 여러 날을 씻지 못하고 햇볕에 탄 그들의 얼굴은 워낙 검붉은 빛으로 새카만 부엌강아지나 진흙투성이 멧돼지 행색이었다. 여러 날 못 씻어 꼬질꼬질한 모발이 때와 먼지로 범벅이 되어 그대로 각설이패나 거지꼴이었다.

게다가 가시넝쿨과 잡목 숲은 베도자*를 자꾸만 걸어서 잡아당겼다. 느닷없는 바위너설을 만나게 되면 가뜩이나 지친 다리가 뾰족 돌에 걸려 넘어져 찢어지거나 발목을 접지르거나 골절이 나기도 했다. 뱀은 어찌 그리도 많던지. 소나기 지나간 뒤의

---

* 배낭.

너설* 위에는 젖은 몸 말리는 독사들이 혀를 날름거리며 똬리를 틀고 있었다. 뱀에 물린 신참대원은 온몸이 퉁퉁 부어 사경을 헤매기도 했다.

이런 행군 중에 때 아닌 횡재도 있었다. 잠시 쉴 틈에 동작 빠른 대원들은 벌써 더덕을 한 움큼이나 캐어왔다. 산길에서 냄새를 더듬어가면 더덕을 찾을 수 있었다. 귀한 산더덕을 껍질 벗겨 오래 씹으면 씹을수록 향긋한 산 흙냄새가 입안에 가득했다. 산더덕을 먹고 나면 온몸에서 더덕 냄새가 났다.

이 바쁜 중에도 원성택(元成澤)과 정도익(鄭道益)은 대원 19명을 이끌고 성대고을 쪽으로 보무당당하게 진군해갔다. 거기서 홍범도 의병대의 이름으로 대원을 모집하니 마을청년들은 한곳에서 40명이나 지원해왔다. 이 얼마나 반갑고 갸륵하고 고마운 일인가.

강택희(姜宅熙) 의병대가 장진 상남사 창평리를 들이쳐서 마을의 악명 높은 일진회원 집을 불태우고, 또 일본군 함흥 헌병분대와 교전하여 이를 물리쳤다는 보고가 왔다. 이 소문이 알려지자 상남사 일대의 매국노, 반역자, 일진회원 놈들은 황급히 이삿짐을 꾸려서 도망치듯 함흥 쪽으로 떠났다고 한다. 그곳 일진회 조직은 여지없이 산산조각났다.

---

* 산자락에서 험한 바위나 돌 따위가 무더기로 흘러내려 쌓인 곳.

8. 양순 전사(戰死)

1908년 무신년 6월 16일, 정평 바배기에서 큰 전투가 있었다. 한곳에서 숙영하고 행군길을 떠나는데 500명 규모의 일본군 토벌대가 불시에 들이닥쳤다. 의병들은 전투대형도 제대로 못 갖추고 황급히 전투에 들어갔다. 이른 아침 숲속은 한순간 아비규환이었다. 산중에는 온통 총소리로 가득하고 처절한 아우성과 비명이 여기저기서 들렸다. 오전 내내 전투가 이어졌다. 드디어 적들의 밀리는 기색이 나타났다. 갑자기 조용해진 전쟁터에는 불길한 고요가 감돌았다.

왜적들은 시체 107구를 그대로 버려둔 채 달아났다. 그 틈서리에서 의병들의 주검도 수습할 수 있었다. 모두 6구를 확인했다. 그런데 뜻밖에도 청년 중대장 홍양순(洪陽淳, 1892~1908)이 적탄에 가슴을 맞아 황철나무 밑에 모로 쓰러져 있는 게 아닌가.

홍 대장이 급보를 받고 달려갔다. 아버지는 양순의 등에 손바닥을 들이밀어 껴안아 올린다. 어쩔 거나. 이를 어찌할 거나. 상처에서 흘러내린 선혈이 주변의 청신한 잡초를 온통 붉게 물들였다. 가쁜 숨을 몰아쉴 때마다 피는 쿨럭쿨럭 덩어리로 쏟아져 나왔다.

"양순아! 양순아 정신 차려라!"

왼쪽 가슴에 총탄을 맞고 쓰러진 양순은 한참 만에 겨우 눈을 뜨는데 먼저 푸른 하늘이 보였다. 이어서 일렁이는 나무그늘이 보였고 둘러선 전우들의 정다운 얼굴도 있었다. 수염 많은 아버지 얼굴을 흐릿한 눈으로 찾았다. 양순은 아버지 손을 잡고 창백한 입가에 겨우 미소를 머금은 채 힘없이 말했다.

"아버지, 혁명의, 길에선, 어차피, 피 흘리게, 마련이지요. 제, 죽음을, 너무, 슬퍼, 마셔요. 동지들, 난, 먼저, 가오. 아버지를 잘, 부탁…"

한 마디 한 마디를 짧고 힘들게 겨우 이어가던 양순의 얼굴이 갑자기 한쪽으로 힘없이 기울었다. 하늘은 청년전사 양순의 마지막 남은 숨을 기어이 거두어가버렸다. 나이 불과 열여섯. 조금만 일찍 발견했더라도 제때에 지혈하고 응급치료를 받을 수 있었을 텐데 이미 출혈이 너무 심해서 등 밑의 풀이 온통 피로 흥건했다. 양순의 입가엔 정지된 엷은 미소만 흐릿하게 머물러 있을 뿐이다. 그의 품에는 그토록 아끼고 사랑하며 달밤에 전체 의병을 눈물짓게 하던 퉁소가 삐죽이 나와 있었다.

이 무슨 날벼락인가. 장군의 뜨거운 눈물은 아들의 두 뺨 위로 뚝뚝 떨어진다. 하지만 울음소리는 전혀 들리지 않고 두 어깨만 크게 들썩이며 요동친다. 안으로 끅끅 울음 삼키는 소리만 간간이 새어나온다.

아버지는 아들의 뜬 눈을 손바닥으로 쓸어서 감겨준다. 아들의 몸은 드디어 싸늘한 시신이 되어 낳아준 아버지의 품에 그대로 안겨 있다. 홍 장군의 가슴은 천 갈래 만 갈래로 갈기갈기 찢어진다. 둘러선 모든 의병대원의 눈에선 눈물이 비오듯 줄줄 흘러내린다. 전우들은 청년전사의 주검을 둘러싸고 그 자리에 서서 부동자세로 모자 벗어 가슴에 안은 채 일제히 머리를 숙였다.

아, 이제 더 이상 그 구성진 퉁소 소리를 들을 길 없구나!

양순은 격전의 현장에서 가슴에 총을 맞고 한순간 정신을 잃었다. 가물가물하던 의식이 잠시 돌아오자 방향을 가늠해보며 온몸을 배밀이해서 앞으로 조금씩 기어갔다.

"이대로 죽을 순 없어. 어떻게든 우리 의병대를 찾아야만 돼."

하지만 피는 계속 흘렀고 얼굴은 점점 부어올랐다. 황철나무 밑에 이르러 그의 배밀이는 더 앞으로 나아가지 못했다. 거기서 까무러쳤다.

그날 밤 홍 대장은 일기에서 너무나 참담하던 자신의 심정을 단 두 줄로 적었다.

음력 오월 열여드렛날 정오에
내 아들 양순이 죽었다.

의병대 청년중대의 전우들은 양순의 걸출한 품성을 잘 알고 있었다. 어려서부터 홍 대장으로부터 배우고 전투경험이 조금씩 쌓일수록 아버지의 솜씨를 뒤따르게 되었다. 대원들 사이에서는 언제나 겸손하고 명랑했으며, 전투에서는 영리하고 담대했다. 작전계획 작성과 그 실천에서는 늘 영웅적 모범을 보여주었다. 틈만 나면 퉁소를 불어주어 의병들 사기를 북돋아주었다. 어린 나이에 의병대로 들어와 드디어 중대장 책임까지 맡게 되었다. 당시 양순의 나이는 아버지 홍 대장이 의병으로 나섰던 바로 그 나이였다. 의병대원들은 말했다.

"싸리나무는 부러진 그루터기에서 또 어린 싸리나무 순을 키워내지."

"아무렴 콩 심은 데 콩 나고 팥 심은 데 팥이 나지. 과연 그 아버지에 그 아들일세."

"양순 모친은 의병장의 부인으로서 낭군과 아들을 의병대에 보내고 혼자 집을 지키다가 왜적에게 잡혀가서 순국하셨지. 과연 우리 대장님 집안은 영웅의 터전이로세."

이렇게 의병대에서 그 능력을 높이 인정받던 청년전사 양순이 죽었다.

아, 우리에겐 이제 양순을 죽인 왜적들에 대한 모진 복수만이 남았구나. 강도 일제를 타도하자!

오호라! 무정한 하늘이시여! 아직 연푸른 싹에 불과한 양순이가 좀더 살아서 큰일을 하도록 가만히 지키며 돌보아줄 수는 없었던 것일까.

9. 반역자들

이 와중에서도 홍범도 의병대의 한 지대인 이동칠(李東七) 인솔의 부대는 갑산 화하동에서 일본군 사가라(相良) 토벌대와 교전하여 놈들을 모두 섬멸시켰다.

그 무렵 홍범도 의병대는 북청 양화장터에 나타났다. 27일에는 장거리 마당으로 대담하게 진출하여 조선 침략에 길라잡이하고 있던 왜놈 장사꾼 놈들을 모두 잡아서 처단했다. 바로 그 날 의병대는 중산사 장동에서 숙영했다. 다음 날 양가사 안골을 거쳐 동덕산 깊은 수림으로 들어갔다. 일본군 토벌대가 몰래 그들을 추격했다. 홍 대장은 즉시 동덕산 꼭대기 동쪽 능선에 산병선(散兵線)을 펼치고 매복해 기다리다가 올라오는 적들에게 불벼락을 안겼다. 왜적들은 모두 섬멸했으나 의병도 5명이 전사했다.

숨 가쁜 시간의 연속이었다. 바로 그날로 행군길을 떠나서 거사골로 진을 옮겼다. 그 언저리에서 노희태(盧熙泰) 의병대와도 작별했다. 그들은 함흥 명태골 천보사 쪽으로 넘어가고, 홍범도 의병대는 장진 남사 방향으로 떠나갔다.

실령 어구에 이르렀을 때 한 무리의 일본군 부대가 길을 막았다. 불같은 전투를 어찌 예상이나 했겠는가. 이 돌연한 전투에서 적군 16명을 쏘아 넘겼다. 소총 17정과 탄환 6궤를 노획했다. 가뜩이나 탄약이 부족한 때에 이는 너무나 요긴하고 반가운 물품이 아닌가.

홍 대장은 바로 군령을 내려서 온 길을 도로 서둘러 가잔다. 모든 대원은 속으로 불평과 불만이 가득했다. 천보사에 들어서니 노희태 대장이 깜짝 놀라 달려 나온다.

"먼 길 떠나시더니 어찌 이렇게 되돌아오십니까. 무슨 긴한 일이라도 생기셨는지요."

그렇게 묻는 노희태 대장의 얼굴에 수심이 가득하다. 이때 부하를 시켜 탄환 궤짝을 옮겨오도록 하니 노희태 대장의 얼굴에 환한 봄꽃이 단박에 핀다.

"이 어인 탄환입니까."

"노 대장께 드리려고 갖고 온 선물입지요. 실령에서 기다리던 일본군이 이 선물을 대장께 전해주라고 합디다."

이런 농담을 주고받는 두 의병장의 호기롭게 웃는 소리가 숲속에 울려 퍼진다.

잠시 숨을 돌리고 두 의병대는 또다시 출동을 시작했다. 그러곤 본격적인 행군대열로 돌아갔다.

이날 밤, 호원읍 전진포가 보이는 숲에서 홍 대장은 의병대를 일단 쉬게 했다. 그러곤 혼자서 마을로 내려갔다. 악명 높은 친일자본가인 시골 지주 홍사영(洪思永)의 집은 고래 등처럼 크고 덩그렜다. 도적의 약탈과 압제 밑에서 백성의 신음소리는 높아만 가는데 이놈은 한 고을의 군수로서 왜놈의 앞잡이가 되어 백성의 피와 살을 갉아먹고 수많은 애국자를 밀고한 반역자였다. 남이야 죽든 말든 저 혼자만 잘 살아보려는 겨레의 흉적이 아닌가. 놈은 제 스스로를 너무나 귀한 존재라며 금지옥엽으로 부른다고 했다. 국운이 기울어지니 별의별 도둑과 이매망량(魑魅魍魎)이 미친 듯 날뛰고 발광을 한다. 이윽고 밤 깊어지기를 기다려 홍가 놈 집으로 들어서는데 때마침 문지기도 깊이 잠들어 지키는 사람 하나 없었다. 홍 대장이 사랑방 미닫이를 열고 척 들어섰다.

"깊은 산중에 사는 홍범도가 방금 여기 당도했소."

이 한마디에 반역자 홍가 놈은 혼비백산하여 돈궤부터 안고 벽장 속으로 숨는다. 홍 대장은 우선 솜두루마기를 벗어 말코지에 걸어놓고 방 가운데에 우뚝 섰다. 부들부들 떠는 반역자 놈을 끌어내어 가진 돈궤를 열어보니 거금 3만 7,000원이나 들어 있다.

이 돈으로 우선 총을 사자. 총을 사서 부일 모리배의 가슴을 쏘자. 이 돈으로 탄약을 사자. 그 탄환을 총에 재어 왜적의 심장을 단번에 뚫자.

홍범도는 바로 그날 밤으로 함흥 덕산관(德山舘)의 친일부호 한영문(韓永文) 놈의 집으로 달려들어 큰 소리로 꾸짖는다.

"나는 산에 사는 홍범도다. 네 이놈! 너는 함흥의 좌수로서 군의 주사도 함께 겸하는 놈이니 그동안 네놈이 훔친 모든 공금과 서민들로부터 빼앗은 돈을 모두 내 앞에 내놓아라! 만약 이 요구를 제대로 실행치 않으면 너와 네 식구는 오늘 밤으로 끝장이니라!"

홍 대장이 30만 원을 요구했는데 한가 놈은 겨우 3만 원만

내어놓는다. 다음에 다시 낼 것을 문서로 약속받은 뒤 홍 장군은 두말 않고 돌아나와 방(榜)을 써서 사방에 붙여놓았다. 거기엔 다음과 같은 글귀가 적혀 있었다.

나는 홍범도다.

덕산관의 한영문이 함흥읍으로 들어오라고 오래전부터 각별한 기별을 해왔다. 남대천 다리목에 일본군이 300명 있고 성안에도 500명이 있지만 염려 말고 들어오라 했다. 그래서 나는 수일 안에 들어가겠다고 회답했다.

나 홍범도, 오늘 드디어 한영문의 집을 다녀간다.

며칠 전 답장에서 나는 오늘 밤에 모든 준비를 갖추어 몰래 오겠다는 기별을 알렸다. 오늘 밤 한영문은 의병대의 군자금으로 일금 3만 원을 기꺼이 냈다.

다음 날 함흥 백성들은 홍범도의 벽보를 읽으면서 그 속내를 모조리 알아차렸다. 친일 모리배 한영문 놈이 군자금을 스스로 낼 인간이 절대로 아니라는 것을 모를 리가 없었다. 그것이 놈을 혼내주려는 홍 대장의 지혜가 담긴 벽보라는 사실까지도 환히 알았다. 하지만 속 모르는 일본군 놈들은 그동안 믿었던 도끼에 발등 찍혔다며 펄펄 뛰고 요란한 방정을 떨더니 드디어 한영문 놈을 배신자로 몰아서 즉시 체포해 가두었다는 소문이 돌았다. 그 후 놈이 어찌되었는지는 아무도 모른다. 홍 대장은 왜적들이 직접 한영문을 처단하도록 놀라운 지혜를 쓴 것이다.

그길로 홍범도 의병대는 나는 듯이 달리고 달려 장진 땅 여

내산으로 들어왔다. 이곳은 각지 의병대의 군회(軍會)가 열리는 곳이다. 지난 5월 회의에서 결정되었던 군자금 문제가 이날의 주요의제였다. 하지만 홍 대장이 도착하지 않아서 회의를 열지 못하고 있다가 뒤늦게 도착하자 모두들 반색하며 기뻐한다.

즉시 군회가 열리고 탄약 구입 문제를 논의했다. 각지 의병대에서 모아온 군자금을 모두 합하니 거금 5만 원이나 되었다. 이 자금을 마련하느라 그간 고생들이 얼마나 많았을 것인가.

이제 이 군자금을 지니고 러시아 땅으로 넘어가서 탄약을 구입해올 용사를 뽑아야 한다. 한참 논의한 뒤 북청 출신 김충렬(金忠烈)과 조화여(趙化如) 두 대원이 선발되었다. 그들은 러시아말도 잘하고 연해주 지리도 익숙하니 모두들 그게 좋겠다고 박수를 쳤다.

두 대원을 먼저 보낼 곳은 러시아 연추의 관리사 이범윤(李範允)이다. 그분이 진작부터 자신이 주선해서 러시아 탄환을 힘자라는 데까지 구해줄 것이라 말했다고 했다. 홍 대장은 두 대원을 불러 다정하게 어깨를 껴안고 두드리며 군자금 자루와 여비 100원을 따로 주며 격려한다.

"자네들 고생이 대단하겠구나. 가는 길이 만만치 않고 또 거금을 몸에 지니고 떠나가니 아무쪼록 신변에 각별히 조심하도록 하라. 군이 지난번 악몽을 떠올리고 싶지 않다만 이 돈은 국권회복에 쓰일 돈이니 어쨌거나 소중히 다루도록 해야 한다. 마적 떼와 맞서지 않도록 각별히 주의하라. 마적보다 더 무서운 것이 내 마음속의 유혹이니라."

지난번 일이 새삼 떠올라서 홍 대장은 재삼재사 신신당부했다. 중책을 맡은 두 사람은 홍 대장 앞에서 손을 들고 선서를 하듯 다부진 결의를 맹세한 뒤 입술을 굳게 깨물고 드디어 길을 떠나갔다.

연이은 격전으로 탄약과 무기는 거의 바닥났다. 그해 여름부터 홍범도 의병대는 제대로 싸울 수도 없었다. 왜적을 만나면 울창한 숲속으로 일단 몸부터 피하는 삼십육계(三十六計)가 유일한 방책이었다.

딱밭재 부근 어느 숲에 숨어 있을 때였다. 갑자기 무엇인가 후다닥 뛰는 소리가 들렸다. 의병대는 깜짝 놀라 달아나려 했다. 하지만 그것은 털빛이 누런 암사슴이었다. 사람도 짐승도 서로 놀라 먼저 달아나려 했다. 포수 출신 대원들은 이미 산짐승인 줄 눈치챘지만 신참대원들은 서로 마주 보고 안도의 한숨을 쉬며 뛰는 가슴을 손바닥으로 쓸어내렸다.

한편 유인석은 1908년 초여름 다시 부산 동래를 거쳐서 러시아 망명길에 오르게 되었다. 온갖 고생 속에 연추 중별리에 도착했고, 이범윤과 만나서 차후 활동을 모색했다. 그해 가을에 접어들면서 유인석은 이국 땅 호롱불 밑에서 평소 구상해오던 '의병규칙'(義兵規則)을 드디어 완성했다.

의병은 어떻게 만드는가.

의병은 어떻게 이끌어가는가.

의병은 어떻게 싸우는가.

이 세 가지 방법이 가장 중요한 골격이었다.

조직론에서는 의병부대의 조직과 편제를 다듬었고, 지휘관이 마땅히 갖추어야 할 덕목에 대해서도 썼다. 운용론(運用論)은 단결과 기율, 화목과 신의 등 의병의 기본덕목과 구체적 실행규정 등을 여러 갈래로 다루었다.

이 가운데 화목조(和睦條) 한 가지만 살펴보자. 의병대장은 머리요, 총무는 몸뚱이, 참모는 심장, 종사(從事)는 눈과 귀, 혀와 목구멍이다. 대장은 수족이며, 병졸은 손톱·발톱·어금니이니 모든 근육과 기맥이 서로 조화되고 피가 제대로 흘러야만 일을 이룰 수 있다고 했다.

실행규정에는 또 10개 항의 참수(斬首)규정을 두었다. 첫째 기율 범한 놈, 둘째 없는 말 지어내어 의병 상호간에 이간질시키는 놈, 셋째 시일을 오래 끌어 중요한 사업을 낭패하게 한 놈, 넷째 기밀을 엿듣고 누설해버린 놈, 다섯째 정도 밟지 않고 사사로운 원한으로 다른 대원을 모함하거나 죽음에 빠트린 놈, 여섯째 재물과 여색을 훔친 놈, 일곱째 의병대의 공무를 빙자하여 사리사욕을 채운 놈, 여덟째 거짓말을 지어내어 군심을 어지럽힌 놈, 아홉째 전투에 임하여 단결을 약속하고도 겁을 먹어 아예 오지 않은 놈, 열 번째 전투에서 먼저 도망친 놈이 여기에 해당한다.

'의병규칙'은 군수품 조달에 있어서도 백성으로부터의 징발과 국가기관으로부터의 탈취를 당연시했다. 왜냐하면 첫째 의병은 국가와 백성을 위해 일하고 있다는 점, 둘째 백성과 국가의 재물은 이미 일본의 수중에 들어갔거나 앞으로 모두 들어가게 될 것이라는 점, 셋째 국가의 위기상황에서 일부 계층만이 안락하게 지내는 것은 사리에 어긋난다는 점 등이 그 명분이자

정당성이었다.

전략론(戰略論)도 대단히 중요한 내용을 담고 있다. 유인석은 마땅히 응징해야 할 흉적으로 각도의 관찰사, 군수, 일진회를 대표적으로 꼽았다. 관찰사는 왜적의 앞잡이와 난적의 도당이므로 그들의 명령을 절대로 받아서는 안 되며 즉각적인 처단과 축출을 촉구했다. 일진회는 워낙 숫자가 많아서 한꺼번에 처단할 수는 없으니 모든 방법을 총동원하여 놈들을 회유시키거나 설득하기를 권했다. 다시 덧붙이기를 한 핏줄의 소산으로서 어찌 이런 악종이 생길 것을 알았으랴 하며 통탄하고 놈들을 호되게 비판했다. 순검과 병정들의 경우 비록 왜적의 봉록을 받고 있을지라도 가능하면 그들을 잘 설득해서 회유하고 포섭하는 노력을 당부했다. 전국 13도에 걸친 의병봉기의 방안도 8개 항목으로 뚜렷하게 제시했다.

전국에서 봉기한 여러 의병장과 숨 가쁜 연락이 오가고 이에 따라 본격적 체제를 갖춘 13도 창의군(倡義軍)이 드디어 발족했다. 모든 힘을 합하여 강도 일제와 매국노의 거점인 서울까지 즉각 공략해 들어가는 것. 그리하여 외세를 단숨에 몰아내고 나라의 기강을 바로 잡는 것. 이것이 연합창의군의 가장 중요한 목표였다.

총대장 이인영(李麟榮, 1868~1909), 군사장 허위(許蔿, 1855~1908), 관동대장 민긍호(閔肯鎬, 1865~1908), 호서대장 이강년(李康秊, 1858~1908), 교남대장 박정빈(朴正斌), 진동대장 권의희(權義熙), 관서대장 방인관(方仁寬), 관북대장 정봉준(鄭鳳俊), 호남대장 문태수(文泰洙, 1880~1913) 등이 각각 임명되었다.

이들은 통감부를 격파하고 왜놈들에 의한 강제조약을 파기하며 국권을 회복시킬 계획이었다. 하지만 각지 의병부대는 서로 연락이 끊기고 일본군의 저지에 가로막혀 제대로 된 공격도 못 해본 채 서울 진공(進攻)의 뜻을 실현하지 못했다. 오직 의병장 허위 혼자서 300명의 부대를 이끌고 동대문 밖 30리까지 진출했다.

유생 출신 의병장은 그 모든 활동을 유교적 충효이념의 실천으로 여겼고, 이에 따라 천민이나 서민 출신 의병장을 대하는 그들의 태도는 항상 고자세에다 차별적 응대를 나타냈다.

영해 의병장 신돌석(申乭石, 1878~1908)은 혼자 외롭게 싸우다 죽었으며, 경기도 장단 출생으로 유인석 의병대의 부장이었던 김수민(金秀敏, 1867~1909)은 감히 양반에 대항했다고 참수형을 받았다. 왜곡된 군율의 부당한 적용으로 빚어진 가장 전형적 사례였다. 양반에겐 이롭고 서민에겐 늘 불리했다.

홍범도는 처음부터 오직 지체 낮은 포수들과 더불어 그들의 지지와 성원 속에서 의병대를 모았고 눈부신 전과를 거두었다. 하지만 일찍부터 의암 유인석 선생으로부터 의병대의 조직과 통솔에 많은 지혜와 충고를 얻었다. 자주 서찰을 보내와 격려를 보내주었다.

유인석은 의병근거지론(義兵根據地論)도 마련했다. 일당백(一當百)의 지형적 유리, 무기조달 및 식량저장의 적절성 등 이런 조건들을 생각할 때 백두산 근방을 가장 적합한 근거지로 판단했다. 지방의 근거지로는 백두산과 맥이 이어지는 전국의 여러 산악지대에 설치하기를 제의했다. 이른바 동치서정(東馳西征), 남충북돌(南衝北突) 방식으로 이어지는 강도 일제와의 숨 가쁜 항전계획이 세워졌다. 유인석은 이 '의병규칙'을 다듬어서 국내외 애국지도자들에게 비밀리에 전달했다.

홍 대장도 이 내용을 받아서 단숨에 읽고 또 읽으며 오랫동안 막혔던 가슴속이 환히 트이는 듯했다. 밤 깊도록 '의병규칙'에 대한 상념과 궁리에 잠기었다. 얼마나 갈망해오던 일인가. 앞으로 의병대를 이끌며 모든 조직과 규율을 마땅히 '의병규칙'의 규율대로 엄정히 하리라. 홍 대장의 두 어깨에는 새로운 힘이 용솟음쳤다.

제5부

가장 어려운 시간

가둑나무 우거진 오솔길로
토벌에 내몰린 왜군 놈들
장교 놈의 도쯔게키 고함소리에
와들버들 떨면서 눈 먼 총질만 한다네

깎아지른 벼랑바위 오솔길로
토벌에 내몰린 왜군 놈들
홍 장군이 나타났다 고함소리에
내 꼴 봐라 아이고고 도망만 친다네

1. 한둔

 연해주 의병대가 국내로 진격해간다는 소문이 돌았다. 강도 일제는 밀정 양기환(梁基煥)을 시켜서 연추·블라디보스토크 지역 동포지도자들의 동정을 염탐했다. 놈은 원래 장사꾼으로 러시아말을 잘하고 그곳 지리에도 정통했다. 밀정 놈은 연해주 공기가 아무래도 심상치 않다고 보고했다.

 1908년 무신년 여름, 러시아 연해주에서 먼 길을 행군하여 진격해온 한 의병대가 두만강을 단숨에 넘었다. 함경도 경흥 신아산 부근 홍의동(洪儀洞)에서 그곳 헌병대를 벼락같이 쳐부수었다. 그들은 과연 누구였던가. 안중근(安重根, 1879~1910)이 이끄는 의병대였다. 백규삼, 이경화, 김기룡, 강창두, 최천오 등의 날랜 간부들이 안중근 의병대를 이끌었다.

 경흥군 신아산 부근에서 일본군 분견대의 하사 이하 10명은 7월 10일 새벽 4시, 안중근 의병대 200명의 습격을 받았다. 다음 날은 의병대 300명이 경원 지릅동에 나타나 읍내로 습격해오려는 기미를 보였다. 상황이 워낙 급박하여 그곳 우편취급소 직원들은 황급히 서둘러 피란길을 떠났다. 경흥 고의동에서는 의병대가 일본군 4명을 사살했으며 깊은 산중에 진을 치고 있었다.

깊은 밤에 몰래 나가 경흥과 회령 간의 전화선을 자르기도 했다. 코사크* 병사들도 따라왔다는 소문이 돌았다. 하지만 이것은 바람결에 떠도는 말로 단지 의병대가 지니고 있던 러시아제 신식 무기와 탄환 때문에 생겨난 말이었다.

노령에서 국내로 잠입해온 의병들은 포시예트 부근에서 바닷길로 왔고 더러는 산길로 왔다. 청진에서 성진 사이를 중국 배로 몰래 들어온 대원도 있었다. 일단 들어와서는 온성과 무산 방면으로 향했다. 성진으로도 가고 갑산·삼수 방면으로도 갔다. 모두들 장사꾼으로 변장하고 서넛씩 무리를 지어서 다녔다.

안중근은 정미년 겨울에 연해주의 연추로 망명했다. 최재형(崔在亨, 1860~1920)과 이범윤이 그를 지원했고 300명의 의병 부대를 만들어 그해 5월 초순, 함경도 경흥 노면 상리의 일본군 수비대를 기습해서 섬멸시켰다. 안중근 의병대는 고국 땅 산천에 붉게 피어 있는 진달래를 보았다. 꽃망울마다 눈물이 그렁그렁했다. 얼마나 그리운 내 조국의 꽃이었던가. 대원들은 길섶에 만발한 진달래꽃을 쓰다듬다가 그 꽃을 따서 우적우적 씹어 먹기도 했다.

이때 만난 홍범도 의병대의 병사로부터 탄환과 식량이 떨어져 싸우지도 못하고 왜적을 만나면 피해가기 바쁘다는 안타까운 소식을 들었다. 탈주하는 병사도 많이 생겼다고 했다. 이 소식을 전해준 병사도 배고픔을 못 참고 달아난 탈주병이었다.

---

* 카자흐스탄.

안중근은 그전에 연해주에서부터 홍범도 의병대와 연합계획을 세웠었다. 두 부대가 합쳐서 내려가면 서울도 손쉽게 함락할 수 있을 것 같았다. 함북 경흥 부근의 홍의동이나 신아산 근처로 몰래 들어와 삼수나 무산 지역에서 홍범도 의병대와 접선하기로 했다. 이런 기밀 통지를 미리 홍범도 부대로 보내왔다. 그런데 그 부대가 이다지도 힘겨운 고난을 겪는다니 어찌된 일인가. 홍 대장은 안중근 의병대와 만나기를 마음속으로 몹시 고대했다. 그들이 오면 가뜩이나 부족한 탄약과 무기도 지원받을 수 있었다. 두 부대가 단합한다면 함경도의 왜적은 물론이요 서울 진공도 능히 실현할 수 있을 것 같았다.

하지만 아무리 기다려도 감감무소식이었다. 두 부대의 단합을 염탐한 일본군의 차단작전은 몹시도 집요했다. 두 부대의 회동은 끝내 이루어지지 못했다. 일이 이리 되자 안중근 의병대는 연해주 훈춘 방면 의병대와 연합해서 작전을 펼쳐보려 했으나 그것도 좌절되었다. 회령 부근에서 전체 의병대가 집결하여 막강한 대오를 다시 만들었다.

곧 한 떼의 일본군을 만나 교전이 벌어졌다. 산중에 때 아닌 총소리가 요란하고 공격의 아우성은 드높아갔다. 도처에서 왜적을 사납게 무찌르고 놈들을 생포하기도 했다. 하지만 안중근은 원래 천주교인이라 잡은 일본군 포로를 오직 박애주의와 용서로 감싸주었다. 안중근에게 있어서 포로를 죽이는 것은 국제 관습법을 위배하는 일이었다. 거짓눈물을 흘리며 손바닥을 비벼대는 왜적 포로들을 인도주의적 관점에서 모두 풀어주었다. 심지어 총기를 돌려달라는 놈들의 요구조차도 모두 들어주었다. 하지만 돌아간 적들은 의병대의 위치를 정확히 일러바쳤다. 지리를 환히 아는 놈들을 앞세우고 일본군은 불시에 공격해왔다. 무서운 기습과 보복작전에 휘말려 안중근 의병대는 크게 참패했다. 전투에서 상대를 너그럽게 인간적으로 대한다는 것은 있을 수 없는 일이었다.

몇이 겨우 살아남아 수림 속을 헤매었다. 억수같이 쏟아지는 장맛비 속에서 무려 한 주일 넘도록 굶기도 했다. 이 소식을 전해들은 함경도 산간 주민들은 쫓기는 안중근에게 쌀쌀히 대했다. 겨우 식은 밥 한 그릇 내어주며 일본군 보복이 곧 있을 테니 빨리 이곳을 떠나달라고 요청했다.

결국 안중근 의병대의 국내 진출 작전은 실패로 돌아갔다. 아무런 성과 없이 겨우 목숨만 구해서 연해주로 돌아왔다. 이후로도 그를 돌봐주던 연해주의 동포 유지들은 안중근에게 냉담했다.

안중근이 빈손으로 돌아온 뒤 연해주 연추 일대에서 모은 1,500명, 중국 훈춘 일대에서 최병준(崔炳俊)이 모집한 1,500명, 도합 3,000명의 의병대가 국내 진출 작전의 태세를 갖추게 되면서 북관 일대가 새롭게 소란했다. 이미 800명은 경흥 부근의 홍의동, 신아동과 성진 북쪽 해안에 출몰했다고 한다. 전국에서 봉기한 의병부대의 총 집결지는 삼수와 갑산, 무산이었다. 신아산 홍의동 방면의 지휘는 김정위와 현진현이 맡고, 성진 방면의 지휘는 지운극, 조현춘, 이조하, 박로우가 맡았으며 유인석은 길림에 머무르면서 간도와 긴밀히 연락했다.

이에 당황한 강도 일제는 7월 하순 인천호, 길림호 윤선*으로 보병, 기병, 산포대를 수송했다. 이들을 신포와 독진 등지에 상륙시켜 경성 수비구 사령관 오타(太田) 보병대좌의 지휘 하에 예속시켰다. 노모토(野本) 해군소장이 지휘하는 군함 아카시(明石)호를 성진에서 청진으로 진출시켜 조선 동해 북부의 해상경비는 한층 강화되었다.

1908년 무신년 8월, 홍범도 의병대는 풍서군 어드병령 일대와 언방골 등지에서 고통과 싸우고 있었다. 탄약이 거의 바닥나서 변해룡(卞海龍)을 다시 중국으로 보냈다. 그가 떠난 직후 대원 임재춘이 빈털터리로 돌아왔다. 그는 옥중에서 나오는 길이라 했다. 군자금은 모두 약담배 연기로 날려버리고, 남은 돈은 도박으로 깡그리 잃어버렸다. 그러곤 강도 일제에게 체포되었던 것이다. 홍 대장은 그를 매섭게 문책했다.

"유혹에 빠져서 나라의 중대사를 잊어버린 이 머저리 같은 놈! 너 같은 놈을 과연 의병이라 하겠느냐. 하늘이 내려다보신다. 대한 백성이 다 보고 있다! 이 버러지보다 못한 놈!"

임재춘은 무릎을 꿇고 눈물을 흘리며 용서를 빌었다.

"너는 당장 죽어 마땅한 몸이다. 내 손에 피를 묻히기 싫으니 이제 너는 너 갈 데로 가거라 한 번 잃은 신의는 다시 회복하기 어려운 법."

다음 날 새벽, 임재춘은 산채 뒤쪽 느릅나무 가지에 목을 맨 시신으로 발견되었다. 죽음으로 속죄를 했다지만 의병대 전체 조직에 끼친 피해가 너무도 컸다. 홍 대장은 임재춘의 죽음에

---

* 증기 기관의 동력으로 움직이는 배.

대해 두 번 다시 거론하지 않았다. 다만 대원 동증손(董曾孫)을 새로 선발하여 중국 땅의 김성규(金成圭)를 찾아가도록 했다. 하지만 동증손은 막중한 임무를 띠고 가던 중에 중국 땅 대동사 세동에서 왜놈 경찰에게 체포되고 말았다. 화불단행(禍不單行)이라더니 어찌 이리도 불운은 자꾸 겹치기로 이어지는 것일까. 홍 대장은 하늘을 우러러 탄식했다.

일본경찰 놈은 동증손을 호되게 닦달하며 심문했다.

"홍범도의 부하는 모두 몇인가."

"서른 명이오."

"다들 총기를 갖고 있는가."

"그렇소."

"무슨 총인가."

"일본제 연발총이 다섯, 단발총도 몇 자루 있소. 화승총도 있지만 탄환이 바닥났소."

"현재 홍범도는 돈을 얼마나 갖고 있는가."

"그건 자세히 모르오."

홍 대장은 부대를 더욱 소규모로 개편하고 30명의 의병을 직접 인솔해서 장진 배물리로 떠나갔다. 그날 오후 청국으로 파견되었던 변해룡이 어렵게 부대로 돌아왔다. 그는 힘들게 구해온 약간의 탄약과 정일환(鄭日煥)이 청국에서 홍 대장에게 보내는 보고서를 제출했다. 무기 구입의 난항과 고통을 호소하는 구구절절한 사연이었다.

홍 대장은 장진에서 송상봉(宋相鳳) 부대와 합류한 70명 병력을 이끌고 장진 퇴물리와 함흥 옛터를 거치는 야간행군을 강행했다. 어느덧 한여름도 물러가고, 숲에서는 벌레소리가 요란했다. 귀뚜라미에 방울벌레 등 온갖 가을벌레 소리가 온 골짜기를 가득 채웠다. 산중에는 이미 추색이 완연했고, 하늘에는 차디찬 별이 파르르 떨고 있었다. 이동 중 어느 높은 산의 능선을 휘돌아 가는데 멀리 마을의 불빛이 희미하게 보였다. 한 대원이 서러움에 북받쳐 흐느끼는 소리가 들렸다. 하지만 누구도 그를 위로하거나 동조하는 감정을 드러내지 않았다.

그날 새벽 산중에서 한둔을 하는데 비가 뿌렸다. 처음엔 부슬부슬 내리더니 번쩍번쩍 가을 번개가 시커먼 구름더미를 쫙 갈랐다. 곧 하늘의 구름장이 잘게 쪼개지며 양동이로 마구 퍼다 붓 듯이 소낙비가 쏟아졌다. 간밤 초저녁에는 별이 총총했었는데, 백양나무 우듬지 끝이 설레더니 갑자기 먹구름이 휘몰려왔다. 무서운 끝물 태풍이었다. 온 숲이 세찬 비바람에 이리저리 쓸리며 몸부림치고 있었다. 이런 광경은 번갯불 번쩍일 때마다 드러나 보였다. 대원들은 커다란 고목나무 밑에 풀잎을 뜯어다 깔개로 삼고 서로 등 기댄 채 쪼그려 앉아서 밤을 새웠다. 온몸은 물에 흠뻑 젖었고 모든 의복과 장비가 잠겼다. 화승총은 있어도 물을 먹어 격발도 안 되고, 또 젖은 몸에는 저체온증이 와서 전체 대원은 아래턱을 덜덜 떨고 있었다. 아래윗니 부딪는 소리가 탁탁 들려왔다. 입술마저 파랗다.

홍 대장은 긴급히 등성이 길을 따라 가까운 마을로 내려왔다. 골짜기의 개울이 폭우에 세찬 격류로 바뀌었다. 이럴 때는 물 건너기가 정말 위험했다. 손재주 많은 목수 출신 박영팔(朴永八)이 통나무와 참대를 베어다가 후다닥 엮더니 개울을 섭게 건널 수 있는 다리 하나를 만들었다. 모두들 무사히 계곡을 건넜다. 혹시라도 왜적을 만날까 염려되었으나 척후가 먼저 앞서가며 정찰해본즉 다행이었다. 이 악천후에 놈들도 우선 비를 피하고 있었으리라.

화전민의 허름한 오두막집 몇 채가 안개 속에 보였다. 살다 떠난 빈집도 있었다. 빗길에 이리저리 미끄러져 몸은 온통 흙투성이에다 성한 곳은 한 군데도 없었다. 바위에 부딪힌 등과 엉덩이는 점점 아파오고 긁힌 곳에선 붉은 피가 줄줄 흘러내렸다. 주린 대원들의 얼굴은 시든 산나물 빛으로 거무스름했다. 의병대는 맥이 다 빠진 걸음을 터벅터벅 옮겼다. 상강을 지나 서리 맞은 호박잎처럼 두 어깨는 완전히 아래로 처져버렸다. 궂은 날씨에 한없이 바닷속으로 가라앉는 듯 서글픈 심정이다.

우선 여러 군데로 나누어 들어가서 비를 피했다. 체온이 급격히 떨어지고 아래턱이 저절로 덜덜 떨렸다. 윗니 아랫니가 서로 부딪쳐 딱딱 소리를 내었다. 이 젖은 날에 마른 땔감이 어디 있으리. 성냥도 젖어서 불은 피울 도리가 없었다. 부싯깃도 아주 젖었다. 모닥불이 몹시도 아쉬웠지만 그건 상상뿐이었다. 아닌 게 아니라 그날 얼어 죽지 않는 것만으로 큰 다행이었다.

어떤 대원은 벌써 횃대 걸쳐놓고 거기에 젖은 옷을 손으로 꾹 짜서 대충 널었다. 축축한 날에 마를 리 없다. 좁은 봉당에는 배낭 속 찌든 냄새, 무엇인가 퀴퀴하게 쉰 냄새, 눅눅한 곰팡이 냄새, 발 고린내까지 두루 코를 찌른다. 이럴 때 비감한 심정이라곤 자리에 끼어들 틈조차 없다. 물에 불은 수수알을 입에 한줌 넣고 우물우물 오래 씹는다. 비릿한 날감자라도 우적우적 씹는다. 죽지 않고 살아내려면 어쩔 도리가 없다. 한 기로 떠는 대원들은 손과 발을 싹싹 마주 비비며 문질러댄다. 그런 와중에도 벌써 다리 뻗고 드렁드렁 코를 고는 대원까지 있다.

대원들은 빈 곡식 자루처럼 풀썩풀썩 쓰러져 누운 그대로 멀거니 천장을 본다. 천신만고 끝에 피워낸 화톳불이 그나마 중간에서 연약한 불꽃을 일렁이고 있다. 불꽃보다 연기가 훨씬 많아서 매캐하고 줄곧 기침이 난다. 그 불빛에 먼지 낀 거미줄이 대들보에 주렁주렁 걸쳐 있는 것이 보인다.

홍 대장은 처연한 눈으로 대원들을 바라보았다. 하지만 그 눈빛은 곧 자애로운 시선으로 바뀌었다. 『육도삼략』에 이르기를 장수 얼굴에 우수의 빛과 그늘이 나타나면 모든 병사가 의혹과 절망을 가진다고 했지 않았던가. 이 와중에서도 홍 대장은 베도자 속에 귀하게 간직했던 미숫가루 봉지를 꺼냈다. 어찌 갈무리했는지 폭우 속에서도 그리 젖지 않았다. 홍 대장은 미숫가루를 미지근한 물에 개어 먼저 몸이 아픈 대원에게 다가가 한 모금씩 떠먹였다.

"우선 이걸 먹고 기운 좀 차리게."

찬비를 오래 맞아 고뿔에 걸리고 가장 많이 지친 부하대원들은 따사로운 어버이 사랑을 느끼며 감격의 눈물을 흘렸다. 그들은 목이 메어 미숫가루 한 모금을 제대로 넘기지 못했다. 이윽고 고참대원들은 솥에 백비탕*을 끓여서 서로 권하며 추위에

---

* 白沸湯. 아무것도 넣지 않고 맹탕으로 끓인 물.

언 몸을 녹였다. 앉은 자세 그대로 벌써 깊은 잠에 곯아떨어진 대원들이 많았다. 얼마나 곤비했던 하루였던가. 아, 고달픔이여! 길속에서 헤매는 드난살이여!

이런 일 겪고 나면 꼭 몇 사람의 탈주자가 생겼다. 누군들 집 생각 고향 생각이 안 나겠느냐. 이처럼 구국의 길에 나선 몸이 사사로운 유혹에 넋을 빼앗기는 것은 정신적 나약함을 그대로 드러내는 것이다.

초리장 북쪽에 도착한 것이 9월 2일이다. 거기서 곧장 지은 동을 거쳐 함흥 길성사 신성리에 당도했다. 일본군 토벌대가 이미 냄새를 맡고 가까이로 접근해왔다. 사냥개를 앞세웠는지 무섭게 짖어대는 개소리가 컹컹 들린다. 홍 대장은 곧 전투대 형을 신속히 갖추고 매복했다가 적을 향하여 뜨거운 불벼락을 선제공격으로 안겨주었다. 일본군 지원부대가 급히 달려왔을 때 마침 탄약이 완전히 바닥나서 그놈들과 더 이상 싸우지 못하고 재빨리 숲속으로 숨어버렸다.

다음 날 아침, 왜놈 순사부대가 일제히 산을 오르는 광경을 바라본 이후 의병대는 홍원 방면으로 일제히 퇴각했다. 가는 도중 잠시 집합하여 의병대 전체 인원을 점호했더니 어느 틈에 대원 27명이 탈주했음을 알았다. 기습전·매복전이 장기인 날 랜 홍범도 의병대가 이젠 탄약이 없어 눈앞의 적을 뻔히 보고 서도 제대로 한번 싸워보지도 못하고 매 만난 꿩처럼 쫓겨 다 니는 한심한 신세가 되고 말았다. 전투로 땀 흘리지 못하고 오 직 구석으로만 숨어 다니는 얼빠진 처지가 되었구나. 물자가 바닥나니 전투 의욕마저 바닥이 났다. 어쩔 도리가 없이 깊은 산으로 가서 어렵고 힘든 은둔과 침잠의 날을 보냈다. 이 고난의 시기에 날씨마저 한 술 더 보탠다. 밤이 새도록 번개가 번쩍이더니 또다시 아침부터 세찬 비가 쏟아지기 시작했다.

다행히 한낮이 되자 굵은 빗줄기는 다소 주춤했는데 이번엔 자욱한 안개가 온 산을 뒤덮었다. 너무나 짙은 안개라 산은 아주 사라져버리고 눈앞에는 그 어떤 것도 보이지 않았다. 이런 때가 적들은 추격하기에 작전상 좋았고, 의병대는 달아나기에 도움이 되어 좋았다.

안타까워라, 너무도 안타깝구나. 애당초 달아나려고 모인 의병대였나. 싸울 뜻을 가지고 봉기에 참가했던 의병대가 맞는가. 그토록 씩씩하고 드높던 사기는 다 어디로 사라졌는가.

막중한 군자금을 지니고 탄약 구입의 밀명을 받고서 연해주의 이범윤에게 파견되었던 김충렬과 조화여, 두 대원 떠나간 지 두 달이 넘도록 감감무소식이다. 마음이 다급해진 홍 대장은 확인과 재촉을 위해 대원 김수현(金秀鉉)을 다시 파견했으나 그도 역시 간 뒤로 감감무소식일 뿐이었다.

2. 가장 어려운 시간

홍범도 의병대는 가장 어려운 곤고(困苦)의 시간에 빠져들었다. 6월 한 달 동안에는 일곱 번의 전투를 했지만 한여름으로 접어들면서 겨우 한두 차례가 고작이었다. 대원들의 사기는 완전히 바닥났다. 의지가 약한 의병들은 그 고통을 못 견디고 탈주하다가 일본군과 자위단에게 속속 체포되었다. 놈들은 체포 즉시 의병들을 폭도로 몰아 현장에서 총살해버렸다. 사살한 폭도 옆에 앉아 히죽이 웃으며 기념사진을 반드시 찍었다.

무기와 서류까지 탈취된 적도 있었다. 야스카와 부대는 갈현(葛峴) 부근 여러 마을에 숨겨둔 장총 13자루, 단발총 3자루, 탄약 30발, 정태무(鄭太武) 대원이 가진 가죽가방까지 빼앗아 의병부대의 기밀서류를 찾아냈다. 그뿐 아니라 마을에 잠복해 있던 의병 4명도 곧 체포되었다. 그날이 바로 9월 9일이었다.

어찌 냄새를 맡았던지 의병대 숨은 곳을 일본군 토벌대가 급히 들이닥쳤다. 하지만 홍범도 의병대는 적들과 싸워 일단은 악전고투로 힘겹게 물리쳤다. 이날 전투에서 청국에 다녀온 변해룡 대원이 허벅지에 관통상을 입었다. 이창수(李昌洙) 대원은 나무뿌리에 발을 찔려 한 걸음도 옮길 수 없었다. 탄환도 떨어지고 다시 싸울 방도가 없었다. 총이 있어도 탄환이 없으니 아무짝에도 쓸데없는 거추장스런 무용지물이다. 사기는 떨어지고 군심은 술렁이고, 의병대 간부들까지도 무장투쟁의 심지가 약해지고 있었다. 몇몇 의병장들은 홍 대장에게 의병대의 해산을 조심스럽게 권고했다. 그들의 권유는 진심에 찬 것이었다. 이 말을 듣는 홍 대장의 가슴은 도려내는 듯 쓰라렸다.

이런 와중에서도 왜적들과 또 한판의 싸움이 있었다. 그때 홍 대장은 부하 39명을 거느리고 소명태동으로 가서 차도선과 함께 장진, 안산을 거쳐 삼수로 떠날 예정이었다. 막 출발하려는데 원성택이 찾아와 긴밀한 이야기를 나누었다. 9월 10일, 홍원 초막동 부근이었다. 새벽부터 내리던 비가 굵은 빗방울되어 대장지휘소 천막을 때리며 후드득거린다. 바람소리도 점점 드세어진다. 원성택이 홍 대장에게 말했다.

"가장 먼저 의병을 일으킨 분은 바로 홍 대장님이 아니십니까. 그런데 우리는 그동안 그 어떤 방책도 없이 다만 가련한 의병을 모아 아무런 이익도 성과도 얻지 못한 채 다수의 동지만 덧없이 잃어버렸습니다. 우리 의병대의 세력은 점차 바닥이 나고 왜적들은 오히려 힘을 더해가니 이제야말로 우리 의병들은 살아서 거처가 없고 죽어서도 묻힐 곳이 없습니다. 차라리 지금이라도 의병대를 흩어서 개인의 생계를 꾀하는 것이 상책일 것 같습니다."

쓰라린 가슴을 억누르며 홍 대장이 대답했다.

"옛날 임진년 왜란에서도 의병이란 것이 있었기에 천년사직을 보전할 수 있었네. 비록 오늘의 사정이 우리에게 나날이 불리한 듯이 보이지만 앞서 청국 땅으로 들어간 우리 대원들이 탄약 보급의 길과 자금 찾아 백방으로 다니고 있질 않는가. 또 다른 동지들도 서로 곧 만나게 될 것이니 수일 내로 이들과 삼수에서 회합하여 앞날의 방침을 정하게 될 것일세."

그로부터 이틀 뒤 당풍리 마을에 한 무리의 의병대가 나타났다. 홍범대 의병대였다. 이들은 거기에 머무르지 않고 곧장 행군머리를 돌려서 판막동 중산리를 단숨에 지나쳤다. 소명태동을 거쳐서 와우동에서 하룻밤 숙영했다. 이 마을은 홍범도 의병대의 비밀병참부가 설치된 곳이다. 여기서 잠시 휴식하면서도 의병들은 긴장을 풀 수 없었다.

그 와중에도 누가 잘 익은 다래 열매를 한 소쿠리 따왔다. 큼직한 다래는 달고 먹음직스러웠다. 먹으니 너무 익어서 죽처럼 물컹했다. 입안에 넣기가 바쁘게 주르르 미끄러져 넘어갔다. 전체 대원들이 다래밭으로 가서 넝쿨에 달린 다래를 그대로 입에 넣었다.

다음 날 내원 언덕을 스쳐서 산 위에서 초막동을 굽어보며 드디어 영동 고갯마루까지 진출했다. 잡목 숲이 우거져 발걸음을 옮기기가 정말 힘들었다. 여름내 벋은 덩굴이 발목을 잡고 놓아주질 않았다. 이리 넘어지고 저리 엎어졌다. 그 숲이 끝나자 다시 한참 동안 너설지대가 펼쳐졌다. 칼처럼 뾰족한 돌밭을 온몸 좌우로 뒤뚱거리며 아슬아슬 나아간다. 아, 이 산길이 험한가, 나라 구하는 행로가 더 험난한가. 산 넘어 산이요, 고개 넘어 고개였다.

9월 14일, 홍 대장은 지난번 청국 땅으로 탄약 구입을 위해 갔다가 실패하고 온 변해룡을 다시 보내기로 했다. 자신의 실패한 임무를 다시 회복할 기회를 주고자 했던 것이다. 그런데 하필 바로 그날 전투에서 변해룡은 중상을 입었다. 그 때문에 그는 의병대와 같이 행군하지 못하고 혼자 초막동에 남아 숨어 있었다가 급작스레 들이닥친 일본군에게 생포되었다. 왜적들은 변해룡을 모질게 고문하며 캐물었다.

"의병대의 내부는 어떠한가."

변해룡은 처음에는 줄곧 모르쇠를 대다가 차츰 마음이 약해져서 고백하고 말았다.

"현재 의병들 사기는 말이 아니오. 의병장들 사이에 의견 대립도 일어나고 있소."

이 말을 듣고 왜놈 장교는 싸늘한 미소를 지었다. 일본군 부대로 압송된 변해룡은 결국 사흘 뒤에 총살되었다. 심지가 굳세지 못한 대원은 어쩔 도리가 없는 법이다.

홍범도 의병대는 삼수 쪽으로 행군해 가다가 갑자기 왜적과 마주치게 될 것을 염려하여 갑산 동인사를 거쳐 무산의 관리소에서 숙영했다. 그런데 아니나 다를까, 금방 토벌대 놈들이 뒤를 밟아왔다. 변해룡이 누설한 정보로 의병대의 동선은 모두 들통나버린 것이다.

황급히 행군머리를 돌려 죽을힘을 다해 깊은 밀림으로 쫓겨 갔다. 계양동 우릉골은 한낮에도 어두운 곳이며 밀림 사이로 이따금 부챗살 같은 햇살이 쏟아져 내리는 곳이다. 이곳은 일본군들이 두려워서 감히 근접하지 못했다. 그곳에다 귀틀집 한 채를 짓기로 했다. 의병대 병사들은 윗도리를 벗고 기둥재목을 찾아 숲으로 들어갔다.

나무를 베며 산판 할 때 부르는 「벌목 노래」가 들려왔다.

미세 당기세
고령자 산판에서
산울림 울리며
힘을 다해 베어내세
벌목을 하세.

미세 당기세
조국 독립 건설에도
이 나무가 든다지
힘을 다해 베어내세
벌목을 하세.

워낙 집짓기에 노련한 대원들이 나서서 서로 힘을 합하니 한 채의 초막이 쉽게 지어졌다. 이제 이곳은 당분간 숨어 있을 장소였다. 뒤쪽 바위틈에서는 맑은 석간수도 흘러나와 더욱 안성맞춤이었다. 어디서 날아왔는가. 빨간 황철나무 가랑잎 하나 떨어져 물위에 동동 떠다녔다. 산중의 가을이 점점 깊어만 간다.

초막 주변에는 온통 도토리 천지로 나무마다 잔뜩 토실토실 영근 도토리가 매달렸다. 벌써 어떤 놈은 바람결에도 제풀에 후두둑 떨어져 돌돌 구른다. 가랑잎 사이에 숨으면 찾아내기 어렵다. 다람쥐란 놈들이 나뭇잎 틈에서 도토리를 찾아들고 두리번거린다. 이 도토리만 먹고도 한 해 겨울은 버틸 수 있으리라. 집안엔 가마솥도 두 개나 걸었다.

홍 대장이 무거운 얼굴로 입을 열었다.

"모두들 당분간 여기서 쉬게나. 적들과의 접전은 절대로 피하고, 보초는 철저히 세워 주변을 잘 지켜야 하네."

10월 9일, 의병대의 또 다른 지대가 신파의 기름구피에서 한 무리의 일본 군대와 마주쳤다. 하지만 접전은커녕 싸울 기력조차 없어 숲으로 황급히 달아났다. 완전히 매를 만난 꿩이었다. 탄약 없는 의병대는 이미 의병대가 아니었다. 물에 흠뻑 젖은 종이호랑이였다.

그 사이 탄환도 좀 구해오고 군자금도 얼마간 모아와서 의병대 살림에 약간의 생기가 돌았다. 다시 긴장을 가다듬고 기운도 차려서 무산 땅 왜가림으로 빠져나가 오늘은 일본군 병참소가 새로운 공격목표였다. 얼마만의 공격인가. 야삼경이 되기를 기다려 병참소 불이 꺼지니 주위는 아주 암흑천지로 바뀌었다. 칠흑 같은 어둠 속에서 어디가 어딘지 분간하기가 어려웠다.

수일 전에 노획한 폭발탄을 힘껏 던져 넣고 빗발 같은 총탄을 연거푸 발사하니 잠들었던 왜적들이 알몸으로 막 달려 나온다. 그대로 정조준해서 저격을 하니 한 놈도 남김없이 쓰러졌다. 모두들 훈도시(褌)* 바람으로 살만 겨우 가린 것들이 나오다가 픽픽 쓰러졌다. 숲속에 총소리는 아주 높고 괴괴한 병참소 건물에 불을 달았다. 냉큼 뒷산 위로 풀쩍 뛰어오르니 활활

---

* 일본 남성들이 사타구니를 가리던 천.

타오르는 불길이 하늘까지 태울 기세였다.

　그길로 줄곧 행군해서 의병대는 백두산을 향해 다가갔다. 가다가 다시 행군머리를 돌려 장백 땅으로 이동해갔다. 이것은 뒤를 밟는 일본군 추격대를 짐짓 따돌리려는 것. 그런데 그 계략이 잘못되어 돌연 기습해온 왜적의 복병과 맞닥뜨렸다. 종일 싸웠으나 놈들의 포위망을 뚫지 못했다. 우리 의병들은 거의 잡혀가고 홍 대장과 부하 몇이 겨우 탈출해서 도룡봉 기슭을 서둘러 넘었다. 온통 조릿대로 빽빽이 우거진 내두산 골짜기를 지나서 산에서 산으로만 밤낮없이 달리고 달려 안도현과 길림까지 줄곧 쫓겨 왔다. 당시 『매일신보』 기사는 안도현까지 황급히 쫓겨 온 홍범도 장군에 관한 기사를 보도했다.

　안타까워라. 쫓기는 그 심사 어떠했으리. 하지만 패배는 승리의 바탕이라 왜적에게 밀려 달아나며 두근거리던 가슴이 차츰 진정되자 우리의 홍 대장은 다시 힘을 내어 싸움의 대열로 나아간다. 악전고투에도 칠전팔기(七顚八起)했다.

　이후로 삼수, 갑산, 단천 등지에서 새로 뜨거운 항일유격전을 펼쳐갔다. 보급과 탄약조달도 조금씩 형편이 나아지긴 했다. 북청, 신풍리, 이원, 단천, 풍산, 갑산, 장항리, 혜산진 등등. 이곳은 오로지 홍범도 의병대의 앞마당이나 연병장과 같은 곳이다. 마을주민들은 가는 곳마다 반겨 맞아주었으나 이미 왜적에게 가진 것 다 빼앗기고 헐벗은 살림이라 그들이 과연 무엇을 어떻게 도와주리.

　궁핍한 군수물자는 금방 바닥나고 늦가을 찬바람 불면서 의복과 탄약이 무엇보다도 가장 아쉬웠다. 또다시 깊은 산으로 들어가 초막 속에 웅크려 있을 뿐 전투는 감히 생각조차 할 수 없었다. 거지와 다름없는 꼴이었다.

이런 처지에서는 『육도삼략』도 전혀 제 기능을 발휘하지 못한다. 군량도 떨어져 화전을 일구다 떠난 밭을 다니며 썩은 감자알이나 주웠다. 그나마 하루 온종일 다니면 겨우 먹을 만큼 한 움큼 모을 수 있었다.

전투를 해야 할 의병대가 씨감자나 찾아서 주우러 다니니 이무슨 꼴인가. 느닷없이 토벌대라도 맞닥뜨리면 대체 어찌할 것인가. 이런 군사를 어찌 전투하는 의병이라 할 것인가. 홍범도 의병대는 기습전과 매복전이 특징인데 이도 저도 못하고 있으니 안타깝구나. 그들은 이제 날개 부러진 독수리요, 이빨 빠진 호랑이에 불과하구나.

이 무렵 함경도 경찰부장이 경성의 경무국으로 기밀보고서를 보냈다.

도 관할 구역 내에는 점차 폭도 출몰의 숫자가 줄어들고 놈들의 구역도 축소되었다. 11월 중에 습격해온 회수는 불과 세 번, 폭도의 수는 두셋뿐이다.

오, 그 용맹하던 의병대는 모두 어디 갔는가. 그들은 지금 어디서 무얼 하는가. 이때 홍범대 의병대가 몹시도 궁핍으로 고통 중이라는 말을 듣고 함경도 지역주민들이 뜻밖에도 비밀리에 후원금을 모아서 몰래 보내왔다. 눈물겨운 일이 아닐 수 없었다. 자기들 살아가기도 허겁지겁 빠듯한 처지인데 그 가난한 살림 속에서도 그들은 비밀리에 의연금을 모아서 보내왔다. 주북면에서 700원, 주남면에서 900원, 어랑면에서 5,000원, 명윤사에서 7,000원 등 도합 16,000원. 그들은 왜적을 속이기 위해 학교를 짓는 지원금이라는 그럴 듯한 이유를 달아서 공개적으로 의연금을 모았다. 대한협회(大韓協會)라는 조직을 만들어 홍범도 의병대와 늘 비밀연락을 취하고 어렵게 모은 군자금을 의병대로 전해왔다. 참으로 위험을 무릅쓰고 결행했던 아슬아슬한 일이다.

그들 중에는 '일심계'(一心契)라는 결사대가 있어서 죽기를 맹세하고 군자금 마련을 위해 몸 바칠 것을 다짐했다고 한다. 그 장한 청년들은 이군심, 이승원, 정기창, 현계갑 등이었다. 주북면의 최승극, 주남면의 이삼식, 어랑면의 최충극, 명윤사의 정원일도 함께 동참한 장한 동지들이다. 그들은 각 면을 돌아다니며 면장과 동장을 설득해서 학교건립원조금 명의로 모금한 자금을 몰래 홍범도 의병대로 보내왔다.

온 세상이 왜놈천지가 되어가는 이 뒤숭숭한 세월 속에서 백성들이 금쪽같은 의연금을 모아 의병대로 보내오니 액수는 비록 많지는 않으나 그 뜨거운 정성이 얼마나 갸륵하고 눈물겨운지 모르겠다.

3. 북국의 겨울

1908년 무신년 12월, 강도 일제는 악명 높은 동양척식주식회사(東洋拓殖株式會社, 약칭 동척)를 설립했다. 식민지의 경제를 모조리 독점·착취하기 위한 계략이지만 겉으로는 조선의 산업을 키우고 개발하며 발전시킨다고 흰소리를 했다. 이후로 동척은 주로 조선인의 부동산을 교묘히 빼앗는 일에 나섰다. 올해는 경기도, 내년에는 전라도와 황해도, 이런 식으로 비옥한 논밭은 하나씩 둘씩 동척의 손아귀로 넘어갔다. 이렇게 수탈한 토지는 소작을 주어 무려 5할이 넘는 소작료를 강탈했다. 빌려준 곡물은 2할이 넘는 높은 이자를 받았다.

동척은 한반도에서 생산된 쌀을 일본으로 실어 날랐다. 이른바 농업이민이란 명목으로 수백만의 질이 좋지 않은 불량 일본인을 몰고 와서 모두 땅을 나누어주고 자작농으로 부자가 되도록 만들었다. 지주가 된 그놈들이 또다시 한국의 토착농민을 억압하고 유린했다. 일 년 열두 달 착취와 수탈로 한 해가 저물었다.

밤이 가고 아침이 되어도 또 새로운 밤이었다. 겨울이 가고 봄이 와도 여전히 세상은 늘 겨울이었다. 두 눈 뜨고 당하는 우리 농민들이 뒤늦게 왜적들의 얕은 흉계와 속셈을 알아챘으나

일제의 대표적 수탈기관이었던 동양척식주식회사.

이미 때는 한참 늦었다.

이 열악한 시절, 홍 대장은 40명 의병대를 이끌고 기어이 압록강을 건넜다. 일본군 국경수비대의 감시를 피해 비밀 루트로 넘어갔다.

강아 강아 압록강아
너의 수궁이 장강 천리인데
나를 무사히 건너게 해주었구나
부디 부디 잘 있거라
너 다시 볼 날 있으리라.

비분강개한 마음이 가슴속에 솟구쳐서 홍 대장은 저절로 눈시울이 젖는다. 얼마나 악전고투 속에서 싸웠던 관북지방이었던가. 이제 그곳을 떠나려 하니 어찌 눈물이 나지 않을 것인가. 얼마나 많은 피와 땀방울을 함경도 산악지역에 뿌렸던가. 함께 싸우다 목숨 잃은 대원들의 무덤을 남겨두고 떠나는 발걸음이 못내 슬프고 가슴이 아렸다. 위기에 빠진 의병대를 위해 몰래몰래 군자금을 지원해주던 지역 주민들의 정성이 떠올랐다. 이곳을 내 평생에 잊을 수 없으리라. 아, 관북에서 흘러간 세월들이 주마등처럼 눈앞을 스쳐 지나갔다.

저 눈물은 영웅의 눈물!

한 대원이 나직하고도 슬픈 소리로 독립군가 「압록강 건너는 노래」를 읊조렸다. 그 노래는 차디찬 강바람에 꽃잎처럼 날려 통곡으로 들려왔다.

사천이백오십이 년 삼월 일일은
이 내 몸이 압록강을 건넌 날이라
연년이 이날은 돌아오려니
내 목적을 이루기 전 못 잊으리라
물어보자 동포야 네 죄뿐이냐
나의 죄도 있으리니 같이 나가자.

압록강 건너오니 모든 것이 낯설기만 하다. 하지만 중국 땅 통화에도 동포의 집이 있어 거기서 하룻밤 묵고 길림을 거쳐서 천 리 길 당도했다. 하지만 아무리 둘러보아도 생면부지, 몸 기댈 지푸라기조차 하나 없다. 염낭엔 돈도 다 떨어져 추레한 행색은 그대로 거지와 다름없는 꼴이다.

길림 사는 중국 통사 길성익(吉成翼). 그는 평안도 영변 출생으로 독립사상을 지지하는 선량한 사람이었다. 우리 의병대 40명을 자기비용으로 이틀이나 머물게 해주었다. 예까지는 천신만고 왔으나 이제 더 나아갈 도리가 막연하다.

대원 김창옥(金昌玉)과 12살짜리 아들 용환이, 권 감찬과 홍 대장 도합 4명만 남고 모든 대원은 온 길을 다시 되돌아간다. 어처구니없는 이별이다. 이 무슨 야릇한 이별이냐. 왔던 곳으로 다시 되돌아가야 한다니. 이리 헤어지면 언제 다시 만날 수 있을까. 이 험한 세월에 살아서 다시 만날 기약을 어이 하리. 쓸쓸히 돌아서는 대원들 얼굴에 눈물이 흐른다. 그를 떠나보내는 홍 대장 눈가에도 눈물이 흐른다. 만리타국 낯선 길 위에서 이 무슨 고생인가.

"여보게 이 사람들, 면목이 없네. 부디 양해하시게. 무능한 대장을 만나 겪는 고생이라고 너그러운 마음으로 살펴주시게."

용환이는 가슴병에 차도가 없었다. 숨 쉴 때마다 후두에서 고양이처럼 가릉거리는 소리가 들렸다. 봄이 되면 조금 나은 듯하더니 찬바람 불면 다시 도졌다. 심한 기침 끝에는 울컥울컥 핏덩이까지 토했다. 병세가 자못 심상치 않다. 창백하고 파리한 얼굴엔 핏기조차 없다. 속히 연해주로 데려가서 잘 아는 의원 집에 아예 맡겨두고 장기간 병을 치료하는 데 전념해야겠다. 홍 대장은 이렇게 생각하고 이번 행차에 아들을 데려가는데 앓는 아이한테 겨울 원행이 처음부터 무리였다. 밤이면 용환이의 기침소리가 쿵쿵 벽을 울렸다.

넷이 남아 러시아 땅을 찾아가는데 노자도 한 푼 없이 멀고 먼 타국길을 걷고 또 걸어 난림창 거쳐 우수현을 지나고 우라개 딛고 넘어 우시허, 아시허로 접어든다. 어쩌다 짐수레 만나면 사정해서 타고 가고, 거의 남루한 걸인행색으로 네 사람이 비틀비틀 눈뜨면 걷고 배고프면 얻어먹었다. 그도 저도 안 되면 그냥 굶고 이렇게 허우적허우적 찾아온 것이 그간 며칠이던가. 뼛속까지 파고드는 연해주의 추위와 굶주림에 지쳐 아침엔 제대로 일어나지도 못했다. 하지만 못 일어나면 그게 곧 죽음인지라 터벅걸음으로 겨우 지탱하며 행보를 이어갔다. 곡기 한 번 제대로 못 넘기고 꼬박 이틀 굶은 적도 있었다. 주림과 추위에 지쳐 초죽음 되기도 했다.

러시아 땅 거사리에 와서 체면이고 염치고 없이 아무 집에나 들어가 손바닥을 내밀고 구걸했다. 말이 안 통하니 홍 대장이 고픈 배를 손가락으로 가리키며 먹을 것 좀 달라고 시늉했다. 그래도 인심 후한 러시아 사람을 만나서 다행이었다. 때마침 갓 구운 러시아 빵 흘레브 한 덩어리를 가져와 안겨주었다. 넷이 그 빵 한 덩이를 쪼개어 나눠 먹고 죽을 것 같은 허기를 겨우 면했다.

이렇게 간신히 몸을 일으켜 이후 엿새를 꽉 채워 걸었다. 이젠 그곳이 어딘 줄도 모르고 마냥 허청허청 앞만 보고 나아간다. 드디어 질펀한 신작로 길에 당도하니 마침 거기 우리 동포네 집이 하나 있었다. 이 얼마나 반가운 동포인가. 얼마 만에 들어보는 고향말인가. 그들로부터 슬픈 소문 들었으니 청나라와 연해주로 탄약 구입차 보낸 대원들이 기어이 체포되고 말

왔다는 소식이다. 바람결에 들은 그 소문이 진실이 아니었으면 좋으련만.

"여기서 일만포가 얼마나 멀리 떨어져 있나요."

"질러서 가면 70리, 신작로로 가면 150리는 넘습니다."

급한 마음에 지름길로 접어들었는데 그곳은 산길이요 또 행인의 왕래가 적은 곳이다. 산 중턱 외진 길을 네 사람이 지친 걸음 터벅터벅 옮겨서 간다. 돌연 숲속에서 말발굽 소리가 요란히 들리더니 100명도 넘는 홍후즈(紅鬍子), 즉 마적 무리가 나타난다. 지닌 것 하나 없는지라 죽으면 죽고 살면 살겠지. 삶에 대한 애착과 의욕을 아주 끌러놓고 그들 무리에게 붙잡혀 끌려갔다. 마적 두목이 홍 대장 가는 곳과 이름을 일일이 물어서 속마음을 그대로 일렀더니 청국인 마적 두목은 뜻밖에도 높은 단상에서 내려와 친히 홍 대장 손잡고 위로하며 반색을 한다.

"제 이름은 악유준(岳維峻)이라 하지요."

"장군의 선성(先聲)은 익히 들었소. 이 어인 고생으로 먼 길을 가시나요."

"우리가 비록 녹림(綠林)의 행색을 차리고 있지만 사실은 우리도 왜적을 물리치려고 나선 몸이라오. 좋은 시절이 온다면 서로 힘을 합쳐 공동의 적과 맞서 싸워봅시다."

이 얼마나 고맙고 반가운 노릇인가. 중국 마적의 소굴에서 이틀을 느긋하게 쉬며 분에 넘치는 대접을 받고, 의복과 노잣돈까지 넉넉히 얻었다. 숲속에서 젊은 마적들이 훈련 중에 부르는 「녹림(綠林)의 노래」가 우렁차게 들린다. 그들은 마치 정규군대처럼 군사조련도 실시하며 행진하는 걸음까지 제법 위풍당당하다.

밤길을 걷는 이천의 한 소대
말발굽 소리 요란도 하다
오늘의 수확은 오만 냥
내일은 저 가성(街城)의 습격일세
장하다 자유의 용한(勇漢)
호협(豪俠)타 녹림(綠林)의 무리.

인생은 하루아침의 이슬
구국제민(救國濟民) 못할진댄
포풍착우(捕風捉雨)의 녹림 생활
이것이 남아의 본회(本懷)일세
장하다 자유의 용한
호협타 녹림의 무리.

그렇다! 우리는 부모도 없다
집이라곤 암굴도 없다
권문(權門) 배금(拜金) 속료(俗鬧) 다 벗어나서
유유한 대자연의 천하아(天下兒)로다
가자 장백산의 대산채(大山寨)
가자 흥안령의 대암굴(大暗窟).

마적도 마적 나름이구나. 이런 녹림당과는 반드시 힘을 합쳐야겠다. 홍 대장은 감복했다. 세상엔 뜻과 방향이 다르지 않은 좋은 사람들이 뜻밖에도 많이 있다는 사실을 알았다. 이들 녹림의 도움으로 드디어 사람 꼴을 도로 갖추었다. 그들과 작별하고 헝다오허쯔(橫道河子)로 나오니 무정한 세월은 물같이 흘러 어느덧 12월 6일로 접어들었다. 동지섣달 삭풍은 불고 눈보라는 모질게 날리는데 헝다오허쯔에서는 아는 동포를 만나거기서 또 엿새를 머물렀다. 그 집에서 노잣돈을 마련해주어서 다행히도 불술기*를 타고 소왕령에 와서 다시 한 주일을 묵었다.

그러곤 블라디보스토크로 떠나갔다. 칼바람 매섭게 몰아치는 그곳에 당도하여 객사에 들어가 몸을 녹였다. 그동안 걸어온 길이 몇 만 리였던가. 눈 쌓인 길 위에는 홍 대장이 밟은 발자국이 아직도 남아 있을까. 용환의 붉은 기침도 진달래 꽃잎처럼 떨어져 있으리라. 그 발자국 하나하나마다 피눈물이 고였으리라. 홍 대장은 해삼위의 조선 사람들 마을인 신한촌에 들어가 어린 아들 용환을 미더운 최 의원 댁에 맡기며 기침병 잘 치료해주기를 부탁했다. 최 의원은 심각한 얼굴로 먼저 용환의 손목을 잡고 진맥부터 했다.

아버지는 아들에게 아무쪼록 자주 들르기로 약속하고 즉시 현지활동에 들어갔다. 그것은 먼저 이곳의 독립운동과 의병투쟁의 전황파악이었다. 당시 연해주의 독립운동은 여러모로 불리한 정세였다.

---

* 불수레. 즉 기차의 함경도 말.

4. 연해주라는 곳

러시아의 동해 쪽 해변 연해주(沿海州)는 원래 중국 땅이다. 경신년 동짓달 중러북경조약의 강제체결로 우수리강 동쪽의 40만 평방 킬로미터가 러시아 영토로 넘어갔다. 갑자년 이후 경술년에 이르기까지 무려 10만 명이 넘는 우리 동포들이 연해주로 이민해 왔다. 피땀 흘리며 신개척(新開拓)을 시작했고 한국인들 모여 사는 마을이 하나둘 늘어갔다. 600가구가 넘는 지신허(地新墟)는 최초의 한인촌이다.

이후 얀치혜(추카노보), 수주허, 송추동, 이포허, 다전재, 육성촌, 무커우(포시에트), 연추(크라스키노), 황거우, 산채거우, 양재거우, 영안평(씨넬리니코보), 사만리(사마르키), 흑정자(黑頂子), 녹둔(鹿屯), 남석동(南石洞), 소왕령(蘇王嶺, 우스리스크), 니항(尼港, 니콜라옙스크), 개척리(開拓里, 까레이스. 까야스라보카), 니항 북도소 있는 곳까지 한인촌은 늘어났다. 소왕령은 옛 발해 땅으로 지금도 당시의 기와조각이 심심찮게 나온다.

서쪽으로는 추풍(秋風, 수이푼), 동남쪽으론 수청(水淸, 쑤찬, 파르티잔스크), 그 남쪽으로는 해삼위(海蔘威, 블라디보스토크). 그곳은 넓고 비옥한 들판이다. 아득한 지평선 넘어가면 한인들의 개척마을이 있다. 개척리 구름물령이 으뜸이요, 신한촌은 신개척리와 석막리를 합친 이름이다. 하바롭스크의 글깨나 하는 선비들은 이곳을 화발포(花發浦)라 썼고, 일반서민들은 흔히 '허발게'라 불렀다. 일단 부르기 편한 것이 으뜸이다.

조선인들은 서로 모여 살았다. 석인동, 도병하(아누치노), 복받을 고을(블라고슬로벤노예), 코사크 군대에 식량과 야채를 대어주던 한인들 마을 니항의 밋갈레('이 세상의 가장 밑바닥'이란 뜻의 지명)는 고난의 땅. 자유시(스보보드니, 알렉세옙스크), 홍개호(興凱湖), 흑하시(블라고웨센스크), 무관, 따우지미, 바라바스, 그로제꼽, 이와놉스키, 미하일롭스키, 오리긴스키, 뽀크롭스키, 뽀셋스크, 스빠스카, 수이푼스키, 수찬스키, 한까이스키, 체르니급스키, 꼬똡스키, 스마꼽스키, 늬꼴, 우슬, 뿌질롭까, 노보끼옙스크, 치타 등등.

1911년 신해년 늦가을 시베리아 지방총회가 열리던 곳, 거대한 케논호수에 얼음이 얼고 사통팔달한 시베리아의 중심 벌판에 펄펄 눈 날리던 치타…

이렇게 동포마을은 광막한 연해주 벌판에 들불처럼 점점이 번져만 갔다. 이 모두 동포들 피눈물이 서려 있는 북국의 마을이다. 초창기 이주민들은 카자흐 마을이나 러시아의 국유지에서 주로 일했다. 하지만 이주민들이 점점 늘어나자 이것도 어려워져서 거의 대부분 부자들의 머슴살이로 바뀌었고 노예 신세로 전락했다. 몇몇 사람이 부두와 기차역에서 날품을 팔거나 캄차카, 또는 사할린 바다로 가서 고기를 잡았다. 벌목장에도 올라가서 일을 했다. 여자들은 단추공장에 다니거나 고기 잡는 그물을 바늘로 떴다. 그러다가 일손이 남으면 담배말이도 했다. 새끼줄도 꼬았다. 제분소나 성냥공장도 그들의 주요 일터였다.

을사년 강제조약 이후 모든 집회가 불법화되면서 의병운동에 대한 탄압도 심해졌다. 강도 일제가 무단통치를 강화하자 많은 의병장과 우국지사들이 연해주로 줄줄이 망명해왔다. 김립(金立, 1880~1922), 최봉준(崔鳳俊, 1859~1917), 문창범(文昌範, 1870~1934), 최만겸(崔萬謙) 등이 이곳을 터전으로 활동했다.

많은 애국지사들이 여기를 다녀갔다. 추풍에서 항카호 부근의 북쪽 지역 한인 마을의 중심 기관들, 연추(煙秋, 크라스키노) 남도소가 있는 곳, 연추 중심으로 370개 마을이 있다. 이 지역의 가리마을은 안중근 의사와 그의 동지들이 왼쪽 무명지의 첫 마디를 끊으며 서약한 단지동맹(斷指同盟) 장소로 이름난 곳이다. 피로 쓴 '대한독립'(大韓獨立), 그 네 글자가 아직도 살아서 숨 쉬는 곳. 이곳은 을사조약과 군대해산 이후 의병들의 항일 기지였다. 이범윤과 최재형이 협의하여 연추창의소를 열었던 곳이다. 유인석도 이곳으로 올라와서 13도의군의 통합을 발족시키며 항전을 모색했다.

그들의 병기는 러일전쟁 때 러시아 군대가 쓰던 오연발과 십사연발로 신식총이었다. 연합의병부대는 먼 길에 악전고투로 행군하며 함경도 북부지역에서 직접 일본군과 교전했다. 안중근도 참모중장으로 참전했지만 영산전투에서 패했다.

조국의 독립운동은 이곳까지 와서도 결코 꺼질 수 없는 불이었다. 하지만 그 불꽃은 그리 밝지 않고 미미했다. 그런 불같은

도산 안창호.
평안도 출신의 서도파는
안창호, 신채호 등이
중심인물이었다.

형세 속에서 여전히 지역별·세력별 파벌싸움은 활활 타올랐다. 이 무슨 꼴인가. 출신지역에 따라 자기편을 자꾸만 끌어모으고 계열과 색깔을 끊임없이 나누었다. 함경도 출신의 북파, 평안도 출신의 서도파, 서울 출신의 남도파. 이렇게 세 파가 뒤섞여 충돌하며 제각기 세력을 키우려 애쓰고 있었다.

이종호, 최재형 등이 최봉준, 김 그레고리, 김규섭, 한형권, 오와실리, 전 표또르 등과 함께 북파를 만들었다. 홍 대장은 누가 나누었는지 이 북파 무리의 사람으로 자신도 모르게 들어 있었다. 북방 관서지역 출신이라 저절로 그렇게 분류가 된 것인가.

남도파는 이상설, 이범윤 등을 중심으로 서울 출신들이 주로 모여들었다. 서도파는 차석보(車錫甫), 안창호(安昌浩,

1878~1938), 신채호(申采浩, 1880~1936), 안정근(安定根, 1885~1949) 등이 중심인물이었다. 서도파는 무서운 미국계열이라고 러시아가 잔뜩 얼러지를 느끼며 경계했다. 이후 연해주 지역에는 함경도파와 서울파만 남았다.

이 한심한 분열과 대립, 갈등의 꼴을 보고 식민지로 되돌아 간 우국지사들도 있었다. 그들은 참으로 그러한 현실을 개탄해 마지않았다. 1912년 장석영(張錫英)이 서북간도와 연해주의 한인사회를 돌아보고 와서 쓴 『요좌기행』(遼左紀行)에는 이런 절규도 들어 있다.

심하도다. 인심의 바르지 못함이여!
망국의 여생으로 해외에 나와서도 서로 화합치 못하는가.
마땅하도다. 나라가 망한 뒤로 사람 또한 망해가는 꼴이여!

지난날 무산 땅의 최운보(崔雲甫), 경흥 땅의 양응범(梁應範)은 밤에 가만히 두만강을 건너 훈춘을 지나 지신허에 이르렀다. 아, 그 고생 무슨 말로 다 풀 것인가.

연추 바닷가에는 청국 사람 가옥이 열 채 있다. 그들은 바닷물을 끓여서 소금물 만들고, 혹은 돌밭 일구어 씨 뿌리고 살아 가는데 저기 언덕배기 흑정자엔 러시아 병졸 몇이 철조망에 장총 기대놓은 채 졸고 있다. 고국 땅 경흥, 온성고을에서 밤에 몰래 두만강 건너온 동포들이 하나씩 둘씩 풀막 짓고 모여 살게 되니 그로부터 지신허의 조선사람 맨 처음 마을이 조성되었다.

1869년 기사년 가을에 오래도록 흙비가 내려 북관 땅의 벼 포기들은 빈 쭉정이만 달게 되었다.

에잇, 앉은 자리에서 굶어 죽으나 비렁뱅이로 떠돌다 죽으나 이래저래 죽기는 마찬가지다. 떠나자! 미련 없이 떠나자! 오직 걸어놓은 것이라곤 한 오라기 목숨뿐이다.

이 와중에 경흥 땅 웅기 앞바다엔 미국 장삿배 한 척이 돌부리 위에 덜커덕 얹혔다. 말 그대로 좌초(坐礁)다. 사람들은 살금살금 쪽배를 타고 다가가 그 배 위의 곡물자루를 모조리 훔쳐서 달아났다.

험상궂은 경찰들은 풀린 사냥개처럼 쏘다니며 냄새 맡아라, 포승줄로 묶어라, 잡아 처넣어라, 사정 두지 말고 매우 쳐라, 한 바탕 산천초목을 떨게 했다. 아, 대낮에도 눈앞이 캄캄해지는 저 치가 떨리는 공포, 저 적막! 집이 많지만 온통 텅 빈 저 죽음의 기운, 흉가와 다름없다. 누굴 믿고 살아가나, 무얼 믿고 살아갈거나. 오로지 탄식뿐이었다.

그해 겨울이었다. 읍민 96가구가 한꺼번에 강을 건너 지신허로 달아났다. 워낙 창황히 빠져나오느라 바람 막을 거적때기 하나, 입에 넣을 곡식 한 톨조차 없었다. 신개척 초기의 이루 말로써 다하지 못할 그 굶주림, 그 추위! 보다 못한 최운보가 그들을 이끌고 다시 추풍 땅으로 옮겨가 새로 터를 닦았다. 먼저 온 35가구와 뒤에 온 60가구가 서로 힘을 합쳐 풀뿌리를 캐어 죽 끓여 먹고 겨우겨우 연명해가니 이로부터 추풍의 조선사람 맨 처음 마을이 생겼다.

1870년 경오년도 늦은 봄이었다. 슬프다, 쫓겨간 우리네 이

주민들 지금은 무얼 먹고 사는가. 갑자년 도강 이후 어언 여섯 해가 지났다. 월강해온 동포들은 이제 500가구도 넘는다. 연추, 무커우, 지신허 가까운 길목에는 굶주려 팅팅 부은 주검들이 길바닥에 아직도 서로의 발목 베고서 그대로 누워 있다고 한다. 이른 봄, 마음씨 선량한 러시아의 늙은 장교 하나가 귀리 한 자루씩 갖다주어서 우선 당장은 죽기를 면한 적도 있었다.

큰 소 한 마리에 8원인데 쌀 한 됫박이 무려 3원. 이러니 조선 땅에서 하던 짓을 다시 써먹을 수밖에 달리 도리가 있는가. 나무껍질 벗기고 풀뿌리 캐고 백토(白土)를 떠서 수제비 빚어 먹고, 양식 구하러 나간 아비는 3년이 지나도 돌아오지 않았다. 그 아비 찾으러 나간 아들은 비적(匪賊)에게 칼을 맞고 지아비와 지어미는 생이별했다. 오래 굶은 끝에 환장하여 제가 낳은 자식을 솥에 넣고 끓여 먹은 실성한 아내. 그 아내를 울면서 죽인 지아비.

불과 곡식 서너 말에 금지옥엽 같은 귀한 딸을 청국 지주에게 팔아넘긴 꼴을 보아라. 보고 또 보아라! 어떤 집에서는 돈 많은 청국 놈 집에 서로 팔려 가려고 다투던 끝에 시어미와 며느리가 머리채 잡고 땅바닥에 그대로 뒹굴었다 한다.

이 싸움이 무슨 싸움. 진흙 밭에 개싸움. 이 싸움이 무슨 싸움. 오래 굶어서 눈 뒤집힌 미치광이의 흉측한 싸움.

흉년 들면 짚신장수와 싸리비장수가 왕복 90리 길을 걸어서 러시아 촌으로 떠돌다가 좋은 봄 만나 눈물 뿌려 거둔 곡식과 새 식구가 하나둘 늘어가니 이로부터 4만 리의 조선사람 맨 처음 마을이 생겼다.

진작 흘러간 세월, 갑술년에 이미 구개척(舊開拓)이란 것이 있었다. 쓸쓸한 원동 바닷바람에 씻긴 게딱지 같은 초가집 서너 채가 있었다. 동포 스물다섯이 거기 뿌리박고 살았더란다. 러시아 배 두어 척, 텅 빈 항구에서 조는 듯 껌뻑껌뻑 닻을 내리고 정박해 하염없이 머무르던 곳. 이곳도 신개척 바람이 불어서 조선 떠나온 동포들은 여기서 마지막 발길을 멈추었다. 서양풍 가옥이 즐비한 신한촌으로 망명지사들 하나둘 모여든다.

동북방, 멀고 먼 검푸른 바닷가를 살기 좋다고 꾸역꾸역 밀려와 마치 바위에 붙은 따깨비 부스러기처럼 옹기종기 모여 살던 슬픈 족속 하나 있었나니 이로부터 블라디보스토크의 조선사람 맨 처음 마을이 생겼다.

1875년 을해년 삼복더위 햇볕에 검게 탄 얼굴에 땀방울이 송글송글 맺힌 조선농민 안병국과 김구삼은 먼저 살던 지신허를 떠나서 흑정자로 옮겨왔다. 비옥한 땅에 농사도 잘 되어 그 소문 듣고 차츰 옮겨오는 사람들 늘어나 어느 틈에 칠십여 호로 불어나니 고을 이름도 나선동(羅鮮洞)이라 붙였다. 그것은 신라와 조선 정신을 끝내 지켜가겠다는 의지의 표현이다. 러시아 말로는 나고르나야 데레브냐. 이로부터 흑정자의 조선사람 맨 처음 마을이 생겼다.

동해에서 두만강 거슬러 한 마장 거리 조산포(造山浦) 가까운 옛 사차(沙次)섬. 원래 이곳은 녹둔도(鹿屯島)라 부르던 조선 땅이었다. 조선왕조 세조 때에는 북방 오랑캐들이 이 섬에 들어와서 먼저 밭 갈던 조선농민들을 꽁꽁 묶고 물품을 약탈해

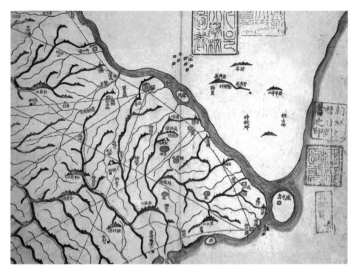

두만강이 동해와 만나는 하구(河口)에 위치한 녹둔도(『대동여지도』 2첩 1면).

갔다. 고리버들 몇 그루 드문드문 강가에 돋아 있고, 동서와 남
북이 각각 5리 길, 오로지 갈대밭이라 풀막 짓고 살았지만 원체
비옥하여 농사만큼은 잘 되었다.

　이 섬의 가장 무서운 것이 무엇이던가. 한번 휩쓸고 가면 모
든 것이 말끔하게 지워지는 저 맹렬한 북풍. 무시로 출몰하는
저 거친 야인(野人)들. 윗 강에서 큰물 지면 온통 섬 전체가 잠
겨버리는 풍수해. 그 때문에 녹둔도 농민들은 농사철에만 섬으
로 들어갔다가 가을 거두면 뭍으로 다시 되돌아와야만 했다.
이런 생활이 오래도록 되풀이되었다. 나라에선 이 섬에 들어가
사는 것을 금지하고 단속했다. 1883년 계미년 정월 어윤중(魚
允中, 1848~96)이 서북경략사가 되어 북관 땅 녹둔도까지 직

접 가서 보고 돌아왔다.

왕이 물었다.

"녹둔도 지형이 어떠하던고."

어윤중이 대답했다.

"녹둔도는 본래 우리나라 땅입니다. 제가 조산포에 당도하여 주변 지형을 두루 살펴보니 섬 동쪽에 모래가 쌓여 강 건너편 땅과 맞붙어 있었습니다. 섬에서 일하는 백성들은 모두가 우리나라 사람들이었고, 다른 나라 사람들은 전혀 없었습니다."

두만강 상류에서 흘러오는 모래가 수백 년 세월이 지나면서 켜켜이 쌓이고 쌓여 섬의 한쪽 끝이 러시아 땅으로 붙어버렸다. 아마도 이게 화근이 되었으리라. 러시아의 흉계가 남쪽을 향해 밀고 내려올 때 녹둔도는 어느 틈에 슬그머니 러시아 영토로 흡수되어 들어갔다. 북경조약을 체결한 이듬해 러시아는 1861년 6월 28일 흥개호 주변의 한 초라한 초소에서 중국 대표와 만나 정계도 및 국경설명서의 조인을 맺었다. 이것이 이른바 '흥개호 계약(界約)'이다. 이 조약 때문에 원래 우리나라 영토이던 녹둔도는 슬그머니 러시아령으로 넘어가고 말았다. 가만히 앉아서 제 땅 빼앗기고도 함경감사는 이 사실조차 모르고 있었다. 설사 알았다 하더라도 싸울 힘인들 있었을 것인가. 이리하여 녹둔도는 눈뜬 채 그대로 강탈당한 것이었다.

5. 슬픈 군상들

이범윤(李範允, 1856~1940), 그는 1902년 임인년에 북변 간도관리사로 임명되었다. 즉시 북간도로 건너가서 우리 유민들을 불러 모았다. 호구를 새로 편성하고 법령도 반포했다. 청나라 비적을 막겠다며 간도 사포대(私砲隊)를 조직했다.

1907년 정미년으로 접어들어 용정에 간도파출소가 세워지자 연해주로 떠나가 그곳에서 의병운동을 시작했다. 군자금 30만 원으로 무기를 구입하고 4천 명 조직의 연해주 의병 총대장이 되었다. 연해주의 지방행정기관에서는 이범윤을 조선의 정부 대표로 예우했다. 하지만 이것이 문제였다. 조직이 점점 커지니 권력도 덩달아 넘쳐흘렀다. 이범윤은 자신의 이름으로 발행하는 모든 문서에 이두마패(二頭馬牌)*의 직인을 찍었다.

구한국 정부의 관리나 지주, 장교 출신들이 그 밑에 모여들었고, 가련한 동포의 삶과 처지는 그리 중요한 문제가 아니었다. '창의대 총영소'라는 군사기관을 만들었지만 왜병과 싸울 생각보다는 오로지 자기 권력을 키우고 관리하는 일이 보다 급선무였다. 최재형과 허영장 의병대에게는 자기 휘하로 들어와

---

* 두 마리의 말이 표시된 마패.

복종하라고 명령했다. 말로는 항상 대한독립을 앞세우지만 생각과 행동은 여전히 낡은 봉건귀족의 한 사람이었다. 이런 속을 아는지 모르는지 이상설(李相卨, 1870~1917)이 찾아와 그의 옆에서 적극 도왔다. 그 밑에 점점 기회주의자들이 구름처럼 모여들고 동포들의 가슴에 원한을 심는 일이 늘어났다. 사람들은 관리사 이범윤이 연해주의 조선황제라고 빈정거렸다.

1919년 기미년 봄, 전국에서 만세운동이 일어났을 때 이범윤은 산차거우 남가울령의 어느 한적한 절간으로 들어갔다. 거기서 자기 부하 20명을 모아놓고 대한황제 즉위식까지 거행했다는 소문이 파다하게 들렸다.

오, 분수 잃은 짓이여. 단단히 망령(妄靈)이 난 늙은 탐욕가의 흉측함이여. 한번 권력에 눈이 멀게 되면 감히 무슨 짓을 못하리. 독립의 명분을 앞세워 오히려 구국활동에 심한 상처를 주었던 이범윤의 비루한 발자국을 똑똑히 바라보자.

한참 뒤의 일이지만 연해주에 소비에트 정권이 들어서자 이범윤은 간도로 쫓겨 왔다. 과격한 청년들이 그에게 온갖 모욕을 주었다. 어처구니없어라. 옛 간도경략사 어른이 본분을 망각하고 말년에는 강도 일제의 앞잡이가 되었다고 한다. 일제의 탄압기관인 적화방지단(赤化防止團)에 비밀리에 참가해 구차한 삶을 살다가 세상을 떠났다고 한다. 하지만 그의 볼품없는 초라한 종생에 대하여 누구도 애도하며 찾는 사람이 없었다. 인간의 평가는 관 뚜껑에 못질하는 그 순간부터 비로소 가능한 것이다. 안타까워라. 구국운동과 개인적 야심! 이 둘 사이를 바쁘게 쏘다니다가 결국 혼자 쓸쓸히 죽어간 사람. 다시금 묻노니 인간의 삶이란 무엇인가. 올바른 역사란 과연 무엇인가.

당시 연해주 각처의 독립군과 의병대는 새로운 국내진출 작전을 계획하고 있었다. 강도 일제는 이를 즉각 탐지하고 러시아에 항의했다. 러시아는 강도 일제의 외교적 압력에 못 이겨 연해주에서의 조선인 의병활동 금지령을 내렸다. 이후로 연해주의 독립운동은 시드는 꽃이었다.

교육구국론(教育救國論)을 주장하는 세력이 있었고 산업진흥론(産業振興論)을 열렬히 외치는 세력도 있었다. 두 의견은 늘 분리·대립되어 단합을 이루지 못했다. 안중근 의병대의 패배 이후 안중근, 이범윤, 엄인섭, 최재형 사이에도 갈등과 파쟁이 왔다. 이 모진 여파로 연해주의 동포 자본가 최재형은 홍 대장의 지원요청마저 쌀쌀히 거절하게 되었다. 그는 의병투쟁이란 것이 실로 무모한 것이라 생각했다. 오히려 실업과 교육 쪽으로 힘을 기울이는 것이 훨씬 나은 방법이라 여겼다. 군자금 모연(募捐)은 뚜렷한 성과 없이 악조건만 더해갔다.

이범윤과 최재형의 반목은 드디어 극에 이르렀다. 그들은 기어이 러시아 지방법원에 서로 맞소송을 제기했다. 최재형은 무장투쟁의 신념을 버리고 『교포신문』과 『대동공보』에 쓸데없는 군자금을 내지 말라는 광고문까지 실었다.

각 지방의 풍문을 듣건대 수많은 무뢰배가 제 나라를 사랑하는 의병이라 자칭하고 우리 지방 유명 인사들의 이름을 팔고 본인의 성명을 도용해서 위조한 문서를 여러 곳에 보내어 다수 백성들의 재물을 탈취한다. 이 때문에 공포 중에 사생(死生)의 폐가 있다는 말이 들리니 슬프도다. 지금부터 그들 무뢰배의 위조 문서와 애국심이 높다고 자칭하는 자들에게 쓸데없는 보조금을 절대로 주지 말라. 이러한 폐해는 모두들 서로 각별히 주의하고 냉혹히 거절하여 이를 가슴에 새기길 바란다.

이런 종류의 글은 국권회복을 위한 동포단합의 험한 길에서 실로 몇 백 개의 폭탄보다도 더 무섭고 파괴적인 광고문이었다.

최재형의 됨됨이를 보자. 그는 원래 연해주 한인교포 유지로서 재산가였다. 러시아 이름은 초이 표트르 세묘노비치. 소작인의 아들로 태어나 아홉 살 때 부모를 따라 도망치듯 함경도 경원에서 지신허로 왔다. 부모가 세상을 떠나자 형수에게 심한 구박을 받다가 집을 뛰쳐나와 이리저리 헤매돌다가 바닷가에 쓰러진 상태로 거의 초주검 직전에 이르렀다. 이때 러시아 선원이 그를 아슬아슬한 시점에서 구해주었다. 이 인연으로 포시에트 부두에서 선원으로 일하게 되었다. 하지만 모든 일이란 힘든 것. 노랑머리 푸른 눈 속에서 자기 위치를 차지하기란 더욱 어려운 것. 배가 고파 서낭당 고사 밥까지 주워 먹고 러시아 말을 배우며 몹시 힘든 시절을 겪었다. 러시아 선장의 양자로 들어가 열심히 공부하고 전심전력으로 자신을 갈고닦았다. 사업으로 차츰 기반을 잡아가다가 슬라비얀카 부두에서 러시아 해군에 소고기를 군납하며 큰돈을 모았다. 예전에 못 배운 게 한이 되어 학교를 세웠다.

처음에는 연추에 창의소를 열고 간도에서 쫓겨 온 의병들을 모아 구국활동도 벌였다. 하지만 갈등과 파벌로 빚어진 반목대

연해주의 독립운동가
최재형(맨 오른쪽).

열에 끼어들며 고달픔이 왔다. 좌절과 분노마저 느끼었다. 연해주의 일본군은 어떻게든 최재형을 제거하려는 음모를 꾸몄다. 연해주 조선독립운동의 뿌리를 원천적으로 둘러 파서 제거하겠다는 심사였다.

이때 소문이 돌았다. '최재형은 일본 첩자'란 말이 파다했다. 곧 박해가 오고, 일본의 무장 간섭군에게 잡혔다. 놈들은 체포된 한인 지도자의 손목을 철사로 꽁꽁 묶어 감옥에 가두었다가 깊은 밤에 한 명씩 끌어내어 총살했다. 회갑이 다 된 최재형도 이렇게 죽었다. 어처구니없는 죽음이었다. 그게 1920년 경신년 초봄이었다.

이런 악조건 속에서도 홍범도는 각처의 독립단체와 의병대를 찾아다니며 단합을 제창하고 국내진출 작전을 호소했다. 안중근도 만났다. 지난번엔 실패했지만 때가 되면 다시 협동작전할 것을 약속하며 굳게 손목을 잡았다. 김기룡, 엄인섭, 이경화, 박로사 등 연추동의회 회원들도 적극 힘을 합치기로 맹세했다. 그들에게 홍 대장이 말했다.

"협동작전이란 빠르면 빠를수록 좋습니다. 여건만 갖추어지면 두만강 얼음이 녹기 전에 곧장 진격하도록 합시다."

하지만 당시 연해주의 독립단체는 온갖 파벌과 암투와 내분에 휩싸여 있었다. 모든 것이 홍 대장의 활동에 걸림돌로 작용하면서 악조건이었다. 『대동공보』(大同公報)에는 이러한 분열을 개탄하는 피 끓는 논설이 자주 실렸다.

　못 살겠네 못 살겠네
　참말 서러워 못 살겠네
　세월 네월 가지 마라
　너 가는데 다 늙는다
　늙는 것뿐 아니로다
　종 된 나이 늙어간다.

이 무렵 연추 동북쪽 40리가량 떨어진 한인마을에서 홍 장군은 군중들을 향해 피 끓는 호소를 했다.

"우리의 조국을 왜놈들이 약탈하고 있습니다. 참으로 통탄할 일입니다. 조국에 돌아가 생업을 할 수도 없는 우리가 어찌 죽어서 조상을 대할 낯이 있겠습니까? 우리는 의병을 일으켜 일본 관헌과 수비대를 공격했으나, 군자금이 불충분하여 마침내는 실패하고 목적을 이루지 못했습니다. 그러나 우리의 의병지도자들은 충분한 자금을 얻어 무기와 탄약, 피복을 구입해서 곧 연추로 돌아올 것입니다. 여러분! 이제 그때가 오면 모두가 일어나서 우리 함께 고토(故土)로 쳐들어가 일본 관헌과 수비대 놈들을 몰아내고 건국을 위해 몸 바칩시다."

의병장 허위(許蔿, 1855~1908)가 투옥 중에 처형되었다고 한다. 허 왕산처럼 구국에 몸 바치다 왜적에게 잡혀 죽는 이름없는 독립군들은 또 얼마나 많았을 것인가. 이 비통한 소식을 듣는 홍 대장의 가슴속은 슬픔으로 가득 메어와서 하늘만 올려다보았다.

'허 왕산(許 旺山)은 나에게 편지 보내올 때도 일부러 언문으로 써서 보내주었지. 나를 그렇게도 격려하고 용기를 주던 분 아니었던가. 아, 이제 그분이 이제 순국하셨구나. 당신께서 다 못하신 일을 내가 대신 맡아가겠소.'

홍 대장은 속으로 다짐했다.

허 왕산은 교수대에 오를 때 일본 승려가 독경(讀經)을 하려 하자 그를 제지하며 꾸짖었다.

"의로운 귀신은 자연히 신선이 될 것이나 비록 지옥에 떨어진다 하더라도 너 같은 오랑캐 중놈에게 어찌 도움을 받겠는가."

일본인 형리가 찾아와 물었다.

"당신의 시신을 거두어줄 사람이 있는가."

허위가 대답했다.

"그대로 두어라! 나는 이 감옥에서 썩으리라."

이처럼 크게 외친 뒤 당당히 교수대로 올라갔다고 한다.

슬프구나! 애달프구나! 개결한 지사의 죽음이여! 허위와 이강년 의병장이 순국하니 하늘의 해도 제 빛 잃었다.

1909년 기유년 정월부터 전국에 의병의 파도가 크게 일어났다. 보라! 두 의병장은 결코 죽지 않았다. 조국의 젊은 의병들은 가슴속에서 뜨거운 피로 살아 있나니.

그해 말, 조선 땅을 영구히 집어삼키려는 왜적들은 그 모질고 악독한 동척에 이어서 불이흥업주식회사(不二興業株式會社)란 이름의 수상한 기관을 또 하나 만들었다. 이것들은 모두 식민지 시대 강도 일제가 만든 경제적 착취기관이다. 모든 토지문서가 이 두 곳에만 들어갔다가 나오면 왜놈이 주인으로 둔갑한다더라. 조선 안의 모든 경작지 절반 이상은 모조리 이렇게 강탈당했다. 광목, 성냥, 양철, 솔표 석유에 철물과 유리까지 들여와서 경제적 예속을 한층 가중시켰다. 이 땅에서 생산되는 금과 은, 동과 철은 물론이요, 소금과 석탄을 마구 파헤쳐 착취해가고 목재, 명주실도 실어가고 무엇보다도 조선의 쌀을 수출이란 이름으로 수탈해서 옮겨갔다.

법이란 법은 오직 착취기관의 편리를 위해 있을 뿐이었다. 이 법이란 것은 오로지 일본 이민을 조선에 보내려고 만든 정책이었다. 이로부터 600만 일본인이 이른바 도래인(渡來人)이란 이름으로 현해탄을 건너와 한반도는 온통 쪽발이들 세상이 되었다.

6. 장백 둔전지

이 무렵 의암 유인석 선생이 모처럼 서찰을 보내왔다. 의암 선생은 먼저 홍범도 대장의 항일무장투쟁에 지지와 찬사를 표시했다. 하지만 단지 불굴의 투지 하나만으로 싸우는 광경을 보고 충고했다.

그대의 의로움이 사람들을 감동시켜서 도처에서 바람을 일으키고 이런 노력의 결과로 백성의 마음속에는 독립의 기운이 날로 커가고 있음을 봅니다. 저 왜적의 강함은 삼국지의 조조와 형세가 같은데 지금 우리에겐 제갈량도 없고 오호(五虎)대장도 없습니다.

우리의 홍여천(洪汝千)이 비록 다섯 장수의 하나라 하겠으나, 아직도 나머지 넷이 없으니 결코 적을 가벼이 볼 수가 없습니다. 현재 싸움의 형세는 지혜로 맞서 싸울 수는 있으나 힘으로만 싸우는 것은 이제 옛말입니다. 힘만으로 맞서게 되면 우리의 힘이 저 왜적들에 비해 미치지 못합니다.

나는 비록 늙었으나 약간의 소견은 있습니다. 그러니 바라건대 우리의 여천 홍 장군께서는 깊이 생각을 더해주시기 바랍니다.

무신년 섣달 초이틀

유인석

이 편지에는 그간 홍범도 대장의 무장투쟁 추진에 대한 유인석의 간곡한 만류가 담겨 있었다. 홍 대장의 투쟁은 외롭고 열악하며 험한 싸움의 연속이었다. 탄환은 떨어지고 병사들의 옷과 신발은 다 해어졌다. 군량도 아주 바닥이 났으니 이제는 어떤 근본을 다시 생각해야만 한다. 그러나 어찌하리. 저 강도 왜적들을 쳐서 없애려면 오직 싸우는 길 외에 달리 무슨 방도가 더 있으리.

홍 대장은 일의 성패를 돌아보지 않고 오직 목숨 바쳐 투쟁하는 길만이 자신의 의무라 응답했다. 군심은 술렁이고 의병 해산을 주장하는 의병 지휘관들이 점점 늘어갔다. 하지만 홍 대장은 이를 악물고 불굴의 의지 하나로 버텨나갔다. 한 푼의 군자금이라도 더 모으려고 이리저리 백방으로 뛰어다녔다.

이러한 때에 믿고 존경하던 의병장 유인석 선생이 무장투쟁의 단일한 노선을 바꾸라는 서찰을 보내온 것이다. 홍 대장은 이 글을 읽고 깊은 고뇌에 빠졌다. 물자의 부족은 인정하나 투쟁방법을 어찌 바꿀 수 있다는 말인가. 힘 있을 때까지 줄곧 싸워야 한다. 오직 싸우는 길밖에 달리 도리가 없다.

홍 대장은 유인석의 충고가 마음에서 흔쾌하게 다가오지 않았다. 하지만 가혹한 현실과 대세는 어쩔 수 없는 것. 맨주먹으로 바위를 깨뜨릴 수는 없는 법. 바위를 깨려면 우선 끌과 망치부터 구해야 한다.

그해 가을에서 겨울 사이에 다수의 의병대원이 제각기 뿔뿔이 흩어지고 달아나는 탈주병사가 많이 생겼다. 홍범도 대장은 가장 시급하고 불같이 급한 문제인 군자금 모금을 위해서 관북지방 일대를 두루 다니며 단신으로 위험을 무릅쓰고 동분서주했다. 하지만 뚜렷한 성과는 없었다. 러시아를 다녀온 것이 언제던가. 불과 엊그제 일이 아니던가. 사정은 그때와 다름없고 오히려 갈수록 가파른 인심만 느껴진다.

'어쩔 도리가 없구나. 다시 러시아로 건너가서 내가 직접 땀 흘려 노력해서 군자금을 더 모아야겠다. 한 푼 두 푼 모이면 모이는 대로 소총을 사고, 또 모이면 모이는 족족 총탄과 폭발탄을 구입하리라.'

두 달 뒤 유인석 선생은 다시금 간곡한 편지를 인편에 보내왔다. 그는 편지에서 홍 대장을 '의무인'(義務人)이라 일컬으며 간곡한 어조로 또 만류했다.

듣건대 이제 의무인이 일천 명도 안 되는 적은 병력으로 전쟁도 나아가고자 하니, 잠깐의 싸움 소리를 바라는 것입니까. 과연 일의 성공을 바라는 것입니까. 그와 같은 병력으로 저 세계최강의 큰 도적과 맞서는 것은 그 지혜가 제갈량(諸葛亮)을 뛰어넘고 용감성이 한신(韓信)과 조운(趙雲)마저 훨씬 능가할지라도 결코 이룰 수 없는 일입니다.

이제 그대의 지혜와 용기가 어떠하며 과연 그 정도가 되는지요. 현재 그대의 형세를 보건대 그것은 지혜가 아니라 다만 몽매함이며, 용기가 아니라 어리석음일 뿐입니다. 이제 일을 이루려면 한두 사람의 지략이나 용기로 되는 것이 아닙니다. 반드시 여러 사람의 지혜와 용기를 합해서만 가능합니다. 나는 우리의 홍여천이 의도하는 바를 잘 알지 못하겠습니다. 만약 병사를 거느리고 가벼이 나아가는 것이라면 그것은 결코 바람직하지 않습니다.

그대가 비록 용감하다고 하나 어찌 옛날의 명장을 따를 수 있으리오. 지피지기(知彼知己)는 병서(兵書)의 상식이라 모든 사람이 늘 외우는 말입니다. 하지만 그대가 병사를 거느리고 여전히 가벼이 나아갈 뜻을 갖고 있다면, 그것은 올바른 지피지기가 아닙니다. 그대는 이 점을 깊이 헤아려서 마음에 간직하기를 바랍니다.

이 편지를 받고 나서 홍 대장은 밤을 꼬박 새우며 생각에 잠겼다. 모든 악조건과 궁지에서 당장 벗어날 방책과 앞으로의 투쟁방향을 헤아렸다. 새벽하늘이 훤히 밝아왔다. 아무리 생각해도 뾰족한 지혜가 떠오르지 않았다. 줄곧 머릿속을 떠나지 않는, 반드시 해법을 찾아야 할 중요한 화두였다.

홍 대장은 결국 의암선생이 서찰을 통해 보내온 그 만류의 권유를 받아들이기로 했다. 의병대 전체 대원을 소집하여 집으로 돌아가기를 원하는 병사는 돌려보냈다. 하지만 끝까지 따르겠다는 대원들만 이끌고 압록강 건너 백두산 기슭의 장백으로 옮겼다.

누군가가 독립군가 「압록강 행진곡」을 부르기 시작했다. 남은 전체 대원들 가슴속 끓는 감개에 크게 북받쳐 홍 대장은 자기도 모르게 노래를 따라 불렀다. 장중한 합창이 산채에서 들려왔다. 그것은 슬프기도 하고 장엄하기도 했다.

이내 몸이 압록강을 건너올 때에
가슴에 뭉친 뜻 굳고 또 굳어
만주들에 북풍한설 몰아붙여도
타오르는 분한 마음 꺼질 바 없고
오로라의 얼음산의 등에 묻혀도
우리 반항 우리 싸움 막지 못하리.

피에 주린 왜놈들은 뒤를 따르고
괘씸하다 마적 떼는 앞길 막누나
황야에는 해가 지고 날이 저문데
아픈 다리 주린 창자 쉴 곳을 찾고
저녁이슬 흩어져 앞길 적시니
우리의 신세가 처량하구나.

십칠도구 왕개둔은 험준한 산악과 깊은 골짜기가 많아서 적들이 쉽게 공격해올 수는 없었다. 의병대의 방어진지로는 천혜의 요새였다. 강 하나만 건너면 바로 고향 땅 국내와의 비밀연락도 편리했다. 이곳을 그동안 꿈꾸어온 새 근거지로 만들자. 그리하여 전략적 이동은 시작되었다. 때는 바야흐로 1910년 경술년 삼월이었다.

의병대원들은 그나마 고향 가까운 곳에서 살게 된 것을 기뻐

한말의 독립운동가
백암 박은식 선생.
『황성신문』의 주필로 활동했으며
독립협회에도 가입했다.

했다. 왜냐하면 그들은 대개 농민이었으므로 가족과 농토가 있
는 고향마을을 자나 깨나 그리워했다. 장백은 바로 고향마을
가까운 곳. 코앞의 압록강 너머로 고향 땅이 바로 보인다. 그곳
왕개둔 산촌에 홍 대장 지시를 받으며 의병대원들은 새로 군영
을 닦는다. 화전으로 밭도 개간하여 이것저것 절기에 맞는 곡
식을 심었다. 때마침 시절은 춘삼월이라 씨를 뿌리면 금방 올
라왔다. 자주 내리는 단비가 땅을 적셨다. 거기에 조, 콩, 감자,
귀리를 뿌리고 심었다. 사냥을 해다가 장에 팔아서 부족한 경
비와 살림을 보충했다. 통나무를 찍어내어 의병대 본영을 건설
하고 본격적인 군사훈련에 들어갔다. 무장을 갖춘 의병대는 매
달 보름 동안 훈련에 전심전력으로 열중했다.

　말 그대로 둔전병(屯田兵)이었다. 의병대 창립 당시의 경험을 되살려 무기와 탄약도 제조했다. 국내 적정을 탐지하기 위해 밀사반 39명을 몰래 강 건너로 잠입시켜 보냈다. 이곳을 근거로 강 건너 일본군 수비대를 여러 차례 기습했고, 또 적들이 이동하는 길목에 숨었다가 공격하는 기습작전도 펼쳤다. 오, 악전고투로 항전을 주도해가는 저 의병대원의 꽉 다문 입술을 보라.

이 무렵 장백을 방문한 백암 박은식(朴殷植, 1859~1925) 선생이 홍범도 의병대의 둔전살림을 직접 보고 와서 『상해독립신문』에 이런 글을 썼다.

나는 요즘 중국과 노령 사이를 유랑하면서 두루 각처의 동포들을 방문하여 보았다. 그들은 산에서 사슴을 쏘아 잡거나 땔나무해서 시장에 팔며 감자를 심어 양식으로 삼고 엿을 팔아 호구하는 사람이 많았으니 이들은 모두가 지난날의 의병 장령(將領)들이었다.

그들은 쓰러져가는 집에서 굶주림과 추위에 떨면서도 근심하는 빛이 없었고, 오로지 중얼거리는 것은 조국뿐이었다. 잠자리에서도 오로지 조국이었다.

술 마신 후에는 비분강개하여 서로 노래 부르며 통곡하곤 했다. 세속의 이른바 명예니 공리니 하는 따위는 일신을 더럽히는 물건처럼 여겼다. 오직 가슴속에 가득히 끓는 피는 충의와 비분에서 터져 나오는 것이다. 죽은 후에야 끝날 결심이었으니 어찌 그들을 참된 의사(義士)라 하지 않으랴. 나는 그들을 깊이 존경하고 아낀다.

7. 빈손으로 돌아오다

1909년 기유년 2월, 차디찬 연해주 땅에서 이범윤과 최재형의 갈등이 점점 깊어졌다. 이런 해외 지도자들의 행동에 의암 유인석은 몹시 절망했다. 모든 힘의 중심이 결집되지 못하고 자꾸 흩어지기만 했기 때문이다. 작은 힘도 서로 뭉쳐야 할 때 지도자가 분열한다면 이는 스스로 파멸하자는 것이 아닌가. 그 길로 유인석은 추풍 시지미 동포 마을로 들어가 깊은 고뇌에 빠져들었다. 그 고뇌는 의병에 대한 민중적 열기를 다시 한번 불처럼 피워 올리는 과제였다. 감나무 가지에서 쓰름매미 요란히 울어대는 여름 아침, 유인석은 오랜 궁리 끝에 드디어 '관일약'(慣一約) 사상을 요약해서 간추려냈다. 이는 참으로 중요한 해결책이 아닐 수 없다.

관일약이란 민중의 마음을 관통하여 하나를 이루기 위해서 매우 필요한 약속이란 뜻이다. 구국의 꿈을 이루기 위해선 처음부터 끝까지 오직 관일약이었다. 약(約)이란 엽전을 꿰는 일과 같으니 비록 만금(萬金)이 있다 하여도 그것이 낙엽처럼 흩어져 있으면 아무런 소용이 없는 것이다. 그러니 한마음으로 관일, 흔들리지 않는 신념으로 관일, 한 사람을 얻어서 관일, 열 사람을 얻어서 관일, 백천만 명을 얻어서 관일, 한 나라의 모든 백성이 오직 관일을 실천한다면 국권회복의 길은 뜻밖에도 수월히 열릴 것이라 생각했다.

유인석은 이 관일약 사상을 알리려고 사방으로 편지를 보내어 공지했다. 때마침 하얼빈역에서 안중근이 이토 히로부미를 저격해서 죽이자 이것이야말로 관일약의 진정한 실천이자 본보기라며 크게 감격스러워했다. 나라를 구하는 길에서 서로 반목하고 중대사를 그르치는 것은 관일약 정신을 몹시 벗어나는 것이라며 각별히 경계했다. 이를 위해서 그동안 쌓인 모든 갈등을 풀고 힘을 합쳐야 한다는 뜻을 강하게 역설했다.

13도의군의 조직도 마침내 관일약 정신으로 맺은 열매였다. 의병규합의 전위사상이라 할 수 있는 관일약! 그것은 겨레의 가슴속에서 진작 뜨겁게 꿈틀거리던 갈망의 파도이자 숨결이었다.

1909년 기유년 봄, 경흥 주재 일본 경찰서는 러시아 군부를 꼬드겨 연해주 일대 조선인의 구국운동을 탄압했다. 이에 따라 연추에 주둔하고 있던 러시아군 제6연대의 250명 병사가 안중근 의병대의 사무실로 들이닥쳐 모든 총기와 탄약을 압수하고 강제해산을 명령했다. 연해주의 일본 밀정은 눈에 쌍불을 켜고 홍 대장 뒤만 졸졸 따라다니며 수시로 동태를 감시했다. 놈들의 보고서는 다음과 같다.

홍원·북청 지방으로부터 폭도 괴수 홍범도와 권 아무개 등 2명은 열흘 전에 폭도 20명을 인솔하여 연추 지역으로 왔다. 그 목적은 국내 폭도와 러시아 폭도가 기맥을 함께하여 모종의 거

적괴 홍범도가 김충렬에게
보낸 편지를 압수했다는
일제의 정보보고서.

사를 일으켜 나가려는 비밀계획으로 짐작된다. 홍범도가 이곳
까지 온 경로는 자세히 확인할 길이 없다. 그는 도착 후 잠시 머
물러 있으면서 연해주 지역 조선인 지도자들의 형세를 엿보고
있다.

이 무렵 홍 대장은 뜻밖에도 무기구입 사명을 띠고 연해주로
떠났던 부하 김충렬의 소식을 들었다. 그는 가장 어려운 시기
에 중임을 맡았던 사람이다. 그런데 그가 홍 장군의 비밀편지
도 진작 왜적에게 빼앗기고 지금 연추에서 아편을 피우며 노름
판에나 다닌다고 한다. 홍 대장이 연해주에 왔다는 소식을 듣
고 깜짝 놀라서 깊이 숨어 나오지도 않는단다. 홍 대장은 놈이

숨어 있는 곳을 비밀리에 알아냈다. 사람을 앞세워 배신자를 찾아갔다. 그는 돌연히 나타난 홍 대장을 보고 얼굴이 파랗게 질린다.

"네 이놈! 이 파렴치한 놈! 네 본연의 임무를 잊어버리고 현재 이 꼴이 대체 무엇이냐."

홍 대장이 맡겼던 군자금을 엄중하게 추궁하자 놈은 벌벌 떨면서 이범윤에게 빌려주었다고 변명한다. 무기구입은 애당초 관심조차 갖지 않은 듯하다. 홍 대장은 배반자의 비열하고 더러운 소행을 준엄하게 꾸짖었다. 당장에 놈을 쳐 죽이고 싶었지만 단단히 쥐었던 주먹은 허탈감에 스르르 풀려버렸다. 믿었던 부하에게 당한 배신감은 가슴을 칼로 도려내듯 쓰라렸다.

"이 버러지보다 못한 놈! 그 돈이 어떤 돈인가? 우리 의병대가 목숨을 걸고 구한 피보다 더 귀한 군자금이 아니던가? 우리가 굶주려 죽게 되었을 때 인민들이 푼푼이 모아준 돈이 아니던가?"

무기와 탄환을 구입하기 위해 그토록 애썼던 노력은 하나같이 물거품이 되고 말았다. 운명은 어찌 이리도 불행의 길로 자꾸만 접어드는가. 거의 맹수처럼 울부짖는 홍 대장의 절규는 연해주의 하늘에 쓸쓸히 날아올라 안개처럼 사라졌다.

배신자가 더듬거리며 내뱉는 말을 종합해보면 처음엔 이범윤을 찾아가 무기를 사달라며 상당액을 맡기긴 했던가 보다. 하지만 날이 가고 달이 가도 이범윤으로부터 아무런 소식이 없었다고 한다. 수시로 찾아가서 무기구입의 전망을 묻자 조금만 더 기다리라며 항상 화제를 다른 쪽으로 돌리곤 했다. 그래도 또 계속 찾아가자 귀찮게 느낀 이범윤은 오히려 김충렬을 일본 밀정으로 몰아서 옥에 가두고 고문까지 했다고 한다. 이런 전후 사정을 모두 감추고 무기구입이 생각보다 쉽지 않다는 난감한 소식만 줄곧 의병대로 보내오니 홍 대장은 다만 사업이 힘든 줄로만 알고 대원 김수현에게 노자를 주어 다시 보냈던 것이다. 그런데 그놈도 연해주로 들어와서 밀사로서의 제 본분을 망각하고 도리어 이범윤 일당과 한통속이 되어 이리저리 건달패로 휩쓸려 다니며 소식마저 끊었다. 그동안 의병대는 탄환이 떨어져 일본군대를 만나도 싸움은커녕 삼십육계 줄행랑이 상책이었다. 새매를 만난 꿩이 솔포기에 머릴 박고 숨듯이 죽을 지경으로 고생하며 지냈지 않았던가.

"아, 돈이 원수로구나! 이놈의 더러운 돈이 사람을 아주 썩게 만들었구나."

지난 고생살이를 떠올리니 홍 대장 눈에 새삼 피눈물이 고인다. 분노를 참지 못했다. 그길로 한달음에 연추로 달려가 관리사 이범윤과 대면했다. 그간의 경위를 자세히 낱낱이 따져서 물었다.

"조선에서 나온 김충렬과 조화여 두 사람을 어떻게 보십니까? 그들이 과연 일본의 밀정이던가요?"

노회한 이범윤이 대답했다.

"나는 그런 줄 저런 줄 자세히 모르오."

홍 대장이 다시 엄중한 목소리로 물었다.

"그러면 어찌하여 무슨 이유로 그들을 옥에 가두었습니까?"

이범윤은 안색이 달라지더니 갑자기 시치미를 뚝 떼며 동문

서답을 했다.

"비쌔기* 없어서 갇힌 걸로 들었소."

몇 차례 대화가 더 오고 갔으나 이야기는 처음부터 큰 의미가 없었다. 이범윤은 줄곧 딴전을 피우며 완전히 모르쇠 작전으로 나왔기 때문이다. 홍 대장은 화가 몹시 치밀었지만 연해주에서 워낙 비중 높은 인물이라 뜻대로 할 수 없는 것이 못내 안타까웠다. 복수할 다른 방도가 필시 있으리라.

그날 주고받은 두 사람의 이런 대화가 연해주 일대에 연기처럼 퍼져갔다. 특히 연추의 주민들은 모두 이구동성으로 이범윤을 쳐 죽일 악당이라 욕하지 않는 이가 없었다. 이범윤은 끝끝내 김충렬에게 돈 받은 적이 없다고 완전한 모르쇠로 발뺌했다. 닭을 잡아먹었다면 오리발이라도 내어놓아야 하는 것이 아닌가? 그런데 오리발은커녕 깃털 하나조차 내놓지 않았다. 이범윤의 행각은 정말 파렴치했다.

홍 대장은 한동안 상심과 충격에서 헤어나지 못했다. 그러나 며칠 안에 곧 훌훌 털고 일어났다. 악은 반드시 악으로 망하리라. 내가 꼭 악을 벌하지 않아도 하늘이 그 악을 징벌하리라. 다른 도리가 없다. 빈손으로 다시 시작하자.

홍 대장은 연해주에서 새로 의병대 기운을 살려갈 궁리에 몰두한다. 함경도로 사람을 보내자. 김대용(金大用), 김억만(金億萬), 백갑룡(白甲龍), 권재규(權在圭) 등 평소 홍 대장을 그림자처럼 따르던 네 청년을 뽑아서 군자금 모집책으로 함경도 갑

---

* 여권이나 거주증명서.

산 일대에 파견했다. 연해주까지 와서 믿었던 사람에게 배반을 당하고 오히려 북관 지역에 거꾸로 호소하는 이 난감한 일이 과연 뜻대로 될 수나 있을 것인가. 그곳은 너무나 여러 차례 군자금 모연을 위해 두 발이 부르트도록 다녔던 지역이 아니던가. 이런 계획이 성과를 얻지 못할 것은 불 보듯 뻔했고 왜적들은 도리어 홍범도에 대한 정보를 캐내려고 미친 듯이 날뛸 것이다.

홍 대장 주위로 숨어든 흉악한 밀정 안성범(安成範)이란 놈이 이런 기밀을 어떻게 탐지해내어 회령경찰서장 다카미 슌쿄(高見俊興) 경부에게 긴급전보로 보냈다. 떠나간 군자금 모금원들이 두만강 나루터에서 곧장 체포되었다는 슬프고 안타까운 소식이 들려왔다.

그해 6월, 홍 대장은 그간 땀 흘려 모은 얼마간의 자금으로 소량의 무기와 탄환을 구입하여 비밀리에 고국 땅으로 들여왔다. 연해주에서 새로 모은 대원들이 홍 대장을 수행했다. 아, 얼마 만인가. 조국강산은 여전하구나! 두만강 달빛은 휘영청 밝은데 왜적들의 삼엄한 경비 속에 그 누구 하나 반겨주는 이 없고 다만 제국주의 세력의 말발굽 아래 시달리는 저 들판은 묵묵하기만 하다.

지난 초겨울, 눈물로 헤어진 의병대원들은 홍 대장이 다시 돌아왔다는 소식을 듣고 하나둘 산채로 모여든다. 고통 속에 조국을 떠나 해외의 현황을 눈으로 직접 보고 돌아온 홍범도 대장. 한참 동안 자리를 비웠던 항쟁의 기운을 다시 일으키는 그 사업이 결코 쉽지 않다.

전체 의병대원을 불러 모아 연해주의 사정을 낱낱이 설명했다. 그러고는 빈손으로 지탱해가야 할 어려움을 말해주었다. 대원들 얼굴에는 새삼 천둥 같은 분노가 일었고 또 먹구름 같은 그늘이 끼었다.

잠시도 쉴 틈 없이 항쟁의 대열에 다시 나섰다. 맨 먼저 무산 부근에서 전투가 붙었다. 그런데 싸워본 것이 언제였던가. 전투가 마치 말더듬이처럼 어눌하다. 일진일퇴 공방을 펼쳤지만 곧 뒤로 밀려나 깊은 밤 비탈로 혹은 계곡으로 쫓겨 다녔다. 보름달은 반공중에 둥실 떠 있는데 이렇듯 비분강개한 장부의 속을 아는지 모르는지 소쩍새는 숲속에서 저 혼자 애간장을 끊어낸다. 잠시 서서 가쁜 숨 고르노라면 금방 추격해온 왜놈 군대가 뒤따라왔다. 어느 틈에 악다구니로 밀려들어 또다시 뒤로 쫓겼다. 꼬박 이틀을 굶게 되니 의병대원들 가뜩이나 허기진 얼굴에 노랑꽃 피었다.

이때 갑산 북사령 쪽에서 또 다른 일본군 한 무리가 넘어오는 걸 봤다. 숨어서 그 숫자 헤아리니 모두 42명. 마지막 죽을 힘 다 짜내어 놈들을 기습했다. 왜적 14명을 쓰러뜨리고 의병은 두 사람이 전사했다. 이에 겁먹은 왜적들이 마침내 산 아래로 서서히 물러났다. 그야말로 악전고투의 교전이었다. 전투에 이기고도 참담한 심정으로 노획물을 거두었다. 소총이 40자루, 단총 4정, 코코나팔이 2대, 폭발탄이 14개, 군량자루가 3바리나 된다. 탄환이 모두 1,000발로 가장 반갑고 귀한 것이 마치 금붙이와 같았다.

하나도 남김없이 쓸어 담은 뒤 깊은 골짝 수풀 속으로 숨어

들었다. 왜적들 쓰던 반합에다 그대로 먹을 것을 넣어 끓여 먹으니 눈물방울이 뚝뚝 흘러내려 밥 식기에 떨어졌다. 먹을 것이라야 서 말 되나마나 한 생콩. 100여 명 넘는 의병대가 옷섶에 겨우 콩알 한 줌씩 받으며 머리를 조아렸다. 사흘 동안 낟알하나 못 보다가 이 얼마나 감격인가. 빈속에 날콩을 그대로 씹으면 역한 비린내가 나고 속이 거북해져서 쉽게 삼키지 못한다. 그래서 삭정이 불을 피워 익혀 먹는 것이었다. 뱃속에 얼마간 곡기가 들어가니 그제야 하늘의 푸른빛도 눈에 들어왔다.

그해 가을 홍범도 의병대는 함경도 무산군 단패면 농사동에서 악질 일진회원 노덕조(盧德祚)란 놈을 처단했다. 그런데 그의 아들 노병묵(盧炳黙)이 일본 헌병대에 의병 주둔지를 밀고하여 왜적 100여 명이 불시에 기습해왔다. 워낙 급작스런 공격이라 의병대는 이날 큰 손실을 입었다. 그 얼마 뒤에 노병묵 놈은 폭도토벌에 높은 공훈을 세웠다고 무산군수로 뽑혀 올랐는데 군민들이 놈을 반대하여 모두 들고일어났다. 이 때문에 반역자 놈은 주민들에게 맞아죽을 것이 두려워 군수고 뭣이고 다 팽개치고 멀리 달아났다는 소문이다.

의병대의 활동은 겨울로 접어들면서 눈에 띄게 줄어들었다. 우선 군량이 없는 데다 탄환이 바닥나서 총은 전혀 쓰지를 못한다. 일본군으로부터 빼앗아 쓴다지만 적과 만나면 도망치기가 바쁜 터에 어찌 탄환까지 바랄 수 있으리.

동굴을 위장해 만든 산채 속에서의 겨울나기는 너무나 넘기힘든 고개였다. 거지도 이런 거지가 없었다. 모진 추위와 눈보라에 그립고 아쉬운 것은 얼마나 많았을까. 물과 식량은 기본이요, 환자의 약품, 의복과 침구가 가장 절실했다. 바깥세계와 아주 단절되었다는 고독감이 밀려들 때면 따뜻한 햇살과 가족들이 어찌 그리도 그립던가.

늙은 대원 하나가 나뭇가지를 짧게 꺾어서 하루가 지나면 한 개씩 나무통에 집어넣었다. 날짜를 기다리고 보내는 이른바 산통(算筒)이다. 대원들은 매일 그 나뭇가지 헤아리는 게 일과였다. 마음에 조바심이 나서 아침에 헤아리고 저녁에 또 헤아렸다. 이렇게 한 달하고도 달포가 지났다. 산중에 폭설이 내려 쌓이고 엄동설한이 깊어지면서 다시 탈주하는 대원들이 늘어났다. 이대로 겨울나기가 정말 어려워 홍 대장은 의병들과 또다시 눈물의 작별을 해야만 했다.

모였던 대원들이 떠나고 흩어지자 산채는 또다시 텅 비게 되었다. 언제든 준비만 되면 그날이 우리가 다시 만나는 날이다. 그날 우리는 다시 만나리라.

그때까지 동지들 부디 몸조심하오.

제6부
대한독립군

달빛이 빛나네
대낮같이 빛나네
보름달 환히 밝혀주니
홍 장군님 지도를 펼치고
적들을 쳐 부술 작전을 짜네

달빛이 빛나네
등불같이 빛나네
밤길을 환히 비춰주네
홍 장군님 대오를 이끌고
일제를 쳐 부숴 진군해가네

1. 친서(親書)

추운 겨울 쏟아지는 눈보라 속에서 연해주로 가는 길은 멀고도 험했다. 지나온 길에 찍혀 있는 그들의 발자국은 곧 새로 내린 함박눈에 말끔히 지워졌다. 한낮이지만 캄캄한 밤의 어둠이 그들의 마음속을 휩싸고 있었다.

'용환이는 어찌 지내는가.'

그때 지인에게 맡긴 후로 몇 번 가보지도 못했다. 볼 때마다 야위고 핼쑥한 얼굴. 모진 아버지를 속으로 얼마나 원망할까. 천신만고 끝에 연해주에 도착하자마자 그날부터 바로 여러 동포마을을 두루 바쁘게 찾아다니며 군자금 모집을 위한 연설부터 시작했다.

"하늘에서 자유롭게 날던 새는 지금 조롱 속에 갇혀 있으며 물속에서 자유롭게 헤엄치던 고기는 지금 단지 속에 갇혀 있습니다. 누가 그들의 자유를 빼앗아 갔나요. 우리 동포들이 일 년 농사지어도 먹을 것 없고, 우리 노동자들 등골 휘도록 일해도 밥 한 그릇 제대로 못 먹는 것이 모두 누구 때문인가요. 여러분! 사랑하는 동포 여러분! 우리 조국 땅에서 저 간악한 강도 일제 놈들 몰아내지 않고서는 진정한 자유란 없습니다."

그곳 동포들은 전설적 장군 홍범도를 만나보기 위해 몰려왔다. 하지만 한곳에 오래 머무를 수 없는 일. 서둘러 여러 곳 다니려 하니 결국 탈이 났다. 눈보라를 무릅쓰고 오느라 온몸에 심한 오한이 났다. 고열로 신음하면서도 홍 대장은 비몽사몽 중에 자꾸만 '군 자 금' 세 마디만 중얼거렸다.

몸이 조금 회복되자 연해주의 유지 동포들에게 군자금 모연을 호소하는 편지를 써서 보냈다. 함경도까지도 편지가 보내졌다. 하지만 뚜렷한 성과는 없었다. 몇 군데서 답장이 왔으나 대개는 건성으로 약속하고 미루는 곳이 많았다. 대부분 아예 답조차 없었다.

일이 왜 이리 거꾸로 되는가. 함경도에선 연해주로 구원을 청하고 연해주에 와서는 다시 함경도로 모금원을 보내는구나.

그때 홍 대장이 쓴 편지를 보자.

뵌 지 오래되어 궁금합니다.

삼가 살피지 못하여 이처럼 몹시 추운 날씨에 여러분 기체만 강하온지 궁금합니다. 저는 예전과 다름없으니 다행입니다.

다름 아니오라 일전에 오셨을 때도 말씀드렸거니와 이곳에 당하여 우리 겨레도 시급하고 군대의 물건을 구입하는 것도 매우 시급합니다. 겸하여 타처 각사에서는 조속히 필납했는데 귀처(貴處)에서는 지난여름부터 다른 곳보다 먼저 된다고 했습니다. 그런데도 늘 차일피일하니 어찌된 일인지 알 수 없습니다.

귀처로 말미암아 나랏일은 말할 것도 없고 내왕인의 신발값도 되지 못할 것 같습니다. 이번에 강 아무개 편으로 의연금을 조속히 송부하여주시기 바랍니다. 만약 이번에 보내주지 못하게 되면 귀처 직원을 허커우로 직접 오도록 하옵소서.

오직 급한 마음으로 불비례(不備禮).

기유년 동짓달 열사흘

홍범도

1909년 기유년 가을, 의병장 안중근이 불타는 우국충정을 모아 특별한 목적을 품고 길을 떠났다. 출발 전 안중근은 동지들과 모여서 마지막 악수를 비장하게 나누었다. 이제 살아서 다시 만나기는 어려운 것. 동지들은 「맹세가」를 부르며 눈물로 안중근과 작별했다.

원수 이토 히로부미의 최후의 날이 가까웠으니

손가락 잘라 나라 원수 갚기를 맹세하노라

백의동포 만세소리 울려 퍼지니

대지를 뒤흔들고 세계를 진동하네.

그해 10월 26일 오전 9시 정각, 민족의 원흉 이토 히로부미가 탄 특별열차가 하얼빈역 플랫폼에 막 들어와서 끼익 소리를 내며 멈추었다. 이토 놈이 열차에서 내려 플랫폼에 도열해 있는 무리들 속으로 서서히 걸어서 다가갔다. 바로 그 순간이었다. 돌연 탕, 타탕… 하는 몇 발의 총소리가 들렸고 세기의 흉한(兇漢) 이토 히로부미는 차디찬 역 시멘트 바닥에 고꾸라졌다. 조금 전까지도 으스대며 걷던 이토 놈의 커다란 심장이 콸

하얼빈 역두에서
사살 직전의 이토
히로부미.

콸 피를 쏟으며 곧바로 움직임이 멈추었다. 그날 안중근은 이
토의 심장을 쏘았지만 사실은 일본 제국주의의 심장을 향해 정
면으로 발사한 총탄이었다. 이런 안중근의 거사를 일컬어 당시
일본 언론에서는 '흉적'(凶賊), '적도'(賊徒)라는 용어를 썼다.

몹시 밉고 증오스러웠을 것이다. 조선인의 저력에 소스라쳐
놀랐을 것이다. 거사 결행 직후 안 의사는 현장에서 "대한독립
만세"를 큰 소리로 높이 외치고 일본군에 끌려갔다.

아, 통쾌하도다! 이보다 더한 민족적 쾌거가 어디 있단 말인
가! 세계만방에 조선인의 저력을 널리 알린 혁명적 행동이요,
실천이었다.

당시 하얼빈을 비롯한 중국 북부의 여러 지역에는 백계 러시
아 사람들이 많이 옮겨와서 살고 있었다. 그들은 1936년 볼셰
비키 혁명군에 의해 추방되어 대거 중소국경을 넘어왔으나, 그
이전부터 이주해온 사람도 있었다. 그들도 중심지 십자거리에

웅성웅성 모여 서서 조선인의 용감성에 감탄했다. 평소 거들먹거리는 일제침략자 놈들에게 늘 멸시받던 청국사람들이야 그 통쾌한 마음이 오죽했을 것인가.

안중근이 하얼빈으로 가는 도중 열차 안에서 불렀다는 그 「의거가」는 아직도 겨레의 가슴에서 뜨겁게 살아 있다.

> 만났도다 만났도다
> 원수 너를 만났도다
> 너를 한 번 만나고자
> 노청 양지(露淸 兩地) 지날 때에
> 앉을 때나 섰을 때나
> 살피소서 살피소서
> 구주 예수 살피소서
> 너의 짝패 몇 만이냐
> 오늘부터 시작하여
> 몇 해든지 작정하고
> 대한 칼로 다 베이리.

들리는 말에는 조선의 사법권과 감옥 사무가 모조리 왜적의 손에 넘어가 전국 형무소의 감방에는 오로지 붙잡혀온 의병들로 가득하다는구나. 주세, 가옥세, 연초세(煙草稅), 판매세란 것이 새로 만들어져 고국동포들 살림은 더욱 궁핍을 더해갔다.

왜적들은 의병토벌의 구실로 전국에 수비대, 경무청, 재무서, 헌병청, 토벌대 따위를 만들어놓고 마을마다 찾아다니며 온갖

안중근 의사는 이토 히로부미를
저격한 후 현장에서
'대한독립만세'를 큰 소리로
외쳤다.

까탈과 구실을 부리고 약탈 착취를 뻔뻔스레 저질렀다. 무엇이
든 불령선인 체포 혹은 의병토벌과 관련을 지었다. 쌀, 닭, 계
란, 채소, 물고기, 과일, 삼베, 면화 등 생필품을 그냥 약탈해가
도 그 어디에 호소할 곳이 없었다. 왜적들 가렴주구의 독한 등
쌀에 우리 백성들 살아가기는 점점 어려워졌다.

호남에서는 일본군들이 마치 그물 치듯 물고기 잡듯 포위망
을 점점 좁혀왔다. 마을을 이 잡듯 수색하고 가택마다 조사해
서 조금만 의심이 들면 곧바로 끌고 갔다. 그 때문에 초저녁인
데도 길에는 행인이 뚝 끊어지고 마을은 온통 쥐죽은 듯 괴괴
하기만 했다. 의병들은 쫓기고 쫓기다가 더러는 도망하고 더러
는 산골짜기에서 벌벌 기다가 잡혀 왜적의 칼을 맞았다. 이처
럼 억울하게 죽은 백성들이 전국에서 이미 수천 명이 넘었다.

일진회장 이용구(李容九, 1868~1912) 놈은 한시바삐 강대국

428

일진회장 이용구는 강대국
일본과 합쳐야 한다고
선동했다.

일본과 합쳐야 살 수 있다고 목에 핏대를 세우며 연설하고 다니는 중이다. 저 이용구란 놈의 본명은 이상옥(李祥玉). 그놈은 동학농민혁명 때 북접(北接)의 중요간부로 충청도 무극 장터에서 수만 명의 농민군을 이끌었다.

1901년 신축년 손병희(孫秉熙, 1861~1922)가 일본에 갈 때 함께 가서 다니다가 돌아왔다. 그때 무슨 속셈인지 일진회란 걸 만들었다. 그때부터 이용구는 송병준 놈과 함께 조선에서 가장 악질적인 매국노의 하나가 되었다. 전국의 100만 일진회원 이름으로 왜왕에게 합방청원을 애걸하고 어떻게 하면 하루 빨리 조선이란 이름을 완전히 없앨까 그것만 불철주야 노력하고 궁리했다. 이른바 합방 후에는 일본의 소홀함을 몹시도 원망했다고 한다.

"내가 왜 그다지 합방을 애썼던고."

이렇게 말하며 후회했다고 한다. 하지만 그런 후회가 무슨 소용이 있나. 악당 몸에 이상한 원귀가 붙었던지 몸에 온갖 피부병이 발작해서 국치 이듬해에 현해탄을 건너가 일본에서 숨이 끊어졌다. 그의 전생은 필시 비루한 왜적 불량배의 족속이었으리라. 송병준 놈은 살아생전 이런 이용구 무리와 어울려 민족을 팔아먹은 흉적이다. 조선인은 원래 회유하기 어려우므로 빨리 일본의 속국을 만들어 잔인하게 다스려야 한다고 평소에 늘 뇌까렸다. 저게 과연 인간이냐. 인간의 탈을 쓴 마귀 야차(夜叉)를 어찌 한 동포 같은 겨레라 하겠느냐.

이 무렵 항구마다 마을마다 쥐잡기운동이 벌어졌다. 잡은 쥐 한 마리에 3전씩 준단다. 흑사병 예방이 구실이란다. 그런데 정작 죽여야 할 진짜 쥐는 남의 나라에 몰래 들어와 마구 유린하고 수탈하는 저 왜놈들, 그리고 앞잡이 놈들이다. 그 흉악한 쥐를 놓아두고 대체 무슨 쥐를 잡겠단 말인가. 그 때문에 생긴 무서운 흑사병이 지금 온 나라로 번지고 있질 않는가.

한편 왜적들은 한반도 병합 직전 함경도에 주둔하고 있던 일본군 제2사단 병력 중 기병대를 서울로 몰래 끌어들였다. 겉으론 폭도토벌 훈련작전을 나간다고 떠벌였다. 출발 직전 일본군 기병 참모 요시다(吉田)란 놈의 일장 훈시가 있었다.

"에, 또, 제군들은 들으라! 조센징은 원래부터 교활하고, 함부로 기어오르기 좋아하고, 말로써 다스리기가 너무나 힘든 족속이다. 무조건 단호하고 엄정한 위세로 먼저 기세를 꺾어야만 한다. 저 어리석은 조센징이란 것들은 국가의 멸망 따위엔 전혀 무관심하다. 오직 세금이 줄어드는 것만 바라고 있다. 우리 대일본제국이 조선반도를 병합하려면 무엇보다도 위력이 필요하다. 이를 위해서는 우리들 기병이야말로 가장 적당한 병력이다. 저 미개한 조센징들을 지배하려면 외관상 위엄이 넘치는 기병부대뿐이다. 알았는가."

먼 남녘 조국 땅은 서릿발 친 칼날인데 쓸쓸한 북녘 남의 나라 땅에선 홍 대장의 메아리 없는 호소가 여전히 애달픈 절규로 이어진다.

전후 한 달이 지났으나 우울함이 날로 심합니다.

삼가 살피옵건대 요즈음 몸이 평안하신지 우러러 마음속 깊이 빕니다. 저는 아직은 옛날처럼 잘 지내고 있습니다. 많이 분주하시리라 생각됩니다. 그러나 아무리 바쁘더라도 일은 빨리 처리해야 하므로 우러러 아뢰옵니다. 얼마가 되었든지 간에 영수증에 기록된 원조금을 내려 보내주시옵기를 천만 바라옵니다.

경술년 이월 열이틀
홍범도

그간 김 존위께서 맹춘(孟春)에 일향 만강하온지 궁금합니다.

저는 여러분의 보살핌 속에서 이나마 뜻을 펴갈 수 있으니 다행입니다. 아뢰는 말씀은 다름 아니오라 귀처에서 의연금 모집하는 것을 얻어들은즉 군대물건을 구입할 때에 되겠다 하옵기에 이날까지 말하지 않았습니다. 어제 천리도에 사람이 와서 말하기를 오연발 한 자루에 삼십 원이 넘는다고 합니다. 귀처에서 사람을 첨지 최치언네 집으로 보내시어 오연발 총을 사서 보내주시면 좋겠습니다.

만약 이때를 당해서도 허락하지 않으면 귀처에서 얼마간 모집한 것이 결국 의연금이 아니오니 그리 아시기 바랍니다. 금일로 거둔 돈을 가지고 허건돌로 왕림하여 총을 구입하게 되면 좋겠습니다. 요즘은 돈이 있어도 총을 사기가 극히 어려운 처지이오니 이 점을 깊이 헤아려 주십시오.

저는 바빠 불비례(不備禮).

경술년 삼월
홍범도

그해 유월 초순에 홍범도 대장은 천릿길을 걸어서 러시아의 연해주 우수리 지방 남만촌에 당도했다. 거기서 이남기(李南基), 이건용(李建鏞) 등 연해주의 지도적 인사들과 더불어 창의회를 만들고 의암 유인석 선생을 총재로 추대했다. 하지만 이 창의회도 출발 초기부터 각종 의견대립과 자질구레한 갈등에 시달렸다. 거기에다 러시아 당국의 눈길이 별로 곱지 않았다. 그들은 일본과의 외교마찰에 지레 겁을 먹고 연해주의 조선인 독립운동 지도자들을 서둘러 탄압했다.

연해주 주둔 소련군 사령관 스웬친은 아무르스크 총독에게 밀서를 보냈다. 창의회 소속 회원들의 금후 활동은 국제적 복잡성을 불러일으킬 우려가 있다는 사연이었다. 그 편지를 받은 지 바로 사흘 뒤에 무자비한 체포와 추방이 시작되었다. 여러

지도자들이 끌려가기 시작했다. 혹은 투옥되고 혹은 행동이 제약되었다. 일부는 시퍼런 바이칼호가 보이는 이르크츠크로 내쫓겼다. 홍 대장도 그 체포자 명단에 들어 있었다. 이때 누군가가 귀띔을 주어 아슬아슬하게 피신할 수 있었다.

그 모진 탄압 속에서도 최태(崔兌), 김태현(金泰賢), 엄인섭(嚴仁燮), 이범석(李範奭) 등 의병대원 21명이 어두운 골방에 모여 '작의서천'(作義誓天)을 결의했다.

"우리는 오로지 조국의 독립을 위해 일생을 바칠 것을 결의하노라. 개인보다는 민족을 먼저 생각하고 왜적이 멸망하는 그 날까지 우리는 신명을 다 바쳐서 싸우려 하노라. 동지가 위기에 빠질 때는 의리의 마음으로 그를 구출하리라. 전체의 뜻을 모아 이를 하늘에 맹세하노라."

홍 대장은 쫓기는 몸으로 낯선 땅 허무 허건돌 어느 동포 집에 숨어 있었다. 그러나 뜨거운 애국심은 숨어서 더욱 활활 타오른다. 위험을 무릅쓴 채 수청도 다녀오고 블라디보스토크도 갔다. 창의소 사업에 반대하는 몇몇 반역자들이 줄곧 홍 대장을 모함하며 여기저기 헐뜯고 다녔다. 노여운 마음 불같이 일어났으나 지금은 어쩔 도리 없구나. 구국의 길에서 저리도 끊임없이 분열만 일으키는 저 못된 인간들은 동포를 해쳐서 왜적을 돕자는 것인가. 홍 대장은 분을 삭이며 동지들께 편지를 써서 보냈다. 그는 서간에서 자신의 발이 묶인 현재의 처지를 탄식하며 몇몇 반역자는 반드시 제거되어야 한다고 매서운 어조로 지적했다.

문창범 수형기록표. 문창범은 연해주 지역 창조파 계열 독립운동가로 이범윤
밑에서 활동했다. 홍범도 장군이 연해주로 왔을 때 이범윤을 비판하는
홍 장군을 증오했다.

　대면이 적조했습니다.

　저는 제가 거주하는 곳에서 여러 동포와 무사히 지내고 있
습니다. 대한독립이 제대로 이루어지지 않아 불안하기 그지없
습니다. 그러한 중에 수청으로부터 범사를 추진하다가 돌아오
는 길에 들은즉 해삼위*의 여러 동포가 이상한 소문으로 수군댑
니다.

　관리사며 의암 선생까지 아란에서 각처를 심방한다 하옵기에
제가 머무는 곳에서 여러 날 지체되었습니다. 지금 심정은 살아

---

* 블라디보스토크.

있는 것이 죽은 것만 못합니다. 그러나 지난번에 그대도 말했지만 이번 조란(造亂)이 이렇게 되기까지는 문창범, 최반수, 김형석, 안주현 등 몇 놈들 때문입니다. 귀처(貴處)에서 이 무리들을 반드시 제거하여 아무쪼록 큰일에 방해가 없도록 하소서. 나는 이 길로 해삼위로 가서 최반수를 없앨 것이니 그리 아십시오.

귀처에서 창의소를 줄곧 반대하는 문창범을 륙지방*에서 붙잡아둔다고 하십시오. 해삼위 산달관에서도 종종 말하고 있지만 륙지방에서 나를 붙들어주지 않으니 대관절 무슨 힘으로 그들의 방해를 막을 도리가 있겠습니까.

귀처에서 어찌 하옵든지 륙지방으로부터 나를 붙들도록 잘 말씀드려 주십시오. 문창범과 김형석은 어차피 함정에 들어 있는 호랑이라 무슨 근심 있겠습니까. 저는 이에 대한 회답을 기다립니다. 여러 가지 의혹이 번잡하게 일어나기에 오늘은 이만 씁니다.

경술년 팔월
허무 허건돌에서 살고 있는
동생 홍범도

책임 있는 지도자라 불리는 저 인간들은 틈만 나면 서로 헐뜯고 반대하며 시기 질투하고 반목하며 불상종(不相從)하니 연해주 독립운동과 지도자의 썩은 꼴들이 참으로 가관이었다.

---

* 연해주의 한인마을 육성촌.

"내가 이런 꼴 보러 이 먼 곳까지 왔던가. 왜 우리들은 어딜 가나 단합도 못 하고 서로 싸움질만 벌이고 있는가. 모든 것 다 그만두고 도로 고국 땅으로 돌아가야겠구나."

이렇게 낙심하여 떠날 채비하고 있던 어느 날 소왕령에 사는 최원세(崔元世)가 찾아왔다. 그는 항시 홍 대장을 돕고 진심으로 위로해주는 청년동지다. 낙담하여 떠나려는 홍 대장을 극구 말리며 설득했다.

"탄약은 제가 주선하여 보낼 터이니 아무 염려 마십시오. 제발 여기 좀더 머물러주셨으면 합니다."

이렇게 거듭 간곡히 만류했다. 최원세의 설득으로 어쩔 수 없이 눌러앉아 연해주에서 몇 달을 더 보내게 되었다. 최원세는 그날부터 각처를 뛰어다니며 백방으로 노력해서 군자금 4,980루블을 힘겹게 모금했고, 허커우로 다시 돌아왔다. 이렇게 애쓰는 모습을 보며 홍 대장은 없던 힘을 내어 조직을 모으고 후원회를 만들었다. 애국심에 불타는 연해주 청년들이 의병대로 속속 지원해왔다.

2. 경술국치

이범윤은 문제가 많은 인물이었다. 추풍의 보수적인 토호들을 부추겨서 새로운 음모를 꾸몄다. 그 음모란 자신의 첩자들을 홍범도 부대에 침투시켜 조직을 무너뜨리는 흉계였다.

이 음모에 동원된 이범윤의 앞잡이 문창범은 박기만(朴基萬), 김제현(金齊現), 김왕윤(金旺胤) 등 기타 청년들을 애국세력으로 위장해서 접근시켰다. 그 일당들이 정체를 속이고 홍 대장에게 다가와서 총기와 탄약 구입에 앞장서겠다고 다짐했다. 놈들의 주된 목적은 군자금을 빼돌리는 것이었다. 이 흉계와 음모를 눈치채지 못한 우리의 홍 대장은 이범윤의 꼭두각시인 박기만을 총무에 앉혔다. 부총무엔 김제현, 재무담당에는 김왕윤을 맡겨서 탄환을 속히 구입하도록 임무를 주었다. 일만 잘 되면 이듬해 봄에 바로 두만강을 넘어 진공할 계획을 세웠다.

어찌 일이 제대로 성사되지 못하고 자꾸만 마(魔)가 끼어들며 실패의 기운이 따라다니는가. 이범윤의 첩자 박기만은 애당초 마련된 놈들의 각본대로 동포들로부터 어렵게 모금한 금싸라기 같은 군자금 1,800원을 모두 빼돌려서 삽시에 탕진해버렸다. 대한독립 사업은 점점 희미한 안개와 미궁 속으로 빠져들었다.

홍 대장은 아주 뒤늦게 이 모든 음모를 눈치채고 불같은 화가 끓어올랐다. 하지만 우선 겉으로는 모르는 척했다. 이번에는 전혀 내색하지 않고 일을 처리하려 마음먹었다. 코르사코프카의 박문길 집에서 술과 푸짐한 음식을 장만해 그동안의 노고를 위로하는 회의 겸 잔치를 열었다. 간첩 박기만과 그 일당들은 홍 대장의 이런 속내를 전혀 눈치채지 못한 채 하나둘 모여든다. 이윽고 보고회가 열렸다. 총무, 재무, 각 임원들은 그동안 모금한 군자금 내역을 자세히 보고했다. 도합 4,800원으로 러시아 소총 30자루, 2,200원에 탄약 4,000발, 기타 물품 1,100원에 구입 어쩌고저쩌고하면서 마치 진짜인 듯 거짓보고를 뻔뻔스레 해댄다. 홍 대장은 끓어오르는 화를 감추고 말했다.

"모두들 그간 노고가 많으셨구려."

사실 이렇게 연극을 하기도 쉽지는 않다. 악당 놈들은 홍 대장이 눈치채고 있다는 사실을 전혀 모른 채 즐겁게 술을 마시고 고기를 씹었다. 홍 대장은 시간이 갈수록 가슴이 갑갑해졌다. 피 같은 군자금을 모두 착복한 사실을 불 보듯 환히 알아채고 증거까지 모두 쥐고 있는 데도 이놈들은 대체 누굴 믿고 이리도 방자하고 여유작작한 것인가. 모두 늙은 여우 아무개의 하수인이 아니던가. 차츰 시간이 흐르자 한순간 홍 대장 눈썹은 비온 뒤의 솔밭처럼 꼿꼿이 일어서고 화가 머리끝까지 올라 얼굴이 벌겋게 숯불처럼 달아오른다. 그러곤 천천히 입을 열었다.

"이제 우리 대한독립 사업은 여기서 끝장인 것 같구나!"

한순간 좌중은 찬물을 끼얹은 듯 고요해졌다. 모두들 홍 대장의 기색만 살피고 있다. 그간 몹시 참아왔던 홍 대장은 고슴도치 같은 눈썹을 곤두세우고 천둥 같은 고함을 질렀다. 그 자리에 모였던 악당 놈들은 얼굴이 하얗게 질렸다.

"네 이놈 박기만아! 이 더럽고 흉측한 강도 놈아! 어디 훔칠 것이 없어 구국활동에 쓰는 군자금을 잘라먹었느냐. 그래 그 맛이 어떻더냐. 달더냐. 쓰더냐. 차더냐. 뜨겁더냐. 그간 네 본색을 감추고 여기까지 오느라고 무진 애도 많이 썼구나. 너 같은 놈은 인간의 탈을 쓰고도 제구실을 전혀 못 하니 오늘 내 손에 한번 죽어보아라! 나는 오늘 개 한 마리 죽일 작정을 하고 왔노라!"

일촉즉발의 무거운 공기가 방 안을 짓눌렀다. 홍 대장은 거구를 일으켜서 와장창 술상 뒤엎으며 벌떡 일어나 도적에게 다가갔다. 박기만이란 놈은 넋이 나간 채 뒤로 벌렁 나자빠진다. 홍 대장은 도적의 멱살을 틀어쥐고 무쇠주먹으로 턱을 한 대 휘갈겼다. 단번에 얼굴은 뭉개지고 돌에 부딪힌 수박이 깨어지듯 피가 철철 흐른다. 도적놈의 기세등등하던 꼴은 온데간데 없다. 다른 놈들은 모두 고개를 푹 숙이고 쥐 죽은 듯 서로 눈치만 흘끔거린다. 이리저리 도망칠 기회만 엿보더니 핫바지 방귀 새듯 슬금슬금 빠져 달아났다. 홍 대장은 달아나는 놈들을 그대로 두었다. 방안에는 널브러진 주검 하나와 홍 대장만 남았다.

며칠 뒤 추풍사의 원호 놈들이 떼를 지어 몰려와 외쳤다.

"살인범 홍범도를 잡아 죽이자!"

고함소리는 문밖에서부터 들려온다. 저놈들은 보나마나 관리사 이범윤이 보낸 사포대의 졸개들이다. 그놈들 뒤에는 다디안재의 안준현(安俊賢) 놈이 있을 터이고, 육성촌의 최순경(崔順敬), 허커우 사는 김가 놈, 박가 놈. 또 그 뒤에는 진짜 도적 문창범 놈이 버티고 있으리. 홍 대장은 뒤늦게 모든 음모와 흉계를 알았다. 늦게라도 알게 된 것이 천만다행이다. 저놈들 뒤에는 늙은 관리사 이범윤이 노회한 미소를 지으며 완강히 버티고 있다는 것을 잘 안다. 수백 명 바람잡이들이 박문길(朴文吉)의 집 앞에 몰려와서 대문을 발로 박차 부수고 거기 머물던 홍 대장을 끌어내어 결박했다. 그러고는 사정없이 등을 떠밀어 왕거우의 유 사장네 집 튼튼한 곳간으로 거칠게 끌고 가서 가두었다.

그날부터 홍 대장을 심하게 문초하기 시작했다. 대들보에 밧줄로 매달아놓고 몽둥이로 온몸을 두들겨 패고 쇠꼬챙이로 찌르며 각목으로 주리를 틀었다. 왜적들에게도 안 받던 갖은 고통과 고문을 연해주 동포에게 당하고 말았다. 왜적이라면 차라리 이를 악물고 고통을 참아내겠지만 동족에게 당하는 더러운 유린과 모욕은 참으로 견디기 어려웠다. 홍 대장의 두 눈에선 눈물이 아니라 핏물이 주르르 볼을 타고 흘러내렸다. 어찌 이런 일이 생길 수 있는가. 악당 놈의 최고 꼭두각시였던 문창범은 기어이 홍 대장을 제거하려고 제 두령 이범윤에게 편지를 써서 보냈다.

'대감마마께서 명령만 내리시면 즉시 집행하겠습니다. 속히 분부만 내려주십시오.'

하지만 이범윤은 아무런 답을 보내지 않았고 그대로 여러 날이 흘렀다. 군자금 구하러 온 홍범도가 동포 손에 죽었다는 나쁜 소문이 연해주 일대에 나게 되는 것을 이범윤은 속으로 은근히 두려워했던 것이다. 악당들은 러시아 행정당국에도 거짓된 편지질을 했다. 홍범도를 비롯한 조선의병들이 러시아 지방 행정 책임자를 암살하려 했다는 말도 되지 않는 모함의 편지를 써서 보냈다. 그저 어찌하면 홍범도를 속 시원히 없애버릴까 자나 깨나 그것만 생각하고 있었다. 홍 대장은 그로부터 보름 동안 갇힌 채로 참혹한 모멸과 유린을 당했다.

이 첩보를 듣게 된 소왕령 주둔 소비에트 홍군(紅軍, 볼셰비키파)부대 사단장은 민첩하고 날랜 코사크 병사 여덟을 파견했다. 왕거우 입구에서부터 총을 쏘며 돌진해오니 겁을 먹은 악당 놈들은 모두 줄행랑쳐버렸다. 홍 대장은 마침내 위기 속에서 구출되었다. 홍군 병사는 홍범도의 묶인 결박을 풀어주고 그 즉시 달아난 놈들의 뒤를 추적해서 모두 체포했다. 이후 홍 대장은 자신의 여생을 덤으로 얻은 수명이라 자주 말했다. 그때 구출해준 소비에트 홍군에 대한 고마움을 평생토록 잊지 않았다.

이미 여러 차례 러시아를 와서 겪어보았지만 오늘의 연해주는 분명 두 개의 러시아로 나뉘어 있다. 하나는 차르 독재의 지주·부르주아 계열의 러시아요, 다른 하나는 그들의 압제와 착취에 맞서 싸우는 형제적 프롤레타리아의 러시아다. 가난 속에서 태어나 그 가난의 뼈저린 고통을 알고 있는 홍 대장은 두 번째 러시아가 훨씬 좋았다. 험하고 험한 조국독립의 길에서 그

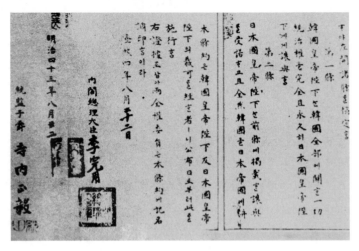

1910년 8월 22일에 체결된 치욕과 통한의 병합조약 문서.

들은 분명 가난하고 힘없는 무산자의 좋은 벗이 될 수 있으리
라 생각했다.

1910년 경술년 8월 22일. 부끄러워라! 하늘이 두렵지 않은
가. 강대한 일본이 약소한 한국을 영구히 보호한다는 병합조약
(倂合條約)이란 것이 강압적 분위기에서 체결되고 말았다. 겨
레의 피가 거꾸로 돌고 눈앞이 온통 캄캄하던 치욕의 날이었
다. 매국역적 이완용과 왜적군벌 테라우치 마사타케(寺內正毅,
1852~1919). 이 두 놈이 머리를 맞대고 병합서류를 번개같이
꾸몄다.

대한제국 황제 폐하는 대한제국 정부에 관한 일체의 통치권을
완전하고도 영구히 일본국 황제 폐하에게 양여함.

양여(讓與)라니 어느 집 딸을 양녀로 들인다는 말인가. 우리가 무얼 잘못 들었나. 세상에 넘겨줄 게 따로 있지 어찌 나라를 그대로 넘겨줄 수 있단 말인가. '완전하고도 영구히'라니. 이 무슨 날벼락인가! 국권은 이로써 실신한 등짝에 암흑의 칠성판을 아주 짊어져버렸다.

강도 일제가 서둘렀고 매국노 일곱 도적이 여기에 앞장섰다. 이완용(李完用, 1858~1926), 이재곤(李載崑, 1859~1943), 조중응(趙重應, 1860~1919), 이병무(李秉武, 1864~1926), 고영희(高永喜, 1849~1916), 송병준(宋秉畯, 1858~1925), 임선준(任善準, 1860~1919). 아무리 긴 세월이 흘러가도 나라의 주권과 천년 사직을 주저 없이 팔아먹은 이 일곱 매국노 악당 놈들, 그 더럽고 흉측한 이름을 결코 잊어선 안 된다.

마른하늘에 날벼락을 맞고 백성들은 울고 또 울었다. 해와 달은 제 빛을 잃었고, 눈앞에 보이는 모든 것은 눈물 속에 잠겨 있었다. 오백 년 왕조의 도읍도 이젠 그 운이 다하여 하루아침에 강도 왜적의 손에 넘어갔다. 삼천리강토는 살기 띠고 음산한 하나의 거대한 쇠창살 감옥이었다. 아니 죽음의 생지옥이었다. 가는 곳마다 애국백성들의 붉은 피가 철철 흘렀다.

병합되기 불과 넉 달 전, 함경도에 주둔 중인 일본군 제2사단 기병대 병력은 서울로 긴급 출동하라는 명령을 받았다. 겉으론 의병 토벌훈련을 나가는 듯이 철저히 행색을 위장하라는 비밀 지시까지도 첨부되어 있었다. 이는 병합 후 혹시나 있을지 모를 한국인들의 시위에 대비하려는 것. 다음은 왜적들의 경비지침 중 한 대목이다.

병합하려면 위력이 필요하다. 이를 위해선 기병(騎兵)이 가장 적당하다.

미개한 조선인민을 진압하려면 외관상 위엄 있는 기병이 필요하다.

게다가 이런 모욕적인 문건도 있었다.

조센징은 교활하고 기어오르기 좋아하는 민족이니
무조건 단호하고 엄정하게 제국일본의 위세를 발휘해야 한다.
어리석고 몽매한 조센징은 국가멸망 따위엔 전혀 관심이 없다.
통치하는 자가 누구든 세금만 적으면 만족해한다.

바로 이것이 조선인에 대한 강도 왜적들의 시각이었다. 바로 이것이 저 간악한 무리들의 안목이자 비열성이다. 이른바 병합에 성공한 왜적들은 그동안 놈들을 위해 애써온 일진회부터 먼저 신속하게 해산시켰다. 이젠 이용가치가 없어졌고 갈수록 귀찮은 요구가 많아지며 성가셨기 때문이다. 일본에 꼬리를 치며 진작 개가 되어버린 친일 양반 놈들에겐 번쩍번쩍한 귀족의 직위를 주었다. 놈들의 더러운 이름 뒤에는 무슨 공작(公爵), 무슨 백작(伯爵), 무슨 후작(侯爵), 무슨 자작(子爵), 무슨 남작(男爵) 이런 명칭이 항시 개꼬리처럼 따라붙었다. 그런 이름이 붙은 것들은 분명히 하나같이 매국노라 보면 된다. 집에서는 일본옷을 입고, 일본음식을 먹으며 일본문화를 즐기는 놈들이었다. 그놈들을 모두 모아서 중추원(中樞院)이란 조직을 만들어 그 휘하로 들이밀었다.

대체 중추원이란 어떤 곳인가. 1910년 10월 조선총독부가 만든 자문기구로 이름만 있을 뿐 아무런 하는 일이 없었다. 강도 일본은 이 무리들을 민족운동세력의 분할과 친일세력 육성에 교묘히 활용했다. 게다가 이 더러운 기관에 이름 올리기를 원하는 전직 관료, 유지 놈들은 이를 바탕으로 사회적 영향력을 강화시켜보려는 기회주의적 잔꾀를 부렸다. 명함에 버젓이 '조선총독부 중추원 소속'이라는 직함을 새겨서 우쭐거리고 다녔다. 뇌가 없는 놈들이나 하는 얼빠진 짓이었다. 중추원에 이름 올린 것들은 조국을 왜적에게 팔아넘기는 일에 앞장서서 공로를 세운 놈들이었다. 강도 일본은 그런 놈들을 '신사'(紳士)라고 불렀다. 왜적들은 매국노들의 명단과 공적을 낱낱이 자세하게 정리해서 『조선신사록』(朝鮮紳士錄)이란 해괴한 책까지 발간했다.

왜적들은 조약체결 직전에 '집회 및 취체에 관한 법'을 만들어 항일시위와 병합 반대운동을 엄중히 단속하는 법을 미리 만들어두었다. 그런 한편으로 후쿠자와(福澤) 소좌를 시켜 전국의 하천과 산악도로 및 마을을 한 손바닥에 들여다볼 수 있는 매우 정교한 군사작전 지도를 만들었다. 거기엔 야포용 도로, 일렬종대 통행로, 삼열종대 통행로, 가장 얕은 물살에서 강을 건너는 도강로(渡江路)까지 자세히 표시되어 있었다. 이는 오로지 병합에 대한 불만세력이나 의병 토벌을 염두에 두고 제작한 군사용 특수 지도였다.

호남 선비 매천 황현(黃玹, 1855~1910)이 들끓는 비분을 이기지 못하여 아편덩이를 삼키고 자결했다. 죽기 전날 밤새도록 촛불을 바라보다가 '이 더러운 세상에 글 아는 지식인 노릇을 하기가 참으로 어렵다'(難作人間識者人)는 탄식의 절명시(絶命詩) 한 수를 남겼다.

나라가 망했다고 슬퍼하며 탄식하는 겨레여. 오늘의 망국이 결코 갑작스런 사변이 아닐지니 이미 오래전부터 우리 스스로가 망할 짓을 차근차근 저지르고 그 절차를 하나둘 밟아온 것은 아닐까. 더럽고 썩은 양반 관료들은 돈으로 벼슬을 샀고, 그 벼슬자리를 또다시 다른 이에게 팔아서 이문을 챙기던 저 추악한 무리들을 잊지 말아야 한다. 백성의 피를 짜내어 자기 배 불리기에만 급급했던 저 잘난 관리 나리들. 그 흉한 좀벌레 바퀴벌레 때문에 나라의 대들보는 진작 썩어 제풀에 털썩 내려앉은 것 아니냐. 껍데기만 남아 있던 나라 위에 섬나라 도적들이 칼 뽑고 몰려들어 그냥 이 나라의 천년사직을 너무도 손쉽게 주워간 것 아니냐. 백두산 밑 두 강물은 예와 같은데 삼천리강산은 온데간데없다. 아, 옛 강토엔 차디찬 눈만 쌓여 있구나. 북간도로 떠나는 유랑동포와 그들의 발소리는 오늘도 터벅터벅 들려온다.

연해주 신한촌에서는 성명회의 피 끓는 격문이 나왔다.

슬프다 오늘 이후로는
다시 대한(大韓) 두 글자를 들어볼 수도 없을지며

대한 황제의 신민도 다시 되어볼 수 없을지며

대한 정부란 말도 다시 하여보지 못하리로다

슬프다 오늘 우리 대한의 신민이여

어찌 차마 우리의 대한이 저 일본의 영지가 됨을 보며

어찌 차마 저 원수의 일본 왕이 우리의 임금이 되는 것을 보며

어찌 차마 저 무도 불법한 일본 관리가

우리의 상전이 됨을 보고 편안히 앉아 있으리오

슬프다 대한의 민족이여

눈물이 뫼가 되며 백골이 진토가 될지라도

우리의 무궁한 원한과

우리의 무궁한 설움을 어찌 금하리오.

그로부터 해마다 돌아오는 이날에는 서북간도에 흩어져 구국운동에 노력하는 민족지사들, 연해주 바람찬 벌판에서 고통을 견디며 분투하는 독립군들. 눈물을 머금고 어금니 악물며 부르는 노랫소리가 들렸다. 그것은 검소년(劍少年)이 지었다는 「국치추념가」(國恥追念歌)의 한 대목이다.

경술년 추(秋)팔월 이십구 일은

조국의 운명이 떠난 날이니

가슴을 치면서 통곡하여라

갈수록 종 설움 더욱 아프다.

조상의 피로써 지킨 옛집은

백주에 남에게 빼앗기고서
처량히 사방에 표랑하노니
눈물을 뿌려서 조상하여라.

　망국의 슬픈 소식을 들은 홍범도 장군은 치솟는 분노와 강개한 심정으로 잠 이루지 못했다. 처자를 왜적에 잃었을 때보다 한결 더한 분노, 가슴에 사무치는 이 원한을 어찌 풀어보리. 저 왜적들 어찌 쳐서 없애볼까. 눈엔 핏발이 붉고 잠은 천리만리 달아났다. 고슴도치 같은 눈썹은 곤두서고 떡 벌어진 어깨는 가쁜 숨으로 줄곧 오르내렸다. 혼자 전전반측하다가 달도 기울어 캄캄한데 홍 대장의 깊은 탄식이 들린다. 새끼 잃은 어미 곰처럼 혼자 밤새도록 끙끙 앓으며 우는 소리 들린다. 온 하룻밤을 분루(憤淚)로 지샌 우리의 홍 대장은 두 팔로 땅을 짚고 다시 일어섰다. 장부의 이 뜻을 과연 누가 꺾을쏜가.
　"이 땅에서 왜적을 말끔히 물리치는 날, 그날에 나는 비로소 죽을 수 있으리라. 그날까지 나는 제국주의자 침략자들과 싸우고 또 싸우리라. 없던 힘을 새로 내어 이젠 의병대가 아니라 독립군대의 조직으로 새롭게 출발하리라. 용맹한 군대를 새로 짜서 식민지가 되어버린 신음하는 내 조국으로 진격하리라."
　이로써 홍 대장은 독립군 조직과 국내 진출사업 구상에 모든 힘을 쏟았다. 열혈청년들을 불러 모아 조직의 힘도 확충하고 강화시켰다. 독립군 모집대가 사방으로 떠나갔다. 홍 대장은 집결한 병사들에게 연설했다.
　"저 왜적들은 참 어리석은 놈들이오. 놈들이 조선을 집어삼키고 영원한 앞날을 기약하려면 그 조선을 무엇보다도 잘 대접해야 할 것 아니겠소. 그런데 가만히 보시오. 놈들은 콩을 삶으면서 모든 콩대를 아궁이에 태우려 하니 솥 안의 콩이 어찌 슬퍼서 울지 않겠소. 눈앞의 이익에만 매달려 앞날 내다보지 못하는 저 왜적들은 필시 눈 뜨고도 앞을 못 보는 청맹과니들이오."

이렇게 쉽게 풀어서 연설하니 글 모르는 대원들도 그 뜻을 쉽게 금방 깨달아 고개를 끄덕이며 구국의 굳센 결의를 다졌다. 북간도 서대파에 살던 청년 원재룡(元在龍)도 이때 독립군에 입대했다. 적지만 애써 모은 군자금으로 대원들의 탄약과 피복을 구입했다. 군사훈련을 강화하고 철저히 준비하며 또 준비를 거듭했다. 홍 대장은 많은 청년대원들을 이끌고 지난날 닦아놓은 장백현 둔전지(屯田地)를 찾아 다시 돌아왔다. 부서진 곳을 새로 보수하고 아궁이도 다시 황토를 발라 군불을 지폈다.

자, 이제부터 우리는 모든 것의 새로운 시작이다. 마음 다부지게 가지자. 어금니 깨물자.

3. 대쪽 선비

1911년 신해년 봄이었다. 3월이라지만 북국에는 아직 겨울이었다. 하지만 와야 할 봄은 반드시 오고야 말리라. 오지 않고는 배기지 못하리라. 그 봄의 감격을 우리가 기어이 누리리라.

홍범도 대장은 박영신(朴永信) 의병대와 연합하여 직접 정예부대를 이끌고 압록강을 건넜다. 경술년 국치 직후 회심의 첫 국내진공이었다. 맨 먼저 함경도 경원 세천동에서 그 막강하다던 일본군 수비대를 들이쳐 단숨에 쳐부수었다. 홍 대장 부대는 예전의 용맹한 기세를 되찾았다.

왜적들은 국경수비대를 증파하고 삼엄한 경계망을 펼쳤다. 두만강 나루터에 국경수비 분견소(分遣所)가 새로 생겼다. 착검한 장총을 들고 이곳에서 눈알 부라리며 휘번뜩이는 저 수비대 경찰 놈들은 두만강 넘나드는 나그네를 잡고, 괜스레 몸과 짐을 참빗질했다. 소달구지를 몰고 강 건너로 꼴 베러 가는 사람도 있고, 감자 캐러 가는 사람, 소금 팔러 가는 사람, 삼합(三合) 장에 물건 사러 가는 사람, 곡물 사러 가는 사람 등등 별별 사람이 다 있었다. 바가지 차고 간도로 가는 사람, 간도에서 실패하고 힘없이 돌아오는 사람, 온갖 사람들이 겁먹은 얼굴로 서 있었다. 겉으로는 비밀 쪽지나 통신 연락을 가는 조선 불령단(不逞團) 단원을 수색한다고 했다. 이 서슬에 장사진 치고 검사를 기다리는 사람들은 죄 없어도 괜히 두근두근 가슴을 졸였다.

왜적 놈들 중에는 대개 건달뱅이나 아편쟁이들이 많았다. 강가에 둥지 틀고 일본군 수비병들은 온갖 생떼를 다 부렸다. 국경을 넘는 유랑민들을 공연히 잡고 떠나는 사연을 들춰낸답시고 마치 멧돼지 잡은 포수처럼 날뛰며 우쭐거렸다. 무뚝뚝한 얼굴로 늘 입버릇처럼 해대는 소리라곤 이랬다.

"손들어!"

"짐 풀어!"

"보따리 끌러!"

그저 말끝마다 풀 먹인 모시 삼베같이 날카롭고 퉁명스럽고 뻣뻣하기만 했다. 대낮에도 술에 취해 광기를 부리는 놈도 있었다.

끼니때가 되면 불시에 민가에 들이닥쳐 쌀밥에 닭 잡아내라고 고래고래 소리를 질렀다. 무슨 상전이 따로 없었다. 틈만 나면 세금 받는 데 총검 들고 따라다니며 위협과 공갈로 돈을 갈취했다. 추수하는 늦가을 무렵이 되면 지주의 보위병으로 둔갑해서 주로 총으로 겁박하며 소작료를 받아냈다. 그런 일엔 완전히 이골이 난 놈들이다. 달 밝은 밤 두만강 강가에는 놈들의 칼에서 살기가 번뜩였다. 놈들 때문에 국경은 눈물의 국경이었다. 두만강은 이 강을 오간 겨레가 흘린 눈물의 강이었다. 눈물도 그냥 눈물이 아니라 피눈물의 강이었다. 놈들은 곧 큰 난리가 터질 것이라고 입만 벙긋하면 그저 기세등등 소란을 떨었다. 이렇게 위기의식을 앞세우며 제 잇속만 차리는 교활하고 간악한 짐승이었다.

이 무렵 길림성 왕청현에 본부를 둔 중광단(重光團)의 서일 (徐一, 1881~1921) 단장이 홍 대장을 위해서 쾌자 한 벌을 선물로 보내왔다. 등과 배가 따뜻한 것이 꼭 의복 때문만은 아니리라. 두 지도자는 자주 서신을 주고받으며 갈수록 친밀한 동지가 되었다.

승려로 위장하고 민간에 숨어서 몰래 활동하던 유사 정해식 (鄭海植)이 왜적경찰에게 체포되고 말았다. 그는 간도 서대령 탕하에서 차도선의 지령을 받고 한 몸을 조국에 바치기로 맹세한 투사였다. 걸음이 워낙 빨라서 별명이 '정 타조'였다. 드디어 홍범도 의병대의 유사가 되어 겉으론 인삼보부상으로 꾸미고 갑산, 삼수, 길주, 명천 일대를 분주히 떠돌아다녔다. 각처 헌병대의 위치와 보조원의 숫자, 주민들 동태까지도 낱낱이 조사해서 홍 대장과 차도선 대장에게 보고해왔다. 이런 무명 애국자들의 노고를 우리는 잊지 말아야 한다. 조국은 분명 그들 무명 용사의 힘으로 되살아난 것이다.

1912년 임자년 9월, 연해주에 와 있던 유인석은 일흔이 넘은 고령에다 병환이 점점 깊어졌다. 하지만 그는 지친 노구를 이끌고 다시 중국 땅 홍경현으로 길 떠나갔다. 끝없이 계속되는 파벌 싸움에 오래 시달렸고, 이젠 더 이상 기대할 게 아무것도 없었다. 아무쪼록 고국과 한 걸음 더 가까운 중국 땅에서 다시 국권회복 운동을 일으킬 그 일념뿐이었다.

1915년 을묘년 봄, 의암 유인석은 바람 찬 중국 땅에서 구국의 뜻을 이루지 못하고 쓸쓸히 눈을 감았다. 우국지사의 비장한 최후였다. 그의 머리맡에는 이승에서 마지막 힘을 모아 저술한 『우주문답』(宇宙問答) 원고 한 권이 달랑 남아 있었다. 이 글에서 의암은 동양의 세 나라가 갈등하지 않고 서로 연대하여 동아시아를 키워가야 한다는 이른바 '삼국 연대론(連帶論)'을 역설했다. 이 연대를 위하여 일본은 먼저 불법으로 탈취해간 조선국권의 조속한 반환부터 촉구했다.

오, 척사파(斥邪派) 선비의 비장한 죽음이여. 가장 어둡던 시대에 늘 캄캄한 우리의 정신을 일깨우던 번쩍이는 번개여! 그대쪽 같은 푸름이여!

말 들으니 강도 왜적의 총독부는 온갖 궁리 끝에 '조선태형령'(朝鮮笞刑令)이란 괴물악법을 만들었다고 한다. 이것은 오직 독립운동 탄압을 위해 제정한 흉측한 법령이다. 왜놈헌병, 경찰, 군인, 관리, 총독부의 끄나풀들은 이 악법을 앞세워 온갖 고문과 악행으로 조선인의 몸과 마음을 갈가리 찢었다. 걸핏하면 뒤집어씌우는 죄목이 제령위반(帝令違反)이었다. 무엇이든 여기에 걸리지 않는 것이 없었다. 그야말로 귀에 걸면 귀걸이 코에 걸면 코걸이였다.

손과 발목에 수갑과 족쇄를 채우고 코에는 주전자로 물 붓기, 입과 코에 고춧가루 물 붓기, 비녀 꽂기, 통닭구이, 무릎에 몽둥이 끼우고 뛰어내리게 하기, 발가벗기고 거꾸로 매달아 비행기 태우기, 고무호스로 식도에 억지로 물 넣기, 손발톱 밑을 바늘로 찌르기, 시체를 묶는 칠성판에 묶기, 관속에 넣고 못질하기, 생매장한다며 위협주기, 물고문, 성 고문, 전기 고문, 끓는 물에 집어넣기 등등… 이 밖에도 또 얼마나 많고 많은 고문, 도무지 상상조차 할 수 없는 고문 기술을 놈들은 개발했던가.

북간도 용정촌에 강도 일제의 총영사관이 세워지고 핏자국같이 소름끼치는 '히노마루'(日の丸)가 펄럭인다. 저놈의 소름끼치는 붉은 히노마루가 지금도 온 세계를 넘보는구나.

너는 살아 있다
십이월의 화투짝에
아버지의 헛기침 소리 끝에
쥐똥 쌓인 적산가옥의 기왓장 밑에
눈 덮인 면사무소 뒷마당에
추억의 흑백 사진첩에
히노마루
너는 아직도 새빨간 거짓처럼
살아 있다 충혈된 욕정의 눈을 번뜩이며
너는 이미 당당하게 우리 속에 들어와 있다
해방의 정신이 죽어 있는
저 텅 빈 거리 오욕의 거리
술과 도깨비와 허수아비들이 춤을 추는
옛 본정(本町) 명치정(明治町) 장곡천정(長谷川町)에서
노래를 빼앗긴 저 우울한 골목골목에서
머리에 띠를 두른 히노마루
너는 태극과 히노마루가 같은 뿌리의 영광
도타운 핏줄의 평화라고 소곤거려 온다

원래부터 우리가 하나가 아니냐고
은근히 추파를 던져온다.

너는 살아 있다
소문 가득한 거리에
경비 삼엄한 일진회 사무실에
은행 창구에 경무국 도서과 검열서류 위에
드디어 드디어 불살라버린 저 목천 땅 잿더미 속에
히노마루
너는 지금도 지금도 살아 있다
소름 끼치도록 질긴 목숨이 토막토막
자꾸만 되살아나는 기생충의 생리처럼
너는 마침내 광화문 꼭대기로 성큼 올라가
당당히 사무라이의 옷자락을 나부끼고 싶은 게다
태극기를 그린다고 그렸는데
어쩌자고 히노마루가 되어가는지
아무리 애써 동그라미 나누어 태극 청홍을 칠해도
소스라쳐 보면
어느 틈에 히노마루로 다가오는데
미친 듯 나부끼는 저 노변의 태극 물결은
왜 영문 모르고 나부끼는 감격일까
그들에겐 왜
무심한 손짓만이 남아 있을까
오, 미나상 사요나라 도꼬샤 쪼이나

오늘은 검무복 차려 입고 칼춤이나 출까나.

— 이동순의 시 「히노마루」

다시 장면은 바뀌어 북간도의 히노마루로 되돌아간다. 이를 시작으로 국자가, 두도구, 백초구 등지에도 영사관 분관이 열렸다. 이 모두가 대륙침략을 위한 강도 일제의 전초기지란 사실을 아는가 모르는가. 여러 지역에 경찰서 경찰분서도 설치하여 한국인의 항일운동을 철저히 감시하고 탄압할 기지를 만들었다.

놈들은 백방으로 노력하여 길림과 회령 간 철도부설권을 얻어내고, 한국인을 대상으로 하는 영사재판권까지도 중국 측에 강제로 받아냈다. 주변정세가 점차 긴박하게 돌아가자 홍범도 부대의 장백 둔전지 주변 사정도 몹시 불리해졌다. 날이면 날마다 밀정 놈들이 들끓고, 왜적들의 장백 기습작전에 대한 첩보가 속속 들어왔다.

홍 대장은 독립군부대를 이끌고 어쩔 수 없이 둔전지를 떠날수밖에 없었다. 장백을 떠나 내두산 안도를 거쳐 길림에서 모두들 함께 불술기를 타고 연해주로 넘어갔다. 그때가 1913년 계축년이었다. 연해주 우리 동포는 모두 5만 명가량이었다. 그들은 홍범도 부대를 따뜻하게 환영했다. 국경 지역의 동포들은 홍 대장의 눈부신 투쟁에 대해 익히 알고 있었다. 애국선전 사업과 빼앗긴 조국의 독립 사업을 위해 허리띠를 졸라가며 적으나마 군자금을 기꺼이 냈다.

하지만 그곳의 부농과 원호 놈들은 홍 대장의 활동을 그리

탐탁지 않게 보았다. 그들에겐 식민지 압제에 신음하는 동포의 운명 따위는 그리 중요한 문제가 아니었다. 군자금 내기를 주저하면서 러시아 지방관청의 눈치부터 먼저 곁눈질로 흘끔흘끔 살폈다. 홍 대장은 애국동포들 앞에서 부자들의 소극적 태도와 민족 배신자들의 비겁한 행동을 가차 없이 폭로하여 그들에게 수치심과 두려움을 안겨주었다. 이 때문에 그곳 토호들에게 홍 대장은 눈엣가시였다.

연해주 지역의 여러 독립지사들이 파벌싸움으로 밤을 지샌다는 사실은 이미 신물이 날 만큼 들어서 알았지만 막상 다시 와보니 그게 가장 큰 문제였다. 이 파벌과 갈등 때문에 지난번엔 일촉즉발 파탄의 위기까지 겪지 않았던가. 몇 사람만 모이면 서로 편을 갈라서 '너는 내 편이 아니니 죽여야만 한다' '나는 네 편이 아니므로 도울 수 없다'며 무작정 할퀴고 뜯고 서로 다른 이념과 노선으로 긴긴날을 오직 파벌싸움에만 골몰했다. 당장 눈앞의 활활 타는 불난리 앞에서 이 무슨 추태인가.

1913년 계축년 봄날이었다. 권업회 초청으로 해삼위 신한촌을 찾아온 이동휘(李東輝, 1873~1935). 그는 환영회 자리에서 연설했다. 무엇보다도 파벌싸움을 가장 크게 경계했다.

"여러분은 생각하시오. 나누면 망하고 합하면 흥하나니 우리가 오늘날 어떤 지경에 있는지를 먼저 생각하시오. 무조건 단합하십시오. 거기엔 이유가 없습니다. 나누면 새로운 멸망으로 이어집니다. 비록 아비나 형을 죽인 원수라 할지라도 조국광복을 위해선 서로 힘을 합해야 합니다."

이동휘, 그는 왕조 말기의 무관 출신이다. 소좌 참령으로 강화도를 지키다가 군대가 해산되자 분연히 두만강을 건너왔다.

논객 신채호는 『권업신문』(勸業新聞) 논설을 통해 줄곧 격정과 간곡의 어법으로 역설하며 호소했다. 유동열, 오주혁, 홍범도 대장도 단상에 올라서서 동포 간 단합을 호소했다.

"다 같은 우리 대한 동포들끼리 남도파는 무엇이며 북도파는 웬 말인가."

신한촌 강양오(姜陽五)의 집에서 어느 날 회의가 열렸다. 이종호(李鍾浩, 1885~1932), 이갑(李甲, 1877~1917), 이강(李剛, 1878~1964), 정재관(鄭在寬, 1880~1930), 유동열(柳東說, 1879~1950), 오주혁(吳周爀)이 모이고 이 자리에 홍범도 장군과 이동휘도 왔다. 조국광복을 보기 전에 파벌부터 만들어 동포 사이를 이간질시키는 자는 모두가 단결하여 그자들부터 민족의 원수로 삼을 것이라는 단호한 결의를 만장일치로 이끌어 냈다.

4. 권업회(勸業會)

당시 안창호(安昌浩, 1878~1938)는 하와이에 있으면서 평안
도 용강 사람 이강(李剛)에게 연해주의 활동지침과 자금을 주
었다. 하지만 막상 와보니 반대파의 음모와 방해공작을 겪기가
너무 힘들어 소왕령에서 국숫집과 잡화상점을 하나 열었다. 당
분간 정세를 살피며 각처의 애국자들과 만나고 자금관리를 보
다 철저히 하려는 생각이었다. 그러면서 여러 지역을 두루 다
니며 국민회 지부를 조직했다. 독립을 위한 정치 사업과 문화
계몽 사업이 주목적이었다. 국민회 단체가 조직된 마을이라면
으레 학교부터 설치했고 그토록 고질적이던 주색잡기도 일절
사라졌다. 이강은 러시아 정교회 소속의 조선인 신부 김로만
(金魯萬)이 권유하여 잡지 『정교월보』(正敎月報)를 발간했다.
이것은 사실상 국민회의 기관지 성격이었다.

도산 안창호는 다시 평양 사람 김성무(金聖姆, 1891~1967)
를 불러 그에게 자금을 주며 또 하나의 민족운동에 불을 당겨
보라고 일렀다. 김성무는 이상설의 협조를 받아 권업회(勸業
會)란 이름으로 새로운 조직을 열고 본격적 활동을 개시했다.

홍 대장은 이 무렵 권업회에 가담하며 이동휘와 자주 만나
의병에 관한 대책을 논의했다. 당시 이동휘는 연길(延吉) 소

영자(小營子)에 학교를 세우고 왕청(汪清) 서대파(西大坡)에
도 군관양성소를 세웠다. 신흥무관학교 김립이 나서서 크게 도
왔다.

목탄장사로 큰 부자가 된 이권익(李權翼)의 자금이 아들 이
종오(李鍾昨)를 통해 전달되었다. 강도 일제 타도의 길에서 북
간도와 연해주 두 항일세력이 서로 손잡는 것! 이것이 가장 중
요하고 다음으로는 민중의 각성이란 사실에 전폭적으로 합의
했다. 이에 따라 권업회 회원들은 여러 지역을 열심히 순회하
면서 강연회를 열었다.

하지만 홍 대장의 마음속 계획은 따로 있었다. 그것은 권업
회를 통해 동포단합을 위한 노력을 겸하는 한편 군자금을 많이
모아서 전투의 기초물품인 무기와 탄약을 되도록 많이 구입해
비축하는 일이었다. 그리하여 홍 대장은 부하 의병들과 동포
청년들을 불러 모아 바람도 세찬 블라디보스토크에서 노동회
를 조직했다. 그러고는 신한촌 개척리에다 숙소를 정해놓고 직
접 노동판으로 뛰어들었다. 회원들은 자기 월급에서 다달이 일
정액을 떼어서 독립군 군자금으로 기꺼이 냈다. 자본가와 지역
세력가에게 기대지 않고 오직 노동자의 힘으로 군자금을 마련
해보겠다는 한뜻이었다.

우리의 홍 대장은 블라디보스토크의 에게셸트 부두에 나가
서 해가 질 때까지 등과 두 어깨에 마대 메기를 몇 달간 했다.
니콜라옙스크 어장으로 가서 또 한 해를 일했다. 새로 금점(金
店)이 열렸다는 야쿠치야 금점, 보다이, 올레크민스크, 비얀코,
쿠르바르, 퉁구스크, 얀드리스크 등지로 두루 다니며 몇 해 동

462

안 등골이 휘도록 막노동을 했다. 그간 모은 돈을 결산하니 수백 원이나 되었다.

이곳에서 이태를 지내다가 시베리아 철도 공사 현장으로 가서 또 피땀 흘리며 품을 팔았다. 노임에서 절반은 꼭 저축했다. 하지만 노동판에서 모은 임금으로 얼마를 모을 수 있으리. 뜻은 갸륵했지만 워낙 저임금이라 목표액을 모으기란 결코 쉽지 않았다. 그런 가운데서도 차곡차곡 모은 지폐를 한 장 두 장 헤아려보니 어느덧 1,400원이나 되었다.

이번에는 추풍 당어재 심심산골로 들어가 약담배를 심었다. 수확을 하면 꽃 대궁에서 검은 약 덩어리 뽑아내어 국경 너머 중국으로 들어가 팔았다. 단속이 심했지만 잘만 하면 한두 해만에 큰돈을 모을 수도 있었다. 그러나 누구도 그렇게 부자가 되었다는 사람은 없었다. 약담배 농사 애써 지어놓으면 마우재 놈들 찾아와 헐값에 거두어가서 비싸게 팔아 넘겼다. 농사는 조선사람이 짓고 이익은 그놈들이 가로챘다.

약담배는 중국인들이 즐겨 피우는 독한 아편이다. 한번 연기 마시기 시작하면 도무지 인이 박혀 끊을 도리가 없게 된다. 이로부터 약담배 먹던 사람은 뼈만 앙상히 남고 말아 십중팔구는 홀연히 황천길을 갔다. 그래도 험한 세상에 약담배나 실컷 피우고 몽롱하게 살다가 죽겠다는 자포자기의 인간들이 점점 늘어났다. 이 약담배를 피우노라면 세상의 모든 고통이나 허무, 절망 따위가 거짓말처럼 스르르 눈 녹듯이 사라졌다. 온몸은 구름을 탄 듯 두둥실 하염없이 저 하늘 위를 떠다녔다. 그러나 약 기운 떨어지면 지옥문이 입을 벌리고 기다렸다. 초조와 번민, 세상의 모든 고통 따위는 모두 자신의 몫이었다. 창백한 얼굴에는 생땀이 삐질삐질 흐르고 곧 초죽음 일보직전이었다. 창살에 갇힌 맹수처럼 야릇한 비명을 질러대며 온몸을 부들부들 떠는 놈도 있었다. 이럴 때 약담배 한 모금 깊이 빨아 들이키면 눈빛이 달라지고 팽팽한 생기가 되살아났다. 돈 떨어지면 처자식을 팔아서라도 기어이 약담배를 구하고야 말았다. 심지어는 도적질까지도 서슴지 않고 저질렀다. 이도 저도 안 될 때면 남의 집 빨래까지 몰래 걷어가 팔았다. 한번 인이 박히면 도저히 끊으려 해도 끊을 도리가 없었다. 이 때문에 약담배 농사는 그런 대로 수지 맞는 농사였다.

마적들도 자기네 소굴 옆 은밀한 골짜기에서 약담배 농사를 직접 지었다. 그런 틈틈이 와글와글 마을로 습격해와서 소, 돼지, 곡식은 물론이요 마을 여자들한테도 강간 따위의 추악한 짓을 했다. 걸핏하면 함부로 총질했고 보는 대로 약탈해갔다. 고발이 두려워서 마을주민 몇을 인질로 묶어갔다가 뒤탈이 없으면 그때 눈 가리고 슬그머니 말에 태워서 돌려보냈다.

약담배 씨앗을 본 적이 있는가. 세상에 그보다 작은 것은 없을 것이다. 겨자씨가 작다지만 이놈의 작은 것과는 비교가 안 된다. 씨앗 봉지 앞에서 재채기를 하게 되면 그 작은 씨앗들이 모두 날아가고 빈 종이만 남게 된다. 가랑비가 한 차례 지나간 다음 산골짝 밭 기슭에 소르르 씨를 뿌린다. 이윽고 약담배 싹이 돋아 포릇한 빛깔로 자라면 빨강, 파랑, 노랑, 다갈색, 자주색, 보라색, 흰빛, 주황빛, 남빛 등 세상의 온갖 어여쁜 빛깔은 모두 찾아온다. 그저 바라보기만 해도 황홀하다. 그것들은 산

기슭을 온통 곱게 칠하고 있다. 산들바람이 불어 지나갈 때 아름다운 꽃이 만발한 약담배 밭을 그윽하게 바라보면 극락이 바로 여기라는 생각이 들 정도였다. 저리도 어여쁜 것이 어찌 그처럼 인간의 영혼을 뿌리까지 쑥 뽑아놓고 즙을 모조리 다 빨아먹는지 참으로 불가사의한 일이다.

홍 대장은 따로 토지를 빌려서 밭곡식도 심다가 미깔래 어리방이께로 떠돌아다니며 또 한 해를 일했다. 미깔래란 이 세상의 가장 밑바닥이란 뜻이다. 그만큼 이곳 고생살이가 심해서 동포들이 붙인 이름이다. 구리 박로점, 중구 식기점, 버양고점, 연드리 식기점 등 안 간 곳 없이 두루 돌아다니며 손발이 다 닳도록 모질게 일해서 한 푼 두 푼 벌어 모았다. 그게 도합 3,050원이 넘는 큰돈으로 모였다.

홍 대장은 이만으로 나와서 그곳 무기상(武器商)을 쓱 둘러보았다. 오연발 러시아제 소총 한 자루 값이 탄환 100개를 끼워서 9원이다. 결코 적지 않은 값이다. 그간 모은 돈으로 300자루 총을 사는데 한 곳에서 물건을 다 채우지 못했다. 그래서 중국인 가게, 고려인 가게, 러시아인 가게를 두루 돌아다니며 보는 대로 사서 하나둘씩 모았다.

봉밀산은 러시아와 중국 국경 지역에 있고 그 앞에는 흥개호, 북쪽으로는 빽빽한 수림이 들어서 있다. 그 봉밀산 부근, 홍 대장이 약담배를 가꾸던 곳에는 토질이 좋아서 밭이 아주 기름졌다. 광대한 농장을 닦으면 그곳을 의병 근거지로도 얼마든지 쓸 수 있을 것 같았다.

홍 대장은 권업회 이후로 갈피를 못 잡고 있던 김성무와 긴밀히 의논했다. 우선 이곳에 대규모 농장을 열기로 했다. 그리하여 토지를 구입하고 천신만고 끝에 새로 농장을 열었는데 이곳을 그곳 사람들 말로는 '김성무 지팡'이라 불렀다. 지팡이란 원래 지주가 가진 많은 농토를 가리키는 중국말이다. 많은 사람들이 혀를 내두르는 지팡살이는 고달픈 머슴살이를 가리킨다. 하지만 '김성무 지팡'은 권업회가 해산된 후 바로 그 자금으로 마련한 농장이라 이름만 그렇게 되었다. 이런 속사정을 환히 아는 이들은 '권업회 농장'이라고도 불렀다.

여기서 홍 대장은 줄곧 서너 해를 더 땀 흘려 일했다. 평안도와 함경도의 빈농들, 심지어는 노령 연해주에서도 이곳 지팡의 소문을 듣고 옮겨와 사는 사람이 많았다. 그러나 개간이란 것이 생각처럼 쉽지 않고 범 같은 흉년은 자주 들어서 빈농들도 겨우 입에 풀칠만 하는 정도였다. 그 어려운 중에도 전설적 명장 홍범도 장군의 지도와 가르침을 늘 받으며 그분 곁에 살아가는 것이 큰 낙이자 보람이었다.

홍 대장은 총대를 잡던 병사들을 거느리고 거기서 농사를 지으며 시기를 엿보았다. 틈틈이 모여서 조국 땅의 비참한 사례들과 현실을 토론하고 신참대원들에겐 일본군과 전투하던 숨막히는 경험담을 들려주었다. 긴 시간이 날 때면 행군훈련도 하면서『육도삼략』과『손오병법』에 나오는 산악전투의 행동 요령도 가르쳤다. 이처럼 군사조련으로 바쁜 가운데 홍 장군은 주민들의 생활형편까지도 보살폈다. 홍 대장은 여러 집으로 병사들을 나눠보내 농사철의 바쁜 일손을 돕도록 시켰다. 봉밀산에 때 아닌 농촌 건설 사업이 벌어졌다.

5. 쾌상별이 학교

가난한 농가 300여 호. 학업을 닦아야 할 청년과 아동들이 그냥 빈둥빈둥 집에서 놀고 있었다. 이런 꼴을 어찌 그냥 보고만 있을 수 있는가. 무엇이라도 배워야지 어찌 세월을 그렇게 허송할 수가 있나.

"내가 가장 안타깝게 여기는 일은 지금까지 살아오면서 책을 읽어보지 못한 것이다. 이거 안 되갔구나. 저 아이들 머리에 곰팡이가 슬기 전에 학교부터 만들어 글을 가르쳐야겠다."

이리하여 홍범도 대장은 마을 유지들의 협조를 구해 학교를 세우기로 했다. 한흥동에는 아담한 고등소학교, 십리와의 쾌상별이*에는 자그마한 소학교를 건립하기로 했다. 하지만 막상 학교를 열어본들 가르칠 선생이 따로 없구나. 그런데 이 소식을 듣고 강단에서 학생들을 가르쳐본 교원경력을 가진 김준(金準)과 정태(鄭兌)가 스스로 찾아왔다. 홍 대장은 하늘이 도움을 베풀어주셨다며 몹시 기뻐했다. 다음 날부터 모든 주민들의 자발적인 부역으로 운동장 터를 닦고 학교 건물 세우는 공사가 시작되었다. 홍 대장도 앞장서서 직접 삽질을 했다. 등은 흥건

---

* 밀산의 당벽진(當壁鎭)을 연해주 동포들이 지칭하는 지명.

하고 이마엔 땀방울이 뚝뚝 굴러떨어졌다. 교육비품도 장만하고 학교의 모양이 조금씩 갖춰졌다. 홍 대장은 가가호호 다니며 어린 생도들을 모집했다.

"오늘 우리 조국이 왜적들에게 패망한 것은 오로지 문맹 탓입니다. 나라 도로 찾는 것도 교육에 달렸습니다. 아무쪼록 여러분의 자녀를 학교에 보냅시다."

일일이 찾아다니며 권유하고 설득했다.

새로 닦은 운동장에 연단을 세우고 어린 학생 서넛이 올라가 또랑또랑하게 연설을 한다. 학생들은 앳되고 애처로운 음성으로 애국사상이 담긴 웅변을 토해낸다. 그 연설을 듣다가 노인과 부녀자들은 기어이 콧물을 훌쩍거렸다. 여기저기서 코 푸는 소리도 들렸다. 드디어 홍 대장이 그 우람한 체격으로 연단 위에 우뚝 섰다.

"우리는 힘을 기릅시다! 모두가 힘을 길러 빼앗긴 조국을 도로 찾아냅시다!"

다시 한번 큰 박수가 터졌다. 홍 대장은 청년들을 사랑했다. '우리동무회'를 조직하고 야학을 운영하며 애국사상을 심어주었다. 단옷날이면 소학교 운동장에서 조선청년대운동회를 열었다. 먼저 학교의 지도부가 특기시범을 보였다. 정태 선생은 장대높이뛰기를 세 키 높이로 뛰어넘었다. 독립의 장애물도 그 어떤 난관도 바로 저렇게 훌쩍 단숨에 뛰어넘어야지. 홍범도 대장은 두 팔로 땅 짚고 도는 공중제비로 운동장을 한 바퀴 돌았다. 탄성과 박수소리가 요란히 피어올랐다.

"언제 저런 재주를 갖고 계셨던가."

주민들은 모두들 깜짝 놀랐다.

"어깨와 팔뚝에 불끈 솟은 홍 장군님 저 핏줄 좀 봐. 우리 대장님 아직도 이팔청춘이로세."

군중들 모두 허리를 잡았고 곳곳에서 감격의 박수가 터졌다. 중국병사도 와서 시합에 참가했다. 두 나라 친선을 위해서 이것은 얼마나 아름다운 일인가.

씨름판도 열렸는데 마지막 결승에서 유상돈(柳相敦)과 정벽(鄭僻)이 맞섰다. 유상돈은 평양 감옥의 쇠창살을 끊고 탈옥해 나온 힘장사였고, 정벽은 맨손으로 두 개의 쌀가마니를 번쩍 드는 장사였다. 군중들이 서로 양편으로 나누어 응원을 했으나 결국 그날은 승부를 못 내고 비겼다.

날 저문 운동장에서 생도들이 부르는 힘찬 「소년용진가」 노랫소리가 즐겁게 들린다.

무쇠팔뚝 돌주먹 소년 남자야
애국의 정신을 분발하여라
다다랐네 다다랐네 우리나라에
소년의 활동시대 다다랐네
만인대적 연습해 후일전공 세우세
절세영웅 대사업이 우리 목적 아닌가.

마을엔 모처럼 훈기가 감돌았다. 모두들 그날의 화제로 밤이 새도록 이야기꽃을 피웠다. 당시 홍 대장은 백포우자에 있는 독립대원 집에서 묵었다. 아침이면 일찍 일어나서 한바탕 체조하고 고등소학교로 출근한다. 가는 길에 집집마다 들어가 학교 갈 아이들을 하나둘 불러 모았다. 어린 학생은 등에 업고 좀더 큰 학생은 손목을 잡고 그보다 더 큰 학생들은 앞장을 세우고 마치 독립군이 행군하듯 씩씩한 걸음으로 학교에 갔다. 가면서 행군하듯 노래도 불렀다. 세상에 어떤 그림이 이보다 더 아름다울 수 있으리.

그해 동짓달로 접어들며 세찬 눈보라가 휘몰아쳤다. 홍 대장은 학교 문 앞에 서서 수업 끝나기를 기다리다가 학생들을 모두 일일이 집까지 바래다주었다. 이리하여 학생들은 홍범도 대장을 어버이처럼 따르고 받들었다.

홍 대장은 매달 첫 번째 일요일이면 학부모들을 모두 학교로 초청했다. 이런 날 학생들은 연속 유언 체조에 각종 유희와 행진, 철봉재주와 장대높이뛰기를 시범으로 보여주었다. 구경하던 학부모의 기분을 뜨겁게 달아오르게 했다. 언제 학교가 세워져서 이처럼 기쁘고 멋진 시간이 있었단 말인가. 참으로 감개무량했다. 물론 홍 대장도 여기에 직접 참가했다. 오후로 접어들면서 홍 대장은 땅바닥에 그대로 털썩 주저앉으며 으레 이렇게 말했다.

"후유! 젊어서 하던 장난도 나이를 먹으니 이젠 숨이 차서 더 못 하겠구나!"

둘러선 학부모들 모두 까르륵 허리 잡고 웃으며 오히려 큰 박수를 쳐서 홍 대장을 격려했다. 주민들은 마을길 오가다 홍범도 부대 병사를 만나기만 하면 큰 소리로 활짝 반색하며 외쳤다.

"우리 홍범도 장군님 만세!"

마을 처녀들에게 의병대 청년대원들의 인기는 드높았다. 과수밭 복숭아나무에 연분홍 꽃망울이 맺힐 때면 누가 누구를 좋아한다는 소문이 돌았다. 아름다운 봄바람이 마을의 지붕을 스치며 살랑살랑 불어갔다.

만약 어느 병사가 앓고 있으면 홍 대장은 앓는 병사와 더불어 꼬박 밤을 새우며 의원을 불러다 진찰하고 약국에서 약 지어와 손수 달여서 먹였다. 미음도 쑤어서 입에 직접 떠 넣어주었다. 병사가 찡그리고 고개를 돌리면 홍 대장은 짐짓 목소리를 높여 이렇게 말했다.

"여보게, 이 사람아! 어서 먹고 일어서야지! 자네가 빨리 툭툭 털고 일어나야 우리 부대가 왜적 사냥하러 떠날 수 있질 않겠나."

환자가 오한이 나서 덜덜 떨면 입고 있던 외투를 벗어서 덮어주었다. 이 살뜰한 광경이 마치 친자식 대하는 진짜 부모님 맞잡이였다. 결국 환자는 울먹이는 목소리로 말했다.

"대장님 왜적 사냥할 때는 제가 꼭 맨 앞에 서겠습니다."

이 광경을 지켜본 주민들은 크게 감동했다. 주민 모두는 홍 대장을 어버이처럼 의지하고 높이 떠받들었다.

청년들은 모두 홍 대장만 따라가겠다고 자청해서 나섰다.

당시 쾌상별이엔 마을 청년들로 조직된 보위단이 있었다. 단장 유문일(柳文逸)은 연해주에서 오연발과 탄환을 구입해 와서 단원들에게 자주 사격연습을 시켰다. 자기 총 솜씨에 자만심이 생겨서 날아가는 참새도 쏘아 맞힌다며 늘 자랑했다. 그는 홍 대장 총 솜씨를 보고 싶었다.

"저분이 아무리 백발백중 명사수라지만 아무렴 우리보다 더 잘 쏘기야 할라구."

그래서 사격시합을 한번 하자고 대장께 감히 청을 넣었다. 쉰 걸음 밖에 앉은 참새를 쏘아 맞히자는 제의였다. 이 말을 듣고 홍 대장은 그저 빙긋 웃기만 했다.

이윽고 홍 대장이 말문을 열었다.

"좋다. 그러면 우리가 무슨 내기를 할까."

청년들이 대답했다.

"우리가 지면 대장님께 술 받아 드리구요. 만약 우리가 이기면 무조건 우리 모두를 독립군으로 입대시켜주셔야 합니다."

그 제의에 홍 대장은 약간의 수정제의를 보태었다.

"난 술대접이란 게 마음에 들지 않아. 그 대신 우리 탄환 내기를 하면 어떨까. 자네들이 지면 한 사람당 탄환 다섯 짐을 나한테 주고, 만약 내가 지면 자네들 모두 독립군에 입대시켜주지. 하지만 명심하게. 시합에는 오래 뜸 들이지 말고 곧 사격해야 한다네. 또한 참새 대가리만 맞혀야지 몸뚱이를 맞히면 그건 실격일세."

이렇게 시합의 규칙까지도 정해졌다. 청년들은 일제히 큰 소리로 환호성을 올렸다.

드디어 시합이 벌어졌다. 주변에 날아다니던 참새들이 안심하고 울타리 위로 날아 앉자 홍 대장은 청년들의 총을 받아서 겨누더니 곧바로 탕탕 몇 방을 쏘았다. 가서 보니 참새들은 총에 맞았는데 머리는 안 보이고 하나같이 몸뚱이만 남아 있었다. 청년들은 깜짝 놀랐다. 몇 방 더 쏘아주기를 청하자 다시 쏘았는데 이번에도 꼭 같았다. 참으로 신통한 일이었다. 이걸 어찌 사람의 솜씨라 할 수 있을 것인가. 청년들은 눈을 비볐다. 결국 그날 시합에서 진 청년들은 약속대로 각각 탄약상자를 등에 지고 독립군으로 입대했다. 연병장에는 행군하는 신참대원들의 독립군가 소리가 우렁차게 들린다.

신대한국 독립군의 백만 용사야
조국의 부르심을 네가 아느냐
삼천리 이천만의 우리 동포들
건질 이 너와 나로다.

너 살거든 독립군의 용사가 되고
나 죽으면 독립군의 혼령이 됨이
동지야 너와 나의 소원 아니냐
빛낼 이 너와 나로다.

압록강과 두만강을 뛰어 건너라
악독한 원수 무리 쓸어 몰아라
잃었던 조국강산 회복하는 날
만세를 불러보세.

나가 나가 싸우러 나가
독립문의 자유종이 울릴 때까지
싸우러 나가세.

6. 철혈광복단(鐵血光復團)

이 무렵 젊은 동지 홍파(洪波)가 가끔 다녀갔다. 그의 본명은 이민환(李民煥)이다. 이승(李勝)이라는 가명도 가끔 썼다. 그는 함경도 홍원(洪原) 출생으로 어려서부터 소년 힘장사로 알려져 있었다. 당시 고향마을에는 최 순사라는 보조원 하나가 있었는데 하루는 그놈이 민환의 귀를 잡고 마구간으로 끌고 가서 장난을 치며 놀려댔다. 말처럼 방아를 돌려보라며 뒤 꼭지를 밀어 넣었다. 그런 모욕을 겪은 뒤로 소년은 산에 가서 도끼로 나무 찍을 때마다 외쳤다.

"요놈의 보조원 대갈통아!"

그 후 최 순사가 또다시 소년을 괴롭히는 일이 있었다. 민환은 참다못해 심장과 뇌수에서 끓어 넘치는 분노의 고함을 지르며 최가 놈의 목덜미를 눌러 마구간 똥통 속에 그대로 묻어버린 다음 바지를 툭툭 털고 마을을 아주 떠났다. 그는 떠날 때 가족들에게 말했다.

"제가 매국노 놈들을 저 최가 놈처럼 모조리 처단하고 조국이 자주독립 되는 날, 그때 집에 돌아오겠습니다."

이렇게 해서 그는 청년 망명투사가 되었다. 그날 이후 간도로 떠나와서 활동하다 3 · 1운동이 일어나자 블라디보스토크로 건너왔다. 소년모험대를 조직해서 맹렬하게 무기 공급 운동을 펼쳤고, 나중엔 군비단 총사령까지 올랐다. 이후 고국 땅으로 잠입해 들어가 친일부호들을 대상으로 군자금을 모집했다.

1921년 신유년, 식민지 땅의 세밀 정경은 처참했다. 부자들은 빚 받으려고 눈에 쌍불을 켜고 다녔다. 가난한 농민의 집을 찾아가 마구 폭행하고 돈이 없으면 가마솥을 둘러 파가기도 했다. 그 꼴은 삼정이 문란했던 왕조 말기와 전혀 다를 바가 없었다. 엄동설한 골목길 여기저기서 통곡소리가 들렸다.

"이 더런 놈의 세상! 기왕 망할 터이면 속히 망해버려라…"

악담과 저주가 터져 나왔다. 허리 꼬부라진 늙은이는 헐벗고 배고프고 덜덜 떠는 어린 손자를 끌어안으며 울부짖었다.

"가난한 사람은 어찌 살라구! 대관절 어찌 살아가라구…"

이렇게 절규하며 손등으로 눈물을 닦았다.

"얘들아 울지 말아라. 너희들이 자라서 어른이 되면 그때는 좋은 세상이 오리라."

이 광경을 보면서 이민환은 어금니를 깨물었다.

"모든 것이 바로 저 왜놈들 탓이다."

그길로 함흥 부자 고형석(高亨錫)을 찾아가 군자금을 요구하는 공작을 하는데 이 거사를 눈치채고 매복한 왜경들에게 이미 포위된 상태였다. 달아날 틈도 없이 잡혀가서 5년 형을 선고받았다. 재판 때 최후 진술에서 이민환은 이렇게 말했다.

"오늘 나를 체포했다고 해서 조선독립운동이 없어진다고 생각하지 말라. 내 비록 체포되었으나 우리 독립사업은 체포되지 않았다. 이 사업이 승리하는 그날까지 계속되리라. 끝끝내 우리 조선독립군들이 큰 함성을 올리며 저 두만강을 건너오게 되리라."

놀란 순사들이 황급히 뒷말을 막았으나 이민환은 끝까지 당당하게 외쳤다. 결국 청진형무소로 끌려갔다. 북간도에서 듣던 「연길감옥가」의 한 대목이 떠올랐다.

간수 놈의 외치는 소리 높고
때마다 먹는 밥은 수수밥이라
밤잠은 새우잠 그리운 꿈에
나의 사랑 여러 동지 안녕하신가.

이렇게 징역살이 한 지가 1년이 지났을 무렵이었다. 1922년 임술년 8월 스무날하고도 닷새가 지난 밤의 일이다. 민환은 놀라운 지혜를 부려 감옥의 쇠창살을 쇠톱으로 자르고 감옥의 높은 담을 훌쩍 뛰어넘었다. 그러곤 추적을 피해 북으로 북으로 달아났다. 그가 탈옥한 다음 날 아침점호 시간, 청진감옥은 온통 쑤신 벌집이었다. 옆구리에 칼을 차고 다리에 각반을 친 간수 부장 놈이 철거덕거리며 달려오는 소리. 여기저기 호각 소리, 총 소리, 비명과 아우성 소리가 밤의 정적을 요란하게 찢었다. 워낙 황급히 뛰느라 간수 놈이 쓴 모자가 뒤로 훌러덩 벗겨져 달아났다. 얼마나 빨리 달렸는지 민환의 너덜너덜한 죄수복 사타구니 사이로 휙휙 찬바람이 지나갔다. 때마침 양동이로 퍼붓듯이 소낙비가 내려 다행히도 발자국을 지워주었다. 이따금 번쩍이는 번갯불은 두만강의 위치를 고스란히 밝혀주었다. 배고프면 솔잎과 싸리꽃도 씹었다. 천신만고 끝에 두만강을 넘어 간도로 들어올 수 있었다. 용정 쪽으로 달리다가 날이 저물어 한 농가에 들어가 도움을 청했다. 선량한 주인 영감은 삶은 옥수수 바가지를 들고 와서 권했다. 노인의 며느리가 민환의 고생담을 듣고서 눈물을 주룩주룩 흘렸다. 옷 고리짝에서 적삼과 홑바지를 꺼내며 말했다.

"우리 오빠는 홍범도 부대에 들어가고, 살던 집은 왜놈들이 모두 불태웠고, 그 후 부모님은 러시아로 쓸쓸히 가셨지요. 이 옷은 오빠가 오시면 드리려고 장만해두었던 것이어요."

민환은 눈물로 그 옷을 받았다. 이도구 부근에서 다행히 옛 동무를 만나 거기서 여러 날 다리쉼을 할 수 있었다. 그의 주선으로 머나먼 연해주를 향해 다시 길을 떠났다.

원동에 와서는 이름을 홍파(洪波)로 바꾸었다. 이 홍파가 간혹 홍 대장의 눈치를 살피며 가족들에 대한 이야기를 꺼냈다. 그럴 때면 홍 대장은 짐짓 노기 띤 얼굴로 말했다.

"나에겐 만천하 가족이 다 내 가족이고, 그들 가정이 모두 내 가정이라네."

이렇게 단호히 한마디 툭 내뱉고는 굳게 입을 다물었다. 홍파는 그 후 두 번 다시 홍 대장께 가족 이야기를 묻지 않았다. 부하 이인섭(李仁燮)도 꼭 같은 일을 겪었다. 그는 무슨 이야기 끝에 방심해서 가족 이야기를 물었다.

"한 번 죽었으면 그냥 그것인데 죽은 이유는 대체 알아서 무엇 하겠소."

꽤 무섭고도 험상궂은 얼굴로 내뱉듯이 말했다.

홍범도 대장의 일거수일투족에 대해서 일본 경찰은 시시각각 촉각을 곤두세우고 이동을 주시하고 있었다. 당시『동아일보』에 보도된 기사에 의하면 부하 약 400명을 인솔해서 어딘가로 이동했다는 기사도 보인다. 그만큼 멀리서도 모든 관심의 주인공은 오로지 홍범도 대장이었다.

홍범도 대장이 봉밀산 골짜기에서 사슴사냥을 시작한 것은 1915년 을묘년 7월이다. 산짐승의 뒤를 쫓아 불을 쏘는 일은 홍 대장의 본업이라 그로부터 두 해 반을 사냥질로 보냈다. 여러 날 공들여 사슴 열 마리를 잡아야 겨우 총 한 자루와 바꿀 수 있었다. 벅차고 힘들기는 사냥도 마찬가지로구나. 하지만 저 왜적들을 조국강토에서 몰아내자면 무엇보다도 무장을 철저히 갖추어야 한다. 우리가 왜적과의 전투에서 밀렸던 것은 단지 무장이 부족했기 때문이다.

홍범도 대장은 자나 깨나 무장의 중요성을 강조했다. 그러기 위해선 무엇보다도 우선 양대(洋帶)라 부르는 신식 소총이 많아야 하고 탄약도 넉넉히 갖추어야만 한다. 이런 홍 대장의 눈물겨운 노력을 어디서 볼 수 있겠는가. 홍 대장은 쓸 것 안 쓰고 푼푼이 저축한 돈으로 러시아제 소총을 한 자루 두 자루씩 사다 모았다. 그 귀한 물건을 깊은 밤중에 추풍 대재골 당어재 골짜기 최 의관 집 뒤뜰에다 몰래 묻어두었다. 그 후 농사에 골몰하여 한 해가 넘도록 비지땀을 흘리기도 했다.

하루는 최봉설(崔鳳卨, 1897~1973)을 비롯한 열혈 청년 열두 명이 당어재로 홍 대장을 찾아왔다. 그들은 백군(白軍, 차르파) 토벌을 위해 러시아 군대에 지원해 들어갔다가 뚜렷한 활동도 이루지 못한 채 곧 해산당하고 그 허탈감을 못 이겨서 홍 대장을 찾아왔던 것이다.

그들은 산중에서 자신들의 조직을 '철혈광복단'(鐵血光復團)이라 이름하고 조직을 만들어 오로지 조국의 독립을 위해 한 목숨 바치겠다는 맹세를 한 직후였다. 왼쪽 무명지를 깨물어 철철 흐르는 피로 '철혈광복단 맹세'란 혈서를 쓰고 단원끼리만 알아보는 암호를 적었다.

"우죽선생(友竹先生)!"

그날 저녁에 홍 대장이 이렇게 불렀다.

"우리가 시기에 맞춰 크게 한 번 일어서야겠소. 그대들 도움이 꼭 필요하니 부디 나를 좀 도와주게나."

이 말에 청년들은 마침내 기다리던 때가 왔다고 모두들 감격에 젖은 얼굴이 되었다.

"대장님 걱정 마십시오. 저희가 두 팔 걷어붙이고 바로 나서겠습니다. 우리 모두 북하마탕으로 가면 어떠하겠습니까. 그곳은 충분히 독립군 기지가 될 만합니다. 모든 것은 우리 청년조직이 알아서 처리하겠습니다. 병사들 새로 모집하는 것이며 총이며 피복이며 이런 사업들은 모두 저희에게 맡겨주십시오. 대장님만 함께해주신다면 조선독립은 다 이룬 것이나 다름없습니다."

이리하여 그날 밤 분위기는 뜨겁게 달아올랐다. 밖에는 찬비가 부슬부슬 내리는데 청년들은 뜨거운 두 주먹을 불끈 쥐었다. 집주인 최병준(崔秉俊)이 냉큼 돼지 한 마리를 잡고 수육을 썰어서 널판에 그대로 받쳐서 들고 왔다. 목에 불이 나는 화끈한 중국 빼주를 단지째로 들고 와서 조국독립을 위한 각오를 굳게 다졌다. 독한 중국술은 식도를 타고 내려간다. 그것이 그대로 느껴지면서 온몸에 쩌르르한 생기가 전기처럼 솟는다. 술기운이 돌았지만 눈빛은 갈수록 매서웠다. 이날 홍 대장은 청년들에게 힘주어 말했다.

"왜적과 싸우려면 어떻게든 무장을 제대로, 그것도 철저히 갖춰야 하네. 지금 연해주의 체코 병사들이 자기 나라로 돌아가면서 소총을 싼값에 팔고 다닌다는 소문이 있는데 어떻게 하면 그걸 우리가 살 수 있겠는가."

결국 구입비가 문제였다. 이때 최봉설이 침묵을 깨고 말했다.

"용정의 일본은행을 습격해서 필요한 자금을 마련하지요."

간도 일대의 독립군 토벌을 위해 왜적들이 일본은행 용정지점으로 거액의 자금을 보냈다는 정보가 이미 들어와 있었다.

다시 이야기는 거꾸로 추풍 당어재골 시절로 돌아간다. 거기서 며칠을 지내는데 마침 약담배 철이라 홍 대장은 청년들에게 일 도와주기를 청했다. 다음 날부터 철혈광복단 청년들은 바쁜 약담배 거두는 일에 모두 달려들었다. 이렇게 두 주일 힘껏 일했다. 돌아갈 때가 되자 최 의관이 청년들에게 수고비를 나누어주었다. 꽤나 많은 현금이었다. 그 돈으로 권총을 하나씩 구입하여 허리에 깊숙이 차고도 두둑한 여비가 제법 남았다. 홍 대장과는 모든 약속을 가슴속 비밀로 간직해두고 청년들은 떠나갔다.

눈바람이 휘몰아치는 경신년 정월이었다. 날씨는 표독했다. 길림과 회령 간 철도부설 자금이 조선은행 회령지점에서 용정으로 송금되었다. 이를 호송하는 현금 수송대가 이미 떠났다는 첩보가 왔다. 최봉설(崔鳳卨, 1897~1973), 윤준희(尹俊熙, 1892~1921) 등 간도의 애국청년 여섯 명은 명동과 용정의 중간 재바위골 바위 뒤 차디찬 눈밭에 숨어서 기다렸다. 몹시 매서운 날씨였지만 잔뜩 긴장하여 추운 줄도 몰랐다. 해가 뉘엿뉘엿한 저녁 무렵, 홀태바지에 각반을 차고 전투 모자에 섬뜩한 빨강 테를 두른 기마호위병 모습이 선두에 보였다. 모두 열두 놈이다. 놈들은 말 위에서 소총이 움직이지 않도록 어깨에 대각선으로 비스듬히 메고 허리엔 군도를 찼다. 눈빛이 금방 무슨 일을 저지를 듯 살기등등한 모습이었다.

상관으로 보이는 한 놈이 잠시 서서 아사히 권련을 빼어 물고 비지깨를 획 그어서 담뱃불을 붙였다. 푸우 하고 첫 모금을 내뿜는 순간 최봉설이 소총의 방아쇠를 당겼다. 일본군 한 놈이 말 위에서 떨어져 데굴데굴 굴렀다. 최봉설은 냉큼 달려가서 돈 자루부터 탈취했다. 열두 필 말 중에서 돈 자루 실은 말은 두 필뿐. 하지만 거기엔 거금 15만 원이 들어 있었다. 토벌대의 맹렬한 추격이 즉각 시작될 것이므로 청년들은 즉시 해란강 너머로 달아났다. 그 사흘 만에 무커우로 다시 기어들었고 여기서 중국인 장사꾼으로 변장해서 중소 국경을 넘었다. 그렇게 달리고 달려 블라디보스토크에 당도했다.

최봉설은 도착 즉시 무기 구입을 위해 왕년의 의병 엄인섭(嚴仁燮, 1875~1936)을 찾아갔다. 하지만 이것이 앙화(殃禍)의 뿌리가 될 줄 누가 알았겠는가. 놈은 진작 변절하여 강도 일제의 더러운 밀정이 되었다. 자신의 신분을 위장하고 밀때꾼으로

독립군이었다가 밀정으로 변절한 엄인섭과 홍범도 장군.

활동 중이었다. 하지만 주변에서 알 사람은 다 안다. 피를 탐내는 그의 흉측한 속을 모를 리 있겠는가. 엄인섭의 골수에서 독립사상 따위는 이미 내팽개친 지 오래였다. 찾아온 최봉설을 일단 좋은 낯으로 안심시킨 엄인섭 놈은 가느다란 세귀눈을 치켜뜨고 짐짓 긴장된 얼굴을 하더니 자신이 원하는 무기를 구해주겠다고 장담했다.

그날 저녁 악당 놈은 서둘러 일본 파견군에게 최봉설을 밀고했다. 불시에 일본군이 들이닥쳤다. 최봉설은 왜놈 형사 서너 놈을 주먹으로 일거에 쳐서 쓰러뜨리고 달려 나왔다. 왜경이 뒤에서 쏜 총탄은 봉설의 어깻죽지를 관통했다. 피가 철철 흘렀고, 흘러내린 피가 그대로 등에 얼어붙었다. 눈보라 속에서 맨발에 속옷 바람으로 달아났다. 이 때문에 비틀거리며 빙판을 걸어온 발가락이 꽁꽁 얼어 동상에 걸렸고 입은 상처가 자못 위중했다. 목숨이 겨우 붙어 있긴 했지만 험악한 환경 속에서 죽은 몸과 다를 바 없었다. 함께 활동하던 동지들은 모조리 체포되어 청진의 왜적 경찰서로 끌려갔다. 거기서 다시 서울 서대문감옥으로 이송되었는데 그들은 마침내 형장의 이슬로 사라졌다.

아, 우리는 잊지 말아야 한다. 임국정(林國楨, 1894~1921), 한상호(韓相浩, 1899~1921), 윤준희(尹俊熙, 1892~1921), 이 용맹한 애국청년들의 이름을 길이 기억하자. 그들은 죽기 전 크게 한 마디 외쳤다.

"일제 강도 놈들이 우리의 작은 몸이야 죽일 수 있겠지만 조선독립에 대한 우리 민족의 강한 의지는 결코 죽일 수 없다. 오히려 우리는 점점 강해져만 갈 것이다. 들어라 일본아! 조선은 곧 해방된다! 하지만 일본은 마침내 멸망하고야 말리라."

한편 최봉설은 뒤늦게 잡혀갔다가 놀랍게도 탈옥에 성공했다. 이후 이름을 계립으로 바꾸었다. 최계립(崔桂立)은 과연 죽음터에서도 죽지 않는 놀라운 불사조였다.

엄인섭 놈은 과거 최재형의 심복으로 일하다가 안중근 의병대에서 중요 간부로 활동했었다. 연해주 의병으로 국내진격에도 몇 차례 참전했었다. 홍 대장을 늘 따랐고 여러 동지와 모여서 '작의서천'(作義誓天)을 맹세한 적도 있다. 동지가 위기에 빠질 땐 의리의 마음으로 그를 돕겠다고 했었다. 유난히 홍범도 대장을 졸졸 따르며 두 사람이 사진관에 가서 사진도 박았다. 이런 엄인섭이 왜적의 앞잡이라니 믿을 수 없구나. 무엇 때문에 놈은 왜적의 충실한 사냥개가 되고 말았을까.

그 뒤로도 놈이 지나간 뒤엔 반드시 피비린 바람이 불어왔다. 찾아온 최봉설을 일본군에 밀고한 창귀(倀鬼) 엄인섭 놈. 그때 재빨리 달아났지만 이 사건을 계기로 그놈이 감춰왔던 마각(馬脚)이 모두 백일하에 드러나고야 말았다. 동포사회에서 엄인섭의 변절행각을 모르는 사람이 없게 되었다. 이후로 더러운 밀정 놈은 어딜 가나 개돼지 취급을 받았고 이를 견디지 못해 결국 미치광이가 되어 혼자 실성한 듯 중얼거리며 길거리를 떠돌다가 1936년 어느 추운 밤 차디찬 낭떠러지에서 굴러떨어져 죽었다고 한다. 한때 독립군 경력을 가졌다가 밀정으로 신분을 바꾼 변절자 엄인섭, 그의 누추한 생애도 우리가 잊지 말아야 한다.

이런 사건에 충격을 받았던 일제는 홍범도 장군이 부대를 이끌고 다시 만주 일대를 공격할 것이라는 민간의 풍문을 접한 뒤 몹시 당황한 기색을 보인다. 당시 『동아일보』가 이를 기사로 보도했다.

7. 혁명 전야

홍범도 대장은 이 모든 사연을 낱낱이 전해 듣고 최봉설을 위로했다.

"너무 상심 마시게. 악당은 스스로의 악행으로 반드시 멸망하고 마는 법. 너무 괴로워 말게나."

홍 대장은 한 탄광의 위치를 일러주면서 그곳으로 가서 잠시 피신하라고 했다. 이후 최봉설은 러시아 홍군에 들어가 이만 전투에 참전했다가 부상당해 돌아왔다. 그 뒤로는 산골짜기 농촌에 숨어서 평범한 농사꾼으로 살아갔다. 그리하여 간도에서 일어난 '15만원 탈취사건'은 독립운동사의 한 페이지에 당당히 오르게 되었다.

1917년 정사년 10월, 러시아에서 사회주의 혁명이 일어났다. 이 무렵 홍 대장은 우연히 페트로그라드*에 갔다가 도심을 휩쓸어가는 혁명의 파도를 두 눈으로 직접 보았다. 대체 사회주의란 무엇인가. 홍범도 대장은 가난한 백성이 땅의 주인이 되고, 압박과 착취가 없는 새 나라를 세워야 한다는 그 갸륵하고 아름다운 혁명의 취지에 우선 공감했다. 밤새껏 들려오는 시월

---

* 상트페테르부르크.

혁명의 함성을 들으며 홍 대장은 흥분된 심정으로 타향의 여관에서 잠을 이루지 못했다. 깊은 흥분이 온몸을 사뭇 넘실거리게 했다. 흥분은 파도가 되어 홍 대장의 몸속을 휘몰아쳤다. 식민지 조선을 비롯한 전 세계 다른 약소국가 피압박 민족들 사이에서도 들판의 불길처럼 그 혁명운동이 활활 번져갈 것이라고 굳게 믿었다. 노동자와 농민의 단결이야말로 프롤레타리아를 해방시키는 가장 커다란 동력이다. 이는 왜적과의 전투에서도 절실히 깨달았던 진리가 아니었던가.

"엄숙하고 중요하여라 무장투쟁이여. 이 투쟁으로 결박된 우리 민족을 기어이 왜적의 손아귀에서 해방시키고야 말리라."

1919년 기미년 3월 초순이었다. 추풍 장터에 나갔던 최 의관이 헐레벌떡 달려와 기막힌 소식을 전한다.

"먼 남녘 식민지 땅에서 엄청난 만세운동이 일어났답니다. 남녀노소 모두 거리로 쏟아져 나와 만세운동을 펼치고 있다네요. 삼천리 방방곡곡에서 마치 논두렁의 불길처럼 세찬 기세로 타면서 지금 조선 전역으로 무섭게 번져간다고 하네요."

북간도 용정과 국자가, 훈춘에서도 만세시위가 벌써 일어났다고 한다. 남만주 삼원포와 왕청문에서도 독립만세 소식이 들려왔다. 나라 잃고 이역 땅에 흩어져 있던 서러운 백성들이 시위 현장에 구름처럼 몰려들었다고 한다. 대랍자, 장인강, 동성용, 석건평, 화전자, 위자구, 석현 등지 장터에서 우리 동포들은 일부러 흰옷을 입고 대한독립만세를 목청껏 높이 불러보려 왔다고 한다. 어찌 이런 감격이 생겨날 수 있는가! 대체 어디서 그 놀라운 힘이 솟구친 것일까!

믿을 수 없는 일이다. 당시 북간도 거류 동포들이 발표한 「독립선언포고문」의 첫 대목은 다음과 같다.

우리 조선민족은
민족의 독립을 선언하노라
민족의 자유를 선언하노라
민족의 정의를 선언하노라
민족의 인도를 선언하노라.

기뻐서 울었고 울면서 춤추었다(喜而泣 泣而踏). 흥분된 온몸은 저절로 는실는실 춤을 추며 태극기를 높이 흔들었다. 현장을 가서 지켜본 사람들 말로는 드높은 독립만세 함성으로 간도 땅이 온통 떠나갈 지경이라 했다. '대한독립'(大韓獨立)이라 커다랗게 쓴 깃발을 앞세우고 명동의 학생대가 선두에서 북을 치며 나팔을 불었다.

강도 일제의 압력을 못 이긴 중국 군대가 결국 출동해서 이들을 포위하고 무차별 사격을 했다. 이 작전에는 치안교란이라는 구실을 붙였다. 이날 17명의 꽃다운 청춘이 시위 현장에서 억울하게 죽어갔다. 훈춘에서는 분노한 군중들이 일본 영사관의 히노마루 일장기를 끌어내려 짓밟고 찢으며 깡그리 불태웠다고 한다. 얼마나 가슴에 쌓인 한이 많았으면 그러했을까.

한편 서울에서의 광경을 보자. 일본 경찰 놈들은 붉은 물감을 물통에 담아서 만세 부르는 사람들 등 뒤에 다가가 붓으로 표시가 나도록 뿌렸다. 그 뒤를 말 탄 왜놈 군경이 뛰어다니며

서울 거리를 행군하는 일본군.

등에 붉은 물감 묻은 사람만 찾아다닌다. 태극기 흔드는 손을
일본 군도로 내리쳐서 툭 떨어지게 했다. 그러면 마저 남은 다
른 팔로 다시 태극기를 주워서 흔들어대는데 그 팔을 다시 왜
놈 군경이 달려가 칼로 내리쳤다고 한다. 어찌 이런 일이 가능
할 수 있는가. 이게 대체 무슨 힘인가.

  홍 대장은 소식을 들은 날 밤, 비분하고 강개한 마음이 되어
잠을 이루지 못했다. 태극 깃발을 흔들던 두 팔이 모두 잘릴 때
까지 만세를 불렀다는 어린 여학생의 용기를 생각하니 홍 대장
의 가슴은 칼로 도려내는 듯 도려낸 자리에 소금을 뿌린 듯 따
가웠다. 기어이 뜬눈으로 밤을 꼬박 새웠고, 새벽 동이 틀 때까
지 깊은 생각에 잠겼다. 저수지의 연꽃이 물이 깊다고 아니 필
까. 바람이 불어서 못 견디고 쓰러질까.

  꼬박 그렇게 앉아서 마당의 활활 타는 관솔불을 바라보는데

서울에서 만세운동을 진압하는 일본군 기마병.

어디선가 닭이 울었다. 곧 두 홰를 치며 활기찬 아침의 시작을 알렸다.

　다음 날 오전, 봉밀산 쾌상별이에도 '대한독립'을 외치는 만세소리가 높이 울려 퍼졌다. 동포들은 모두 모여 목청껏 만세를 외쳤고, 직접 만들어온 태극기가 펄럭이는 소리 들리도록 마구 함성을 지르며 흔들었다. 노래는 하나같이 입을 모아 저절로 「삼일운동가」였다.

　　터졌구나 터졌구나 조선 독립성
　　십 년을 참고 참아 인제 터졌네
　　삼천리 금수강산 이천만 민족
　　살았구나 살았구나 이 한 소리에
　　만세 만세 독립인 만만세

만만세 조선 만만세 조선 만만세.

러졌도다 러졌도다 조선 독립성
십 년을 참고 참아 인제 러졌네
피도 조선 뼈도 조선 이내 한 몸을
살아 조선 죽어 조선 조선 것일세
만세 만세 독립인 만만세
만만세 조선 만만세 조선 만만세.

그 무렵 블라디보스토크에 있던 조선인 군정부에서 긴급비
밀통지서를 보내왔다. 이 문서에서 이동휘 군정부장은 홍범도
대장에게 간곡히 당부했다.

"드디어 때가 이르렀으니 아무쪼록 빠른 시기에 북간도로 돌
아가 다시 독립군을 이끌어주시오."

홍 대장은 혼잣말로 중얼거렸다.

"이 산골에 주저앉아 있으면 조국의 독립은 누가 대신해주
며 언제 이룰 수 있겠는가. 내 직접 그와 만나 방책을 의논해보
리라."

다음 날 날이 밝자 바로 길을 떠나갔다.

바랑에는 그동안 애써 거둔 약담배 스무 근이 들어 있었다.
그런데 떠난 지 한 달 만에 홍 대장은 다시 힘없이 돌아왔다.
이동휘는 천신만고 끝에 찾아온 홍 대장에게 말했다.

"때가 되면 통지하겠으니 그때까지 돌아가 기다리시오."

진지한 의논은 전혀 하지도 않고 오로지 일방적 지시만 있었

다. 이동휘의 말투는 명령조였다. 그런 접견태도에 홍 대장의 심기는 무척 불편했고 자존심도 상했다.

부하들이 물었다.

"대장님 갖고 가신 약담배는 어찌 되었습니까."

홍 대장이 심드렁하게 대꾸했다.

"대체 그건 알아 무엇 하려오. 그 물건은 독립 사업 외에 달리 쓸 곳이 어디 있겠소. 그래서 그걸 이동휘에게 넘겨주고 왔지. 하지만 그는 별로 반가워하지 않았어. 내가 드디어 언성을 높였지. 이 약담배가 비록 돈으론 얼마 안 되겠지만 이것이나마 독립 사업에 보태 쓰도록 하세요. 이렇게 소리치니 그제야 마지못해 받아 챙기더군."

이 무렵 독립단 간부 조맹선(趙孟宣), 양지택(梁志宅), 최영화(崔英和), 윤철규(尹哲奎)가 당어재골로 홍 대장을 찾아왔다. 대장은 그들에게 말했다.

"블라디보스토크의 신한촌 돌막거리 백 초시네 집에 가서 이동휘를 만나보고 오게나. 그가 독립 사업을 위해 무슨 구체적 복안이 있는지도 한번 알아보고 돌아오게."

이 말을 듣고 그들은 곧 길을 떠나갔다. 찾아온 청년들에게 이동휘는 뜻밖의 제안을 내놓았다. 남만주의 독립단 군대 모두를 연해주로 옮겨와서 홍범도를 총사령관으로 하고 조선빨치산 군대를 시급히 조직하라는 것이었다. 이 계획은 조선빨치산이 러시아빨치산과 합세하여 소비에트 활동을 지원하고 옹호하는 전투를 펼쳐가자는 것이었다. 일단 백군 잔당을 토벌한 뒤에 소비에트의 힘을 빌려서 본격적으로 왜적을 쳐부수자는 그런 복안이었다. 청년들은 돌아와서 이 말을 전했다.

홍 대장은 이동휘의 말뜻에 처음엔 왠지 거부감이 들고 뚜렷한 분간이 서질 않았다. 하지만 자꾸 생각해보니 그것이 왜적을 쳐부수는 일이라면 소비에트가 아니라 그 어떤 군대와도 손잡을 수 있겠다고 생각했다. 이리하여 홍 대장은 이동휘의 제의를 일단 받아들이기로 했다. 이렇게 방침을 정하자 두 팔을 걷어붙이며 돕겠다는 사람이 주변에서 나섰다.

일이 이렇게 돌아가자 얼마 뒤에 이동휘가 직접 밀산(密山)으로 찾아왔다. 그는 홍 대장과 만나 오래도록 두 사람만의 밀담을 나누고 돌아갔다. 이동휘는 독립단 간부 전대복(全大福)과 박운봉(朴雲峰)을 불러서 그 뜻을 전했다. 그들의 사업은 오직 조국 땅에서 왜적을 몰아내는 일이기 때문에 오로지 뜻을 같이했다.

윤철규(尹哲奎)와 이종학(李鍾學)이 독립단원 400명을 노동자로 위장시켜 그로제코프 구역에서 우선 비밀공작을 시작했다. 하지만 반대파가 이 사실을 눈치채고 러시아 토호들과 작당해서 독립단원 모두를 체포해 가두었다. 나머지 단원들은 강제해산시켰다. 어이없는 정치적 탄압의 바람이 불어왔다. 대체 어찌된 일인지 앞뒤 곡절을 분간할 수 없었다. 홍범도 대장은 이 사건의 여파로 당분간 추풍 당어재를 떠나서 숨어 지내야만 했다.

쾌상별이 학교의 정태 선생은 문덕빈(文德彬)과 독립군 모집 사업을 위해 다른 지역으로 떠나갔다. 학교의 중심적인 교사가 자리를 비우게 되었으니 대신 이중집(李仲集)과 태정규(太正

圭)가 학교를 이끌었다. 강문경(姜文慶)도 북간도를 향해 떠났고, 박그리골리는 독립군단의 남은 병사를 인솔해서 도비허로 떠났다.

아, 밀산이여! 독립군의 중흥지로 길이 기억되어야 할 아름다웠던 밀산이여! 밀산 쪽에서는 오늘도 동지를 멀리 떠나보내는 작별의 노래가 들려오는 듯하다. 동포들이 부르던 「작별의 노래」를 들으면 지금도 눈물이 핑 돈다.

잘 가시오 잘 가시오 정다운 형제여
이제 가면 언제 오리 눈물만 흐르네
나라 위해 떠나가는 가시밭 험한 길
북풍한설 낯설은 땅 평안히 가시오.

잘 계시오 잘 계시오 정다운 형제여
아름다운 고향산천 떠나서 가지만
어디 간들 잊으리요 내 조국 내 동포
다시 만날 그때까지 안녕히 계시오.

8. 대한독립군

1919년 기미년 봄, 홍범도 대장의 나이도 어느덧 이순(耳順)의 고개를 넘었다. 장군은 옛 부하 13명을 데리고 블라디보스토크를 떠나서 니콜리스크로 왔다. 그해 가을이었다. 그곳에서 다시 옛 부하들을 긴급히 불러 모았다. 그들이 일단 돌아가 새로운 청년대원들을 이끌고 왔다. 오주혁(吳柱爀)과 이윤(李潤)도 장군의 밀명을 띠고 총총걸음으로 출장길을 떠났다. 이동휘 등과 연합해서 1,000명이 넘는 대규모 독립군 부대의 국내 첫 진격전 준비로 하루하루 바쁜 나날이었다. 많은 무기와 식량을 장백 둔전지로 옮겼다. 무기와 탄환도 보강하고 부대를 정비해서 안도현 내두산으로 들어왔다.

옛 전우들 중에서 담력 좋고 사격술이 뛰어난 150명을 거느리고 홍 장군은 장백에 머물렀다. 오던 길에 마적 떼의 습격을 받았으나 손쉽게 물리쳤다. 이 도적의 무리들도 우리 백성 괴롭히기로는 저 왜적의 독한 손톱과 같은 것이라 생각했다.

노령 안덕에서는 러시아 백군 잔당들의 공격도 받았다. 백성을 억압하고 괴롭히던 제국주의의 찌꺼기들이다. 왜적과 같은 수준에서 처단해야만 한다. 홍 장군은 전체 대원들을 이끌고 고국 땅이 보이는 장백으로 왔다. 일제에 저항적인 마적단과도 연락을 가졌다. 마을주민들에게는 쌀, 밀가루, 된장, 신발을 거두었다. 한 집에서 장정 셋이 있는 가정은 반드시 한 사람을 독립군으로 입대시켜야 한다는 통지문도 보냈다.

하지만 농번기로 접어들었기 때문에 이 군령은 농민들에게 자칫 큰 부담이 될 수가 있었다. 그래서 입대와 관련된 내용은 잠시 보류하기로 했다. 이 조치에 지역농민들은 몹시 감격했다. 여기에다 여러 독립군 부대가 스스로 찾아와 힘을 보태고 단합하니 이 얼마나 감사한 일인가.

홍범도 장군은 독립군 조직의 새로운 편제와 조직의 강화에 크게 신경을 썼다. 중국 길림성 안도현 명월구와 러시아에서부터 행군해온 독립군 조직과 과거 의병대원들과 포수들을 규합하여 400명 규모의 보다 확충된 대한독립군 조직을 정식으로 출범시키는 일을 실행에 옮겼다. 소대, 중대, 대대가 편성되고, 한 소대는 50명, 한 중대에는 2개 소대, 한 대대에는 4개 중대로 했다. 이전까지 당시 대한독립군의 규모는 3개 중대의 크기였다. 투지도 강하고 사기도 드높았지만 무기와 보급이 늘 부족하여 가난한 군대였다.

그해 겨울 대한독립군은 간도의 대한국민회 소속으로 들어갔다. 그러한 방법이 조직의 재정지원과 유지 및 투쟁활동에 큰 도움이 될 수 있었기 때문이다. 대한국민회는 북간도 일대의 동포사회를 대표하는 가장 강력한 조직단체였고 구춘선이 그곳의 수령이었다. 드디어 군자금 1만 5,000원을 지원받았다. 그 돈으로 우선 소총 300정, 탄환 3만 6,000발, 기관총 7문, 권총 22정을 새로 구입해왔다.

먼저 대한독립군의 조직을 새로 짰다. 사령관엔 홍범도, 부사령관엔 주건(朱建), 참모장엔 박경철(朴景哲). 이 셋의 조화는 튼튼한 세 개의 다리 위에 서 있는 가마솥처럼 균형 잡힌 모습이었다. 이제부턴 소규모 의병대의 대장이 아니라 당당한 대한독립군 총사령관 홍범도 장군이었다.

총사령관 홍범도 장군은 훈시를 할 때마다 늘 상경하애(上敬下愛) 정신을 강조하고 가족적 분위기를 특히 강조했다. 안정된 여건에서 살아갈 수 있으니 오직 하루의 일과는 철두철미하게 항일사상 교육을 받고 군사훈련에 더욱 땀을 쏟아야만 했다. 편안한 환경에서 가장 경계해야 할 것은 스스로 나태의 굴레에 빠지는 것이다. 들끓는 애국심과 강도 일제 침략자에 대한 증오를 한시도 잊지 말자고 장군은 격동적 연설로 호소했다.

오늘도 연병장에선 한 번 외칠 때 그 함성이 십리 길에 쩌렁쩌렁 울린다는 홍 장군의 우렁찬 구령소리가 들려온다. 저 병사들 군기를 펄럭이며 행군 중에 부르는 힘찬 군가소리도 들려온다.

나가세 독립군아 어서 나가세
기다리는 독립전쟁 돌아왔다네
이때를 기다려 십 년 동안에
갈았던 날랜 칼을 시험할 날이.

나가세 독립군아 어서 나가세

자유 독립 광복함이 오늘이로다
정의의 태극 깃발 날리는 곳에
적의 군사 낙엽같이 쓰러지리라.

보느냐 반만년 피로 지킨 땅
오랑캐 말발굽에 밟히는 모양
듣느냐 이천만 단군의 자손
원수의 칼 아래서 우짖는 소리.

탄환이 빗발같이 퍼붓더라도
창과 칼이 네 앞길을 가로막아도
대한의 용장한 독립 군사야
나아가고 나아가고 다시 나가라.

최후의 네 핏방울 떨어지는 날
최후의 네 살점이 떨어지는 날
네 그리던 조상 나라 다시 살리라
네 그리던 자유 꽃이 다시 피리라.

독립군 백만 용사 달리는 곳에
압록강 어별(魚鼈)들이 다리를 놓고
독립군의 붉은 피가 내뿜는 때에
백두산 굳은 바위 길을 열리라.

나가세 독립군아 한 호령 밑에
질풍같이 물결같이 달려나가세
하느님의 도우심이 우리에 있고
조상의 신령 오셔 인도하리니.

원수 군세 산과 같고 구름 같아도
우리 앞에 티끌같이 흩어지리니
영광의 최후 승리 우리 것이니
독립군아 질풍같이 달려나가세.

빛이 낡고 해어진 우리 군복은
장백산 낭림산을 장구(長驅)한 표요
우레같이 들려오는 만세소리는
한양성 대승리의 개선가로다.
　　—상해판『독립신문』에 발표된 독립군가

홍범도 장군은 200명가량의 정예부대를 인솔하고 혜산진의
일본군 수비대를 향해 출발했다. 이곳 지형에 너무나 익숙한
우리 홍 장군은 격렬한 전투 끝에 왜적 수십 명을 처단하고 즉
각 철수했다.

하지만 북으로 행군해 가다가 다시 남으로 돌연히 우회해서
갑산수비대를 공격했다. 이는 아프리카 대초원의 야생동물들
처럼 지그재그로 이동하며 펼치는 위장전술이다. 상대를 교란
시키는 작전 방법이다. 일본군 수비대 병영엔 불길이 활활 타

올랐다. 함경도 북방 일대의 악명 높던 식민지 통치질서는 이로써 완전히 분쇄되고 유린되었으며 제 기능을 잃고 마비되었다. 이곳 일본군들은 대한독립군 그 이름만 듣고도 지난날의 그토록 무서웠던 공포의 홍범도를 상상하며 극도의 불안과 두려움에 오금을 덜덜 떨었다.

활활 타올라라! 적들의 소굴이여!

홍범도 장군은 왜적의 무기와 탄약, 기타 막대한 군수품까지 대거 노획해서 군영으로 돌아왔다. 이후 장백현 여러 지역에서 무기와 식량을 운반해왔다. 국경 지역의 왜적들은 식민통치 행정기구의 악명 높은 하수인들이다. 이놈들은 대한독립군의 공격소식이 들리면 냅다 귀중품부터 먼저 싸들고 줄행랑을 쳤다.

홍범도 장군은 2,500명으로 조직된 대규모 병력을 손수 이끌고 무산 지역으로 진격계획을 꼼꼼하게 세워서 그 작전 계획서를 상해 임시정부로 보냈다. 하지만 내무총장 겸 국무총리 대리직을 맡고 있던 도산 안창호는 아직 시기가 아니라며 이를 만류하는 회답을 보내왔다. 홍 장군은 임시정부의 이런 소극적 권고가 너무나 마음에 들지 않았다.

만물이 소생하고 산과 들에는 어느덧 초록이 짙어가는 봄이다. 4월 29일, 왜왕이 태어난 날이라고 일본군 부대는 하루 종일 축제 분위기로 즐긴다. 이런 날을 놈들은 천장절(天長節)이라고 부른다. 홍범도 대장은 이 절호의 기회를 결코 놓치지 않았다. 그 전날 밤에 두만강을 몰래 넘어서 갑산수비대를 향해 은밀히 접근해갔다.

우리 쪽 첩보에 의하면 일본군에서 그냥 지나치지 않는 연중

홍범도 부대가 무산 지역을
공격했다는 『매일신보』 1920년
10월 27일자 기사.

축제는 열두 가지나 된다. 1월 1일은 사방배(四方拜), 1월 3일은 원시제(元始祭), 1월 5일은 신년연회(新年燕會), 3월 21일은 춘계황령제(春季皇靈祭), 4월 3일은 신무천황제(神武天皇祭), 4월 29일은 천장절(天長節), 9월 23일은 추계황령제(秋季皇靈祭), 10월 17일은 신상제(神嘗祭), 11월 3일은 명치절(明治節), 11월 23일은 신상제(新嘗祭), 12월 25일은 대정천황제(大正天皇祭)다.

사방배(四方拜)는 정월 초하룻날 아침에 나라의 평안과 풍작을 기원하고자 사방에 절을 하는 신년 의식이다. 이것은 조선왕조에서도 있었던 의례였다. 원시제(元始祭)는 일본 신화에 등장하는 이른바 놈들이 말하는 천손강림(天孫降臨), 즉 왜왕 즉위의 원시(元始)를 축하해서 1월 3일 궁중에서 왜왕이 직접 지내는 제사다.

황령제(皇靈祭)는 낮과 밤의 길이가 같은 춘분, 추분 등 연중 두 차례에 왜왕이 역대 왕을 기리며 제사를 지내는 날이다. 지금도 일본에서는 이날을 공휴일로 지정하고 있다.

신무천황제(神武天皇祭)는 일본 신화에 등장하는 초대 왜왕 신무의 제사를 지내는 날이다. 천장절(天長節)은 왜왕 히로히토(裕仁)가 출생한 날이다.

신상제(神嘗祭)는 왜왕이 10월 17일에 거행하는 추수감사 의미의 궁중행사다. 햅쌀로 빚은 술과 기타 음식물들을 이즈(伊勢) 신궁에 바친다. 명치절(明治節)은 왜왕 메이지의 출생일인 11월 3일에 벌이는 축제다. 제2차 세계대전 후에 폐지되어 '문화의 날'로 바뀌었다. 대정천황제(大正天皇祭)는 왜왕 다이쇼의 생일을 기념하는 날로 공휴일이었으나 일본의 패전 이후 폐지되었다.

이 많은 여러 명절 중에서 일본군이 가장 크게 즐기는 축제는 단연 정월 초하룻날의 사방배와 4월 29일의 천장절이다. 10월 17일 신상제(神嘗祭)도 대체로 잔치 분위기다. 이날이 되면 종일토록 먹고 마시고 떠들며 논다. 특별한 작전이 아니라면 전투도 쉰다. 긴장도 풀고 경비도 느슨해져서 이런 때가 공격의 시기로는 가장 적절한 틈새다.

홍 장군은 이런 사정을 환히 파악하고 있었다. 한번 공격했던 함경도 갑산을 또다시 휘몰이 기세로 사납게 들이쳤다. 일본군 지도부에선 설마 다녀간 갑산에 다시 오랴 했는데 그런 생각의 허(虛)를 찌른 것이다. 이것은 홍 장군의 놀라운 특기였다. 순식간에 갑산을 쳐부수고 이어서 금정 주재소로 달려들었다. 4월 하순에는 평안도 만포진까지 진출하여 장시간 점령했다. 곧이어 강계·자성에서 무려 사흘 동안 일본군과 교전하여 70명 이상을 죽였다. 북방 일대에서 대한독립군의 활약은 장쾌하고 눈부셨다. 승전보를 들은 겨레는 속으로 크게 환호했다. 상해 임시정부는 참사 오동진(吳東振, 1889~1944)과 김응식(金應植)을 뒤늦게 현지로 파견하여 자세히 취재했다. 그들이 쓴 기사는 상해판 『독립신문』(獨立新聞)에 대문짝만큼 크게 실렸다.

그해 겨울이었다. 백두산 기슭은 온통 눈과 얼음으로 뒤덮였다. 이 눈보라를 무릅쓰고 대한독립군은 하얀 밀림에서 수시 출몰했다. 동에 번쩍 서에 번쩍 출몰했다. 총 병력 2,000명. 북국의 차디찬 겨울 속에서 홍범도 장군은 매일 군사훈련을 지도했다.

그런 한편으로 군자금과 식량 마련에 골몰하고 정찰을 보내어 국경 지역 일본군의 동태를 탐지했다. 농민들은 허리띠를 졸라매면서도 위험을 무릅쓰고 독립군 식량을 도와주었다. 이를 눈치챈 왜적들은 논밭에 석유를 뿌리고 불을 질렀다. 농민들은 타작하여 땅에 파묻거나 산속에 슬며시 감추어놓고 독립군부대로 알려왔다.

장군은 밤 깊도록 등불을 밝히고 다음 전투 구상에 골몰했다. 강도 일제는 불안한 낌새를 느껴 두만강과 압록강 연안 지

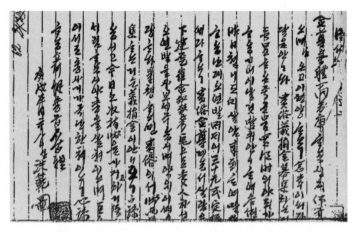

홍범도 장군이 발표한 유고문. 불량배가 나타나면 이들을 거부하고
물리치기를 바란다는 내용이다.

역 병력을 나날이 늘려만 갔다. 방이시설도 구축했다. 이때 홍
장군은 중로연합선전부에 참가하여 간도 선진지부 집행군무사
령관이란 중책을 맡게 되었다. 이 직책으로 우선 시작한 일은
독립군 명의를 앞세우고 다니며 의연금을 모집한다는 가짜 독
립군들의 악랄한 행각을 매섭게 경고했다.

이에 따라 '대한독립군 대장' 이름으로 유고문(諭告文)이 반
포되었다. 이 글의 원문은 난삽한 국한문 혼용체로 작성되어
그 뜻을 이해하기가 어렵다. 전체 내용을 풀어서 쉽게 엮어 다
듬었다.

하늘의 이치가 순환하고 민심이 서로 맞아서 우리는 마침내
대한독립을 세계에 선포했다. 그로부터 위로는 임시정부가 있

어 모든 일을 주관하며 아래로 전체민중이 단결하여 독립만세를 높이 외쳤다. 이제야 드디어 우리의 용맹무쌍한 독립군이 움직이게 되었다.

하지만 슬프고 안타깝다! 제국주의 통치 아래서 오직 정의와 인도만 주장하는 것은 결코 불가능한 일이다. 뿐만 아니라 세계평화회의와 연맹회의 따위에 나약하게 호소하는 것만으로도 불가능한 일이 아닌가.

그리하여 우리는 그동안 가진 재산을 모두 처분하고 빚을 얻어 무기와 탄약을 준비했다. 곧바로 최후의 일전을 준비하고 승전을 다짐했으나 즉시 실행에 옮기지 못했다.

한편 최근 들리는 말에 의하면 간도 지역에서 불량배가 나타나 도장을 위조하고 독립군을 사칭하며 강제로 독립자금을 거두고 다닌다고 한다. 놈들은 독립군의 군복을 입고 무기까지 지닌 채 주민들에게 공갈협박을 하는 등 행패가 심하다고 한다. 이는 독립군에 대한 기대를 파괴하는 일로 크게 염려되는 일이다.

당당한 독립군으로 나서서 몸을 격전지에 바치고 반만년 역사를 빛나게 하며 빼앗긴 조국을 되찾아 후손에게 길이 행복을 되돌려주려는 것이 우리 독립군의 목적이다. 그것은 또한 겨레를 위하는 길이다. 어찌 말도 안 되는 이상한 조직을 만들어 민심을 혼란시키는 것인가.

나 홍범도는 이를 통탄하며 이에 알리는 바이다. 이 시간 이후로 앞서 말한 악당의 무리가 마을에 나타나면 해당 마을에서 즉시 놈들을 거부하고 물리치기 바란다. 만약 힘이 부족할 경우 즉시 우리 의병대로 알리면 달려가서 엄중한 군법으로 놈들을 징

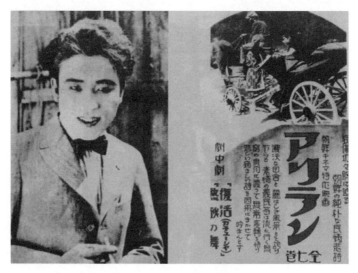

홍범도 부대 소속의 독립군 출신으로 불세출의 배우가 된 나운규.

벌할 것이다. 이 사실을 알리니 모두 마음에 명심하기 바란다.

　　대한민국 원년 섣달
　　대한독립군 의용대장
　　홍범도

　이듬해 봄, 대한독립군은 대규모 국내진격 준비로 분주했다. 홍 장군은 부하 70명을 이끌고 하마탕 부근으로 와서 국민회 구춘선(具春先, 1857~1944) 회장과 비밀리에 만났다. 이날 밀담에선 군사 활동이 주로 논의되었다. 가장 주된 의제는 그 무엇보다도 군사력을 한데 집결시키는 과제였다. 이를 위해선 독립군 부대끼리 서로 연합해야만 했다. 이 실천으로 홍범도의 대한독립군은 최진동과 안무 두 의병대와 먼저 연합했다. 행정과 재정은 국민회 담당, 대한독립군은 홍범도, 대한국민회군은 안무가 서로 나누어 대일 항전을 펼치기로 했다. 홍범도 장군은 북로(北路) 정일(征日) 제1군 사령부장 책임으로 전군의 지휘를 맡았다.

대한독립군은 병력 460명, 소총 200정, 탄약 4만 발, 권총 50정이 있었고 군무도독부 국민군의 병력은 280명, 소총 200정, 탄약 1만 2,000발, 수류탄 120개, 기관총 2문이 있었다. 독립군 무기는 각양각색이었다. 제1차 세계대전으로 연해주에 출병했다가 돌아가는 체코 병사들에게 사들인 것이었다. 소총 하나에 탄환 100발을 끼워서 35원. 모은 군자금으론 총을 샀다. 미국제와 독일제도 있었고, 일본제 30년식, 38년식도 있었다. 권총은 루가식, 7연발식, 남부식이었다. 더 크게 보강된 화기와 전투력으로 두만강을 단숨에 넘어가 회령, 종성, 온성 등지에서 유격전을 펼쳤다. 홍 장군 명성은 여전히 전설처럼 높았다.

대원도 늘어났다. 함경도 회령 사람 나운규(羅雲奎, 1902~37)와 윤봉춘(尹逢春, 1902~75)도 그러한 신입대원 중 하나였다. 독립만세 부르다가 쫓기는 신세가 되어서 거지처럼 러시아 벌판을 헤매 다녔다고 한다. 한 그릇 밥과 따스한 아랫목이 너무나 그리웠다. 그래서 처음엔 러시아 백군(白軍, 차르파)으로 들어갔었다고 한다. 하지만 그곳엔 어떤 위안도 희망도 없었다.

어느 날 백군 부대를 탈영해서 천신만고 끝에 홍범도 부대로 찾아왔다. 불원간 그들에게 특수임무가 내려졌다. 무산령 철도 터널의 폭파와 일본군 부대로 들어가는 전화선을 절단하는 임무였다. 하지만 그들은 아직 신참대원으로 특공경험이 부족했다. 한 늙은 고참대원이 나운규에게 말했다.

"너에겐 이 군대란 곳이 어울리지 않는 옷과 같구나. 아무쪼록 공부를 많이 해서 다른 방법으로 애국의 길을 찾도록 하거라."

나운규는 그 말을 듣고 곧 발길을 서울 쪽으로 돌렸다. 그로부터 미친 듯이 줄곧 영화판을 기웃거리며 다니다가 훗날 기어이 불멸의 영화 『아리랑』을 만들었다. 극중의 주인공 영진이가 악질 순사 보조원을 처단하는 장면이 그냥 생겨난 게 아닐 것이다.

9. 기습전

 간도 지역의 여러 독립군 단체들은 대한독립군의 잇단 유격전 승리에 크게 고무되어 산발적 전투를 펼쳤다. 그해 정월부터 석 달 동안 여러 독립군 부대의 국내진공은 무려 24회, 3월부터 6월까지는 32회가 넘었다. 공포를 느낀 일본군은 국경 지역의 병력을 늘렸고, 밀정의 활동도 그에 따라 점점 분주해졌다. 압록강과 두만강 연안 마을을 서캐 훑듯 쏘다니며 이 산 저 산에 마구 불질했다.

 대한독립군은 악질적인 밀정 소탕작전을 실시하면서 일제 침략자의 앞잡이가 되어 더러운 삶을 살아가는 놈들에게 경고문을 발송했다.

 순사 보조원에게 고하노라
 ─ 기타 밀정들도 함께 보라

 경술년 이후 동포 간에 질시·배척되는 놈들이 있으니 이것이 곧 일본의 창귀(倀鬼)와 응견(鷹犬)인 것들이다. 누구나 모두 기회 있을 때마다 이들 도배를 처단하려고 하는데, 이것은 충의와 분노에서 우러나는 것이다. 혹시 아무리 허물이 없다 할지라도 어찌 이런 일이 있을 수 있는가.

사실 자기의 조국 자기의 동족을 모함하여 일본에 충성을 바치는 놈들은 하늘을 분노케 할 것이다. 스스로 생각해보더라도 깊은 밤 잠자리에 들 때나 맑은 새벽녘 자리에서 일어날 때는 상당한 죄책감을 깨닫고 있을 것이다.

아아! 천하에 이민족 일본을 위하여 동포를 해치는 것이 어찌 인생의 본분이고 사명일 것이냐. 사람은 먹는 것만을 위해 사는 것이 아니다. 먹는 것 외에 또 할 일이 있다. 그것은 의리와 염치와 예의와 충성과 사랑이 있는 삶이다. 만약 이것이 없다면 그대 생각으로는 잘했다고 할지라도 남들은 그대를 비천한 종자로 여기고 세상의 이치는 그대를 죄인으로 규정한다. 지금 저 간악한 왜적들은 그대를 착한 사람으로 일컫는다. 놈들은 마치 그대를 믿고 친한 척하지만 속으로는 그대를 비천한 종자, 또는 매국노(賣國奴)라고 비웃는 것을 아는가 모르는가.

세상에 생각이 바른 사람은 그대를 인간으로 여기지 않을 것이다. 우리는 지금 조국광복을 위해 의병을 일으켰다. 이러한 때에 그대가 만약 뉘우침이 없다면 우리는 그대를 왜적과 같이 취급할 것이다.

우린들 어찌 같은 동포를 해치는 일을 좋아서 할 것인가.

이는 조국의 독립을 위해서 어쩔 수 없는 선택이다. 우리는 정의와 인도적 관점에서 그대들에게 알리는 바다. 그대가 민족을 배반하고 아무리 악행을 저질렀다 할지라도 뉘우치기만 한다면 절대 그대들을 해치지 않을 것이다. 그 뜻을 확인하게 된다면 그대들을 환영하며 독립군에 편입하는 것도 허락할 것이다.

다만 왜적의 군대나 기관에서 복무한 경우 회개의 징표로 구체적 증거물을 제출하기 바란다. 그래야만 우리는 그대를 믿을 수 있다. 이러한 제의를 가슴에 새겨서 하루속히 과거의 잘못을 뉘우치고 고통을 면하기 바란다. 조국이 독립한 뒤에는 크게 후회하게 될 것이다.

순사 보조원이나 밀정들이여! 그리고 동포 여러분!

우리에겐 세상에서 가장 아름답고 우리가 받드는 조국이 있다는 것을 잊지 말라.

다시금 강조하노니 죽음의 구렁텅이에서 빠져나와 아무런 불편이 없는 자유천지에서 함께 삶을 즐기게 되기를 진심으로 바라는 바다.

대한민국 2년
대한독립군 의용대장
홍범도

주린 범의 코앞에 서서 먹잇감 찾아준다는 못된 창귀(倀鬼)처럼 밀정이란 것들은 자기를 버린다. 자기뿐 아니라 아버지, 할아버지, 혹은 윗대 조상의 족보 따위도 썩은 짚단처럼 걷어차 버린다. 그의 창자는 일찍이 뒤집혔으므로 사람들은 그를 '환장자'(換腸者)라고 부른다. 살아서 적의 꼭두각시 노릇이나 하니 '괴뢰'(傀儡)요, 일제의 더러운 발톱이나 독한 송곳니 되는 일을 자청했기에 '조아'(爪牙)라고도 부른다.

피로 얼룩진 역사의 책갈피에 몰래 숨어서 아, 지금도 기회를 엿보고 있는 악질 밀때꾼의 무리여. 그들의 호시탐탐이여.

1920년 경신년 3월, 시절은 봄이지만 북방엔 여전히 겨울이었다. 골짜기의 쌓인 눈과 얼음은 녹을 생각도 않고 있다. 이럴 때 홍 장군이 이끄는 대한독립군 병사들은 국내 공격에 나섰다. 종성 주둔 일본군 헌병대는 어느 날 홍범도 의병대의 벼락같던 기습을 받았다. 철벽같던 무기탄약고가 활짝 열렸다. 얼마 후 가까운 온성의 일본군 기지도 활활 불타올랐다. 국경 지역의 일본군들은 언제 어디서 어떤 공격이 있을지 몰라 그저 갈피를 못 잡고 불안해서 허둥지둥 우왕좌왕 쏘다녔다. 너무나 겁에 질려 모든 무기를 다 팽개치고 몰래 도망치는 놈도 있었다.

홍 장군은 이후 12일 동안 여덟 차례에 걸쳐 기습전을 펼쳤다. 3월 28일에도 두만강 상류 남양동이 타올랐다. 당황한 강도 일제는 한층 경비를 강화하고 소란을 떠는 날카로운 호각 소리가 드높았다. 세선동, 풍리동, 심청동 등지의 경찰 주재소는 긴급히 철수했다. 독립군 부대에는 연해주에서 들어오는 무기와 탄약이 속속 들어왔다. 홍 장군은 주둔지를 안도에서 왕청으로 옮겨 기습과 공격전을 더욱 불태웠다.

장하고 장하도다! 우리 대한독립군의 눈부신 활동이여!

그들의 피와 땀으로 우리 조국이 조금씩 되살아나는 것을 느낀다. 이 무렵 일본군 정보부의 기록을 읽어보는 것도 흥미롭다.

서간도와 북간도에 숨어 있는 배일(排日) 선인(鮮人)들의 두목 홍범도, 구춘선, 서일, 최진동, 양하청 등은 조선 내지를 습격하고 떠벌이면서 군자금을 거둔다며 올봄에 얼었던 강이 풀리기 전에 온성으로 침입해 들어왔다.

3월 18일 오후 9시, 약 200명의 적들이 풍리동 주재소를 습격하여 한 시간의 전투가 벌어졌다. 17일 오전 1시경 미포면 월파동과 풍교동에 약 30명 습격하여 군자금을 거두었다. 18일 오전 1시경 약 200명이 미포면 장덕동으로 침입해 들어왔다.

같은 날 오전 5시 30분 약 50명이 미점 헌병감시소를 습격했다. 같은 날 오전 9시 30분경, 상포면 향당동에 침입해서 교전이 벌어졌다. 같은 날 오후 5시경 약 200명이 온성 쪽으로 침입을 시도했으나 격퇴했다.

26일 오후 9시경, 약 50명이 상포면 쪽으로 들어와 남양동을 공격해서 교전이 벌어졌다. 27일 오후 8시 30분경에는 두만강 건너편에서 우리 쪽 진지를 향해 집중사격을 퍼부었다.

강도 일제의 또 다른 보고서는 다음과 같다.

이번 불령선인 준동에 이범윤, 홍범도 등이 상당한 관계에 있음은 의심할 여지가 없다. 놈들이 가진 무기는 38식 군총, 노국식 총과 군도 등이다. 이를 보더라도 러시아 과격파가 무기를 공급한 것으로 짐작된다.

독립투사 안무 장군은
군대가 해산되자
북간도로 와서 의병대를
일으켰다.

이 기록들은 당시 일본군이 대한독립군에게 엄청난 공포를 느꼈음을 확인하게 해준다. 홍범도 장군의 부하로 신관세(申觀世)란 용감한 청년이 만주의 해룡(海龍)·반석(盤石) 일대를 다니며 수십 명의 중국인·한국인 앞에서 일제의 만행을 폭로하고 비판하는 연설을 했다고 한다. 이와 관련된 기사가 『동아일보』에 실렸다. 자랑스런 일이다.

이 무렵 홍 장군은 왕청 대감자 지역으로 이동한 주력부대를 또다시 두만강 가까운 봉오동으로 이동시켰다. 여기서 홍범도 장군은 안무가 이끄는 대한국민회군과 만나 연합부대를 만들었다.

안무(安武, 1883~1924)는 누구인가. 그는 본시 무산 진위대의 군인이었다. 군대가 해산되자 북간도로 와서 의병대를 일으켰다. 흑하사변을 겪은 뒤 간도로 돌아가 독립 사업을 계속했다. 일본 경찰들이 그를 체포하려 하자 결사적으로 싸우다가 적의 총탄에 맞아 순국한 인물이다. 아무튼 이런 안무와 손잡으니 독립군 전력은 전보다 훨씬 크고 강력해졌다. 행정 재정은 국민회 담당, 군무는 종래와 같이 제각기 자기 부대의 편제를 그대로 유지했다. 연합부대 총지휘는 홍범도 장군이 맡았다.

홍 장군은 최진동(崔振東, 1883~1941)이 지휘하는 도독부 군대와도 연합을 추진해서 군무도독부(軍務都督府)란 이름으로 새 출발했다. 정일(征日) 제1군사령부를 구성하고 홍 장군은 사령관으로 추대되었다. 이때 홍범도는 '정일 제1군사령관'이란 직함을 처음으로 썼다.

강도 일제는 홍범도 장군을 간도 지방 불령선인의 특급 수괴(首魁)로 지목하고 갖은 방법으로 체포하려 시도했다. 당시 만주 등지에서 세력이 커다란 여섯 개 무장 단체의 총 병력은 2,900명이나 되었다.

그해 5월 11일, 봉오동에서 지도자 연석회의가 열렸다. 봉오동 동북방의 왕청, 서대파, 십리평 일대에는 북로군정서가 있다. 그 서쪽 석현 지역엔 신민단 본부, 그 서북쪽 대감자 지역엔 광복단이 있다. 또 그 남쪽 가야하 지역에는 의군단, 그 서쪽에는 국민회 본부가 있다. 그들 대표가 모두 한자리에 모여 연합작전에 관한 중요 협의를 했다.

드디어 5월 28일. 정일사령관 홍범도 장군은 모든 부대를 총체적으로 통합시킨 대부대를 출범시켰다. 엄청난 전력이었다. 대한북로독군부(大韓北路督軍府). 이것이 부대의 정식명칭이었다. 부대의 근거지는 화룡현 봉오동이었다. 우리는 앞으로 눈부신 이 마을 이름 봉오동(鳳梧洞)에 특별히 주목할 필요가 있다.

대한북로독군부
부장 최진동
부관 안무

북로제1군사령부
부장 홍범도
부관 주건
참모 이병채
향관 안위동
군무국장 이원
군무과장 구자익
회계과장 최종하
검사과장 박시원
통신과장 박영
치중(輜重)과장 이상수
향무(餉務)과장 최서일
제1중대장 이천오
제2중대장 강상모
제3중대장 강시범
제4중대장 조권식

여기서 치중(輜重)이란 무기와 탄약 관련 업무를 말한다. 향무(餉務)는 병사들이 먹는 군량과 식사 공급을 담당한다.

당시 우리 독립군들 차림새와 외양에 대해 알아보자. 참나무의 일종인 가둑나무 껍질을 일단 가마솥에 넣고 달인다. 그 물에 하얀 광목천을 푹 담갔다가 햇볕에 말리면 밤색 물이 들었다. 천연 염색이다. 이 천으로 독립군 군복을 만들어 모든 병사에게 골고루 입혔다. 재봉틀 다루는 병사는 언제나 일손이 분주하고 바빴다. 신은 별 수 없이 짚신이어서 몹시 불편했고, 그 아랫도리에 일본식으로 각반을 찼다. 태극 모표를 붙인 군모도 씌웠다. 병사의 등에는 포를 얽어 만든 베도자를 지게 했다. 이것은 일종의 배낭(背囊)이다.

권총은 도금한 니켈이었고, 소총은 거의 노국식 무기였다. 탄환은 노국식과 일본제 삼팔식을 함께 썼다. 이것이 모자라면 사냥에 쓰이는 노랑대와 꺼멍대를 나누어주고 엽총탄도 배분했다. 이것은 예전부터 써오던 화승총이다. 그냥 평범한 탄환을 썼는데도 봉오동 전투가 끝난 뒤 강도 일제는 그들의 보고서에서 "악독한 조센징 무장단은 사용이 금지된 담담탄을 쓰고 있다"며 거짓된 기록을 했다. 담담탄이란 즉 덤덤탄(dumdum彈)을 말하는데 1886년 영국이 인도를 정벌할 때 캘커타시 부근의 덤덤 조병창에서 제조하기 시작한 소총 탄환에서 유래된 이름이다. 탄두에 구멍을 뚫거나 피갑탄의 납을 노출시키는 등의 모양을 한 것으로, 인체에 명중하면 참혹한 상처가 생겼다.

1907년 제2회 헤이그 국제회의에서 이 탄환의 사용을 금지했다. 당시 일제의 발표는 대한독립군이 국제적으로 사용이 금지된 탄환을 쓸 만큼 흉포한 무리라는 것을 악선전하려는 교활한 의도가 담겼다.

독립군의 계급장은 대개 붉은 빛깔의 바탕에다 금색 줄과 별의 숫자로 높낮이를 표시했다. 홍범도 장군은 사령관이면서도 일반 사병과 별반 다르지 않는 군복과 외모를 지니고 있었다. 이는 권위주의에 대한 거부이기도 하다. 북로군정서 김좌진 장군은 늘 백마를 타고 금빛 견장이 번쩍이는 군복과 군모를 쓴 채 위엄을 과시했다고 전한다. 두 장군의 풍모가 많은 대조를 보인다.

독립군 병사들의 먹거리는 주로 좁쌀이었다. 채소는 무, 배추에다 감자가 태반이라 이따금 잉어, 붕어 등 민물고기와 돗바늘 숭숭 돋은 돼지비계도 나왔는데 이것이 등장하면 병사들이 몹시 반가워했다. 어느 마을에 주둔할 때면 가구당 열 명씩 나누어 들어가 숙박했다. 병사들에게 공급되는 물품으로는 한 달에 한 번씩 잎담배 엽초가 몇 줌, 칫솔에 가루치약 한 봉지, 비누와 수건에 장갑은 기본이었다. 여러 곳에 요긴한 한 마가량의 백포도 지급되었다. 해마다 속내의 한 벌, 겉옷 한 벌, 동절기에는 털모자와 털장갑도 지급되었다.

새로 임명된 간부들에겐 홍 장군이 직접 임명장을 주었다. 행군예절과 경례법도 정규 군대처럼 가다듬었다. 군율은 엄하게 정비하고 통일된 군대의 모습을 차츰 갖추었다. 이처럼 막강한 조직의 출발로 700명이 훨씬 넘는 독립군 병력은 봉오동 골짜기에 상시 주둔했다. 이흥수(李興秀, 1896~1973)가 이끄는 신민단(新民團) 병사들도 함께 머물렀다. 모두들 연병장에서 고된 훈련을 마치고 우렁차게 군가를 합창하는 소리 들려온다.

백두산 하(下) 넓고 넓은 만주 뜰들은
건국영웅 우리들의 운동장이요
걸음걸음 대를 지어 앞만 향하여
활발히 나아감이 엄숙하도다.

대포 소리 앞 뒷산을 둘둘 울리고
총과 같이 상설같이 맹렬하여도
두렴 없이 악악 하는 돌격 소리에
적의 군사 혼겁하여 정신 잃었네.

억만 대병 가운데로 헤치고 나가
우리들의 총과 검을 휘휘 둘릴 제
원수 머리 말 우에서 떨어지는 것
늦은 가을 나뭇잎과 다름없구나.

개선문 하 자유 종을 떵떵 울리고
삼천리에 독립 기를 펄펄 날릴 제
만세 만세 만세 만세 우리나라에
만세 만세 만세 만세 우리 동포야.

홍범도 장군은 곧 왜적들의 대대적 공격이 있으리라는 것을 이미 예상하고 철저한 전투태세와 훈련을 정비하도록 각 부대에 신속히 알렸다. 홍 장군은 부관 주건(朱建)을 데리고 뒷산으로 올라갔다. 호위병 하나가 뒤따랐다. 안산 상봉에서는 두만강 줄기가 먼발치로 아련히 보였다. 홍 장군은 멀리 조국 땅과 하늘을 바라보며 탄식에 잠겼다.

"아, 고국산천을 몇 년 뒤에나 밟아볼 수 있을까."

사뭇 비장한 어조로 혼자 중얼거리는 장군의 눈에선 뜨거운 것이 주르르 볼을 타고 흘러내렸다. 이 말 속에는 다시는 고향 땅으로 돌아갈 수 없을지도 모른다는 불안한 예감도 들어 있었다. 뒤에 선 두 부하의 눈도 함께 젖어 있었다.

제7부
봉오동 전투

나간다 나간다
홍 장군 나간다
버칠령 고개로
왜놈 치러 나간다

나간다 나간다
홍 장군 나간다
총을 메고 척 척
왜놈 치러 나간다

1. 봉오동 전투

재만(在滿) 독립군의 대부대 편성 직후였다. 5월의 꽃잎도 뚝뚝 떨어져 이울던 어느 날, 회령에서 경원 가는 길목인 운무령에서 우편마차를 호송하던 일본군 헌병대가 돌연 유격대의 기습을 받았다. 바로 홍범도 부대였다. 크게 다친 마부는 우편 행랑을 그대로 팽개쳐둔 채 꽁무니 빠지게 도망쳤다.

6월 4일 아침, 신민단 장병 30명이 삼둔자를 출발했다. 종성의 강양동에서 두만강을 빠르게 건너 일본군 국경초소에 들이닥쳤다. 헌병군조 후쿠에(福江)가 소대장으로 있는 헌병 순찰소대는 제대로 싸워보지도 못하고 단번에 부서졌다.

연합 독립군은 날이 저물자 즉시 강 건너 삼둔자로 되돌아왔다. 남양 수비대장 니이미(信米) 중위의 중대는 병력과 순사 약간을 이끌고 오전 11시경 삼둔자 부근까지 추적했다. 하지만 적들은 독립군 그림자도 찾지 못하고 돌아가는 길에 화풀이로 무고한 주민만 여러 명 학살했다. 독립군들은 삼둔자 서북쪽 봉화리 산속 깊은 골짜기에 숨었다가 일본군들이 봉화리에서 퇴각할 때 불시에 공격하여 모두 섬멸했다. 이런 기습전의 효과는 두드러졌다.

여러 지역에서 산발적 전투가 있었고, 그때마다 홍범도 장군의 승전보가 뒤따랐다. 급보를 받은 조선 주둔 일본군 제19사단 소속 야스카와 지로(安川二郞) 육군 소좌는 화가 머리끝까지 올랐다. 즉시 보병대와 기관총대 등 1개 대대 병력으로 월강(越江) 추격대대를 편성했다. 이는 보나마나 놈들이 말하는 괴수(魁首) 홍범도를 생포하러 두만강을 넘어오겠다는 심산이었다. 놈들은 눈엣가시 홍범도부터 빼버리자며 불의의 기습작전을 치밀하게 꾸몄다.

일본군은 그날 새벽 3시 30분, 온성 하탄동 부근에서 두만강을 건넜다. 이 부대의 총지휘자는 역시 지난번 삼둔자 전투에서 패배했던 소좌 야스카와였다. 그가 이끄는 19사단 소속 부대와 아라요시(荒吉) 중위의 남양 수비대 300명 대부대였다. 야스카와는 치 떨리는 복수심으로 이빨을 부드득부드득 갈아대고 있었다.

"반드시 잡고야 말리라. 이번에는 기어코 내 손으로 잡아서 천만 배로 복수해주리라. 홍범도 너 어디 두고 보자."

왜적들은 하전자와 가야하 사이의 안산까지 곧바로 진격해서 올라갔다.

봉오동 동남쪽엔 전안산과 후안산이 있다. 후안산에는 윗마을, 아랫마을, 오호동네 등 3개의 마을이 있다. 가야하 북쪽 산기슭에 여섯 가구, 윗마을 일곱 가구, 아랫마을이 서로 한 마장 정도 떨어져 있다. 신민단 일개 소대 병력은 윗마을 최명극(崔明極)의 집에 일단 기지를 설치했다. 안산 뒤편고개의 첫 굽인 돌이 마을을 지나면 그 아랫마을에서 조금 떨어진 곳에 오호동네가 있다. 최씨 성 가진 다섯 가구가 산다고 해서 이름 붙은 작은 마을이다. 이곳에서 후안산 전투가 벌어졌다.

1920년 경신년 6월 6일이었다. 신민단 병사 13명이 두만강을 건너가서 포목과 신발 등 의연물품을 구해서 돌아왔다. 아랫마을 사는 김민영(金民英)과 윗마을 주민 최명극 등이 찾아와 그간의 성과를 자축하는 모꼬지가 열렸다. 거기가 바로 최진국(崔鎭國)의 집이었다. 차츰 밤이 깊어지자 신민단의 안산 책임자 최명극이 주재하는 회의가 열렸다.

다음 날 새벽 동트기 전, 일본군 아라요시 부대와 야스카와 부대가 오호 동네 가까운 서쪽골에서 서로 만나 합류했다. 이런 아슬아슬한 위기도 모르고 회의는 오래 계속되었다. 방문에서 새어나온 아주까리기름 등잔의 흐릿한 불빛이 일본군 지휘관에게 맨 먼저 발각되었다. 왜적 병졸 하나가 다가가 대뜸 방문을 벌컥 열었다. 방안에는 군복 입은 조선독립군들이 앉았다가 화들짝 놀랐다. 결국 코앞에서 서로 맞닥뜨린 것이다. 일본 병졸이 후다닥 달아났으나 날랜 최명극이 재빨리 뒤따라가서 사살했다. 한쪽에 대기 중이던 일본군이 맹렬한 기세로 공격했다. 신민단 단원들은 급히 뒷문으로 빠져 달아나 산으로 날쌔게 올라갔다. 그 순간 신민단원 하나가 적들의 총탄에 맞아 비명을 지르며 떼굴떼굴 굴렀다. 새벽밥 지으러 나왔던 아낙네 하나도 돌연 날아온 눈먼 총알에 맞아 쓰러졌다. 일본군은 오호마을로 들어와 최진욱(崔鎭旭), 최진삼(崔鎭三), 최진국(崔鎭國) 등 삼형제와 김환영(金桓永), 최명극 등 도합 8명을 체포해서 포승줄로 꽁꽁 묶어 끌고 갔다. 뒤따르는 일본군 병졸은 줄곧 그들의 등 뒤를 구둣발로 걸어차며 휘몰았다.

왜적들은 후안산을 떠나 봉오동 방면으로 계속 추격해왔다. 소달구지에 기관총 2정을 싣고 오르는 삐걱거리는 소리가 들렸다. 아랫마을 윗마을은 그냥 지나치고 남봉오동 앞산으로 사방을 잔뜩 경계하며 천천히 접어들었다. 물론 철저한 사주경계였다.

마을 주민 몇 사람이 적들을 독립군인 줄 알고 손을 흔들며 반색하고 달려 나갔다. 안타까워라. 이른 아침 산골짜기에 돌연 총성이 울렸다. 이인진(李寅進)의 아내가 적탄에 맞아 즉사하고 최성세(崔聖世) 노인이 관통상을 입었다. 일본군들은 마을을 향해 함부로 총을 난사하며 남봉오동을 지나 북봉오동 마촌에 이르렀다. 그때까지 별다른 낌새를 느끼지 못하자 일단 안심하면서 주먹밥으로 아침 배식을 돌렸다. 하지만 일본군들은 왠지 모를 불안감에 주변을 흘끔거리며 그 밥도 먹는 둥 마는 둥 했다. 주민들이 모두 산으로 떠나고 텅 빈 마을을 다니며 놈들은 일일이 가택수색을 했다. 중풍으로 미처 피난 못간 마씨 노인을 끌어내어 앞세우고 북봉오동 골짜기로 들어왔다. 마 노인은 절뚝걸음으로 군대의 앞에서 노리개처럼 걸어갔다. 놈들은 아픈 환자를 총대로 이리저리 찌르며 농락했다. 결국 마 노인이 실신해서 쓰러지자 엎어진 그대로 뒤통수에 총구를 대고 사살해버렸다.

북봉오동은 수남동에서 동북으로 뻗어 들어간 20리 계곡 고려령의 험한 산이다. 그 주변의 연봉들은 병풍처럼 겹겹이 둘러싸인 천연 요새다. 갈지자 형국으로 구불구불한 이곳엔 모두 11개 마을이 있고 조선농민은 200가구가 살았다.

봉오동 계곡의 첫 마을이 바로 하촌이다. 가장 큰 마을인 이곳에 최진동(崔振東)의 성곽 같은 대저택이 있다. 그 주변에도 고랫등 같은 기와집 여러 채가 우람하다. 통나무를 찍어다 그대로 울타리를 둘러 목책(木柵)을 쳤고 그 안으론 한 길 깊이의 구덩이를 팠다. 다시 내부에는 높은 토성을 쌓았다. 거기로 드나드는 통문을 도합 세 군데 설치하고 밤낮으로 보초를 세웠다. 철통같은 경비체계였다.

최진동(崔振東, 1883~1941). 우리는 그의 생애를 자세히 더 들어 보아야 한다. 살기도 어렵던 병술년 여름, 그는 함경도 온성에서 났다. 어려서 부모를 따라 간도 국자가 사득촌으로 흘러왔는데 워낙 집안이 가난해서 처음엔 중국인 허 지주네 집 돼지몰이꾼으로 일했다. 조선이주민들이 두만강을 넘어와 간도 땅으로 자꾸 몰려들 때였다. 청년 진동은 중국인 허 지주와 소작인들 사이에서 통역으로 일했다. 지주의 신임을 크게 얻어 양아들이 되었다. 중국인 허 지주가 죽으면서 진동은 많은 재산을 물려받았다. 하촌에서 호박골에 이르는 십 리 구간의 토지는 모두 새로운 지주 최진동의 소유였다. 그 너른 땅에 주변 소작인을 모조리 끌어 모아 농사를 지었다. 북봉오동·대감자·수남 등지에도 엄청난 토지를 갖고 있었다. 봉오동에서 최진동은 말 그대로 제왕이었다.

대지주 최진동이 어찌된 일인가. 3·1독립만세운동 이후 무장단을 자신의 사조직으로 만들었다. 이를 보는 사람들은 눈이 곱지 않았다. 첫째는 재산보호가 목적이었으리란 견해, 또 다른 하나는 훌륭한 독립운동가라는 견해로 나뉘었다. 처음에는 최진동의 행동을 판단하기가 힘들었다. 주변 마적들이 자꾸만 공격해와서 극성을 떨고, 또 조선독립군들이 군자금 협조 요청으로 자꾸 찾아오니 귀찮고 성가셨다. 진동은 집 주변에 아예 높다란 토성을 지어놓고 24시간 파수꾼을 세웠다. 그러다가 느닷없이 간도국민회에 청을 넣었다.

"내가 국민회에 가입할 터이니 그 대신 나의 집에 늘 군대를 머물게 해주시오."

이 요청이 받아들여져서 강우홍과 강채정이 이끄는 독립군 2개 중대가 봉오동 최진동 저택으로 들어가 머물게 된 것이다. 이 부대를 독군부(督軍府)라 일컬었다. 독군부는 원래 홍범도의 대한독립군과 안무의 국민회군이 연합하여 만들어졌지만 원래의 독군부는 주로 봉오동 내부에서만 활동하던 부대였다. 그런데 사실은 이 시기가 홍 장군이 최진동을 자주 찾아와 모연금(募捐金) 문제를 의논하던 무렵이었다. 홍 장군은 말했다.

"최 선생께서 조선 민족으로서 조선 독립 투쟁을 위해 기꺼이 군량과 군수물자를 지원해주었으면 하오."

그 말에 최진동이 답했다.

"나도 나름대로 독립군을 조직해서 일본군과 싸울 뜻이 진작부터 있었지요."

이 한 마디로 두 사람의 의기는 즉시 투합했다. 다른 것을 굳이 따지고 헤아릴 필요가 없었다. 대장부들의 철석같은 소통과 굳은 약속이었다. 이후로부터 봉오동에는 독립군을 훈련하는 우렁찬 함성이 들렸다. 수백 명 독립군의 군량과 의복은 모두 최진동이 부담했다. 여기까진 갸륵한 일이었다.

하지만 최진동의 진짜 속내는 다른 곳에 있었다. 독립사업을 돕는다는 명분도 채우고, 또 그것으로 자신의 재산보호도 곁들여 동시에 이룰 수 있다는 일거양득의 계산이 맞아떨어진 것이다. 이런 최진동의 속내를 눈치챈 몇몇 독립군 중대장이 홍범도 대장에게 속마음을 털어놓았다. 불만을 가진 몇 사람이 봉오동을 떠나겠다고 하자 최진동은 깜짝 놀라 처음엔 이를 극구 만류했다. 그래도 듣지 않으니 최진동은 도리어 불같이 화를 냈다. 심지어 두 중대장을 강제로 결박해서 가두었다가 형틀에 엎어놓고 볼기를 때렸다.

이 사실이 국민회에 알려지고 말썽이 일자 구춘선 회장은 홍장군에게 경위 조사를 해서 보고하도록 일렀다. 이것은 이른바 최진동 부대의 오만방자함에 대한 기세를 꺾으려는 일종의 검열 명령이었다. 그리하여 홍범도 장군은 독립군 한 중대를 인솔하여 봉오동 최진동 저택으로 당도했다.

그러나 바로 이튿날 아침, 일본군의 기습 소식이 있었다. 그 때문에 막 시작하려던 검열은 제대로 시행조차 못 한 채 서둘러 전투준비에 들어간 것이다. 당시 최진동은 홍범도의 문책이 내심 염려가 되었다. 게다가 일본군 공격이 시작된다면 봉오동 전체가 온통 쑥대밭이 될 것은 불을 보듯 뻔했다. 그 때문에 독립군의 전투준비를 적극 돕는 시늉을 하며 자신의 본의를 감추고 무장 항쟁 대열에 건성으로 나서게 되었던 것이다.

하촌에서 계곡 따라 조금 올라가면 마촌과 태촌이 있다. 다시 한 마장 올라가면 박촌, 조촌이 개울 양쪽으로 보인다. 거기서 호박골 어구까지 들어가면 강촌과 호박골 마을이 개울 양쪽으로 나타난다. 이곳에서 상촌까지는 인가가 하나도 없고, 그 중간에 동남으로 뻗은 골짜기와 만나게 된다. 바로 이곳에 홍범도 장군의 부대 본영이 진을 치고 있다. 거기서 서북쪽 방향으로 가파른 산과 들이 펼쳐져 있고 동북쪽에는 시루봉이란 작은 산봉우리가 있다. 동남쪽에는 야트막한 남산, 그러니까 사방이 야산으로 둘러싸여 길쭉한 삿갓을 뒤집어 놓은 형국이다. 그 남쪽 입구에서 북쪽까지는 삼십 리 골짜기다. 그 안에 하촌, 중촌, 상촌 세 마을이 자리 잡고 있다. 홍 장군은 먼저 주민들을 산으로 대피시키고 일단 마을을 비우도록 했다. 독립군 총병력 주력부대는 독군부 100여 명, 신민단 60여 명, 기타 부대원 등 도합 230여 명이다.

부장 최진동
부부장 안무
사령부장 홍범도
사령부부장 주건
군무국장 이원
군무부국장 박영
참모부장 이병영
참모부부장 박경철
위생과장 박원
위생부부장 김동규

바로 이 명단이 그로부터 며칠 뒤에 그대로 봉오동 대승전의 빛나는 영웅들이 된다. 독립군 부대는 홍범도 장군 지휘에 따라 모든 전투준비가 마무리되었다. 무기와 탄약도 충분히 갖추어 놓았다. 홍 장군의 전술은 한마디로 말해 개천에서 물고기 몰 듯 촘촘히 포위망을 쳐놓고 대기하는 방법이다. 봉오동의 산형지세를 완전히 읽어내고 파악한 홍 장군만이 선택하고 결정할 수 있는 지혜로운 용단이다.

"동산 354고지는 최진동의 독군부가 지킨다! 남산 518고지엔 신민단이 매복하라! 시루봉 214고지엔 감시소를 설치하라! 이근형은 소대 병사 이끌고 시루봉 밑 골짜기 개울에 매복하여 근거리 작전에서의 우세를 장악할 것!"

홍범도 장군은 2개 중대를 직접 거느리고 서산 북단 341고지에 지휘부를 설치했다. 모든 작전은 이곳에서 총괄 지휘한다.

"사방의 진지에선 반드시 대장 깃발을 지켜보아야 한다! 만일을 고려하여 제2선 병력과 예비대도 준비하라! 제1중대장 이천오(李千梧)는 상촌 서북쪽을 철저히 방어하라! 제2중대장 강상모(姜尙模)는 동편의 돌골을 사수하라! 제3중대장 강시범(姜始範)은 북골을 철통같이 수비하라! 제4중대장 조권식(趙權植)은 서산 기슭에 숨어서 매복조를 운영하라!"

"군무국장 이원(李園)은 본부군사와 잔여 중대병력으로 서북쪽 고지에서 탄약과 군량보급을 맡아라. 만일의 경우 퇴로를 확보하는 것을 명심하라!"

"제2중대 3소대 1분대장 이화일(李和日)은 즉시 분대를 거느리고 나가서 고려령 북쪽 고지와 북쪽 마을에서 기다리다가 왜적이 나타나면 놈들을 유인하여 포위망 안으로 끌어들여라!"

봉오동 전투에서 사용된 태극기. 독립 기념관 소장.

"북로독군부 소속의 전체대원은 일본군 본대가 포위망에 들때까지 그곳에서 결코 자리를 뜨지 말고 철저히 매복하라! 나 홍범도가 맨 먼저 권총을 발사하면 그것을 신호로 일제 사격하라! 어떻게든 독 안에 들어온 왜적을 섬멸시키자!"

홍 장군 전술은 이번에도 『육도삼략』과 『손오병법』을 적절히 응용하고 배합시킨 놀라운 활용이었다. 모든 부대가 산 높은 곳에만 진을 치면 적에게 포위되기 쉽다. 그래서 산 밑에 진을 치면 적에게 포위되고 만다. 이때 음양을 두루 갖춘 조운(趙雲)의 진(陳)을 친다. 혹은 음(陰)의 지역 혹은 양(陽)의 지역에다 산의 양쪽으로 두루 산병선을 설치한다. 그런 다음 양에선 음을 방어하고 음에선 양의 방향을 지킨다. 진이 산의 왼쪽이면 오른쪽을 방어하고 오른쪽 진이면 왼쪽을 방어한다. 적이 무리하게 몰려오면 아군이 일면 방어한다. 이때 급히 지름길을 내고 다른 기습 부대는 적의 교통을 차단한다.

대장기를 높이 올리고 전군을 경계하며 왜적이 우리의 정보를 쉽게 알지 못하도록 했다. 이것을 옛 중국의 전법에서는 산성(山城)이라 일컫는다. 질서는 정연하고 사졸은 정예하고 군율은 엄격히 행하고 계교와 방략은 이미 풍부하다. 왜적이 제아무리 대부대라 할지라도 이런 독립군 세력을 절대로 이길 수 없으리라.

전투가 있던 날 아침, 훤히 새벽 동이 터 올 무렵이다. 마을 아낙네 하나가 하얗게 질린 얼굴로 독립군 초소에 황급히 달려왔다.

"일본 군대가 와요!"

이 한마디를 외치고 땅에 쓰러졌다. 보초는 아낙네를 곧바로 홍 장군에게 데리고 갔다. 홍 장군이 직접 아낙네를 만나 자초지종을 물어보았다. 자기 집은 모드미 솔밭인데 바로 어젯밤에 두만강을 건너온 일본군이 아낙의 집에서 하루를 묵었다고 한다. 일본군이 봉오동으로 몰려가자 그길로 물동이를 이고 슬며시 물 길러 가는 척 샘터 주변을 어슬렁거리다가 일본군 보초의 감시를 슬쩍 따돌리고 맨발로 홍 장군에게 달려온 것이었다. 참으로 장한 여인이었다. 아낙네의 연약한 발은 돌부리에 부딪혀 피가 흘렀다. 머리는 헝클어져 몰골이 남루하다. 홍 장군은 이 여인의 뜨거운 애국심에 감동했다. 바로 이런 민중을 위하여 우리가 목숨 바쳐 싸우는 것이 아닌가. 안전지대에서 아낙네가 일단 치료받을 수 있도록 부관에게 일렀다. 그러곤 곧바로 전 부대에 긴급 전투준비를 알렸다.

이윽고 날 밝을 무렵, 야스카와 부대의 첨병이 봉오동 입구에 나타났다. 놈들은 범의 아가리에서 곧장 이빨을 빼겠다는 그런 심산이었다. 하지만 그게 어디 그리 뜻대로 되는 일인가. 하촌부터 천천히 정찰했으나 아무런 낌새도 발견하지 못했다. 야스카와는 일단 겁먹은 독립군이 북쪽으로 물러난 것으로 판단했다. 그래서 경계심조차 풀고 하촌을 지나 중촌을 거쳐 성큼성큼 진입해 들어왔다. 시간은 어느덧 오후 1시 무렵. 하촌에서는 마을에 남아 있던 노약자를 모조리 끌어내다 즉시 총살했다.

곧이어 중촌을 거쳐 기관총대를 앞세우고 상촌 입구로 서서히 접근해오기 시작한다. 넓은 개천가에 다가가면 공터가 하나 보이고 이곳에서 계곡을 따라 들어가면 듬성듬성 흩어진 상촌 마을의 50가구 집들이 보인다. 상촌은 동골, 북골, 남골 등 세 곳이 합쳐져서 생긴 이름이다. 그래서 주민들은 삼개골, 혹은 삼개마을로도 불렀다. 바로 이곳에 독립군 부대의 주둔지가 있었다. 학교도 하나 있어서 독립군 장병들은 운동장을 연병장으로 여기며 거기서 군사훈련을 펼치곤 했다. 일본군은 홍범도 장군의 치밀한 작전을 전혀 눈치채지 못한 상태에서 슬금슬금 들어왔다.

6월 7일 아침 여섯 시 반. 봉오동 골짜기 입구에서 적들은 전위중대를 척후병으로 파견했다. 이화일 분대가 나가서 놈들과 먼저 맞서 싸웠다. 하지만 적을 유인해야 한다는 중대임무를 깜빡 잊어버렸다. 오로지 적개심에 가득 차서 너무 흥분한 나머지 척후를 그대로 사살해버렸다. 야스카와는 노발대발했다.

"전군은 봉오동 골짜기로 계속 행군하라."

하지만 그곳은 왜적들에게 이미 짙은 그늘로 드리운 죽음의 도가니였다.

드디어 11시 30분이 가까운 시간, 야스카와의 재촉으로 일본군 주력부대 행렬이 독립군 매복 지역으로 사방을 두리번거리며 몹시 불안한 표정으로 조심스럽게 다가왔다. 일본군도 독립군처럼 모든 병사가 가둑나무*를 닥치는 대로 꺾어 배낭과 군모에 꽂아 위장하고 있었다. 산마루마다 분노와 복수심에 찬 독립군 대원의 매서운 눈길이 상촌마을로 접어든 왜적들을 쏘아보고 있었다.

오후 1시경, 척후병이 주위를 극도로 경계하고 두리번거리며 주춤주춤 들어왔다. 하지만 홍범도 장군은 놈들이 통과하도록 그대로 두었다. 이에 적군은 더욱 안심하면서 경계심을 풀고 전진해 들어왔다. 이제 놈들은 완전히 독립군의 매복 지점에 들어오게 되었고, 말 그대로 독 안에 든 쥐였다.

이때를 기다리던 홍범도 장군은 산정에서 마침내 공격을 알리는 신호기를 번쩍 들었다. 깃발은 공중에서 타원으로 크게 한 바퀴 돌았다. 이것은 시루봉 밑 개울에 매복한 나근형 소대에게 주는 신호다. 독립군의 깃발 신호는 기를 들고 'ㄱ' 'ㄴ' 'ㄷ'을 허공에 그리는 방식이다. 기폭이 돌며 사격 신호가 올랐다. 그와 동시에 사령탑에서는 '따쿵 따쿵 따쿵' 하는 세 발의 총성이 잇따라 들렸다. 이것은 적들에게 일제 사격을 퍼부으라

---

* 참나무, 졸참나무, 떡갈나무 등을 두루 일컫는 말.

는 명령이기도 했다. 홍 장군의 저격 총탄에 명중되어 먼저 적군 장교 세 놈이 쓰러졌다. 서산으로 기어오르는 왜적들의 후방을 향해 독립군은 소낙비 같은 일제 사격을 퍼부었다.

야스카와는 황급히 1정의 기관총과 일부 병사를 뒤로 빼돌려서 개울로 매복시키고 독립군 공격에 맞서도록 명령했다. 이어서 주력부대를 독촉해서 계속 "서산으로 올라가라"며 고함쳤다. 가둑나무 가지를 꽂은 일본군이 낮은 포복으로 기어서 산등성이를 오르는 광경이 그대로 내려다보였다.

이번에는 의군부 장병들이 놈들에게 집중 사격을 퍼부었다. 나근형 소대는 개울둔덕에 의지하고 적탄을 피하면서 서산을 엉금엉금 오르는 적군의 등을 향해 사격했다. 이번에는 동산 쪽 매복조인 최진동 부대가 그들을 엄호하며 사격했다. 일본군은 그제야 독립군에게 완전히 포위당한 사실을 깨달았다. 이미 때는 늦었다. 전투의 주도권은 대한독립군이 장악한 지 오래다.

퍼붓는 총탄 소리가 마치 함석지붕에 쏟아지는 소낙비 같았다. 활활 달아오른 가마솥 바닥에 메주콩 볶듯 했다. 불의의 기습공격을 받은 일본군 야스카와는 주력부대인 카미타니(神谷) 중대와 나카니시(中西) 중대에게 돌격명령을 내렸다. 기관총대도 기민하게 움직였다. 하지만 전세는 이미 판가름 나고 있었다. 일본군은 독립군의 일제 사격을 감당하지 못하고 시간이 갈수록 사상자는 자꾸 늘어가고 있었다. 이렇게 버티는 시간이 계속되었다. 일본군은 더 이상 견디지 못하고 지쳐서 물러나는 패색이 완연했다.

바로 그 시각, 홍 장군을 엄호하던 지점에서 또다시 연발로 쏘는 세 발의 총성이 들렸다. 이것은 놈들을 추격하지 말고 매복한 현 위치에서 백발백중으로 적군을 저격하라는 신호였다. 연이어 마치 여름날 돌연히 소낙비가 쏟아지듯 요란한 총성이 들렸다. 일본군은 당황한 기색이 뚜렷했다. 하지만 때는 한참 늦었다. 놈들은 완전히 독 안에 든 생쥐 꼴이 되고 말았다. 독립군들은 넓은 산마루에서 올라오는 적군을 그대로 내려다보며 총을 쏘았다. 적군은 숲속의 독립군을 못 본 채 그냥 눈먼 총질만 마구 해댔다. 이 골 저 골, 이 능선 저 능선에서 불시에 쏟아져 내리는 독립군 총소리는 적들을 결코 살아서 달아나지 못하게 했다. 놀란 적들이 일시에 퇴각을 시도했으나 남산 매복조인 신민단 부대가 일제히 맹렬한 사격을 퍼부었다. 적군의 퇴로는 완전히 차단되고 말았다. 독립군 연합부대의 삼면 협공을 받아서 일본군은 점차 뚜렷한 붕괴의 조짐이 나타나기 시작했다.

야스카와는 이 위기에서 빠져나가려 죽을힘을 다했다. 마지막으로 카미타니 중대와 나카니시 중대를 앞세워 동산 쪽의 최진동 부대를 향해 발악적으로 반격하며 산비탈 쪽으로 옮겨 붙으려 시도했다.

이때였다. 개울 매복조로 숨어 있던 나근형 소대가 바로 지척에서 적군을 향해 목표물을 보며 조준 사격을 시작했다. 앞장 선 적군은 추풍낙엽으로 꺼꾸러졌다. 잔뜩 겁을 먹고 뒤따르던 놈들은 혼비백산해서 달아나 숨으려 했다. 하지만 그 어디에도 숨을 곳이 없었다. 우왕좌왕 갈팡질팡 헤매는 꼴이 말할 수 없이 통쾌했다. 우리말에서 '허둥지둥'이란 말은 바로 이럴 때 쓰는 것이리라.

다시 동산 쪽의 최진동 부대가 일제 사격을 퍼부었다.

오후 3시경 야스카와는 참패를 예감하고 단말마적 발악을 했다. 가파른 서산 공격은 포기하고 두 소대의 패잔병을 다시 끌어모아 한 무리로 합쳤다. 기관총대와 예비병력을 통합해서 모리(森) 중대를 하나로 편성하고 거기서 새로 두 갈래를 나누어 동산 쪽 반격을 시도했다.

하지만 독립군 용사들은 서산과 동산, 남산에서 잇따라 일제히 총탄을 퍼부었다. 사방에서 날아오는 총알에 일본군 병졸들은 여기저기서 허수아비처럼 픽픽 쓰러졌다. 이렇게 치열한 격전은 시시각각 흘러갔다.

적군들이 마지막 남은 병졸을 정비하여 기관포 사격을 새로 펼치려 했다. 애써 준비하고 있는데 그 무렵 쾌청하던 날씨가 돌연히 바뀌었다. 서산마루에서 먹구름 더미가 일시에 몰려들더니 하늘 찢는 번개와 우레 소리가 천지를 뒤집을 듯했다. 곧이어 장대 같은 소낙비와 밤톨만 한 우박이 난데없이 쏟아지기 시작했다. 때 아닌 우박 비에 천지가 몽몽하여 한치 앞을 내다보기도 힘들었다. 어느 것이 총소리인지 기관총 소리인지 번개와 뒤섞인 천둥소리인지 도무지 분간조차 할 수 없었다.

운무는 점점 더 자욱해져서 완전히 앞을 가렸다. 이런 혼몽 중에 총소리는 슬금슬금 잦아들었다. 소나기도 어느 틈에 멈추어 있었다.

이때 적들의 지원군 100여 명이 외성 뒷산 높은 꼭대기로 올라섰다. 그곳은 여전히 총탄이 계속 날아오는 곳. 지척에 신민단 병사들이 매복해 있었다. 봉오동에서 싸우던 대부분의 독립군 병사들은 옆 산줄기로 슬며시 빠져나갔다.

홍 장군은 천둥과 소나기 속에서 재빨리 여러 부대에 철수명령을 내렸다. 몰래 퇴각할 때에도 홍 장군의 동물적 후각은 놀라웠다. 훈춘 쪽으로 행군하려면 백마산 고개를 일단 넘어야 했다. 이때 홍 장군은 어둠 속에서 행군대열 맨 뒤를 따라오다가 달강재 부근으로 접어들자 별안간 대열의 앞으로 달려와서 잔뜩 긴장한 얼굴빛을 보였다. 그러면서 조심스럽게 말했다.

"혹시 무슨 냄새가 안 나는가."

독립군 병사들은 무슨 뜻인지 몰라 고개를 갸우뚱거렸다.

"저희들은 아무것도 모르겠습니다."

홍 장군은 고개를 젖혀 줄곧 바람을 마시면서 말했다.

"지금 바람에 묻어오는 이 냄새는 틀림없이 왜놈들이 피우는 아사히(朝日) 궐련 타는 냄새라네."

이것은 필시 적들의 복병이 가까이 있다는 증거다.

"날 밝으면 왜적들이 다시 봉오동을 습격해올 것이니 우리는 오던 방향으로 도로 가서 봉오동 뒷재로 빠져 산 위에 오르자."

이윽고 홍 장군 지시대로 전체 대원들이 기민하게 이동했다.

오래지 않아 밤을 새운 왜병들이 지친 기색으로 행군해오는 게 보였다. 모든 부하는 혀를 내둘렀다.

"홍 장군은 왜놈 냄새까지도 맡으신다네."

"옛날 백두산 밀림에서 곰과 호랑이 냄새도 저렇게 맡으셨을까."

이 이야기는 그 후로도 줄곧 전설처럼 퍼져갔다.

이런 줄도 모르고 야스카와란 놈은 악에 받쳐 날카로운 목소리로 다시 동산 공격명령을 내린다. 난관을 예상했던 적들은 뜻밖에도 너무 손쉽게 산마루를 점령했다. 하지만 거기 있던 독립군 병사들은 바람같이 사라져 그 어디에서도 자취를 찾을 수 없었다.

마침내 날이 밝자 자욱한 운무 속에서 한 떼의 일본군이 슬금슬금 올라왔다. 하지만 반대편의 적들은 그들을 독립군으로 알고 마구 총을 쏘았다. 훈춘에서 오던 일본군과 종성에서 온 일본군은 서로를 독립군으로 오인했다. 일부러 군모에 붉은 띠를 둘러서 위장한 독립군인 줄 알았다. 적군들은 자기네끼리 마주 쏘아대고 성능 좋은 기관총까지 드르륵 드르륵 긁어대니 일본군 병사들은 여기서 몰죽음을 많이 했다. 이날 적군은 대개 맞총질로 죽었다. 결국 백병전까지 벌어져 서로 찌르고 죽였는데 뒤늦게 비로소 엄청난 판단 착오를 깨닫게 되었다. 코코 나팔소리를 듣고서야 같은 편인 것을 알고 맞불질을 멈추었다. 봉오동 삼거리 왼쪽 어구에는 서로 뒤엉킨 왜적의 시체가 겹겹이 쌓였다. 살아남은 일본군 병졸들은 제풀에 맥이 빠지고 억장이 막혀 탄식하고 슬프게 울었다. '날개 달린 홍범도'가 안개 속에 묻어서 하늘로 올라갔다며 미친 듯이 통곡하고 한탄했다.

한참 교전 중일 때 사격을 중지하고 즉시 산봉우리로 집결하라는 홍 장군의 명령이 하달되었다. 하지만 왼쪽 능선 위의 신민단 병사들은 나무뿌리 주위로 파인 구덩이에서 숨어서 사격하며 이 명령을 제대로 따르지 않았다.

"우리는 우리 대장의 지시명령만 따른다."

이때 적군의 기습공격으로 다수가 전사했다. 참으로 안타까운 일이었다.

신민단은 성리교 교주 김규면(金圭晃, 1880~1969)이 거느린 군대로 유능한 간부들이 많았다. 재정도 넉넉했고 주로 훈춘과 왕청 지방에서 활동했다. 나중에 일본군의 토벌을 피해 연해주로 넘어와 솔밭관 부대, 혈성단 군대, 한창걸(韓昌傑, 1892~1938) 군대로 편입되어 열성적으로 싸웠다.

봉오동 주민들은 하늘이 홍 장군을 도운 것이라고 말했다. 하지만 세상에 기적이란 것이 어디 있는가. 홍범도 장군은 오랜 산포수 생활에서 바람의 냄새를 포착해 방금 지나간 산짐승의 존재와 시간까지 알아내고, 발자국만 보고서도 짐승의 크기와 성질까지 읽어내는 날랜 산포수 특유의 동물적 감각을 갖추었다. 그리고 긴 시간 산악에서 싸우는 게릴라 전투에 워낙 단련된 홍 장군의 뛰어난 전술과 영도력 덕분이 아니었던가. 격전 중에 우박비가 내리자 장군은 이 자연조건을 재빨리 이용하여 아군의 전황을 승리로 이끌어갈 수 있었다. 부하들은 여기에 감탄했다. 옛 고담에 명장은 천기와 지리까지도 읽어낸다더니 홍범도 장군은 과연 천하명장이었다.

봉오동에 진지를 구축하고 독립군 본영을 완전 소탕하겠다고 벼르던 야스카와의 용맹한 월강추격대는 두만강 건너와서 고작 네 시간 전투에 무참한 패배를 당했다. 그 전투의 끝에서 결국 100여 명이 넘는 시체와 부상자만 남겼다. '월강'(越江)이

봉오동 주민들이 보관하고 있던
일본군 휴대용 마대주머니.

란 이름값도 제대로 못 해보고 동남쪽 비파동으로 탈출구를 겨
우 열어서 허겁지겁 달아나기에 바빴다. 적장 야스카와의 콧대
는 납작해졌다.

이때 적군의 증원군이 새로 두만강을 넘어온다는 첩보가 왔
다. 제2분대 강상모가 이끄는 대원들은 적들을 기다렸다가 목
표물이 차츰 접근해오자 잠복조가 약간의 사격을 시늉하면서
슬그머니 그 자리를 빠져나갔다. 퇴각하던 일본군 야스카와의
패잔병은 강상모 부대의 추격을 받아서 넋이 완전히 달아나버
렸다.

일본군 지원부대가 피파골에 도착했는데 잔뜩 겁을 먹은 야
스카와는 그것이 또다시 독립군의 공격인 줄 알았다. 그래서
즉각 사격 명령을 내렸다. 일본군 증원부대 또한 자기들 맞은

봉오동 격전지에서 출토된 일본도.
일본군은 무고한 양민을
학살했다.

편에서 사격하는 군대가 독립군인 줄 알았다. 여기서도 서로 맞총질이 벌어져 이날 다수의 일본군이 죽고 다쳤다. 역사는 이를 일러 '피파골 전투'라 부른다.

이로써 야스카와는 완전히 참패의 수렁에 빠졌다. 봉오동 전투에서 일본군은 수십 명이 죽었다. 정확한 숫자는 파악되지 않는다. 그런데도 야스카와는 일본 측 병력손실 전사 1명, 부상 1명으로 줄여서 상부에 보고했다. 몹시 화가 치밀어오른 야스카와는 퇴각하는 길에 잔뜩 흥분한 일본군들을 앞세워 무고한 봉오동 양민 16명을 끌어내어 총창으로 마구 찌르고 무참히 학살했다. 참으로 야비하고 잔악한 분풀이였다.

한편 독립군이 입은 손실은 작전지휘 이재송(李在松), 군의(軍醫) 황하백(黃河伯), 독립군 병사 주택렬(朱澤烈) 등 8명이었다. 그들은 모두 교전 중에 죽었다. 크게 다치거나 가벼운 상처를 입은 대원들이 여러 명 있었다. 이번 전투에서 독립군은 소총 60여 자루, 기관총 3정, 권총 다수를 노획했다.

봉오동 전투에는 소련의 홍군전사 3명이 참가했다. 이들은 연해주에서부터 끝까지 홍범도 부대를 따라 간도로 와서 대한독립군에 소속되었고 봉오동 전투까지 참전했다. 그 후 연해주 소왕령에서 백군을 몰아내고 볼셰비키 정권이 세워졌다는 소식을 듣고서 그들은 작별하고 소왕령으로 돌아갔다. 얼마간 세월이 흐른 후 소련 홍군부대에서는 홍 대장에게 감사편지와 함께 중기관총 1정을 특별선물로 보내왔다. 이 선물은 뒤에 청산리전투에서 큰 위력을 발휘하게 된다.

주민들은 두 눈으로 똑똑히 보았다. 봉오동 전투가 얼마나 격렬했었는지, 짝 잃은 구두, 두 동강난 혁대, 피 묻은 탄피는 언덕에 뒹굴고 구멍 뚫린 물통과 찢어진 가방은 붉은 피에 흥건히 젖어 있었다. 홍 장군의 출중한 용병술, 지형지물을 재치 있게 활용하는 놀라운 전술적 지혜 등등 그 모든 기적의 실현을 눈으로 직접 보았다.

독군부(督軍府)는 즉시 『군정보신보』(軍政報新報)라는 호외를 발행했다. 국민회도 봉오동 승전보를 실어서 널리 알렸다. 봉오동에서 대한독립군이 크게 승리했다는 소식이 사방으로 퍼져나가자 전체 애국지사들과 동포들의 사기는 한껏 올라갔다. 전승을 축하하는 부하들에게 홍범도 장군은 말했다.

"동지들! 우리는 이번 승리에 결코 만족할 수 없다네. 우리는 이제 독립전쟁의 첫걸음을 겨우 디딘 것일세. 다음 전투를 위해 철저한 준비가 시급하다네. 쉴 틈이 없네. 적들은 이미 보복전을 준비하고 있다네."

이날부터 군량의 준비, 간호대의 조직, 새로운 독립군 대원의 모집이 잇따라 시작되었다.

"불원간 커다란 전투가 다시 있으리니 각 무장단체는 절대로 긴장을 풀지 마라. 독립군 조직들은 더욱 튼튼한 연합체를 보강하라."

전투가 끝나고 모든 대원은 의기양양한 걸음으로 홍 장군의 뒤를 따라 봉오동의 학교 마당으로 보무도 당당하게 으쓱거리며 걸어 들어왔다. 주민들이 양쪽에 도열해 서서 박수와 함성으로 격려해주었다. 교정에는 아직도 일본군 시체가 여기저기 널브러져 있었다. 장군은 적들의 주검을 거두어 묻어주라고 했다. 흩어진 장총과 탄환은 알뜰히 거두어 갈무리하도록 일렀다. 봉오동 골짜기의 모든 백성은 피난길에서 다시 돌아와 떡판에 찰떡을 치고 돼지를 잡아서 독립군의 노고를 진심으로 위로했다. 전사한 독립군과 학살당한 주민을 위한 추도회도 열렸다. 주민들과 독립군 장병들은 저마다 슬픔에 울고 비분에 치를 떨었다. 한 백발노인은 전사한 독립군의 시신을 부둥켜안고 울부짖었다.

"왜 이 늙은 것이 죽지 않고 앞길이 구만리 같은 자네가 죽었단 말인가."

이렇게 통곡하니 모여선 사람들 모두 같이 흐느껴 울었다. 독립군 병사들도 전우의 싸늘한 주검을 끌어안고 울었다. 이윽고 홍범도 장군이 앞에 나서서 눈물에 젖어 말했다.

봉오동 전투 현장 입구에 세워진 유적비. 격전지 봉오동은 현재 댐으로
바뀌었다.

"동포 여러분 미안하오. 오직 적들만 무찌르고 우리 동포는
상하지 말았어야 하는데… 미안하오. 정말 미안하오. 모든 것
이 이 홍범도의 부덕함 탓이오."

주민들은 더욱 감개에 북받쳐 울었다. 병사와 주민들은 서로
얼싸안고 흐느껴 울었다. 죽은 투사에 대한 이루 헤아릴 길 없
는 비애가 감돌았다. 왜놈들에 대하여 치솟는 적개심은 활활
끓어올랐다. 봉오동은 한참 동안 통곡의 바다를 이루었다. 드
디어 독립군 전사들이 울먹이며 부르는 슬픈 「의병추도가」의
장엄한 가락이 봉오동 골짜기에 울려 퍼진다.

　　내 고향 떠난 후 만주벌에서
　　황혼에 싸인 늦은 저녁에

봉오동 전투가 끝난 뒤 패전한 야스카와 추격대가 프린트 등사본으로 제작해서 상부에 보낸 보고서 「봉오동 전투상보」(鳳梧洞戰鬪詳報) 표지.

사랑하는 내 동기와 하직을 한다.

적탄에 쓰러진 동기 앞에서
이름을 부르며 끌어안으며
상처는 일 없으니 정신 차려라.

산천이 깨어지게 암만 불러도
말 없는 시체의 식은 팔목엔
시계만 예와 같이 돌아가누나.

가난한 앞뒤 집에 태어난 우리
나는야 승리의 깃발 높이 들고

그립던 고향으로 돌아가련다.

너를 두고 가는 것은 아득하지만
결국에 네 원수는 내가 갚으리
동기야 잘 있거라 나는 떠난다.

독립군 부대 장병들 얼굴에서 뜨거운 눈물이 흘러 두 빰을 적신다. 희생된 용사들의 시체를 땅에 묻고 병사들은 왕청현 신흥향의 대감자 부흥툰으로 이동해간다. 일랑거지, 천보산, 노두구의 석탄고 쪽으로 행군해 가는데 소속이 불분명한 일본군 부대 100여 명과 난데없이 맞닥뜨려 예정에 없던 교전이 벌어졌다. 이때 일본 병사들은 어떤 행사에 다녀오던 중이라 모두들 술에 취해 비틀거렸다. 놈들을 처치하는 데 그리 오랜 시간이 걸리지 않았다. 왜적들의 무기와 탄약을 모두 노획해서 거둔 다음 홍 장군은 부대를 이끌고 유유히 뫼일거우로 행군해갔다. 그곳엔 마침 허영장이 이끄는 독립군 부대가 머물고 있어 그들과 연합하여 숲속에서 한 달간 숙영생활을 했다.

상해판 『독립신문』과 『신한민보』에서는 봉오동 전투의 승전을 크게 보도했다.

당시 격렬한 봉오동 전투가 펼쳐졌던 격전지는 1975년 중국 정부에 의해 봉오동 댐으로 변모되었고, 내부의 마을들은 완전히 수몰되었다. 격전지의 옛 흔적은 이제 물속에 잠겼다. 연길에서 도문 방향으로 가는 중간 지점에 이 댐이 있고, 물막이 입구에는 현재 '봉오동 승전기념비'가 세워져 있다.

2. 희비의 갈림길에서

봉오동에서 대참패를 겪은 일본 정부는 몹시 당황했다. 중국 화룡현 관할구역 내의 두만강 나루터를 모조리 봉쇄하고 교통을 전면 차단시켰다. 회령에서 삼봉까지 통하는 경편철도는 화물 운반을 일체 중지하고 오로지 군대와 전투장비만 수송했다. 그달 7일부터 12일까지 일본군 육군 3,000여 명을 종성, 동관, 창수, 삼봉 등 네 곳에 분산 주둔시키고 두만강을 넘을 공격태세를 갖추고 있다는 첩보가 속속 독립군 부대로 도착했다.

1920년 경신년 5월 상순, 조선총독부의 총독 사이토 마코토(齋藤實)의 지령으로 경무국장 아카지(赤地)란 놈은 중국 봉천과 길림 지역으로 긴급출장을 떠났다. 일본 영사관 길림성 봉천성의 독군 고문으로 활동하는 사토 마치노(佐藤町野)란 놈과 만나 무슨 수작을 하려는 것인지 비밀회의가 열렸다.

아카지는 동삼성 순열사 장작림(張作霖, 1873~1928)에게 봉천·길림 각지의 조선인 항일무장단체에 대한 압력을 행사해주기를 강력히 요청했다. 봉천성에서는 왜적순사가 반장이 되어 요동, 통화 일대 항일무장단체에 대한 긴급수사에 들어갔다. 하지만 길림성 성장(省長) 서정림(徐鼎林)은 일본의 협조요청을 단호히 거부했다. 이른바 불령선인(不逞鮮人)이라 불리는 사람들은 모두 정치범이므로 중국에서는 이들을 징벌할 아무런 이유가 없다는 명분이었다. 또 간도 방면 보고에 따르면 그 지방에서는 큰 소요가 없는 것 같다며 이 문제에 대해서는 이미 나름대로 규정을 만들어 도윤(道尹) 이하 여러 관원들이 잘 집행하고 있으니 일본은 더 이상 우리 정책에 대해 간섭 말라며 분명한 선을 그었다. 여기에 앙심을 품은 강도 일제는 장작림을 꼬드겨서 길림성장을 갈아치웠다. 새 길림성장은 결국 친일파 포귀경(鮑貴卿)이란 놈이 들어왔다. 그자는 무장 경비대를 새로 조직하여 각지 경비대원을 550명이나 증강시켰다.

강도 일제는 여러 방면으로 중국정부에 압력을 넣었다. 북경주재 일본 공사 오하라(小原) 놈은 바쁜 걸음으로 중국정부의 외교총장 대리를 찾아가 항의문을 전달했다. 이어서 장작림을 찾아가 협박의 으름장을 놓으면서 중국 동북 지방의 조선 항일 무장단체는 모조리 신속하게 제거해줄 것을 요구했다. 장작림과 포귀경이 항상 오하라 놈과 협력해줄 것을 노골적으로 압박했다. 바다 건너 일본 정부 재정대신은 만주 일대 항일무장세력 토벌을 위해 용정의 일본 영사관 경찰 숫자를 두 배로 증강시켜달라는 총독부의 요청을 신속히 승인했다.

이때 소왕령(蘇王領)에서 놀라운 기별이 날아왔다. 볼셰비키붉은 정권이 드디어 본격적인 출범을 했다는 소식이다. 러시아 병사가 이 말을 전해 듣고 즉시 돌아가기를 간청했다. 이런저런 정황 끝에 연해주 출신 독립군 병사 30명과 함께 그들을 떠나보내는데 러시아 병사는 어느덧 독립군 대원들과 깊은 정이 들어 이별의 서운함으로 눈물이 두 볼을 타고 주룩주룩 흐른다.

홍 장군은 이곳을 출발하여 다시 연길현 의란구로 군영을 옮겼다. 그곳 동포들은 여전히 봉오동 승전의 감격에 들떠 있었다. 우리의 고국 땅에서도 왜놈들을 저렇게 몰아낼 수 있다면 얼마나 좋을까. 홍범도 장군만큼은 틀림없이 그 일을 해낼 수 있을 것 같았다. 주민들은 홍 장군을 거의 하늘처럼 높이 받들었다. 봉오동 승전으로 독립의 날이 훨씬 가까이 다가왔음을 철석같이 믿고 있었다.

"그분은 학교를 안 다닌 분이지만 조선 간도의 지리에 대해서는 아주 손금 보듯 환하게 꿰뚫고 계시지."

"간도에서 백두산 사이를 의병대 이끌고 다니며 길을 모조리 익혔다네."

"그사이에 천문지리는 저절로 통달하셨을 거야. 홍 장군이 저렇게 철저히 준비하는 걸 보면 봉오동 전투보다 훨씬 더 큰 싸움이 곧 있을 듯하구나."

"왜적들이 그냥 당하고만 있지는 않을 거야."

"그 싸움에만 이기고 나면 겨울 가고 봄이 오듯 독립 소식도 들려오겠지."

이 무렵 연해주에서 온 사람이 몹시도 충격적인 소식을 전했다. 이승에서 단 하나 남은 장군의 아들 용환이가 노령에서 앓다가 쓸쓸히 죽었다고 한다. 이 비보를 듣는 홍 장군은 몽둥이로 정수리를 맞은 듯 극심한 현기증으로 비틀거렸다. 지난 무신년에 아내 단양 이씨를 왜적의 악랄한 고문으로 잃고, 장남 양순이가 왜적과의 전투에서 죽고, 오직 용환이 하나만 일점혈

육으로 남아 있었다. 홍 장군이 용환이를 연해주 추풍의 최씨에게 맡기고 떠나온 것이 언제였던가. 가련한 용환이는 저 혼자 남의 집에 군식구로 얹혀 살았다. 그 고독한 세월을 줄곧 가슴앓이 하면서 각혈을 심하게 했다. 최 의원의 각별한 치료 속에 병세가 한때 호전되는 듯했다. 하지만 사무치는 고독과 그리움은 병을 더욱 덧나게 했다. 기침이 한번 발작하면 그때마다 새빨간 핏덩이를 뱉었다. 용환의 몸은 탈진으로 이어지고 점점 기력이 떨어졌다. 하루가 다르게 서리 맞은 풀잎처럼 시들어갔다. 이런 그가 어느 날 훈춘에서 살인자의 누명을 쓰고 연길 형무소에 갇혔다. 그의 병약한 몸은 감방의 차디찬 냉기에 더욱 힘들었다. 옥중에서 날마다 피를 토하고 피골이 상접한 꼴이 되었다. 이 참상을 보다 못해 북간도 대한국민회 회장 구춘선이 연길 도윤* 도빈(陶彬)에게 구원을 요청하는 탄원서까지 보냈다.

듣건대 홍용환 군은 훈춘에서 체포되어 이미 한 달 남짓 옥에 갇혀 있습니다.

그는 홍범도의 아들입니다. 홍범도는 조선에서 의병대장으로 자주 일본군을 쳐부수었기 때문에 일본인들은 그를 가리켜 '비(飛)장군 홍범도'라 하며 감히 접근하거나 저항하는 자가 없습니다. 그리하여 오늘날 우리 독립군의 제1회 승리라고 하는 봉오동의 승전은 곧 홍범도의 계책에 의한 것입니다. 더구나 홍범도

---

* 道尹. 행정 책임자.

의 일편단심은 오로지 국가만 알 뿐 그의 몸과 집은 잊어버려 오로지 국궁진취(鞠躬進取)일 뿐입니다. 죽은 후에야 그치겠다는 그의 다부진 각오는 조선사람 모두가 숭배하는 바입니다.

그의 아들 홍용환이 불행하게도 훈춘의 살인사건에 연루되어 지금 연길 형무소 차디찬 감방에 있습니다. 용환의 성품이 본래 선량한 사람인 것은 주위 모든 사람이 알고 있습니다. 그의 행적으로 볼 때 이번 살인사건과 홍용환은 아무런 관계가 없습니다.

홍범도는 조국을 위한 헌신적 사업을 기도한 이래로 한 집안이 모두 일본인의 독한 손에 죽고 겨우 아들 용환 하나를 남기고 있을 뿐입니다. 이제 그 아들마저 없다면 일가 혈통이 단절되는 비참한 지경을 면할 길이 없습니다.

지금 홍범도는 가족의 원수를 갚으려는 뜻을 제대로 이루지도 못한 채 또 일점혈육의 옥중고통을 듣고 있습니다. 틀림없이 옥중의 아들 때문에 오장(五臟)이 끊어질 듯 아픔을 느끼고 있을 것입니다.

바라옵건대 도윤 어른께서 대한독립군 대장 홍범도의 신상 및 그 일가의 고통스러운 정황을 신중히 생각해주십사 간절히 바랍니다.

이 탄원서 덕분에 용환이는 바로 석방되었다. 하지만 옥중에서 더 나빠진 가슴앓이가 점점 악화되어 폐병이 심해지다가 마침내 창밖에 칼바람 잉잉 우는 연해주 벌판 남의 집 쓸쓸한 방에서 혼자 눈을 감고 말았다. 죽을 때도 머리맡을 지키는 단 한 사람이 없었다. 부모 없는 고아의 길바닥 죽음과 다를 바 없었다. 우리의 홍범도 장군은 넓고 펄펄 끓는 그의 가슴속에 아내 단양 이씨를 먼저 묻고 이후 두 아들까지 함께 묻었다.

그날 밤 홍 장군의 방에는 새벽까지 불이 꺼지지 않았다. 부하들 앞에서는 호랑이 같은 지휘관이었지만 만상이 잠들어 혼자 앉은 깊은 밤, 장군의 눈은 서러운 물기에 젖었다.

"이 아비는 항일투쟁에 바친 몸. 네가 평범한 부모를 만났다면 남들처럼 따뜻한 가정생활도 해보았으련만…"

생각하면 할수록 가엾고 측은한 심정이 치밀어 가슴은 무너져 내렸고 심장은 갈가리 찢겨져나가는 듯했다. 급기야 아픈 가슴을 쓸어안고 신음하며 엎드리니 온몸의 피란 피가 거꾸로 솟는 것 같았다.

"에구 불쌍한 것, 애처로운 것…"

아비로서의 심한 자책감으로 머리는 불덩이처럼 활활 달아오른다. 이렇게 혼자 신음하다 드디어 밖으로 나와 차디찬 밤하늘을 바라보았다. 쓸쓸한 북간도의 밤하늘에 눈부신 별 떨기가 무리를 지어 흘러갔다. 저 많고 많은 미리내 속에 아내 단양 이씨의 별이 있으리. 그 옆을 맏아들 양순의 별이 지키고 있으리. 이제 막내 용환의 별은 그 곁에 살그머니 다가가서 제 어미 별 발치에 와락 몸 비비며 안겨들리. 맏아들 양순의 별은 그 옆에 돌아서서 눈물지으리.

"나도 곧 갈 테니 너희들 조금만 기다리거라."

3. 사자후(獅子吼)

1920년 경신년 7월 16일, 일본의 조선주둔군 참모장 오노(大野)와 관동군 참모장대리 다카시(貴志)는 영사관 관리 및 군경들과 함께 모두 봉천에 모였다. 이날의 비밀회담에서 논의된 것은 간도 지방 불령선인에 대한 제거와 조선인 마을에 대한 초토(焦土) 계획이었다. 이 참혹한 간도침입에 동원된 일본군 각 부대가 즉각 출동준비를 수립하도록 지시했다. 작전계획도 미리 철저히 수립하고 중국 군대에겐 공동 토벌을 요청했다.

하지만 연길 주재 중국군 대장 맹부덕(孟富德)은 곧바로 응하지 않았다. 그는 기본적으로 반일사상을 가진 사람이었다. 겉으론 일본군 요청을 수락하는 척하면서 비밀리에 대한국민회와 연락을 가졌다. 대한독립군을 자신의 경계 지역에 주둔시키다가 봉천에서 쫓기면 길림으로, 길림에서 수색이 시작되면 다시 봉천으로 이렇게 왕래하라는 자세한 방법까지 알려주었다. 민족은 달라도 그는 항일투쟁의 대열에서 둘도 없는 동지였다. 맹부덕의 중국 군대는 모든 독립군 부대가 자신의 근거지로 이동하도록 은근히 도왔다. 이로써 북간도 일대의 모든 독립군 부대 근거지 대이동은 일사불란하게 단행되었다. 행군 중에 부르는 병사들의 군가 소리가 밀림 속에서 들려온다.

남북 만주 광활한 험산악수에
결심 품고 다니는 우리 독립군
천신만고 모두 다 달게 여기어
피눈물 뿌림이 그 몇 번인가.

고비사막 몰아치는 차디찬 바람
사정없이 살점을 찍는 듯한데
산림 속에 눈감고 누워 잘 때에
끓는 피는 더욱이 끓어지노라.

　중국 동북 지역의 독립군들은 점차 불리한 형세에 놓이고 있었다. 여러 차례 수뇌자 회담을 비밀리에 소집해서 동도독군부, 동도군정서, 동도파견부 등 세 조직의 통합에 의견의 일치를 보았다. 독립군의 근거지 이동도 함께 의논했다. 제각기 사령부를 따로 두어 산하부대의 군사행동을 통일적으로 지휘하기로 했다.

　이에 따라 동도독군부 사령관에 홍범도 장군이 추대되었다. 동도군정서는 북로군정서의 바뀐 이름이다. 그곳 사령관은 김좌진(金佐鎭, 1889~1930). 그는 늘 백마를 즐겨 타고 다녔다. 흰 갈기 나부끼며 질풍같이 달리는 말 잔등에 앉아 고삐를 잡은 그의 모습은 특별한 위엄이 서린 것 같았다. 병사들에겐 이 광경이 언제나 이야깃거리였다.

　동도군정서 본부는 왕청현 서대파 십리평에 두었고, 동도독군부는 의란구에 각각 사령부를 두면서 두 조직이 공동작전을 펼치기로 합의했다. 동도파견부는 서상렬이 지휘하는 노령 독립군으로 홍범도 부대와 늘 보조를 함께 해왔다.

홍 장군 지휘의 동도독군부 편제 내용을 살펴보자.

제1대대는 대한독립군과 의군단 혼성으로 허재욱(許在旭) 통솔하에 의란구에서 주둔한다.

제2대대는 위와 같은 구성으로 방우룡(方雨龍) 지휘하에 명월구에 진을 친다.

제3대대는 독군부 대원으로 최진동(崔振東) 책임에다 봉오동에 터를 잡고 활동한다.

제4대대는 신민단원 두 중대로 김성(金成)이 이끌며 돌고개를 방어한다.

때는 경신년 한여름이었다. 봉오동 승전이 마무리된 지도 어느덧 한 달이 지났다. 홍범도 사령관은 전체 독립군 대원 앞에서 그 특유의 쩌렁쩌렁한 사자후로 일장훈시를 한다.

"동지들! 내가 국권회복에 뜻을 둔 지 어느덧 십 년 세월이 흘러갔습니다. 백두산 기슭에서 포수들과 의병을 일으켜서 대한독립을 외친 것도 벌써 여러 해 전의 일입니다. 그동안 고국 산천을 멀리 떠나 타국의 영토를 떠돌며 힘겹게 살아가는 우리 동포들로부터 자금과 군량 도움을 받은 그 은혜는 참으로 컸습니다. 지금 우리가 만약 뜻을 꺾는다면 일본을 비롯한 세계 여러 나라의 조롱감이 될 뿐만 아니라 우리들 마음에서 늘 고통만 될 것입니다. 그간 우리 독립군을 위하여 물심양면으로 지원해주시느라 생활의 고통까지 겪고 있는 저 동포들에게 과연 무슨 얼굴로 대하겠습니까. 동포들은 우리를 독립을 빙자한 강도단이라 욕할 것입니다. 그렇게 될 경우 우리는 천지간 그 어디에도 발붙일 곳이 없을 것입니다. 이는 불을 보듯 뻔한 이치입니다. 동지들! 우리 독립군들은 일의 성패를 따지지 않습니다. 오직 죽음을 각오하고 싸울 뿐입니다. 우리는 최후의 한 사람까지 큰 뜻을 펼치기 위해 온 힘을 다해 분투해야 합니다. 죽는 그 순간까지도 대한독립을 외쳐야 할 것입니다."

서로군정서는 오랜 근거지인 통화 유화현을 떠나 안도현 내두산으로 기지를 옮겼다. 서로군정서 독판(督辦) 이상룡(李相龍, 1858~1932)과 부독판 여준(呂準, 1862~1932) 등은 북로군정서 총재 서일(徐一, 1881~1921)에게 친서를 보내 이 사연을 알리고 협동작전을 제의했다. 여준은 일찍이 계축년 신흥무관학교 교장을 맡아 많은 독립군 장교와 인재들을 길러낸 사람이다. 항시 생도들로 하여금 앞뒤 산이 우르릉 떠나가도록 애국가를 소리 높여 부르게 했다. 그 앞에서 망국의 눈물에 젖어 애국심을 고취시키던 윤기섭(尹基燮) 교감. 그는 풀 모자 쓰고 홑옷바람으로 서서 이렇게 연설했다.

"만일 누가 한쪽 눈이 없다면 그를 다른 한쪽 눈이 있는 사람이라고 말하라. 상대의 장점만 말하라."

새벽 여섯 시에 '도… 또… 따…' 기상나팔이 울리면 눈바람 몰아치는 연병장에서 아침 점호와 체조를 했다. 당시 생도들 식사는 퀴퀴한 냄새나는 좁쌀 밥에 콩기름 절인 콩장 하나가 전부였다. 이나마 배불리 먹지도 못하고 주린 허리띠를 졸라매며 맹훈련시켰다. 오직 조국광복을 향한 불타는 일념이었다.

서로군정서 참모장 김동삼(金東三, 1878~1937)이 북로군정서를 찾아와 체류하며 앞으로의 대책을 상의했다. 양측 대표들은 인편을 통해 자주 연락하면서 협동작전을 계획했다. 홍범도 장군의 대한독립군과 최진동의 독군부도 북로군정서와 긴밀한 연락을 가졌다. 부대 이동 상황은 늘 북로군정서로 통보했다. 서일과 김좌진은 병력 군수품의 완비를 기다려 일본에 정식으로 선전포고를 하고 자웅을 결하도록 추진하자는 의견이었다. 하지만 홍범도 사령관은 눈앞의 적을 먼저 쳐서 간도에서의 일본 관헌 활동을 분쇄하고 이곳에서 완전독립의 기초를 닦아야 한다고 역설했다.

1920년 경신년 8월, 우리의 홍 장군은 독립군 주력부대를 이끌고 연길현 의란구에서 명월구로 떠나갔다. 가는 도중 노두구 석탄령에서 용정 일본 총영사관 경찰서 고등계 형사부장 쓰보이(坪井)의 기병수색대와 맞닥뜨렸다. 홍 장군은 즉시 유리한 지점을 선택해서 독립군 병사를 매복시켰다. 그러곤 직접 적을 살필 수 있는 곳에 숨어서 놈들이 다가오기를 기다렸다. 가까이 접근해왔을 때 홍 장군 권총은 불을 뿜었다. 이것은 그대로 사격명령을 의미한다. 그 뜻을 알아챈 모든 독립군 병사의 총구에서 일제히 총탄이 날아갔다. 이날 일본군 28명 중 22명을 사살했다. 겨우 여섯 놈이 살아서 걸음아 나 살려라 등을 돌리고 삼십육계 줄행랑을 쳤다. 독립군 대원들의 사기는 하늘을 찌를 듯했다. 기쁨의 승전보를 안고 명월구에 도착했다. 명월구 국민회 회원들과 숭례향 동포들은 이미 기별을 듣고서 홍범도 부대를 열광적으로 환영했다.

수동 언저리 야산 기슭에서 옹성라자 국민회와 숭례향 주민들이 연합하여 봉오동과 노두구의 승전을 축하하는 성대한 잔치를 개최했다. 산기슭은 때 아닌 백의동포들로 뒤덮였다. 여러 교민 유지들의 개회사·격려사에 이어서 따뜻한 환영사가 있었다. 주민대표가 준비한 예물을 홍 장군에게 정중하게 바쳤다. 다음으로 홍범도 장군의 답사가 있었다.

"동포 여러분! 감사합니다. 정말 감사드립니다. 우리 독립군은 마땅히 해야 할 일을 했을 뿐이지요. 오늘 이 자리는 너무도 과분합니다."

모든 주민들이 치는 박수와 환호가 다시 한번 크게 터져 나왔다. 옹성라자에 주둔 중인 중국군 부대장도 한마디 했다.

"나는 홍 장군을 이렇게 생각했지요. 가슴엔 훈장이 주렁주렁, 어깨엔 금실로 수놓아 번쩍번쩍한 견장. 이런 장군의 모습 말입니다. 그런데 오늘 홍 장군을 만나 뵈오니 그 옆의 병졸과 다를 바 없는 너무나 소박한 복장이었습니다. 그 순간 나는 내 가슴의 훈장과 견장이 몹시 부끄럽게 느껴졌습니다."

다시 한번 북소리와 환호성이 우르르 들끓었다. 그 소리가 마치 소나기가 지축을 울리며 들판을 지나가는 듯했다. 의군부와 정의군정서 장병들도 이 자리에 초대되어 함께 우호적·동지적 유대를 나누었고 장차 펼쳐질 독립전투에 서로 힘을 모아 연합작전을 펼칠 것을 굳게 결의했다. 이날 장군은 잔치가 끝난 다음 조용한 자리에서 쉴 때 여러 부대장들에게 조심스럽게 말했다.

"지금부터 한두 달 내에 반드시 일본군의 출동을 보게 될 것입니다. 나는 일본 군대와의 접전을 싫어하지 않지만 만약 여

ⓒ이동순

청산리 산중턱에 세워진 전적지 안내표지.

기서 죽는다면 개죽음이 될 뿐이지요. 우리 부대는 잠시 백두
산 밀림 속으로 피해서 겨울나기를 기다렸다가 한 발자국이라
도 조선 쪽으로 다가가 뜻 있는 희생을 하고 싶습니다."

과연 9월 초에 일본군의 대거침입 정보가 입수되었다. 독립
군들은 홍 장군의 예측에 새삼 탄복했다. 대한독립군 부대는
근거지 이동계획에 따라 안무 등 국민회 부대와 함께 백두산
밀림지대로 들어가 기회를 보아가며 청산리 일대에서 결전을
벌이자는 편지를 동도군정서로 보냈다. 왜적을 무찌르기 위해
서는 두만강과 압록강을 넘나들기 편리한 곳에 국내 진입기지
를 만들 필요가 있었다. 안도현 부근의 백두산 기슭은 지세가
험준하고 울창한 밀림 지역이라 지형적으로도 대일항전에 유

리했다. 그곳이 독립군 본영의 요새지가 될 수 있겠다는 판단
이 들었다. 봉천성과 길림성의 접경지라 군사 이동에 매우 편
리했다.

이도구·삼도구의 서쪽으로는 장장 60리 청산리 계곡의 밀림
지역이다. 이도구 방면으로는 두도구, 어랑촌, 갑산촌, 천수동,
봉밀구, 만록구 일대가 모두 울창한 밀림이었다. 청산리와 이
도구의 밀림 지대는 서남방으로 안도현을 지나 백두산 밀림으
로 곧장 이어진다. 북쪽으로는 천보산과 연결되며 서쪽으로는
장백산맥에 둘려 있다. 그래서 이곳은 아주 적절한 천연 요새
가 될 수 있었다. 무기구입차 연해주에 갔던 총재 서일, 재무부
장 계화, 기계국장 양현제, 제1중대장 이교성, 제2중대장 이인
백, 제3중대장 최완 등이 무기와 탄약을 옮겨왔다.

총재 서일은 홍범도의 이런 제의를 쾌히 수락했다. 북로군
정서에는 여행단이 새로 창설되었고 단장은 이범석(李範奭,
1900~1972)이 맡았다. 홍 장군은 그동안의 근거지였던 서대
파를 떠나서 화룡현 이도구·삼도구 지역의 청산리 쪽으로 이
동했다. 극비의 군사행동이라 깊은 밤 마적단 다니는 산길로
만 조심스럽게 행군해 간다. 가시에 긁히고 나뭇가지에 찔린
다. 바위틈에 빠지거나 등걸에 발이 걸려 넘어지기도 했다. 이
를 필두로 국민회군, 의군부, 한민회군, 신민단, 의민단, 광한단
등의 부대들도 이도구 방면으로 이동했다. 최진동의 군무도독
부는 봉오동을 떠나서 라자구 방면으로 향해 갔다. 안무와 허
영장의 군대는 아령 이만으로 떠나갔다. 병사들 부르는 우렁찬
군가 소리가 밀림 속에서 들려온다.

남북만주 광막한 험산악수(險山惡水)에
결심 품고 다니는 우리 독립군
천신만고 모두 다 달게 이기며
피눈물을 뿌린 이 그 얼마더냐.

장백 산하 아침에 쌀쌀한 바람
칼을 짚고 우뚝 서서 굽어 살피니
남북만주 넓고 넓은 이 뜰에도
이내 몸이 활동키는 역시 좁더라.

4. 행군

천보산 와룡구 어랑촌에서 활동하던 대한독립군 부대는 드디어 북완루구에 도착했다. 홍범도 장군은 도착하는 길로 마을 서당의 훈장어른부터 찾아서 인사를 드렸다. 등에는 배낭을 지고 허리엔 물통 하나 차고 마상대(馬上帶)* 하나를 비스듬히 어깨에 걸었다. 대장의 복색은 부하들보다 더 낡고 허름했다.

약 100명가량 되는 홍범도 부대의 날랜 병사들. 그런데 그들은 거의 나이 많은 포수들이었다. 그날 백두산 밀림을 누비며 사냥터에서 천신만고 겪은 명사수들. 몸은 비록 늙었어도 여전히 전투력이 탁월하고 단결력은 드높았다. 흰 광목을 물들인 군복을 입었는데 염색이 잘 들지 않아 여기저기 어룽더룽한 얼룩이 많았다. 가까운 마을에 자기 집이 있다는 한 젊은 병사는 반나절만 시간을 주면 자식들이라도 만나고 오겠다고 애원했다. 상급자가 말했다.

"자네 발 하나를 끊어두고 간다면 기꺼이 보내주겠네."

그 젊은 병사는 냉큼 부엌으로 달려가서 도끼 하나를 들고 왔다. 그 광경을 보던 모든 대원은 겉으론 웃었지만 사실 속으

---

* 비상휴대품을 넣어서 어깨에 메는 작은 주머니.

로는 함께 울었다. 그날 밤 그 젊은 병사는 기어이 탈영했다. 장군은 전체 독립군 대원을 집결시켰다. 홍 장군이 큰 소리로 외쳤다.

"집으로 가고 싶은 사람 모두 손 들어라."

대여섯 대원의 손이 쭈뼛쭈뼛 올라갔다. 장군은 젊은 청년들에게 다가가 마치 독수리가 날카로운 발톱으로 병아리를 낚아채듯 병사를 끌어냈다. 병사는 안 나오려고 발버둥질을 쳤다. 하지만 홍 장군이 한번 힘을 주자 스르르 끌려갔다. 당장에 무슨 요절이 나는가 싶었다. 잠시 후 그 젊은 병사는 머리를 벅벅 긁으며 무안한 얼굴로 제자리에 돌아왔다. 과연 홍 장군이 어떻게 그 청년을 설득했는지 모른다. 그 후로 청년은 두 번 다시 집으로 돌아가겠단 이야기를 꺼내지 않았다. 주민들이 밥을 지을 때 장군은 옆에 와서 이렇게 말했다.

"우린 이도 다 빠진 늙은이들이 많으니 감자된장이나 끓여주시우. 만만한 감자가 가장 좋수다."

그 어렵고 힘든 격전을 겪어왔으면서도 주민들과 싱글벙글 농담도 잘 하고 때로는 천진한 장난기가 느껴지는 그런 모습이 참 보기에 좋았다. 때로는 마을 아이들이 다가와서 세워 놓은 총대를 손바닥으로 쓰다듬기도 했다. 독립군들은 그런 아이들의 머리를 정겹게 쓸어주었다. 이것은 민중들과의 멋진 어울림이며 그 실천이 아닌가. 일부러 꾸며서는 할 수 없는, 진작 몸에 밴 서민적 생활습관이자 기질이었다. 식사를 마치자 대원들은 담배를 한 대 피워 물고 툇마루에 걸터앉아서 짚신을 만들었다. 주민들도 어깨너머로 지켜보고 섰다가 냉큼 여기에 달려

들어 일손을 도왔다. 이렇게 만들어 모은 짚신이 수백 켤레나 되자 소달구지 두 대에 나눠 싣고 어디론가 옮겨갔다.

화룡현 삼도구에서 현천묵(玄天黙, 1862~1928), 계화(桂和, 1884~1928), 이범석(李範奭, 1900~1972), 안희(安熹), 이학근(李學權), 박영희(朴英熙) 등 여행단 간부들과 함께 수뇌자 대표회의를 열었다. 이날 회의는 일본군에 대해 독립군을 잘 지키고 보위할 작전방침에 관한 논의였다.

9월 21일 홍범도의 대한독립군은 화룡현 이도구 어랑촌에 도착했다. 도착 즉시 동화동 등지의 산간마을에 구역을 나누어 들어갔다. 뒤이어 도착하는 다른 부대와의 연합작전이 시급한데 보름 뒤에야 김좌진 부대가 도착했다. 그달 중순, 우리의 홍 장군은 천보산 뒤로 어랑촌을 지나 완루구에 들어가 한 달간 숙영했다. 그 직후 두도구의 일본 영사관 분관의 군영을 야삼경에 득달같이 달려들어 박살냈다.

우리 동포들이 살고 있는 예수촌에서 속히 와달라는 기별이 와서 즉시 서둘러 행군하여 갔다. 무슨 일인가 빠른 걸음으로 가보니 주민들은 소 한 마리를 잡아놓고 병사들을 기다리고 있었다. 참으로 감동적이고 융숭한 접대였다. 이 모든 것이 하루빨리 국권회복에 성공하라는 정성 어린 채찍이 아닌가. 내복까지 한 벌씩 마련해주었는데 그걸 입으니 가슴속까지 따뜻한 온기가 전해졌다. 대원들은 다시 완루구 숲속으로 돌아왔다. 어느 틈에 첫서리가 내렸다.

위의 예수촌이란 연길현 수신향 명암촌 지주였던 중국인 왕복(王福)이 살던 곳이라 왕개지방(王家之坊)으로 불렸다. 이 산간마을 주민 양씨 집안 20가구는 모두 예수를 믿는 기독교도들이다. 일찍이 함경도 마을에서 함께 건너와 이곳에 교회를 짓고 신앙 활동을 했다. 그래서 사람들은 그곳을 예수촌이라 불렀다. 워낙 반일사상이 센 곳이라 순사들이 감히 접근할 엄두를 못 냈다. 이런 정황을 모르고 한 조선인 순사가 찾아와 거드름을 피우다가 흠씬 몰매를 두들겨 맞고 마을 밖으로 쫓겨났다. 당시 명암촌은 간도국민회 서지방부가 있던 곳이다. 사법부장 최익룡(崔益龍)이 이곳 주민 양군식(梁君植)의 집에 머물면서 애국활동을 펼쳤다.

홍범도 부대가 어랑촌 방면으로 진군할 때 명암촌 주민들이 장군을 정중히 초대했다. 독립군 부대를 환영하기 위해 보진학교 생도들과 나팔수 4명, 그리고 학교의 악대부가 기다렸다. 이윽고 홍범도 부대 400명이 마을로 씩씩하게 발맞추어 군가를 부르며 행진해 왔다. 주민들은 기쁨에 넘쳐 두 팔을 들고 만세를 불렀다. 나팔 소리 요란히 들리고 소고(小鼓)가 반주를 맞추었다. 독립군들은 얼룽덜룽 누런 군복을 입고 어깨에는 모두가 총대를 메었다. 얼굴은 오랜 산악생활에 타서 거무스름했다. 체격이 우람한 홍 장군이 행렬의 맨 앞에서 웃으며 손을 흔들었다. 소년악대를 보더니 독립군 행렬의 맨 앞에 세웠다. 악대부 소년들은 더욱 신이 나서 힘껏 북을 치고 나팔도 불었다. 그날 저녁 홍 장군은 양군식의 집에서 최익룡과 함께 머물렀다. 그 집의 어린 아들은 낮에 소고를 치던 악대부원이다. 소년이 문틈으로 빠끔히 내다보는데 사립문으로 키가 우뚝한 홍 장군이 들어서고 있었다. 장군은 소년을 보더니 이리 오라며 손짓으로 불렀다. 그 커다란 팔을 소년의 등 뒤로 다정히 감싸 안아서 번쩍 들어 당신 무릎 위에 가만히 앉혔다.

"네가 오늘 낮의 소고수렷다!"

장군의 기억력은 참으로 놀라웠다. 은근하고 다정한 음성으로 소년의 이름을 물었다. 그러곤 무슨 공부를 좋아하느냐고 물었다. 이때 마을 아이들이 하나둘 몰려와서 울타리 위에 고개를 쏘옥 내밀었다. 싸리 울타리 위로 아이들 얼굴이 박처럼 조롱조롱 열렸다. 자기들도 홍 장군 옆으로 오고 싶어 안달이 났다. 경비병이 그들을 내쫓으려 했다. 하지만 장군은 병사를 제지하며 말했다.

"아이들을 들여보내게. 지금 우리가 잘 살자고 피 흘려 싸우는가. 이렇게 고생스레 싸우며 다니는 것 모두 저 아이들 앞날을 위한 것일세."

경비병이 사립문을 열어놓자 아이들은 일제히 환호성을 지르며 마당을 달려와 홍 장군의 넓은 품과 주변에 안기었다. 아이들은 왜놈들 사정없이 무찌르던 그 이야기를 들려달라고 졸랐다. 장군은 당시의 전투 이야기를 왜적이 방금 눈앞에 나타난 듯이 엄숙한 얼굴로 들려주었다. 아이들은 몹시 신이 났다. 홍 장군은 노두구 고개를 넘다가 일본군 수색대를 무찌르던 전투 이야기를 들려주었다.

"쑥대가 살금살금 움직이는데 내가 그곳을 숨죽이고 겨누어 총을 쏘았지. 일본군 한 놈씩 비명을 지르며 넘어지는 게 눈에 보였어."

아이들은 이 대목에서 모두들 함성을 지르며 박수를 쳤다.

장군은 소년들에게 물었다.

"너희들, 장차 커서 무얼 하려느냐."

아이들 입 모아 대답했다.

"장군님처럼 왜적들과 싸우는 독립군이 되겠습니다."

홍 장군은 너무나 흡족한 표정으로 말했다.

"암, 그래야지, 그래야 하고말고. 너희들 대답이 참으로 장하구나. 우리가 다하지 못하면 너희가 이어받아 왜적에게 빼앗긴 조국을 반드시 되찾아야 한단다."

아이들은 그날 홍 장군 옆에서 신바람이 났다. 홍범도 부대는 다음 날 마을을 떠난다고 했다.

아이들이 평소보다 일찍 일어나 가보았는데 이미 지난밤 새벽에 야간행군으로 마을을 떠나갔다고 한다. 마음이 허전했다. 어른들이 말했다.

"독립군들이 저토록 서둘러 떠난 것은 분명 왜놈 밀정을 따돌리려는 작전일 거야."

과연 홍범도 장군은 어디서나 동에 번쩍 서에 번쩍 날아다니는 날개 달린 '비(飛) 장군'이었다.

5. 격정의 세월

홍범도 장군은 이 무렵 부하 600명을 이끌고 이도구 어랑촌에 와서 주둔했다. 경계를 전보다 더욱 엄중히 하는 한편 대원의 절반 이상은 중국옷을 입혀 감쪽같이 변장시켰다. 첩보를 놓아서 적들의 동태를 면밀히 주시했다. 일본경찰의 보고는 숨가쁘게 홍 장군의 위치를 시시각각 따라잡고 있었다. 당시 일본군 첩보부가 일본 총영사관으로 올린 여러 보고서들을 살펴보자.

홍범도 부대와 군정서 부대는 10월 10일경에 이도구 어랑촌에 있었다는 것이 확실하다.

10월 12일 밤, 홍범도 부대 약 500명, 기타 부대 약 600명 및 여러 무장단체는 화룡현 삼도구 청산리에 숙박했다는 것이 확실하다. 이들 불령단(不逞團)은 이도구 황구령 밀림지대로 이동하는 것으로 보인다.

조선인 불령단의 주둔지 및 병력은 다음과 같다. 무산 간도 유동의 홍범도 부대 약 300명, 안무가 거느린 국민회군 약 250명, 한민회 약 200명, 의군단 약 100명, 신민단 약 1,100명이다. 10월

15일에 입수한 정보에 의하면 홍범도 일파의 부대는 여전히 이도구 어랑촌 깊은 골 내부에 있다. 동녕현 삼차구 중러선전 연합부는 이동휘·문창범의 알선으로 지부를 라자구에 두기로 결정했다.

여러 불령단을 통합하여 '대한염군'이라 개칭했고, 최명국 일파로 하여금 마적과 연락하여 일본 군대의 행동을 방해하는 과격사상을 선전하도록 지시했다.

이도구 어랑촌 부근에서 일본 군대와 대치해 있는 불령단의 주력은 홍범도 및 안무가 인솔하는 부대와 한민회 등 500명이다. 10월 중순쯤엔 탄약은 각자 200발, 양식은 약 1주일분씩 지급한 것으로 보인다.

상해 임시정부 간도 특파원 안정근(安定根, 1885~1949)은 10월 초순 의민단 고문을 맡았다. 홍범도 장군은 화룡현 이도구 완루구에 있으면서 망루를 세워 일본 군대의 행동을 감시하게 하고 위협이 닥쳐올 때에는 봉밀구 서쪽 계곡인 샘물골로 이동할 계획이었다. 왜적들 대병력이 출동하여 한국인의 무장독립운동을 분쇄하려는 전략이 시시각각 진행될 무렵, 홍 장군을 비롯한 여러 항일무장단체 지휘관들은 이도구 북하마탕에서 대표자 회의를 소집하고 긴급회담을 열었다.

대한독립군, 국민회군, 신민단, 의민단, 한민회 등이 여기에 참석했다. 독립군 수뇌들은 마침내 '일본군 간도 침략 본격적 시작'이라는 긴장된 보고를 받았다. 적의 진공을 피하고 병력

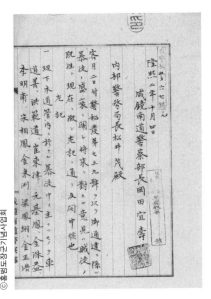

홍범도 동향에 관한 일제의
비밀문서(1908년 10월 4일).

을 최대한 보존하기 위해서는 일단 백두산 밀림지대로 옮겨 이리저리 떠돌며 결전의 기회를 노리자는 제의에 전원이 합의했다. 연합부대 총 병력 1,400명을 다시 조직과 편제를 점검 후 개편하고 통일적인 작전지휘부도 구성했다. 의군부와 광복단도 여기에 추가로 합세해왔다.

대한독립군 300명, 국민회군 250명, 의군부군 150명, 한민회군 200명, 광복군 200명, 의민단군 200명, 신민단군 200명 등 이상 연합부대 총병력 도합 1,400여 명이 지휘부 결성에 참가했다. 홍범도 장군이 연합부대의 모든 지휘를 총괄했고, 이에 따라 곧 5항 결정이 공포되었다.

첫째, 다섯 개 단체의 무력으로 군사행동의 통일을 기할 것.

둘째, 모든 한국인의 총동원을 실시하고 예정된 부서에 취임할 것.

셋째, 군량 및 군수품의 긴급징수를 바로 시작할 것.

넷째, 경찰대를 조직하여 각 방면에 밀행하고, 일본 군대의 동정을 탐지할 것.

다섯째, 일본 군대와의 교전은 그 허(虛)를 찌르거나 또는 산간에 유인하여 필승을 기하도록 하고 그 이외에는 가급적 싸우지 말 것.

홍범도 장군은 연합부대 주력병력 800명을 인솔해서 매일 삼도구 곰골 부근 산중으로 가서 강도 높은 훈련을 시켰다. 훈련 중에 홍 장군은 장병들에게 역설했다.

"동지들! 왜적의 공격을 앞두고 지금 우리 처지는 바람 앞에 깜빡이는 등불이오. 우리 모두는 마음속 용감성을 발휘해서 저 왜적들을 물리치고 전쟁터에 기어이 내 뼈를 묻겠다는 각오를 단단히 해야만 할 것이오."

홍 장군은 인근 각 마을에 병사를 보내어 군수품 조달을 위한 협조를 명령했다. 이도구 약수동 방면에서 조, 담배, 짚 등속을 보내왔고 다른 마을에서도 여러 물품들이 속속 도착했다. 이 어려운 난국에 동포들이 보낸 정성은 얼마나 귀한 힘을 주는가.

착취받고 억압받는 배달민족아
항일의 전선에 달려 나오라
다다랐네 다다랐네 우리나라의

독립의 활동시대 다다랐네.

병사는 칼을 들라 선봉전에서
노소도 소원대로 총동원하라
원수들을 쳐 없애는 최후 결전에
한마음 한소리로 모여들어라.

이런 지원을 받은 뒤 출정하는 사기가 위의 「항일전선가」에
도 나타나 있다. 씩씩하고 강건한 기운이 그대로 느껴진다.

이 무렵 초토 계획을 시작한 일본군 작전의 구체적 계획서도
살펴볼 필요가 있다.

갑구: 훈춘 초모정자 지구 지대장 육군소장 이소바야시(磯林).

보병 제38여단 사령부, 보병 제75연대, 보병 제78연대 제3대
대, 기병 제27연대 제3중대, 야포병 제25연대 제2대대, 공병 제
19대대 제2중대와 헌병 약간 명.

을구: 왕청현 서대파 하마탕 백초구 등 지구 지대장, 육군 보병
대좌 기무라(木村).

보병 제76연대, 기병 제27연대 제2중대의 1개 소대, 포병 제
1중대, 공병 제19대대 제1중대의 1개 소대와 헌병 약간 명.

병구: 용정 국자가 두도구 삼도구 일대 지대장 육군소장 아즈
마 세이히코(東 正彦).

보병 제37여단 사령부, 보병 제73연대, 보병 제74연대 제2대
대, 기병 제27연대, 야포병 제25연대 제1대대, 공병 제19대대 제

3중대, 헌병 약간 명.

기타: 제19사단 산하 직할부대 배치. 사단 직할부대는 보병 제74연대 제1대대와 제3중대.

비행기반, 무선 전신반, 비둘기 통신반으로 구성.

이상의 대병력은 막강한 조직으로 사령관 명령에 의해 10월 14일 출동한다.

이소바야시 지대는 훈춘 골짜기의 평야지대로 출동 개시한다. 아즈마 지대는 10월 15일에 용정으로 들어가 일단 진을 친다. 기무라 지대는 10월 17일 왕청 방면으로 출동을 개시한다. 모든 병력은 10월 18일 이도구의 홍범도 연합부대를 향해 총출동한다.

드디어 결전의 날이 가까웠다.

만주 벌판 전역은 온통 누런 일본군 빛깔로 뒤덮였다. 늘 들려오는 노래라곤 일본군 부대가 부르는 일본 군가 「토비행」(討匪行)이었다. '토비'(討匪)에서 '비'(匪)는 바로 대한독립군을 가리키는 말이었으리라. 놈들은 보란 듯이 들으라는 듯이 이 노래를 불렀다.

어디까지 이어질까 질퍽한 도랑
사흘 낮 이틀 밤 먹지도 않고
비바람 몰아치는 철모.

짐승의 울음조차 울다 지쳐
그치고 쓰러진 말갈기만 유품으로

이제는 이별조차 오지를 않네.

이미 담배는 떨어지고
탁한 성냥도 젖어버렸네
허기는 밀려드는 밤 어찌나 춥던지.

북방 지역 일본군에게 홍범도 부대는 사실 10년 전부터 해결되지 않는 골칫거리였다. 그토록 막강하다는 무적 일본군이 어찌 포수 출신의 비적(匪賊) 홍범도 따위의 '졸개'를 제대로 당해내지 못한단 말인가. 아즈마를 비롯한 일본군 수뇌부는 화가 머리끝까지 올랐다.

"정미년 이후 조선반도 북부 산악지대에서 홍범도란 이름은 우리 일본군 병사들에게 얼마나 두렵고 무서운 존재였던가. 지난번 봉오동 전투에서는 놈이 우리 대일본제국 황군의 위신을 또 얼마나 구기고 짓밟았던가. 이번 기회에 반드시 잡으리라. 놈을 반드시 체포하여 설욕하고 전공(戰功)을 세워보리라."

털 많은 송충이처럼 곤두선 두 눈썹에 굳게 다문 입술. 아즈마의 입에서는 어금니를 부드득부드득 갈아대는 소리가 들렸다.

"오직 홍범도만 섬멸하라!"

정세는 날로 긴박하게 돌아갔다. 북로군정서 부대는 화룡현 삼도구 부근에 도착했다. 삼도구 묘령에서 독립군 연합부대와 북로군정서 간부들이 연석회의를 열었다. 홍범도, 안무 등이 북로군정서 지휘관들과의 연합작전 회의에 참석했다. 현천묵,

계화, 이범석, 안희, 이학근, 홍범도, 박영희 등 지휘관들은 주로 일본군 대항 책략에 대한 전략을 긴급히 논의했다. 하지만 논의만 무성하고 의견은 자꾸 엇갈리며 대립했다. 요점은 단 두 가지였다. 싸우느냐, 피하느냐. 이 문제로 공연히 시간을 자꾸 끌었다. 굳은 분위기를 깨고 홍 장군이 무거운 입을 열었다.

"간도 땅을 넘어온 왜적과의 한바탕 결전은 어차피 불가피한 것이니 어디서 어떻게 싸울 것인가 우리는 그 대책을 주로 논의합시다."

하지만 북로군정서 간부 현천묵은 줄곧 피전책(避戰策)을 고집했다. 정면충돌만은 어떻게든 피해보자는 주장이었다. 지금 싸우면 중국의 입장이 난처해지고, 또 독립군 활동에도 큰 지장이 온다고 했다. 결국 피전책이 채택되었다. 홍범도 장군의 얼굴은 분노로 붉게 상기되고 일그러졌다.

"지금 싸우지 않고 우리가 대체 어디로 피전한다는 말이오."

홍 장군은 자리를 박차고 나왔다. 이날 회의가 피전책으로 결정되었다는 소식을 듣고 흥분하는 병사들이 많았다. 그야말로 생사를 가르는 일본군과의 한판 결전을 앞두고 홍범도 장군의 가슴은 무겁고 착잡하기만 했다. 비록 항일무장투쟁의 필요에 따라 연합된 통일지휘부가 구성은 되었지만 여전히 의견대립과 충돌이 나타나고 부대 간의 작전지도와 지휘명령 체계도 순조롭지 않았다.

피전책이 대체 무엇인가. 어찌 이리도 비겁하기만 한가.

봉오동 격전을 주도했던 홍범도 부대와 최진동 부대 간의 단합도 별로 좋지 않았다. 홍 장군은 특히 작전지도 체계 수립 문제와 통일적 보조로 행동하는 문제, 전투에 임하는 전체 부대원의 투지 향상 문제, 효과적인 합동작전 계획의 실현 문제를 위해 불철주야 고심하고 노력했다. 각 독립군 지휘관들은 제각기 견해가 다르고 뜻은 자꾸 엇갈렸다. 적이 바로 코앞에 다가와 있는데 이 위기를 과연 어찌할 것인가.

그때 북로군정서 대원으로 독립군 조직에 몰래 숨어든 밀정한 놈이 회의 내용을 염탐하여 즉각 일본군에 일러바쳤다. 불과 이틀 뒤 홍범도의 대한독립군 부대는 산골짜기를 통과해가는 일본군 행렬을 보았다. 하지만 피전책 때문에 싸울 도리가 없었다. 그 광경을 그냥 보고만 있어야 하는 홍 장군의 가슴은 부글부글 끓었다.

이렇게 피전책으로 넋을 놓고 있던 10월 17일, 일본군은 아즈마 지대의 공격을 필두로 토벌작전을 개시했다. 야마다(山田) 연대가 먼저 독립군 부대를 공격하고, 아즈마 지대장은 직접 홍범도 연합부대를 토벌하려 했다. 놈은 자기 휘하의 5,000병력을 모두 풀어 이도구와 삼도구를 완전히 포위하고 그 안의 독립군들을 일시에 섬멸하려 했다.

화룡현 서북부 일대의 동쪽으로는 이도구, 서쪽으로는 봉밀구, 남쪽으로는 삼도구의 청산리, 북쪽으로는 고동하 강반이 자리하고 있다. 군정서 부대의 뒤를 몰래 추격하던 아즈마 지대의 일본군이 차츰 삼도구로 압박해 들어온다는 보고가 왔다. 당당하게 군가를 부르는 대열까지 보인다.

이날 새벽 일본 군대는 개미 떼의 행렬처럼 줄지어 청산리 골짜기로 밀려들었다. 그 수는 이루 헤아릴 수 없었다. 3,000명가량의 항일 대한독립군과 일대 결전의 분위기가 차츰 무르익었다. 일촉즉발의 순간인데 다시 긴급 작전회의가 열렸다. 이젠 피전과 응전의 문제가 아니었다. 과연 어떻게 싸우느냐 그 전술이 문제였다. 이윽고 홍 장군이 입을 열었다.

"호랑이한테 쫓기지 말고 우리가 먼저 그 호랑이를 잡도록 합시다."

이 회의에서 홍범도 장군이 내놓은 전술은 선제공격이었다. 청산리 부근의 유리한 지세를 이용하여 기습공격으로 일본군의 공격이 있기 전에 먼저 적의 선두부대를 공격하자는 의견이었다. 참으로 다급한 일촉즉발의 순간에 홍 장군의 의견이 전폭적으로 지지를 받고 당당히 채택되었다. 소극적인 피전책이 과감한 선제공격으로 바뀌는 감격적인 순간이었다. 전체 독립군 연합부대의 공동작전이 결정되고 모든 준비는 서둘러 완료되었다. 이젠 죽느냐 사느냐 한판 승부의 길만이 남아 있을 뿐이다.

제8부

청산리 대첩

왜놈의 대가리
호박대가리
홍 장군 불벼락에
떽떼구르르
이 산에서 저 산에서
떽떼구르르

왜놈의 대가리
호박대가리
홍 장군 불벼락에
떽떼구르르
이 산에서 저 산에서
호박되어 떽떼구르르

1. 청산리, 백운평 전투

청산리(靑山里)가 어디인가. 지금의 화룡현 부흥향에서 서남쪽으로 2킬로미터 떨어진 작은 산간마을이다. 당시에는 화룡을 삼도구라 불렀다. 이곳에서 서쪽 골짜기로 흐르는 해란강을 거슬러 오르면 박달평이라고 부르던 부흥촌과 송하평, 나월평, 십리평, 청산리 등 여러 산간마을들이 있다. 청산리는 여기서 두 마장 떨어진 곳에 자리 잡고 있다. 해란강 상류 골짜기로 들어갈수록 물은 점점 줄어든다. 청산리와 중봉리 계곡으로 들어가면 해란강은 고작 한 걸음에 건너뛰는 실개울로 바뀐다. 삼도구에서 청산리까지 20킬로미터, 청산리에서 다시 백운평 직소까지는 12킬로미터, 직소는 잉어령에서 발원한 해란강 물줄기다.

커다란 바위틈 타고 흘러내리다가 이곳에 이르러 곧바로 와당탕 떨어진다. 직소란 이름은 그렇게 해서 불리었다. 백운평 마을 터에서 해란강 따라 2킬로미터를 더 오르면 베개봉 동북쪽 산밑이다. 옛날에는 수량이 많아서 벌목꾼을 통나무 띄워서 내려보냈다고 하지만 지금은 개울 바닥의 물이 마르고 앙상한 외나무다리 하나만 있다. 직소 양편은 비좁은 골짜기다. 소달구지 하나 겨우 지나갈 만큼 좁다. 만약 일본군이 여기로 들어온다면 그들의 죽음 터가 되기에 알맞은 곳이다. 대개 청산리란 삼도구에서 청산리 마을을 지나 해란강 상류에 이르는 장장 칠십 리 계곡 모두를 일컫는 말이다.

청산리 주변의 산형 지세는 험준하다. 서남쪽으로 멀리 백두산이 보이고, 북으로는 위지령 넘어 천보산이 이어진다. 서쪽은 장백산 줄기의 지맥인 화룡·안도와 맞물려 잉어령을 가까이 끼고 오직 동북쪽으로만 시야가 터져서 해란강과 고동하를 흘러 청산리, 와룡구 두 골짜기를 안고 있다. 골 안은 쑥밭과 새밭이요 사면은 첩첩산봉이다. 매복 전술을 펼치기에는 더없이 좋은 장소가 아닐 수 없다.

1920년 경신년 10월, 북로군정서 주력부대는 십리평 잣덕의 본영을 9월 하순에 떠나 대감자 부근에 와서 행군을 두 갈래로 나누었다. 연성대장 이범석이 거느린 여행단 600명 부대는 이미 10월 초순 삼도구 일대로 떠나갔고, 김좌진이 이끄는 400명 부대는 화룡현 산간지대를 향해 행군했다.

다른 한 갈래는 서일 총재가 거느린 방대한 가족 행렬이다. 거의가 부녀자, 노약자, 비전투원들이었다. 그들은 삐걱거리는 소달구지에 남루한 살림을 싣고 머나먼 목단강 밀산을 향해 떠나갔다. 넓고 넓은 목단강은 물결 소리도 힘차게 흘러가리라. 강가엔 벌써 단풍이 들고 주변 산봉우리들은 이미 스산한 겨울빛을 띠어가겠지. 행렬이 목단강에 당도하면 벌써 강은 얼어붙고 그 빙판을 달구지를 끌며 건너가게 되리라.

군정서 부대는 깊은 밤에 사백 리 길을 서둘러 행군했다. 백운평 전투가 벌어지기 닷새 전에야 화룡현 삼도구로 도착했다.

홍범도 장군 지휘의 독립군 연합부대는 와룡구 골짜기의 완루구 산기슭에 자리를 잡았다. 이곳은 일본군 아즈마 지대의 총지휘부가 있는 어랑촌에서 가까운 곳이다.

한편 북로군정서 대원들은 삼도구 서쪽 청산리 골짜기로 적의 선두부대를 유인해서 공격하기로 방침을 세웠다. 그날 밤 북로군정서 부대는 청산리 골짜기로 들어갔다. 김좌진은 1대대를 직접 이끌고 사방정자의 산기슭에 매복했다. 연성대장 이범석의 제2연대 선두부대는 송림평 고지에서 백운평으로 당도해왔다. 서너 마장 더 들어가 직소 양쪽 산기슭 수풀 속에 모든 대원을 매복시켰다. 작전 활동을 개시하기 전에 이범석은 주의사항을 은밀히 하달했다.

"배낭은 벗어서 진지 후방에 두어라. 진지에 들어갈 때에는 위장을 철저히 하라. 한 사람당 200발 탄환을 미리 꺼내어 손 가까이에 두어라. 사격전에는 흡연과 담화를 절대 금지한다. 사격개시는 나의 총소리로 알릴 것이다."

모든 병사는 이 명령을 가슴 깊이 새기며 위장에 들어갔다. 솔가지와 잣나무 가지를 꺾어서 주변을 가리고 쓰러진 나뭇등걸을 엄폐물 삼아 두툼한 낙엽 속에 온몸을 파묻었다. 겉으로 보면 많은 병력이 이곳에 숨은 줄 전혀 알 수 없었다.

이때 각 중대 특무정사들이 데리고 나갔던 정찰병들이 적군의 동태를 알려왔다. 일본군 선두부대와 기마정찰대가 이미 가까이 와 있고 이도구 쪽 적군이 봉밀구를 우회 중이며, 무산에 두만강 건너온 적군 부대도 삼도구를 향해서 차츰 접근해오고 있다는 정보였다.

시절은 바야흐로 뼈에 저린 냉기가 스미는 초겨울이다. 계곡
엔 살얼음이 얼고 바람은 차갑기만 하다. 수백 년 묵은 아름드
리 소나무, 봇나무와 떡갈나무는 하늘을 가렸다. 대낮에도 침
침한 백운평 계곡에 가랑잎은 대체 몇 해나 쌓였는가. 발목이
쑥쑥 빠지는 낙엽더미. 밤바람이 낙엽에 휘몰아치면 한기가 등
골로 깊게 스며들었다. 이때 전투식량이 배분되었다. 감자 여
섯 알, 쌀 한 줌! 이것이 내일까지 먹을 모든 식량이다. 기가 막
힌다. 한꺼번에 먹어선 안 된다고 주의를 주었으나 굶주린 병
사들은 받자마자 몽땅 먹어치웠다. 차디찬 달밤 비장한 가슴으
로 나직이 읊조리는 노래가 있다. 가슴엔 처량한 감개가 북받
친 병사들이 「기전사가」(祈戰死歌)를 합창한다. 두 볼에 주르
르 눈물 흐른다.

하늘은 미워한다 배달족의
자유를 억탈하는 왜적들을
삼천리강산에 열혈이 끓어
분연히 일어나는 우리 독립군.

백두의 찬바람은 불어 거칠고
압록강 빙상에 은월이 밝아
고국에서 불어오는 피비린 바람
갚고야 말 것이다 골수에 맺힌 한을.

하느님 저희들 이후에도

천만대 후손의 행복을 위해
이 한 몸 깨끗이 바치겠으니
나는 전사를 하게 하소서.

한편 북로군정서 후속부대는 20일 저녁, 땅거미 질 때쯤 증봉리를 지났다. 이미 어둠이 내려 깔리는데 먼저 병사를 보내어 서둘러 밥을 지어달라는 부탁을 백운평 마을주민들에게 알렸다. 허기진 북로군정서 장병들은 저 높은 잉어령 고개를 못넘고 있다고 했다. 주민들이 모두 나와서 불을 지피고 쌀과 보리를 씻어 밥 짓느라 분주했다.

드디어 백운평에 당도하여 허겁지겁 밥솥 둘레에 모여앉았다. 식사 중 장교 하나가 만약 일본군이 찾아와 독립군 행적을 물으면 잉어령 넘어 저 백두산 쪽으로 간 것 같다고 거짓으로 대답하라고 당부했다. 마을사람들은 그 말뜻이 무엇인지 환히 알고 있었다.

상강을 이틀 앞둔 가을 밤, 깊은 산중에서 몸에 낙엽을 덮고 한둔하는 우리 대한독립군. 제각기 탄약 200발씩 지급받아 천보총에 장전했다. 몸이 오싹한 것이 가을밤 찬 공기 탓인가. 아니면 온몸을 휘감은 긴장 탓인가. 가랑잎더미에 매복할 때 냉기가 뼛속까지 스며들었다. 모닥불 온기라도 한 모금 쬘 수 있다면 얼마나 행복할까. 캄캄한 어둠 속에서 생각나는 정든 고향 땅 부모님 얼굴. 그리운 아내와 형제들. 그럴수록 왜적에 대한 분노와 적개심은 가슴 밑바닥에서 치밀어 올라왔다. 새날의 격전을 기다리며 긴장과 초조 속에서 밤이 흘러갔다.

이윽고 날이 밝았다. 아침 해가 둥실 동산에 떠오르자 일본군 200명이 골짜기로 슬금슬금 접근해오는 것이 포착되었다. 주위를 잔뜩 경계하며 송림평 마을을 지나 청산리 깊은 골짜기로 들어오는데 까마귀 떼처럼 늘어가는 그 숫자는 시간이 갈수록 점점 많아졌다. 마치 엄청난 세력을 과시하는 듯이 놈들이 부르는 군가소리가 크게 울려 퍼진다. 「만주행진곡」이었다.

철모를 조여 매고
순식간에 만드는 병참호
우리 연대기가 펄럭펄럭
올려다보는 하늘에 히노마루
은빛 날개 빛나는 폭격기
탄환을 뚫고 날아오르는 전서구(傳書鳩).

동양평화를 위함이라면
우리는 목숨 버리고 말고
아무것도 아깝지 않아
일본의 생명선은 여기에 있으니
구천만 동포와
함께 지키자 만주를.

일본군 한 무리가 통역을 앞세워 다가와 주민들에게 물었다.
"조센징 독립군 부대 어디로 갔소까."
마을사람들이 대답했다.

"저어기 저 잉어령 고개를 넘어갔습지요. 아마도 백두산 쪽으로 향해 가는 듯 보였소."

일본군 한 놈이 장총을 겨누고 앙칼지게 소리쳤다.

"누구든지 한 발자국도 움직이지 말고 선 자리에 그대로 박혀 있어라. 꼼짝 하면 모두 죽인다."

주민들은 온몸에 얼음이 박힌 듯 잔뜩 겁에 질려 마당귀의 장승처럼 우뚝 서버렸다.

"설마 이런 곳에 적이 있을 리 없지."

야스카와는 길바닥의 말똥을 주워서 손바닥에 쥐어보았다. 차고 굳은 느낌이 이미 떠난 지 하루도 훨씬 넘은 것 같았다. 야스카와 육군 소좌가 지휘하는 제73연대 선봉부대 1개 중대 병력이었다. 놈들은 독립군이 달아난 줄만 알고 큰 경계심 지니지 않은 채 한 줄로 늘어서 행군해왔다. 맨 앞에 선 야스카와 어깨 위엔 네 가닥 금줄과 거기 얹힌 계급장별이 아침햇살에 반짝였다. 가죽장갑을 낀 손에는 긴 일본도, 왼손엔 망원경을 들었다.

북로군정서 장병들은 산기슭에 숨은 채 저마다 적군을 과녁으로 삼아 조준하고 대장의 사격명령만 기다렸다. 무서운 긴장의 순간! 드디어 매복지점에서 불과 열 걸음 정도 떨어졌을 때 중앙진지의 지휘를 맡은 연성대장 이범석의 장총에서 맨 먼저 신호탄이 터졌다. 그 순간 500여 개의 총구에서 일제히 빗발 같은 총탄이 쏟아져 내렸다. 기관총과 박격포도 불을 토했다. 적군은 전투대형도 제대로 못 갖추고 한순간 중심을 잃은 채 갈팡질팡 대혼란에 빠졌다.

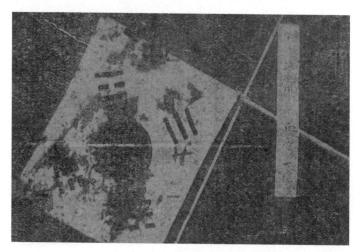
청산리 전투에서 사용된 태극기.

"기관총대 앞으로!"

이렇게 외치는 날카로운 일본말이 들렸다. 황급히 전투대형을 갖추었지만 독립군들이 숨은 곳은 도무지 알 수가 없었다. 총성 들리는 곳을 향해 무턱대고 이리저리 사격했으나 공연히 총탄만 날릴 뿐이었다. 이리저리 숨고자 했지만 딱히 숨을 곳도 없었다. 북쪽 산 밑으로 웅크리면 남쪽 기슭에서 총탄이 쏟아져오고, 남쪽 산 밑으로 엎드리면 북쪽 산기슭에서 정조준으로 발사했다.

이렇게 붙은 전투가 불과 반나절이 지났을까. 야스카와의 선두부대는 헛총질만 하다가 거의 궤멸되다시피 했다. 200여 명 적군 첨병대는 전멸에 가까웠고, 전쟁터는 일시에 흉흉한 죽음과 공포의 정적으로 가득 찼다. 뒤이어 도착한 야마다 토벌대

592

청산리 전투에서 사용된 무기.

본대가 산포와 기관총을 미친 듯이 쏘아댔다. 하지만 정확한 조준과 목표는 그 어디에도 없었다. 적이 어디에 있는지 전혀 분간할 수 없었다. 시간이 흐를수록 일본군 전사자의 시체는 점점 쌓여만 갔다. 나중에는 자기들 시체를 더께더께 벽돌처럼 쌓아놓고 그걸 방패 삼아 총을 쏘아댔다. 마침내 이것마저 헛일이 되자 야마다는 황급히 꽁무니 감추고 줄행랑을 쳤다. 야스카와는 봉오동에서 당한 패배를 설욕하려 했다가 도리어 파멸의 수렁으로 떨어져버렸다.

청산리 독립전쟁에서 첫 승전보가 퍼져나갔다.

이 무렵 제2선에서 군대를 이끌던 김좌진은 일본군 나카무라(中村) 대대가 봉밀구 쪽에서 올라온다는 급보를 받았다. 하지만 그곳은 앞뒤 협공에 말려들 위험이 도사린 곳이다. 그는 제

1선 부대로 명령을 내렸다.

"봉밀구에서 후퇴해 내려오는 적은 한 시간 안에 도착할 것이다. 놈들은 필시 아군의 퇴로를 막을 것이라 우리는 즉시 이도구 방면으로 이동한다. 제2지대는 현 위치에서 계속 저격하며 제1지대 이동을 끝까지 엄호한 뒤 적당한 틈을 타서 철수하라. 오늘 밤 두 시 이전까지 갑산촌으로 퇴각을 완료하라."

이도구로 해서 백두산 쪽으로 빠지려는 것이 김좌진의 계획이었다. 북로군정서 전체 부대는 이 명령에 따라서 노적가리에 불을 달아 연기를 피워놓고 곧 청산리를 떠났다. 하지만 참모장 나중소(羅仲昭, 1866~1928)는 눈물을 글썽이며 말했다.

"나야 이미 다 늙은 사람, 내가 앞서간들 살아서 무얼 하겠소. 나는 여기서 젊은 병사들과 생사를 같이하겠소."

우여곡절 끝에 모두 철수하여 행군 길을 떠났다. 여름 홑바지 군복에 소총을 받쳐 들고 살얼음 낀 개울을 건너뛰다 보니 발을 헛디뎌 미끄러졌다. 밥을 먹어본 지도 사흘이 지났다. 온종일 굶으며 전투하느라 허기가 심했다. 꾸벅꾸벅 졸면서 행군 길 주변의 마른 나무열매를 손으로 훑어서 입에 넣었다. 이런 고통을 겪는데도 어느 산골마을을 지나는데 주민들 중 누군가가 투덜거렸다.

"무슨 군대가 좀더 싸워서 적을 섬멸할 생각도 않고 그냥 서둘러 달아나기만 한다냐. 과연 소문대로 '펄펄 나는 홍범도'에 '멀리 뛰는 김좌진'이로구나."

뛴다는 것은 삼십육계 줄행랑을 뜻하는 말이다.

2. 완루구 전투

　1920년 10월 21일 늦은 오후. 그때 홍범도 장군은 밤낮 산골짜기로만 행군하여 야지골에 진을 치는데 이윽고 날이 저물었다. 완루구 울창한 삼림에 몸을 감추고 날이 새기만 기다렸다. 머리끝이 곤두서고 온몸은 팽팽한 긴장으로 조여들었다. 이런 예감이 들 때는 적들이 가까이에 바싹 다가와 있다는 신호다. 전체 대원들은 총을 꽉 쥐고 대기 중에 홍 장군 명령을 전달받고 부근의 가장 높은 산으로 올라가 숨죽이며 적을 기다렸다.

　사방을 경계하고 있을 때였다. 아니나 다를까 날이 샐 무렵 대포 소리가 쾅 들리더니 사방으로 총탄이 빗발치듯 날아온다. 메시노(食野) 대대와 그 지대 예비대 병력들이 분명하다. 재빨리 돌아가서 뒤쪽으로 살금살금 밟아드니 문득 총 소리는 끊기고 적은 아무 데도 보이지 않는다.

　서로 쫓고 쫓기는 숨 가쁜 숨바꼭질이었다. 홍 장군과 독립군 병사들은 샘물둔지의 웅덩이 그 질퍽한 흙탕에 엎드리고 있다가 살그머니 빠져나와 마을 전체를 사방으로 에워싸고 벼락치듯 총탄을 퍼부었다. 숨었던 적들이 그제야 반격해온다. 이젠 놈들의 위치를 환히 알았다. 독 안에 든 쥐를 모조리 잡아내는 데 불과 반나절밖에 걸리지 않았다.

전투가 모두 끝나고 노획물을 살펴보니 소총이 240자루, 탄환이 500발이다. 무엇보다도 이 물건들이 가장 반갑고 요긴하다. 잡아온 일본군 포로를 심문하는데 그중에 바지저고리 입은 놈 몇이 고개를 푹 숙이고 자꾸만 얼굴을 가린다.

"너 웬 놈이냐."

홍 장군이 직접 문초했다. 지난날 의병대 소속의 포수들이었다. 왜놈 군대를 따라다니게 된 그 경로를 엄중히 따져 물었지만 줄곧 입을 열지 않았다. 만 하루가 지나서야 드디어 한 놈이 실토를 하기 시작한다.

사연인즉, 무산 수비대의 일본군 장교 놈이 어느 날 군대를 끌고 종성에 나타나서 포수 수십 명을 불러놓고 술까지 권하며 물었다고 한다.

"여기 사냥꾼이 얼마나 되는가."

포수들이 대답했다.

"그 수가 하도 많아 알지 못합니다."

왜놈 장교가 다시 물었다.

"듣자 하니 폭도 홍범도가 완루구 부근에 와 있다 하니 누가 거기에 몰래 들어가 홍범도의 목을 따올 수 있겠는가. 내가 후한 포상금을 줄 것이다. 지원자는 손을 번쩍 들어서 뜻을 밝혀라."

포상금을 준다는 말을 듣고 귀가 솔깃해진 산포수 몇 놈이 얼른 손을 들어 지원했다.

"우리가 홍범도의 목을 잘라 오겠습니다."

이렇게 해서 흉측한 배신자 무리들이 백두산 자락으로 숨어

들게 된 것이다.

"이 악질 반역자들, 짐작이야 했지만 네놈들이 고작 그런 불한당이었구나. 하필이면 더러운 왜놈 돈에 눈이 멀어 옛 상관을 잡으려 예까지 달려왔단 말인가. 자! 이놈들아 이 목이 그리도 탐났다면 어디 베어 가거라!"

고슴도치 눈썹을 치켜뜨고 천둥고함을 지르는 홍 장군의 눈에는 붉은 핏물이 뚝뚝 떨어지는 듯했다. 노기 띤 목소리는 떨렸고 수염 끝도 부르르 같이 떨렸다.

"여봐라, 이놈들은 인간되기를 진작 포기한 버러지들이니 소처럼 코뚜레를 꿰어서 끌고 다녀라."

반역자들은 살려달라고 손바닥을 싹싹 비벼댄다.

계속되는 큰 전투로 탄약과 군량도 점점 바닥이 나고 왜적들의 추적은 날로 심해지는데 러시아에서 철수해 나오는 일본군들은 북간도 전역에 뒤덮였다고 한다. 적들은 현재 홍 장군 체포에 혈안이 되었다. 그날 오후 홍범도 장군이 이끄는 독립군 연합부대는 와룡구 어랑촌 완루구에서 격렬한 전투를 시작했다. 초토 작전에 참가한 일본군 주력부대는 아즈마 마사히코 (東正彦) 소장이 지휘하는 부대였다. 일본군 사령부에서는 옛부터 홍 장군에 대한 복수심으로 이글이글 타올라 어금니 북북 갈고 있던 아즈마를 특별히 선발해서 보낸 것이었다. 오로지 홍범도 토벌이 중심목표였다.

북로군정서 토벌은 야마다 대좌에게 맡기고 홍범도 부대 토벌은 아즈마가 직접 맡았다. 이는 일본군의 체면, 혹은 명예 회복과 관련되는 너무나 중요한 전투인지라 모든 주력부대를 이 싸움에 집결시켰다.

드디어 용정 부대를 출발한 아즈마 소장은 전투모를 쓰고 장군 외투를 입고 번쩍거리는 가죽장화를 신었다. 옆구리엔 일본도를 위엄 있게 빗겨 찼다. 그의 입은 한일 자로 굳게 다물렸다. 고리눈 무섭게 치켜뜨고 작전을 개시했다. 출정하는 사무라이를 연상케 하는 그의 외모는 독기가 잔뜩 올랐다. 성난 콧수염 끝이 파들파들 떨렸다.

그는 홍범도가 지휘하는 연합부대가 완루구 골짜기에 주둔하고 있다는 정보를 입수했다. 아즈마는 즉시 어랑촌에 총지휘부를 설치하고 홍범도 연합부대를 단숨에 들이칠 작전계획을 세웠다. 각 요충지에 기관총대를 즉각 배치하고 독립군 매복 추정지점에 불을 질렀다. 화염에 견디지 못한 독립군들이 빠져나와 달아날 것이라 예측한 이른바 화공전술(火攻戰術)이다. 이때 잠복한 기관총대가 그들을 일시에 소탕해서 몰살하겠다는 전술이었다. 하지만 그것은 불을 질러 오소리를 잡겠다는 얕은 계책에 불과했다.

타오르는 산불에 자욱이 피어오른 연기가 해를 가렸다. 이윽고 서산에 해 떨어지고 땅거미가 슬금슬금 내려와 완루구 골짜기의 모든 것을 덮었다. 그토록 자욱하던 연기도 보이지 않고 오직 어둠뿐이었다. 그 틈을 놓칠세라 홍 장군의 긴급명령이 중앙고지에 떨어졌다.

예비대 용사는 즉시 그 자리를 떠나 적의 측면으로 휘돌아갈 것. 신속히 협공하되 절대 행동을 노출시키지 말 것.

엄중하고도 무게 있는 명령이었다.

아즈마는 점점 초조해졌다. 아무리 불을 태워도 홍범도 부대는 어디로 갔는지 흔적조차 찾을 수 없었다. 아즈마는 서둘러 공격 명령을 내렸다. 일본군 주력부대는 북완루구와 남완루구 골짜기를 따라서 두 갈래로 분산하여 홍 장군 연합부대의 진지를 향해 양쪽에서 협공해왔다. 전투의 기세는 얼핏 독립군에게 불리한 듯 보였다.

그때 홍 장군은 가만히 적정을 관측하여 아즈마의 간교한 화공(火攻) 의도를 단숨에 간파했다. 도리어 그 의도를 역이용해서 부대를 감쪽같이 뒤로 옮겨 놓았던 것이다. 이것이야말로 멋진 불구경이 아니고 무엇인가. 홍 장군만의 신묘한 전술이다. 일본군의 당혹이 오히려 이 작전을 도와준 셈이었다. 모든 연합부대원들은 지휘관의 빈틈없는 통찰력과 기민한 판단력을 철석같이 믿었다. 홍 장군은 싸움터의 형세를 재빨리 파악하고 적의 심리를 이용하여 유리한 판단을 내렸던 것이다. 그 전술에 따라 홍 장군은 주력부대를 측면 고지에 매복시키고 예비대를 중앙고지에 배치했다. 이는 쥐를 독 안에 가두는 유인 전술이다.

일본군은 중앙고지를 목표로 일제히 돌격 함성을 지르며 달려들었다. 하지만 예비대 용사들은 홍 장군의 일사불란한 명령에 따라 왜적에 반격했다. 잠시 후 일본군이 중앙고지를 점령했지만 그곳에는 개미새끼 한 마리 없었다. 오직 불길한 정적만이 감돌았다. 고지를 점령한 기쁨을 느낄 겨를도 없이 곧바로 독립군 예비대의 총탄이 뒤에서 놈들을 향해 쏟아지기 시작했다. 이때가 되어서야 적들은 홍범도의 함정에 말려든 것을 비로소 깨달았다.

급히 탈출하려 할 즈음 중앙에 매복 배치되어 있던 일본군 기관총대가 이들을 마구 쏘았다. 당시 대한독립군과 일본군의 군복은 빛깔이 비슷했다. 산중에는 적들이 질러놓은 산불로 온통 연기가 자욱하여 앞이 보이지 않았다. 바람이 거꾸로 불면 생나무 타는 연기가 어찌나 매운지 눈알이 아리고 눈물이 줄줄 흘렀다. 그 때문에 중앙의 일본군은 산 아래에서 공격해오는 적을 홍범도 부대로 착각한 것이었다. 이때 측면 고지의 대한독립군 주력부대가 동시에 총탄을 퍼부었다. 홍 장군은 산마루 대장지휘소에서 그 특유의 크고 우렁찬 목소리로 목청을 높여 짐짓 구령을 외친다.

"1중대는 서쪽으로! 2중대는 동쪽으로!"

마치 돌을 달아놓은 듯 묵직하게 들려오는 장군의 이 구령소리는 일본군으로 하여금 간담을 서늘케 했다. 많은 군사를 작전에 배치하는 시늉에 질겁한 일본군은 홍 장군의 호령에 놀라 달아나는 놈도 있었다. 독립군은 여기서 한 걸음도 뒤로 물러서지 않았다. 독립군 연합부대의 신출귀몰한 작전으로 그 한곳에서 일본군 300여 명이 몰죽음했다. 아즈마 부대에는 간혹 중국 병사도 끼어 있었는데 여기서 60명이나 죽었다. 적의 시체 더미가 산언덕과 어깨를 나란히 겨룸했다. 참으로 통쾌하고도 감격적인 아군의 승리였다. 격렬한 전투는 해 질 무렵까지 계속되었다.

적들은 성벽과 돼지움막, 잎담배 찌는 황초 굴 뒤에 숨은 채 줄곧 팽팽한 대치 상태가 이어졌다. 담배 굴에서는 아직도 담배 냄새가 짙게 났다. 완루구 농민들은 잎담배를 따 모아 한여름에 주로 담배 굴에서 쪘다. 담배 굴에 담배를 주렁주렁 엮어 달아놓고 장작으로 불을 때서 건조하듯 찐다. 이때 불이 세도 안 되고 너무 약해도 안 되기 때문에 담배 굴에 담배를 넣고 나면 무조건 사흘은 아궁이를 지키면서 장작을 넣어주었다. 밥도 담배 굴 아궁이 앞에서 먹고, 잠도 그 앞에서 자곤 했다. 그렇게 살던 담배 굴 주인은 모두 어딜 갔나. 담배 굴 주변에 어인 왜적들이 이리도 가득한가.

독립군 부대는 뿔뿔이 흩어져 달아나는 왜적들의 뒤를 추격해서 보는 대로 모조리 사살했다. 다음 날 아침에 확인한 적들의 시체는 우선 헤아린 것만 약 400구가 훨씬 넘는다. 일본군은 독립군과 귀신도 모르게 자리바꿈을 하고 만 것이다.

이는 홍 장군의 귀신같은 축지법(縮地法) 전술이 빚어낸 결과였다. 사면팔방에 군사 매복이요, 맨 먼저 지휘부 쪽부터 사격이 시작했다가 그치면 갑자기 동쪽 부대가 잇따라 사격한다. 그러다 또 일시에 멈추면 서쪽 부대가 사격한다. 이 기발한 전술에는 경험 많은 일본군들도 진공 방향을 잃어버리고 갈팡질팡했다. 적군의 역량은 사방으로 흩어져 약화되고 이때를 틈타 무차별 집중공격으로 불벼락을 쏟아 내리니 동에 번쩍 서에 번쩍 하늘 폭은 중간에서 찢어지는 듯했다. 놀랍고 놀랍도다. 홍범도 장군의 축지법 전술이여.

독립군가 「전시가」(戰時歌)는 당시 독립군들이 얼마나 힘든 시간을 보냈는지 그 분위기를 짐작하게 한다.

시베리아 만주 뜰 험산 악수(惡水)에
결심 품고 다니는 우리 독립군
천신만고 모두 다 달게 여기며
눈물 땀을 뿌림이 그 얼마인가.

몽골 사막 내부는 차디찬 바람
사정없이 살점을 떼갈 듯한데
삼림 속에 눈 깔고 누워 잘 때에
끓는 피는 더욱더 뜨거워진다.

　이날 오후 우리의 홍범도 장군이 완루구 전투에서 불운하게
도 관통상을 입었다. 돌연 날아온 적의 눈먼 유탄이 장군의 허
벅지를 뚫었다. 피가 철철 흐르는데도 장군은 전혀 개의치 않
고 대장지휘소를 지켰다. 천으로 대충 싸맨 상처에서 붉은 피
가 밖으로 흘러내렸다. 부대의 의원이 달려와 우선 피나무 껍
질로 상처에 심지를 박고 탄독(彈毒)부터 빼냈다. 약초를 달여
환부를 소독하고 닭을 잡아서 생살점을 상처에 붙였다. 그것도
어떤 치료 효과가 있나 보다.
　일본군은 이날 완루구 전투에서 그토록 많은 병사를 잃어버
리고도 패배를 솔직하게 인정하지 않았다. 단지 밀림 속에서
길을 잃고 헤매던 중에 공격을 받았다며 누가 보더라도 구차한
변명을 길게 늘어놓았다.
　이런 일도 있었다. 어느 날 밤 일본군 기관총 사수 한 놈이
자다가 벌떡 일어나 외쳤다.

"적이다!"

청산리 전투에서 넋이 나가 아주 정신이 나가버린 것이다. 돌연 기관총대로 달려가 눈앞에 보이는 천막을 향해 마구 쏘아댔다. 일본군 숙영지는 한순간 아수라장이 되었다. 정신이 돌아버린 병졸은 입었던 옷을 홀라당 벗어 던지고 줄곧 "적이다! 적이다!" 고함지르며 숲으로 달아났다. 추격대가 달려갔는데 어찌된 것인지 날이 훤히 밝아도 돌아오지 않았다.

3. 샘물둔지, 어랑촌 전투

이윽고 한차례 격전이 끝났다. 홍범도 장군은 곧바로 다음 전투에 대비하여 즉시 부대 이동명령을 내린다. 목표는 샘물둔지. 천수평(泉水坪)으로도 부르는 이곳 샘물둔지는 어랑촌 윗마을인 계남촌에서 서북향으로 뻗어 들어간 골짜기에 자리 잡은 산간마을이다.

갑산촌에서 샘물둔지까지는 30리 길. 중간에 고개를 하나 넘어야 나타난다. 골짜기에서 흐르는 물이 마을 앞에서 내를 이루었다. 깊은 곳은 가슴까지 찼다. 마을 입구엔 수숫단을 높이 쌓은 노적가리가 있었다. 독립군 병사들은 종일토록 굶은 채 먼 거리를 행군해와서 몹시 지쳤다. 드디어 샘물둔지 뒷산에 진을 치고 군사를 쉬게 했다. 그곳 주민들께 부탁하여 기장밥을 지어와 배불리 먹였다. 좁쌀 두 섬도 구해와서 병사 몇이 나누어 지고, 소명미구 왕린의 형가농장에서 다시 군량미를 구입해 조금 더 보충했다. 그제야 여러 끼 주렸던 대원들 얼굴에 화색이 돈다. 베도자에 좁쌀 몇 줌 넣고 행군하는 군사들 발걸음이 전보다 훨씬 가볍고 더욱 사뿐거린다.

한편 10월 23일, 북로군정서 주력은 와룽구 갑산촌에 당도했다. 그 뒤를 이어 백운평에서 승전하고 이동한 여행단 부대가 도착했다. 추위와 주림을 무릅쓰고 야간행군으로 80리 산길을 걸어왔다. 부대원들은 그 전날 격전을 치르고 그토록 먼 길을 행군해온 터라 몹시 지치고 피로와 굶주림에 시달렸다. 하지만 다시 승전의 기세로 독려하며 밤길을 행군해서 날 밝기 전 샘물둔지 입구에 도착했다. 거의 기진맥진 상태였다. 지난 사흘 동안 먹은 것이라곤 고작 감자 두 개. 병사들의 얼굴은 창백하고 배가 고파 온몸이 축 늘어졌다. 칼로 송피를 벗겨 그 속껍질을 이빨로 갉았다. 솔잎도 손에 잡히는 대로 뜯어서 씹었다. 영락없는 산토끼에 다람쥐 꼴이었다. 어떤 병사는 신나무 열매를 너무 많이 먹어 줄곧 설사를 했다. 어떤 병사는 베도자 속의 누런 양초를 질겅질겅 씹고 있었다. 그때 겪은 굶주림의 고통을 무엇으로 설명하리오. 또 설명한들 누가 그 심정을 알리오.

뒤늦게 주민들이 기장밥을 지어왔다. 아, 얼마 만에 보는 밥인가. 된장국에 덥석 말아 먹는 것이 아니라 손바닥으로 쥐어서 그냥 입에 욱여넣는 격렬한 식사였다. 먹고 나니 나른한 식곤증이 몰려왔다. 일부는 그 자리에 축 늘어져 금방 코를 골았다. 이 와중에도 몇 대원이 나직하게 부르는 「고난의 노래」가 너무나 슬프고 비장하다.

이내 몸이 압록강을 건너올 때에
가슴에 품은 뜻 굳고 또 굳어
만주들에 북풍한설 몰아쳐도
타오르는 분한 마음 꺼질 바 없고
오로라의 얼음산의 등에 묻혀도

우리 반항 우리 싸움 막지를 못하리.

피에 주린 왜놈들은 뒤를 따르고
괘씸할사 적들은 앞길 막누나
황야에는 해가 지고 날이 저문데
아픈 다리 주린 창자 쉴 곳을 잃고
저녁 이슬 흩어져 앞길 적시니
쫓기는 우리 신세 처량하구나.

　캄캄한 새벽이었다. 하지만 쉴 틈도 없을 만큼 전세는 가파른 형국이다. 저녁 무렵 시마다(島田)가 이끄는 기병중대가 먼저 들어와 쉬고 있었다. 소장 아즈마는 샘물둔지의 부대가 틀림없이 홍범도 연합부대인 줄 알았다. 김좌진은 참모장 나중소·이범석과 작전계획을 짜고 아즈마보다 먼저 병력을 출동시켰다. 이 작전계획에 따라 제2지대 장병들은 일본군 기병중대가 취침 중인 숙영지를 비호같이 기습했다.

　독립군들은 신속히 전투 대형을 갖추고 수숫단 뒤에 숨어서 집중사격을 퍼부었다. 연잎에 소나기 떨어지듯 가마솥에 콩 볶듯 아닌 밤중 돌개바람처럼 총탄은 반드시 가야 할 목표물을 향해 날아간다. 말 매어둔 곳을 향해 집중사격이 쏟아진다. 말이란 놈들은 묶인 그대로 땅바닥에 뒤집어져 네 다리를 버둥거리거나, 아니면 총탄에 맞은 말이 펄쩍 뛰어 솟구치고 놀라 고삐를 끊고 멀리 달아났다. 자다가 총성을 듣고 기겁하여 일어난 일본군 기마병들은 맥없이 제풀에 쓰러졌다. 말을 타고 도

청산리 전투에 참전했던 만주의 일본군.

망가던 놈들은 뒤에서 조준해 사살했다. 군장도 제대로 못 갖
추고 허둥지둥 말 고삐를 찾으며 헛총질을 해댔다. 하지만 죽
은 말을 뒤늦게 찾은들 무엇 소용 있으리. 말을 잃은 기마병은
무력한 보병과 다를 바 없었다.

　몇 놈은 다급한 나머지 감자 굴로 뛰어들었다. 수류탄을 까
서 굴려 넣자 곧 피 묻은 감자알이 사방으로 튀었다. 시마다 놈
은 말을 타고 달아나다가 저격병의 총탄을 맞고 죽었다. 놈의
말안장에서 일본군 기밀서류 가방이 발견되었다. 열어보니 가
노(加納) 연대장에게 보내는 보고서였다. 이도구 전역을 경비
하기 위해서 샘물둔지와 어랑촌 일대를 철통같이 경비한다는
세세한 정보가 들어 있었다.

　정확한 조준으로 20명가량의 적들을 모두 쏘아 넘겼다. 샘물

둔지 마을의 길섶과 물가 주변에는 온통 적들의 시체였다. 일본군 기병 전초대는 완전히 괴멸되었고 살아서 달아난 놈은 겨우 4명뿐이라 했다. 독립군 병사는 전사자 2명, 부상자 17명이다. 이 또한 우리의 피해가 적은 대로 장쾌한 승전보가 아니고 무엇인가. 청산리에 잇따라 승리의 북소리 둥둥 두두둥 울린다. 독립군 가슴속엔 감격과 환호의 고동이 물결친다. 이런 기세라면 어떤 전투도 두렵지 않다.

또다시 임박한 전투 준비에 쉴 틈이 없다.

이범석은 시마다의 작전 문서에서 아즈마 소장의 지휘본부가 바로 어랑촌(漁浪村)이라는 사실을 간파했다. 어랑촌은 샘물둔지에서 불과 20리. 함경도 어랑마을 주민들이 이곳으로 옮겨와서 마을 이름도 그대로 어랑촌이 되었다. 샘물둔지 전투에서 달아난 적이 이미 패전 소식을 전했을 터다. 이범석은 분초를 다투어 샘물둔지 북쪽의 유리한 고지를 점령하라는 명령을 내렸다.

여행단 병사들이 매복을 완료하자마자 아즈마 소장의 일본군 대부대가 어랑촌 골짜기로 홍수처럼 밀려들기 시작한다. 아즈마 부대는 기병연대에 포병대 예비대까지 무려 5,000명 대군으로 구성되었다. 놈들은 홍범도 부대인 줄 알고 달려왔는데 알고 보니 뜻밖에도 여행단 병사였다. 발을 동동 구르며 아즈마는 미친 듯이 고함지른다. 적장 놈은 권총을 뽑아 들고 병사들을 줄곧 매섭게 다그친다.

기병 연대장 가노의 절규가 들린다. 이런 혼란을 바라보며 여행단 장병들은 위에서 여유를 갖고 일제 사격을 퍼부었다.

하지만 일본군 병력은 워낙 대부대였고, 기병 연대와 야포병 연대까지 모두 출동하여 여행단의 전투력은 점차 기세를 잃고 주도권이 밀리기 시작했다.

이때 김좌진 장군이 탔던 말이 돌연 유탄에 맞아 쓰러졌다. 골절로 다리가 퉁퉁 부어오른 김좌진은 마을 우사에서 끌고 온 소를 타고 지휘했다. 언제나 말을 타고 지휘하던 버릇이 있어 말 대신 소라도 있어야만 했다. 그야말로 거듭되는 혈전에 혈전이었다.

제2연대 장병들이 측면에서 달려들었지만 이미 한번 꺾인 기세를 되돌리기가 어려워졌다. 적의 포탄은 마구 떨어졌다. 이범석의 전투모가 포탄의 폭풍에 날아갔다. 군도는 날아온 파편에 맞아서 두 동강이 났다. 이제 죽느냐 사느냐 오직 한 갈래 선택의 길뿐이다. 독립군들은 싸우던 자리에 제 몸을 묻겠다는 각오로 다가오는 적을 결사항전으로 맞아서 싸웠다. 하지만 기력은 점점 떨어지고 적군은 코앞에까지 밀려왔다.

일촉즉발, 위기의 순간! 바로 이때였다. 오른쪽 산마루에서 갑자기 요란한 총성이 들려왔다. 고지로 달려들던 일본군 공격이 잠시 주춤해졌다. 느닷없이 나타난 저 수많은 구원병들은 대체 누구인가. 적들의 일부는 그쪽으로 공격 방향을 바꾸었다. 어안이 벙벙해진 북로군정서 장병들은 우측 산마루를 일제히 바라보았다.

아, 그들은 누구였던가. 바로 홍범도 장군이 인솔해온 연합부대였다. 조금 전 격렬한 전투를 끝내고 험한 산등성이를 넘어서 바로 달려온 것이다. 김좌진 부대가 위기에 빠졌다는 급보를 듣고 혼신의 힘을 다해서 산을 넘어온 것이다. 이것은 절명의 순간에 때 맞춰 나타나신 구세주에 다름 아니었다.

그 자세한 경과는 이렇다. 격전지 완루구에서 승리를 거두고 다시 부대를 다른 지역으로 이동하던 중에 홍범도 장군은 곰곰이 생각했다. 승전한 독립군이 모두 힘을 합해 곧바로 저 두만강을 넘어 진격할 수 있다면 얼마나 좋으리. 이런 국내진공 방책에 대해 깊은 궁리에 잠겨 있는데 군정서 연락병이 헐레벌떡 달려와 다급한 소식을 전했다. 어랑촌 부근에서 김좌진 부대가 아즈마 대군과 전투 중인데 몹시 위급한 정황이라는 보고였다. 이에 즉시 행군 머리를 돌려 산등성이를 넘어서 부리나케 달려왔던 것이다. 죽음터에서 다시 살아난 군정서 대원들. 그들에게 홍 장군 모습은 오늘따라 더욱 높은 하늘이었다. 그 하늘에서 더욱 찬란히 빛나는 태양이었다. 여기저기서 감격의 만세소리가 터졌다. 위기에 몰리던 장병들은 눈물이 나도록 그들이 반가웠다. 반가움을 못 이겨 저절로 터져 나오는 탄성이었다.

독립군의 기세는 다시 활활 불타올랐다. 하늘을 찌를 듯한 사기로 끓어올라 다시 총탄을 퍼부었다. 비좁은 골짜기 어구는 삼단 같은 검은 연기로 휩싸였다. 줄곧 쏘아댄 총대는 뜨겁게 달아오르고 화약 냄새는 사방에 진동한다.

홍범도 장군은 아즈마 주력부대에게 돌이킬 수 없는 치명적 참패를 안겨주었다. 놈들은 남은 전열을 가다듬어 다시 공격태세를 갖추었다. 홍 장군이 그쪽으로 정찰병을 보내 살피고 확인했다. 청산리 갑산 어구에 일본군들이 마치 오리 떼처럼 바글바글 몰려 있고 두목 아즈마 놈은 엄중한 군령을 내린다. 가

만히 들어보니 홍범도를 산 채로 포획할 묘한 계책을 엄중하게
지도하는 중인가 보았다. 바로 그 틈을 타서 먼저 선제공격을
퍼부었다. 기관총을 쏘아대며 마구 공격해 들어가는데 놀란 일
본군 병졸들은 여기저기서 짚단처럼 픽픽 쓰러진다.

수림 속을 뒤흔들며 뜨륵 뜨르륵
들려오는 저 소리가 웬 소리냐
왜놈들 무더기로 쓸어 눕히는
독립군의 통쾌한 사격 소리지.

수림 속 곳곳에서 으흑 으아악
들려오는 저 소리 웬 소리냐
독립군의 습격 맞고 황천 가는
간악한 왜놈들의 비명 소리지.

일본군은 병력도 장비도 독립군보다 우세했지만 독립군 용
사들의 완강한 저항과 지원군으로 달려온 홍범도 부대의 맹렬
한 공격력 앞에 맥을 못 추고 쓰러져갔다. 홍 장군은 이날 국
내 진격 전투에서 쓰려고 반들반들하게 닦아두었던 보물인 기
관총 뽈리묘트를 걸어놓고 일본군 대부대를 향해 마구 쏘아대
었다. 초개(草芥)같이 쓰러지는 왜적들은 그 숫자를 헤아리기
조차 어려웠다. 이 보물은 지난날 봉오동 전투에 참전했던 러
시아 홍군 병사가 자기 부대로 돌아가 소속 부대장에게 특별히
간청해서 선물로 보내온 기관총이다. 이날 어랑촌 전투에서 철

천지원수 왜적들을 쏘아 넘기는 데 이 보물은 더없이 훌륭하고 유용한 병기로 쓰였다.

이날 전투에서 기관총 중대장 최인걸(崔仁傑)의 용맹한 이야기는 다시 들어도 감동이다. 그는 사수가 죽자 제 몸에 기관총대를 묶어서 쏘았다. 그렇게 쏘다가 기어이 탄환이 바닥나자 적탄에 맞아 숨을 거두었다. 전쟁터에서 충실히 자기 임무를 완수하고 세상을 떠난 장렬한 죽음이었다.

김상하(金相河). 그는 아직 어린 소년인데 교전 중 얼굴에 총상을 입었다. 왼쪽 뺨이 찢어지고 아래턱이 깨어져 선혈이 낭자했다. 하지만 그는 오히려 악이 돋았다. 눈에서 불꽃이 활활 타올랐다. 윗도리를 홱 벗어 던지더니 혼신의 힘으로 수류탄을 집어 던졌다. 나중엔 죽은 전우의 몸에서 수류탄을 벗겨내어 던지고 또 던졌다.

이렇게 격렬한 전투는 해가 지고 날이 완전히 어두워질 때까지 계속되었다. 독립군들은 종일 밥 한 술, 물 한 모금 못 마시고 싸웠다. 너무나 놀라운 사실은 주민들이 그 위험한 전투의 현장으로 주먹밥을 날라 와 직접 입에 넣어주었는데 그것으로 병사들은 새 힘이 났다. 이 얼마나 감격이고 아름다운 그림인가. 그들은 포탄이 작렬하는 현장으로 오직 독립군의 사기를 위해 찾아온 것이다. 한 병사가 주먹밥을 마다하고 줄곧 총만 쏘자 아낙네는 그 옆에서 울먹이며 말했다.

"여러분이 이 주먹밥을 먹지 않으면 우리도 여기서 결코 내려가지 않을 것이오."

이에 감격한 병사들은 눈물을 흘리며 냉큼 밥을 받아먹었다.

전체 대원의 사기는 다시 불길처럼 활활 끓어올랐다.

"그 사랑 갚으리라 우리의 피로! 이 목숨 다 바쳐서 기어이 보답하리라!"

해 지고 어둠이 내리자 아즈마는 남은 병력을 거두어 어랑촌 방면으로 퇴각했다. 홍범도 장군은 더 이상 놈들 뒤를 추격하지 않았다. 이날 전투에서 일본군 가노 연대장이 전사했다. 이렇게 높은 계급의 적군 지휘관이 전사한 것은 처음이다. 그밖에 죽고 다친 놈은 무려 1,000명도 넘었다. 일본군 지휘관 아즈마 소장은 조선 함경도 무산의 보병 2개 중대, 회령 주둔 제74연대 제1대대를 전투 중에 다급히 불러올려 작전 현장에 투입했다. 하지만 적장의 시도는 끝내 실패로 돌아가고 투입 병사는 거의 궤멸했다.

독립군 연합부대는 일단 철수했다가 다시 부대를 나누어서 이동했다. 워낙 대군이라 기동성도 떨어진 데다 다음 국지전(局地戰) 준비가 발등의 불이었다. 마침 전투의 기본인 탄약도 거의 바닥이 나고 있으니 어쩔 도리가 없었다. 우선 군사들을 수습해 천리송 솔밭을 성큼 지나 동남쪽으로 70리 길을 이동해 갔다.

가는 도중 뜻밖에도 마적인 홍후즈(紅鬍子) 소굴과 마주쳐서 또 한바탕 접전으로 기력을 쓰게 되었다. 하지만 거기서 놈들을 와장창 때려 부수고 중국 돈 7만 원, 백미 석 섬의 군량까지 거두었다. 물론 가장 요긴한 탄약도 넉넉하게 보충했다. 이게 대체 얼마 만에 구경하는 쌀인가. 그 쌀을 한 줌 손바닥으로 감싸쥔 한 병사가 말했다.

"배꽃같이 하얀 입쌀이구나."

다른 병사가 머리를 도리질하며 말했다.

"아니라네. 말 이빨같이 뽀얀 입쌀일세."

또 다른 병사가 냉큼 끼어들었다.

"여보게들! 이것은 여하튼 금싸락같이 귀한 입쌀이니 그리 알게나."

그날 밤은 산중에 얼음이 얼 정도로 몹시 추운 밤이었다. 홍범도 부대는 추운 산중에서 불도 못 피우고 그대로 떨며 한둔했다. 고작 낙엽을 끌어모아 이불처럼 덮었을 뿐이다. 다음 날 날이 밝아 대원의 수를 점호해본즉 웬일인지 대원 셋이 사라지고 보이지 않았다. 주변을 샅샅이 수색하는데 놀라워라, 나무 등걸 밑에 그들은 엎드린 채 뻣뻣한 주검으로 발견되었다. 간밤에 기온이 너무 급격히 내려가 동사(凍死)한 것이다. 불쌍한지고. 찬 서리 내린 산중의 밤 뼛속을 파고드는 추위가 오죽했을까! 오래 굶은 뒤 기진맥진으로 고생하던 그 대원들은 지난밤 모진 추위에 주리고 얼어서 죽었다.

어쩔거나! 어찌할거나! 이 가여운 죽음을 어쩔거나!

홍 장군의 아픈 가슴은 칼로 도려낸 듯 따갑고 아팠다. 그 도려낸 자리에 소금을 뿌린 듯했다. 솥뚜껑 같은 손으로 망자의 두 볼을 쓰다듬는데 눈물방울이 죽은 대원의 볼 위로 뚝뚝 떨어진다. 보통 전사한 병사를 묻을 때 의식용으로 부르는 추도가 「고난의 노래」가 오늘따라 더욱 구슬프게 들린다.

가슴 쥐고 나무 밑에

쓰러진다 독립군
가슴에서 쏟는 피는
푸른 풀 위 질퍽해.

산에 나는 까마귀야
시체 보고 우지 마라
몸은 비록 죽었으나
독립정신 살아 있다.

만리창천 외로운 몸
부모형제 다 버리고
홀로 섰는 나무 밑에
힘도 없이 쓰러졌네.

나의 사랑 대한독립
피를 많이 먹으려나
피를 많이 먹겠거든
나의 피도 먹어다오.

생각할수록 죽은 대원이 가련하고 살아남은 대원에게 새삼
고마운 마음이 일어난다.

"살아줘서 고맙네, 여보게들 살아줘서 정말 고마워."

하지만 이 말을 홍 장군은 차마 입 밖에 낼 수 없었다. 마음
속으로만 생각하며 묵묵히 산길을 행군해갈 뿐이다. 죽은 동지

를 산중에 묻고 다시 행군 길 떠나는 그 심정이 너무나 비통했다. 봉밀구에서 홍범도 장군이 부하에게 사살당했다는 가짜 뉴스가 일본의 앞잡이 신문들에서 일제히 보도되었다. 참으로 우스운 일이 아닐 수 없다. 그만큼 놈들에게는 홍범도 장군이 하루아침에 사라져주기를 바라는 간절한 마음이 있었으리라. 봉밀구를 지나 동신장 앞대로 올라서니 어랑촌 골짝이 한눈에 환하게 들어온다. 대한독립군 연합대원들이 모두 저기서 이를 악물고 악전고투했던 곳이다.

아, 어랑촌 전투를 우리 어찌 잊으리.

4. 오도양차, 맹개골, 고동하 전투

우리 독립군들은 다시 행군 길을 떠나 안도현 황구령 쪽으로 전진했다. 오도양차를 지나가는데 이윽고 날이 저물어 어느 외양간에서 숙영했다. 이때 대원들의 몸이 너무 얼어서 우등불을 피웠다. 그때 홍범도 장군이 그곳으로 다가가 은근히 정색하고 말했다.

"불을 향해 서 있으면 등하불명이라 뒤에서 달려드는 적을 못 보게 되니 모두들 등을 돌리고 불을 쬐도록 하게."

이를 그토록 각별히 명심하라 했건만 안타깝게도 그날 밤 장군의 이 신신당부를 제대로 지키지 않아서 기습을 당하고 말았다. 늘 잊지 말아야 할 것은 낮엔 연기 조심, 밤엔 불빛 조심이 분명하다.

독립군 뒤를 쫓던 일본군들은 중국 마적단을 만나서 홍범도 부대가 지나간 곳을 물었다. 그때 마적들이 말했다.

"걱정 마라. 우리도 홍범도를 잡아서 복수할 일이 있다."

경과가 이렇게 되어서 왜적과 마적단은 연합작전으로 몰래 뒤를 밟아왔다. 마적들은 공연히 뽐내는 듯 의기양양해져서 놈들의 주제가인 「마적의 노래」를 부른다.

장백산의 숨어 사는 집으로
칼에 달린 사슬로 말을 몰아
어둠을 들여다보면 이천 명
고삐를 나란히 하고 숨어서 오네.

오늘 포획물은 오만 냥
내일은 습격할 몽고 땅
막상 쉬려 해도 눈 깜짝할 사이고
꺼내는 베개는 앙상한 해골.

　놈들은 멀리서 숲속의 불빛을 보았다. 깊은 밤 그 불을 향해 살금살금 접근해서 기습적으로 공격을 퍼부었다. 우등불 앞에서 불 쬐던 우리 독립군 대원들은 적의 돌연한 기습에 어이없이 당하고 말았다. 황급히 달아난 대원 몇이 숲으로 달아나 겨우 목숨을 건졌는데 아직 생사조차 확인하지 못한다. 아! 어찌하면 좋은가. 왜적의 총탄은 쉴 새 없이 날아오는데 지친 다리를 부둥켜안고 기슭으로 기어오르니 그곳이 어디인지 분간도 할 수가 없다. 이렇게 갈 바를 모르고 허둥지둥 도망만 다녔다.
　마침 어느 후미진 곳에 이르니 동굴 하나가 보였다. 그곳에 냉큼 들어가 앉으니 제법 여럿이 몸을 숨길 만하다. 드디어 늙은 포수 출신 대원들이 하나둘씩 지친 기색으로 찾아든다. 새벽녘에 그 수를 헤아려 보니 40명. 그래도 그들은 산포수의 동물적 후각을 가졌으니 이런 굴이라도 찾아들었지만 나머지 대원들은 모두 어디로 사라졌는지 걱정이다. 틀림없이 일본군과 마적들에게 생포되어 끌려갔으리라.

굴 입구에 엎드려 저 멀리 아래쪽을 내려다보니 시야가 한눈에 들어온다. 적들이 합세해서 어울려 다니는 꼴이 보인다. 필시 독립군을 수색하며 계속 찾아다니는 중이리라. 홍 장군이 그 광경을 보고 새삼 울화가 치밀어 노련한 포수들 몇을 불러냈다. 거기서 놈들을 향해 조준사격을 지시했다. 즉각 그놈들 몇이 쓰러지는 꼴이 그대로 환히 보였다. 한순간에 여러 놈을 쏘아 넘겼다. 죽어 널브러진 놈들의 누렇고 검은 군복 빛깔이 수도 없이 많았다. 나중에는 말 탄 독립군들이 올라와서 숨어 있던 나머지 적들을 모두 처치했다. 하지만 공격한 아군의 위치가 노출되었으니 신속히 다른 곳으로 이동해야만 했다.

그렁저렁 밤낮으로 싸우다 보니 군량자루는 바닥이 났다. 더이상 싸울 기력조차 떨어져버렸다. 때마침 늦가을이라 바위굴 뒤편 기슭으로 올라가 잘 익은 마가목 열매를 넉넉하게 훑어 와서 목을 축였지만 대원들은 잠시 입술만 적셨을 뿐이다. 여전히 뒤를 쫓는 일본군 수색에 쫓기는 신세. 이 위기를 어떻게 벗어날까 그 궁리에만 골몰했다.

그날 저녁 뇌성벽력이 천지를 온통 부수는 듯하더니 장대비가 쏟아졌다. 하늘이 주는 절호의 기회를 놓칠 수가 없어 대원들을 채근해 비밀 경로로 빠져 겨우 놈들의 포위망을 벗어났다. 그러나 아직은 안심하기에 이르다. 캄캄한 밤인데 개울바닥에 배를 깔고 엎드렸다가 소나기가 와르르 쏟아질 때 또다시 조금씩 낮은 포복으로 기어서 서쪽 산기슭을 오르는데 드디어 동녘 하늘이 훤히 밝아왔다. 온몸은 젖어서 물이 축축하고 아,

기억조차 떠올리기 싫은 악몽의 시간. 뒤따르는 원수에게 아슬아슬 금방이라도 잡힐 듯 쫓겨본 사람은 이 심정을 알리라.

북로군정서 병사들은 어랑촌 전투가 끝나고 바로 그날 밤, 완루구 수풀 속에서 한둔했다. 별은 총총하고 바람은 살랑살랑 불었다. 언제 전투가 있었던가 싶게 평화로운 밤이었다. 가까운 숲에서 소쩍새가 슬프게 울었다.

다음 날 날이 밝을 무렵, 전체 부대는 더욱 작은 단위로 편제를 쪼갰다. 대원 김훈이 소속된 소대가 오후 3시경 맹개골 숲속을 지나가고 있었다. 그때 말 탄 일본군 기병 수십 명이 저쪽 끝에서 다가오는 기미를 알아챘다. 독립군들은 번개같이 매복해서 기다리다가 기습공격으로 앞쪽의 10명을 쏘아 넘어뜨렸다. 그 전투에서 살아남은 왜병들은 걸음아 날 살려라 줄행랑쳤다. 말들은 비명을 지르며 이리저리 날뛰며 달아났다. 격전 현장을 수습하니 말 5필, 작전지도 4장, 시계 5개가 이날의 전리품이다.

북로군정서 대원들은 다시 행군장비를 수습해서 안도(安圖)를 향해 터벅터벅 떠나간다. 제1중대장 이천호는 살아남은 대원을 모두 이끌고 가다가 다행스럽게도 옛날에 머물던 숙영지를 찾아 접어들었다. 얼마나 반갑고 기쁘던지 서로 껴안고 소처럼 엉엉 울었다. 비교적 안전한 이곳에서 한참 휴식을 했다. 다시 편제를 정돈해 도합 네 개의 조직으로 나누었다.

이젠 으슥한 산길로만 접어들어 행군해간다. 이른 새벽 만기구 부근이었다. 얼마나 갔을까. 저 앞에서 바람에 펄럭이는 하얀 빨래가 보였다. 멀찌감치 서서 김좌진 장군이 크게 외쳤다.

"거기 아군인가."

대답 대신 즉시 총탄이 날아왔다. 놀라워라. 일본군 부대의 숙영지였다. 그나마 소규모 부대라 주저없이 달려들어 보초부터 우선 처치했다. 아직 잠에서 깨지 않은 일본군들을 모두 사살하고 황금같이 귀한 일본 소총과 탄약에 군복에 군량미에 전화통 한 개, 과자 여러 상자까지 노획했다.

북로군정서 대원들은 다음 날 아침 쉬구를 향해 길을 떠났다. 이때 적군 100여 명이 수풀 저 아래쪽에서 올라오고 있었다. 공격은 숨 쉴 틈조차 없이 이어져야 했다. 역시 발 빠른 선제공격으로 일본군 모두를 섬멸했다. 다시 그 뒤로 적군 기병소대가 나타났지만 어쩐지 놈들에겐 용맹한 모습이 전혀 없었다. 마을에 말을 묶어두고 올라왔으므로 땅 위를 엉금엉금 걷는 기병은 이미 기병이 아니었다. 한순간의 날랜 공격으로 적군 모두를 사살했다. 한참 정신없이 사격하다 보니 입안이 타고 목이 몹시 말랐다. 주변을 서둘러 정리하고 수풀로 들어가 이리저리 다니며 옹달샘이나 개울물을 찾았다.

10월 25일 무렵이다. 청산리 일대에서는 벌써 여러 개의 크고 작은 전투가 있었다. 홍범도 장군이 이끄는 대한독립군 장병 330명이 지친 발걸음으로 천보산 방향으로 떠나가는 중이었다. 간도 쪽으로 가서 미비한 군량을 다시 보급하기로 예정되어 있었기 때문이다. 그런데 홍 장군은 가다가 행군 방향을 돌연 북쪽으로 돌리도록 지시했다. 이는 혹시나 있을지 모를 왜적의 추격을 따돌리려는 행동이었다. 쫓기던 야생동물이 갑자기 방향을 바꾸어서 위기를 모면하는 것과 같은 이치다. 저녁부터 새벽에 이르기까지 천보산 남쪽 협곡에서 왜적 수비대 1개 중대와 또 맞닥뜨려 놈들을 격퇴시켰다.

한편 북로군정서 연성대장 이범석은 삼선령을 향해 출발했다. 큰 부대조직을 중대 단위로 나누고 흩어져서 진군했다. 그는 김훈 부대와 함께 천보산 부근의 어느 골짜기를 지나고 있었다. 그믐 가까운 산길은 몹시 어두웠다. 한곳을 무심코 접어드는데 왠지 느낌이 이상했다. 피부가 오싹하는 그런 느낌이었다. 오호, 이를 어찌할거나. 그곳이 바로 적의 소굴이었다. 적들도 갑자기 나타난 독립군에게 놀라 무슨 짐승 같은 괴성을 지르며 우왕좌왕했다. 한순간 산골짜기에선 피아간 느닷없는 백병전이 벌어졌다. 이범석은 왼쪽 가슴을 총검에 찔려 언덕에 풀썩 쓰러졌다. 정신이 가물가물해질 즈음 중대원들이 달려와 그를 안전한 곳으로 끌고 갔다. 크고 작은 산발적 전투는 청산리 일대 곳곳에서 쉴 새 없이 이어졌다.

대한독립군은 다시 남쪽으로 행군했다. 대부분 소총을 메었고, 폭발탄은 아직도 100여 개가량 남아 있었다. 오솔길도 없는 산 능선을 몇 개나 타고 넘는 험한 행군 길이었다. 승냥이처럼 뒤를 몰래 밟아오는 적들을 멀리 따돌리고 포위망을 뚫어가며 험한 가시밭길을 악전고투로 며칠씩 헤쳐 나갔다. 드디어 어느 산등성이에서 번쩍이는 강물 위로 반짝이는 윤슬이 보였다. 그곳이 고동하 강변이었다.

이날 저녁 무렵 독립군 행렬의 지친 발걸음은 오도양차를 지나갔다. 어로촌 남쪽 고동하 골짜기에서 일본군 아즈마 지대의 수색대대장 메시노(飯野) 소좌는 독립군 부대가 자고 간 흔적이 남아 있는 숙영지를 발견했다. 독립군은 차디찬 숲속에서 불도 못 피우고 추운 밤 벌벌 떨며 한둔하고 떠났던 것이다. 적들은 대뜸 마을주민을 불러 다그치며 문초했다.

"홍범도 부대가 여기서 자고 간 것이 틀림없겠지. 놈들이 어디로 갔는지 사실대로 말해라. 만약 거짓말하면 당장 총살해버릴 것이야."

잔뜩 겁에 질린 주민은 창백한 얼굴로 온몸을 부들부들 떨며 손가락으로 멀리 산 쪽 방향을 가리켰다. 메시노는 수풀 속의 풀을 살펴 발자국을 추적하고 밀림 속을 더듬어 숲길 나뭇가지에 혹시라도 긁혔을 총대 자국을 유심히 살피며 전진했다. 이틀 밤낮을 헤치며 다닌 끝에 드디어 밤 10시경 어느 숲에서 희미한 연기와 불빛을 발견했다. 낮에는 절대로 연기 조심, 밤에는 불빛 조심이라는 숙영의 기본규칙을 잊어버렸구나. 독립군 병사들은 무엇을 믿었는지 방심한 상태에서 우등불까지 피워놓았다. 게다가 「최후의 결전」이라는 비장한 곡조의 노래까지 부르고 있었다.

최후의 결전을 맞으러 가자
생사적 운명의 판가리로 나가자
나가자 굳게 뭉치어
원수를 소탕하러 나가자
총칼을 메고 총칼을 메고.

모두 다 앞으로 무거운

쇠사슬 풀어헤치고
뼛속에 사무친 분을 풀고
삼천만 동포여 모두 뭉치자
승리는 우리를 재촉한다.

　지형지세를 살펴보니 독립군 숙영지의 앞과 뒤로 작은 개울이 지나간다. 뒤로는 절벽이 있어 공격 조건은 매우 유리한 환경이었다. 긴장된 얼굴로 전열을 가다듬은 메시노는 자정 가까울 무렵 일본군 2개 소대를 앞세워 독립군의 숙영지로 공격해 들어갔다. 하지만 산악유전에 익숙한 우리의 홍 장군은 적의 이러한 공격을 이미 눈치채고 있었다. 진작 숲속에다 대원들을 감쪽같이 매복시켜 두었다. 그러고는 숙영지엔 우등불을 지펴 놓고 일부러 큰 소리로 군가를 부르게 했다. 이것은 이른바 물고기를 통발로 이끄는 유인 전술이 아닌가.

　일본군 수색대는 승리를 예감하며 살금살금 접근했다. 한 지점에 이르렀을 무렵, 돌연 탕, 하는 신호탄 소리가 들리더니 콩 볶듯 총성이 빗발치며 선두에 서서 오던 적들이 짚단처럼 픽픽 쓰러져갔다. 우등불만 목표로 다가오던 일본군은 불시에 기습을 받았다. 허(虛)를 찔린 형국이란 바로 이것이다.

　한밤중 숲속에서 격렬한 전투가 벌어졌다. 적군 몇 놈이 도망치려 했으나 노련한 산포수 출신의 독립군 대원들은 백발백중 놀라운 사격솜씨로 모두 쏘아 넘어뜨렸다. 한 시간이 채 못 되어 적들은 황급히 퇴각하기 시작했다. 독립군들의 사기는 더욱 달아올라서 적들에게 무차별공격을 퍼부었다.

이때 소리꾼 송만갑(宋萬甲, 1865~1939)이 있었다면 너무나 신명이 올라 「적벽가」의 한 대목을 이렇게 엮어 풀었으리라.

　기막힐 손 왜놈의 대군은 날고 뛰고 오도 가도 오무락 꼼짝달싹도 못 하고 숨 막히고 기막히어 살도 맞고 창에도 찔려 앉아 죽고 서서 죽고 웃다 죽고 울다 죽고 자빠져 죽고 무서워 죽고 눈 빠져 죽고 등 터져 죽고 오사(誤死) 급사 몰사하야 다리도 직신 부러져 죽고 죽어보느라고 죽고 무단히 죽고 함부로 덤부로 죽고 땍때그르르 궁글러가다 아, 낙상사(落傷死)하여 죽고 가슴 쾅쾅 뚜드리며 죽고 실없이 죽고 가엾이 죽고 꿈꾸다 죽고 한 놈은 떡 큰 놈을 입에다 물고 죽고 또 한 놈은 주머니를 부시럭 부시럭거리더니 어따 제기를 칠 놈들아 나는 이런 다급한 판에 먹고 죽으려고 비상(砒霜)을 입에 넣었더니라 와삭와삭 깨물어 먹고 벼랑에 풍 또 한 놈은 나무 끝으로 뿍뿍뿍 기어 올라가더니마는 아이고 하느님 나는 삼대독자의 아들이오 제발 덕분 살려주오 뚝 떨어져 절벽으로 풍 또 한 놈은 무작정 우르르루 퉁퉁퉁퉁 나가더니 일본 쪽을 바라보며 아이고 아버지 어머니 나는 한 일 없이 죽습니다 언제 다시 뵈오리까 벼랑에 가 풍 또 한 놈은 한가한 체하고 나니와부시(浪花節) 한바탕 뽑다가 죽고 이리 즉사 저리 몰사 울창한 밀림 깊은 숲에 사람을 물국수 풀 듯 더럭더럭 풀며 총대 약통 기관총 천리경 일본군도 고함소리 청산리 풍파에 떠나갈 제 일등 명장 쓸데가 없고 날랜 장수도 무용지물이로구나.

청산리 대첩 상상도.

일본군은 전체 150명 가운데 100여 명 정도가 사살되고 잔당이 겨우 목숨을 건져 허겁지겁 달아났다. 왜적들은 기진맥진하여 고동하 뒤편 기슭 가장 높은 산꼭대기로 올라가 숲속에 숨었다. 그곳이 1743고지였다. 이윽고 동쪽 하늘이 밝아오자 패잔병을 모두 집결시켜 사상자를 확인하는데 그제야 일본군 병사들 얼굴에는 안도의 빛이 감돌았다.

"이제야 살았구나. 홍범도, 홍범도 말만 들었지 어쩌면 이다지도 전술이 신출귀몰한지. 직접 안 겪은 놈들은 그 무서움을 전혀 모르리라."

숲속에서 홍범도 부대가 이동해가는 광경이 눈앞에 보이는데도 혼비백산한 메시노와 그의 부하들은 가만히 몸을 감추고 숨어서 그냥 보고만 있었다. 놈들은 이 전황에 대한 거짓보고서를 작성해서 본국으로 보냈다. 그 보고서에선 "적장 홍범도를 불운하게도 눈앞에서 놓쳤다"고 썼다. 어느 누가 이 말을 믿겠는가. 참으로 소가 웃을 일이로다.

대한독립군 전체 연합부대는 26일 날이 저물기 전에 낮부터 서둘러 이도구·삼도구 지역에서 완전히 철수했다. 악에 받친 토벌대 놈들이 함경도 회령에서 대규모의 지원군을 보충해 이 지역 일대를 서서히 포위하고 있다는 첩보가 왔기 때문이다.

1920년 경신년 10월 21일. 그날 늦은 아침부터 26일 꼭두새벽까지 무려 6일 동안을 격렬하게 싸웠던 청산리 독립전쟁. 그 눈부신 혈전(血戰)의 막은 서서히 내렸다. 청산리 전투는 오로지 우리 겨레의 단합된 힘으로 제국주의 외세 일본의 정규군대 공격을 통쾌하게 무찌른 그야말로 청사(靑史)에 길이 빛날 대승리였다. 청산리 일대 여러 골짜기에서 여러 날 동안 전투가 벌어졌다. 이 전투로 군정서 사령부에서는 일본군 1,600명이 죽었다고 발표했다. 하지만 중국 측 보도는 '2,000명 사망'이라고 했다. 용정 일본영사관 비밀보고서는 가노 연대장 이하 800명이 전사했다고 축소 발표했다. 독립군 측은 200여 명이 죽거나 다쳤다. 그 무엇보다도 군정서 부대와 홍범도의 연합부대가 서로 힘을 합쳐 막강한 왜적을 쳐부순 것이 가장 큰 성과요 감격이었다. 이날의 패배가 너무나 창피하고 면목이 없었던 아즈마는 독립군의 숫자를 무려 세 배나 불려서 거짓보고를 했다.

"적들의 무리는 북로군정서 일파와 홍범도가 지휘하는 일단을 합하여 기관총 등 신식무기를 갖고 있었다. 전체 적군 병력 규모는 약 6,000명으로 구성된 것으로 보이며 아군은 여러 방면에서 강하게 공격을 계속하고 있다.”

얼마나 수치스럽고 창피했으면 이런 거짓보고서를 작성해서 본부로 보냈던 것일까. 청산리 전투에서 섬멸한 일본군 전사자의 수는 정확히 1,254명이다. 그중엔 대장 1명과 대대장 2명도 들어 있다. 부상자는 200명도 훨씬 넘는다. 결과가 이러했음에도 일본군 전황보고서에는 전사자가 단 2명뿐이라 했다. 참으로 말과 소가 웃고 흘러가던 구름이 하품을 할 노릇이었다. 청산리 전투가 끝난 뒤 일본군은 전사자의 시체를 달구지에 싣고 터벅터벅 침통한 얼굴로 그 뒤를 걸어갔다. 달구지 밖으로 전사자의 다리가 빠져나와 흔들거렸다. 이른바 놈들이 입만 열면 말하는 ‘무적황군’(無敵皇軍)의 두 어깨는 축 늘어져 있었다. 당시의 이런 광경을 담고 있는 슬픈 분위기의 일본 엔카(演歌) 「전우」라는 노래를 들어보자.

　　허무하게 차가워진 넋은
　　고국에 돌아간 주머니 속에서
　　시계만이 째깍째깍
　　움직이는 것이 정을 느끼게 하네.

　　어깨동무를 하고 버릇처럼
　　어차피 목숨은 없는 거야
　　죽으면 뼈를 부탁하네 하고
　　피차 이야기하던 사이.

예기치도 않게 나 혼자
신기하게도 살아남아
붉은 저녁 해의 만주에서
친구의 무덤을 파게 될 줄이야.

　동흥동 청년 이형권(李亨權)이 어느 날 두도구에 나갔다. 그는 마침 일본 영사관 부근을 지나게 되었다. 그 앞에는 중국 말 달구지 6대가 세워져 있고, 일본 병졸 30명이 침울한 얼굴로 앞만 보며 서 있었다. 워낙 경비가 삼엄해서 청년은 곁눈으로 슬쩍 달구지 내부를 엿보았다. 맨 앞 달구지엔 퉁퉁 부은 시체 한 구가 누워 있고 그 옆엔 가슴에 총상 입은 병졸이 침통하게 앉아 있었다. 아마도 그 시체는 계급이 높은 일본군 지휘관으로 보였다. 병졸 둘이 양산을 펴들고 시체 위에 그늘을 지어주었다. 두 번째 달구지에는 두 구의 시체가 담겨 있었고 역시 병졸 둘이 양산을 펴서 들고 있었다. 세 번째 달구지에도 시체가 있었다. 하지만 거기는 양산 든 병졸이 없었다. 그 뒤로 서 있는 석 대의 달구지에는 작은 나무 상자를 차곡차곡 실었고, 망태로 단단히 엮어서 떨어지지 않도록 했다. 그 작은 나무 상자들은 적어도 수백 개는 되어 보였다. 틀림없이 청산리에서 죽은 왜놈들 모가지를 모조리 잘라서 마대에 담아 소금을 뿌려 넣어둔 것이었으리라. 이 현장을 멀리서 지켜보며 우리 동포들은 노래 하나를 지어 불렀다. 「허재비꽃」이었다.

　멸사봉공 황군은

줄행랑이 목적인가
토벌에서 돌아온 자
삼십육계 선수들뿐
백만 군세 위용하다고
헛나발 불지 마라
저문 가을 황야에 선
허재비꽃 네 꼴이다.

1921년 신유년, 그해 정월은 몹시도 혹독한 한파가 몰려왔다. 대보름이었으나 산중의 독립군들은 마치 개 보름 쉬듯 했다. 무엇이 있을 까닭이 없다. 대원들은 눈을 감고 누워서 혼자 상상한다.

'찬밥에 나물국이라도 실컷 먹어보았으면… 도가니 우려낸 곰국에 하얀 이밥 푸짐히 말아서 배가 탱탱하도록 먹어보았으면… 장국에 넣은 소고기를 건져 잇몸이 아프도록 씹어보았으면…'

온갖 상상이 눈앞을 다 스쳐가고 걸신은 뱃속에서 자꾸 밥을 넣어달라고 보채며 아우성쳤다. 이 안타까운 정황을 과연 어찌해야 하나. 이 힘든 시기에 홍범도 장군의 기색이 한동안 잠잠하게 되니 일제는 홍 장군이 체포되었다는 거짓된 기사를 민간에 흘려보냈다. 만주 하얼빈에서 체포되어 감옥에 수감 중이라고 자세히 보도했다. 전혀 근거 없는 내용이다.

군정서 총재 서일이 상해 임시정부로 보고서를 보냈다.

1) 일본군의 참패 이유

눈앞의 독립군을 가볍게 보고 깊은 산, 험한 골짜기를 별다른 수색이나 경계도 없이 그냥 앞으로만 전진하다가 일부 또는 전부가 죽었으며 국지전에 대한 연구가 아주 부족했다.

수풀과 산지에서 종종 자상(刺傷)과 충돌을 일으켰으며, 오랜 전투에 시달린 일본군의 염전심(厭戰心)이 죽음을 피해 살아보려는 비겁한 태도가 되었다. 따라서 일본군의 군기는 문란하고 사법(射法)은 부정확하여 그들이 쏘는 총탄이 단 한 발의 명중 효과로 이어지지 않았다.

2) 독립군의 승전 이유

죽음을 두려워하지 않고 용감히 분투하려는 군인정신에서 일단 일본군을 압도했다. 뿐만 아니라 유리한 진지를 먼저 재빨리 차지하여 완전한 전투준비로 사격의 효과를 최대한 발휘했다. 기민하게 대처하는 유능한 지휘관의 예민하고 날랜 전술과 활동이 모두 일본군의 의도를 앞질렀다.

이로써 세계만방에 군사강국을 자처하던 대일본제국의 황국군대는 그들이 늘 얕잡아 보던 대한독립군에게 우뚝한 위신과 콧대를 납작하게 짓밟히고 말았다. 이 청산리 독립전쟁으로 온 세상에 창피한 수모와 조롱받게 되었으니 통쾌한 일이다. 참으로 통쾌한 일이다. 일본으로서는 이보다 더한 치욕이 어디 있겠는가. 우리 겨레에겐 이보다 더한 자랑이 또 어디 있겠는가.

당시 『동아일보』 기사는 홍범도 장군을 '음모단(陰謀團) 두령(頭領)'으로 호칭하고 있다. 그가 '최충호'란 이름으로 변성명해서 다니고 있으니 일반의 특별한 주의를 촉구한다는 어이없는 기사를 싣고 있다.

5. 간도대학살

청산리 전투가 있던 바로 그날 아침 백운평 마을주민들은 주먹밥을 뭉쳐서 들고 갔다. 병사들이 전투에 너무 바빠 주민들이 다니며 입에 넣어 주었다. 이 사실을 보고받은 야마다 대좌의 제73연대와 나카무라 대대는 패전하고 돌아가면서 이 마을 스물일곱 가구의 주민들을 모두 끌어내어 학살했다.

놈들은 한마디로 저승차사였다. 왜적들은 복수심에 찬 나머지 마을에 들어서자마자 닥치는 대로 불을 지르고 만나는 사람에게 마구 일본도를 휘둘러 잔인하게 도륙했다. 부녀자들을 한 곳에다 짐승처럼 몰아넣고 그녀들 보는 데서 남자라면 젖먹이까지 끌고 와 집안에 가두고 불을 질렀다. 연기는 방안에 가득 들어차고 천장에선 불꽃이 우슬우슬 떨어졌다. 지옥의 아수라가 바로 여기였다. 견디다 못한 사람들이 비명을 지르며 뛰어나오면 곧바로 총창으로 찌르며 기관총을 드르륵 난사해서 모조리 죽였다.

시체는 다시 불속으로 던졌다. 선 채로 벌벌 떨고 있는 노약자들을 모두 죽여 불길 속에 던졌다. 부지직부지직 생살과 기름 타는 냄새가 코를 찔렀다. 젊은 아비가 어린 아들을 품에 안고 불구덩이 속을 헤치며 뛰어나오는데 왜적은 총창으로 등을 찔러 무참히 쓰러뜨렸다. 아기도 죽였다. 백운평 마을은 모조리 불타 잿더미가 되었다.

한 청년이 죽을힘을 다해 남산으로 달아나 겨우 목숨을 건졌다. 하지만 그때 너무 놀라서 넋이 달아나 혼자 중얼거리고 다니는 실성한 모습이 되었다. 그는 가족들의 참혹한 죽음도 모르고 온종일 히히 웃고 다녔다. 젊은 여인 하나도 용케 살았으나 자식과 남편이 다 죽었는데 나 혼자 살아 무얼 하겠느냐며 울면서 불길 속으로 달려가 스스로 목숨을 버렸다. 오호, 이보다 더 처절하고 참담한 광경이 어디 있으리오.

북완루구를 지나가던 일본군 패잔병들은 홍범도 장군이 묵었던 최경순의 집을 찾아내고는 마구 들이닥쳐 바로 불을 질렀다. 시어미 역정에 개 배때기 찬다는 속담처럼 청산리 전투에서 패전한 뒤 마구 화풀이로 저지르는 비겁한 악행이었다. 마귀 야차가 따로 없었다.

일등골 마을로 들어와서 놈들은 밥 내놓으라고 호통을 쳤다. 헛간 벽에 걸린 도리깨를 벗겨와 마당의 닭들을 마구 후려갈겼다. 놀란 닭들이 비명을 지르며 자욱한 흙먼지 속에 이리 날고 저리 뛰었다. 뽑힌 깃털이 공중에 날아올랐다. 화톳불 여러 군데 피워놓고 농가에서 약탈해온 소와 닭과 돼지의 각을 떠서 그대로 장작불에 구웠다. 채 익지 않아 피가 줄줄 흐르는 날고기도 입술에 붉은 피 묻혀가며 게걸스레 씹었다. 악마의 현신(現身)이 따로 없었다.

누군가 탄식하며 말했다.

"석 잠잔 누에가 뽕잎 먹듯 처먹어대는구나."

또 누군가가 고개 돌리며 빈정거렸다.

"처먹는 꼴이 마치 범 본 놈 창구멍 틀어막듯 하네 그려."

놈들은 먹다 남은 음식을 모조리 쓸어 담아 달구지에 싣고 또 어디론가 서둘러 떠나갔다. 왜적들에 대한 마을주민들의 원한은 하늘에 사무쳤다. 강도 일제는 청산리에서 독립군들에게 당한 쓰라린 치욕의 참패를 식민지 이주민에게 고스란히 보복했다. 만주 일대 항일 무장단체와 그 활동기지를 모조리 뿌리 뽑고 박살내려는 흉계를 꾸몄다.

훈춘지구의 이소바야시(磯林) 지대와 왕청지구의 기무라 지대. 이 두 부대의 왜적들은 독립군을 토벌한다는 명분을 내세우고 군화 소리 저벅거리며 마을마다 행군해 들어왔다. 말 그대로 흡혈귀(吸血鬼)의 도래였다.

마을 입구 쪽에서 희뿌연 먼지가 일어났다. 누런 군복의 일본군 토벌대였다. 놈들은 도착하자마자 피에 주린 승냥이로 변신했다. 미친개처럼 집집이 달려들어 부수고 발로 차고 닥치는 대로 주민들을 끌어냈다. 잡아서는 긴 가죽채찍으로 마구 후려쳤다. 남녀노소를 가리지 않고 일본도를 휘둘러 눈에 띄는 대로 죽였다. 겁에 질려 벌벌 떠는 아이들과 수족 못 쓰는 노인들도 죽였다. 앞 못 보는 소경도 폭도들과 내통했다며 죽였다. 사람들은 총을 맞고 칼에 찔려 피를 뿜으며 통나무 넘어지듯 풀썩 쓰러졌다. 집과 마을은 온통 불바다가 되었다. 이글이글 피어오른 산더미 불길이 흑갈색 연기와 함께 멍석처럼 둘둘 말려서 맹렬한 기세로 타올랐다. 온 마을은 울부짖는 소리와 놈들의 꽥꽥거리는 고함 소리, 동포들의 애처로운 비명으로 가득

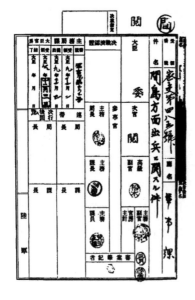

간도대학살을 위한
출병을 허락하는
일제의 공문.

찼다.

　이 무시무시한 소란과 아우성 속에서 허둥지둥 몸만 겨우 빠져나오는 가련한 우리 동포들을 눈에 뜨이는 족족 이 잡듯이 찾아서 죽였다. 오직 약탈, 강간, 살인이 놈들의 하루 일과였다. 말 그대로 피에 주린 승냥이였다. 피바다 속에서도 하루해가 저물었다. 어떤 왜적 놈은 조선인의 목을 잘라서 두 손에 하나씩 들고 다녔다.

　용정, 연길, 화룡 지구의 아즈마 지대 왜적들도 이에 뒤질세라 경쟁적으로 포악한 만행을 저질렀다. 놈들이 지나는 곳마다 무서운 불바다를 이루었고, 홍건한 피바다가 생겨났다. 살아도 사는 것 아니었고 죽은 이가 차라리 부러웠다. 놈들은 '후데이센징'(不逞鮮人)이라 소리치며 죽였다. 그 말은 '사상과 행동이 아주 나쁜 조센징'이란 뜻이다. 부득부득 이를 갈며 무조건 배를 가르고, 눈 도려내고, 사지를 뜯어서 죽이거나 생매장하는 마귀의 악행을 주저하지 않았다.

한 노인이 손자를 업고 달아나다 총에 맞아 쓰러졌다. 할머니도 뒤따르다 죽었다. 어떤 농민은 지붕 위에 올라가 짚으로 새 지붕을 엮던 중에 총을 맞았다. 그 아내가 달려와 통곡하며 절규했다.

"사람을 잡아먹는 이 왜적들아! 우리에게 무슨 죄가 있느냐. 너희 살인 백정들이 망할 날 멀지 않았다!"

이 말이 채 끝나기도 전에 왜적은 총구를 여인의 입에 쑤셔 박고 그대로 발사했다.

연길 와룡동 창동학교 교사 정기선은 일본군에게 끌려가 참혹한 고문을 당했다.

"자백하라! 네놈은 필시 불령선인이지."

정기선이 눈을 감고 입을 굳게 다물어버리자 시퍼런 일본도로 얼굴 피부를 그대로 벗겼다. 그래도 말하지 않고 버티자 악독한 놈들은 칼끝으로 정기선의 두 눈알을 둘러 파서 도려냈다.

연길 의란구로 들어선 저 악마 놈들은 이 마을의 이씨 성을 가진 모든 주민을 몽땅 끌고 와서 죽였다. 서른 가구가 이날 처참하게 불타 죽거나 칼에 찔려 죽었다.

첫돌 아기는 공처럼 공중에 던져서 총을 쏘아 죽였다. 죽은 어미의 품에서 칭얼대며 젖을 빠는 아기도 보였다. 종일 길잡이로 끌고 다니다가 뒤에서 쏘아 죽이기도 했다. 얼굴이 고운 처녀는 왜적 놈들이 마당에서 윤간(輪姦)하고 죽였다. 연길 소영자에서 30명, 화룡 이도구에서도 20명이 강간당했다.

배부른 임산부를 만나면 일본도로 배를 갈라 태아를 꺼내어 흙바닥에 집어던졌다. 죽은 사람의 머리를 베어서 나란히 줄지어 놓거나 나무시렁에 주렁주렁 매달아놓기도 했다. 학생은 꿇어앉히고 일본도로 목을 내려쳤다. 착검한 소총으로 행인들을 세워놓고 가슴과 배를 한꺼번에 찔렀다. 피가 분수처럼 공중에 솟구쳤다. 달아나다 잡힌 사람은 밧줄로 꽁꽁 묶어서 나무가리 위에 올려놓고 그대로 불을 질렀다. 적들의 지휘관 한 놈이 뭐라고 명령하자 졸개 여러 놈이 일제히 시체더미에 달려들어 총창으로 쿡쿡 찌르며 아직 산 사람이 남아 있는지 확인하러 다녔다.

해 저무는 저녁이면 대학살을 마친 일본군 병졸 놈들이 군복 윗도리를 벗고 일본담배 '가미가제'(神風) 한 대를 이빨 사이에 끼워 문 채 히죽이 웃으며 피 묻은 군도를 닦았다. 저희끼리 무슨 농담을 주고받는지 킬킬거리는 소리가 들렸다. 당시 일본 관동군 부대에 지급되던 담배는 다양했다. 그것도 맛이 없다며 일본에서 사온 고급 담배를 피우는 놈들이 많았다. 놈들이 즐겨 피우던 담배 이름은 '토쿄' '대륙' '공영'(共榮), '쯔하모노' '아사히'(朝日), '만수'(萬壽), '미산'(美傘), '직녀패'(織女牌), '스피드' '카모메' 등이었다.

마을 뒤의 대밭을 지나가던 바람이 우수수 슬픈 소리로 울었다. 왜적들은 스스로 인간이기를 완벽하게 포기했다. 놈들의

1920년대의 일본 담배들.
당시 일본 관동대 부대에
지급되던 담배는 다양했다.

인간백정 짓에는 가장 독한 악마도 차마 혀를 내두를 지경이
었다.

"오! 하늘이시여 인간의 본성이란 원래 착한 것이옵니까, 악
한 것이옵니까. 우리는 저들 일본 침략자의 본성이 세상에 더
없이 극악무도한 것으로 믿을 수밖에 없습니다. 지금 만주 땅
은 온통 피에 젖어 있습니다. 오, 기막혀라! 저주받을 세월이여.
오호, 하느님! 저희는 두 눈으로 그것을 똑똑히 보았습니다."

북간도 용정의 제창병원 의사로 일하던 미국인 선교사 마틴
(S.H. Martin)이 너무 참혹한 현장을 두 눈으로 직접 목격했다.
무장한 일본군이 마을 전체를 포위해서 짚을 쌓아놓은 노적가

리에 불을 질렀다. 남자란 남자는 노소를 가리지 않고 모조리 집밖으로 끌어내어 죽였다. 아직 숨이 붙어 있는 사람은 그대로 활활 타는 불길 속에 던져버렸다. 솜옷에 불이 붙어 생살이 바지직바지직 타들어갔다. 이 광경을 문틈으로 내다보며 비명을 지르거나 흐느껴 우는 부녀자들을 일일이 찾아가 초가지붕에다 불을 질렀다. 이렇게 마을 전체를 완전히 초토화시킨 다음 다른 마을로 떠나갔다.

무서운 비명이 들렸다. 여기저기서 죽어가는 사람들이 '제발 살려달라' 애걸하는 가냘픈 소리가 눈물 젖은 울음으로 들려왔다. 어린아이들은 그 자리에서 질식하여 꼬꾸라졌고 어른들은 숨이 끊어질 때까지 그래도 살아보려고 버둥거리다 죽어갔다. 온 마을 여기저기에 마치 바람에 날려 땅에 떨어진 흰 빨래처럼 처참한 주검들이 널브러져 있었다. 총알이 부족하면 죽창으로 마구 찔렀다. 온 마을이 깡그리 전소된 것을 확인하고 놈들은 부대로 돌아가 일본 왕의 생일을 축하하는 기념식을 열었다. 그날이 11월 3일, 놈들이 거룩하게 여기는 왜왕 메이지가 태어난 명치절(明治節)이라 했다.

용정촌 동북 6킬로미터 정도 떨어진 산언덕에는 기독교도들만 살아가는 이른바 예수쟁이 마을이 있었다. 예부터 노루가 많았다고 한자로 장암동(獐岩洞)이라 부르는 이 노루바우골을 일본군에서는 특별히 주목하고 있었다. 의군단, 간도국민회를 후원하는 주민이 많았을 뿐만 아니라 홍범도 부대를 적극 지지하는 청년들이 많았기 때문이다. 청산리 전투에는 주민 중 상당수가 참전했던 사실까지 파악하고 있었다.

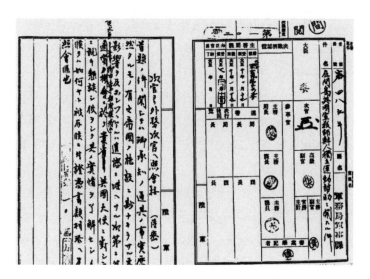

간도대학살을 고발한 미국 선교사에 대한 공판 기록.

일본군 14사단 소속의 스즈키(鈴木) 대위가 이끄는 보병 72명, 헌병과 경찰 두 놈이 포함된 토벌대가 1920년 10월 30일 자정이 막 지났을 무렵에 출발했다. 바로 이 장암동이 놈들의 목표였다. 미리 연락을 해서 내통이 되었던 남양수비대와 합세해서 노루바위골에 도착한 시간은 새벽 6시 30분. 이미 날이 새고 있었다.

들이닥친 저승차사 놈들은 아직 잠에서 덜 깬 전체 주민을 마구 소집해서 광장에 모아놓고 그 가운데 청년 33명을 끌어내어 교회로 몰아넣은 채 그 주변에 석유를 뿌려서 불을 질렀다. 교회당은 활활 타는 불길 속에 갇혔다. 여기저기서 무서운 비명과 아우성이 들렸다. 옷에 불이 붙은 채로 악을 쓰며 달려 나오면 일본군 병졸이 즉시 달려가 총창으로 마구 찔러 죽였다.

놈들이 떠나간 뒤 유족들은 소처럼 엉엉 울면서 숯덩이가 되어버린 시체를 겨우 수습해 장사를 지냈다. 하지만 불과 한 주일 뒤 그 악마 놈들이 다시 찾아왔다. 무덤을 다시 파내어 시체에 기름을 붓고 완전히 재가 될 때까지 태워서 그 증거를 깡그리 없애버렸다. 말 그대로 증거인멸이었다. 그 부근 마을의 참상도 마찬가지였다.

지붕은 사라지고 기둥만 덩그렇게 선 채 연기를 피워 올리고 있었다. 마당의 살구나무도 절반쯤 탄 채로 숯이 되었다. 잿더미 속에는 불에 탄 시체가 겹겹이 쌓여 있었다. 차마 눈뜨고 볼 수 없었다. 총 맞은 자리가 여러 곳이었는데 몸뚱이는 거의 다 타고, 머리와 어깻죽지 약간만이 남아 있었다. 그것은 시신이 아니라 아예 새까만 숯덩이였다.

그 옆의 마을도 지옥이었다. 악마들이 불을 지르고 떠난 지 거의 이틀이나 되었는데 그때까지도 여전히 불길이 남아 있고 타다 남은 지붕이 우지끈 떨어지는 소리가 들렸다. 시체 썩는 악취가 코를 찔러 숨쉬기조차 어려웠다. 아기 업은 아낙네는 새 무덤 위에 엎어져 울고, 할머니와 며느리는 땅을 치며 통곡했다. 아직 활활 타는 재 속에서 울며 가족의 유골을 찾으려는 사람도 있었다. 한 주검을 끌어내는데 팔과 다리가 없었다. 어디선가 아기 울음소리가 들린다.

이렇게 왜적들에게 무참히 학살당한 곳은 그 수를 일일이 다 헤아리지 못한다. 우선 떠오르는 곳만 하더라도 의란구 학살, 송언동 학살, 서래동 학살, 학서동 학살, 마패촌 학살, 세린하촌

학살, 유동촌 학살, 진채구 학살, 평양촌 학살, 발계라자 학살, 대왕청 학살, 화첨자 학살, 묘령 마을 학살, 열문툰 학살, 애위전자 학살, 서가구 학살, 서골 학살, 오호정자 학살, 십리평 학살 등등 어이 그 비참한 곳곳을 낱낱이 모두 말하리오.

대한민국 임시정부 외무부에서는 통계 자료를 발표했다. 북간도·서간도 일대에서 일본군에게 죽임을 당한 동포는 도합 3,469명이다. 북간도가 2,626명, 서간도가 813명이다. 체포되어 끌려간 동포 170명, 강간피해 71명, 민가 전소 3,209채, 학교 전소 36건, 교회당 전소 39건, 불타버린 곡물이 5만 4,045석이다. 모든 것이 통계보다 훨씬 많았을 것임은 분명하다.

일본군 살인마들이 이런 만행을 저지른 까닭은 우선 한인 사회를 완전히 초토화시켜서 독립운동의 근거지를 아주 없애버리겠다는 것이 주목적이었다. 놈들은 우선 성공한 듯 보였다. 독립군들이 떠난 만주 일대에서 놈들의 무력탄압은 점차 강화되고 친일세력은 급속도로 확산되었다.

왜적들이 만주 일대 조선인 마을을 찾아다니며 온갖 발광으로 벌인 만행은 그 방법이 너무나 다양하다. 마을에 들어오면 일단 기름을 뿌리고 불부터 지른다. 그러곤 보는 사람마다 칼로 찔러 죽이거나 목을 자른다. 방법도 갖가지다. 산 채로 불태워 죽이는 소사(燒死), 정면에서 총으로 쏘아 죽이는 총살(銃殺), 도망 치는 사람을 등 뒤에서 쏘아 죽이는 사살(射殺), 나무 기둥에 묶어놓고 총검으로 심장을 찔러 죽이는 자살(刺殺), 목을 베어 죽이는 참수(斬首). 죽인 뒤에는 증거를 없애려고 시체를 한군데 모아서 석유를 흥건히 뿌리고 불을 질러 완전히 소

각해버렸다. 어떤 마을에서는 어린아이의 목을 베어 전깃줄에
그대로 매달아 놓았다. 아기 밴 임산부는 죽여서 뱃속의 아기
를 꺼내어 칼끝에 꽂아 장난을 쳤다. 그곳이 바로 지옥이었다.

바람이여! 너도 이곳에선 숨죽이고 불어가거라.

햇볕이여! 너의 밝음을 여기서만큼은 조금 아끼어라.

하루해는 떨어지고 폐허가 된 마을과 집터에 창백한 달빛이
흥건히 비치었다. 이런 밤에 소쩍새는 어찌 저리도 구슬픈 피
울음을 울어대는가. 반쯤 타다 남은 살구나무 등걸에 기대어
저 폐허를 바라보니 가슴속은 갈가리 찢어지누나. 누가 먼저랄
것도 없이 당시 만주 동포들 사이에서는 이런 노래가 잔잔한
통곡으로 울려 퍼졌다. 듣는 사람과 부르는 사람 모두 같이 눈
물범벅이 되어 흐느끼며 펑펑 울었다.

검푸른 하늘에서
흘러난 별은
그대로 무엇 하러
가신답니까
봄은 가고 봄은 오나
나의 엄마는
한번 가신 이후로
오시지 않소.

세 살 먹은 내 동생은
엄마를 찾아

눈물 짓고 우는 때면

나도 울어요

동생아 내 동생아

너 울지 마라

우리 엄마 일본 토벌에

세상 떠났다.

　어느 마을에서는 청산리에 큰 전투가 벌어질 것을 미리 짐작하고 부엌에 웅덩이를 깊이 파서 그곳을 감자 굴처럼 남모르게 위장해두었다. 누구에게도 그 이야기를 입 밖에 내지 않았다. 드디어 전투가 시작되자 그 집 식구들은 모두가 감자 굴에 들어가서 한동안 감자만 먹고 지냈다. 온 마을에 불길이 휩쓸어갔으나 감자 굴에 숨었던 한 가족만은 요행히 살아남았다.

　집이 활활 불타는데 아궁이 안에 숨었다가 용케 살아난 소년도 있었다. 두만강 연안의 마을들은 불길이 휩쓸어가지 않은 곳이 없었다. 특히 봉오동은 깡그리 잿더미로 변해버렸다. 피살된 사람은 하천평 부근에서만 80명, 호천자에서 90명, 기타 여러 마을에서 살해된 자와 불탄 민가는 아예 그 수를 정확히 확인할 길도 없다.

　1920년 경신년 10월 5일부터 11월 23일까지 간도 일대에서 왜적에게 무참히 학살된 무고한 조선인 동포는 그 수가 어림 추산으로 무려 3만 명이 넘는다. 훈춘, 화룡, 연길, 왕청과 기타 남만, 북만 등지에서 체포된 사람은 5,000명이었고, 6,000호의 동포들 살림집이 부서지고 불탔다. 학교는 50여 개소, 양곡 손실은 4만 5,000석 등이다. 피해 추산 총액은 187만 8,600원으로 집계되었다. 이는 오로지 봉오동과 청산리에서 당한 놈들의 패전 분풀이였다.

역사는 이를 일러 '경신년대참변'(庚申年大慘變)이라고 적었다. 다른 말로는 '간도대학살'이라고 한다. 왜적은 놈들의 여러 공식적 기록에서 '간도사변' 혹은 '간도토벌'이라고 기록했다. 완전 무방비의 일반 서민들을 대상으로 마을마다 찾아다니며 총과 칼로 공격하여 집단으로 살상했던 대표적인 제노사이드(genocide), 즉 한국인에 대한 집단학살극이었다. 봉오동과 청산리에서 당한 것에 대한 화풀이를 그렇게 광기에 차서 서슴없이 자행했던 극악무도한 복수극이었던 것이다.

이 참혹하고 치 떨리는 슬픔을 이겨내려고 간도 지역 동포들은 어금니를 굳게 깨물었다. 꽁꽁 언 땅을 파서 가족의 시체를 대충 묻고, 다시금 그들의 생활터전을 독립기지로 세워나갔다. 불탄 집터에 새로 기둥을 세우고 집 짓는 사람들은 서로 찾아다니며 품앗이로 일을 도왔다. 어둠이 내리면 마당에 우등불을 피우고 둘러앉아 앞날의 대책을 의논했다. 이때 누군가 침울한 얼굴로 부를 때마다 눈물 나는 「아버지 생각」을 구슬프게 불렀다.

　어머님 어머님은 왜 우십니까
　어머님이 울으시면 울고 싶어요
　품안에 안기어서 울음을 운다.

간도대학살에서 일본군이 저지른 천인공노할 만행의 한 장면.

흐르는 눈물을 서로 닦으며
야 야 수동아 네 아버지는
엄동설한 찬바람 지나 북간도.

떠나가신 이후로 오늘날까지
한 번도 못 뵈니 이에 이르러
어언간 삼촌은 유수 같고나.

또 「간도 어린이 노래」란 곡도 있었다. 어찌 그리도 슬프고 가슴을 사무치게 하던지… 노래를 다 못 부르고 모두가 함께 통곡에 젖어든 경우가 많았다.

신문에 이르기를 지나(支那) 마적은
우리 동포 촌락을 습격하여서

돈이 없고 가난한 우리 동포들.

애처럽고 슬프도다 왜놈의 손에
총에 맞고 칼에 찔려 죽은 자 중에
네 아비도 그 가운데 오직 한 사람.

슬프도다 가세의 빈궁함이여
생각하니 눈물만 앞을 가리운다
야 야 수동아 야 야 야 야.

네 아버지 돌아오길 아침저녁으로
하느님께 기도는 드리었건만
그도 또한 허사인가 소식 없고나.

나 어린 몸 홀로 두고
아버지는 철창 속에 갇혔네
눈보라치는 이 벌판에서
어머니도 영이별
아버지도 영이별.

날마다 그때마다
슬픈 눈물 뿌리며
이리 비칠 저리 비칠
엄마 아빠 부른다

목 놓아 부른다.

모이면 이런 노래를 불렀는데 노래 끝엔 반드시 목을 놓아 울부짖는 집단 통곡으로 이어졌다.

왜적들 스스로도 이 가증스런 집단학살과 천인공노할 범죄 행위, 만주에서의 조선인 마을에 대한 제노사이드를 시인했다. '간도토벌'이라 적어놓은 왜놈경찰 기무라(木村) 놈의 보고서 기록에는 다음과 같이 적혀 있다.

무릇 경유하는 부락마다 불령단(不逞團) 같은 자나 도망치는 자를 보기만 하면 하나도 빠짐없이 모조리 총살했다.

용정 일본영사관 보고서에는 또 이렇게 적었다.

토벌 중에 전체 부락의 남녀노소를 가리지 않고 모조리 죽였다.

일본 앞잡이 조직으로 악명 높았던 조선인거류민회의 친일 파 두목 놈도 처참한 내용의 보고서를 장문으로 써서 보냈다.

이도구 동신장 청산리 마을에서 남성 여성을 불문하고, 나이 의 많고 적음을 불문하고 전부 살해되었다. 오직 한 사내만이 여 성의 옷차림으로 변복하고 달아나서 죽음을 면했다는 첩보가 있다.

이 혹독한 겨울 설한풍 몰아치는 북간도야!

내 너에게 묻노니 답을 해다오. 당시의 참혹한 주검이 과연 그 몇이더냐. '대한독립'에 피를 흘린 자 과연 그 몇이더냐.

6. 우여곡절

1920년 10월 하순, 북간도 청산리에서의 독립전쟁은 모두
끝이 났다. 그토록 뜨겁게 달아올랐던 총구도 싸늘하게 식었
고, 부서진 왜적들의 마차바퀴엔 고추잠자리 한 마리가 앉아서
늦가을 햇볕을 쬐고 있다.

홍범도 장군은 군정서 지도자들과 긴밀히 협의하여 각지에
흩어져 있는 독립군 병사들의 단결과 각 항일 무장단체의 회합
을 호소하는 권고서를 여러 지역의 독립단체 지도자들에게 보
냈다. 이 무렵 홍범도 부대는 북로와 서로 두 군정서 부대와 밀
접한 관계를 가졌다. 장군은 대한독립군 부대를 거느리고 황구
령 마을에 당도했다. 뒤이어 군정서 부대도 왔다.

각 부대 지휘관들과 회의를 열고 향후 활동지표에 대해 협의
했다. 부대 단합과 통일 문제가 여전히 어렵고도 힘든 미해결
과제였다. 홍 장군의 복안은 안도현 내두산 부근에 새 근거지
를 만들고 연합부대를 엮어서 삼수와 갑산 쪽을 단숨에 들이치
자는 기습전 계획이었다. 하지만 군정서 부대는 청산리에서 병
력손실이 너무 많았다며 주저와 거부의 뜻을 분명히 밝혔다.

홍 장군은 서로군정서의 이청천(李靑天, 1888~1957) 장군과
꾸준한 협의를 시도했다. 하지만 그도 신중론 쪽으로 기울어

있었고 다른 독립군 지도자들까지 합세해 기습전을 맹렬히 반대했다. 홍 장군은 어쩔 도리가 없이 국내 진공 계획을 포기할 수밖에 없었다. 그 모질고 표독한 일본 군대가 보복의 대토벌을 시작한 이래 독립군 형세는 나날이 불리해져간다. 각 단체는 이렇게도 일치된 단합과 통일을 이루지 못하고 있으니 광복 대업은 언제나 제대로 된 실마리를 잡아나 볼까. 홍 장군의 탄식하는 소리가 대장막사 밖으로 밤늦도록 들렸다.

홍 장군은 안도현 대사로 일단 군영을 옮겼다. 부하대원들도 이젠 지친 몸을 좀 쉬게 해야 한다. 장군은 휘하의 여러 병사들 중 귀향을 희망하는 병사들은 모두 제각기 뜻대로 할 수 있도록 일단 해산명령을 내렸다. 이렇게 해서 70여 명이 민들레 홀씨처럼 뿔뿔이 흩어져 떠나갔다. 홍 장군도 지난번 전투 중에 총상 입은 대퇴부가 아직 아물지 않아서 좀더 관리하며 제대로 된 치료를 받아야 했다. 나뭇잎이 뚝뚝 떨어지고 앙상한 가지 끝에 하얀 성에꽃이 파르르 떠는 1920년 경신년 12월 동짓달이었다. 장백의 밀림을 헤치며 가는 독립군 행군 소리가 들린다. 뼛속까지 스며드는 한기 속에 가쁜 숨을 몰아쉬는 대원들의 입은 마치 커다란 콩 자루를 양쪽 등에 지고 가파른 언덕을 터벅터벅 올라가는 소처럼 허연 입김을 내뿜으며 거칠게 씩씩거린다.

북로군정서 부대는 안도현 황구령으로 일단 퇴각했다가 천보산 서쪽에 이르러 다시 북으로 올라서 왕청현 남하마탕을 지나 동짓달 중순경에는 춘양향 소삼차구 부근에 머물렀다. 최진동 부대는 나자구로 이동했다가 같은 달 초순 동녕현으로 진출

이청천 장군은 근대적인
군사지식을 습득한
군사인재로 서로군정서를
지휘했다.

해 부대 확장 사업에 골몰했다.

서로군정서 부대는 화룡현 경내에서 홍범도 부대와 함께 머물다가 그다음 달 초순 안도현 황구령으로 이동하여 약 140명 정도의 병력을 그대로 유지했다.

홍범도 장군은 양수천자에서 뿔뿔이 흩어진 대원들을 재소집하여 모두들 밀산으로 집결하도록 비밀통문을 띄웠다. 연해주 지역에서 보다 강력한 독립군단의 새 출범을 위한 시작이었다.

우리 군사에 알린다.

지난번에 우리 군대의 병사를 해산시켰던 것은 일시적 조치에 불과하다. 광복사업이 아직 성취되지 않은 우리 군대는 아직 해산할 시기가 아니다.

그동안 러시아 노농정부와 꾸준히 협의하여 군수품을 충분히, 그리고 무기와 탄약은 제한 없이 무료로 공급받게 되었다. 우리는 그동안 와신상담(臥薪嘗膽)을 하면서 오로지 대한독립을 위해 바람찬 황야를 헤매 다녔다. 빗물에 머리 감고 바람으로 머리카락을 빗질하면서 어느 하루도 몸과 마음이 편할 날이 없었다. 하지만 우리는 지금 지난날 우리가 함께 모여 서로 피를 마시며 굳게 맹세한 것을 반드시 지켜야 할 것이다. 그 맹세가 무엇인지 가슴에 되새기기 바란다. 속히 본대로 복귀하기 바란다.

대한독립군은 안도현 홍치허(紅溪河)로 이동했다. 이때 신흥학교의 김승빈(金承彬, 1895~1981)이 부대연합 임무를 띠고 홍범도 장군을 만나러 왔다. 장군이 머무는 대장지휘소까지 가려면 두 겹의 초소를 거치며 삼엄한 과정을 통과해야만 한다. 김승빈이 대장지휘소로 들어서자 우람한 체구에 어깨가 쩍 벌어지고 콧수염이 수북한 어른이 다정한 미소로 다가와 가슴을 껴안았다. 바로 홍범도 장군이었다. 장군은 깊은 울림이 느껴지는 음성으로 말했다.

"난 이미 알고 있소. 나의 동포를 잃었으니 이웃 동포가 다 내 동포요, 나의 형제를 잃었으니 이웃 형제가 다 내 형제가 아니겠소. 이게 곧 신흥학교의 창학 이념이지요. 나는 이 말을 참 좋아하오. 우리 아무쪼록 힘을 한데 모아 유일한 지도 아래 행동을 통일해야만 하오. 그래야만 우리의 목적을 달성할 수 있지 않겠소. 이틀 후에 내가 우리 부대를 거느리고 삼인방(三人房)으로 가겠소. 우리 거기서 곧바로 연합합시다."

홍 장군의 어조는 확고했고, 거기엔 어떤 복잡한 세속적 계산이 있을 리 없었다. 승빈은 일어나 정중하게 경례를 올리며 공손히 말했다.

"그러면 돌아가 말씀대로 시행하겠습니다."

약속한 날짜에 과연 홍범도 부대는 도착했다. 안도현 싼런팡에 잠시 머물면서 다른 부대들과도 통합 논의에 들어갔다. 작은 마을에 갑자기 군대가 들이닥치니 주민들은 식량이 부족해서 크게 당황했다. 때마침 홍범도 장군이 이 사정을 듣고 나타났다. 잠시 감개에 젖은 표정을 짓더니 말했다.

"동지들! 아무 근심 마시고 날 따라와보시오."

병사들과 주민들은 영문도 모르고 장군을 따라갔다. 한 지점에 이르러 장군은 마른 쑥대가 우거진 산 옆 언덕을 가리키며 거기를 파보라고 했다. 이윽고 흙이 파헤쳐지니 그 밑으로 뻥 뚫린 내부가 나타났다. 그곳은 오래전의 감자 굴이었다. 십여 년 전 장군이 이곳에서 부하들과 토지를 개간하고 농사를 지으며 앞날을 준비하던 그런 시절이 있었다. 당시 군량으로 먹고 남은 많은 감자를 모두 파묻어 둔 게 이렇게 하얀 앙금이 되어 구덩이로 한가득 들어 있었던 것이다. 그 감자앙금은 독립군 전체 부대원이 충분히 먹고도 남을 만큼 양이 많았다. 이 사실을 알게 된 모든 병사의 가슴속엔 말할 수 없는 감개가 서렸다.

부대 통합 논의는 늘 그래왔듯이 처음부터 어긋나기만 했다. 하지만 홍 장군이 참석하면서 당당하고 확신에 찬 무게 있는 설득은 기어이 모든 갈라진 의견을 하나로 묶었다. 마침내 여러 부대가 순조롭게 통합해서 조선의용군으로 편성되었다. 이때 장군은 러시아 원동으로 가서 그곳 유격대와 연합해 더 큰 무장조직을 결성해서 무도한 강도 일제 침략군을 무찌를 계획까지 구체적으로 가슴에 품고 있었다.

이런 어느 날 긴급상황을 알리는 나팔 소리가 산골짜기에 울려 퍼졌다. 주변 민가에 나누어 들어가 있던 독립군 대원들은 헐레벌떡 뛰어왔다. 주민들도 모두 뒤따라 왔다. 누가 무슨 죄를 지었는가. 한 대원이 손목이 묶인 채로 사납게 끌려 나왔다. 그의 두 무릎은 땅바닥에 꿇리고 고개는 푹 꺾였다. 홍 장군이 자못 엄중한 목소리로 말했다.

"네가 지은 죄를 스스로 자백해라."

하얗게 질린 대원은 목을 움츠리며 기어들어가는 소리로 말했다.

"저는 마을 여인을 겁탈했습니다."

홍 장군의 검은 눈썹꼬리 끝이 올라가며 실룩거렸다.

"너는 절대 저지르지 말아야 할 독립군 부대의 군율을 어겼다. 법에 따라 너는 마땅히 죽어야 한다. 달리 할 말이 있는가."

죄인은 고개를 푹 숙인 채 사시나무처럼 떨며 말이 없다. 청년대원은 숲으로 끌려갔다. 잠시 후에 '탕' 하는 한 발의 총소리가 울렸다. 모든 것은 그걸로 끝이었다. 전체 독립군 병사는 잔뜩 겁을 먹었다. 너무나 두려워서 숨소리조차 들리지 않았다. 홍 장군은 침통한 표정으로 당신의 혁대를 풀어서 땅바닥에 놓았다. 그다음엔 속적삼을 벗더니 손바닥에 쥐고 청년대원이 처형당한 숲으로 갔다. 그러곤 하얀 속적삼을 죽은 청년의 얼굴에 덮어주었다.

"아, 너를 죽이지 않을 수는 없었구나. 아깝다, 참 아깝고 원통하다."

시신 앞에 물끄러미 서서 중얼거리는 홍 장군의 두 볼에 뜨거운 눈물이 주르르 흘렀다. 그 광경을 바라보며 대원들도 같이 울었다. 이를 지켜보던 주민들도 함께 흐느꼈다. 그날은 줄곧 통곡의 바다였다. 홍 장군은 상체가 알몸인 그대로 터벅거리며 대장지휘소로 갔다. 그로부터 내리 사흘 곡기를 끊고 울었다. 병사들이 섬돌 아래 엎드려 빌었고 주민들이 모여와서 간청했다.

"이젠 제발 마음을 돌리소서!"

그 주민들 중에는 청년대원의 비행을 홍 장군에게 고발한 지아비도 있었다. 그는 문지방에 이마를 쾅쾅 찧으며 눈물로 호소했다.

"대장님 마땅히 죽어야 할 놈은 바로 접니다. 제 잘못으로 이런 일이 생겼습니다. 저를 총으로 쏘시든지 일어나 곡기를 드시든지…"

그는 차마 뒷말을 이어가지 못했다. 그제야 홍 장군은 길게 탄식하더니 일어나 앉아서 말했다.

"저 몹쓸 놈이 죽음으로 속죄한 건 마땅한 일입니다. 하지만 조국을 구하겠다는 독립군으로 그대 부인께 이처럼 나쁜 짓을 저질렀으니, 그렇게도 독립군 위신을 망신시키다니, 나는 이것이 너무나 가슴이 아프고 애가 타지요."

이 말을 듣는 지아비는 다시 흐느꼈다. 홍 장군의 눈에도 물기가 어렸다. 아, 그를 잊을 수 없구나. 지난번 청산리 전투에서 저 청년대원은 얼마나 용맹하게 싸웠던가. 자기 몸조차 돌보지 않고 오직 신명 바쳐 싸움터에 임하던 그의 모습이 눈에 선하구나. 하지만 그는 독립군이었기에 죽어야 했다. 전체 대원들은 홍 장군의 엄한 군율과 부하 사랑의 현장을 두 눈으로 똑똑히 지켜보았다.

그 후 주민들은 더욱 장군을 믿고 따르며 어버이처럼 떠받들었다. 의군단 부대는 어랑촌 격전을 마친 뒤 약 90명 규모의 행군으로 화룡현 장재촌으로 갔다가 12월 보름께 왕청현 춘양향 소삼차구의 북로군정서와 합류했다.

신민단군은 일본군이 연변 쪽을 들이칠 때 김준근(金俊根)이 거느린 약 50여 명 부대가 왕청현 석현에서 서대파를 지나 나자구로 진출했다. 청산리 전투가 끝난 뒤에 안무의 국민회 군대는 줄곧 홍범도 부대와 함께 다니다가 이 무렵에는 화룡현 삼도구 우심산 쪽 가동 부근에 진을 치고 주둔해 있었다.

강도 일제는 경신년 한 해 동안 압록강·두만강 연안에서 발생한 유격전투가 모두 1,651건이라고 발표했다. 이것은 우리 대한독립군들에 의한 국내 진격 활동의 치열성을 그대로 말해주는 것이다. 조선민중의 항일 무장투쟁 기본 전선은 바로 압록강과 두만강 연안의 국경지대였다. 그 주력부대가 바로 홍범도 장군을 위시한 여러 지도자들이 이끌던 대한독립군이다.

하지만 당시 대다수 독립군 수령들은 공명심과 소영웅주의, 영도권 독점의 야심 등등 마음속에 도사린 헛된 욕망들 때문에 제대로 된 연합통일을 이루지 못했다. 오직 단독행동으로 무언가를 펼치려 했다. 이것은 우쭐거리는 소영웅주의에 불과했다. 독립군 수령들은 대개 자기네 관할로 일정 구역을 차지하고 있었다. 그 영토 안에 거주하는 동포들을 대상으로 여러 사업을 실시했다. 군중문화 사업에 아동교육 사업에 후생 사업에 웬만한 민사사건은 물론이요, 강도 일제의 밀정 침투를 막는 방첩사업까지 모두 독립군 부대가 맡아서 처리했다. 그런데 사업은 여기서 끝나지 않고, 무소불위의 권력을 함부로 휘둘러서 말 그대로 봉건 영주를 닮은 막강한 권력을 휘두르는 경우도 적지 않았다. 이것은 그들의 일그러진 공명심과 자기과시, 우쭐거림, 개인적 탐욕, 터무니없는 야심 때문에 빚어진 일이다.

홍범도 장군만이 이러한 지방세력을 전혀 갖지 않았다. 단한 가지 빛나는 경력인 항일투쟁 사례 하나만으로도 그 신망은 다른 어떤 지도자보다 비교할 수 없을 정도로 훨씬 크고 우뚝했던 것이다.

7. 퇴각

눈이 오려나. 비라도 내리려나.

하늘은 종일 무겁고 흐린데 아침부터 간간이 눈발이 흩날렸다. 그러다가 저녁으로 접어들면서 갑자기 굵은 함박눈으로 바뀌었다. 들도 산도 그사이로 가늘게 나 있는 오솔길도 모두 눈 속에 파묻혔다.

1920년 경신년 12월도 어느덧 중순, 숨 가빴던 한 해가 떠나가려 하는데 모진 칼바람이 불었다. 마치 귓불을 떼어서 짓뭉개는 듯한 기세였다. 이러한 때 산야를 혼자 헤매는 나그네는 풍설산중(風雪山中) 거친 눈보라 속에 어디를 터벅터벅 찾아갈 수 있나. 그 눈을 그대로 맞으며 서북간도 여러 지역의 항일 무장단체 지도자들은 연석회의에서 결정된 합의에 따라 즉시 부대를 이끌고 북만주 밀산으로 출발했다. 지친 발걸음 다그치며 혹은 서로 위로하며 터벅터벅 목적지를 향해 갔다. 이곳으로 방향을 잡게 된 것은 오로지 안정근, 왕삼덕 등 중로연합 선전부 동지들의 강력한 권유 때문이었다.

대한독립군의 홍범도 부대, 북로군정서의 서일과 김좌진 부대, 간도 대한국민회군, 대한신민단의 김성배(金成培), 도독부의 최진동, 광복단의 이범윤, 혈성단의 김국초(金國礎), 야단 병사들, 이용규(李容珪, 1859~?)의 대한정의군 병사들이 그 주인공으로 도합 아홉 개 단위의 독립군 연합부대였다.

한편 이 무렵 남만주의 장백, 관전, 환인, 임강, 무송 지역으로 진지를 옮겨간 독립군 부대도 있었다. 대한독립군비단, 진단, 백산무사단, 홍업단, 광한단 등의 병력들이 바로 그들이다. 홍범도 장군은 이청천의 서로군정서 부대와 협력하고, 악착스레 달려드는 왜적 토벌대와 싸워가며 머나먼 북방으로 행군해 갔다. 위험한 상황은 갈수록 자주 닥치는지라 독립군 부대끼리 서로 통하는 암호를 미리 정해 두었다.

총독은 천관(天官), 헌병사령관은 지관(地官), 군사령관은 인관(人官), 도지사는 사관(師官), 군수는 학(鶴), 서기는 구(鳩), 친일파는 치(雉), 밀정은 호(狐).

헌병대장은 부관(父官), 헌병 나부랭이는 대우(大牛), 헌병보는 소우(小牛), 분대장은 사자, 분견대장은 낭(狼), 수비대장은 대호(大虎), 일본군 병졸은 소호(小虎).

일본 순사는 대돈(大豚), 조선인 순사는 소돈(小豚), 면장은 면관(面官), 면서기는 기관(記官), 권총은 학각(鶴脚), 소총은 독사, 총탄은 서(鼠), 폭발탄은 우박, 경찰서장은 토(兎)로 통했다.

편지 쓸 때나 일상 담화를 나눌 때도 이 암호 문구가 그대로 사용되었다.

"우리 모두 '천관'(총독)을 잡으러 가세."

"오늘은 우리 밭에 '소호'(병졸)가 몇 마리나 나타났는가."

"흉포한 '대호'(수비대장)는 반드시 잡아 없애야만 마을에 후환이 없으리라."

"'대돈'(일본 순사)보다 '소돈'(조선인 순사)이 더 밉다네."

"'호랑이굴'(일본군 수비대)에 모진 '우박'(폭발판)을 퍼부으세."

때는 12월 14일이다. 뼈끝도 시린 시베리아 찬바람은 휘몰아치고 박달나무도 쩍쩍 갈라 터지는데 그 어느 때보다 더욱 혹독한 북방의 맹동(孟冬)을 돌파해 간다. 오동청, 앵무현, 태성, 영고탑을 지나 도무거우, 누형동 산골로 들어오니 이 을씨년스런 날에 성가신 마적 떼가 또 나타나 길을 막는다. 놈들을 격퇴하느라 시간이 한참 지체되었다.

다시 행군을 시작해서 한 주일이 지났다. 가도 가도 끝없는 솔밭 밀림지대로 접어들었다. 잠시 쉬면서 미숫가루를 꺼내어 눈석임물에다 풀고 있는데 마음 약한 병사의 눈에서 맑은 구슬이 뚝뚝 방울져 그릇으로 떨어진다. 얼마나 지치고 힘들었으면 말도 한 마디 못하고 저렇게 눈물만 주르르 흘릴까. 신발은 진작 바닥이 드러나고 발가락은 동상에 걸려 부풀었다. 다친 발과 얼어터진 발가락엔 감각도 없다. 이런 몸으로 머나먼 길을 얼마나 더 가야 하나. 고달픈 인생길은 대체 얼마나 남았나.

그로부터 다시 행군을 계속했다. 드디어 눈 덮인 중동 철도가 저만치 지평선에 걸려 있었다. 그곳은 일본군이 지키고 있는 몹시 위험한 구역이라 깊은 밤에 철저히 사방을 경계하며 조심조심 넘어가야 한다. 술 취한 일본 병사의 노랫소리가 바람결에 묻어온다. 가만히 귀 기울여 들어보니 만주에 파견된 일본군이 불렀던 「독립수비대의 노래」다.

아아 만주의 대평야
아시아 대륙
동쪽에서 시작되는 곳
황해의 파도치는
해안에서 끝이 열려.

북으로 장장 삼백 리
동아(東亞)의 문화 뻗어가서
남만주 철도의
수비임무를 맡은
우리 부대.

「북만주 소식」도 놈들이 즐겨 부르던 노래다.

전방의 친구여
만주에도 드디어 겨울이 왔네만
소련국경 경비하는
젊은 우리의 뜨거운 피는
눈 위에 빛나는 벚꽃이란다.

건너편 벼랑에는
소비에트 토치카 보이는 흑룡강
얼어붙은 강을 건너서
붉은 여우가 달려들면

나는 득의양양 저격을 하지.

굶주림 속에 강추위와 눈보라가 몰아친다. 잠에 취한 병사들은 행군 중에 아예 눈을 감고 마치 허공을 걷는 듯 허청허청 걸었다. 소스라쳐 깨면 만주벌판 휩쓸며 불어가는 매서운 바람소리만 윙윙 들렸다. 그러다가 무릎에 힘이 빠져 눈밭에 그대로 픽픽 쓰러지는 병사도 있었다. 나뭇등걸에 이마를 부딪고 쓰러져서 그대로 줄줄 피 흘리기도 했다. 눈은 허벅지까지 빠진다. 힘은 갑절로 든다. 400명 행렬이 30리 눈길 들판에 끝도 없는 듯 길게 뻗쳐 있다.

이때였다. 재봉틀 담당 이기호(李基浩)가 기진맥진하여 풀썩 쓰러졌다. 그러면서 겨우 한마디 했다.

"난 더 이상 못 걷겠네. 모두들 먼저 가게나."

맨몸으로도 걷기가 힘든데 그 무거운 재봉틀을 등에 지고 머나먼 길을 걸어왔구나. 얼마나 지치고 힘들었을까.

행군 도중 이기호는 주어진 자기 역할과 임무에 충실했다. 행군 중에 휴식할 때면 피곤과 추위도 아랑곳하지 않고 동지들의 옷과 신발을 정성껏 바늘로 기워주었다. 하지만 기운을 너무 많이 써서 마침내 기진맥진했다. 다른 전우의 부축을 받으며 간신히 한 걸음씩 걸어오다가 기어이 쓰러지고 말았다. 그의 상급자가 매섭게 나무라며 일변 다그쳤다. 이기호는 입술을 깨물며 고개를 흔들었다. 터진 입술에서 피가 흘렀다.

"차라리 나를 여기서 죽여주시오. 이 고통을 이겨낼 자신이 나에겐 전혀 없어요."

입엔 게거품까지 물었다. 그의 절규는 얼음강물에 빠져서 울부짖는 처절한 황소울음이었다. 눈밭에서 한참 옥신각신이 벌어졌다. 마침 행렬 맨 뒤에서 후미를 정리해가며 걷던 홍 장군이 소란스런 광경을 보았다. 장군은 다가와 부하대원의 손을 포개어 잡고 다정하게 말했다.

"여보게, 기호! 이 모든 것이 운수 사나운 상관을 잘못 만난 탓일세. 하지만 우린 지금 같은 배를 타고 있다네. 내 어이 그대를 두고 그냥 가리. 그러나 내가 그대와 함께 있자 한들 저 앞에 가고 있는 수백 명 동지들은 어찌하겠느냐. 여보게, 기호! 힘들겠지만 다시 한번 힘을 내보세."

낮고도 단호한 목소리로 장군이 기호의 팔꿈치를 잡아서 일으키자 그는 힘을 내어 벌떡 일어났다. 그러고는 '내가 언제 아팠더냐'는 듯이 성큼성큼 저만치 앞서 걸어갔다. 그가 지고 온 재봉틀은 잠시 다른 병사가 대신 멨다. 기나긴 행군머리는 이런 우여곡절을 안고 온갖 고통과 역경을 넘어가며 드디어 눈 쌓인 밀산으로 접어들었다.

놀라워라. 거기는 이 풍설 속에 먼저 도착한 독립군 부대가 있었다. 전체 연합부대가 그래도 큰 탈이 없이 모진 눈보라 속을 헤치며 마침내 밀산에 왔다. 마을 담 모퉁이 바위에 걸터앉아 발바닥 드러난 신발을 벗고 탈진한 상태로 앉아 있는 병사가 있다. 짓무른 발바닥은 퉁퉁 부어올랐고 거기서 누런 진물이 줄줄 흘렀다. 얼어터진 상처에서 피고름을 짜내는 병사도 있었다. 어떤 병사는 벌써 궐련을 말아 입으로 파란 연기를 긴 한숨 끝에 후 내뿜는다. 아, 그러나 여기서 이대로 오래 쉬는 것은 위험천만한 일이다.

"금방 땀이 식고 체온이 떨어지면 온몸이 꽁꽁 얼어 동태가 될 수 있다네."

홍 장군은 병사들 사이로 다니며 일일이 각별한 주의를 일렀다. 손바닥과 얼굴을 자꾸 열심히 비벼서 열을 내도록 일렀다.

밀산은 이제 우리 독립군 연합부대의 새로운 집결지가 되었다. 명망 높은 지도자들도 거의 한자리에 모두 모였다. 하지만 사정은 그리 쉽지만은 않구나. 오직 이곳만을 목표로 허위단심 달려왔으나 막상 와서 보니 마을도 텅 비고 허허벌판에 특별한 것이 없다. 정신을 차리고 보니 우리 동포가 사는 쾌상별이라는 작은 마을이 가까이에 있었다. 하지만 너무나 빈궁한 마을이라 연합부대원 전체가 쉴 곳으로는 마땅치 않구나. 이처럼 쓸쓸하고 적막한 곳에서 독립군 조직이 어떻게 자리 잡고 터전을 닦아 제대로 훈련하며 때를 도모할 수 있으리. 어렵고 힘든 중에 그나마 동포들 오막살이집으로 삼삼오오 나누어 들어가 불편한 가운데도 열흘가량 머물렀다.

문밖을 불어가는 바람소리는 사나운 맹수처럼 울부짖는다. 몸을 새우처럼 잔뜩 오그린 채 깊은 잠에 빠져 있는 독립군 대원들. 아, 험한 세월에 살아가는 일이란 어찌 이다지도 힘들고 괴로운가. 그들은 고통도 번뇌도 없는 곳에 가 있으리라. 죽은 이들이 부럽다는 생각마저 들었다. 이렇듯 산란한 마음속에 밀산 쾌상별이의 을씨년스런 겨울은 점점 깊어만 간다. 우리들의 봄은 어디에 있는가. 그 봄이 과연 찾아오기는 올 것인가.

눈보라 속에 긴급한 첩보가 왔다. 악독한 저 왜적들이 드디어 밀산 쪽으로 추격해온다는 첩보였다. 중국 땅에는 더 이상 발붙일 곳 없어지고 그 어디로도 찾아갈 곳이 마땅치 않구나. 이제 허우적거리며 떠난들 또 어디로 갈 것이며 러시아 국경을 넘어간들 누가 반겨줄 이 있을 터인가. 아, 어디로 갈거나. 어디로 가야만 할거나.

그해 겨울 밀산의 한파는 대단했다. 아마도 영하 30도는 족히 내려갔을 것이다. 땅은 얼어붙어 쩍쩍 갈라진 틈이 보였다. 창문과 유리창에는 얼음과 성애가 몇 겹씩 끼고 햇살이 비치면 육각형 눈꽃무늬도 겹겹으로 피어 한낮에도 녹지 않았다. 길에는 인적이 뚝 끊기고 어쩌다 오가는 나귀 목에서 슬픈 방울소리만 딸랑딸랑 들렸다. 나귀의 코끝에는 내뿜는 콧김이 얼어서 턱밑으로 매달린 얼음덩이가 보였다. 나귀의 눈썹과 갈기털에는 하얀 눈이 소복이 얹혔다. 어쩌다 지나는 행인의 수염엔 마치 조 이삭 같은 고드름이 주렁주렁 매달렸다. 밖에 나가면 손과 발이 순식간에 감각을 잃었다. 뺨과 입술은 곧바로 얼어붙어 말조차 제대로 되질 않았다.

아, 먼 남녘땅 따뜻한 고향이 너무나 그리웠다. 사철 홑바지 입고 맨발로 걸어 다니면서 두레박으로 우물물 길어 마시며 살던 그 시절이 과연 언제였던가. 모든 것이 엄동의 고통 속에서 전혀 속수무책이로구나. 지난봄, 얼음이 녹을 무렵 워낙 심한 봄 가뭄 끝에 이곳 동포들은 썩은 나무뿌리 아래 고인 물을 마시고 수토병(水土病)으로 여럿이 죽었다. 고향에서 왜놈들에게 설움 받고 등 떠밀려 온갖 천신만고를 겪어가며 두만강 넘어 이곳까지 걸어온 그들이 아니었던가. 다른 도리가 없다. 가다가 눈보라에 쓰러져 죽더라도 러시아 연해주 쪽으로 가자.

독립군 지휘관들의 가슴은 칼로 도려내는 듯 쓰리고 아팠다. 망해버린 나라를 적들로부터 구해보려고 남의 나라 땅까지 와서 일편단심 싸웠다. 그런데 이제 또다시 쫓기고 쫓겨 더욱 먼 타국 땅으로 밀려가야만 한다니 이게 무슨 운명인가. 두 눈에서 흐르는 눈물은 잠시도 마를 틈이 없다.

저 간도 땅에는 일본군의 대토벌이 계속 이어져서 우리가 그동안 피땀 흘려 일구어놓은 모든 독립 사업과 터전이 송두리째 부서지고 불타버렸다. 여러 차례 이어진 큰 전투에서 탄약도 완전 바닥이 났다.

줄곧 우호적이던 중국 군대도 왜적들의 대토벌이 시작되면서 대한독립군을 대하는 태도가 아주 냉랭해졌다. 어떤 곳에선 오히려 일본군과 합동으로 독립운동을 억압하고 말살하는 기세로 바뀐 데가 많다고 한다. 최진동 군대와 허영장 군대는 밀산으로 가던 중에 큰 봉변을 당할 뻔했다. 중국 군대가 돌연히 나타나서 독립군 부대를 강제로 무장해제시키려 했다. 격분한 허영장이 권총을 뽑아들자 중국말 잘하는 최진동이 중간에 나서서 잘 구슬리고 교섭한 덕에 겨우 중국군의 공격을 모면했다고 한다. 일본군 토벌대의 추격은 날로 심해져 어디 한군데 마음 놓고 쉴 자리조차 얻기 어려웠다. 어쩔 도리가 없어서 러시아 영토로 넘어간다.

그러면 러시아는 진정한 우방인가. 아니면 후방인가. 우리는 그것조차 분명히 알지 못한다. 들판을 휘몰아치는 저 눈보라처럼 다가오는 시간은 날로 불안하기만 하구나. 러시아 빨치산들은 설마 우리를 쌀쌀히 거부하고 내치진 않으리라. 일본 침략군 놈들은 조선과 러시아 두 나라에게 공동의 적이다. 우리가 러시아와 우호적으로 연대해서 왜적을 무찔러야겠다.

홍 대장은 가던 도중 잠시 대원들을 쉬게 한 뒤 행군 길을 재촉해서 떠났다. 대한독립군 휘하 각 부대는 지친 병사들을 독려하느라 바빴다. 밀산을 등 뒤로 작별하니 이제는 오로지 연해주뿐이다. 하지만 이 엄동의 계절에 영하 수십 도가 넘는 모진 한파가 가장 힘들다. 날이 갈수록 혹한의 기세는 더욱 사나워진다.

이런 악전고투 속에 눈보라 장벽을 넘고 넘어서 양무강과 수리더우를 지난다. 호림현과 도무거우도 훌쩍 지났다. 호두에서 눈 덮인 우수리강을 만난다. 저 넓고 큰 강도 지금은 꽝꽝 얼어붙어 드넓은 눈 들판이 되었구나. 하지만 얼음 강 밑으로는 푸른 물줄기가 쉬지 않고 흘러가고 있으리라. 대한독립을 향한 우리네 마음도 저 얼음장 밑 물줄기처럼 멈추지 말아야 한다!

8. 우수리강을 건너서

중러 국경을 넘어 드디어 러시아 땅으로 들어간다. 아무르강을 건너면 그곳은 바로 소련의 국경도시 이만이란 곳이다. 엄동설한 살 저미는 추위 속에 철 지난 옷을 입고, 두 어깨를 곱사등처럼 잔뜩 움츠리고 터벅터벅 걷는 가련한 병사들. 마치 눈보라 속에 어디론가 이동하는 펭귄 같다.

고뿔에 걸려 여기저기서 연신 콜록거리는 기침소리가 들린다. 몸에 신열이 달아올라 들것에 실려 가는 대원도 보인다. 그 가련한 광경을 홍범도 장군은 뒤에서 눈물겹게 바라본다. 더러는 동상으로 귀가 얼고 발가락이 썩어들어가 걸음조차 제대로 못 걷는 병사가 많았다. 어떤 병사는 옴에 걸려 사타구니가 퉁퉁 부어올랐다. 너무 긁어서 손톱독이 벌겋게 올랐다. 그는 어기적거리며 발을 옮기다가 걸음을 멈추고 얼굴을 찡그리면서 흐느껴 울었다. 가렵고 쓰라린 환부에서 활활 불이 타는 것만 같았다.

이청천 부대는 호림에서 강을 건너다 오가키 히노데(大垣日出) 놈이 거느리는 일본군 수비대와 맞닥뜨렸다. 그 위기를 이 악물고 악전고투로 싸워서 마침내 물리치고 왔다는 소식이다. 꽁꽁 얼어붙은 동토(凍土)의 땅 이만에서 다시 한자리에 모인

영웅들. 모두 36개 대소 독립군 무장조직의 주역들이다. 청산리 독립전투의 지난 경과를 반성하고 동만과 남만 지역에서 아직도 발광적으로 계속되는 일본군의 대토벌 작전에 격하게 분노했다.

뜨거운 토론 속에 이만의 밤은 깊어갔다. 이런 때일수록 비상한 대책, 비상한 행동, 비상한 통일이 절대적으로 필요하다. 오직 단합만이 모든 난관을 뚫고 헤쳐갈 수 있는 유일한 방책이라는 사실에 모두 공감했다. 그들은 새로운 조직체의 발족에 모두가 지지하고 찬동했다. 독립군 지도자들은 각 부대의 조직력부터 우선 통일시켰다.

그리하여 9개 단체를 통합하여 새로운 대한의용군 총사령부가 편성되었다. 총 병력을 크게 3개 대대로 나누어 한 대대에 3개 중대를 두었다. 한 중대에는 3개 소대를 예하에 두어서 전체 27개 소대로 편성했다. 이에 따라 지휘부도 새로 구성했다. 홍범도의 대한독립군, 서일의 북로군정서, 안무의 국민회군, 최진동의 군무도독부군, 의군부, 혈성단 등 중국 지역에서 활동하던 무장대 조직이 한 계열이다. 그들과 더불어 청룡대, 박일리아의 사할린대, 박그레고리의 이만대 등이 연합하여 총 병력은 도합 3,500명가량으로 정리되었다.

그다음 달에는 크고 작은 36개 단체가 다시 회동하여 대한의용군 총사령부를 대한독립단으로 이름을 바꾸었다. 지휘체계도 새로 짰다. 총재는 서일, 부총재는 홍범도, 고문에는 백순과 김호익, 외교부장은 최진동, 사령관에는 김좌진, 참모부장은 김좌진이 겸임했다. 참모는 이장령과 나중소, 군사고문에는 이청천, 제1여단장은 김규식, 참모는 박영희, 2여단장에는 안무, 참모는 이단승, 제2여단 기병대장은 강필립 등이 각각 맡았다.

오, 기라성같이 우뚝 빛나는 그 이름들이여!

원동 치타정부 홍군 부대에서는 줄곧 지지와 성원을 표시하며 우정의 원조 물품을 보내주었다. 독립군 장병들은 소련 홍군 교관을 초빙해서 새로운 전술학습을 열었다. 집단 군사훈련도 계속했다. 그들의 사기는 다시 하늘 끝까지 닿았다. 하지만 이처럼 행복한 시간은 얼마 가지 못했다.

새로운 조직 대한독립단 지휘부의 지도자들은 금후의 항일투쟁 방침을 둘러싸고 날이면 날마다 지혜를 짜내며 이를 열렬히 토론했다. 토론의 중심은 무장투쟁 기지를 어디에 둘 것인지였다. 국내 투쟁은 침체에 빠졌고 만주 지역으로 망명해온 수많은 의병과 독립운동가, 애국지사들이 십여 년 간 피땀 흘려 건설해놓은 구국운동의 기지가 왜적들의 토벌과 초토화 작전으로 무참하게 부서지고 해체되었다. 이만의 독립군단은 이런 시기를 배경으로 출발했다. 과연 이 3,500명 대부대를 어떻게 입히고 먹이고 잠재울 것인가.

하지만 너무 염려하지 마라. 독립군 출발과 발자취에는 이날까지 늘 빛나는 아침의 서광이 비쳤다. 오랜 전투를 겪으며 풍부한 전술 경험을 쌓은 영웅들이 즐비하기 때문이었다. 뿐만 아니라 새 근거지를 향해 찾아오는 대원의 수는 하루가 다르게 늘어만 간다. 여기에다 러시아 치타정부는 무기와 재정 지원을 철석같이 약속하고 있었다. 아무리 힘들고 어렵더라도 우리는 지치지 말자. 서로 돕고 부추기며 용기도 주면서 희망을 품어야 한다. 그래야 모든 일이 수월하게 풀려갈 것이다.

총재 서일은 나이도 많고 선비였으므로 홍범도 장군이 실질적 지휘를 모두 도맡았다. 각종 군사작전의 책임은 김좌진과 이청천이 맡았고, 김규식과 안무는 군사훈련을 담당했다. 대한독립단 총재부 소속의 본부에는 외교부를 두었다. 새로 구성한 독립군 2개 여단 중 제1여단은 이만에, 제2여단은 중국 영안현에 본부를 두기로 결정했다.

대한독립단 사관학교도 세우기로 했다. 총재 서일은 북간도로 북로군정서 부총재 현천묵(玄天黙, ?~1928)을 출장 보내고 서간도 쪽은 참모장 나중소(羅仲昭, 1867~1928)를 파견했다. 중러 지역 독립군 단체의 통일을 위해 적극적인 교섭활동을 펼치도록 노력했다. 외교부서의 노력으로 중국과 러시아 볼셰비키의 특별지원을 얻어내는 것이 당면 목표였다. 이와 더불어 대한독립운동의 정당성을 널리 고취시키는 강연회를 개최하기로 했다. 독립군 1개 중대 규모의 정훈대를 조직해서 중국인으로 변장시키고 내년 봄에 간도 지역으로 파견시키려는 계획을 세웠다. 그러나 간도는 현재 위험천만한 적진이다. 얼마나 부담이 큰지 모른다.

새로운 대원을 모집하는 사업에도 적극 힘쓰기로 결의했다. 구체적 계획을 수립한 가운데 1921년 신유년 새해 아침이 밝았다. 타국 땅에서 맞이하는 새해는 어찌 그리도 서럽고 가슴이 사무쳐오는가. 모질고 피비린내 가득했던 경신년은 멀리 떠나가고 드디어 대망의 새해가 당도했다. 부디 바라옵건대 올해만큼은 겨레의 고통이 눈 녹듯 소멸되는 해가 되소서.

제9부
흑하사변

뽕나무 잎 따서 잎 따서
누에를 쳐요 누에를 쳐요
누에치는 누에 실로
짝짝짝 짠다네 천을 짠다네

실실이 누에 천 고운 천
옷일랑 지어 가득히 지어
구국 군에 보낸다네
홍 장군 구국 군에 보낸다네

1. 반목과 갈등

이청천 등을 비롯한 독립군 지도자들은 러시아 홍군 자유대대의 동포 출신 지휘관 오하묵(吳夏默, 1895~1937)을 찾아가서 면담했다.

"우리를 적극 도와주시오. 우리를 돕는 것은 겨레의 승전을 돕는 것이오."

오하묵은 비록 러시아에서 나고 자랐으나 조선말을 더듬더듬 할 줄 알았다. 독립군 지도자들의 그 말뜻도 대강은 짐작할 줄 알았다. 작은 키에 배가 볼록 나온 그의 체구와 길다란 가죽장화가 야릇한 대조를 느끼게 했다. 오하묵이 백방으로 주선하여 러시아 원동지구 아무르주 치타정부와 협상자리가 마련되었다. 그 자리에서 상호간 이해를 바탕으로 군사협정까지도 맺었다. 협정의 구체적 내용은 다음과 같았다.

세계평화를 위해 치타정부는 한국인의 노예 상태를 시급히 해방하기로 한다. 소비에트는 한국의 독립을 위하여 대한독립군을 원조하고 보호한다. 소비에트 영토에서의 자치와 자유로운 행동을 허가한다. 독립군 양성을 위해 무관학교를 지어주기로 한다. 치타정부는 한국 군인 양성 기간 동안 다음의 무기를 무상

지급 해주기로 한다.

대포 15문, 기관총 500정, 소총 3,000정, 군복 5,000벌, 탄환 포탄 3,000발, 실탄 10만 발, 말 50필.

한국 혁명군은 4년 간 훈련 후 일본 정벌을 개시하되 양국이 합작하여 즉시 전투를 실행하기로 한다.

이 군사협정에 담긴 내용은 얼마나 눈부신 친선이며 혜택인가. 전체 독립군 속마음에선 이제 모든 소망이 다 이루어진 것만 같았다. 구국의 길에 새날이 밝아온 것만 같았다. 하지만 이런 협정을 맺어놓고도 러시아 원동의 지방정부는 협정이행에 점차 미온적이며 소극적인 자세로 나왔다. 처음에는 대한독립군을 이용해 연해주의 강도 일제 침략군을 몰아낼 현실적 의도가 그들에게 있었다. 하지만 다른 한편으로는 일본군이 이를 빌미로 더 오래 연해주에 주둔할 명분을 주게 될까봐 그게 점점 더 두려웠던 것이다.

이젠 그들의 속셈을 알았다. 상호 간에 맺었던 군사협정은 어디까지나 말치레였음이 드러났다. 만난 지도 얼마 되지 않는 상대에게 어찌 진실한 우정을 기대할 수 있으리. 이런 악조건 속에서도 연해주의 독립군 지도자들은 몰려드는 열혈청년들을 새로 받아들여 더욱 막강한 조직력을 갖추려고 전심전력을 기울였다. 독립군들이 러시아 땅 이만 싸인발이란 곳에 주둔했는데 그게 1921년 신유년 1월 26일이었다.

어느 날 독립군 연합부대가 소유한 모든 무기를 러시아 군대로 접수시키라는 반갑지 않은 명령서가 날아왔다. 말로는 일단 치타로 이동한 홍범도 장군을 보도한 『매일신보』 1921년 4월 29일자 기사.

보관해두었다가 나중에 다시 돌려준다고 했다. 하지만 그 약속을 어찌 믿을 수 있나. 총이 없는 군대를 어찌 군대라 할 수 있는가. 이렇게 무기를 주고 나면 왜적들과는 어찌 싸울 것이며, 국권회복은 어쩌란 말인가. 저항도 해보고 불쾌감도 표시했으나 러시아군에서는 여러 날이 지나도록 이에 대해 아무런 대꾸조차 없다. 오직 되풀이하느니 일단 등록만 하고 다시 돌려준다는 말뿐이다.

이에 따라 홍범도 부대에서는 무기를 넘겨주는 쪽으로 결정이 났고, 러시아군이 트럭을 몰고 와서 모두 거두어갔다. 다른 부대들도 여기에 슬금슬금 따르는 곳이 늘어났다. 하지만 끝까지 응하지 않는 부대도 있었다. 이 과정에서 부대끼리 의견이 서로 갈라졌다. 그해 2월 러시아 군사당국에 접수된 기록에는 홍범도 부대 군사장비가 소총 709자루에 탄약이 7,000발, 폭발탄 2,800개, 코코나팔이 6대, 권총 40자루로 기록되었다. 이 군사장비가 모두 이만 러시아 군대에 보관되어 있다고 한다. 언제쯤 이것이 독립군들 손으로 되돌아올 것인가.

이 무렵 연해주로 이주한 한인은 모두 9만 4,000명이 넘었다. 시베리아 전체 지역에 20만 동포가 살았으니 동포의 지지와 후원을 받을 수 있는 인적·물적 토대가 마련된 셈이었다. 기사단, 한인청년단, 기독교청년회, 노인단, 독립단, 소년애국단 등 여러 항일단체는 이미 우후죽순으로 생겨나 있었다.

러시아의 연해주 총독 곤다찌는 코밑에 팔자수염을 꼬아서 기르고 군복의 위풍이 매우 당당했다. 표면상 그는 일본에게 부드러운 척했으나 속으로는 러일전쟁에서 패배했던 분노와 원한을 오래도록 지울 수 없었다. 그래서 한인 독립운동에 대해서 꽤 유화적인 편이었다. 경신년 초반, 협상국의 지지를 줄곧 받아오던 콜차크의 백군이 소련 홍군에 의해 여지없이 격파되었다. 러시아 혁명 세력은 폭풍우 같은 기세로 조선 두만강 쪽을 시시각각 죄어들었다. 연해주의 3·1운동 1주년 기념식장에서는 조선독립운동 세력에 대한 적극적 지원 계획까지도 발표되었다.

미·영·불 연합국 최고회의는 1920년 1월 16일, 볼셰비키 정권과의 통상을 재개하고 간섭군대 철수를 선언했다. 하지만 얄미운 기회주의자 일본만은 군대를 그대로 남겨두었고, 이것이 국제적으로 한층 비난을 받으며 고립되었다.

이런 때에 러시아 빨치산 부대가 니콜리스크에 와 있던 일본군 병사를 죽인 사건이 일어났다. 일본군은 놈들이 그토록 기다리던 절호의 기회가 드디어 왔다고 판단했다. 이를 빌미로 그해 4월, 연해주의 러시아혁명군에 대해 무장해제를 요구하며 한인독립운동 세력에 대한 가차 없는 공격과 학살을 서슴지 않았다. 일본군은 블라디보스토크와 니콜리스크 등지의 한인마을을 불시에 공격했다. 수많은 학교와 가옥, 신문사가 불타고 많은 동포가 죽거나 다쳤으며 포로로 잡혀 끌려갔다. 마치 간도사변 같은 참상이 러시아 땅에서 빚어졌다. 최재형을 비롯한 여러 독립운동가들이 이날 왜적들의 공격으로 무참히 죽었다. 역사는 이를 일러 '4월참변'이라 부른다 오, 역사여! 너는 왜 이다지 슬픈 참변을 자꾸만 발생시키는가! 이런 참변을 일으키고도 너는 어찌 혼자서 가만히 침묵만 지키고 있는가.

왜적들은 이른바 국제헌병이란 명분을 앞세워 온갖 만행을 서슴없이 저질렀다. 간악한 강도 일제 놈은 연해주 한인 독립단체의 활동에 줄곧 여러 방법으로 견제와 위협을 가해왔다. 이 때문에 연해주 한인사회당 조직이 차츰 붕괴되었다. 이 무렵 우수리 전선에 잠시 참가해서 백군 군대와 전투를 펼치던 홍범도 장군도 뚜렷한 성과 없이 복귀했다. 좌파 지도자 이동휘는 신변의 위기를 느끼고 서둘러 북간도 쪽으로 피신했다.

당시 연해주엔 두 항일단체가 있었으니 고려공산당과 전로(全露)고려공산당이 바로 그것이다. 하지만 이 두 조직은 결코 단합하지 않고 별도로 활동하며 지부를 구성하고 당원을 뽑았다. 알력과 반목을 노골적으로 드러내며 치열한 갈등 속에 서로의 주도권을 다투었다. 소련 국적이 없는 한인들로만 조직된 고려공산당에 비해 전로고려공산당은 처음부터 소련 국적을 가진 한인들이었다. 그들은 애당초 상대를 무시하고 별반 연합할 뜻을 갖지 않았다. 이런 내분과 파쟁의 분위기 속에서 대한 독립단 대부대가 러시아 연해주로 옮겨왔다. 연해주의 두 조직은 독립단 부대원들을 서로 자기 조직으로 끌어들이려고 온갖 회유와 협박, 심지어는 상대를 파멸시키려는 모함까지도 저질렀다.

머나먼 연해주까지 와서 이게 무슨 짓인가. 어이없어라. 같은 겨레끼리 펼치는 알력과 파쟁의 소용돌이 속에 어처구니없이 휘말려들고 말았다. 가련하도다. 독립군 부대의 운명이여.

풍편에 들으니 상해 임시정부에서도 날이면 날마다 지역싸움, 파벌싸움으로 덧없이 하루해가 저문다고 했다. 타국 땅 남의 집 문간방을 셋방살이로 빌려서 어렵사리 차렸던 임시정부란 것이 아니냐. 그런데 고작 그 모양 그 꼴이었으니 이야말로 가관이 아닌가. 피 끓는 혁명가 단재(丹齋) 신채호(申采浩, 1880~1936)가 분노에 떨리는 충청도 말씨로 절규했다.

"부끄럽구나. 참으로 부끄럽구나. 우리가 이렇게 싸움질하기 위해 만리타국까지 왔던 것인가."

그 후 단재는 임정을 떠나 의열단(義烈團)에 스스로 가입하고 약산(若山) 김원봉(金元鳳, 1898~1958)과 교류하며 강렬한 투쟁의식으로 펄펄 끓는 아나키스트가 되었다. 그의 깊은 뜻은 역대의 명문 「조선혁명선언」(朝鮮革命宣言)에 고스란히 담겨져 있다. 단재는 격정에 넘치는 어조로 강도 일본의 침략행위를 통렬히 질타했다. 사해동포가 총궐기하여 싸워야만 진정한 해방을 얻을 수 있다고 역설했다.

당시 소련 국제공산당 지도부 코민테른은 조선의 민족해방

지도자로서 이동휘를 주목하고 있었다. 그가 상해 임시정부로 들어가 국무총리직에 오른 것에 대해 커다란 지지와 기대감도 표시했다. 자기들도 힘든 재정난을 겪는 중에 금화 200만 루블을 선뜻 지원하겠다고 약속했다. 그중 40만 루블을 한형권(韓馨權)이 모스크바까지 가서 직접 받아 왔다. 하지만 어찌 된 일인가. 상당한 액수가 중간에 사라지고 정작 상해에 도착한 돈은 몇 푼 안 되는 작은 돈이었다. 그런데 이 쥐꼬리 자금이 도리어 화근이었다. 그걸 서로 차지하겠다고 날이면 날마다 싸움질이었다. 신문지에 둘둘 말아 싼 돈뭉치를 앞에 놓고 상해 임정 내부에는 개조파와 창조파로 갈라져 서로 싸웠다.

이동휘는 이 자금으로 상해 지역의 한인 공산당 단체를 조직하려 했다. 하지만 이르쿠츠크에서도 이에 맞서 독자적으로 공산당 조직체를 만들었다. 두 단체는 줄곧 대립하며 끝없는 정치적 파쟁을 계속했다. 이르쿠츠크파는 이동휘가 레닌의 자금을 혼자 유용했다고 의심했다. 상해 측에서는 그 돈을 임시정부에서 쓰게 되기를 내심 기대했으나 이동휘는 이를 단번에 거절했다. 결국 거센 비난이 쏟아졌다. 이동휘는 즉시 임정과 결별하고 연해주로 떠났다. 거기서 한인 공산주의 단체는 심각한 내분과 대립으로 치달았다. 결국 모스크바에서 중재자가 파견되어 조절과 통합을 시도했으나 막무가내였다.

오호라, 이것이 동족상쟁의 씨앗이었을까. 차라리 레닌의 자금이 없었더라면 이처럼 더럽고 치사한 싸움만은 없었으리라.

독립군 부대들은 일단 소련 땅에 넘어왔으므로 그곳 지방정부와 홍군 부대의 지지를 얻어야만 했다. 그래야 활동기지와 무기, 탄약의 보충, 군사간부 양성, 식량과 피복의 공급 등 여러 당면문제를 해결할 수 있었다. 이런 처지에서 독립군 지도자들은 알게 모르게 고려공산당과 소련 홍군 소속 한인 지휘관의 지시를 받는 처지가 되었다.

이 무렵 홍범도 장군은 추풍에 사는 문승렬(文承烈)의 집에 와서 여러 날 머물다 갔다. 승렬은 홍 장군을 친형님처럼 모셨다. 그는 일찍 아내를 잃고 추풍에서 소문난 일꾼이다. 박승관(朴昇官)의 집에 머슴살이를 다니며 혼자서 아이 셋을 키우고 있었다. 홍 장군이 부드럽고 은근한 목소리로 말했다.

"동생! 내가 자네 집에 와서 숱한 폐를 끼쳤고 그동안 받은 융숭한 대접이 이만저만이 아니었구려. 나 이제 그만 떠나려 하네. 나는 어차피 조국독립을 위해 나섰으니 정처 없는 몸일세. 시간이 없어 자주 상면 못 하는 게 정말 서운할 뿐이네. 언젠가 우리가 승리하여 행복한 세상이 돌아온다면 그때 자네와 다시 만나 회포를 풀어보세. 나는 이번 길에 화발포를 거쳐 모스크바까지 들어가려네. 할 수만 있다면 레닌 동지를 만나보고 싶다네. 자네는 아무쪼록 자식들 잘 돌보고 저 불쌍한 아이들에게 항상 조국의 힘든 사연을 가르쳐주게나. 그래야만 저 아이들이 이 담에 자라나서 새 세상의 영웅이 될 게 아닌가. 그러니 동생은 제발 부탁하건대 홀아비 몸으로 지내지 말게. 부디 착하고 어여쁜 각시를 배필로 얻어 아이들 키우는 일에 이젠 근심을 덜어내도록 하시게. 나는 이 말을 자네한테 백 번 천 번 거듭 당부하네."

이렇게 긴말을 다정하게 조곤조곤 들려준 뒤 홍범도 장군은 승렬의 자식들을 당신의 그 넓은 품에다 한 번씩 차례대로 번갈아가며 꼬옥 껴안아주었다. 승렬은 그 옆에서 감격으로 울먹이며 말했다.

"형님! 아무쪼록 편안히 가옵소서. 제가 오래오래 모셨으면 얼마나 좋겠습니까. 저는 형님의 결심이 반드시 성공하리라고 믿습니다."

문승렬의 아들 문금동(文錦童, 1912~92)이 어린 시절의 이야기를 추억하며 글을 썼고, 이것이 『아부지와 홍범도』란 제목의 필사본 회고록으로 발간되었다. 문용남의 후손 문승렬이 1912년 두만강을 넘어서 러시아 땅 추풍의 육성촌으로 이주하는 내력에서 이 작품은 출발한다. 연해주 육성촌으로 이주해서 줄곧 항일사상을 지니고 살았던 아버지 문승렬의 생애를 아들 문금동이 회고 형식으로 풀어서 썼다. 문금동은 자신의 어린 시절을 회고하며 부친 문승렬과 누나 마리야, 동생 문금석 등과의 슬프고도 험난했던 가족사를 되새긴다.

문승렬은 연해주로 옮겨간 초기, 그곳 토박이 지주 박승관의 집에서 소작인으로 농사를 부치며 힘겹게 살아간다. 이러한 고통 중에 아내와 맏아들 금봉이가 병으로 죽는다. 잇따라 비통한 액운을 겪으면서도 문승렬은 독립군 부대인 혈성단(血誠團) 간부 허성환(許成換)과 비밀연락을 갖고 일본군 부대에 대한 여러 가지 첩보를 계속 제공한다.

혈성단의 정식명칭은 대한애국청년혈성단(大韓愛國靑年血誠團)이다. 1920년 11월 만주 흑룡강성(黑龍江省) 오운현(烏雲縣) 배달둔(倍達屯)에서 조직되었는데, 임원은 단장에 김국초

(金國礎), 부단장에 김춘일(金春日), 서기에 정태룡(鄭泰龍) 등이다. 조직 내부에는 서무부, 재무부, 통신부, 사교부의 부서가 있었다. 이 단체는 각지의 청년들을 규합하여 항일 무장투쟁을 전개할 목적으로 조직되었다. 청산리 대첩 이후 각 무장단체가 밀산(密山)에 집결하여 대한독립군단을 결성할 때 북로군정서, 대한국민회, 대한신민회, 도독부, 의군부, 야단, 대한독립군 등과 함께 참여했다. 그 뒤 연해주 이만으로 이동했다가 자유시로 건너가 흑하사변을 겪고 만주로 돌아와 활동을 계속했다. 그 이후의 활동은 기록에 잘 나타나 있지 않으나 1924년, 단원 두 명이 국내로 잠입하여 군자금을 징수한 기록이 있는 것으로 보아 그때까지 단체가 존속했음을 알 수 있다.

당시 일본군 부대는 만주뿐 아니라 연해주의 여러 지역까지 진출하여 군사적 활동을 펼치고 있었음이 문금동의 수기를 통해 확인된다. 연해주 육성촌 주변에 주둔해 있던 일본군 부대의 갖은 악행과 군사적 활동 내용, 독립군에 대한 철저한 감시, 당시 놈들의 군사훈련 내용까지도 염탐을 한다. 고려인으로 일본군 부대에서 통역일을 하며 살아가던 김연학이란 자의 악행도 보인다. 어느 날 문승렬은 육성촌 주둔 일본군 부대로 잡혀간다. 그의 첩보 수집행위가 탄로되어 모진 문초가 시작된다. 심한 고문을 받아서 거의 초죽음이 되었을 때 풀려나 간신히 집으로 돌아온다.

승렬의 장남 문금동은 연해주 육성촌의 일본 군대 내부 막사 주변의 '쓰럭이통'(쓰레기장)에서 일본군 병사가 쓰고 버린 '투럭이'(헌 양말), '축기짝'(뜨개) 따위 등 재활용 물품들을 주워 팔아서 생계를 보조한다. 이따금 쓰레기 속에서 불발탄(폭발탄)을 찾아 부친에게 몰래 갖다주기도 한다. 문금동의 이러한 활동은 일본군 부대의 전체 동향을 파악하는 대담한 정탐 활동이기도 하다. 일본군은 수시로 마을로 내려와 숨어 있는 독립군을 체포하여 혹심한 고통을 주었다.

한번은 문금동의 집에 찾아온 독립군 밀사(密使)가 있었는데, 그는 혈성단 단원이었다. 이 사실이 일본군 부대에 염탐이 되어서 금동의 부친 문승렬은 체포되어 포승줄에 묶인 채로 끌려간다. 가장(家長)을 잃어버린 채 아이들만 남아 있는 불쌍한 가정을 이웃집 최 영감이 정성스레 보살펴준다. 동포들은 어려운 일이 발생했을 때 이렇게 상부상조했다.

금동은 부친이 일본군에게 잡혀간 뒤로 하루도 빠지지 않고 평상시처럼 일본군 부대 옆의 쓰레기장으로 가서 재활용할 물건을 줍는다. 하지만 부친의 근황에 대한 염탐이 주목적이다. 어느 날은 포승줄에 묶여 족쇄에 채워진 채 일본군에게 끌려가는 불쌍한 모습의 아버지를 목격하고 큰 충격을 받는다. 하지만 금동의 부친 문승렬은 이를 알고도 일부러 아들 쪽을 보지 않고 고개를 돌린다. 그것은 아들을 보호하려는 부정(父情)의 발로다. 문승렬의 이러한 고초를 알고 독립군 청년들이 몰래 찾아와 밀린 농사일을 대신해주는 장면도 보인다. 마침내 시간이 경과해서 승렬은 초죽음의 상태로 풀려나 집으로 돌아온다. 이후에도 위험 속에서 홍범도 부대와 비밀연락을 가지며 깊은 밤 독립군 부대원들이 몰래 승렬의 집을 다녀가기도 한다. 독립군들과 만날 때는 반드시 비밀스런 암구호(暗口呼)를 외친

청산리 전투에서
대패하고
전사자의 시체를
옮기는 일본군의
철수 광경.

다. 이쪽에서 "조선!"이라고 하면 상대 쪽에서 "독립!"이라고 외치는 응답이다.

일본군과 독립군 사이에 벌어진 치열한 교전 장면도 보인다. 이 전투에서 죽은 일본군이 소달구지와 말수레에 제각기 분산되어 옮겨지는 장면은 마치 현장을 보듯 실감이 난다.

먼 데 사람이 흐릿하게 보이는 새벽이다. 이른 아침부터 말수레와 소수레가 줄지어 마을로 들어온다. 아이들은 모두 길에 나가서 수레 행렬을 구경했다. 수레마다 일본 병졸이 장총에 칼을 꽂은 채 굳은 표정으로 앉아 있다. 수레는 모두 16대. 소달구지

국제회의 참석 차
모스크바를 방문한
홍범도 장군.

가 5대, 말 달구지가 11대였다. 수레에는 죽은 일본군 시체가 둘씩, 셋씩, 넷씩 실려 있다.

그 뒤를 따라서 중상자들도 여럿이 달구지에 실려서 온다. 맨 뒤에는 크게 다친 조선인 통역이 실려 있다. 그의 몸뚱이 절반은 수레에 실렸지만 두 다리가 수레 밖으로 삐져나와 건들건들한다. 이따금 '나 죽소' 하는 신음소리도 들린다. 그 수레들은 모두 일본군 부대 안으로 들어갔다.

육성촌 지역에 주둔하던 일본군이 모두 이동한 뒤 홍범도 장군이 부대원을 인솔해서 문승렬의 집을 찾아오는 장면이 글 속

에 나타난다. 아이들만 지키고 있는 집을 둘러보며 옛 감회에
젖던 홍 장군은 외출에서 돌아온 문승렬과 만나 얼싸안고 반가
운 상봉의 대화를 나눈다. 그 장면은 감동적이다. 홍범도 장군
의 육성이 실감나게 느껴진다.

　야, 이 사람아! 자네는 아이들과 자기 집에서 살아갈 수 있으
니 얼마나 다행인가. 나는 식솔을 진작 일본 놈들의 불구덩이 속
에 잃어버리고 해외로 나와 이렇게 동서남북으로 떠돌아다닌다
네. 낮이나 밤이나 수풀 속을 헤매고 다닌다네. 그래도 나는 죽
기 전에 반드시 왜적을 물리치고 대한독립을 이루려 하네. 오늘
자네가 부어주는 이 술은 보통 술이 아닐세. 우리 함께 잔을 들
어 형제가 된 것을 결의하세. 또한 이 술잔은 우리가 다시 만난
상봉의 기쁜 술이기도 하다네. 자, 다들 보시오!

　문승렬의 집에는 어느 날 박춘화(朴春和)라는 독립군 청년이
아내를 데리고 와서 숨겨달라는 요청을 한다. 그들은 일본군에
게 쫓기고 있었다. 승렬은 그들을 거두어주었다. 하지만 부부
는 몸을 다친 상태에서 또 병까지 들어 곧 죽음의 문턱에 다다
랐다. 이 무렵에 홍범도 장군이 부하들과 함께 승렬의 집을 찾
아온다. 숨어 있는 젊은 부부의 이야기와 전후곡절을 다 듣고
난 홍 장군은 그들을 도와주려고 마음먹는다. 승렬은 홍 장군
에게 그동안 몰래 숨겨온 권총을 선물로 바친다. 독립군들은
승렬의 농사일을 도와 추수까지 마치도록 한다. 승렬은 돼지를
잡아서 홍 장군과 부대원들을 극진하게 대접한다. 한창 돼지를

잡아서 삶고 있는 중에 독립군 춘화는 뒷방에서 숨을 거둔다. 홍 장군은 춘화의 장례식을 마칠 때까지 거기 머물며 모든 뒷바라지를 주도한다.

이 기록에 나타나는 홍범도 장군의 풍모는 부하들에게 한없이 다정다감하고 정겨운 형님처럼 푸근하고 친숙하다. 장군의 사리분별은 엄중하고 대의와 의리를 철저히 지키며 규범성을 존중하면서도 부드러운 자세를 흐트리지 않는다. 이러한 홍 장군의 표상은 후배나 부하들로 하여금 한없는 존경심을 자아내도록 한다.

2. 아, 흑하사변

무심한 시절은 흐르고 흘러 1921년 신유년 6월이었다. 중국 동북 지방과 소련 국경이 맞닿아 있는 아무르주에는 스보보드니란 도시가 있다. 역사책에 '자유시'(自由市)로 기록된 곳. 옛 이름으로는 알렉세옙스크. 세계 여러 지역 약소민족의 해방을 전적으로 지지해온 소련 정부는 제국주의 압제에 시달리는 조국 해방을 위해 불철주야 애쓰는 한인들을 이곳으로 받아들이면서 활동의 자유를 보장해주었다. 그로부터 스보보드니에 머물던 우리 동포들은 이곳을 '자유시'라 부르게 되었다.

당시 이곳에는 한인총회도 있었다. 자유시엔 오하묵(吳夏默, 1895~1937)과 최고려(崔高麗, 1893~?)가 이끄는 소련 홍군의 한인보병자유대와 황하일 부대의 연합부대원 약 500명이 정식으로 주둔하고 있었다. 또한 아누치노에서 온 박그리고리 부대, 호르강 유역에서 온 최니콜라이 부대도 있었다. 여기에다 만주에서 눈보라 속을 대장정으로 이동해온 홍범도 부대, 안무 부대, 최진동 부대, 허영장 부대가 또다시 합류했다. 게다가 박일리야 부대와 연합한 3,000명가량의 사할린특립의용대도 있었다. 그들을 일컬어 '사특의용군'이라 불렀다.

이들이 전부는 아니다. 박일리야가 거느린 니콜라옙스크 부대도 있었다. 이 부대의 이름은 우리말로 '니항(尼港) 군대'로 일찍이 소련 홍군과 함께 일본 침략군을 용맹하게 무찔러 명성이 높았다. 박일리야는 원래 니콜라옙스크 농촌의 조선학교 교사였다. 제1차 세계대전이 일어나서 징집이 되었지만 학부형들의 청원으로 입대를 용케 모면했다. 나중에 니항이 빨치산에게 해방되자 포병장교 출신의 지도자 트리피츤이 그를 신임하여 군사조직을 맡겼다. 그것이 바로 박일리야 군대였다.

분위기가 이러한 형편이니 스보보드니, 즉 자유시 전역에는 온통 한인 병사들로 가득했다. 서로 소속이 다른 부대원들끼리 주고받는 눈길도 곱지 않았다. 약간의 주도권 다툼 같은 기색도 나타나곤 했다.

경신년 봄, 북경에서 소련 대표 카라한과 일본 공사 요시자와 겐키치(芳澤謙吉) 사이에 회담이 열렸다. 명분은 캄차카반도 부근의 해상어업권 결정 문제였다. 이 자리에서 요시자와는 주제와 무관한 이야기부터 시작하는데 말본새가 대뜸 거만하고 비난조였다. 러시아 영토 내에서 일본에 방해되는 한인 무장단체를 육성하는 것은 양국 친선에 나쁜 지장을 준다고 노골적으로 겁박을 주었다. 요시자와 놈은 연해주 한인 독립군 부대의 해산을 면전에서 직설적으로 요구했다.

일본군들은 4월참변 이후 철수하지 않은 채 블라디보스토크, 우스리스크 등지에서 한인마을을 무려 석 달 동안이나 불태우고 파괴하면서 쏘다녔다. 무법천지(無法天地)가 따로 없었다. 일본의 요구를 무시할 수 없었던 소련 정부 코민테른 동양비서부는 1921년 신유년 3월, 만주에서 넘어온 모든 대한독립단 부대를 소련군 한인보병자유대대에 강제로 편입시켜버렸다. 여기에 그루지아 사람 갈란다라시윌린이 사령관으로 취임하고, 오하묵이 부사령관으로 임명되었다.

오하묵은 원래 이르쿠츠크파 계열의 인물로 상해파 계열과는 처음부터 적대적 관계였다. 이런 오하묵은 이만의 독립단 부대를 자유시로 모두 집결하도록 지시했다. 당시 상해파를 지지하던 독립군 지도자들이 오하묵의 명령을 거부하자 고려혁명군회의 측에서는 그동안 지속해오던 지지와 원조를 일시에 끊어버렸다. 군사협정을 위한 체결각서도 한 조각 휴지로 구겨져 폐기되어버렸다.

일이 이렇게 돌아가자 치타 정부와 독립단 지도자의 우호적 관계는 차츰 서먹해지고 분위기가 극도로 나빠졌다. 서로 냉대하고 비난하며 독립단끼리 편싸움을 하도록 은근히 이간질했다. 이런 형세는 점차 저질적인 종파싸움의 흉측한 꼴로 번져 갔다. 당시 학식이 없는 노동자 출신의 당원들을 '커우대 당원'이라 불렀다. 그것은 해삼위 에게셸트 선창에서 콩 자루를 메고 다니던 전력을 얕잡아 경멸하는 말이었다. 한편 책임당원들인 파당꾼들을 일러 '밥자리 싸움꾼'이라 부르기도 했다. 이 말은 어느 파에 속한 자가 무슨 일자리에서 일하면 반드시 어떤 흠집이든지 내어서 그를 형편없이 몰락시키는 인간들을 냉소적으로 일컫는 말이다. 문창범·최고려 등이 이런 밥자리 싸움꾼에 속했다. 문창범은 원래 소왕령에서 쇠고기 장사를 했었고 그때 돈을 모아 큰 부자가 되었다. 원래 백정에 장사치 출신이라 바탕이 야비하다고 사람들은 빈정거렸다. 남만춘(南萬春),

김철훈(金哲勳), 김하석(金夏錫) 등도 널리 알려진 종파분자들이다. 당시 많은 사람들이 이 소모적인 종파싸움에 시달렸다. 특히 이동휘가 김하석에게 심한 고통을 받았다. 신한촌에서 김하석이 이동휘를 만나 먼저 말했다.

"우리 이젠 과거를 모두 잊고 그만 화해합시다."

이동휘가 쌀쌀맞게 거절했다.

"당신과 나는 인간적으로는 잘 알지만 독립 사업을 생각하면 철천지원수요. 나는 죽은 후에도 당신 같은 인간과는 절대 화해할 수 없소."

둘은 몹시 곤두선 얼굴로 외면하며 냉랭하게 돌아섰다.

그 후 세월이 흘러 이동휘는 늙고 병들었다. 두 사람이 화해할 기회는 영영 사라진 채 북만주 벌판에 어느 해 겨울 심하게 눈보라 휘몰아치던 날, 친구 집에 다녀와 심한 고뿔을 앓더니 그길로 곧 세상을 하직하고 말았다. 김하석은 부고를 받고도 장례식에 가지 않았다. 한번 쌓인 원한은 죽은 뒤에도 여전히 남아 있었다.

설상가상이라더니 한인 독립단 지휘자들 사이에서는 비겁한 군권다툼까지 슬금슬금 벌어지고 있었다. 니항군 지도자 박일리야는 처음에 사특의용대를 발족시키면서 자유시의 모든 한인독립 무장단체는 자기 밑으로 들어와야 한다고 턱을 추켜세우며 거드름을 피웠다. 한 사례를 들자면 오하묵의 보병 자유대대까지도 제 마음대로 무장해제를 시켰는데, 이에 대해 오하묵이 단단히 앙심을 품었다. 자존심에 큰 상처를 받은 오하묵은 어금니를 부드득 갈았다. 전로고려공산당 간부 오하묵은 박

다니며 외롭게 호소하고 목이 쉬도록 역설했다.

"이러면 아니 되오. 아니 되오. 이것은 우리 모두가 죽는 일이오. 결코 옳은 방법도 선택도 아니오. 다시 한번 우리 냉철히 생각해봅시다. 동포끼리 싸우려고 우리가 이 러시아 땅에 왔나요. 분파행동(分派行動)은 왜적들과의 싸움에서 우리 목숨의 절반을 떼어 놓고 싸우는 것과 같소."

이리도 애타게 설득하며 절규했으나 젊고 과격한 대원들은 도리어 싸우지 않는다고 마구 투덜거렸다.

"까짓것 언제 죽어도 죽는 것. 미운 털 박힌 놈 몇 놈쯤 콱 쏘아 죽이고 나서 나도 죽고 말겠소."

세상은 점차 걷잡을 수 없이 대책 없는 광기로 불타올랐다. 파괴와 자폭 충동으로 젊은 대원들 눈에는 핏발이 섰다. 목소리엔 맹목적 분노가 서렸다. 이청천(李靑天)이 홍 장군과 자주 만나 대책을 협의했으나 두 사람이 나서서 그 아슬아슬한 일촉즉발의 사태를 막아보기엔 이미 때가 늦었다.

1921년 5월 21일 고려혁명군사의회의 총사령관 갈란다라시월린은 박일리야에게 최후통첩을 보냈다. 무조건 통합하지 않으면 강제로 무장해제를 시킬 것이라 했다. 하지만 묵묵부답이었다. 갈란다라시월린의 대변인 형세로 권력을 틀어쥔 오하묵은 다시 전령을 보냈다. 그러나 한번 간 병사는 다시 오지 않았다.

6월 27일 새벽 1시, 실낱같은 달이 먹구름 속으로 들어가버렸다. 달도 땅 위에서 곧 펼쳐지게 될 더럽고 끔찍한 광경이 보기 싫었던 것일까. 오하묵은 공산주의 연대병력을 이끌고 자유

오하묵과 박일리야.

시에 당도했다. 이때 박애가 긴급한 비밀편지를 써서 박일리야
에게 보냈다.

"제비가 내려가니 주의하시오."

여기서 제비란 오하묵을 가리키는 말이다. 사진을 보면 콧대
가 우뚝한데도 사람들은 그의 코를 납작한 개발코로 여겼다.
주변 사람들은 그를 낮을 저(低), 코 비(鼻), 즉 '저비'란 별명으
로 불렀다. 그런데 차츰 세월이 흘러 이 '저비'가 '제비'로 둔갑
한 것이다. 오하묵은 고려혁명군사회의 군대를 이끌고 박일리
야의 사할린의용대를 포위했다. 자유시 동남쪽 언덕진 비탈을
따라 산병선이 펼쳐졌다. 모두들 실탄을 장전하고 즉각 사격명
령이 떨어지기만을 기다렸다. 혹시나 하는 생각에 최후로 합류
를 권유해보았으나 허사였다. 만약 사특의용군이 스스로 무장
해제를 하지 않으면 곧 강압적인 해제뿐이라고 최후통첩을 보
냈다. 이윽고 사특의용군 측에서 그날 정오까지 알려주겠다는

회답이 왔다.

"무슨 속셈인가. 잠시 시간을 벌어볼 계산인가."

숨 막히는 긴장이 감돌았다. 곧 천지개벽하는 불길한 일이 터질 것만 같았다.

드디어 정오가 되자 어디선가 탕 하는 한 방의 총소리가 들렸다. 그것은 신호탄이었다. 곧 소름끼치는 일제 사격이 시작되었다. 마치 콩을 볶는 듯 요란한 총소리가 자유시 상공을 뒤덮었다. 오하묵의 선제 기습이자 일방적인 공격의 개시였다. 사특의용대에서는 마지못해 응사해왔다. 구체적 경과에 대해 자꾸 궁금하게 여기는 갈란다라시윌린에게 오하묵은 박일리야 부대가 먼저 무장폭동을 일으키고 공격을 했다는 거짓보고를 올려 보냈다. 조용히 눈치만 보고 있던 조선독립군 부대에도 마침내 포탄이 날아오기 시작했다. 그야말로 무차별 공격이었다. 오직 무력으로 모든 것을 제압하겠다는 파쇼적 망동이었다.

이윽고 다음 날 오후 4시, 오하묵의 지방수비대와 소련 홍군 제29연대의 43개 중대는 장갑차와 중기관총으로 잔뜩 중무장한 600여 명의 기병대를 앞세우고 수라제프카를 향해 진격해 들어왔다. 홍수처럼 밀려드는 고려혁명군 연합부대의 공격 앞에 사할린의용대 장병들은 맥없이 무너졌다. 박일리야 혼자서 잔뜩 독이 올라 소리를 지르고 있었지만 사특의용군 병사들은 전의(戰意)조차 잃어버린 상태였다. 숫자도 많았고 일본군과 싸웠던 전투 경험도 풍부했지만 그들은 혁명의 동지들과 서로 피 흘리며 싸우는 일만큼은 결코 하고 싶지 않았다. 멀고먼

흑하사변의 현장 수라제프카역.

타국 땅까지 와서 대체 이게 무슨 꼴인가. 이 전투의 부당함을 밝히고 그 괴로움을 이기지 못해 스스로 목숨 끊은 병사도 있었다. 평양 출신의 강영렬! 그의 마지막 말은 지금 다시 들어도 피 끓는 웅변이었다.

"나는 비록 붉은 군대 소속이나 같은 민족끼리 죽이는 만행은 차마 못 하겠소. 동족에게 죽기가 싫으니 나는 내 손으로 미리 죽겠소."

강영렬의 뒤를 따라 자결한 병사가 여럿 있었다. 배달겨레가 서로 죽이고 피 흘리는 살상은 참으로 뼈아픈 일이었다. 분단 세월 어언 백 년이 가까워 오는데 그동안 이들처럼 맑고 순정한 마음을 가졌던 사람이 있었던가. 있었다면 그 누구인가. 말하라! 과연 누구인가.

사특의용군 병사들은 쫓기고 쫓겨서 제야강까지 밀려갔다. 수라제프카역 부근에서 많이 죽었다. 뒤에는 퍼붓는 총탄이요 앞에는 흑하(黑河)의 검푸른 물결이었다. 작은 조각배가 하나 있었으나 너무 많이 타고 달아나다가 강심에서 그대로 뒤집혀 거친 물결에 휩쓸려 떠내려갔다. 겨우 살아남은 몇 사람은 강을 헤엄쳐 건넜고, 자작나무 숲으로 이어지는 습지에 엎드려 낮은 포복으로 기어서 천신만고 끝에 중국 땅으로 달아났다. 총알은 머리 위로 핑핑 날아갔다. 황무지를 달리고 달려 이틀 날 해 질 무렵에야 겨우 어느 중국인 농가에 다다를 수 있었다.

이렇게 목숨 건진 독립군 병사들은 기약도 없이 연해주나 만주 방면을 향해서 풀씨처럼 흩어져 소련군의 독한 올가미를 피해 달아났다. 정처 없는 방랑이었다. 인가도 없는 황야를 길을 잃고 헤매다가 굶어 죽은 병사도 많았다. 잔인한 마적을 만나 억울하게 숨겨간 병사도 있었다. 국경수비대 일본군에게 붙잡혀 억울하게 죽은 병사도 있었다. 이리하여 러시아에서 조직하겠다던 항일무장의 원대한 꿈은 바위에 부딪쳐 깨진 사발처럼 산산조각으로 부서졌다.

안타까워라. 우리 겨레의 불운함이여. 다가온 통합의 기회를 스스로 부수고 순정한 뜻을 무참히 꺾어버린 인간본성의 잔혹함이여. 그 비루하고 천박한 욕망이여.

이날 전투에서 272명이 포화에 죽고 37명의 장병이 아무르강에 그냥 뛰어들어 허우적거리다가 떠내려갔다. 나머지 250여 명은 그 시신조차 찾을 수 없었다. 소련군에게 체포된 병사는 917명이다. 역사는 이 전투를 일컬어 '흑하사변'(黑河事

變)이라고 부른다. 또는 '자유시참변'(自由市慘變)이라고도 부른다. 자유시에 도착해서 그토록 갈망하던 자유는 진작 사라져 버리고 피비린내 나는 처참한 사변만 겪었구나. 뻣뻣한 시신만 나뒹구는구나.

하지만 이 비극적 사건을 지금 기억하는 이 하나 없고, 무너진 역사의 흙더미 위에는 올해도 마른 잡초들만 무성하다. 이런 싱거운 명칭 따위가 대체 무슨 소용인가. 강도 일제 침략자들과 목숨 바쳐 싸우겠다는 독립투사들이 동족끼리 서로 원한을 품은 채 그것도 남의 나라 땅에서 아까운 피를 흘리며 싸늘한 주검으로 만리타국에 묻히고 말았다.

슬프구나! 가슴마저 따갑고 아파라! 원통 절통하여라!

그 먼 곳까지 허우적거리며 제 발로 찾아가서 이 무슨 어처구니없는 동족상쟁인가. 남의 나라 땅에서 이 무슨 해괴망측한 만행이었던가. 악랄한 종파 분자들의 조종 밑에 자기 세력을 넓히려는 졸렬한 파벌싸움에 영문도 모르고 휘말려들어 차디찬 흑하의 넘실거리는 물결과 강기슭에 울며 떠도는 억울한 원귀(冤鬼)가 되고 말았다. 그날 어이없이 죽은 병사들이여. 우리 형제들이여. 내 이제야 그대들을 위하여 두 손 모아 비옵나니, 부디 노여운 원한일랑 푸시라. 푸시라.

나라 잃은 그 통한을 이날까지 참아내기가 어려웠다. 그런데 이 흑하사변이란 대참사로 바람 찬 간도 벌판에서 그간 왜적과 싸워 쟁취했던 독립군 무장투쟁의 공로와 영광은 그날로부터 깡그리 사라지고 자멸이었다. 자폭이었다. 그때까지 남은 게 무엇이 있는가. 아무것도 없었다.

이후 대일본 무장 독립투쟁은 두 번 다시 힘을 얻어 스스로 일어서지 못하게 된 치명적 불구가 되고 말았다. 조금 남았던 힘마저 스스로 말살시켜버린 비통한 사건이었다. 이 소식을 듣고 기쁨에 차서 날뛴 자는 오직 저 간교한 일본 제국주의자들 뿐이다.

가증스러워라. 항일무장의 힘을 계략적으로 분쇄하고, 겨레의 역량을 통일시키려는 모든 노력을 무조건 반대하고 나섰던 박일리야 일파의 죄악이여. 오직 불복종 명분을 내세우며 동족에게 함부로 총부리 들이댄 소련과 오하묵의 잔학무도함이여. 비열한 분열주의가 끝내 빚어내고야 만 피비린내의 참극이여. 오, 고개조차 들 수 없는 부끄러운 역사여.

그로부터 불과 30년 뒤에 발생한 한반도의 6·25전쟁이란 것도 사실상 흑하사변의 악령이 다시 되살아나서 발광질 친 못된 희학(戲謔)의 하나였다. 흑하사변도 6월, 6·25전쟁도 6월. 아, 통한의 6월은 우리 겨레 모두에게 저주와 원한, 파괴 충동으로 얼룩진 피의 계절이었다.

3. 불협화음

전투가 벌어진 다음 날 홍범도 부대와 하사양성소에서 나온 병사들이 함께 나서서 참혹한 현장을 뒷정리했다. 그 참상이 너무나 처연해서 차마 눈뜨고 보아낼 수가 없었다. 여기저기 흩날리고 나뭇가지에 너덜너덜 걸린 살점들, 떨어진 팔과 다리, 목과 몸뚱이는 제각기 따로 굴러다니며 가야 할 자리를 찾지 못한다. 잘린 다리가 길 건너편으로 날아가 있다. 모로 쓰러진 병사들은 죽어서도 두 눈을 부릅뜨고 있다. 여전히 분노를 머금고 있는 눈빛이다.

시체 썩는 악취가 자유시 상공을 뒤덮었다. 낮이면 시신의 살점을 쪼아 먹으려는 갈까마귀 떼가 불길한 소리로 우짖어 더욱 무섭고 등골이 오싹했다. 밤이면 발정난 길고양이 떼가 악을 쓰며 울었다. 우르르 광야를 휩쓸며 달려오는 저 바람소리조차 을씨년스러운 한바탕 귀곡성(鬼哭聲)으로 들렸다.

시체는 주로 수라제프카 동구 앞 벌판에서 발견되었다. 대부분 허영장 부대 소속의 병사였다. 그들은 러시아말을 몰랐다. 고려혁명군 소속 소련 홍군 병사들이 "서라!" 명령해도 그냥 달아났다. "손들어!" 하고 외쳐도 무슨 말인지 말귀를 알아듣지 못했다. 도무지 영문도 모르고 우왕좌왕하던 끝에 총 맞아 죽었다.

일본군 토벌대와의 그토록 치열한 전투에서도 모진 목숨이 용케도 이날까지 잘 버텨왔다. 그런데 살벌한 러시아 땅 자유시의 한구석에서 같은 핏줄을 나눈 동족들에게 어이없이 목숨을 잃었으니 이처럼 원통한 일이 또 어디 있는가. 홍범도 장군은 부하들과 함께 다니며 죽은 병사의 시신을 일일이 수습하고 외곽지 한곳에다 큰 구덩이를 파서 묻었다. 이 궁핍한 시기에 염습인들 제대로 할 수 있었겠는가.

그저 길게 파놓은 흙구덩이에 한 줄로 시체를 가지런히 눕혔다. 그러곤 그 위에 하얀 광목천을 덮고 그대로 흙을 덮었다. 매장을 끝낸 다음 홍범도 장군은 가까운 언덕 솔밭 속으로 들어갔다. 비 맞은 소처럼 크게 흐느끼는 통곡 소리가 들렸다. 무릎 꿇고 엎드려 땅을 치며 우는 홍 장군의 슬픈 울음이었다. 솔밭의 나무들도 온몸을 부르르 떠는 듯했다. 새들도 멀리 달아나버렸다. 그 소리에 놀라 숲으로 들어간 간부들 눈에서도 뜨겁고 비통한 눈물이 주르르 흘렀다.

대관절 이게 무슨 참변이란 말인가. 어찌 이런 어처구니없는 일이 일어날 수 있단 말인가. 빼앗긴 조국을 되찾겠다는 일념으로 이날까지 풍찬노숙의 그 뼈저린 고통을 견디며 참아오지 않았던가.

"산 설고 물도 낯선 남의 땅 이역만리 허허벌판까지 일구월심(日久月深) 찾아와서 대체 이 무슨 봉변이란 말이오. 청산리 그 불구덩이 속에서도 우리가 살아나왔는데 여기 와서 이게 무슨 꼴이오. 동지들. 내가 잘못했소. 내가 제대로 챙기지 못해서

기어이 이런 슬픈 일 생기고 말았소. 이 모두 내 탓이오. 내가
두루 살피지 못한 잘못이오."

장군은 울고 또 울었다. 나무에 이마를 찧으며 자책하느라
터진 자리에서 붉은 피가 철철 흐르고, 코끝에선 눈물이 방울
져 떨어졌다. 홍범도 장군이 이렇게 구슬피 탄식하는 광경은
처음 보는 일이었다. 일찍이 아내 단양 이씨가 왜놈들 고문에
순국했을 때나, 맏아들 양순이가 함경도 정평 바배기 전투에서
적의 흉탄에 맞아 전사했을 때도 이다지 구슬피 통곡하지는 않
았다. 보다 못해 부하 장교 하나가 장군의 어깨를 뒤에서 감싸
안고 억지로 일으켜 세웠다. 장군의 얼굴에는 온통 피눈물로
범벅이 되었다. 옆에 둘러선 모든 대원은 일제히 하늘을 본다.
그들의 눈에서도 뜨거운 눈물이 줄줄 흘러내린다. 가슴속에서
깊은 서러움이 마구 끓어오른다.

자유시에서 피의 동족상쟁이 벌어진 지 한 주일이 지났다.
최진동의 군무도독부는 참변에 휘말려 특히 많은 병사가 죽었
다. 허영장은 자기 휘하의 부하 100여 명을 잃어버리고 가슴을
치며 실성한 듯 흐느끼며 돌아다닌다.

아, 이보다 더 참혹한 광경이 어디 있으리.

사특의용대 소속 36명 장교들은 달아나다가 모두 생포되어
치타로 끌려갔다. 한 주일 동안 짐승처럼 형무소에 갇혀 있었
다. 그러다가 거기서 다시 이르쿠츠크로 강제 압송되었다. 이
때 최니콜라이, 한권길(韓權吉) 등의 대원들도 거기에 있었다.
그들은 달리는 열차의 마룻바닥을 혼신의 힘으로 뜯어내고 한
몸 겨우 빠져나갈 정도의 구멍을 뚫었다. 그 구멍을 통해 겨우

몸을 밀어내어 탈출을 시도했다. 그 가운데 둘은 달리는 열차 밑바닥에 거미처럼 붙어서 몸을 이동하다가 결국 열차 바퀴에 빨려들어가 두 다리가 절단되었다. 죽지 않은 것이 천만다행이었다. 최니콜라이는 평생 목발에 의지하는 장애인이 되었고, 한권길은 불구가 된 생을 비관하다가 결국 자살로 삶을 마감했다. 박그리고리와 김이노겐치는 극적으로 탈주에 성공했다. 하지만 곧바로 체포되었고 목에 올가미가 걸린 채 개처럼 질질 끌려 돌아왔다. 박니콜라이, 함빠싸, 박춘봉(朴春鳳) 등 세 사람은 다행히 잡히지 않고 산속에 숨어 있다가 아무르주로 옮겨와 평생토록 자기 본명을 감추고 초야에 묻혀 살았다.

허영장 노인은 자유시에서 자기 병사를 모두 잃고 혼자 연해주에 남아 독립사업을 계속했다. 하지만 그날 참변의 악몽이 자주 떠올라서 혼자 술 취해 슬프게 통곡하는 밤이 잦았다. 그때마다 그는 죽은 부하들의 이름을 한 사람씩 불렀다. 그러다가 소비에트 정권이 들어서자 농촌에 들어가 홍개호 부근에서 살았다. 몹시 추운 날 저녁, 농촌단합대회에 참가하고 돌아오다가 눈보라 속에서 길을 잃고 들판에서 얼어 죽었다. 노중객사(路中客死)였다. 오, 불행과 장엄의 극치를 보여준 독립투사의 최후여. 평생을 길 속에 묻어버린 숨 가쁜 삶이여.

이 무렵 차디찬 러시아 지역에서 애매하게 죽어간 독립군 병사들은 과연 누구던가. 이만 군대, 독립단 군대, 다반 군대 등 그들은 무엇 때문에 코사크 병정의 총탄을 맞았고, 무엇 때문에 우수문 목재소의 벌목 노동자로 끌려가 숲속에서 귀신도 모르게 사라졌는가. 왜적들은 아직도 저렇듯 시퍼렇게 살아 있는

714

데 그들은 왜. 왜. 왜. 무엇 때문에.

그해 겨울 무서운 폭설이 왔다. 흑하사변의 현장도 온통 눈으로 덮였다. 세상은 온통 은백색이었다. 치타의 동포 10여 명이 맛있는 요리를 푸짐하게 장만해놓고 독립군 지도자들을 초청했다. 홍범도, 최진동, 안무, 이인섭 등 독립투쟁의 여러 쟁쟁한 투사들이 한자리에 모였다. 홍 장군이 이인섭(李仁燮, 1888~1979)의 손목을 덥석 잡으며 말했다.

"임자. 어쩌다 이곳으로 왔소."

장군은 좌중에 앉아 있던 여러 투사들과 서로 인사를 시켰다. 최진동은 수염이 텁수룩했고, 안무는 자기 허락 없이 공산당에 가입한 부하를 줄곧 책망했다. 그들 모두 이구동성으로 말했다.

"우리들은 이제 별수 없이 이르쿠츠크로 옮겨가야 해."

이때 누군가가 탄식조로 말했다.

"우리의 유랑은 언제나 끝이 날 것인가."

모처럼 흐뭇한 모꼬지였지만 그날 분위기는 사뭇 무겁고 침통했다. 이때 이인섭이 홍 장군에게 술잔을 올리며 봉오동 전투 이야기 한 자락을 들려달라고 청했다. 장군은 몇 번이나 사양하더니 마지못해 수락하며 헛기침을 몇 차례 했다. 무슨 긴 이야기를 시작할 때 으레 하는 장군의 버릇이었다. 마치 장독 속에서 들려오는 듯 울림이 큰 음성으로 봉오동 이야기를 시작했다. 눈앞에는 새삼 봉오동 뒷산의 매운 포연이 아른거렸다. 장군의 그날 함성도 들리는 듯했다. 홍범도 장군의 추억담은 밤 깊도록 신바람이 올라 봉오동에서 통쾌하게 왜적 사냥하던 당시의 광경을 마치 눈에 보듯 생생하게 몸짓까지 하면서 감개에 젖은 목소리로 들려주었다.

"여보게들. 혓바닥은 짧아도 침은 먼 데 뱉으라는 옛말을 아시는가. 우리는 한 치 보기가 되어선 안 되네. 구국 사업을 위해선 세상 돌아가는 형편을 그 누구보다 먼저 알아야 된다네. 지난날 우리의 승리도 이런 투철한 정신으로 뭉쳤기에 가능했던 것이라네. 아, 그런 승리 또다시 겪어볼 수 있을까."

모두의 가슴속에 한바탕 격동의 물결이 세찬 소용돌이로 파도처럼 휩쓸며 흘러가고 있었다. 1921년 7월 5일 아침이었다. 코민테른 동양국 비서부는 고려혁명군의 만주 출동계획을 돌연 중지하고 이르쿠츠크로 신속히 집결하라는 명령을 내렸다. 당연히 만주로 출병하게 될 줄 알았던 고려혁명군 간부들은 놀랍고 당혹한 심정을 가눌 길이 없었다. 이후 한 달 동안 주로 이 문제를 집중적으로 논의하는데 독립군 내부에서는 찬반양론이 분분했다. 우리가 언제부터 로스케 놈의 앞잡이가 되었던 것인가. 상당수 대원들이 러시아 측의 이 명령을 거부하고 탈주했다.

그날 밤 홍범도 장군은 또다시 깊은 생각에 잠겼다. 지금 이곳을 떠나가서 얻을 것이 무엇인가. 탈주한 병사들은 다시 방향을 잃고 황야를 떠돌다가 결국은 길을 잃고 굶어 죽거나 얼어 죽거나 손발에 동상을 입은 채 만주로 들어가 일본군의 포로가 되고 말 것이다. 지금 소비에트 연방이 레닌을 중심으로 부강한 나라를 만들어가니 우리는 당분간 그들의 힘을 빌려야만 하리라. 누가 나에게 욕을 하고 돌을 던진다 하더라도 달리

도리가 없다. 다음 날 아침 홍 장군은 부하들을 설득했다.

"동지들. 우리는 대세를 따르기로 하세. 비록 마음에 들지 않더라도 모두들 내 결정 따라주게나."

대원들은 하나같이 굳은 표정으로 고개를 떨구고 있었다. 이로부터 이르쿠츠크로 이동한 총 병력은 1,745명이었다. 홍범도 부대도 여기에 포함되었다. 이들은 결국 고려혁명군사의회 소속 '한인 보병여단'으로 만들어졌다. 홍범도 장군을 이르쿠츠크의 한인부대 제2여단 제1대대장으로 임명한다는 사령장이 왔다. 이 통보를 전해 듣고 부하들 얼굴엔 대뜸 분노의 빛이 서렸다. 대대장이라니. 대한독립의 전설적 영웅 홍범도 장군에게 이 무슨 격에 맞지 않는 푸대접인가. 장군의 얼굴에도 어둡고 쓸쓸한 그늘이 드리워졌다. 하지만 당장 어이 하리.

그해 겨울, 홍 장군은 흑하사변을 뒷정리하는 재판장으로 이르쿠츠크로 가서 활동했다. 말이 재판장이지 거의 대부분 러시아 측에 포로로 잡힌 대원들을 석방시키는 업무를 주도했다. 몽양(夢陽) 여운형(呂運亨, 1886~1947)이 옆에서 이 일을 도왔다. 몽양은 이때 홍 장군의 엄정한 사리판단, 병사들에 대한 속 깊은 사랑과 자비심을 가까이에서 똑똑히 지켜보았다. 훗날 몽양은 이 시절을 자주 회고하곤 했다. 옛 동지의 고통을 지켜보는 장군의 심정은 천 갈래 만 갈래로 찢기는 듯했다. 그러나 모든 판단을 객관적으로 공정하게 하되 어떻게든 대원들에게 불리하지 않도록 러시아 측을 설득하고 끊임없이 궁리하며 해결 방안을 찾아내려 애를 썼다.

홍 장군은 러시아 감옥에 갇혀 있던 다수의 독립군 병사들을

몽양 여운형은 홍범도 장군 옆에서
러시아 측에 포로로 잡힌 대원들을
석방시키는 업무를 도왔다.

연해주의 민족운동가 계봉우는
민족주의자로서 뛰어난 한국학
연구가였다.

당신의 극력 주선으로 대부분 석방시켰다. 이 험한 세월 속에
서 박애(朴愛, ?~1927), 김진(金震), 장도정(張道政), 계봉우(桂
奉瑀, 1880~1950), 권원순(權元淳) 등은 결국 치타에서 체포되
어 이르쿠츠크 감옥으로 끌려왔다. 이용(李鏞, 1880~1954), 김
규면(金圭冕, 1880~1969), 고성삼(高成三), 김하경(金夏慶) 등
기타 여러 대원들은 험한 수풀과 밀림을 헤치고 이만, 요하 등
지로 운 좋게 달아났다.

　이들 중 계봉우란 인물에 대해서 좀 살펴볼 필요가 있다. 그
는 연해주 한인사회의 민족주의자로서 뛰어난 한국학 연구가
였다. 호는 북우(北愚)였고 이를 음역한 '뒤바보'란 아호를 즐
겨 썼으며, 사방자(四方子)란 필명도 함께 썼다. 경술국치 이전

서일 장군은 김좌진과
청산리 전투에 참전한
독립투사다.

신민회에 참여해서 구국운동을 펼치다가 1911년 초 북간도로 망명했다. 상해 임정 북간도 대표를 지내기도 했다. 그의 저서는 국어학 분야에 8권, 국문학 분야에 10권, 역사 분야에 10권, 사회 및 경제 분야에 2권 등 도합 30여 권이나 된다.

1927년 이르쿠츠크 대회에 참석하고 상해로 돌아가던 안병찬(安炳瓚, 1854~1921)과 독고찬(獨孤燦) 등 10여 명은 만주리 국경을 넘어가다가 행방불명이 되었다는 소식이다. 많은 독립군 대원들이 자유시에서 불안한 세월을 보내다가 쥐도 새도 모르게 끌려가 암살이나 학살을 당했다. 홍 장군과 특히 심기가 잘 통하던 이청천 장군은 고려혁명군학교 교장을 하던 중 교육방침 문제로 치타 정부와 대립하다 돌연 투옥이 되고 말았다. 홍 장군과 주위 벗들이 백방으로 노력하여 석방이 되긴 했지만 이 과정에서 이청천은 공산당에 깊은 좌절감을 느꼈다. 곧 잠적하여 한동안 소식이 없더니 기어이 만주로 돌아가 다시 항일운동에 매진한다는 소식이 풍편에 들려왔다.

이 소문의 꼬리를 물고 왕년의 열혈투사 서일(徐一) 장군의 자살소식이 들려왔다. 만주 왕청현 골짜기에 숨어서 살던 서일 장군. 그는 밀산 당벽진으로 옮겨간 뒤 날이면 날마다 들려오는 항일투쟁의 내분과 갈등, 그 통분한 소식으로 탄식과 절망에 빠져 눈물 짓고 비관하던 대쪽 선비였다. 아, 지조 높은 투사 서일은 결국 이렇게 자신의 생을 대나무를 꺾듯 스스로 마감하고 말았구나.

이로부터 소련에서 좌절을 느낀 독립군 병사들이 하나둘 떠나기 시작했다. 몰래 그곳을 떠나서 만주로도 가고, 저 멀리 임시정부가 있다는 중국의 상해로도 떠나갔다.

4. 모스크바에 가다

1922년 임술년 1월, 홍범도 장군은 대륙횡단 열차편으로 모스크바에 갔다. 워낙 세찬 강추위가 몰아닥쳐서 바이칼호수는 꽁꽁 얼어붙어 온통 눈벌판이었다. 쌓인 눈 위에 또다시 백설이 펄펄 내리고 있었다. 그 위를 썰매로 달리는 마차의 방울 소리가 들렸다. 청년들의 웃음소리도 밝고 환하게 느껴졌다.

홍범도 장군의 자격은 원동민족혁명단체 인민대표회의에 참석하는 여러 한인대표의 하나였다. 이 대회는 그해 1월 21일부터 2월 2일까지 13일 동안 펼쳐지는 성대한 행사였다. 대회의 주된 성격은 제국주의 파시즘에 대한 반대와 성토였다. 다양한 발표와 토론, 전시 등으로 행사가 진행되었다. 여기에 참가하는 홍범도 장군의 명함에는 고려혁명군 수장이란 자격이 붙었다. 홍 장군의 명성은 이미 널리 알려져 트로츠키(Leon Trotsky, 1879~1940)와 칼리닌(Mikhail Ivanovich Kalinin, 1875~1946)이 굳센 악수와 포옹으로 맞아주었다. 가다야마 센(片山 潛, 1859~1933)이라는 일본 대표도 일부러 찾아와 모자를 벗고 경의를 표시했다. 비록 적국에서 왔지만 그의 인품은 따뜻하고 정중했다. 일본의 노동운동 지도자이자 혁명가라고 했다.

중국, 몽골, 자바, 인도, 칼뮤크, 야쿠트, 부리야트 등 여

1922년 모스크바에서 열린 원동민족혁명단체회의에 참석한 홍범도
장군(가운데).

러 지역에서 148명이 넘는 소수민족 대표들이 모두 한자
리에 모였다. 이 가운데 조선대표는 52명이었다. 김규식
(金奎植, 1881~1950), 이동휘(李東輝, 1873~1935), 최진
동(崔振東, 1881~1941), 최운산(崔雲山, 1885~1945), 여운
형(呂運亨, 1886~1947), 김단야(金丹冶, 1901~38), 박헌영
(朴憲永, 1900~56), 박진순(朴鎭淳, 1897~1938), 현순(玄
楯, 1880~1968), 김원경(金元敬, 1876~?), 권애라(權愛羅,
1897~1973), 김하석(金夏錫) 등의 전설적 지도자들이 이 회의
에 대거 참가했다.

홍범도 장군이 모스크바에 도착한 소식이 알려지자 크렘린
의 코민테른 지도부에서 연락이 왔다. 레닌이 홍범도 장군을

따로 만나고 싶다는 전갈이다. 레닌의 정식 이름은 블라디미르 일리치 울리야노프(Vladimir Ilich Ulyanov, 1870~1924). 앞이마가 알맞게 벗겨진 그는 크렘린 궁전의 집무실에서 조선의 전설적 명장 홍범도 장군을 만나 두툼한 손을 굳게 맞잡았다. 함께 마주 앉아 따뜻한 차를 권하며 홍 장군이 달려온 격정의 세월에 대해 은근하고도 다정한 음성으로 물었다. 흑하사변에 대한 여러 대화도 나누었는데 홍 장군은 당시의 슬프고도 가슴 쓰라린 소감을 솔직하게 털어놓았다. 이에 대해 레닌은 유감을 표시하며 여러 번 고개를 끄덕였다. 그날 홍 장군은 주머니에서 평소에 자신의 일과를 작은 글씨로 메모하던 수첩을 꺼냈다. 레닌은 그게 무엇이냐고 물었다. 그때 홍 장군이 잠시 머뭇거리자 통역이 재빨리 재치 있게 말을 옮겨서 전했다.

"일본 제국주의자들과 전투할 때 있었던 일이나 필요한 물품들을 그때그때마다 기록해둔 수첩이랍니다."

이 말을 듣고 레닌은 두 손바닥을 모으며 매우 감동하는 표정을 지었다. 두 사람은 유쾌하게 웃으며 지난날 격전의 현장에서 있었던 일들을 레닌에게 들려주었고, 레닌은 홍범도 장군의 반제국주의 투쟁의 업적과 성과를 높이 평가하며 칭찬했다. 레닌은 깊은 존경과 흠모의 정으로 홍 장군을 정중히 예우하면서 이날 자신의 이름이 새겨진 마우저식 권총을 특별히 선물했다. 또한 러시아 장교 외투 한 벌과 금화 200루블의 격려금도 함께 수여했다. 그러곤 두 사람이 나란히 서서 기념사진을 찍었다. 장군은 훗날 당시의 이야기를 소년처럼 자주 회고했다.

"백두산 호랑이도 날 겁냈는데 그날 레닌 앞에서 내가 왜 그

레닌은 홍범도 장군에게 자신의
이름이 새겨진 마우저식 권총과
러시아 장교 외투를 선물했다.

렇게도 떨었을까."

레닌이 홍 장군에게 소원을 묻자 장군은 즉각 대답했다.

"흑하사변으로 감옥에 갇혀 있는 병사들을 속히 석방시켜주
셨으면 합니다."

레닌이 즉각 명령을 내려서 장군의 이 요청을 신속히 들어주
었다. 그리하여 흑하사변으로 감옥에 갇혀서 고통을 겪던 독립
군 대원들은 모두 풀려났다.

원동민족혁명단체 회의장은 시종일관, 그야말로 국제적 친
선의 열기로 뜨겁게 달아올랐다. 홍범도 장군은 회의장 객석
중앙에 우뚝한 체구로 앉아 있었다. 비록 앉은 자세지만 짙은
눈썹과 콧수염, 당당한 체격이 좌중에서 가장 뚜렷하게 돋보였

다. 강렬한 태양 볕에 검게 탄 얼굴과 부리부리한 눈빛이 인상적이었다. 장군은 토론 내용을 열심히 귀 기울여 듣는 모습이었다. 최근 이 생생한 현장의 영상이 러시아 모스크바의 국립 사진·영상물 보관소에서 발굴되어 국내에 소개되었다. 불과 1분 4초짜리의 짧은 영상 속에서 홍범도 장군은 회의가 잠시 휴식하는 시간에 건물 바깥으로 문을 열고 나오는 모습이 보인다. 기온이 영하 20도 아래로 떨어지는 북국의 엄동설한이었지만 홍범도 장군은 최진동과 건물 앞에 선 채로 함께 담소를 나누는데 장군은 싱긋 웃으며 쾌활한 미소를 짓고 있다. 뚜렷한 카리스마가 느껴지는 콧수염, 이따금 주변을 두리번거리는 표정, 호흡을 할 때마다 입에서 뿜어져 나오는 하얀 입김이 여러 차례 그대로 포착되었다.

아, 그 입김은 홍범도 장군의 가슴속에서 고동치는 심장의 박동이었으며 규칙적이고도 씩씩한 호흡을 생생히 느끼게 했다. 현재 우리가 확인할 수 있는 가장 뚜렷한 장군의 실존 모습이다. 이 장면을 바라보는 우리의 가슴은 사뭇 떨리고 짜릿한 감동으로 젖어든다.

영상 속에서 홍 장군이 입은 의상은 레닌에게 받은 것으로서 두툼한 러시아 고급 장교 외투와 꼭지가 달린 모자, 왼쪽 어깨에 걸어서 대각선으로 옆구리에 찬 권총이 눈에 맨 먼저 들어온다. 장군의 신장은 약 190cm였다고 한다. 바로 옆에 서 있는 최진동에 비해 20cm는 더 커 보인다. 매우 크고 우람한 체격이다. 장군이 짓는 후덕한 미소는 인자하고 푸근한 인간미가 느껴지면서 정신적 여유와 자애로움이 풍겨나는 인품으로 강렬

모스크바 원동민족혁명단체회의에 참석한 홍범도 장군과 최진동 장군.

하게 다가온다.

그런데 이 무렵, 아주 해괴한 꼴이 여러 참석자들에게 화제가 되었다. 홍 장군이 투숙하고 있는 모스크바의 국제당 호텔에는 상해파 수령 이동휘가 와서 묵었고, 이르쿠츠크파 수령자격으로 김하석도 먼저 도착해 투숙 중이었다. 말하자면 연해주 조선공산당의 대표가 둘이나 와서 내방객을 따로 접견하는 것이다. 하지만 두 사람은 숯과 얼음처럼 끝내 합일되지 못하는 사이였다. 같은 지역의 두 대표 참석은 다른 나라 사람들에게 하나의 웃음거리를 주는 기이한 화제가 되었다.

호텔 입구에서 두 지도자를 찾아오는 방문자들은 각각 별도로 등록하도록 했다. 사람들은 거의 모두 이동휘만 만나고 돌아갔고 김하석의 방은 찾는 이가 거의 없었다. 이동휘를 면담하러 온 사람들은 용무를 마친 뒤 그 맞은편의 홍 장군 방에도 반드시 들러 문안을 드렸다. 장군의 신망은 그만큼 높았다.

국제당 호텔은 말이 좋아 호텔이지 바깥으로 난 유리창도 하나 없는 몹시 허술한 여관에 불과했다. 이 숙소에서 홍 장군은 혼자 의자에 꼿꼿이 앉아 지난 세월을 곰곰이 더듬어보았다. 모스크바의 하늘에 백설은 펄펄 내리는데 호텔 앞 수풀 위로 새 한 마리가 끼룩거리며 날아가고 있었다. 저 겨울새는 이 추운 날 어디로 날아가나. 참으로 숨 가쁜 격정의 나날이었다. 너무나 맵고 가열한 세월의 파도가 휘몰아쳤다. 그토록 피땀 흘리며 싸웠건만 조국은 아직도 강도 일본의 구둣발 밑에 신음하고 있다. 장군은 혼잣말로 중얼거렸다.

"구름 산이 제아무리 길을 막아도 저 겨울새는 그걸 뚫고 날아가지. 겨울새는 구름 산을 뚫고 거침없이 앞을 향해 훨훨 날아가지."

하루는 내방객들이 모두 돌아가고 조용한 틈에 돌연 이동휘가 찾아왔다. 그는 홍 장군과 마주 앉아서 말을 꺼냈다. 그가 돌연 꺼낸 화제는 흑하사변이었다. 이 소란과 격동의 과정에서 홍 장군의 처신이 분명하지 못했다며 다소 불편하고 비판적인 발언을 했다. 이 느닷없는 이동휘의 발언에 홍 장군은 한순간 아득한 현기증이 느껴졌다. 이동휘 말의 의도는 주로 상해파가 많은 살상을 당한 것이 모두 홍 장군 때문이라는 것이다. 자신의 해묵은 감정을 풀려고 일부러 작정하고 찾아온 방문이었다. 실소(失笑)를 머금던 홍 장군은 한순간 얼굴이 굳어지며 침통한 목소리로 말문을 열었다.

"진작 두 세력이 정치적 욕심에 눈이 멀어 서로 대립할 때 나는 끝까지 중립을 주장했소. 그 무엇보다도 남의 나라 땅에서

같은 동포끼리 피 흘리고 싸우는 일이 나는 가장 두려웠소. 참
변의 책임을 굳이 따지자면 동족상쟁을 제대로 막아내지 못한
우리 모두에게 있겠지요."

홍 장군의 짙은 눈썹 끝이 한순간 위로 곤두서고 흥분으로
얼굴이 붉게 달아올랐다. 은연중에 두 사람 대화에는 뾰족한
가시가 돋쳐 있었다. 둘은 조국독립의 길에서 그동안 얼마나
서로 공감하고 뭉치며 각별했던가. 그런데 이제 와서, 그것도
모스크바에서 이런 대화를 나누게 되다니…

홍 장군의 가슴엔 짙은 먹구름이 끼었다.

5. 끝없는 분열

1922년, 임술년 2월이었다. 홍범도 장군은 어느덧 나이 쉰이라는 고개를 훌쩍 넘어서고 있었다. 쉰이라면 우리의 옛말로 '꺾은 백 살'이 아닌가. 또 다른 말로는 지천명(知天命)이다. 하늘의 이치를 환히 깨닫는다는 나이에 다다랐다. 인생의 반환점은 진작 넘어섰다. 홍 장군의 단단하던 몸에도 어느덧 황혼이 찾아들고 있었다. 우렁차던 구령도 예전 같지 않았다.

홍범도 장군은 페트롭스카에서 열린 회의에 참석한 뒤 소련 정부의 배려로 모스크바와 레닌그라드 등지의 여러 명소를 방문하고 공장과 농촌을 두루 둘러보는 견문의 일정을 마친 다음 이르쿠츠크로 되돌아왔다.

러시아 땅 블라고베셴스크에서 상해파와 이르쿠츠크파가 드디어 연합할 기미를 보였다. 그래도 약간의 수치심은 남아 있었던 것일까. 왜 이런 연합을 진작 이루어내질 못했던 것일까.

여러 차례 거듭된 회의 끝에 드디어 '고려중앙정청'이란 단체가 발족할 수 있었다. 위원장은 최고려, 고문에는 이동휘와 문창범이 맡았다. 홍범도 장군은 최진동, 안무, 허근 등과 함께 고등군인 징모위원으로 추대되었다. 그런데 이르쿠츠크파와 상해파의 종파싸움은 또 다른 곳에서 새로운 양상으로 나타났다.

그들에게 상대방을 제압하는 일은 그 자체가 마치 하나의 궁극적 목적인 듯 보였다. 소비에트당과 국가 기관에서 서로 요직을 차지하려는 비열한 싸움도 벌였다. 진정한 연합은 요원하기만 했다. 참으로 목불인견(目不忍見). 미련하고 못난 그 꼴은 차마 눈 뜨고 볼 수 없는 추태였다. 사람들이 이러한 꼴을 비웃어 '밥자리 싸움꾼'이라 빈정대고 손가락질했다. 이르쿠츠크파와 국민의회파는 상해파와 대립할 때 잠시 연합을 이루나 했더니 밥자리 싸움에서는 다시 분열되었다. 영원히 구원받을 수 없는 분열주의 군상들. 참으로 가증스럽기 짝이 없는 추악한 무리들이 아닐 수 없었다. 그들은 세 패로 나뉘어서 엎치락뒤치락하며 마치 진흙 밭의 개처럼 뒹굴며 싸웠다. 줄곧 서로 욕하며 손가락질했지만 모두가 흙투성이였다.

이런 와중에서 홍 장군은 포크롭스크 지역에서 휘하의 부대를 거느리고 소련 홍군 부대와 연합작전으로 전투에 참가했다. 러시아 백군 세력을 토벌하는 대규모 전투였다. 전쟁터에 나가 보는 일이 실로 얼마 만인가. 장군의 눈에는 전투의 상대가 일본군이었으면 하는 아쉬움이 크게 서려 있었다. 희뿌연 안개가 불현듯 눈앞을 스쳐 지나갔다. 세묘노브 백군과의 격렬했던 전투에서 빛나는 전과를 올렸다. 하지만 그곳은 타국이었고, 장군이 무찌른 적은 일본이 아니라 러시아의 부패한 제국주의 세력이었다.

고려혁명군 부대원들은 연해주의 남부 지역에서 왜적과 싸우며 더러는 간도 일대까지 과감하게 진출하는 일도 있었다. 이중집(李仲集), 최경천(崔慶天), 한경서(韓敬瑞), 강국모(姜國

模), 임명극(林明極), 신우여(申禹汝), 김규식(金奎植), 김응천 (金應天) 부대가 바로 그들이다. 홍 장군은 자주 틈을 내어서 이 젊은 후배 지도자들과 만나 앞으로의 대책을 협의했다. 얼마나 숱한 과제들이 산처럼 높이 쌓여 있는가.

"절굿공이를 갈아서 바늘을 만들겠다는 심정으로 혹은 앞산을 그대로 떠 옮겨서 바다를 메우겠다는 우직함으로 우리의 독립 사업을 실천해가세."

지휘체계의 통일, 연해주와 만주의 한인사회를 재정비하는 문제, 일본군 철병 이후의 대책 등 이런 굵은 현안들이 당면과제였다. 그러나 소비에트 당국은 연해주 지역의 치안 확보와 일본과의 외교적 마찰을 예방한다는 구실로 마적 부대, 빨치산 부대, 고려혁명군 부대의 군사 활동을 일절 금지하고 무장해제까지 단행했다. 갈수록 여건은 나빠져가고 분위기는 점점 독립군 조직에게 불리하게만 돌아갔다.

그해 말 대부분의 고려혁명군 부대가 무장해제를 당했다. 이 소란을 틈타 이중집과 김규식 부대는 중국령으로 소리 없이 떠나가버렸다. 그대로 연해주에서 살아가자면 소련 군대에 머리를 조아리며 굽히고 살아가거나 해산군인조합을 만들어 어업에 종사해야 했다. 이도저도 아니면 탄광, 금광, 어로 노동자로 살아가야 했다. 그동안 뜨겁고 활발했던 연해주 지역의 한인 독립운동이 급격히 막을 내리는 순간이었다. 한마디로 모든 것이 쇠퇴하고 지리멸렬이었다.

도독부를 오래 이끌어오던 최진동도 몰래 틈을 엿보다가 만주로 돌아갔다. 그는 소만 국경을 넘다가 동녕에서 중국 측에 체포되어 길림감옥에 들어가 있었다. 하지만 이때 무슨 수상한 곡절과 거래가 있었던지 신속히 석방되어 봉오동 옛집으로 돌아왔다. 그의 부대는 흑하사변에서 심대한 타격을 입었다. 하지만 그것이 그에겐 그리 큰 문제가 아니었다. 늘 생각하느니 봉오동에 두고 온 많은 전답과 부동산이었다. 그의 밭에는 마적을 막기 위해 네 귀퉁이에 높다란 포대를 쌓아 올린 토담이 옛날 그대로였다. 그의 마음속은 다시 옛 토지와 장원의 관리자로 되돌아가고 싶은 일념뿐이었다. 이리하여 최진동은 그의 소원대로 그리운 고원(故園)을 찾아서 되돌아갔다. 하지만 이후로 최진동의 삶은 급격히 무너졌다. 넓은 땅을 껴안고 있자니 자연히 일본 군부세력과 친밀하게 되지 않을 수 없었다.

1941년 봄 최진동이 일본군 정보기관의 호출을 받고 그곳을 다녀온 뒤로 그는 일본군의 노골적인 협조자로 변신했다. 점차 확고한 신임까지 얻어 당당하게 일본 여행도 다녀왔고, 일본 방문길에는 내각대신 도조 히데키(東條英機, 1884~1948)를 접견했다. 도조란 놈은 최진동의 손을 잡고 "그대는 대일본제국의 모범적 신민"이라며 "잘 부탁한다"는 칭찬과 부탁의 말만 자꾸 되풀이했다. "천황폐하가 그대를 높이 평가하신다"는 말로 추켜세우기도 했다. 최진동은 그로부터 삶의 가치관과 방향성이 완전히 바뀌고 말았다. 그의 일본행은 시종일관 일본 측의 극진한 환대 속에서 우호와 친선의 분위기로 이루어졌다.

내가 왜 이렇게 따뜻하고 친절한 나라 일본에 맞서려고 했던가. 생각할수록 후회막급이었다. 이제부터 나 최진동은 새로 태어난 사람이로다.

레닌 이후에 등장한 소련의
독재자 스탈린은 소련 영토
내부의 한인 무장활동을
모두 금지했다.

그로부터 최진동은 완전히 일본을 위한 충성파로 변신했다.
'일본군 간도성 선무부 도문본부 정보계 경리'가 왕년의 독립
군이었던 최진동의 명함에 표시된 공식적 직함이었다. 혹시라
도 남아 있을 조센징의 항일역량을 철저히 감시하고 그것을 아
주 뿌리 뽑는 역할을 충직하게 수행하고 다녔다. 자기 휘하에
배정된 200~300명가량의 특무 밀정을 운영하며 미친 듯이 항
일독립군 전력자들을 잡아들였다.

사람이 한순간에 변한다더니 이 매족(賣族)과 배신은 과연
무얼 의미하는가. 이 무슨 해괴망측한 변모란 말인가. 흘러간
날, 봉오동 전투의 독립군 수장이 모든 영광을 스스로 짓밟아
버리고 고작 왜놈의 창귀(倀鬼)로 변모하다니 이것이 웬 말인
가. 최진동과 함께 봉오동 전투를 이끌었던 홍범도 장군은 그

소식을 전해 듣고 몹시 개탄했다.

"어찌 그럴 수가. 어떻게 그런 일이. 인간의 속은 정말 알 수가 없구나."

충격으로 놀란 입이 다물리지 않았다. 필요 이상으로 재산이 많아지면 그 재산을 지키려 버둥대다가 끝내 저 비루한 목숨처럼 망가지고 마는 법. 슬프도다, 한 인간의 정신적 파산이여. 어이없는 몰락이여.

1924년 1월, 레닌이 세상을 떠나고 스탈린(Joseph Stalin, 1878~1953)이 새로 정치 무대의 중심에 올랐다. 원동 지역 약소민족에 대한 러시아의 지원정책은 뚜렷하게 변모하기 시작했다. 스탈린은 일단 소련 영토 내부의 한인 무장활동을 일절 금지했다. 임술년 여름 남만주 환인(桓仁)에서는 터전을 잡지 못하고 떠돌던 군사들이 모여 통의부(統義府)를 결성했다. 소련에서 탈주해온 독립군 병사들이 대부분 조직의 주축이 되었다.

하지만 곧 해체되고 그로부터 3년 뒤 정의부(正義府)란 조직이 다시 발족했다. 그해 봄 북만주에서는 새로운 통합조직인 신민부(新民府)가 출범했다. 압록강 일대에는 참의부(參義府)가 발족해 항일조직은 3파전으로 다시 대립하고 경쟁했다. 조직 간의 대립 갈등으로 힘의 분산과 파괴를 겪은 것이 불과 엊그제인데 또다시 만주에서 지리멸렬한 파벌싸움이 시작된 것이다.

한심하고 불쌍하여라. 목적보다 수단에 더욱 치우쳐 정신을 차리지 못하는 가련한 군상들이여. 그들의 얼빠진 촉각이여.

왜적은 아직도 조국 땅을 마구 유린하고 있는데 무장 독립운동은 이렇듯 단합하지 못하고 끊임없이 흩어지기만 하는 모래 한 줌에 불과했다. 반목과 질시, 편 가르기, 세력 다투는 일이 그들의 중요 일과였다.

1922년 10월, 소련 원동지구의 일본군들이 모두 철수하면서 소련 홍군도 대규모 제대가 벌어졌다. 홍범도 장군의 나이는 이미 55세, 무장조직의 지휘관으로서는 상당한 고령이었다. 벌판에서 벌판으로, 밀림에서 밀림으로 차디찬 폭풍을 뚫고 바람처럼 달려온 장군의 무관 생활도 드디어 마무리 시점에 이르렀다.

6. 세월의 눈보라

　1923년 계해년 봄이었다. 시절은 춘삼월이 분명하나 동토(凍土) 러시아 땅엔 꽃 소식이 더디기만 했다. 그래도 봄기운은 깊은 땅속에서부터 꼼지락거렸다. 죽은 듯한 초목들도 꽁꽁 언 땅 깊은 뿌리에서부터 땅 위의 가지들과 우듬지 끝까지 물관부로 생명수를 길어 올리느라 분주한 소리가 들리는 듯했다. 이럴 때 굵은 고목의 등걸을 품에 안아보면 그 소리가 생생히 들리는 듯했다. 꽃망울들도 꽃눈 속에서 옴지락거렸다.

　홍범도 장군은 치타로 가서 고려인 사회의 자치를 위한 여러 활동에 힘을 쏟았다. 이곳 원동 동포들 사회에도 어서 봄이 와야만 한다. 어느 정도 사업이 궤도에 들어선 뒤 장군은 블라감스카를 거쳐 정기연락선을 타고 하바롭스크로 이동했다.

　항구에 도착해서 선창으로 막 내려서는 순간이었다. 이때 화발포의 과격파로 알려진 청년 김창수(金昌洙)와 김오남(金午男)이란 놈이 마치 장군을 마중 나오듯 기다리고 섰다가 환히 웃으며 반갑게 다가왔다. 악수를 나누고 몇 마디 말을 붙이는가 했는데 무엇을 손에 감추고 있다가 불시에 장군의 이마를 세차게 내리쳤다. 종이에 싼 벽돌이었다. 전혀 예측하지 못한 돌연한 테러에 장군은 비명을 지르며 황급히 두 팔로 얼굴을 감싸는데 찢어진 상처에서 붉은 피가 뚝뚝 떨어졌다. 또다시 벽돌로 내려치려는 두 놈을 피해 몸을 이리저리 피하면서 큰 소리로 추궁했다.

"야 이놈들아. 너희는 대체 나한테 무슨 원한이 있어 나를 이렇게 치느냐."

악당 놈은 이구동성으로 맞고함을 지른다.

"지난번 흑하사변 났을 적에 왜 소련 군대와 맞서 싸우지 않았소."

이렇게 고래고래 소리를 지르며 또 마구잡이로 공격해온다.

아무리 세상이 험해졌기로서니 젊은 놈의 버릇까지도 이렇게 야비하고 거칠어질 수 있단 말인가. 놈들은 틀림없이 나를 곤경에 빠뜨리려고 모함하는 사특의용대 쪽 반대파가 보낸 놈들이리라. 이렇게 생각하는데 두 녀석은 다시 벽돌을 머리 위로 번쩍 치켜든다. 말할 틈도 전혀 주지 않고 아예 살인의 기세로 달려든다.

오, 몹시도 아슬아슬한 찰나였다. 홍 장군은 한쪽으로 슬쩍 비키면서 품었던 권총을 꺼내어 두 놈을 단숨에 쏘아 쓰러뜨렸다. 정신이 혼미한 중에도 손바닥으로 얼굴을 더듬어보니 아직도 흐르는 피가 낭자하다. 이마가 찢어지고 입술도 터지고 앞니는 두 개나 부러져 나갔다.

"아, 세상은 왜 이다지도 험하고 가파르기만 한가."

홍 장군의 가슴속 깊은 진심을 아는 사람은 많지 않다. 그저 틈만 나면 서로 헐뜯고 이간질하고 죽이려 드는 무지한 동포들의 저 나쁜 버릇. 멀리 원동까지 떠나와서도 나아지기는커녕 점점 심해져가기만 하는구나. 슬프도다. 우리 모두가 힘을 합해 싸워야 할 대한독립의 길에 어찌 이처럼 안타까운 고질적 병폐가 자꾸 생겨난단 말인가. 홍 장군의 답답한 가슴속 우울한 심정은 명치끝에 단단한 돌처럼 뭉쳐져서 오랜 세월이 지나도록 풀리지 않았다.

때는 바야흐로 겨울로 접어들어 러시아 땅에 첫눈이 펄펄 날린다. 눈은 삽시에 길을 덮고 마을을 덮고 자작나무 숲과 온 산, 온 들판을 덮는다. 세상이 눈 속에 잠겨드는데 장군은 눈 덮인 황야를 아스라이 내다보며 흘러간 세월을 더듬는다. 걸어온 길이 흐릿한 눈발 속에서 가물가물 보이는 듯하다. 세월의 눈은 장군의 머리 위에도 소복소복 내렸다. 이제 어디로 돌아갈 것인가. 마땅히 갈 곳이 없다. 살뜰한 가족이나 친구가 기다리는 것도 아니다. 왜적의 압제에 시달리는 떠나온 고향으로 갈 수도 없다. 홍 장군은 그로부터 여러 날을 밤늦도록 깊이 생각하고 또 생각했다. 자신이 걸어온 발자취와 앞으로 살아갈 세월을 헤아려보았다.

'그동안 나는 누구를 위해, 무엇을 위하여 싸워왔던가. 무수한 동지들 기꺼이 목숨 내던지고 피 흘리며 싸웠건만 우리가 이룬 것은 과연 무엇인가. 조국강토는 여전히 도적들에게 짓밟히고 만주까지 온통 그놈들 천지가 되었다고 한다. 이제 어디로 갈 것인가.'

몇 날을 상념에 잠겨 있던 홍범도 장군. 드디어 힘든 결정을 내려야 할 단계에 이르렀다.

'러시아에 일단 눌러 앉자. 하지만 내가 원해서 하는 선택이

물산장려운동을 알리는 신문기사. "조선 사람 조선 것 내 살림은 내 것으로"가
표어 당선작으로 선정되었다.

아니다. 이것은 마지못해 하는 결정이다. 전혀 내키지 않는 선
택이다.'

　장군의 속마음으로는 부모님 무덤이 있는 고향, 사랑하는 아
내 단양 이씨의 숨결과 체취가 배어 있을 삼천리강토의 북관
지역 고국산천이 너무나 그리웠다.

　'그러나 지금으로선 어쩔 도리가 없구나. 가만히 눈을 감고
생각해보면 어차피 세상의 모든 땅이란 하나로 이어져 있는
것. 물과 뭍도 서로 맞닿아 있는 것. 내 그리운 고국강토를 지
금 당장 갈 수는 없다고 하나 그토록 정겨운 땅덩이도 가고 또
가면 결국 이 북국 땅과도 하나로 이어진 흙이 아닐 것인가. 압
록강 두만강 물도 마침내 이곳 물과 이어진 물이 아닐 터인가.
내 죽으면 넋이라도 철새처럼 날아올라 하염없이 몇 달이고 몇
년이고 작은 날개를 저어저어 휘적휘적 날아가고 또 날아가서
끝끝내 그리운 고향 땅에 당도할 수 있으리. 그곳에 내려앉아
하염없이 고국 땅에 볼 비비며 울어보리. 내 꼭 그렇게 하고야

경북 김천에서 항일결사
'의용단'(義勇團)을
이끌었던 독립투사 이명균
선생의 초상. 그는 저자의
조부다.

말리.'

1922년 식민지 조선의 서울에서는 새로운 민족운동이 펼쳐
지고 있었다. 민족경제의 자립이란다. 청년연합회에서는 조선
물산장려(朝鮮物産奬勵)를 위한 표어를 모집했다.

"조선 사람 조선 것 내 살림은 내 것으로!"

이 당선작이 발표되자 사람들의 가슴은 크게 격동되었다. 어
떻게 해서든지 강도 일제의 식민지 수탈 경제로부터 벗어나야
만 했다. 운동의 제한성이 뒤따르지만 그 뜻은 갸륵했다. 이듬
해 서울에서는 조선물산장려회가 발족되고 전국을 순회하는
계몽강연이 활발하게 열렸다. 가정주부들을 중심으로 토산애
용부인회(土産愛用夫人會)란 조직도 만들어졌다.

형제들아!

먹었느냐, 입었느냐.

우리가 어떠한 까닭으로든지

우리 먹고 입을 것 스스로 준비치 못하면

어느 때를 당하든지 생활하기 어렵다.

끝 날까지 일해보자.

쓰자 만들자 우리 것을!

먹자 입자 우리의 지은 것을!

드디어 본격적 물산장려운동의 시작이었다. 한 치 앞이 안 보이는 식민지의 암흑 속에서도 점차 꺼져가는 민족의 숨결을 되살려보려는 눈물겨운 노력이었다. 같은 해 4월 경남 진주에서 시작된 형평사운동(衡平社運動)을 어찌 지나칠 수 있으리오. 대대로 설움받고 살아온 고리백정들이 드디어 인간선언을 했다고 한다. 조선의 백정은 그동안 어떤 지위 속에서 어떤 압박을 받고 이날까지 살아왔던가. 과거를 생각하면 종일 통곡해도 피눈물을 금할 길이 없구나.

공평은 사회의 근본이요, 애정은 인류의 본령이나니 계급을 타파하고 모욕적 칭호도 폐지하며 우리도 참다운 인간으로 살아보자. 세상은 하루가 다르게 제자리를 잡아가려 하는데 어찌하여 저 왜적의 성곽은 날이면 날마다 그대로 버티고 있는가.

안타까워라. 안타까워라. 저 철옹성을 단숨에 뒤엎고 깨부술 자는 세상에 없는가.

일이 이렇게 돌아가자 일본 군경과 정보당국에는 무슨 난리라도 난 듯 비상대책을 마련하느라 온갖 소란을 떨었다. 그해 가을, 경상도 김천 땅에서는 한 노인이 체포되었다.

이미 회갑 줄에 접어든 이명균(李明均, 1863~1923). 그는 남은 생애를 나라와 겨레를 위해 값지게 살고자 했다. 뜻을 같이하는 동지들을 규합하여 독립후원 의용단(義勇團)을 조직했다. 우리가 만주벌판에서 외롭게 싸우던 저 홍범도 부대와 같은 독립군들을 지원하지 않으면 누가 그들을 돕겠는가.

모든 재산을 주저 없이 정리하여 북간도로 보내고 친일부호들 앞으로 군자금 요구서를 발송했다. 불응하면 민족의 이름으로 사형에 처한다는 선고장도 보냈다. 곧바로 밀고가 들어갔다. 이명균은 즉시 제령위반(帝令違反)으로 체포되어 대구형무소에서 모진 고문을 받다가 순국했다. 한 달에 한 번 면회를 갔던 부인이 받아온 죄수복을 빨래하면 핏물이 흥건히 배어났다고 한다. 이런 의사·열사들의 높고 귀한 정신을 우리가 지금 잊어서는 안 된다.

7. 대지진

1923년 계해년 9월 1일 오전 11시 58분, 일본 땅 도쿄에서 끔찍한 대지진이 일어났다. 한순간 땅이 우르릉 크게 흔들리면서 갈라지고 요동쳤다. 그동안 인간이 쌓아올린 지상의 모든 것이 와르르 무너지고 불바다를 이루었다. 리히터 규모 7.9의 진동은 10분 동안 다섯 차례 이상 반복되었고, 흔들릴 때마다 집이 무너지고 불길이 이리저리 날아다녔다. 도쿄와 요코하마는 파괴와 화재의 대참화(大慘禍) 속에서 9만 명이 현장에서 죽었고, 10만 명이 부상했으며 4만 3,000명 이상의 주민이 실종되었다. 요코하마에서는 지진과 동시에 발생한 화재로 불길이 해풍을 타고 도시 전체로 번졌다. 또한 쓰나미가 밀려와서 많은 사람들이 거친 해일에 휩쓸려 사라졌다. 지진으로 전신주도 중간이 부러져 여기저기서 화재가 발생했다.

일본의 『마이니치 신문』 1923년 9월 10일자 보도는 '조센징'들이 대지진 중에 폭동을 조장하고 다닌다는 터무니없는 유언비어를 실어서 흥분한 군중을 더욱 악랄하게 선동했다. 이에 따라 일본 군부는 계엄령을 선포하고 일본 육군 6만 4,000명을 풀어서 요소요소에 배치했다. 이로부터 보름 동안 도쿄 곳곳에 시체 썩는 냄새가 진동했고, 넋을 잃은 채 거리를 방황하는 사람들은 눈물조차 말랐다. 악질적인 소문은 더욱 기세등등하게 떠돌았다. 조센징이 위기를 틈타 여러 곳에 불 지르고 폭탄으로 건물을 파괴하고 우물에 독약을 넣고 다닌다고 했다. 일본 정부가 흉흉한 민심을 다른 곳으로 돌리기 위해 '조센징'이 폭동을 일으켰다는 헛소문을 퍼뜨리도록 관계기관에 지시했다는 말도 있었다.

이 괴소문이 떠돌아다니면서 모든 극우파 놈들은 급히 '자경단'(自警團)이란 흉물단체를 조직해서 이른바 '조센징 사냥'을 하고 다녔다. 도쿄 긴자(銀座) 거리는 그놈들이 쇠꼬챙이를 들고 길목마다 지키며 행인을 감시했다. 그날부터 길에 보이는 모든 조센징은 인간이 아니었다. 자경단 놈들의 가장 만만한 사냥감이었다. 놈들은 오로지 흉측한 도깨비요 세상에서 반드시 없어져야 할 마귀 야차(夜叉)였다. 악마들은 손에 닿는 대로 눈에 보이는 대로 장총, 단총, 장검, 단검, 철창, 죽창, 곤봉, 몽둥이, 쇠꼬챙이, 망치, 철퇴, 심지어 고기 잡는 작살까지 들고 나와 조선인을 발견하면 모조리 그 자리에서 찔러 죽였다. 자전거를 타고 골목골목을 다니면서 '조센징 사냥'에 혈안이 되었다.

"조센징을 박멸하자!"

놈들의 소름끼치는 구호가 하루 종일 길에서 들렸다.

"저기 조센징 간다!"

이 한마디만 들리면 여기저기서 악귀들이 우르르 달려와 한 명의 '조센징'에게 수십 명 왜놈이 달려들어 발로 차서 쓰러뜨렸다. 그러곤 곤봉으로 마구 때리고, 짓이기고, 칼로 난자하고,

극우파 자경단에 의한 조선인 학살.

총으로 쏘고, 죽은 사람의 목을 밧줄로 묶어 개처럼 질질 끌고 다녔다. 시체를 다시 찌르고 발로 차고 가래침을 뱉었다. 어쩌다 여인을 잡게 되면 두 다리를 벌려 음부를 칼로 찌르고 몸을 둘로 찢어서 죽였다. 여자를 이렇게 죽이는 것이 꽤 재미있는 일이라고 껄껄 웃으며 줄곧 이런 망나니짓을 되풀이했다.

니혼바시(日本橋) 입구에서는 자경단 놈들이 행인을 마치 토끼 사냥하듯 골목으로 몰아세우고 한 사람씩 검문해서 '조센징'을 색출해냈다. 당시 세상에서 가장 흉포한 것이 자경단 놈들이었다. 지진으로 몸조차 제대로 가눌 수 없는 환경 속에서 그 어디에도 안전한 곳은 없고, 의지할 사람조차 없었다. 숨이 차고 목이 말라도 극도의 공포 속에서 꼼짝하지도 못한 채 무너지고 폐쇄된 건물에서 그대로 질식해서 죽어갔다. 일본인들은 길목마다 설치된 응급진료소에서 진료를 받고 구호 대상도 되었지만 '조센징'들은 전혀 보호받지 못하고 오로지 테러의 표적이 되었을 뿐이다.

또 어떤 놈은 전차 육교의 난간 아래로 '조센징'을 목매달아 드리우고 두 발을 끈으로 묶어 좌우로 그네처럼 흔들다가 죽였다. 또 어떤 놈은 '조센징'의 목에 긴 끈을 묶어 걸어서 그것을 자동차 꽁무니에 매달아 질질 끌고 다녔다. 또 어떤 경우는 전봇대에 온몸을 묶은 뒤 눈알을 먼저 예리한 칼끝으로 도려내고, 다음으로는 코를 베고, 마지막으로 배를 갈라 창자를 모두 꺼냈다. 숨이 끊어지면서 괴로워하는 참상을 충분히 즐긴 다음 드디어 죽창으로 심장을 찔러 죽였다.

어느 기차 안에서의 광경을 보자. 자경단 소속 왜적 두 놈이 '조센징'의 팔다리를 맞잡고 짐짝처럼 흔들다가 달리는 열차의 창밖으로 힘껏 던져서 그대로 즉사하게 했다. 또 수십 명 '조센징' 남녀를 알몸으로 발가벗기고 철사로 두 손목을 꽁꽁 묶어서 구경꾼 앞에 음란한 춤을 추게 했다. 그렇게 온갖 추악한 희롱을 저지른 끝에 곤봉으로 두개골을 때려서 죽였다.

자경단 놈들은 길에서 '조센징'을 찾아내기 위한 방법으로 외국인이 알아듣기 어려운 일본말 발음으로 질문을 하고, 다음으로는 일본국가 기미가요(きみがよ, 君が代)를 불러보라고 했다. 대개 이 질문 과정을 통과하지 못하고 외국인 신분이 들통나서 죽었다. 요코하마 항구에서는 '조센징' 250명을 묶어서 실은 목선 위에다 기름을 붓고 불을 질러 화형을 저질렀다. 부두에 정박 중이던 미국인 선장 헤드스트롬이 이 참상을 고발했다.

요코하마에서는 형무소가 대지진으로 부서져 죄수들이 탈출했다. 그놈들이 자경단과 합세해서 길에 다니는 '조센징'을 무차별적으로 죽이고 거리에 그대로 방치했다. 거리에서 만나는 모든 조선인은 오로지 '조센징'이라는 이유로 죽어야만 했다.

　살아남은 조선인들은 자경단의 눈을 피해서 필사적으로 도망쳤다. 요행히 난민선을 탈 수 있었지만 곧 추적해온 일본군경에게 체포되어 대부분 개처럼 박살(撲殺)을 당했다. 또 어떤 교민들은 무동력 선박을 타고 탈출을 시도하다가 체포되어 선착장으로 끌려 압송되어왔다. 보트로 탈출하던 가족들도 모두 붙잡혀 처형되었다. 그들이 어찌 되었는지는 굳이 말하지 않아도 짐작할 것이다.

　도쿄의 요시하라 공원 동물원 앞에서는 수백 명의 조선인 시체가 발견되었다. 또한 그 공원의 연못 속에서도 엄청난 숫자의 시신이 발견되었다. 대부분의 시체들은 얼굴이 함몰되고 다리가 철사 줄에 묶여 있었다. 온몸이 심한 구타와 학대의 상처로 얼룩져 있었다. 은행 빌딩과 옆 건물 사이 틈에서 처참하게 죽은 조선인의 시체가 겹겹이 쌓인 채 썩고 있었다. 자경단 놈들이 쇠꼬챙이로 시신을 찍어서 여기저기로 질질 끌고 다녔다. 불을 질러서 태워 없애려는 시도였다. 하지만 시체가 너무나 많아서 그 짓도 하다가 그만두었다.

　기온은 섭씨 43도의 무더위가 계속되어 시체는 금방 부패하고 썩는 악취가 진동했다. 이 많은 시신더미를 그대로 방치할 수가 없어 자경단 놈들은 쇠갈고리로 찍은 뒤 시신을 공터로 끌고 가서 기름을 뿌리고 소각했다. 워낙 악취가 심해서 놈들도 코를 싸쥔 채 그 작업을 했다. 나중에는 살아남은 조선인을 끌고 와서 그 작업을 시키고는 곧바로 죽였다. 시신을 공터의 여러 곳으로 옮겨서 석유를 뿌리고 소각시켰는데 하루에 3,500구씩 처리했다고 한다.

이런 만행을 저지르고도 왜적들은 조선인 학살에 관한 신문 보도가 두려워 각 언론사의 입에 강력한 보도 통제의 재갈을 물렸다. 도리어 한인 이재민 구호에 온힘을 쏟고 있다는 가짜뉴스를 계속 내보냈다. 한동안 조선인의 귀국도 금지시켰고, 그 난리 통에도 고향으로 돌아가는 귀환동포에게는 줄곧 왜적 순사가 따라붙어 철저히 밀착감시를 했다. 일본에서 본 것, 들은 것을 절대로 발설해선 안 되었다.

'조센징'들이 은행을 강탈할 수도 있다는 헛소문 때문에 일본군은 무너진 은행 금고 앞에서 총검을 들고 지키기도 했다. 혹시라도 학살 관련 이야기가 돌면 이를 즉각 유언비어 살포 죄로 체포해서 구속시켰다. 식민지조선의 총독 사이토 마코토 (齋藤實, 1858~1936) 놈은 도쿄대지진에서 죽은 조선인은 단 2명뿐이며, 그것도 오인(誤認)으로 사망했다는 거짓발표를 했다.

일본의 요악(妖惡)한 정책이여. 세상에 둘도 없을 가혹한 압박이여. '조센징'의 서러움이여. 그 피눈물. 원통함이여.

도시의 하천을 흐르는 것은 우리 동포의 피요, 곳곳에 널브러진 것은 우리 동포의 주검이었다. 스미다가와(隅田川) 하천은 시체더미가 수로에 가로막혀서 물길이 흘러넘쳤다.

하네다(羽田) 부근에서 기병대가 2,000명을 죽였고, 그곳 하천 둑에서만 400여 명이 총살당했다. 가나가와(神奈川) 부근에서 300여 명, 시나가와(品川)에서 300여 명, 사이타마(埼玉) 정거장에서 200여 명, 나카센도(中仙道)와 혼조초(本庄町)에서 100여 명, 도쿄의 우에노(上野)경찰서에서 150여 명, 쓰루미(鶴見)경찰서에서 100여 명, 기타 간토(關東) 여러 지역에서 확인된 숫자만 7,000명에서 8,000명이다. 이렇게 많은 우리 동포가 '불온한 조센징'으로 무참히 학살되었다. 미확인 주검이 얼마나 더 있는지 우리는 알지 못한다.

관동대지진이 아니라 '관동대학살'(關東大虐殺)이었다. 간도에서 그렇게 많은 한국인을 죽였는데 또 일본에서 대지진을 핑계로 엄청난 숫자의 한국인을 살상했다. 일본은 대체 제정신이 박힌 나라인가. 일본인은 모두가 광기로 얼룩진 악귀의 족속인가. 왜 이렇게 만나는 조선인을 모조리 잡아서 보는 대로 죽였던 것일까.

관서학원 유학생 김건(金建)이 겨우 악의 소굴을 탈출했다. 그는 중국의 북경으로 와서 「학살」(虐殺)이란 유인물을 호외로 만들어 뿌렸다.

동포들이여! 일본 관동지방에서 2만 명 동포가 왜놈의 총창에 참혹히 죽어갔다.

동포들이여! 다리를 꺾이고 배를 찔려서 죽은 우리 동포, 최후의 슬픈 소리는 다만 아이고 어머니! 아이고 아버지! 이 가느다란 말마디뿐!

동포들이여! 우리의 앞길에는 이보다 더한 학살! 이보다 더한 도륙(屠戮)의 참화가 곧 다가올 것이다.

동포들이여! 왜놈을 박멸하자! 남녀노소 구별 없이 살육하자! 우리의 굳은 결심과 빈주먹만 있으면 된다.

푸른 하늘도 낯을 찌푸렸다. 밝은 햇살도 제 빛을 잃었다. 홍범도 장군은 일본 땅에서 인편에 바람결에 들려오는 이 기막힌 소식을 전해 듣고 사흘밤낮 곡기를 끊었다. 어떤 날은 혼자서 중얼중얼, 또 어떤 날은 목이 메고 그저 눈물이 주르르 흘렀다. 두 주먹을 불끈 쥐고 허공에 마구 휘둘렀다. 비분함에 억장이 막힐 뿐이었다. 강개함에 숨이 콱콱 막힐 뿐이었다. 오로지 짓나니 탄식이요 내쉬느니 한숨이었다. 저 악독한 왜적들을 과연 어찌 해야 할까.

참으로 비겁하고 안타까운 것은 당시 식민지 조선의 문단에서 도쿄대지진과 그때 학살을 당한 동포의 이야기를 작품으로 쓴 시인이나 소설가가 전혀 없었다는 것이다. 파인 김동환이 서사시 『승천하는 청춘』에서 지진 발생 직후의 혼돈을 단편적으로 그려낸 정도에 불과하다.

일본이여! 지금이라도 늦지 않았으니 관동대지진 때 조선인에 대해 너희들이 저지른 구체적 만행에 대하여 사죄하라. 솔직히 고백하고 용서를 받으라. 네놈들은 아직도 뻔뻔스런 거짓말로 너희들이 저지른 집단학살을 부인하면서, 온갖 허언으로 이리저리 그 핑계를 둘러대고 있는 것이다. 들리는 말로는 봉오동과 청산리에서 당한 모욕과 분풀이를 관동대지진 때에 한꺼번에 했다는 관측도 있다.

저 왜적의 무리를 단번에 쳐서 쓸어 없애는 신묘한 방책이 없을까. 저놈들의 악행에는 끝도 바닥도 없구나. 아, 이 슬픈 막장의 시간이 과연 언제까지나 이어질 것인가.

범 범 무슨 범
쪽발이 잡는 범
침략자 쪽발이
왜놈만 잡는 범
천하무적 장군 범
홍범도 장군 범

1. 농촌개척자

홍범도 장군은 이만 지역의 싸인발 까잔린이란 곳에서 꼼무나의 관리위원장으로 일하게 되었다. 꼼무나, 즉 코뮤나 (коммуна)는 1920년대 볼셰비키 혁명 이후 소련에서 조직한 공동집단으로 농업협동조합을 말한다.

일본 무장간섭자 놈들은 끊임없이 달려들어 우리 동포들을 약탈하고 천대한다. 우리가 현재 궁핍한 삶에 시달리는 것도 모두 저 왜적들 때문이다. 우선 굶주린 동포들부터 먼저 살려 내야 한다. 그러자면 무엇보다 먼저 농사를 실하게 짓자. 밭 갈고 씨 뿌려 많은 알곡을 거두어내자. 투쟁의 현장이 단지 전선에서 농장으로 바뀐 것일 뿐이다.

홍 장군은 농촌 근로자들의 전위대인 꼼무나를 이끌고 온갖 험난한 박해와 장애를 헤치며 앞으로 앞으로 나아갔다. 이렇게 해서 풍찬노숙의 오랜 독립군 사령관으로서의 지휘 경험을 새로운 사회주의 체제에서 남김없이 쏟으며 농촌 건설의 일꾼으로 나서게 된 것이다.

장군은 동포 이주민들의 궁핍한 살림을 돌보는 한편 보람찬 영농 사업을 새롭게 꾸려나갔다. 양봉알쩨리(협동조합)를 조직해서 노동을 하고, 쓰바쓰카 진동촌에 와서는 빨치산 알쩨리를 조직하여 농사에 몰두했다. 이때 소련의 국영농장 솝호스(совхо́з)에서 물 공급을 끊는 바람에 무진 애를 태웠다. 홍 장군이 찾아가 잘 교섭하고 그들을 설득해서 다시 물 공급을 받게 되었다. 이런 와중에도 농사를 성과적으로 이끌었고 가을걷이가 끝난 뒤에 손익을 계산해보니 소득이 아주 높아졌다. 그전에 있던 묵은 빚을 그해 안으로 모두 갚았다.

소련 정부에서 노령자 연금을 지급한다며 이력서를 작성해 보내란 통지가 왔다. 장군은 침침한 호롱불 밑에서 눈을 비벼가며 종이에 이력서란 걸 난생처음으로 써봤다.

나 홍범도는 1868년 8월 27일, 조선 평양의 빈농민 가정에서 태어났다. 내가 8세 되었을 때 부모를 모두 잃었다. 그리고 15세까지 집안 아즈반네 집에서 자랐다. 1883년부터 5년 동안 평양 진위대 보병대에서 나팔수로 병정 생활을 했다. 1887년까지는 황해도 수안군 총령의 종이 뜨는 제지공장에서 일했다. 1894년, 막실이라는 농촌의 철령 신영리 공장 부근에서 일본에 붙어 있는 친일파 3명을 처단하고, 제지공장에서 도망쳐서 강원도 철원 산골로 갔다. 그곳에서 일본 침략자와 맞서 300명 의병대를 조직했다.

1894년부터 1899년까지는 강원도와 함경도 등지에서 일본 군 국주의자들에 저항해서 피 흘리는 전투를 계속했고, 의병대의 대원수는 1,400명까지 늘어났다.

이력서의 첫 대목 '나 홍범도'란 대목에서 눈길이 머물게 된

러시아어로 작성된 홍범도 장군의 이력서.　홍범도 장군에 대한 신상조사표.

다. 그 당당함, 그 의연함과 거침없는 기개에 가슴 벅찬 감동과 놀라움을 금치 못한다. 누가 소원을 물을 때도 반드시 '고려독립'이라고 했다. '고려독립'은 곧 '대한독립'이다. 홍 장군에게 있어서 최고의 가치는 오로지 '대한독립'이었다.

　　나 홍범도의 소원은 '대한독립'.
　　누가 뭐래도 내 소원은 '대한독립'.
　　이 '대한독립'을 반드시 이뤄놓고 죽으리라.

　당시 장군의 마음속에는 아마도 이런 열망으로 늘 가득했으리라.
　홍범도 장군의 특별한 농장 관리 능력이 주변에 널리 알려지자 홍 장군을 다시 떡께미 어리발 지역에서 모셔갔다. 그곳에서 다시 새로운 토지를 배당받았다. 가보니 땅의 상태는 먼지가 펄펄 날릴 정도로 메마르고 말이나 소를 비롯한 흔한 가축 한 마리 눈에 띄지 않았다. 일단 만년설이 녹아내리는 강물을 먼 곳에서 끌어와서 관개시설을 갖추는 공사부터 시작했다.

그 다음으로는 청년회원들이 선뜻 나서서 어깨에 쟁기를 걸고 척박한 땅을 직접 갈아서 파 일구었다. 조선의 전통 농기구인 극젱이로 흙덩이를 부수어가며 씨를 뿌렸다. 그 흙으로 도랑물이 흘러들어 흠뻑 젖었다. 물을 만난 흙의 품에서 파란 싹이 돋았다. 그 연약한 싹이 자라 알곡이 주렁주렁 고개를 숙였고 고생하며 지은 농사가 가을에 또 풍작이었다. 조와 콩을 넣은 마대자루가 곡물창고에 그득히 쌓였다. 그렇게 살아가는 시간은 평화와 보람 그 자체였다.

이때 또 정부에서 연락이 왔다. 까멘나 어리발노프 홍투에 기관에서 새로운 이동명령이 날아왔다. 홍범도의 알쩨리 선봉조합을 또다시 다른 곳으로 옮겨가라는 일방적 지시다. 어찌할 거나. 그냥 버티다간 쫓겨날 게 분명하다. 홍 장군은 막다른 방법으로 모스크바에 편지를 썼다. 국가수반 미하일 이바노비치 칼리닌에게 서찰을 보냈는데 곧바로 회신이 왔다.

홍범도 장군은 우리 소비에트 연방에서 높이 모셔야 할 영웅이니, 그분을 다른 어떤 곳으로도 함부로 옮기지 말라. 또 그분이 원하는 대로 토지를 내어드리라.

이 편지 덕분에 모든 일이 뜻밖에도 수월하게 풀렸다. 홍 장군은 무려 1,000헥타르나 되는 광대한 땅을 새로 받았고, 그토록 하고 싶었던 농사를 장군 특유의 방법과 고안으로 마음껏 경작할 수 있었다.

이제는 농사가 본격 전투였다. 모두가 힘을 모아 수로를 땀흘려 파고 부족한 관개시설을 확충했다. 다음으로는 열두 줄 못자리에 파릇한 모를 기르고, 70헥타르의 넓은 땅에 찰랑찰랑 물을 가두어 반듯한 논도 풀었다. 이렇게 심은 벼가 해마다 풍작이었다. 홍 장군이 손을 대면 흉년도 풍년으로 바뀌었다. 신통한 일이었다. 홍범도 장군은 왜적과의 전투만 잘하시는 줄 알았더니 농사도 일등으로 지으시는구나. 이를 주변에서 지켜보는 연해주 사람들이 일제히 입을 모아 칭송했다. 놀라운 성과는 신문에도 자주 보도가 되었다. 그렇게 활동하는 중에 또 다시 5년 세월이 강물처럼 흘러갔다.

난관도 힘든 고비도 엄청 많았다. 드디어 조합을 결성하고 본격적인 벼농사를 시작했다. 그런데 그곳 청년회원들이 방심해서 홍 장군이 가르친 방법대로 따르지 않았다. 공교롭게도 그해 가을 엄청난 흉년이 들었다. 소출도 별반 기대할 게 없었지만 그건 그해의 당연한 결과였다. 늘 잘되기만 하는 게 아니라 이런 실패도 종종 있었던 것이다.

홍 장군은 씬두히네츠 구역으로 옮겨가서 그곳 고려인들에게 벼농사를 가르쳤다. 수랍스카에서도 벼농사를 가르쳤다. 하지만 그해는 또 홍수가 닥쳐서 애써 지은 농사가 모두 물속에 잠기고 말았다. 아무리 못해내는 게 없다는 홍 장군이지만 이런 위기 앞에선 속수무책이었다. 인간의 적(敵)은 전략과 무력으로 이길 수 있지만 천재지변만큼은 그 누구도 이겨내기가 어려웠다. 그러나 인간의 단합된 노력으로 어떤 어려움도 극복할 수 있다는 자신감을 확실히 갖게 되었다.

1934년에는 수청 지역인 쓰꼬또브로 가서 '레닌길 조합'을 만들어 농사를 지었다. 왕년의 전설적 명장 홍범도 장군은 이로부터 농사일의 전문가로서 명성이 자자했다.

의병대 시절의 옛 동료 차도선(車道善)도 세월이 흘러서 어느덧 노인이 되었다. 그는 왜적에게 속아서 귀순한 것을 일평생 후회하며 살았다. 눈 감으면 자기 때문에 억울하게 죽어간 동지 태양욱(太陽郁)의 모습이 떠올라 괴로웠다. 차도선은 죽는 날까지 왜놈의 가증스런 꼴을 두 번 다시 안 보겠다며 첩첩산중으로 들어갔다. 간도 땅 무송에서 100리나 떨어진 심심산골, 그곳은 두지동이란 곳이다. 골짜기 마을에다 서당을 열고 어린 학동들에게 한글과 역사를 가르치며 항일의식을 일깨웠다.

말 들으니 조선에는 왜놈들 독점자본이 벌떼같이 몰려와서 조선 전역을 그들의 각본과 기획대로 파헤치고 공장을 지어서 이른바 식민지 땅의 공업화를 시키는 중이라 한다. 미쓰이(三井), 미쓰비시(三菱), 닛산(日産), 이토추(伊藤忠), 노구치(野口), 시마타니(島谷) 등 지금까지도 이름을 날리는 일본의 유명 재벌들이 모두 당시부터 제국주의 독점자본 계열이었다. 그들이 설치한 공장은 주로 광업, 방적업, 금속제철이었다.

조선, 기계제조, 석탄액화, 석유정제였다. 전혀 가공이 안 된 상태인 무수주정업(無水酒精業)도 있었다. 맥주, 시멘트, 제지, 철도, 제분, 제당, 제염, 무연탄, 제철, 수력전기, 방송, 화학, 비료제조, 화약제조, 금속, 직물, 유지, 면화, 제련, 금광, 일반광업, 제빙, 고주파중공업, 방적, 경질도자기 등 별의별 공장이 다 들어왔다. 이게 어디 조선 민중을 위한 공업화인가. 이 모든 것은 조선을 일본의 공업화를 위한 전초기지로 악용한 것이다. 뿐만 아니라 그 공장들이 흙과 물과 공기와 사람을 더럽히고 병들게 했다. 오직 일본경제의 발전과 공업화의 부속물로 식민지 조선의 민족자본을 깡그리 몰락시키려 했다. 조선인이 그간 어려움 중에 피땀 흘려 모아둔 저축을 놈들은 모조리 강탈했다. 이것은 조선인에 대한 새로운 노예적 방법의 개발이며 피 말리는 잔혹사(殘酷史)였다.

원동 이만의 한카이(興凱) 차우돈카라는 깊은 산중에 동포마을이 하나 있다. 홍범도 장군은 한카이 별 꼼무나에서 일하고 있었다. 이곳은 '흥개호(興凱湖)의 별'이란 이름으로 불리는 협동농장이다. 거기서 새길 산업조합의 일도 함께 돌보았다. 이 농장이 홍 장군의 주도적 노력으로 선진단위 명단에 올랐다. 많은 칭송이 쏟아졌고 다른 지역에서 성공담을 듣고 일부러 체험하러 찾아왔다. 참으로 힘겨운 일이 많았고 땀도 많이 흘렸다. 말로 형언할 수 없는 민족 차별도 있었다. 이런 차별을 벗어나려면 우선 당원이 되어야만 했다. 일단 당에 가입하니 조합원들이 여러 가지 이익을 누릴 수 있었다.

이미 회갑을 지난 홍범도 장군의 머리는 희끗희끗했다. 평범한 농민 지도자의 모습이었으나 지난날 독립군 대장 시절의 무용담을 늘 자랑 삼으며 떠올렸다. 그 무렵 홍 장군은 시넬*을 꺼내어 한 번씩 즐겨 입었다. 긴 가죽 끈이 달린 군용 야전가방은 어깨에 걸쳐 메고 있었고, 그 속엔 레닌에게 선물로 받았던 황금빛 권총이 보물처럼 들어 있었다. 옛 상관께 모처럼 문안드리러 찾아온 옛 부하 정태(鄭台)가 물었다.

"장군님! 어찌 그렇게 일하십니까. 군복을 입고 가방을 메신 채로…"

장군은 대답했다.

"나 홍범도는 이 시넬과 가방을 잠시라도 벗어놓고는 밥도 먹을 수가 없다네."

이 말을 듣고 모두들 한바탕 크게 웃었다. 밝은 웃음소리가 가을 들판으로 퍼져나갔다. 장군은 그때 조선 낫을 들고 한창 가을걷이로 바쁜 시간이었다. 들판에는 잘 익은 조 이삭이 개 꼬리처럼 고개를 숙이고 바람에 흔들렸다.

"제가 좀 도와드릴까요."

"돕는다고. 왜적을 무찌를 때 돕자는 사람 있으면 나는 눈물이 나도록 반가웠소. 하지만 지금 조 벨 때 그 돕는다는 말은 그리 반갑지 않아."

들판에 다시 홍 장군의 커다란 너털웃음과 웃음보가 터졌다. 옛 부하 정태는 안심했다. 장군의 건강은 우선 좋아 보였다.

---

* 러시아식 군복.

2. 재혼

소련 정부에서 매달 연금이 왔다. 많이 힘들었지만 홀몸이라 그럭저럭 살아갈 수 있었다. 홍범도 장군은 늘 입버릇처럼 말했다.

"내가 하는 일도 없이 이 나랏돈을 어찌 그냥 받을 수 있나."

연로한 몸으로 혼자 단칸방에서 살아가는 북국의 생활은 고달프고 쓸쓸하기만 했다. 이 무렵 옛 부하들과 주변사람 여럿이 적극 주선해서 한 중년 여인을 중매했다. 동포 여성 이인복(李仁福). 마흔 줄로 접어든 그녀는 혼자 자신의 손녀를 돌보며 호젓하게 살아온 어질고 선량한 기질의 동포 여인이다. 이 중매 제의를 완강하게 도리질하는 장군께 사람들이 매일같이 찾아와 타이르고 설득했다. 노경에 말동무 하나 생기니 오죽 다행이랴 권했다. 석 달이 지나서야 장군은 마지못해 닫힌 마음을 열었다.

"뜻대로 하시게나. 그대들 뜻대로 하시게나."

이렇게 말하면서 무척 겸연쩍은 표정을 지었다. 그런 마음의 한구석에는 이것이 아내 단양 이씨에 대한 배반은 아닌가 하는 송구한 마음도 가졌을 것이다. 워낙 지인들의 성화가 빗발 같아서 그 갸륵한 뜻을 일단 받아들이기로 했다.

재혼이었다. 황혼기에 맞이하는 조촐한 기쁨이리라. 하지만 장군의 얼굴엔 웃음기가 없었다. 언제나 돌부처처럼 과묵하고 무표정한 얼굴. 그 가슴속에 갈무리된 깊은 슬픔을 어느 누가 짐작인들 하겠는가.

1929년 기사년 봄이었다. 한카이 호숫가에서 홍 장군은 옛 부하들과 이웃들의 축복 속에서 아름다운 혼례식을 열었다. 이 날 홍 장군은 약간 상기된 얼굴로 새 부인과 기념사진을 한 장 찍었다. 혼례식 날인데도 여전히 낡은 군모에 두툼한 외투를 입고, 가죽장화를 신고 허리에는 레닌에게 받은 권총을 차고 있었다. 워낙 애착을 가진 보물인지라 권총의 가죽집이 손때로 닳아 반들반들 광채가 났다.

오랜 풍상우로를 겪어온 장군의 깊고 우묵한 두 눈은 유난히 숱이 많고 억실억실한 눈썹 밑에서 담담하고도 슬픈 애수를 머금었다. 그것은 차라리 온갖 비바람을 견뎌온 끝에 만들어진 증류수 같은 맑은 투명성, 그 무념무상의 얼굴이었다. 세상의 그 어떤 좋은 것도 그 어떤 슬픈 것도 두 번 다시 장군의 무표정과 바꿀 수 없었다. 밀림 속에서 독립군을 지휘하던 우렁찬 호령소리가 호기롭게 터져 나오던 그 입은 한일자로 굳게 다물렸다. 굵은 콧수염이 더욱 무겁게 장군의 입을 침묵으로 이끌고 있었다. 이제 더 이상 쥘 것이 없는 크고 두툼한 손은 무릎에서 제 위치를 잃은 채 방향을 서성거렸다.

얼마만의 부부생활인가. 하지만 이미 다 늙은 몸이다. 뒤늦게 둘이 만나 달리 무엇을 구할 수 있을 것인가. 가난한 생활이지만 죽이라도 끓여먹을 형편은 되었고, 아침에 잠이 깨어 눈을

만년에 재혼한 아내
이인복 여사와 함께.

뜨면 옆에 있어 서로 보살펴주니 그것이 다행일 뿐이다. 새 부
인이 데리고 온 외손녀 하나가 있었다. 이름을 예카테리나라고
했다. 귀여운 그 어린것이 늘 할아버지라 부르며 장군의 목에
매달렸다.

가슴속 저 깊은 장막 뒤에는 왜적들에게 고문 받다 숨져간
아내 단양 이씨, 함경도 정평 바배기 전투에서 죽은 아들 양순,
가슴 앓다 홀로 죽어간 막내 용환의 창백한 얼굴이 줄곧 어른
거렸다. 그것은 슬프고 막막한 실루엣이었다. 아무리 세월이
흘러간들 아물지 않는 깊고 쓰라린 상처였다.

홍범도 장군은 한카이 호수에 나가 낚싯대 드리우고 종종 잉어를 낚았다. 때론 백발백중 사격솜씨로 오리사냥도 했다. 호수 가운데로 물오리가 툭 떨어지면 집에서 키우던 검둥개가 냉큼 헤엄쳐 들어가 그것을 물고 왔다. 이럴 때 크고 뭉툭한 장군의 손은 검둥이의 등과 이마를 정다운 손길로 쓰다듬었다. 장군의 몸은 늙고 세월은 구름처럼 고요히 관조적으로 흘러갔다.

가끔씩 강연 초청이 왔다. 도시와 농촌의 고려인 구락부, 각 지역 군대의 피오네르 부대, 혹은 야영지에서 장군을 자주 초청했다. 그들은 독립군을 밀림 속으로 이끌고 다니며 일본 제국주의 군대를 신나게 격파하던 그 이야기를 주로 들려달라고 했다. 이 무렵 최계립(崔桂立, 옛 이름 최봉설)이 블라고베셴스크를 갔다가 홍 장군을 방문했다. 장군은 새 부인과 함께 그곳 고려인학교 교장 사택에 살고 있었다. 최계립, 방국춘(方國春) 등 옛 청년 동지들이 와서 지난 시절 얘기도 하고 농사 경험담도 들었다. 금단포 구경을 함께 가려 했으나 종내 뜻을 이루지 못했다.

하루는 옛 부하 하나가 찾아와 소식을 전한다. 중국 영안현에서 한족자치조합을 꾸려간다던 백야(白冶) 김좌진(金佐鎭, 1889~1930)이 박상실(朴尙實)이라는 과격파 청년에게 암살되었다는 슬픈 소식이다. 대관절 이 무슨 참변인가. 어찌된 사연인가. 필시 무슨 말 못 할 곡절이 있었을 것이다. 왜 이다지도 세상은 뒤숭숭하기만 한 것인가. 식민지 조선의 함경도 홍원에서는 홍범도 장군의 아들을 사칭하며 남의 돈을 훔쳐 달아난 파렴치범도 생겼다고 한다. 참 어처구니없고 웃지도 못할 일이다.

과격파 청년에게 암살된 백야 김좌진 장군의 장례식.

　여러 해를 함께 일하며 이제는 형제나 아들처럼 깊이 정든 콜호스의 여러 농장원들. 그들과 더불어 노장군은 오늘도 논밭으로 나간다. 일본 제국주의자들의 박해와 시달림으로부터 꿋꿋이 버티어가려면 무엇보다도 농사가 잘되어야 한다. 홍 장군에게 논밭은 숨 가쁘게 달리던 전쟁터와 같았다.

　볏짚으로 지붕을 올린 수십 채의 붉은 벽돌로 지은 피찬 집. 그곳 아방가르드의 생활은 항상 고되기 짝이 없다. 왜냐하면 늘 고단한 노동생활이기 때문이다. 연해주의 우리 동포들은 조선식 구들과 아궁이를 그대로 놓고, 갈대를 엮어서 짠 삿자리 한 장을 방바닥에 깔아 그 위에서 밥 먹고 잠자고 아기도 낳고 봉제사(奉祭祀)와 접빈객(接賓客)까지 했다.

차례를 지낼 때는 옛날 할아버지, 아버지가 조선에서 하던 관습 그대로 했다. 음식 차려놓고 맨 먼저 이렇게 말했다.

"빨랫줄 걷어라. 이 먼 곳까지 혼백이 급히 오시다가 목에 걸리면 안 되느니라. 제사 음식에 특히 머리카락이 들어가지 않도록 조심해라. 그건 조상님 혼백께 흉한 구렁이로 보이느니라."

이 얼마나 정겨운 말씀이고 관습인가.

집단농장의 서편 하늘로 노을이 비끼는 저녁나절의 마을은 더욱 호젓하고 조용하다. 들개 떼의 울음소리가 날카롭게 들리면 놀란 산짐승들이 살그머니 갈대밭으로 몸을 숨기는 소리가 와삭거렸다. 종일토록 내리는 빗속에서 씨뿌리기를 마치고 가까운 농막으로 들어가 젖은 몸을 말릴 때 어른들은 구들 위에서, 젊은이들과 아이들은 아래쪽에 둘러앉아 썩은 짚으로 불을 피웠다. 집은 넓었고 창밖에는 세찬 비가 퍼부었다. 이때 목청 좋은 청년이 일어나 노래를 한다. 그의 안색은 창백했으며 가슴을 앓고 있었다. 노래를 부르던 중 잦은 기침을 하면서도 억지로 참아가며 슬픈 성음으로 노래를 불렀다.

고향 땅 바라보며
가슴 시리게 옮겨가는
마지막 발걸음 어찌 말로 다하랴
뒤에는 아버지 계신 집
내 앞에는 두만강이
경계선을 넘어서면 타국 땅.

슬픔을 애써 억눌러
길을 흐리게 하는 눈물을 닦으며
겨우 시베리아에 다다랐다
찬바람 부는 이곳
눈보라마저 사납게 휘몰아친다
두고 온 고향 생각에 잠겨
차디찬 밝은 달밤 여울목에 서다.

고향 소식 듣고 싶은데
바람만 윙윙거릴 뿐
높은 하늘 흐르는 달만 바라볼 뿐
먼 동리에서 달그림자를 보고 개가 짖었다
고즈넉한 새벽녘
홰를 치며 수탉이 울었다
달은 점점 지평선으로 기울어간다.

모두들 고개를 숙이고 나직한 소리로 따라 불렀다. 누군가
콧물을 훌쩍이는 소리가 들렸다. 「고향의 설움」이란 제목의 이
노래에는 유랑동포의 피눈물이 배어 있었다. 처절한 비애도 묻
어났다. 그들에게 무릇 고향이란 무엇인가. 그들에겐 돌아갈
날과 고향이 과연 있기나 한 것인가. 간도는 이제 온통 왜놈천
지가 되어버렸다.

청나라의 마지막 황제 부의(溥儀, 1906~1967). 그를 허수아
비로 앞세워 일본은 만주 땅에 '만주제국'이라는 괴뢰국(傀儡

國)을 만들었다. 일본군은 당당하게 마치 주인처럼 만주 땅 곳
곳에 마음대로 군부대를 풀어놓고 주둔 중이다. 대체 저 간교
한 쪽발이 놈들의 야비한 욕망은 언제까지 어디까지 내뻗으려
느냐.

중국 땅 머나먼 서쪽의 티베트는 독립국가 수립을 선포했다
는데 남쪽 더운 나라 베트남에도 혁명이 일어났다는데 대관절
대한이라는 나라는 언제나 찰거머리처럼 달라붙는 외세를 모
두 뿌리치고 스스로의 힘으로 우뚝 일어설 것인가.

3. 강제이주

1932년 임신년 봄, 중국 땅 상해 홍구(虹口)공원에서 일본 왕의 생일 축하 잔치가 열렸다. 놈들은 그날을 천장절(天長節)이라 부르며 대단히 큰 명절로 여긴다. 이날 조선 청년 윤봉길(尹奉吉, 1908~1932)이 일본인으로 신분을 위장하고 행사장에 몰래 들어갔다. 군중의 앞자리에 서 있다가 미리 준비한 도시락 폭탄을 단상으로 힘껏 던져 일본군 대장과 외교관 등 왜적 수십 명을 살상했다고 한다. 세계를 떠들썩하게 한 놀라운 뉴스였다.

홍범도 장군은 생각했다. 이 청년 한 사람의 활동이 봉오동 승전에 맞먹는 크나큰 효과를 이루었구나. 그처럼 가슴이 불같은 애국심으로 활활 타는 청년 100명만 있다면 저 제국주의자 놈들을 단번에 쓰러뜨릴 수 있을 텐데.

"아, 이제 나는 늙었구나. 마음은 아직도 어제와 같은데…"

1933년 계유년 여름, 조선과 중국의 독립군들이 연합하여 동만주 대전자령에서 일본군 나남사단을 크게 무찔렀다고 한다. 나남사단은 홍범도 부대와도 싸웠던 바로 그 왜적 부대가 아닌가. 노장군은 지그시 눈을 감고 옛 감회에 젖어든다. 지혜 많고 든든한 후배들이 잘 싸워줄 테지.

태극기 앞에서 수류탄을 들고 마지막 선서를 하는 윤봉길 의사.

　고려인 동포 천세르게이가 홍범도 장군의 생애사(生涯史)를 쓰게 되었다. 이미 칠순이 가까운 늙은 장군의 숱 많은 눈썹 아래에서 여전히 억실억실한 눈빛은 옛날과 다름없는 광채로 번뜩였다. 장군은 천세르게이에게 가물가물한 옛 추억을 더듬어가며 이야기를 들려주었다. 숨 가쁜 전투를 회고하는 대목에서 장군의 눈빛은 매섭게 빛났다. 당장 앞에 나타난 적군을 노려보는 모습이 매의 눈처럼 부리부리했다. 사흘 동안 계속되는 장군의 이야기를 들으며 세르게이는 자신의 소년 시절에 아무래도 장군을 한 번 뵌 듯했다. 그는 어렴풋한 추억의 실루엣 속으로 들어갔다.

14세 되던 해 이른 아침, 집에 갑자기 손님이 찾아와 부산했다. 선잠이 깨어 언뜻 내다보았더니 얼굴에 수염이 텁수룩한 낯선 손님 한 분이 오셨다. 아버지는 그 털보 아저씨와 밥상 앞에 마주앉아서 겸상으로 조반을 들고 계셨다. 아버지가 말했다.

"간밤 옆집 사람이 감자 한 자루를 메고 오는데 갑자기 총소리가 들려서 그 감자 자루도 그냥 내던지고 그대로 삼십육계로 달아났다고 하더군요."

털보 아저씨는 껄껄 너털웃음을 터뜨리며 말했다.

"내가 사방을 살피며 집 모퉁이를 돌아오는데 웬 이상한 그림자가 어른거리기에 만약을 생각해서 공포탄을 한 방 놓았지."

세르게이는 털보 손님이 허리에 찬 권총을 보았다. 그 소년이 어느 틈에 자라나 지금 옛 털보 아저씨의 살아온 이야기를 쓰고 있는 것이다.

1937년 정축년 가을이었다. 그해는 유난히 겨울이 일찍 온다 했더니 그보다 더 큰 걱정거리가 먼저 왔다. 수년 전에 이미 철수한 일본군들 기색이 요즘 심상치 않다는 것이다. 침략주의자 왜적 두목 도조 히데키 놈은 일본의 주력 부대를 연해주로 보내겠다고 공공연히 협박을 해댔다. 군국주의 파시즘이 세계를 온통 뒤흔들고 지구는 다시 전쟁의 먹구름으로 뒤덮이기 시작했다.

스탈린 정부는 이런 일본의 위협이 몹시 두려웠다. 그와 더

불어 연해주 국경 지역에 거주하는 고려인들의 동태도 늘 불안한 근심덩어리였다. 고려인은 생김새가 일본인과 비슷해서 어떤 위기가 닥치면 곧바로 배반하고 일본과 내통할 존재라고 여겼다. 이미 고려인 중에는 일본을 위해 정보를 넘겨주거나 식량까지도 지원하는 간첩들이 연해주에 숨어서 활동 중이라는 보고도 받았다. 러시아 사람들에게는 이런 불온한 이야기가 파다하게 돌았다. 고려인들을 보는 눈길도 곱지 않았다.

그 얼마 뒤에 고려인에 대한 숙청의 피바람이 불었다. 용모가 일본인을 닮았다고 해서 잡혀가고, 민족의 노래 「아리랑」을 부르다가 잡혀가고, 「망향가」를 부르다 잡혀가고, 「소년용진가」를 부르다가 끌려갔다. 심지어는 고향산천이 그립다는 말을 했다고 붙잡혀간 사람도 있었다. 마음에 들지 않는 사람을 일본의 간첩이라고 밀고하는 일까지도 일어났다. 점점 두렵고 수상한 세월이 펼쳐졌다. 그로부터 모든 고려 사람들은 굳게 입을 다물었다. 만나도 절대 먼저 말하지 않았다. 가까운 벗도 믿을 수 없었다. 비밀경찰에게 한 번 붙잡혀간 사람이 다시 나온 일은 절대로 없었다.

이런 험악한 세월이 계속되더니 마침내 스탈린 일당은 비밀회의를 열고 연해주의 전체 고려인을 머나먼 중앙아시아로 강제이주 시킨다는 결정을 발표했다. 1937년 8월 21일자 스탈린의 명령서에 의거한 조치였다. 수십만 고려인 동포들은 들판에서 가을걷이를 준비하다가 혹은 일터에서 이 청천벽력 같은 일방적 통보를 받았다. 오직 당과 정부의 결정이라 했다. 이 한마디 앞에서는 그 어떤 불만도 입을 굳게 다물어야 했다.

인종 청소(ethnic cleansing)의 성격이 짙었던 고려인 강제이주는 도합 세 차례에 걸쳐 강행이 되었다. 1차는 국경 지방, 2차는 기타 지역, 3차는 마지막까지 남아 있던 모든 고려인이 청소 대상이었다. 지정된 일시까지 블라디보스토크 기차역과 라즈돌노예역으로 집결하라고 지시했다. 가산을 정리할 겨를도 없이 집도 재산도 모두 버려둔 채로 어디로 가는지 무엇 때문인지도 모르고 짐짝처럼 짐승처럼 몇백 대의 남루한 화물열차, 혹은 가축 수송열차에 실려서 42일 동안 달려갔다. 도합 124개 열차에 17만 명이 실려서 갔다.

열차의 벽도 판자요 바닥도 판자였다. 그 벌어진 틈새로 소름끼치는 시베리아의 칼바람과 눈보라가 휘몰아쳤다. 밤이면 열차 안이 냉동실처럼 꽁꽁 얼었다. 힘없이 울던 젖먹이가 기어이 뚝 울음을 그쳤다. 숨이 끊어진 것이다. 엄마의 눈에선 눈물도 말랐다. 배는 고파 죽을 지경인데 마실 물조차 한 방울 없었다. 대소변도 그냥 열차 안에서 보았다. 생김새는 인간이지만 가축 수송열차 안에 실린 그대로 소와 말이고 한 마리 짐승에 불과했다. 숨은 쉬지만 그 숨은 내 숨이 아니었다. 노약자들이 한꺼번에 여럿 죽어나갔다. 시신을 그대로 둘 수 없으니 홑이불에 싸서 달리는 열차의 환풍구로 그대로 밀어 내보냈다. 그게 마지막 장례였다. 기차가 잠시 서면 시체를 옷이나 천에 싸서 관도 없이 아무 데나 손가락으로 후벼 파고 대충 묻었다. 낯선 곳인데다 칠흑 같은 밤이어서 묻은 위치도 몰랐다. 눈물도 말라버렸다. 한 아낙네는 실성한 얼굴로 히히 웃으며 이미 숨 끊어진 아기에게 자꾸만 젖을 물렸다. 기차가 섰을 때 열차 밑에 들어가 똥을 누는데 갑자기 기차가 출발해서 바퀴에 그대로 깔린 사람도 있었다. 무심한 열차는 아무것도 모르고 기적을 울리며 들판을 하염없이 달려갔다.

카자흐스탄, 우즈베키스탄, 그 황량한 모래벌판 바람 속에 그냥 마구 짐짝처럼 팽개쳐놓고 그들은 떠나갔다. 우시토베 지방은 눈 덮인 허허벌판이었다.

아, 한이었다. 깊고 푸른 한이었다. 그 전후의 서럽고 슬픈 사연을 어찌 말로 풀어서 낱낱이 설명할 수 있으리.

20만 고려인을 광활한 중앙아시아 황무지로 모조리 분산시켜 한곳에 집단거주도 못하게 하는 것이 스탈린의 계획이었다. 전체 고려인의 눈에선 피눈물이 쏟아졌다. 동포들 떠나간 연해주의 빈 마을에는 엉뚱하게도 유대인들이 들어와 재빨리 집과 살림을 모두 차지했다고 했다. 이건 스탈린이 미리 계획한 각본이었다.

모든 고려 사람은 워낙 급히 끌려가느라 가족들은 사방으로 뿔뿔이 흩어졌다. 내 부모형제, 일가친척은 과연 어디에 가 있는가. 아들이 어미를 찾아서 아비가 딸을 찾아서 지어미가 지아비를 찾아서 바람 찬 중앙아시아 곳곳을 슬피 울며 다녔다.

아, 허공을 불어가는 저 바람은 통곡이었다. 애타는 하소연이고 절절한 그리움이었다.

소련의 흉포한 비밀경찰 KGB가 직접 이 일을 맡아서 신속히 집행했다. 치밀한 계획과 철통같은 감시가 뒤따랐다. 동포 작가 포석(抱石) 조명희(趙明熙, 1894~1938)가 강제이주 결정에 반대하는 글을 신문에 발표했다가 잡혀갔고, 그해 5월 11일 화발포(花發浦), 즉 하바롭스크에서 곧바로 총살되었다고 한다.

이렇게 끌려간 시베리아 철도는 지금도 피눈물의 철도다. 그 피눈물은 아직 마르지 않고 곳곳에 흥건하리라. 하바롭스크의 카를 마르크스 거리 입구엔 음침한 공동묘지가 하나 있다. 커다랗게 미리 파놓은 구덩이에 당시 끌려온 고려인들이 그대로 생매장당한 곳이다. 포석 조명희도 그 어딘가에 묻혔다 한다. 무지막지한 소련 놈들은 그 위에 흙을 덮고 다져서 시립 공동묘지를 만들었다고 한다.

아, 배반과 역천(逆天)의 세월이여! 거짓과 음모와 유린의 세월이여! 비 오는 타국 거리를 오늘도 슬피 울며 헤매 도는 저 동포들의 넋을 과연 어찌 할거나, 어찌 할거나!

일제의
무도한 군홧발이
고려 땅을 짓밟은 지도
벌써 오래다
그놈들은 군대와 경찰과 법률과 감옥으로
온 고려의 땅을 얽어놓았다
칭칭 얽어놓았다
온 고려 대중의 입을 눈을 귀를
그리고 손과.

장시 「짓밟힌 고려」 속에 피눈물의 절규 몇 마디를 남기고 비통한 최후를 맞이해야만 했던 시인 조명희의 넋은 지금 어디에

고려인 강제이주를
비판하다가 처형당한 포석
조명희 시인.

있는가. 항일투쟁으로 원동 지역 고려인 문학의 창시자로 온
삶을 바쳐온 문학 예술가에게 이 무슨 마른하늘의 날벼락인가.
이것이 스탈린 정책의 본얼굴인가. 시인의 죽음은 곧 고려 사
람 모두의 죽음이요, 생매장이었다.

홍범도 장군도 이 잔학무도한 강제이주 행렬에 끌려갔다. 그
누구도 예외란 없었다. 함께 일하던 씬두히네츠 협동농장원들
도 끌려갔다. 그동안 정들었던 한카이 호수도 이별이었다. 한
평생 등 떠밀리며 고달프게 쫓겨서 살아왔건만 이제 또 어디로
얼마나 떠돌이 신세로 흘러가야만 할 것인가.

카자흐 공화국 서부 지역 키질쿰 대사막 저편, 산 설고 물 설
은 호레즘주의 구를렌 구역으로 떠나갔다. 그들을 맞아주는 것

이라곤 황량한 모래벌판에 돋은 거칠고 가시 돋친 삭사울나무(саксаул)뿐이었다. 가을은 점점 깊어가는데 마땅히 엉덩이를 붙이고 깃들여 살 집이 없었다. 사막의 모래바람은 사정없이 얼굴을 때리며 파고드는데 사람들은 넋이 나간 채 모래밭에 앉아서 한숨만 지었다. 우선 다급한 대로 토굴, 창고, 마구간, 돼지우리, 폐허가 된 사원, 옛 감옥 등에서 임시로 눈보라를 피했다. 강변 언덕에 막대기로 토굴을 파고 들어앉았으나 혹독한 추위는 제대로 막지 못했다. 사막의 차디찬 냉기는 치명적이었다. 우선 어린이와 노인부터 살려야 했다. 모든 것이 빈손이었다. 기가 막혔다. 이때 많은 노약자가 숨을 거두었지만 관조차 마련할 수가 없어 그냥 홑이불에 싸서 묻었다. 풍토병과 괴질로도 많이 죽어나갔다.

그로부터 세월이 한참 흘러서 우즈베키스탄에 거주하는 고려인 화가 신순남(申順南, Nikolai Shin, 1928~2006)이 갖은 핍박과 수난의 유민사(流民史)를 그렸다. 화가의 소년 시절 기억 속에 살아 있는 슬픈 장면들에선 붉은색과 검은색의 배합이 유난히 두드러졌다. 가만히 화폭을 들여다보노라면 어디선가 진혼곡이 들린다.

『고려일보』에는 또 이런 글이 실렸다.

나라는 존재는 대체 누구인가. 내 진짜 조국은 어디인가. 나의 조상들 뼈는 멀리 한반도에 묻혀 있고 나의 생김새는 누가 뭐래도 한국인이다. 먹는 것도 한식이며 말도 조금씩이나마 한국말을 쓴다. 하지만 내 형편은 지금 고려인도 조선인도 아니다. 그렇다고 카자흐 사람도 아니요, 러시아 사람은 더욱 아니다. 한국 사람은 더더욱 아니다. 오, 중앙아시아 고려인들의 슬픈 유랑은 아직도 아직도 계속되고 있는가.

늦가을 하늘을 스산하게 덮어오는 모래바람은 애당초 칠순 노인에게 무리였다. 콜호스 집단농장 지도자들은 크렘린 상부에 탄원서를 보냈다.

레닌 동지도 특별히 칭찬한 바 있는 혁명의 위대한 이 동지를 별도로 대우해주시기 바랍니다. 그분은 제국주의 세력의 확장을 막기 위해 일생을 바친 분이십니다.

이 탄원서가 다행히 접수되어 마침내 홍범도 장군은 크즐오르다에 남아 있게 되었다. 하지만 노장군은 맨손으로 갈대를 움켜 뽑으며 살길을 찾아 아등바등 울부짖는 동포들의 딱한 운명을 늘 걱정했다. 그들을 생각하면 한시도 마음이 편치 않았다. 그곳을 다녀오는 사람이 있으면 일부러 찾아가서 물었다.
"농사가 어떻더냐. 그 황무지에서 과연 농사가 되기는 하던가."
"농사가 제대로 되어야 우리 동포들이 잘 살아가지."
중앙아시아에 정착한 고려인들은 무서운 인내로 땅을 파 일구어 개간을 시작했다.
멀리 천산과 파미르고원의 만년설이 녹아서 내려오며 커다란 강을 이루었다. 그 차디찬 시르다리아 강물을 사막으로 이

끌어왔다. 엄청난 대공사였다. 맨손으로 잡초를 뽑고 버력 돌을 골라내고 거기에 논을 풀었다. 논에는 종자가 좋은 벼를 심었다. 척박한 중앙아시아 황야에 처음으로 벼농사가 시작되던 빛나는 순간이었다.

하지만 스탈린 정부는 고려 사람들의 민족문화를 위한 활동까지도 일절 금지했다. 무서운 문화말살정책이었다. 식민지 조선을 장악한 일본과 다를 바 없었다. 블라디보스토크의 고려사범대학은 조선인 이주와 함께 크즐오르다로 모두 옮겨와서 새로 터전을 닦았다. 원래 이 대학 도서관에는 의암 유인석이 조국을 떠날 때 챙겨온 많은 고서들을 기증받아 소장하고 있었다. 그런데 모스크바 당국이 임명한 유대인 출신 리긴이란 자가 대학 총장으로 와서 그 귀한 자료들을 모두 불태웠다. 분서갱유(焚書坑儒)가 따로 없었다. 이게 대체 무슨 속셈인지 알 수가 없었다. 세상에는 책을 태우는 학자도 있는 것인가. 그게 과연 학자인가. 불 속에서 황급히 건져낸 몇 권의 책만 겨우 알마티로 보듬고 왔다. 조선의 말과 글도 점점 잊혀간다. 민족문화의 뿌리는 갈수록 시들어간다.

홍범도 장군은 이런 사태를 너무나 걱정했다. 우리 민족은 왜 이다지도 불행한 운명을 타고났는가. 왜 제 나라 땅을 섬 오랑캐에게 다 빼앗기고 이렇게 남의 나라에서 온갖 눈칫밥을 먹으며 압박과 설움 속에 슬픈 삶을 살아가야만 하는가. 우리의 마음은 왜 이렇게도 늘 어둡고 추운가. 노장군의 눈엔 피눈물이 고였다.

4. 슬픈 소식들

그 무렵 한 청년일꾼이 홍범도 장군께 작별인사를 드리러 왔다. 그는 구를렌 고려극장 지도원으로 옮겨가게 되었다. 장군이 대뜸 물었다.

"그래 조선 출판부도 문 닫았다더냐? 조선사범대학도 없어지고? 조선 라지오*도 없어지고? 『고려신문』과 고려극장만…"

노장군은 목이 메어 더 이상 말을 잇지 못했다.

"그래 가거라. 그 고려극장으로 가거라. 가서 북이 터지게 두드리며 「양산도」를 불러라. 「수심가」도 불러라."

크즐오르다 동포들은 장군의 도착을 진심으로 환영했다. 어려운 여건 속에서도 크즐오르다 동포들은 민족의 전통문화를 이어가려는 피나는 노력을 하고 있었다. 『선봉』(先鋒)신문사, 고려극장, 조선 라디오방송국, 하바롭스크출판사 조선부 등 여러 민족문화 기관들이 하나씩 둘씩 크즐오르다로 옮겨왔다.

고려극장의 운영자들은 쓸쓸하게 지내는 노장군을 극장의 수직(守職)으로 모셨다. 수직이란 직책은 극장의 비품을 관리하고 출입자도 보살피는 일을 맡아서 한다. 여기서 홍 장군은

---

* 라디오.

극장 뒷자리에 앉아서 연극 「춘향전」도 보고 「심청전」도 자주
보았다. 극이 끝나면 젊은 배우들이 우르르 몰려와 장군을 에
워싸고 소감을 물었다. 그들은 장군을 마치 동네 할아버지처럼
친근하게 대했다. 재잘거리는 생기발랄한 청춘들과 더불어 일
과를 보내던 때가 장군에겐 참으로 행복한 시절이었다.

극작가 태장춘(太長春, 1911~1960)이 홍 장군을 몹시 존경
하고 따랐다. 어떤 날은 자기 집으로 모셔다가 며칠씩 함께 지
내며 장군이 살아온 파란만장한 이야기를 구술로 듣고 틈틈이
기록했다. 그의 부인인 고려극장 제1세대 배우 리함덕(李含德,
1914~2002)이 그 이야기를 다시 공책에 정리했다. 그 기록물
이 『홍범도 일지』란 귀한 기록으로 남아 있다. 장군의 이야기는
들으면 들을수록 그분의 생애에 대한 존경심이 가슴속에서 뭉
글뭉글 솟구쳤다. 태장춘은 장군의 옛 부하들을 일부러 찾아다
니며 당시의 이야기들을 두루 수집했다. 그 이야기를 바탕으로
극본 『의병들』을 만들었다.

1938년 무인년 5월 7일, 노장군 홍범도는 중앙아시아의 크
즐오르다 한적한 거처에서 소련 정부에서 지급하는 연금을 받
았다. 그런 어느 날 오후였다. 막 점심식사를 마치고 밥상을 물
리는데 밖에 누군가 찾아왔다. 당에서 나온 간부라 했다. 만나
자마자 그는 쌀쌀한 말소리로 다그치며 집에 감춘 무기부터 가
져오라 거칠게 명령한다. 우선 말투부터 오만하고 불순했다.

홍 장군이 소총을 꺼내고 보니 침통한 심정을 금할 수가 없
었다. 일흔이 훨씬 넘은 노쇠한 몸이 이젠 소용없는 소총을 집
에 둘 수 없다고 넘겨주긴 했지만 지난 삼십 년 넘는 세월 동안

고려극장의 배우였던 태장춘과 리함덕 부부.

그것은 단지 무기가 아니라 내 몸처럼 사랑하던 분신이 아니던
가. 1903년 계묘년 이른 봄, 함경도 북청 후치령에서 장군 혼
자 왜적 43명을 무찌를 때 쓰던 소총이 아니던가. 함경도 산중
에서 왜적 사냥할 때 쓰던 총이요, 러시아 땅에서 고생할 때 개
머리판을 잘라 추풍 당어재 깊은 골짜기에다 묻어두고 다니던
총이요, 봉오동과 청산리를 함께 따라다니며 왜적을 무찌를 때
쓰던 총이다. 몸이 가는 곳에 늘 함께하던 분신이 바로 이 총이
아니던가. 모스크바에 레닌 만나러 갈 때도 함께 따라간 분신
이다. 홍 장군은 더 참지 못하고 그길로 경찰서를 찾아가 이런
내력을 소상히 말하고 그 총은 돌려달라고 줄곧 호소했다. 하
지만 카자흐 경찰서장은 냉랭한 표정으로 아무런 코대답도 없
었다.

　홍 장군이 거기서 카잔스키란 곳으로 주거를 옮기게 되었다.
그때 경찰서에서 총을 가져가라는 연락이 왔다. 장군은 너무나

반가워서 마치 오래 못 본 가족을 만나러 가는 심정으로 경찰서를 찾아가 혼자 쓸쓸히 방치되어 있던 그 총을 되찾아왔다. 여러 가지를 기록해놓은 공책, 혁대, 망원경도 돌려받았다. 장군은 품에 총을 안고 볼에도 비비며 반가움에 그저 눈물만 죽죽 흘렸다. 나중에 알고 보니 이웃의 심술궂은 술장수 여인이 경찰서에 밀고해서 그리된 일이었다. 살다가 참 별스런 일을 다 겪는다.

중국에서 활동하는 청년 작가 김기열(金基悅)이 멀리서 찾아왔다. 장군은 흘러간 1919년 기미년 그 여름의 어슴푸레한 기억을 떠올릴 수 있었다. 홍범도 부대의 박창훈 대원이 연해주 마산 되거우란 곳으로 총을 사러 간 일이 있었다. 그 고개 밑 첫 집에 무기를 밀매하는 사람이 살고 있었다. 김기열은 바로 그 집의 외아들이었다. 카자흐스탄에 볼일로 왔다가 왕년의 홍범도 장군이 크즐오르다에 와 계시다는 소식을 듣고 반가움에 일부러 찾아온 것이다. 그는 장군을 만난 것이 이번이 두 번째다. 간도에 살 때 기열은 홍 장군의 전적지인 봉오동과 청산리를 직접 답사했다. 기열이 떠나기 전 장군은 그의 어깨를 감싸 안고 귓속말로 다정하게 말했다.

"조심해라! 그곳에는 아직 왜놈들이 많으니."

흑하사변 후 간도로 되돌아가서 두지동 산골에 살던 차도선이 왜놈 경찰에게 끌려갔다고 한다. 그 소식을 기열이 전해주었다. 차도선은 지난날 강도 일제의 회유책에 속아 귀순했던 행동을 일평생 후회하고 있었다. 1939년 기묘년 2월 8일, 그는 76세의 나이로 형무소 안에서 세상을 떠났다고 한다. 독립운동

극작가 태장춘과 그의
부인 리함덕이 정리한
홍 장군의 일대기
『홍범도 일지』.

에 몸을 바친 영웅의 장렬한 최후였다. 차도선은 마지막 숨을
몰아쉬며 말했다.

"조국의 독립을 위해 끝까지 싸워라. 조선에 두고 온 내 딸을
찾지 못한 것이 가슴에 한으로 남는구나. 나 죽으면 저 왜놈들
꼴이 안 보이는 두지동 옛집에 나를 묻어다오."

워낙 걸음이 빨라서 별명이 차천리. 산길을 비호처럼 내달리
던 차도선은 지금 어느 하늘 어느 벌판을 혼자 숨 가쁘게 내달
리고 있을까.

5. 경비원이 된 장군

　1938년 무인년 여름, 홍범도 장군은 크즐오르다 지역 큰 병원의 수직(守直)*을 서기도 했다. 이 무렵 장군의 생활은 몹시 어렵고 가난했다. 청년 박일(朴一)이 장군 댁을 방문했다. 이때 노장군은 등이 구부정한 자세로 마당귀에 서서 몇 됫박 안 되는 양식의 쌀겨를 바람에 날리던 중이었다.

　청년은 마당에 무릎을 꿇고 큰절을 올렸다. 장군의 거처는 마치 사람이 살지 않는 빈집처럼 초라하고 썰렁했다. 손님이 와도 내놓을 것이 없었다. 구들 위에는 올이 굵고 귀퉁이가 다 닳은 삿자리 하나. 그것도 방바닥에 절반만 깔려 있고 나머지 절반은 그냥 맨 흙바닥이었다. 말 그대로 씻은 듯한 적빈(赤貧)이었다. 아랫목엔 작은 화로가 하나 놓여 있고 그 옆엔 재떨이가 있었다. 하지만 장군은 평소 담배를 전혀 피우지 않았다.

　장군은 마당의 바위 위에 앉아서 청년에게 물었다.

　"어떻게 하면 소련의 고려 동포들이 완전 해방이 되고 제대로 사람구실을 할 수 있겠느냐."

　너무 처연한 분위기에서 하시는 말씀이었다. 청년은 그 말을

_____

＊ 경비원.

들으며 줄곧 목이 메어 어떤 말도 하지 못했다.

저 멀리 남녘 조국 땅은 왜적의 독수(毒手)에서 여태 못 벗어나고 억압은 점점 강해져만 간다는 소식이다. 왜적들은 특별지원병이란 것을 만들어 조선 청년들에게 모조리 일본 군복을 입혀서 전쟁터의 총알받이로 내몰았다. 힘 있는 장정들은 징용(徵用)이란 이름으로 모두 일본으로 끌고 가서 비행장 건설 현장, 탄광, 무기탄약 공장에서 마구 부려 먹고, 처녀들은 일본 군대의 더러운 위안부를 강요하고 있다는 슬픈 소식이 들려온다. 조상 대대로 물려받아온 가문의 성씨도 이름도 모두 놈들의 꼬락서니로 바꾸는 창씨개명(創氏改名)을 강요했다. 부산과 시모노세키를 연결하는 연락선이란 것을 띄워서 조선 사람들을 집단으로 끌고 가서 죽음터로 몰아넣으니 그것들이 과연 인간인가, 짐승인가. 저리도 표독한 왜놈들 꼴을 볼작시면 필시 적들의 멸망이 멀지 않았음을 말해준다. 모진 겨울이 떠나갈 무렵, 새봄이 오기 직전의 모진 추위와 같은 이치일 뿐이다.

홍 장군은 고통받는 조국 땅과 겨레의 시련을 생각할 적마다 혼잣말로 나직이 웅얼거렸다.

"고국아. 사랑하는 내 강토야. 지금의 추위를 조금만 견뎌라. 너의 겨울을 휘몰아낼 따뜻한 새봄은 이미 문 앞에 도착해 서성이고 있단다."

1941년 정월, 알마티에서 활동하던 극작가 태장춘은 드디어 장편 희곡 『홍범도』를 완성했다. 장군께서 살아계실 때 공연을 보실 수 있게 젊은 작가는 겨우내 희곡쓰기에 매달렸다. 그해 겨울 추위가 몹시도 엄혹했지만 창작의 열기로 가슴은 오히

태장춘이 겨우내 극본을 쓴 연극 「홍범도」가 크즐오르다 극장에서 첫 공연의 막을 올렸다.

려 활활 타올랐다. 작품이 완성되고 숱한 연습 과정을 거친 다음 장군이 극장 수위로 일하는 크즐오르다 극장 바로 그 무대 위에서 감격적인 첫 공연의 막을 올렸다. 연극의 제목은 「홍범도」, 나중엔 「의병들」로 바뀌었다.

그 자리에 홍범도 장군을 모셔서 직접 주인공의 감동적 연설을 들은 다음 연극의 막이 올랐다. 홍범도 장군이 함경도 지역에서 왜적 군대와 맹렬히 싸워 이기던 그 시절을 떠올리는 내용이다. 고려인 배우들은 무대에서 열정적인 연기로 관객을 감동의 도가니에 빠뜨렸다. 고려 말도 제대로 못하는 청년배우들이 대사를 더듬거리면서 하나하나 익혀 열심히 이끌어가는 연기에 모두들 놀랐다. 홍 장군은 무대 앞 한가운데 자리에 앉아서 연극 전편을 관람했다. 공연이 끝나고 사람들이 물었다.

"연극이 맘에 드십니까."

이때 장군은 다만 소년처럼 겸연쩍게 웃기만 했을 뿐이었다.

"나를 너무 추켜세워서 몸 둘 바를 몰랐네. 연극을 아무리 잘 놀아도 백발백중인 내 총재간이야 어찌 보여주겠나."

이렇게 말하며 장군은 모처럼 그 특유의 너털웃음을 껄껄 웃었다.

청년 박일이 찾아왔다. 장군은 박일에게 말했다.

"어디 가서 내가 공부를 좀더 했으면 좋겠구나."

청년은 깜짝 놀랐다.

"이제 연세도 높으신데 새삼 공부를 하고 싶다니요. 어디다 쓰시렵니까."

장군은 나직하지만 단호한 어조로 이렇게 말했다.

"나는 지금도 우리 조선 글을 배우고 싶다네. 조선 사람이 조선 글을 몰라서야 되겠나."

그 순간 청년은 가슴속에서 솟구치는 깊은 감격으로 그만 흐느껴 울고 말았다. 장군은 청년의 어깨를 감싸안고 토닥토닥 두드리며 다정하게 말했다.

"너는 못쓰겠구나. 젊은 놈이 그리도 눈물을 쉽게 보이고 나약한 모습을 드러내니 어디다 쓰겠느냐."

1941년 6월 22일, 히틀러(Adolf Hitler, 1889~1945)의 독일군이 소련 서부 국경을 넘어 스탈린그라드로 맹렬히 침공해왔다. 그 악명 높은 제2차 세계대전의 시작이었다. 세상엔 온통 전쟁의 피바람이 불어왔다. 이미 칠순을 넘긴 백발의 노장군은 당 위원회를 찾아가 자신을 전선으로 내보내주기를 강력히 요청했다. 하지만 당 간부는 웃으며 만류했다. 장군은 서운한 얼굴로 말했다.

"비록 내 몸은 늙었지만 총 솜씨는 아직도 살아 있다오. 어디 좀 보시오."

홍 장군은 빈 유리병을 하나 눕혀놓고 100보 떨어진 곳에서 사격을 했다. 오연발총이었다. 총대를 번쩍 들고 어깨에 받쳐서 겨누더니 한순간 탕, 총성이 들렸다. 탄환은 병 주둥이로 들어가 바닥을 차고 나갔다. 그런데 병의 몸통 부분은 전혀 깨지지 않고 그대로였다. 놀라운 묘기였고, 대단한 사격솜씨였다. 사람들은 스스로 눈을 의심했다. 아무리 백발백중 명사수란 소문은 들었지만 칠순이 넘도록 그 솜씨가 여전하다니. 과연 홍 장군의 기개와 열정은 따를 수가 없다며 새삼 감탄했다.

이해 말 만주 봉오동 토성 언덕 위에 무덤 하나가 만들어졌다. 홍 장군과 함께 봉오동 승전을 이끈 왕년의 동지 최진동의 무덤이었다. 하지만 그는 흑하사변 이후 봉오동으로 슬며시 돌아가서 죽기 전까지 줄곧 왜적의 앞잡이로 살았다. 숱한 독립군들이 그의 밀고로 잡혀가서 무참히 죽었다. 어느 날 최진동은 과거의 독립군 전력을 속죄하고 대일본제국에 충성을 서약한다는 표시로 독립군들이 땅속에 몰래 파묻어둔 무기를 찾아오겠다면서 길을 나섰다. 길림, 안도 등지를 다니며 아무도 없는 깊은 산골 무인지경 수풀 속에서 찬비를 맞았다. 그길로 바로 심한 고뿔에 걸려 앓다가 폐렴으로 죽었다. 1941년 신사년

12월 동짓달이었다. 만주 땅에 백설이 펄펄 날리는데 일본 군용트럭이 와서 그의 관을 실어갔고 무장한 일본 군경들이 그 뒤를 따라갔다. 봉오동 주민들은 담 위로 흘끔거리면서 세상에 별꼴 다 보겠다며 혀를 찼다. 최진동이 그토록 껴안고 애지중지하던 막대한 재산은 해방 후 중국 인민정부에 몰수되어 지역의 농민들에게 모두 무상 분배되었다. 인간사의 탐욕과 덧없음이여, 그 적막함이여.

1942년 임오년, 장군은 어느덧 백발노인이었다. 제아무리 정정한 고목인들 세월 앞엔 어쩔 수 없는 법. 노장군에겐 전에 없던 눈물이 많아졌다. 돌아다보면 불과 엊그제 같은데 광음은 왜 이다지도 덧없이 흘러갔는가. 작은 일에도 비분강개한 심정이 되어 그냥 주르르 눈물방울을 떨구었다.

"내가 너무 오래 살았구나. 아내와 아들을 먼저 떠나보내고 너무나 힘든 참척(慘慽)의 세월을 살았구나."

장군은 자주 일찍 세상을 뜬 가족들의 삶까지 덤으로 살아가는 힘든 고통이 자신에게 주어진 것이라 탄식할 때가 있었다.

어느 날 밤, 고려극장에 도둑이 들었다. 지역 불량배였던 카자흐 건달 놈들은 배우들의 비로드 옷을 훔쳐 나오다가 장군에게 들키고 말았다. 불같은 성격으로 놈들을 꾸짖고 잡으려는데 한 놈이 뒤에서 몽둥이로 장군의 어깨를 후려쳤다. 이것이 대관절 무슨 봉변이자 날벼락이란 말인가. 그때부터 장군은 집에 누워서 일어나지 못하는 날이 많았다. 타박상이 전신으로 번져 피멍이 사라지지 않았다. 밤에 자다가도 혼자 앓는 날이 많았다. 이런 와중에 그토록 정들었던 고려극장마저 우시토베로 옮겨 갔다. 사랑하는 젊은 극장 일꾼들과도 이별이었다. 그들과 자주 만나지 못한다는 슬픔과 허전함이 너무 고통스러웠다. 지난 시절 많은 사람들과 정을 맺었지만 그 정을 기어이 눈물로 작별해야만 하는가. 홀로 남은 노장군의 마음은 언제나 고독하고 쓸쓸했다. 종일토록 말 한마디 하지 않고 무표정으로 하루해를 보내는 날이 많았다.

크즐오르다 스체프나야 거리 2번지. 그 초라한 살림집에서 장군의 적적한 여생은 마치 가을 저녁의 불타는 노을처럼 서서히 가라앉고 있었다. 이따금 옛 부하들이 놀러왔다가 흘러간 시절을 회상하곤 했다. 무정세월이여. 너의 발걸음은 어찌 그리도 빠른 것인가. 그때마다 노장군의 눈빛은 뿌옇게 흐려졌다. 고국은 여전히 왜놈의 식민지로 고생을 겪었다. 고국동포들은 언제나 이 고통의 사슬에서 해방될 것인가.

이 무렵 크즐오르다에 가끔 들르던 청년 박일이 계봉우 선생을 찾아왔다가 두 사람이 함께 문안드리러 왔다. 그들은 모처럼 이런저런 세상사를 이야기했다. 장군의 마음은 한시도 고국에 대한 염려와 걱정을 떠나지 않았다. 담화가 길어지자 청년은 꿇어앉은 다리가 몹시 불편했다. 피가 통하지 않고 쥐가 나서 힘들어했다. 이때 계봉우가 말했다.

"이 사람도 이제 대학의 선생이 되었으니 그냥 편히 앉도록 해주시지요."

그때 장군이 말했다.

"러시아 놈들도 내 앞에선 무릎 꿇고 앉았다네. 네 다리가 참을 만하거든 그냥 견디고 있거라."

그 말에 갑자기 방안의 분위기는 싸늘해졌다. 하지만 사람들은 곧 그 뜻을 깨달아 알게 되었다. 편한 자리에서 안락하게만 살아가게 되면 타인의 고통을 쉽게 잊어버리게 되는 것. 그걸 일깨워주시려고 장군은 짐짓 노기 띤 목소리로 일부러 그러셨던 것이다. 그 모든 것이 애정의 표시란 걸 그들이 모를 리가 없다. 그 후로도 박일은 마음이 느슨해질 때마다 서둘러 장군을 뵈러 오곤 했다. 와서 장군을 뵙는 것만으로도 가슴속은 온통 감격으로 넘실거렸다. 그 놀라운 기운을 온몸으로 받으려 하는 것이다.

1943년 계미년 10월 22일, 옛 부하들이 우르르 홍 장군의 댁으로 몰려왔다. 그들도 이젠 백발이 성성한 노인들이다. 그날따라 장군은 몹시 흐뭇하고 유쾌했다. 집에서 기르던 돼지 두 마리를 모두 잡았고, 이웃 주민들까지 초청해서 여럿이 한자리에 모였다. 장군이 이승에서 베푸는 마지막 정성이다. 푸짐한 잔칫상이 차려졌다. 부하들이 말했다.

"부디 장수하셔서 좋은 세상 보셔야지요."

장군이 즉시 말을 받았다.

"암 그래야지. 꼭 그럴 것이네. 조선이 바로 서는 것 안 보고 내가 어찌 눈을 감겠는가."

즐거운 모꼬지는 밤늦도록 이어졌다.

6. 별의 고향

홍범도 장군은 1943년 가을로 접어들며 몸이 점점 불편해졌
다. 장군은 힘든 중에도 소일 삼아 고려인 청년들이 운영하는
방앗간에 나가서 틈틈이 일을 도왔다. 논에 심은 벼가 잘 자라
서 나락이 실하게 익어 고개를 숙인다. 드디어 햇볕 좋은 날을
잡아서 벼를 베고 볏단을 묶어서 잘 말린다. 이렇게 가을걷이
하는 것을 고려인들은 '마가을'이라고 한다.

볏단이 잘 마르면 탈곡기로 낟알을 털어내어 알곡을 쓸어 모
은다. 그 알곡을 방앗간으로 옮겨와서 나락의 껍질을 벗기는
데 그것을 탈곡(脫穀)이라고 한다. 한 번 탈곡한 것을 다시 탈
피하면 현미가 된다. 이 현미를 또 한 번 탈피하게 되면 보석처
럼 하얀 백미로 쏟아져 내린다. 이 과정에서 미강(米糠), 즉 쌀
겨가 많이 나오는데 그건 또 모아서 따로 쓸 데가 있다. 통밀도
이런 과정으로 방앗간 도정기로 도정을 한다. 밀과 밀기울이
따로 분리되고 밀은 다시 빻아서 밀가루로 만든다. 한창 방앗
간이 분주히 돌아갈 때는 요란한 기계에서 발생하는 소음 때문
에 옆 사람과 대화도 제대로 나누지 못한다. 서로 크게 고함을
지르고 입 모양을 보면서 대개 말뜻을 짐작한다.

홍 장군은 방앗간에 나와서 이런 여러 가지 일들을 도왔다.

예전 고려극장 수직을 할 때 도적들에게 입었던 상처가 제대로 회복되지 않았지만 이렇게라도 몸을 자주 움직여주는 것이 한결 도움이 되었다. 그렇지 않으면 하루 종일 방안에서 우두커니 입을 다물고 그냥 누워 있어야 한다. 방앗간에 나오면 새참이라도 함께 둘러앉아 먹을 수 있고, 가끔씩 술이라도 한잔씩 나눌 수 있다. 젊은 후배들과 어울려 앉아 있다는 사실만으로도 든든하고 좋았다.

어느 날 마땅히 출근해야 할 홍 장군이 나오지 않았다. 사람들은 장군 몸이 불편하신 것 같다고 생각했다. 그렇게 사나흘이 지나도 소식이 없어서 정미소 일꾼 청년들이 장군 댁으로 찾아갔다. 장군은 컴컴한 방안에 누워서 손님이 와도 일어나지 못했다. 이불을 덮은 채 눈을 감고 있는 얼굴은 몹시 창백하고 야위었다. 아내 이인복 여사가 침통한 얼굴로 옆에 서서 어쩔 줄 몰라 했다. 벌써 며칠째 곡기를 끊고 계시다는 것이다. 청년들이 무릎을 꿇고 다가가 장군의 이마를 조심스럽게 짚어보았다.

"장군님! 장군님…!"

홍범도 장군은 눈을 뜨지 못했다. 숨도 쉬는 듯 마는 듯 가슴의 미동이 겨우 느껴졌다.

다음 날도 여전히 그렇게 아슬아슬한 상태로 한나절이 지났다. 이윽고 1943년 계미년 10월 25일, 하루해도 저물고 사방에 어둠이 깔린 초저녁 8시, 장군의 숨소리가 그쳤다.

중앙아시아의 카자흐스탄 공화국 크즐오르다 스체프냐야 거리의 춥고 어두운 집, 그 가난한 단칸방에서 홍범도 장군은 굴곡 많은 민족사의 숨 가빴던 생애를 접고 조용히 눈을 감았다.

세수(歲數) 일흔 다섯!

사람들은 옷깃을 여미고 숙연한 목소리로 별이 당신의 고향을 향해 행장을 단출히 꾸려 떠나가셨다고 말했다. 영웅의 최후는 그렇게 이역 땅 춥고 눅눅한 방 안에서 쓸쓸하게 마치셨다.

카자흐스탄 북국의 가을은 깊어 벌써부터 엄동(嚴冬)의 스산한 느낌으로 차디차다. 모래바람은 끊임없이 불고 밤이면 이리 떼 울부짖는 소리 흉흉히 들리는 밤. 저 중앙아시아의 황량한 언덕과 여러 개의 모래벌판을 지나서 키질쿰 사막을 건너가다가 날이 저물어 천막을 치고 숙영하던 사람들은 보았다. 찬바람 아우성치는 10월의 밤하늘에 유난히 크고 빛나는 별 하나가 한 줄기 광망을 길게 그으며 동쪽 지평선 너머로 저 혼자 황급히 툭 떨어지는 것을.

전설적 명장! 민족사에 영원히 살아 있을 겨레의 영웅! 아무리 세월이 흘러도 참으로 빛나는 업적이 사그라지지 않을 영원한 표상! 모든 한국인의 눈부신 거울, 그 이름 홍범도 장군!

그간 장군과 함께 일해온 방앗간 일꾼들이 모두 한자리에 모였다. 장례식은 이틀 뒤인 27일 오후 4시경에 거행하기로 하고 지역에서 발간되는 『레닌기치』 신문에 서둘러 부고를 실었다.

홍범도 동무가 여러 달 동안 병환에 계시다가
본월 25일 하오 8시에 별세했기에 그의 친우들에게 부고함.
장례식은 1943년 10월 27일 하오 4시에 거행함.
─크즐오르다 정미공장 일꾼 일동

민족독립운동사의 최고영웅 홍범도 장군의 부고는 이렇게 당신이 일하시던 방앗간 정미소 일꾼들에 의해 작성되어 신문에 발표되었다. 이 얼마나 정겹고 따뜻하며, 소박함과 인간적 온기가 서려 있는 아름다운 부고인가. 이 부고는 우리에게 또 한 번 뜨거운 감동의 눈물을 적시게 한다. 공식적인 사망증명서도 발급되었다.

홍 장군은 동포 사회의 온갖 궂은일, 험한 일을 마다하지 않고 스스로 도맡아 솔선수범했던 것이다. 그 때문에 중앙아시아 전체 교민 사회에서 하늘 같은 존경을 한 몸에 받았다.

별의 고향은 어디인가.

바람 고요히 흐르는 곳.「아리랑」가락이 애잔히 들려오는 곳. 다정한 사람들 오순도순 살아가는 곳. 아, 그곳에 가보고 싶다. 오늘 밤에도 맑은 하늘엔 크고 빛나는 별이 높이 떠서 불멸의 정신으로 반짝이고 있을까.

홍범도 장군의 무덤은 우선 거처하시던 댁 근처에 임시로 만들었다. 아직 전쟁 중이라 독일과 소련의 긴장 상태가 만만치 않았기 때문이다. 하지만 그 무덤은 워낙 허술한 상태라 나중에 전쟁이 끝난 뒤 크즐오르다의 중앙공동묘지로 옮겨서 새로 조성했다. 그런데 사람들은 시간이 갈수록 장군의 무덤 한쪽이 자꾸 내려앉아 모양이 일그러지는 것을 보았다. 이에 깜짝 놀라서 고려인 신문사『레닌기치』가 중심이 되고 고려인 동포들이 성금을 모아 무덤을 수리하고 다시 만들었다.

그때 무쇠를 녹여 만든 철비(鐵碑)를 세웠는데 그 표면에는 "조선의 자유 독립을 위하여 제국주의 일본을 반대한 투쟁에

홍범도 동무를 곡하노라

홍범도 동무는 어려달동안 숙환으로 정에서 신음하시다가 고만 75세를 일기로 하시고 1943년에 십월 25일에 세상을 떠나시었다.
그는 1868년에 조선 평안남도 평양부에서 출생하시어 부모를 어려서 여이고 이러저리 돌아다니면서 어승사리로 셀을 유지하셨다. 쌀아진 셀의 괴교를 마즌. 그는 일쭈불어 착취의 힘에를 대저하여 분투하셨으며 조선 발쩌산 운동의 거두가 되어 떡델고두하였다.
갈일덱떽이, 길볼하지이도, 서지숙, 납허룡, 김학립, 김게순.

홍범도 동무는 언제나 ─쏘련 틴력히 충직한 당원으로서 던치가 어디 높앗슴에 돌구하고 사회사업에 헌심있짓 참가하셨으며 당의 사면을 구준히 행하기에 정력을 맞겨서지았샀다.
우리 조국에서 골세계묘으로 몸 종직하신 홍범도 동무는 자긔의 셀의 경로를 진철히 매추로 길어 돌아가시었다. 홍범도 동무억제 대한 긔억은 그물 아는 친우들에게 셀림히 남아있을것어라.

부고

홍범도 동무가 어려달동안 병원에 지서대가 본월 25일 학오 8시에 별세하었기에 그의 친우들어게 부고함. 장예식은 1943년 십월 27일 학오 4시에 지행함 크슨─오또다
정미공장 일꾸느 엘동.

홍범도 장군 서거 직후 함께 일하던 정미공장 일꾼들이 지역 신문에 발표한 부고.

헌신한 조선 빨치산 대장 홍범도의 이름은 천추만대에 길이길이 전하여지리라"란 글귀가 새겨졌다. 묘지 위에는 구리로 만든 홍범도 장군의 반신상이 건립되었다.

하지만 몇 해가 지나자 무덤은 길길이 자란 풀과 나무로 뒤덮여 을씨년스러웠다. 공동묘지 뒤쪽이라 전혀 보이지 않는 구역이었기 때문이다.

1983년 10월, 다시 크즐오르다 고려인들의 발의로 홍범도 장군의 묘지를 중앙묘지의 입구 앞쪽 가장 중심 위치로 옮기게 되었다. 중앙묘지에 들어서면 맨 먼저 눈에 들어오는 곳이 바로 홍 장군의 묘소다. 이곳은 전체 고려인의 큰 자부심이 서린 장소였고 자랑거리였다. 크즐오르다를 찾는 고려인들과 한국인들은 반드시 이곳부터 찾아 장군의 묘소에 참배를 드렸다.

카자흐스탄 크즐오르다
중앙묘지에 있는 홍범도
장군의 묘표.

홍범도 장군은 돌아가신 뒤에도 여전히 살아계실 때처럼 전체
고려인이 마음을 의지하는 기둥이요 초석(礎石)이었다. 무덤
주변에는 강제이주와 광복을 되새기는 여러 개의 비석이 세워
져 근엄한 분위기를 더했다.

1984년 11월, 머나먼 중앙아시아 낯선 이국의 도시 크즐오
르다의 한복판. 장군이 살았던 마을 앞길은 '홍범도 거리'로 이
름이 붙었으며 장군이 묻힌 고려인 공동묘지 무덤 앞에는 장군
의 거대한 반신상이 우뚝 세워졌다. 이 흉상은 고려인 동포들
이 한 푼 두 푼 성금을 모아서 만들었다. 제작은 고려인 조각가
최니꼴라이가 맡았고, 추모비는 허블라지미르가 만들었다.

누군가 홍 장군의 넋이 거기 계신다고 말했다.

고려인 동포들이 성금을 모아 만든 홍범도 장군의 반신상.

사실 홍범도 장군의 존재는 1980년대 중반까지 한국에 전혀 알려지지 않았다. 한국사 교과서에도 그 이름이 보이지 않았고, 청산리 대첩은 오로지 김좌진 장군 혼자서 이룩한 듯 독점적인 몫이었다. 하지만 조금만 역사적 경과를 더듬어 가보면 봉오동과 청산리의 실질적 주역이 홍범도 장군이었음을 알게 된다.

고송무(高松武, 1947~1993) 교수는 한국이 러시아와 국교를 트기 전부터 핀란드의 헬싱키대학에 교환교수로 가 있으면서 러시아를 드나들었다. 그때부터 홍범도 장군 관련 자료를 하나둘 찾아서 국내 언론에 소개하기 시작했다. 그것은 민족사의 잃어버린 보물을 다시 찾아낸 하나의 빛나는 감격이기도 했다. 여기에 자극을 받아서 필자는 시인으로서 홍범도 장군의 생애를 방대한 서사시로 써보려는 계획과 포부를 가졌다. 무려 20년이나 걸렸던 긴 세월 속에서 마침내 작품이 완성되어 2003년 전 5부작 10권의 방대한 민족서사시로 발간할 수 있었던 것이다. 한국에서는 그동안 창극으로 제작된 「홍범도」가 공연된 적도 있다.

2000년 겨울, 미시건 호수가 내다보이는 미국 시카고에서 나는 이 작품의 완성을 향해 불철주야 몰두하고 있었다. 때마침 시카고에는 엄청난 눈보라가 휘몰아쳤다. 온 세상이 순식간에 하얀 빛깔로 바뀌었다. 그때 창밖으로 백마를 탄 홍범도 장군이 천천히 다가와서 당신 테마의 서사시를 쓰느라 골몰하는 후학을 물끄러미 바라보고 고개를 끄덕이시며 무언의 격려를 보내주셨다. 창작의 엄청난 몰입 속에서 이처럼 놀랍고도 희귀한 환상까지 경험했던 것이다. 필자는 카자흐스탄 크즐오르다의 홍 장군 묘소 앞에서 깊은 상념에 잠겼다.

내 오늘 이 북국 차디찬 거리까지 일부러 찾아와 구리로 빚은 흉상 앞에 눈 감고 서서 기나긴 전투의 나날, 비바람과 설한풍 가득한 그 격정의 생애를 생각하노니 오, 장군이시여. 줄곧 허공에 박힌 당신의 눈빛은 지금도 떠나온 고국 땅 고향산천을 그리워하시는가. 정겨운 압록강과 두만강, 그 재잘거리는 강물 소리에 귀를 기울이시는 듯 오늘도 동쪽 하늘만 물끄러미 바라보고 계시는구나.

광음(光陰)은 빠르게 흘러 장군이 그토록 몸 바쳐 이루려던 민족해방을 맞은 지도 어언 100년 세월이 멀지 않다. 그토록 가고 싶었던 고국 땅에서 강도 일본은 물러갔건만 또다시 국토가 주변 외세에 시달리며 간섭받고 국토가 남북으로 두 동강 난 것을 아신다면 장군의 얼굴은 얼마나 크나큰 실망과 노여움으로 일그러질 것인가.

"슬프도다. 고국의 완전한 자주독립의 그날은 과연 언제나 이루어지려는고. 이토록 갈라진 꼴을 보려고 우리가 피 흘리며 싸우지는 않았노라."

깊고 캄캄한 어둠 속에서 혀를 차며 탄식하는 장군의 노기 띤 음성이 귀에 쟁쟁 들려온다.

7. 내 이르노라

2018년 10월 12일 오후, 서울 여의도 국회의사당 의원회관 대회의실에서는 홍범도 장군 탄생 150주년을 기념하는 축하행사가 열렸다. 과학기술정보통신부에서는 홍범도 장군 기념 우표도 발매했다.

남양 홍씨 남양군파 대종중회가 홍범도장군기념사업회와 공동으로 주최한 이날 행사는 국가보훈처와 광복회, 재향군인회의 여러 임원들, 그리고 해군 홍범도함 승조원들과 관련 단체 임직원 등 400여 명이 참석하여 뜻깊은 행사로 진행되었다.

이날 행사에 나는 평생 홍범도 장군을 시작품으로 쓰면서 살아온 한 시인으로서 영광된 초청을 받아 축시를 직접 낭송했다. 1919년 11월, 대한독립군 총대장 홍범도 장군은 대한독립군 결성의 정당성을 세계만방에 알리는 유고문(諭告文)을 발표한 적이 있다. 그 유고문에는 대한독립군 결성이 하늘의 뜻임을 밝히는 절절한 마음이 담겼다. 그날 내가 낭송한 축시는 오늘의 한반도 위기현실에 대하여 홍범도 장군이 보내오는 유고문 형식에 의탁해서 홍범도 장군의 실감나는 화법으로 다시 재구성한 것이다. 작품의 전문은 다음과 같다.

신 유고문(新諭告文)
— 대한독립군 총대장 홍범도가
8천만 겨레에게 이 글을 보내노라

내 이르노라
조상 대대로 살아온
이 나라 삼천리금수강산
날이 가고 해가 가면
더욱 빛나는 나라 만들어야 하거늘
너희는 어인 일로
이토록 피폐한 땅덩이 만들었느냐
이후 모든 인민이
하나로 뭉쳐서 이 땅을 빛내거라
가장 아름답고 살기 좋은
낙토로 바꾸어라.

내 이르노라
백두산 상봉에 우뚝 서서
남으로 삼천리 북으로 삼천리
육천 리 강토에서 기운차게 말 달리던
그 씩씩하고 우렁찬
기백과 담력은 다 어디 갔느냐
그 광대한 겨레의 고토는

지금 어찌 되었나
크고 웅대한 포부를 키우고 닦아서
또다시 동북아 벌판을
말 달리자.

내 이르노라
가장 급하고 급한 것이
갈라진 땅덩이 하나로 되돌리는 일
원래 하나인 몸뚱이
둘로 갈라 얼마나 불구의 시간 살아왔나
잃어버린 그 세월이
얼마나 억울하고 통탄스러운가
그걸 모르고 사는 삶은 삶이 아니라네
내 비록 늙었으나
마음 아직 청춘이니
두 팔 걷어붙여 앞장 서리.

내 이르노라
겨레 갈라놓은 세력
그들에게 도움 준 무리들은
이 땅을 떠나거라
동포끼리 뭉치지 못하고
서로 대립 반목 시기로만 골몰하며
갈등과 분열만 뿜어대던

너희 지네 전갈
독사 승냥이 무리들은
즉시 이 땅에서 멀리 떠나거라
가서는 영영 오지 말거라.

내 이르노라
조상 대대로 살아온
우리 국토 우리가 정하게 쓰고
후손에게 그대로 고스란히
물려줘야 하는 법
마구 쓰고 함부로 난도질 말아야 하네
고운 강산 맑은 물
그 무엇보다도 자랑찬 민족사
이것을 물려줘야 하네
결코 우리가 후손들에게 못난 조상
되지 말아야 한다네.

내 이르노라
세월은 늘 고달팠으나
악전고투 속에서
이리저리 시달리면서도 이 악물고
그 어려움 잘 이겨왔지
절굿공이 갈아 바늘 만드는 심정으로
지게로 흙을 날라

바다 메운다는 심정으로
묵묵히 터벅터벅 우직한 자세로
우리 앞길 걸어가야 해
지난날 풍찬노숙에서 나는 깨달았지.

내 이르노라
자꾸만 풍파로 밀려드는
온갖 고난 온갖 시련
그 앞에서 결코 지치거나
의기 꺾는 모습 보여선 안 된다네
쓰러지면 그대로 잠시 쉬었다가
다시 힘 모아 일어나게
가장 두려운 적은 자기 속에 있으니
늘 마음 다스리고 단련해서
부디 빛나는 겨레의 땅 만들어가야 하네
이게 내 간절한 염원일세.

　2014년 8월, KBS TV 프로그램 「역사저널」에서 초청이 왔다. 홍범도 장군 특집으로 프로그램을 제작한다는 소식이다. 기쁜 마음으로 출연해서 홍범도 장군 이야기와 서사시 작품 집필 과정을 이야기했다.

　2018년 10월 24일, 홍범도장군기념사업회에서는 장군의 순국 75주기를 맞이해서 카자흐스탄 크즐오르다의 홍범도 장군 묘소를 일부러 찾아가 경건한 참배를 올리게 되었다. 나도 이

2018년 홍범도 장군 탄생 150주년 기념 우표가 발매되었다.

자리에 초청받아 영광스런 참석을 하게 되었다. 장군의 묘소 앞에 내가 20년에 걸쳐 완성한 민족서사시『홍범도』전집을 붉은 보자기에 싸서 바쳤다. 그러곤 무릎 꿇고 두 번 절을 올렸다. 지난날 작품을 쓸 때 고생스러웠던 사연들이 왈칵 떠올라 뜨거운 눈물이 걷잡을 수 없이 쏟아졌다.

크즐오르다 옛 고려극장에서 어린 동포 중학생들이 펼치는 고전 무용 등 여러 프로그램과 추모 공연을 관람한 뒤, 그날 저녁 항공편으로 알마티로 돌아와 국립아카데미 고려극장에서 거행된 순국 75주기 추모식에 참석했다. 행사에서는 주 카자흐스탄 한국 대사와 총영사, 오가이 세르게이 고려인협회 회장, 안스타니 슬라브 독립유공자 후손 회장이 추모사를 했다. 강게 오르기 고려문화 부회장의 홍범도 장군에 대한 강연도 있었다.

제2부에서는 고려극장 소속 청년 배우들이 연극「의병들」을 공연했다. 한국어에 몹시 미숙한 배우들인데 극본의 대사를 마

치 외국어처럼 외워서 연극의 전편을 이끌어나갔다. 참으로 대단한 노력이 아닐 수 없었다. 특히 홍범도 장군 배역으로 등장한 배우의 외모와 연기는 실감이 났고 돋보였다.

그날 나는 미리 준비해간 추모시를 행사장 무대에 올라 직접 낭송했다. 러시아어로도 번역된 이 시작품은 나의 낭송 직후에 고려극장 소속의 고려인 원로 여배우 김조야 씨가 낭송하여 전체 참석자의 뜨거운 박수를 받았다. 저자가 한국어로 낭송할 때는 고려인 참석자들에게 의미 전달이 제대로 되지 않아 거의 반응이 없었다. 하지만 김조야 씨가 러시아어로 번역한 시작품에 감정을 제대로 살려서 격정적 시낭송을 해가는데 여기저기서 탄성이 오르고 뜨거운 반응이 느껴졌다. 어떤 참석자는 비감한 심정을 이기지 못하고 손수건으로 눈물을 닦는 모습도 보였다. 한 카자흐스탄 참석자는 그 작품의 원저자인 나에게 일부러 다가와 오른손을 가슴에 대고 무릎을 살짝 구부리며 경의를 표시하기도 했다.

알마티 고려극장 추모식장 무대 정면에는 홍범도 장군의 거대한 초상이 걸려 있었다. 그날 홍 장군 영전에 나아가 내가 떨리는 목소리로 낭송했던 추모시 전문은 다음과 같다.

아, 홍범도 장군
— 카자흐스탄 크즐오르다 홍범도 장군 영전에서

아득한
중앙아시아 먼지바람 속

떠밀려 살아온 지 몇 년인가
아무리 지우려 해도 자꾸만 떠오르는
머나먼 동남쪽 내 조국 땅.

그곳은 밝은 해
차분히 떠오르는 곳
새벽닭 소리에 잠이 깨던 곳
어둠 속에서 두런두런
들려오던 정겨운 말소리
마구간 말들이 혼자
콧김 푸르르 푸르르 내던 곳
방문에 싸락싸락
싸락눈이 문 두드려 불러내던 곳.

만리타국
고단한 객지 생활
수십 년 지나도 지나도
끝내 누를 수 없는 이 그리움은 대체 무엇인가
세월이 가면 갈수록
왜 이다지 자꾸 사무치기만 하는가
감추려야 감출 길 없는
이 진득한 그리움은 병인가 사랑인가.

말해다오

말해다오
대체 무엇인가
왜 이토록 나를 잡고 사정없이 흔드는가
바람아 구름아
내 늙고 병들어 지금은 못 가니
너라도 다녀와서
그곳 소식 전해다오.

천릿길도
만릿길도 쉬지 않고 달린다는
대초원 젊은 말 떼들아
너희가 이 늙은 나를 도와서
질풍같이 갈기 나부끼며 달려갔다 돌아오렴
그리고 네가 본 내 고향 소식 전해다오
조금이라도 전해다오.

젊었던 날
내 한 줄기 강풍으로
강과 산 다른 바람 불러 모아
모진 맹수 도깨비 떼 보는 대로 물리쳤나니
무슨 곡절로 내 이 먼 곳까지
휘몰리고 떠밀리고 끌려와 내팽개쳐졌던가
그 누가 나를
영웅이라 하는가

그 누가 나를 나는 범이라 하는가.

내 이제
그 아무것도 아닐세
다만 자욱한 황사 바람 속
크즐오르다 길거리
모래 벌판 한 귀퉁이에 혼자 쪼그려
드디어 외롭고 가련하고
볼품없는 늙은이.

내 삶은 처량하고
집도 절도 없이 평생을 떠돌았고
처자식마저 가뭇없이 나라에 바쳤나니
삭북의 계절
엄동설한에 방바닥조차
냉돌인 채 등에 이불 두르고 쪼그렸나니.

이 한 몸
가슴속 미련일랑
모두 버리고 깡그리 씻어내고
마침내 한 덩이 구리뭉치로 우뚝 서 있나니
그래도 내 눈길은
예나 제나 동남쪽 고향을 바라고 섰네
종일 고향 하늘 바라보는 게

내 지금 유일한 낙일세.

여보게들
내 조국 땅에서 오셨다는 귀한 여러분들
얼른 이리 오게 와서 손이라도
한번 잡아보세
그리고 고향 소식 들려주게.

8. 78년 만의 귀국

2019년 4월 22일, 한국의 문재인(文在寅, 1953~) 대통령은 카자흐스탄을 국빈(國賓)으로 방문했다. 방문 길에 여러 업무를 보았는데 그 가운데 하나가 우리 민족의 영웅 홍범도 장군의 유골을 국내로 모셔오는 일이었다. 두 나라 정상회담 자리에서 토가예프 카자흐스탄 대통령에게 이 뜻을 전하고 협조를 요청했다.

하지만 봉환이란 것이 곧바로 손쉽게 성사되는 일은 아니었다. 이미 돌아가신 지 오래지만 홍범도 장군의 존재성은 중앙아시아 고려인 사회에서 너무나 확고한 정신적 기둥으로 자리 잡고 있었기 때문이다. 이런 이유로 알마티에서 문 대통령은 약 500명 교민이 모인 자리에서 그 뜻을 밝히고 이해와 도움을 부탁했다. 교민들은 대통령의 진심에 감복했고, 장군의 유골을 한국으로 모셔가는 일에 공감을 표시했다. 일이 순조롭게 진행되었지만 코로나19 사태로 유해 봉환 문제가 뒷전에 놓이게 되었다.

홍 장군의 유해를 한국으로 떠나보내는 문제에 대하여 카자흐스탄 교민들의 가슴에는 허전한 심정이 끓어올랐다. 하지만 장군께서 그토록 바라던 고국으로 가시는 것은 합당한 일이라고 모두가 입을 모았다.

2020년 가을에는 홍범도 장군 77주기를 맞이해서 홍범도장군기념사업회 주관으로 서울 동작동 국립현충원 독립운동가 묘역에서 유해 봉환을 위한 국민기원 추모식이 열렸다. 나는 이 자리에도 초청을 받아 귀국의 간절한 염원을 담은 추모시를 낭송했다.

2021년 8월 14일 오후, 한국의 특사단 일행이 공군 특별기를 타고 카자흐스탄 크즐오르다 공항에 도착하여 추모식장으로 갔다. 식장은 바로 장군의 흉상이 서 있는 묘소 앞이었다. 그곳에는 장군의 거대한 초상과 '장군의 귀환'이라고 한글로 쓴 흰색 휘장막이 드리워져 있었다. 그 뒤쪽이 바로 묘소였다. 추모식을 마친 뒤 곧바로 무덤을 열었고 유해수습 과정에 들어갔다. 함께 간 국군 유해발굴단이 유골을 덮고 있던 흙을 조심스럽게 붓으로 쓸어내자 몹시 큰 대퇴장골(大腿長骨)이 먼저 눈에 들어왔다. 키가 190센티미터가 넘는다는 홍 장군 유골은 과연 생전의 모습을 그대로 짐작하게 했다. 이제 장군이 고국으로 떠나시고 나면 크즐오르다의 묘역자리는 추모공원으로 새롭게 꾸며진다고 한다. 일단 수습된 홍범도 장군의 유해는 카자흐스탄 국기로 둘러싼 작은 관에 모셔져 카자흐스탄 의장대에 의해 크즐오르다 주립병원 영안실로 옮겼다.

2021년 8월 15일 광복절 아침, 크즐오르다 공항에서는 홍범도 장군 유해를 정식으로 인도하는 봉환식이 열렸다. 그때까지 홍 장군의 관에 덮여 있던 카자흐스탄 국기가 벗겨지고 태극기로 감싸는 의례가 있었다. 형언할 수 없는 감개가 끓어올랐다.

국립대전현충원에 안장되기 직전의 홍범도 장군 유해.

모든 절차를 마치고 마침내 크즐오르다 공항을 이륙한 특별기는 홍범도 장군의 유해를 모시고 동북아시아의 높고 푸른 하늘을 단숨에 날아서 그날 저녁 고국 땅의 영공으로 들어섰다. 그 순간 태극 마크가 선명한 공군 전투기 6대가 나타났다.

"대한민국 공군이 안전하게 호위하겠습니다. 필승."

공군기는 장군을 환영하고 감싸는 듯이 엄숙하고도 따뜻하게 호위했다. 특별기는 마침내 서울공항에 도착했다. 무려 30년에 걸친 홍 장군 유해봉환 노력이 드디어 결실을 이룬 순간이었다.

깊은 밤 고국 땅에 도착한 홍 장군의 관은 태극기로 덮여 있었다. 대통령이 직접 서울공항에 나와서 장군을 영접했다. 장군은 그토록 오고 싶었던 고향 땅으로 드디어 돌아오신 것이다.

8월 17일 정부는 감격의 귀환을 하신 홍범도 장군에게 건국 훈장 최고의 등급인 대한민국장을 추서(追敍)했다. 같은 날 한국을 국빈 방문한 카자흐스탄 대통령은 홍 장군이 원래 묻혀 있던 크즐오르다 묘역의 흙 한 줌을 한국의 대통령에게 전달했다. 그 흙은 18일 안장식(安葬式)을 하던 날 한국의 흙과 함께 허토*했다. 홍 장군이 그동안 묻혀 있던 크즐오르다의 흙과 앞으로 영원히 누워 계실 고국의 흙을 함께 섞어서 뿌리는 두 나라 친선의 의례다. 장군께서 고국에 돌아오신 이후 이틀 동안 국민 추모의 기간이 있었다.

그리고 8월 18일, 홍범도 장군은 마침내 국립대전현충원 제3묘역에 정식으로 안장되었다. 머나먼 이역 땅에서 세상을 떠나신 지 무려 78년 만의 감격적인 귀향이었다. 이날 안장식에서 문재인 대통령은 추념사를 했다. 연설문 후반에서 뜻밖에도 대통령은 내가 쓴 추모시 한 대목을 직접 떨리는 목소리로 낭송했다. 대통령은 시 낭송을 하면서 끓어오르는 감개에 북받쳐 잠시 울먹이는 모습을 보이기도 했다. TV 생중계를 통해 이 장면을 지켜보는 나의 가슴은 만감이 교차했고 깊은 감동으로 눈물이 맺혔다. 추모사의 그 대목을 여기 옮긴다.

열 권 분량의 『홍범도』 대하서사시를 완결한 바 있는 이동순(李東洵) 시인은, 이제야 긴 여행을 끝내고 고국으로 돌아온 장군

---

* 하관할 때 관 위에 흙을 뿌리는 의식.

의 마음을 이렇게 표현했습니다.

"나 홍범도, 고국강토에 돌아왔네
저 멀리 바람찬 중앙아시아 빈 들에 잠든 지 78년 만일세
내 고국 땅에 두 무릎 꿇고 구부려 흙냄새 맡아보네
가만히 입술도 대어보네
고향 흙에 뜨거운 눈물 뚝뚝 떨어지네."

사실 대통령이 이날 낭송한 추모시는 내가 홍범도 장군의 유해 봉환을 앞두고 묘비의 비문으로 작성했던 문장이다. 그런데 어떤 설명하기 힘든 우여곡절 때문에 결국 비문으로 채택되지 못하고 대통령 추념사의 일부로만 낭송되었다. 일면 그것이 자랑스럽기도 하지만 한편으로는 허전하고 착잡한 심정이 가득하다. 그걸 생각하면 지금도 가슴이 아프다.

나는 수년 전 강제이주의 참상을 소상히 조사정리했다. 스탈린과 그 일파에 의한 추방 전후부터 중앙아시아에서 척박한 환경을 일구며 악전고투로 살아온 모든 경과를 시 작품으로 엮었다. 시집 『강제이주열차』(창비, 2019)가 그것이다. 이 시집은 한국에서 고려인 강제이주 문제를 집중적으로 다룬 최초의 시집이다.

시집 발간 직후 이 특이한 소재의 시집을 고려인 대표 문학인들 앞에서 발표·소개할 수 있는 기회가 생겼다. 해외 한민족 문학인들의 활동과 만남을 연례행사로 펼쳐오던 한국문학번역원이 미국, 일본에 이어 러시아 모스크바에서 고려인 대표 문

학인들을 초청해서 심포지엄과 교류의 기회를 열었다. 한·러 수교 30주년을 맞아 2020년 1월 20일 모스크바 한국문화원에서 개최된 행사였다. 러시아, 벨라루스, 카자흐스탄, 우즈베키스탄, 사할린 등지에서 외롭게 활동하던 고려인 작가들이 불원천리 한자리에 모였다.

그날 포럼의 제목은 「경계 넘나들기: 고려인 문학의 탈향, 이주, 정주의 삼각형」이었다. 이 자리에 나도 초청받아서 시집 『강제이주열차』의 발간과 전후 사연에 대해 발표했다. 러시아에 거주하는 세계적 명성의 작가 아나톨리 김을 비롯해서 저명한 고려인 문학인들이 다수 참석한 뜻깊은 행사였다. 행사를 마치고 눈이 펄펄 내리는 모스크바 밤거리를 걸어서 연회장에서 다시 만난 고려인 작가들은 흥겨운 우리 민요를 부르며 정담(情談)으로 밤이 깊어가는 줄도 몰랐다.

2022년 6월 16일에는 광주 고려인 마을에서 광주 평화포럼 초청으로 시집 『강제이주열차』 발간배경에 대해 특강을 했다. 전남 광주시 광산구 산정공원로에 조성된 고려인 마을을 돌아보는 경험은 특별했고 가슴속에서 만감이 교차했다.

이 책의 말미에 이르러 다시금 무릎 꿇고 장군님께 한 말씀 올리고자 한다.

"고국 땅에 잘 돌아오셨습니다, 장군님. 부디 편안히 쉬십시오."

홍범도 장군 연보

1868년 8월 27일(1세) 평양 서문안 문열사 앞에서 출생. 부친 홍윤식, 본관 남양. 모친은 태어난 지 7일 만에 사망함.

1876년(8세) 부친 사망. 이후 15세까지 먼 친척 되는 일가 사람의 집에서 머슴살이로 생활함.

1883년(15세) 평양 감영의 병정 모집에 지원하여 신설된 친군 우영 제1대대 나팔수로 군대 생활을 시작함.

1887년(19세) 부대의 악질적 장교를 살해하고 도피 생활함.

1888년(20세) 황해도 수안 총령의 제지공장에서 3년간 노동함.

1894년(26세) 동학당 계열의 친일파 제지공장 주인을 도끼로 죽이고 강원도 철원의 산골로 도피함.

강원도 금강산 신계사로 출가하여 지담 스님의 상좌가 됨. 스님에게 임진왜란 때 승병들의 의병 활동에 대해 학습함.

1895년(27세) 비구니 단양 이씨와 사랑을 나누고 함께 금강산을 떠남. 단양 이씨와 작별했다가 다시 상봉 후 가정을 꾸림. 아들 양순, 용환 태어남. 강원도 회양 먹패장골에 들어가 사격 연습에 몰두함.

명성황후 시해사건에 크게 분노하며 단발령에서 김수협과 만나 의병대 조직을 결의함.

안변 학포에서 포수, 빈농 중심으로 지원자를 모아서 의병대를 첫 조직함.

안변 석왕사에서 유인석 의병대와 연합부대를 결성함.

황해도 연풍 금광으로 은신했다가 신분이 드러나 다시 도피함.

각 지역의 악질적 친일파를 찾아가서 모두 제거함.

1898년(30세) 평남 양덕, 성천, 영원 등지를 돌며 단독 의병 활동을 펼침.

1900년(32세) 의병 활동을 청산하고 북청군 안산에서 농사를 지으며 포수 생활을 시작함.

1904년(36세) 일본 경찰에게 체포되어 투옥되었다가 6개월 만에 탈옥함. 그 직후 다시 의병 활동에 나섬.

1907년(39세) 일제에 의한 총포 및 화약류 단속법이 반포 시행됨. 포수들의 총기를 강압적으로 압수하기 시작함. 북청 차양동, 후치령, 북청 안평, 베승개덕 등지에서 연속으로 일본군과 교전함.

1908년(40세) 삼수의 일본군 부대 공격. 갑산, 천지평 등에서 일본군과 교전함. 아내 단양 이씨가 일본군 회유공작에 불응하다가 고문으로 옥사함. 능구패택, 홍원, 함남 장진, 동패장골, 갑산 간평, 구름물령, 괴통병, 장진 여애리, 정평 한대골, 장진 남사, 초막동 등지에서 연전연승으로 일본군 정규부대와 교전하여 빛나는 승리를 거둠. 중국으로 망명했다가 다시 연해주로 이동함.

1909년(41세) 니콜리스크, 우수리스크, 블라디보스토크 등지에서 체류함.

1910년(42세) 러시아에서 군자금 모금 활동을 하던 중 각종 모함에 휘말려 고통을 겪음.
다시 국내로 돌아와 무산에서 일본군과 교전함. 갑산, 무산의 왜가림 등을 공격하고 다시 쫓기는 몸으로 연해주로 이동함. 연해주에서 결성된 13도의군 참모부 의원으로 선출됨.

1911년(43세) 연해주에서 결성된 권업회의 부회장, 사찰부장에 취임함. 블라디보스토크 항구에서 부두노동으로 자금을 모아서 총기와 탄약 구입에 보탬. 연해주의 금광에서 광산노동자로 일했고, 아편을 밀경작해서 그 수익금으로 총기와 탄약 구입.

1912년(44세) 이범석, 유상돈 등과 결의동맹을 조직함.

1913년(45세) 니콜리스크 항구에서 부두노동에 종사함.

1914년(46세) 제1차 세계대전이 일어나 일본과 동맹국이 된 러시아는 조선인 독립운동가를 밀착 감시함. 여러 지역의 금광에서 노동자로 일하고 모은 돈으로 무기와 탄약을 구입함.
북만주의 밀산으로 돌아감.

1915년(47세) 한흥동과 남백포우자 쾌상별이에 소학교를 일으켜 세움.

청년단체를 조직해서 이끌며 독립사상을 고취함.

1919년(51세) 국내의 3·1 독립만세운동에 큰 자극을 받아서 쾌상별이 지역의 독립만세운동을 주도함. 추풍 당어재골에서 무장 독립투쟁을 준비함. 노령 주둔 대한독립군 의용대장 명의로 유고문을 반포함.

1920년(52세) 대한독립군부대를 이끌고 두만강변 지대로 진출함. 대한북로독군부를 결성하고 북로정일 제1군사령부 장관으로 활동함. 화룡현 삼둔자 및 봉오동 일대에서 여러 부대와의 연합작전으로 일본군 1개 대대를 섬멸함. 이후 북로독군부 부대의 연합전선이 결렬됨. 대한독립군, 북로군정서, 서로군정서 연합으로 청산리전투를 수행하여 큰 전승을 거둠. 백운평 전투, 어랑촌 전투, 완루구 전투, 천수평 전투, 고동하 전투, 샘물둔지 전투 등에서 승전을 주도하고 일본군의 사기를 저하시킴. 여러 독립군 부대의 연합체인 대한의용군 총사령으로 취임. 독립군 연합부대를 이끌고 북만주를 거쳐 중·러 국경지대로 이동함.

1921년(53세) 통의부를 출범시키며 새로운 독립군연합부대를 결성함. 우수리강을 건너 연해주의 이만 지역에 주둔함. 다시 러시아 아무르주의 자유시 지역으로 이동. 여러 부대가 함께 집결한 자유시에서 무장해제론에 대한 의견의 충돌로 결국 비극적인 동족상쟁이 발생함. 흑하사변을 겪음. 소비에트 적군 제5군단 직속 조선여단의 제1대대장에 임명됨. 여러 독립군 지도자와 연합하여 내분과 참변을 일으킨 사할린특공대와 고려공산당의 범죄행위를 비판하는 경고문을 발표함.

1922년(54세) 코민테른이 주최한 원동민족혁명단체 대표회의에 56명 조선대표단의 자격으로 참가함. 조선독립군대장 명의로 크렘린에서 레닌을 특별 면담함. 이 자리에서 레닌은 홍범도 장군에게 마우저식 권총, 금화 200루블, 레닌 친필서명의 조선독립군대장 증명서를 선물로 받음.

1923년(55세) 치타, 블라고베센스크, 하바롭스크 등지를 이동하며 거주함. 하바롭스크에서 사할린의용대 출신의 두 청년에게 테러를 당했으나 즉시 저격 살해함.

1924년(56세) 이만 지역의 싸인발에서 3년 간 벼농사에 몰두함.

1926년(58세) 이만 지역의 와구통에서 양봉조합을 결성하고 활동함.

1928년(60세) 신두히네츠 집단농장에서 일함. 소련 정부에서 지급하는 연금 수령자가 됨.

1937년(69세) 스탈린의 고려인 강제이주 정책에 의해 카자흐스탄 아랄해 부근의 얀쿠르간 지역 사나리크로 강제이주 당함.

1938년(70세) 다시 크즐오르다로 이주함. 고려극장 소속의 극작가 태장춘이 홍범도 장군을 주인공으로 한 희곡 작품을 집필하기 위해 집으로 초대하여 담화를 나눔. 고려극장 수직원으로 일하며 극장의 여러 장비들을 지킴. 이 무렵에 생애사(生涯史) 구술을 정리한『홍범도 일지』를 배우 리함덕이 집필함.

1941년(73세) 『레닌기치』 신문에 「원수를 갚다」란 회고록을 발표함.

1942년(74세) 고려극장에서 홍범도를 주인공으로 하는 연극 작품 「의병들」 공연을 직접 관람함.

1943년(75세) 크즐오르다의 정미소에서 일을 도우며 소일함. 그해 가을 옛 친구, 부하, 전우들을 초청해서 집에서 기르던 돼지를 잡아 마지막 잔치를 벌임. 10월 25일 카자흐스탄 크즐오르다에서 서거함.

1957년(탄생 89주년, 서거 14주기) 연극 「홍범도」가 고려극장에서 공연됨.

1959년(탄생 91주년, 서거 16주기) 이인섭이 역사기록『홍범도 장군』 탈고함.

1961년(탄생 93주년, 서거 18주기) 고려인 작가 김세일이 소설『홍범도』를 『레닌기치』 신문에 124회 연재함.

1962년(탄생 94주년, 서거 19주기) 대한민국 정부에서 건국훈장 대통령장을 수여함.

1982년(탄생 114주년, 서거 39주기) 나무와 잡초에 가려진 홍범도 장군의 묘지를 크즐오르다 중앙묘지로 이장함.

1988년(탄생 120주년, 서거 45주기) 홍범도 장군 탄신 120주년 기념으로 모스크바 소련과학원 동양학연구소에서 학술회의를 개최함.

1989년(탄생 121주년, 서거 46주기) 장편소설 『홍범도』(김세일, 신학문사)가 전 3권 분량으로 발간됨.

1991년(탄생 123주년, 서거 48주기) 『홍범도 장군』(영변정협문사자료위원회 편, 연변인민출판사)이 중국 연길에서 발간됨.

1994년(탄생 126주년, 서거 51주기) 카자흐스탄 크즐오르다에서 홍범도 장군 추모비 및 반신청동상 건립 10주년 및 서거 51주기 추도식을 개최함.

1996년(탄생 128주년, 서거 53주기) 『홍범도 장군』(김택·강용권, 장산)이 발간됨.

2003년(탄생 135주년, 서거 60주기) 민족서사시 『홍범도』(이동순, 전 5부작 10권, 국학자료원)가 발간됨.

2004년(탄생 136주년, 서거 61주기) 장편전기문학 『홍범도』(리빈, 금성청년출판사)가 평양에서 발간됨.

2014년(탄생 146주년, 서거 71주기) 『홍범도 장군: 자서전 '홍범도 일지'와 항일무장투쟁』(반병율, 한울) 발간됨.

2016년(탄생 148주년, 서거 73주기) 대한민국 해군은 보유하고 있던 잠수함 7번함을 '홍범도함'으로 명명함. 『민족영웅의 설화와 민요: 홍범도 장군과 안중근 의사』(리용득 엮음, 역락) 발간됨.

2018년(탄생 150주년, 서거 75주기) 10월 12일, 서울 여의도 국회의사당 의원회관 대회의실에서 홍범도 장군 탄생 150주년 기념식이 홍범도장군기념사업회 주관으로 개최됨. 이 행사에서 저자는 축시 「신

유고문(新諭告文): 대한독립군 총대장 홍범도가 8천만 겨레에게 이 글을 보내노라」를 낭송함. 같은 해 10월 24일 홍범도 장군 순국 75주기를 맞이하여 카자흐스탄 크즐오르다의 홍범도 장군 묘소를 직접 참배하고, 그날 저녁 알마티의 국립아카데미 고려극장에서 열린 순국 75주기 추모식에서 시 「아, 홍범도 장군: 카자흐스탄 크즐오르다 홍범도 장군 영전에서」를 낭송함.

2019년(탄생 151주년, 서거 76주기) 카자흐스탄을 방문한 한국의 문재인 대통령이 카자흐스탄 토카예프 대통령에게 홍범도 장군 유해봉환을 정식으로 요청함. 시집 『강제이주열차』(이동순, 창비)가 발간됨. 『홍범도 평전: 대한독립군 총사령관』(김삼웅, 레드우드)이 발간됨.

2020년(탄생 152주년, 서거 77주기) 『홍여천 범도』(김진, 광복회)가 독립운동가 100인 만화 프로젝트로 발간됨.

2021년 8월 15일(탄생 153주년, 서거 78주기) 카자흐스탄 크즐오르다에서 묻힌 지 78년 만에 장군이 생전에 그토록 원하던 고국 땅으로 돌아옴. 대한민국 정부가 건국훈장 최고 등급인 대한민국장을 수여함. 이후 이틀간 국민 추모기간으로 지정함.

2021년 8월 18일(탄생 153주년, 서거 78주기) 한국의 국립대전현충원 독립운동가 제3묘역에 안장됨.

지은이 **이동순** 李東洵

시인. 문학평론가. 경북대학교 인문대 국문학과 및 동 대학원에서 한국현대
문학사를 공부하여 문학박사 학위를 받았다. 『동아일보』 신춘문예 시(1973),
문학평론(1989) 부문에 당선했다.

시집 『개밥풀』『물의 노래』『지금 그리운 사람은』『철조망 조국』『그 바보들
은 더욱 바보가 되어간다』『꿈에 오신 그대』『봄의 설법』『가시연꽃』『기차는
달린다』『아름다운 순간』『마음의 사막』『미스 사이공』『발견의 기쁨』『묵호』
『멍게 먹는 법』『마을 올레』『좀비에 관한 연구』『독도의 푸른 밤』『신종족』
『고요의 이유』 등 21권을 발간했다.

시선집으로는 『맨드라미의 하늘』『그대가 별이라면』『쇠기러기의 깃털』
『숲의 정신』『생각만 해도 신나는 꿈』 등이 있다. 2003년 민족서사시 『홍범도』
(전 5부작 10권)를 완간했다.

평론집 『민족시의 정신사』『시정신을 찾아서』『우리 시의 얼굴 찾기』『잃어
버린 문학사의 복원과 현장』『달고 맛있는 비평』 등을 발간했다.

산문집으로는 『시가 있는 미국기행』『실크로드에서의 600시간』『번지 없는
주막: 한국가요사의 잃어버린 번지를 찾아서』『마음의 자유천지: 가수 방운아
와 한국가요사』『노래 따라 동해기행』『노래 따라 영남을 걷다』『한국근대가
수열전』『나에게 보내는 박수』 등이 있다.

1987년 매몰시인 백석의 시작품을 수집 정리하여 분단 이후 최초로 백석
시인의 시전집으로 시인을 민족문학사에 복원시키고 백석 연구의 길을 열었
다. 편저 『백석시전집』『권환시전집』『조명암시전집』『이찬시전집』『조벽암시
전집』『박세영시전집』 등을 포함하여 각종 저서 도합 78권을 발간했다.

신동엽문학상, 김삿갓문학상, 시와시학상, 정지용문학상 등을 받았다.

민족의 장군 홍범도

지은이 이동순
펴낸이 김언호

펴낸곳 (주)도서출판 한길사
등록 1976년 12월 24일 제74호
주소 10881 경기도 파주시 광인사길 37
홈페이지 www.hangilsa.co.kr
전자우편 hangilsa@hangilsa.co.kr
전화 031-955-2000~3 팩스 031-955-2005

부사장 박관순 총괄이사 김서영 관리이사 곽명호
영업이사 이경호 경영이사 김관영 편집주간 백은숙
편집 이한민 박희진 노유연 박홍민 김영길
관리 이주환 문주상 이희문 원선아 이진아 마케팅 정아린
디자인 창포 031-955-2097
인쇄 예림 제책 경일제책사

제1판 제1쇄 2023년 3월 1일
제1판 제4쇄 2023년 9월 12일

값 28,000원
ISBN 978-89-356-7815-0 03910

• 잘못 만들어진 책은 구입하신 서점에서 바꿔드립니다.